Holger Kersten
Elmar R. Gruber

Das Jesus Komplott

Die Wahrheit über das »Turiner Grabtuch«

WILHELM HEYNE VERLAG
MÜNCHEN

HEYNE SACHBUCH
19/531

Umwelthinweis:
Dieses Buch wurde auf
chlor- und säurefreiem Papier gedruckt.

Ungekürzte Taschenbuchausgabe im
Wilhelm Heyne Verlag GmbH & Co. KG, München

Printed in Germany 1997
Umschlagillustration: Archiv für Kunst und Geschichte, Berlin
Umschlaggestaltung: Atelier Adolf Bachmann, Reischach
Grafiken: Christel Aumann, München
Druck und Verarbeitung: Presse-Druck, Augsburg

ISBN 3-453-12307-7

Inhalt

Vorwort

Seit das sogenannte Grabtuch Jesu bekannt ist, streiten sich die Geister. Die Diskussion schien längst zugunsten seiner Echtheit entschieden, als auf Anordnung des Vatikans 1988 das Tuch von drei Expertengruppen durch die sogenannte Radiokarbon-Methode ins 14 Jh. datiert wurde. Für viele war damit das letzte Wort gesprochen. Doch weit gefehlt. Wie wir in diesem Buch nachweisen, ist nicht das »Grabtuch« eine Fälschung, sondern die Datierung ist gefälscht! Und das nicht von ungefähr.
Einer von uns, Holger Kersten, hatte gleich nach Bekanntgabe der Datierungsergebnisse seine Recherchen aufgenommen. Aus seinen früheren Arbeiten über das »Grabtuch« erschien ihm die Datierung ins Mittelalter in höchstem Maße fragwürdig. Und in der Tat, schon bald stellte sich heraus, daß die Hintergründe um das ominöse Datierungsexperiment ein Gewirr von Widersprüchen waren. Bei einem Gespräch stellten wir überrascht und erfreut fest, daß wir, wenngleich von zwei verschiedenen Ansatzpunkten aus, am selben Thema arbeiteten. Elmar R. Gruber war im Zuge von Untersuchungen über den geheimnisumwitterten Orden der Templer seinerseits auf das »Grabtuch« gestoßen. Auch seine historischen Forschungen legten nahe, daß das Tuch, das heute in Turin aufbewahrt wird, schon lange vor dem Mittelalter existierte. In unseren Diskussionen wies Kersten mit aller Eindringlichkeit auf die Bedeutung des »Grabtuchs« hin. Sie liegt nicht, wie viele meinen, nur darin, vielleicht das einzige Originalzeugnis von der Existenz Jesu zu sein. Das Besondere an der eigentümlichen Abbildung des gekreuzigten Mannes auf dem Tuch ist nämlich, daß sie einen Lebenden darstellt! Das wirft freilich ein vollkommen neues Licht auf die Umstände, unter denen das Tuch in vatikanischer Oberaufsicht zu einer mittelalterlichen Fälschung gestempelt wurde. Von dieser Warte aus betrachtet, mußten wir alle Vorzeichen ändern: Das Tuch ist nicht nur ein einzigartiger Gegenstand, sondern auch eine der heiligsten Reliquien der Christenheit, aber es ist ebendiese Reliquie, die der Kirche zur Gefahr, vielleicht sogar zum Verhängnis werden kann. Wenn sich erhärten läßt, daß der Mann des Grabtuchs

tatsächlich Jesus darstellt, dann hat Jesus die Kreuzigung überlebt. Was aber wird dann aus der »Erlösung«, die Jesus stellvertretend für alle mit seinem »Tod am Kreuz« bewirkt haben soll? Was wird aus der Auferstehung? Mit einem Wort, was wird aus dem verhängnisvollen Satz, den Paulus in seinem Brief an die Korinther schrieb: »Ist aber Christus nicht auferweckt worden, dann ist unsere Predigt sinnlos, sinnlos auch euer Glaube.« (1 Kor 15,14).

Jetzt erst erschloß sich das Thema in seiner ganzen Brisanz. Wir entschieden uns sofort, unsere Kräfte und Interessen zusammenzulegen, um die mysteriösen Hintergründe der Radiokarbon-Datierung und das Geheimnis des »Grabtuchs« gründlich zu erforschen. Von nun an verging kaum ein Tag ohne aufregende neue Entdeckungen. Nach und nach enthüllte sich nicht nur ein sorgfältig geplantes Manöver der Täuschung durch einen wissenschaftlichen Test, auch geschichtliche Quellen und selbst die Bibel offenbarten ein lang gehütetes Geheimnis: Jesus hatte die Kreuzigung überlebt, und überlebt hatte auch ein stummer Zeuge des Geschehens, den die Gunst des Schicksals bis in unsere Tage bewahrt hat: das rätselhafte Tuch.

Wer im Christentum aufgewachsen ist, dem fällt es schwer, zu trennen zwischen dem Menschen Jesus und dem Christus des Glaubens. Man kann es sich leichtmachen und ganz auf die historischen Tatsachen verzichten. Man kann aber auch umgekehrt die historischen Tatsachen aus dem Blickwinkel des Kirchenglaubens verstehen und einordnen. Im ersteren Fall begeben wir uns völlig auf die Bühne der Spekulation, einer Art von religiöser Überzeugung, die neben ihren Inhalten keiner geschichtlichen Tatsachen bedarf. In letzterem Fall verhindert die Brille der Glaubenssätze eine vorurteilsfreie Betrachtung der wirklichen Gegebenheiten. Um zwischen Mythos und Wahrheit unterscheiden zu können, müssen wir aber nur ein Ziel vor Augen haben: Tatsachen! Es sind die Fakten, die entscheiden. Und es waren historische, naturwissenschaftliche, philologische und exegetische Fakten, die über Inhalt und Schlußfolgerung dieses Buches entschieden haben.

Wir sind uns sehr wohl bewußt, daß wir mit diesem Buch ein heikles Thema berühren, vielleicht sogar die religiösen Gefühle von Gläubigen verletzen. Wir haben lange darum gerungen, wie die Tatsachen dargestellt werden können, und haben es vermieden, voreilige Schlußfolgerungen zu ziehen. Wo die Sachlage unsicher war, haben wir immer wieder nachgefragt, haben weder Reisen noch Kosten gescheut, um uns ein eigenes Bild der Lage zu machen, haben in den entlegensten Archiven nach Dokumenten gefahndet und haben selbst nicht davor zurückgeschreckt, eigene Experimente anzustellen, um dem Prozeß der Bildentstehung auf die Schliche zu kommen. Wir haben den großen Aufwand an Zeit in dieses Projekt gesteckt, in der Überzeugung, daß die Wahrheit dazu führen mag, den Schatz der wahren Lehre Jesu zu heben, der in zwei Jahrtausenden von Verfälschungen durch die Kirche verschüttet worden ist.

Elmar R. Gruber
Holger Kersten

I

Die Reliquie und die Wissenschaft

Holger Kersten

[illegible]

Die Republik und die Wissenschaft

[illegible]

Zeichen im Tuch

Im Dämmerlicht des barocken Rundsaals einer Kapelle ruht es hoch oben im Altar, geschützt durch Gitter, Panzerglas und Alarmanlagen, verschlossen in einem kostbaren Schrein, den Blicken der Sterblichen entzogen: das angebliche Grabtuch Christi, das den Abdruck des toten Jesus auf wunderbare Weise bewahrt haben soll. Nur äußerst selten besteigen die pontifikalen Hüter der kostbarsten Reliquie der Christenheit die von Engeln umsäumte Empore des Altars, um das Tuch hervorzuholen. Dort oben an sicherem Ort ruht es gut. (Vgl. Abb. 1) Was sich rar macht, vermittelt den Hauch des Geheimnisvollen, verbreitet eine Atmosphäre des Numinosen. Vor einem Jahrhundert hat die wissenschaftliche Neugier begonnen, auch dieses rätselhafte Objekt, um dessentwillen schon Kriege geführt worden sind, in die nüchterne Welt der Zahlen und Fakten einzuführen. Das Rätsel wurde der Möglichkeit ausgesetzt, entmythifiziert zu werden, und die Kirche lief Gefahr, das eindrucksvollste Dokument des historischen Jesus zu verlieren.

Das Tuch aber hat alle Messungen und Wägungen, Strahlenbeschuß und distanzlose Nahaufnahmen, die bis ins Herz jeder Faser vordrangen, gigantische Testanordnungen und ungezählte Computeranalysen bravourös überstanden und nichts von seinem Geheimnis eingebüßt – bis zu jenem ominösen 13. Oktober 1988. An jenem Tag verkündeten die Experten von drei Labors, die auf das Datieren alter Materialien spezialisiert sind, ihre Experimente hätten erwiesen, daß das Tuch aus dem Mittelalter stamme. Mit einem Male schien die Wissenschaft ein jahrhundertealtes Geheimnis entlarvt und die verehrte Reliquie mit dem Makel der Fälschung belegt zu haben. Sollte am Ende doch die mythenzerstörende Kraft der wissenschaftlichen Methode einmal mehr die Hoffnungen auf die Wahrheit des Außergewöhnlichen zunichte gemacht haben? Wenn dies der Fall sein sollte, endet hier die Geschichte des »Turiner

Grabtuchs«, und es beginnt die Suche nach der genialsten Fälschung, die jemals bekannt wurde.
Wer aber hätte ein Interesse an einer solchen Fälschung? War sie überhaupt möglich? Konnte ein Betrüger all jenen Fakten Rechnung tragen, die in minutiöser Detailarbeit von zahlreichen Forschern und erst in jüngster Zeit durch modernste Technik ans Tageslicht gebracht wurden? Bei genauerer Betrachtung wirft das Ergebnis vom Oktober 1988 mehr Fragen auf, als es Antworten liefert. Wir haben uns die Mühe gemacht, genau zu betrachten. Was dabei offenbar wurde, ist verwunderlicher, spannender und haarsträubender als die ganze Geschichte des Grabtuchs.
Das »Turiner Grabtuch« ist 4,36 m lang, 1,10 m breit und zeigt in überraschender Deutlichkeit den Abdruck eines männlichen Körpers: Auf der einen Hälfte ist die Rückenansicht und auf der anderen die Vorderansicht eines Gekreuzigten zu sehen. Das Tuch wurde in der Mitte über den Kopf des Mannes geschlagen. Ohne Mühe erkennt man Kopf, Gesicht, Arme, Hände, Beine und Füße. Das Abbild ist zum größten Teil sepiafarben, einige Partien erscheinen grau. Außerdem sind deutlich Blutspuren zu sehen, die im Original fahl karmesinrot erscheinen.
Beim Betrachten des Tuches fallen zuerst zwei längs verlaufende dunkle Streifen auf, die sich an manchen Stellen zu rhombenartigen größeren Flecken erweitern. (Vgl. Abb. 2 und 3) Es handelt sich um Brandspuren, die durch helle aufgesetzte Flicken ausgebessert wurden. Das Tuch lag, in 48 Lagen gefaltet, in einem Silberschrein in der Schloßkapelle von Chambéry (Frankreich), als es im Jahre 1532 beinahe einem Brand zum Opfer gefallen wäre. Es konnte zum Glück gerettet werden, als der kostbare Behälter durch die Hitze der Flammen auf einer Seite bereits zu schmelzen begonnen hatte. Feuer und geschmolzenes Silber hinterließen die geometrisch geformten Brandflecken, die später durch Flicken ausgebessert wurden.
Aus ästhetischen Gründen wurde irgendwann an einer Seite ein Streifen angenäht, der heute etwas kürzer als das Tuch selbst ist und ca. 380 cm Länge und ca. 8 cm Breite mißt. Dadurch rückte das Abbild in die Mitte der Textilbahn. Der Seitenstreifen besteht aus dem gleichen Stoff in identischer Webart. Das macht es wahrscheinlich, daß dieser Zusatz bereits kurze Zeit nach der Herstellung des Tuches angefügt wurde.

Der 4,8 m^2 große Stoff zählt zu den am intensivsten wissenschaftlich erforschten und untersuchten Einzelobjekten. Eine ganze Reihe von Fachzeitschriften hat zum einzigen Thema das »Turiner Grabtuch«. Seit 1898 haben sich die größten Kapazitäten aus den verschiedensten Wissenschaftsbereichen an dieses Objekt gewagt. Mit den modernsten Techniken entlockten sie der Textilie unzählige Einzelheiten aus der Geschichte des »Mannes vom Grabtuch«.
1978 befand sich das Tuch seit 400 Jahren in Turin. Aus diesem Anlaß wurde es nach 48 Jahren wieder einmal der Öffentlichkeit gezeigt. In der ganzen Welt wurde über dieses Ereignis berichtet, und ich begann zu diesem Zeitpunkt, mich ausführlich mit dem angeblichen Linnen Christi zu beschäftigen. Obwohl bereits viele Bücher und Fachartikel erschienen waren, tauchten immer wieder Zweifel an der Echtheit der Reliquie auf. Sie schien vielen zu perfekt, um einfach durch einen glücklichen Zufall vor 2000 Jahren entstanden zu sein. Seit Jahrhunderten stehen sich Befürworter der Echtheit und Gegner gegenüber. Endgültige Klarheit konnte nur eine unzweifelhafte zeitliche Zuordnung der Entstehungszeit des Tuchs bringen. Durch die Erfindung einer neuen Datierungsmethode in den 50er Jahren gab es zum erstenmal die Möglichkeit, diesen Diskussionen ein Ende zu setzen. Schon bald war die sogenannte Radiokarbonmethode zum Lieblingskind der Archäologen avanciert. Was immer sich auf diese Weise datieren ließ, wurde in die Radiokarbon-Labors gebracht, und nach und nach füllte sich die Ur- und Frühgeschichte mit Jahreszahlen – anfangs allerdings von bisweilen wenig ermutigender Genauigkeit.
Schon sehr früh wurden Stimmen laut, die eine Radiokarbon-Datierung des »Turiner Grabtuchs« verlangten. Lange Zeit hätte man aber zu große Stücke von dem Linnen opfern müssen, um es der Datierung unterziehen zu können. Erst gegen Ende der 80er Jahre waren neue Methoden der Radiokarbon-Datierung so weit fortgeschritten, daß ein briefmarkengroßes Stückchen genügte, um eine genaue Altersangabe zu erhalten.
Im März 1988 berichteten die Zeitungen, daß der Vatikan in den folgenden drei Monaten eine Probe des kostbaren Stoffes freigeben werde, um mehreren Instituten die Möglichkeit zur ^{14}C-Datierung zu geben. Aus Sicherheitsgründen sollte das genaue Datum geheimgehalten werden. Am 22. April wußte die Presse zu vermelden,

daß 150 mg des Grabtuches an drei wissenschaftliche Institute in Großbritannien, der Schweiz und den USA übergeben worden seien.
Ende August flog ich über Amsterdam nach Indien. Die Maschine kam aus London, und ich fand auf meinem Sitz die *Times*, die einen kurzen Artikel mit der Überschrift trug: »Das Turiner Grabtuch, eine Fälschung aus dem 14. Jahrhundert?« Hastig überflog ich den Wortlaut des Artikels:
»Ein Angehöriger der Universität Cambridge erklärte gestern, wissenschaftliche Tests hätten ergeben, daß das Turiner Grabtuch, mit dem angeblich der Körper Christi nach der Kreuzigung umhüllt war, eine Fälschung ist, wahrscheinlich aus dem 14. Jh. Die Wissenschaftler der Universität Oxford, die an dem internationalen Projekt der Tuchdatierung beteiligt waren, sagten jedoch gestern, daß sie keine Ahnung hätten, worauf Dr. Luckett, Bibliothekar und Mitglied des Magdalene College von Cambridge, seine Behauptungen stütze.
›Wir kennen ihn gar nicht und haben niemals mit ihm gesprochen‹, sagte ein Sprecher in Oxford. ›Alle Ergebnisse sind jetzt an das British Museum gesandt worden.‹
Das Museum teilte gestern mit, daß die Ergebnisse der Radiokarbon-Datierung, die von der Universität Oxford und Labors in der Schweiz und Arizona durchgeführt wurden, inzwischen alle eingetroffen sind. Sie werden verglichen, bevor sie vom Pressebüro des Vatikans Ende September oder Anfang Oktober offiziell bekanntgegeben werden.
Die Labors haben ihre Untersuchungen unter streng kontrollierten Bedingungen durchgeführt, um ein Durchsickern der Resultate zu verhindern. Prof. Edward Hall, der Chef des Oxforder Teams, gab bekannt, daß es nur einem einzigen Wissenschaftler erlaubt war, die Resultate nach den Tests zu berechnen.
Obwohl er nicht preisgab, von welchem Labor er seine Informationen hatte, sagte Dr. Luckett, daß ›Labors ziemlich durchlässige Institutionen‹ sind. ›Das wahrscheinliche Datum ist etwa 1350‹, teilte er mit.«
Diese Nachricht war für mich äußerst überraschend, zumal viele ernst zu nehmende Untersuchungen bislang bestätigten, die Reliquie sei in der Tat viel älter. Ich konnte nicht glauben, daß Dr.

Lucketts Ergebnis bei der offiziellen Bekanntgabe bestätigt werden würde. Bestimmt wollte sich nur jemand wichtig machen, indem er einfach Behauptungen in die Welt setzte.
Ich verbrachte einige abwechslungsreiche Wochen in Kaschmir und im Himalaja und mußte wegen wetterbedingter Katastrophen eine Trekkingtour in Ladakh abbrechen. Als ich das Land endlich mit dem ersten Flugzeug wieder verlassen konnte, saß ich in Kaschmir fest: Die einzige Verbindungsstraße zum indischen Tiefland war durch einen Erdrutsch drei Wochen lang verschüttet. Endlich wieder in Europa, hatte ich das Gefühl, Erholung von den Strapazen nötig zu haben. Für eine Weile verkroch ich mich auf Sardinien und hatte die Untersuchung des Grabtuchs schon fast vergessen, als mir in einem kleinen Strandcafé im Süden der Insel die italienische Zeitung *La Repubblica* in die Hände fiel. Die Schlagzeile auf der ersten Seite lautete: »Kardinal Ballestrero von Turin veröffentlicht die wissenschaftlichen Ergebnisse: ›Das Grabtuch eine Fälschung‹, das ›heilige Tuch‹ stammt aus dem Mittelalter!«
Jetzt stand es also amtlich fest: Das Turiner Grabtuch war eine Fälschung aus dem Mittelalter, und ganze Generationen von Forschern und Experten waren darauf hereingefallen! Sollten tatsächlich alle bisher gewonnenen Forschungsresultate über das Grabtuch falsch sein? Hatten sich die Wissenschaftler samt ihren modernen Analyseapparaten von einem mittelalterlichen Fälscher täuschen lassen?
Lassen wir die Forschungen an dem Tuch vor der Radiokarbon-Datierung Revue passieren, um uns ein Bild davon machen zu können.

Enthüllungen durch die Fotografie

Im Jahre 1898 feierte das junge Königreich Italien den 50. Geburtstag der italienischen Verfassung, die auf dem sardischen »Statuto« beruhte. Dieses Ereignis war bedeutend genug, um nach der letzten Ausstellung im Jahre 1886 wieder einmal das heilige Grabtuch der Öffentlichkeit zu zeigen.
Die Erfindung der Fotografie war noch relativ jung, und es bot sich

zum ersten Mal in der Geschichte die Gelegenheit, das Tuch zu fotografieren. Dadurch würde es möglich werden, das geheimnisvolle Antlitz einer breiten Öffentlichkeit zugänglich zu machen. Jeder würde die Möglichkeit erhalten, ein wirklichkeitsgetreues Abbild der Reliquie betrachten zu können.

Der Eigentümer des Tuches, König Umberto I. von Italien, war von dieser Idee ganz und gar nicht begeistert. Zu jener Zeit stand man der modernen Technik des Fotografierens ziemlich skeptisch gegenüber und wollte die heilige Reliquie nicht durch profane Behandlung entwürdigen und entweihen lassen. Baron Manno, dem Organisator der Feierlichkeiten, gelang es dennoch, den König zu überreden. Allerdings legte Umberto Wert darauf, die Arbeit durch einen gläubigen Laien ausführen zu lassen, damit das fotografierte Abbild der Reliquie nicht in die Hände von Geschäftemachern geriet.

Der Baron empfahl für das Foto einen wirklichen Dilettanten – und zwar im besten Sinne des Wortes –, der für seine Fotoarbeiten bereits eine Reihe von bedeutenden Preisen erhalten hatte: Secondo Pia, dreiundvierzigjähriger Jurist und Bürgermeister der norditalienischen Stadt Asti.

Das Fotografieren war in jener Zeit mit wesentlich höherem Aufwand verbunden als heute. Pia besaß einen riesigen Kastenapparat mit einem Präzisionsobjektiv der Firma Voigtländer. Diese Kamera kann man heute in dem kleinen Grabtuchmuseum des Don Piero Coero Borga in der Via San Domenico in Turin sehen. Die lichtempfindlichen Glasplatten im Format 50 x 60 cm mußte Pia umständlich beschichten und im eigenen Labor selbst entwickeln. Es wurde ihm nur gestattet, das Tuch in seinem Rahmen, hoch über dem Altar der Turiner Kathedrale, abzulichten. Elektrisches Licht gab es nicht, und ausgerechnet um den Altar war es sehr dunkel.

Am Abend des 25. Mai, dem ersten Tag der achttägigen Ausstellung, nachdem der letzte der zahlreichen Pilger die Kathedrale verlassen hatte, erschien Pia mit einigen Helfern und einer Unmenge Material und Geräten. Zunächst errichtete er ein Gerüst, um mit der Kamera unmittelbar vor dem hoch hängenden Tuch operieren zu können. Dazu mußte er noch zwei starke Lampen positionieren, in denen ein elektrischer Lichtbogen größtmögliche Helligkeit erbrachte. Den Strom mußte er durch zwei mitgebrachte Generato-

ren selbst erzeugen. Als endlich alles bereit und aufgebaut war, zersprangen die Abdeckgläser seiner Lampen unter der enormen Hitzeeinwirkung. Die Gläser hatten die Aufgabe, das Licht diffus und sanft zu streuen, und nun waren die Lampen nicht mehr zu gebrauchen.
Pia blieb nur noch der Abend des 28. Mai für einen zweiten und letzten Versuch. Inzwischen hatte aber die Schwester des Königs, Prinzessin Clotilde, zum Schutz vor Weihrauch und Kerzenqualm eine Scheibe aus Tafelglas in den Rahmen einsetzen lassen, der das Tuch festhielt. Jetzt hatte der arme Fotograf auch noch mit Reflexionen durch die Glasscheibe zu kämpfen. Secondo Pia mußte das Gerüst mit der Kamera 13 Meter weit entfernen. Die Stromspannung des Generators schwankte so stark, daß das ganze Unternehmen zu einem unberechenbaren Risiko wurde.
Gegen 23.00 Uhr war alles so weit vorbereitet, daß Pia endlich eine erste Aufnahme mit einer Belichtungszeit von 14 Minuten machen konnte und daraufhin noch eine zweite mit 20 Minuten Belichtung. Kurz vor Mitternacht eilte er mit den Platten in sein Labor, um das Resultat seiner Bemühungen gleich begutachten zu können. Was er dabei erlebte, beschrieb er in einem ebenso rührenden wie aufschlußreichen Bericht. Zunächst empfand er ein Gefühl großer Erleichterung, als er sah, daß sich auf der Glasplatte in dem Bad mit Ferrokaliumoxalat tatsächlich das Abbild des Tuchbildes zu entwickeln schien. Als das Bild immer deutlicher hervortrat, steigerte sich sein Staunen in Aufregung. Er ließ die Platte aber noch einige Sekunden länger im Entwicklerbad liegen, und da überkam ihn ein großer Schreck! Dies war nicht der bekannte maskenhafte Schatten eines Gesichts, das man vom Grabtuch kannte und das eher einem Totenkopf glich denn einem wirklichen Antlitz. Das Bild, das sich auf beinahe wunderbare Weise vor seinen Augen aus dem Nichts entfaltete, erschien natürlich und lebendig wie ein richtiges fotografisches Portrait. Die groteske Maske hatte sich zu einem wohlgestalteten und ausdrucksstarken Gesicht gewandelt.
Vor ihm, als fotografisches Negativ, lag, wie es ihm schien, das lebensechte Foto des wirklichen Jesus mit natürlich erscheinenden Helligkeitswerten. Der Gedanke durchschauerte ihn, daß er der erste Mensch sein sollte, der nach fast zwei Jahrtausenden dem wirklichen Jesus selbst ins Antlitz schauen durfte. (Vgl. Abb. 5)

Die Nachricht von dem Wunder verbreitete sich wie ein Lauffeuer, und bald drängten sich der italienische Hochadel und kirchliche Würdenträger in Pias Studio, um die Negativplatte mit dem positiven Foto von Jesus zu bestaunen, die der Laienfotograf, wirkungsvoll von hinten beleuchtet, in einem verdunkelten Raum aufgebaut hatte.
Am 13. Juni 1898 schrieb der Marchese Filipo Crispolti in der in Genua erscheinenden Zeitung *Il Cittadino:* »Das Bild hinterläßt einen unvergeßlichen Eindruck! Das edle, schlanke Gesicht unseres Herrn, der geschundene Leib und die langen schmalen Hände sind ganz deutlich zu sehen. Uns werden sie nun nach Jahrhunderten offenbart, nachdem sie kein Mensch mehr seit der Himmelfahrt gesehen hat. Ich zögere keine Minute, diese Nachricht in aller Welt zu verbreiten.«
Im Anschluß an Pias Entdeckung begannen die wissenschaftlichen Diskussionen um das Tuch. Hatten sich alle Argumente bis dahin nur auf gemalte Kopien oder Berichte von Augenzeugen stützen können, so war es jetzt möglich, das Bildnis tausendfach zu vervielfältigen und jedem zugänglich zu machen. Das Negativfoto war ein schlagender Beweis für die Echtheit der Reliquie. Kein noch so genialer Maler wäre Jahrhunderte vor der Erfindung der Fotografie in der Lage gewesen, das perfekte Negativ eines Bildes herzustellen. Zudem mußte man sich fragen, welchen Sinn eine solche Darstellung gehabt hätte. Sollte das Tuch ein Objekt der Verehrung sein, hätte man sicher ein deutliches Bild angefertigt, nicht diese eigenartig diffuse, ephemere Darstellung, die das ungeübte Auge erst mühsam entdecken muß. Die naturgetreue Umsetzung von Hell- und Dunkelwerten, wie sie auf dem Tuch vorhanden sind, ist bis heute nur auf fototechnischem Wege möglich, und alle Künstler, die von 1898 an versucht haben, das Portrait auf dem Turiner Grabtuch mit verschiedenen Techniken abzumalen, haben nur sehr unbefriedigende Ergebnisse erzielt.
Später wurde Pia von den Verfechtern der Fälschungshypothese sogar vorgeworfen, er habe die Aufnahmen retuschiert. Da das Tuch gleich wieder in seinem silbernen Schrein verschlossen und dieser versiegelt wurde, blieb nur das Foto als Forschungsobjekt übrig. Es ist darum verständlich, daß sich darüber die Parteien heftig in die Haare gerieten. Erst als das Tuch 1931 erneut fotografiert wurde, konnte der fünfundsiebzigjährige Pia rehabilitiert werden.

Zweifel an der Echtheit

An der Schwelle zum 20. Jahrhundert, in einer Zeit, die den Aufstieg und Triumph der positivistischen Wissenschaft erlebt hat, waren Reliquien von Heiligen nichts als Relikte aus dem Zeitalter des magischen Denkens. Eine der leichtesten Übungen vernunftgeleiteten Denkens war die Entlarvung vieler Reliquien als mittelalterliche und spätere Fälschungen. Ein übergroßer Bedarf an Heiligtümern hatte einen florierenden Markt dafür geschaffen. An historischen Stätten, an denen vermutlich Heilige gelebt hatten, wurden in jenen Zeiten gezielt Grabungen durchgeführt, und jeder Knochen, der ans Tageslicht befördert wurde, war sogleich eine kostbare heilige Reliquie. Noch im 16. und 17. Jh. betrieb der Vatikan einen einträglichen Handel mit Skeletten aus den Katakomben der Ewigen Stadt, die zur Sicherheit posthum getauft wurden und denen als barock geschmückten Märtyrern und Katakombenheiligen hinter ungezählten Vitrinen in Kirchen der Christenheit bis heute Verehrung gezollt wird.
Seit dem Zeitalter der Aufklärung tauchten Zweifler und immer mehr bissige Interpreten auf, die heftige Kritik an den alten Geschichten übten und sie als Fabeln und Legenden darstellten. Damals wurden zum erstenmal Berichte gedruckt, in denen bezweifelt wurde, daß ein Jesus von Nazareth jemals gelebt hat. Im wissenschaftsgläubigen 19. Jh. wollten gebildete Menschen ihrem Wissensstand auch dadurch Ausdruck verleihen, indem sie sich besonders rational gaben und jeglichen Wunder- und Reliquienkult als bloßen Aberglauben abtaten. Zu solchen Menschen zählten sogar einige kirchliche Amtsträger.
Unter diesen ragt der katholische Priester und Kanoniker Ulysse Chevalier gleichsam als Monument hervor. Seine *Zusammenfassung geschichtlicher Quellen des Mittelalters* gilt zu Recht als eines der bedeutendsten wissenschaftlichen Werke des 19. Jh. Diese gewaltige Dokumentation beinahe aller vorhandenen mittelalterlichen Quellen erschien 1883 und war das aufwendigste Geschichtswerk eines einzelnen Autors zu jener Zeit. Heute noch gilt sie als ein Standardwerk der mittelalterlichen Historienforschung. Chevalier war ein Wunder an Fleiß und Gelehrsamkeit. Mit 21 Jahren wurde er 1862 zum Priester geweiht und war noch auf dem Prie-

sterseminar zum Mitglied der »Société Nationale d'Histoire« gewählt worden, was als eine überwältigende Auszeichnung galt. Er veröffentlichte ständig wissenschaftliche Aufsätze, und seine Arbeit wurde offiziell durch den Nationalkongreß der Altertumswissenschaft gewürdigt. Mit 36 Jahren wurde er bereits zum Ritter der Ehrenlegion ernannt. Später bezeichneten ihn einige seiner Kollegen als den »gelehrtesten Mann in Frankreich und vielleicht der ganzen Welt«.

Auf zeitgenössischen Portraits macht dieser gelehrte Herr einen wenig vertrauenerweckenden Eindruck: ein verkniffener Mund mit schmalen Lippen, ein finsterer Blick aus dunklen, stechenden Augen und ein runder, breiter Schädel mit einer gewölbten Stirn. So wirkt er beinahe wie ein fanatischer Inquisitor aus dem Mittelalter.

Chevalier hatte die wunderbare Gabe, sein Quellenmaterial, an dem in den vergangenen Jahrhunderten kein Mensch Interesse gezeigt hatte, mit einem schier unglaublichen Spürsinn in alten Archiven und Bibliotheken aufzustöbern. Für seine *Geschichte der Dauphiné* hatte er beispielsweise in kürzester Zeit über 20 000 Dokumente eingesehen.

Zufällig war Ulysse Chevalier bei den Recherchen zu seinem Monumentalwerk über das Mittelalter auf das »Turiner Grabtuch« gestoßen und hatte Quellen entdeckt, die das Tuch als eine Malerei aus dem 14. Jh. bezeichneten.

Als alle Zeitungen in Europa über die Fotografien des Secondo Pia berichteten und die Entdeckung des Negativcharakters als ein wahres Wunder an der Schwelle zum 20. Jh. gepriesen wurde, schüttelte der inzwischen fast sechzigjährige Gelehrte verständnislos den Kopf. Damit gab er sich jedoch nicht zufrieden und veröffentlichte noch vor Ablauf des alten Jahrhunderts eine erste kritische Studie zum Problem der Echtheit des Linnens und im Herbst des Jahres 1900 seine ausführlichen »Kritischen Quellenstudien«. In einem Anhang von 64 Seiten hatte Chevalier seinen »Quellenstudien« 50 Dokumente angefügt, anhand derer der interessierte Leser nachprüfen konnte, daß die genannten Quellen nur einen einzigen Schluß zulassen: Das Grabtuch ist ohne Zweifel eine Fälschung und wurde um 1350 von einem Künstler gemalt!

Tatsächlich lassen sich aus den veröffentlichten Quellen Argumente gegen die Echtheit des Turiner Grabtuches aufführen, und für einen

Leser, der außer dieser Information nichts über die Geschichte der Reliquie weiß, scheint die Angelegenheit damit ein für allemal erledigt zu sein. Die angeführten Dokumente gestatten einen tiefen Einblick in einen bizarren Streit, bei dem ein Bischof im 14. Jahrhundert vom Papst entschieden fordert, die Ausstellung des Tuches in der Stiftskirche zu Lirey zu verbieten. Obwohl Reliquien zu dieser Zeit in der christlichen Welt hoch geschätzt und verehrt wurden und ein solcher Bedarf an Heiligtümern bestand, daß man es mit der Echtheit nicht sonderlich genau nahm, setzte dieser Mann alles daran, die Ausstellung des heiligen Grabtuches zu verhindern.
Alle Argumente fußen auf einem Brief des Bischofs von Troyes, Pierre d'Arcis, an den Gegenpapst Clemens VII. in Avignon. In diesem sogenannten »Memorandum« drängte d'Arcis angeblich im Jahre 1389 darauf, die Ausstellung des Tuches in der kleinen, hölzernen Kirche von Lirey, unweit von Troyes, verbieten zu lassen. Nach seinen Worten würde das Tuch dort nicht aus Gründen der Frömmigkeit, sondern nur aus purer Habgier und Gewinnsucht ausgestellt.
D'Arcis behauptete, im Besitz des Beweises zu sein, daß schon ein Vorgänger in seinem Amt, der Bischof Henri de Poitiers, vor über 30 Jahren die Sache eingehend untersucht und den Betrug entdeckt habe. Poitiers habe sogar den Maler befragen können, der es gemalt habe. Aber Clemens VII. verbot die Ausstellung nicht, sondern belegte statt dessen den Bischof mit »ewigem Stillschweigen«. Auch aus anderen Gründen kann das »Memorandum«, das den Gegnern des Turiner Tuchs stets als Hauptargument gedient hatte, keineswegs jenen Stellenwert beanspruchen, der ihm zugewiesen wird. Bruno Bonnet-Eymard hat 1991 in einem glänzend recherchierten Artikel nachgewiesen, auf welch wackeligen Beinen die wirkliche Bedeutung des Schreibens steht. Chevalier, der von einem datierten Pergament spricht, wollte wohl die Bedeutung des Dokuments dadurch künstlich erhöhen. Denn in Wahrheit handelt es sich um ein einfaches Papier, und die Titelei zu Beginn gibt Auskunft darüber, daß es sich um die Nacherzählung einer Geschichte handelt, keineswegs um das originale »Memorandum« – wenn es ein solches in der auf diesem Papier beschriebenen Form überhaupt jemals gab. Das Dokument ist in Latein verfaßt, darunter steht aber auf französisch »1389 fin«. Chevalier gibt es als »1389 exeunte«, also auch in Latein, wieder und vermeidet dadurch den offensichtlichen

Bruch: Das Datum ist eine spätere Zufügung. Ob die Erzählung vom »Memorandum« des Pierre d'Arcis tatsächlich zu diesem Datum verfaßt wurde, muß dahingestellt bleiben. Bonnet-Eymard geht in seiner Kritik an Chevalier so weit, ihm zu unterstellen, er habe das Dokument überhaupt nicht selbst gesehen. Daß er seine äußerst fragwürdige Bedeutung zu erhöhen bestrebt ist, daran kann kein Zweifel bestehen.

Zu jener Zeit gab es eine geradezu wunderbare Vermehrung von Reliquien, die zum Teil als Kriegs- und Kreuzzugsbeuten in die Kirchen und Klöster der mitteleuropäischen Christenheit gelangten. Wenn eine kirchliche Autorität solchen Reliquien ihren Segen gab, kam gewöhnlich später niemand mehr auf die Idee, nach der Echtheit der sanktionierten Heiligtümer zu fragen. Auf diese Weise verhalfen sich manche Fürsten zu beträchtlichen Einnahmen aus dem lukrativen Pilgertourismus, da jährlich Tausende von Gläubigen neue Reliquien sehen wollten. In dieser Situation scheint es besonders merkwürdig, daß in Troyes schon zwei Bischöfe nacheinander verbissen gegen die Ausstellung des Grabtuches ankämpften. Was mag wohl der wahre Grund für diesen vehementen Kampf gegen die Echtheit einer solchen einmaligen Reliquie gewesen sein? Wir werden im zweiten Teil dieses Buches ausführlich darauf eingehen.

Chevalier hatte jedenfalls um 1900 bereits den Ruf der größten Autorität in allen Fragen der mittelalterlichen Geschichte, und sein Urteil über die Echtheit des Tuches bedeutete praktisch das Ende des gerade erst erwachten Interesses an der Reliquie. Kein ernst zu nehmender Mensch würde sich noch mit dem Grabtuch beschäftigen, und nur religiöse Schwärmer oder Fanatiker könnten sich jetzt noch dafür begeistern.

Die Ansicht Chevaliers galt bei den Historikern als allgemein anerkannt, und der deutsche Geschichtsforscher M. Baumgarten schrieb 1903: »Die Sindone von Turin feierte ihren Geburtstag in den fünfziger Jahren des 14. Jh.; zu Grabe getragen wurde sie mit großem Gefolge und wenigen Leidtragenden im Jahre 1903. Eine Auferstehung wird ihr niemals mehr beschieden sein.«[1]

Doch es sollte schon bald den Versuch einer Ehrenrettung für die»entlarvte falsche Reliquie« geben, und zwar von einer Seite, die sich nicht auf fragwürdige mittelalterliche Dokumente über das Tuch stützte, sondern das Objekt selbst untersuchte.

Die Anfänge der wissenschaftlichen Erforschung

Paul Joseph Vignon wurde 1865 als Sohn wohlhabender Eltern in Lyon geboren. Er studierte Biologie. Seine ganze Leidenschaft galt dem Bergsteigen. Auf seinen wagemutigen Klettertouren in den französischen Alpen begleitete ihn häufig sein Studienfreund Achille Ratti, ein junger italienischer Priester. Viele Jahre später sollte das Grabtuch die beiden Jugendfreunde wieder zusammenführen. Vignon war inzwischen der geistige Vater der wissenschaftlichen Erforschung des Grabtuches geworden, und Ratti hatte es innerhalb der kirchlichen Hierarchie sogar bis zum Papst gebracht, der sich als Pius XI. offen zur Echtheit der Reliquie bekannte.
Die äußerst gründliche und intensive Erforschung des Tuches sollte Vignons Lebenswerk werden. Viele der Fragen, die in späteren Jahrzehnten immer und immer wieder gestellt wurden, konnte schon Vignon zur vollen Zufriedenheit klären. Besondere Beachtung verdienen seine Versuche und seine Erklärung zur Frage nach der Entstehung und der Ursache des einzigartigen Phänomens der Abbildung auf dem Leinen.
Was immer Vignon auch anpackte, er betrieb es gründlich und voller Ehrgeiz. Die exzessive Bergsteigerei brachte den Dreißigjährigen an den Rand seiner körperlichen Kräfte, und er erlitt einen psychischen und physischen Zusammenbruch. Während er sich ein Jahr in der Schweiz erholte, erlernte er die Technik der Malerei und entwickelte auch dabei so viel Enthusiasmus, daß er als Mitglied einer bekannten Gruppe von Malern bald in renommierten Pariser Galerien ausstellte. Etwa ein Jahr nach seinem Aufenthalt in der Schweiz lernte Vignon einen der bedeutendsten Biologen Frankreichs kennen, Yves Delage, Professor an der Sorbonne in Paris und Direktor des Museums für Naturgeschichte. 1897 erhielt Vignon eine Stelle als Mitarbeiter bei der von Delage herausgegebenen Zeitschrift für Biologie, und schon bald darauf wurde der strebsame junge Mann Assistent des Professors an der Universität und im naturgeschichtlichen Museum. Vignon hatte endlich seine Bestimmung gefunden und war dem väterlichen Freund, den er stets ehrfürchtig als seinen Meister bezeichnete, in tiefer Dankbarkeit verbunden.

Es war Professor Delage, der seinen Assistenten im Jahr 1900 zum erstenmal mit den Grabtuchfotografien des Secondo Pia bekannt machte. Zwei Jahre später sollte Delage auf der Sitzung der Französischen Akademie der Wissenschaften einen vielbeachteten Vortrag zur Verteidigung der Echtheit des »Turiner Grabtuchs« halten. Delage war Biologe und Zoologe, Physiker und Mathematiker. Sein besonderes Interesse aber galt der Anatomie.

Er war Agnostiker und eröffnete seinen Vortrag mit dem Bekenntnis, daß er zwar nicht an Jesus als die einzige Verkörperung Gottes glaube, daß er ihn aber für eine historische Persönlichkeit halte. Delage hatte die Fotografien Pias eingehend studiert und war zu der Überzeugung gelangt, daß das Bild auf dem Grabtuch unmöglich von einem mittelalterlichen Künstler gemalt worden sein konnte, wie Ulysse Chevalier dies in seinen Veröffentlichungen behauptete. Die Zweifel seines Professors regten Paul Vignon an, sich der Problematik von der wissenschaftlichen Seite her zu nähern. Auf den Fotos konnten über 1000 verifizierbare Einzelheiten festgestellt werden, und mit Hilfe exakter wissenschaftlicher Methoden sollte es möglich sein, alle Zweifel und Widersprüche auszuräumen und die Frage nach der Echtheit der Reliquie endgültig zu beantworten. Das war eine Aufgabe ganz nach Vignons Vorstellung, und er beschloß, sich der Herausforderung zu stellen. Delage sicherte ihm seine Unterstützung zu und bot ihm die technische Hilfe seiner Labors an.

Im Frühjahr des Jahres 1900 reiste Paul Vignon nach Turin und erhielt von Pia gleich zwei Glasplatten mit Negativkopien vom Grabtuch. Von Pia erfuhr er, daß zwei weitere – bisher unbekannte – Fotografien existierten, die während der Ausstellung des Jahres 1898 inoffiziell angefertigt worden waren: Die eine war ein Schnappschuß, den ein Priester heimlich geschossen hatte, das andere Foto hatte ein Leutnant der Polizei gemacht, der mit der Aufgabe betraut war, das Tuch zu bewachen. Beide Aufnahmen hatten zwar nicht die Qualität der Bilder von Pia, doch bewies der Vergleich der Fotoplatten, daß Pia keinesfalls an seinen Originalen Manipulationen vorgenommen hatte.

Die Vertreter der Echtheitshypothese hatten zwei Erklärungen für die Entstehung des Abbildes. Zum einen könnte es durch eine »Bluttransfusion« entstanden sein. Wie sie sich diesen Vorgang aber genauer vorstellten, darüber schwiegen sie sich leider aus. Zum anderen sollte eine Art übernatürliche elektrische Strahlung das Bild auf dem Tuch erzeugt haben, die in unbekannter Weise vom Körper des Auferstandenen ausgegangen war. Als klar denkender Rationalist war Vignon der Überzeugung, daß die Entstehung des Bildnisses auf naturwissenschaftlich zu begründende Weise vor sich gegangen sein müsse. Er sah seine Berufung darin, diesen natürlichen Prozeß der Entstehung zu erforschen und zu erklären.

Um möglichst objektiv urteilen zu können, löste er sich in Gedanken ganz von der Vorstellung, daß dieses Stück gewebtes Leinen, das er untersuchen wollte, irgend etwas mit der Person Jesu zu tun habe. Er behandelte es einfach als ein Stück alte Leinwand und eliminierte alles aus seinem Geist, was er bisher darüber in Erfahrung gebracht hatte. Dann teilte er die Problemstellung in zwei verschiedene Kategorien: Die eine betraf allein die Entstehung des Abbildes, und erst in zweiter Linie wollte er sich der Frage widmen, wer auf diesem Bild dargestellt sei.

Das Problem, das Vignon zunächst beschäftigte, war der Negativcharakter des Tuchbildes. Im Laboratorium von Delage stellte Vignon jeweils einen vergrößerten Abzug des Positivbildes und des Negativbildes nebeneinander auf, um sie besser miteinander vergleichen zu können. Dabei bemerkte er bald, daß das originale Positivbild wenig mit menschlichen Konturen gemein hat, daß es für den Betrachter beinahe abstoßend wirkt und keinen besinnlichen Effekt erzielt. Erst durch die fotomechanische Umkehrung der Helligkeitswerte zeigt das Negativ einen erkennbaren Körper mit natürlichen Verhältnissen und Konturen. Es unterschied sich deutlich von der schemenhaften Anhäufung unzusammenhängender Flecken des Positivbildes, die dem Betrachter eher abschreckend und unästhetisch erscheinen mußte. Zweifelsfrei handelte es sich bei der Darstellung auf dem Tuch um ein Negativ, und zwar in einer Vollendung und Perfektion, wie sie nur durch den fotografischen Prozeß erreicht werden konnte. Da Vignon selbst Maler war, konnte er als erste und wichtigste Erkenntnis mit Sicherheit ausschließen, daß das Tuch das Werk eines Künstlers aus dem 14. Jh. war, wie es in den von Ulysse Chevalier veröffentlichten Dokumenten behauptet wurde. Wie hätte ein Maler vor der Erfindung

der Fotografie überhaupt eine Vorstellung davon haben können, was ein Negativ ist, und wie hätte er dann eine solche Darstellung in vollendeter Perfektion abbilden können? Selbst ein Genie, das über größere Kenntnisse und Fähigkeiten als ein Leonardo da Vinci verfügt hätte, wäre zu solch einer technischen Meisterleistung sicher nicht in der Lage gewesen. Erst die Fotografie bildete sozusagen den »magischen Schlüssel«, um das Geheimnis des Tuches preiszugeben. Es schien, als steckte eine Art göttlicher Planung dahinter, als sollte das Geheimnis des »Turiner Grabtuches« über Jahrhunderte im Dunkel der Geschichte verborgen bleiben, bis im 20. Jahrhundert die Zeit für seine Offenbarung reif geworden war. Kritiker hätten entgegnen können, daß sich manche Farben durch äußere Einflüsse wie Feuchtigkeit, Sonneneinstrahlung, Hitze oder ähnliche Effekte in ihrer chemischen Struktur verändern, so daß sich Farbwerte umkehren. So können sich Farben, die Blei- oder Zinkoxyd enthalten, in Verbindung mit Ocker, gebrannter Erde oder auch mit Bitumenverbindungen tatsächlich trüben oder dunkler werden. Auf sehr alten Ölgemälden kann man dies bisweilen beobachten. Alle Versuche, die Vignon in dieser Richtung anstellte, ergaben aber völlig grobe, umgekehrte und falsche Darstellungen, die mit den feinen Konturen auf dem Negativ des Turiner Linnens nicht zu vergleichen waren. Außerdem hätten sich die aufgetragenen Pigmente auf dem Leinen über die Jahrhunderte halten müssen, doch bestätigten alle Zeugen, die das Tuch anfassen durften, auf die entsprechenden Fragen von Vignon, daß der Stoff äußerst weich und geschmeidig sei und keinerlei Spuren von aufgetragenen Pigmenten enthielt.
Diese Erkenntnisse brachten Vignon zu der Überlegung, daß die Abbildung in direktem Kontakt mit einem Körper entstanden sein mußte. Also stellte er eine Reihe von verschiedenen Experimenten dazu an. Er fungierte selbst als Versuchsperson, klebte sich einen falschen Bart an und ließ sein Gesicht von zwei Helfern mit einem rötlichen Kalkpulver bepudern, während er auf einem Operationstisch in Delages Labor lag. Dann legten seine Assistenten ein mit Eiweiß bestrichenes Leinentuch darüber und drückten es vorsichtig an die erhabenen Konturen des Gesichtes an. Als sie nach einiger Zeit das Tuch wieder abnahmen, zeigte sich ein gut erkennbarer Abdruck. Aber er war zu einer grotesken Karikatur verzerrt.

Das Gesicht erschien etwa doppelt so breit wie beim normalen Anblick.
Es ist dasselbe Phänomen, das sich ergibt, wenn man einen Zylinder aufschneidet und auseinanderrollt. Selbst eine Negativfotografie dieses Abdrucks machte das Bild nicht harmonischer. Das Abbild auf dem Turiner Tuch aber weist keine Verzerrungen dieser Art auf. Damit galt es als sicher, daß man nicht von einem *Abdruck* sprechen konnte, der durch bloßen Kontakt des Tuches mit einem Körper entstanden war. Vignon überlegte, daß ein Fälscher im Mittelalter aller Wahrscheinlichkeit nach weit größere Schwierigkeiten als er gehabt haben mußte, solch einen Kontaktabdruck von einem menschlichen Körper abzunehmen. In zahlreichen Versuchsreihen, in denen ihm sämtliche modernen technischen Hilfsmittel und qualifizierte Assistenten zur Verfügung standen, war es ihm nicht gelungen, ein Bild zu erzeugen, das auch nur annähernd der Perfektion des Turiner Tuches nahekam.
Durch Vermessen und Vergleichen stellte Vignon fest, daß der Mann auf dem Tuch in allen Details den normalen Proportionen eines Durchschnittsmenschen entsprach. Die Lage aller erkennbaren Gliedmaßen stimmte mit der entsprechenden natürlichen Haltung einer Vergleichsperson in seinem Labor überein. So konnte er Rückschlüsse auf die Körpergröße des Abgebildeten ziehen: Der Mann auf dem Tuch war ziemlich genau 1,82 m groß. Es ist eine verbreitete Vorstellung, daß die Menschen vor 2000 Jahren im Mittelmeerraum durchschnittlich kleiner waren als der heutige Mensch. Neuere Forschungen haben hingegen festgestellt, daß die Körpermaße des Menschen in der Antike durchaus denen des modernen Menschen entsprechen. Der Mann auf dem Tuch war zwar recht groß, doch keineswegs über die übliche Norm hinaus.
Während der Forschungen war Vignon aufgefallen, daß sich die Intensität der Dunkelfärbung des Bildes proportional zur Distanz des Lakens zu den Körpererhebungen verändert. An den Stellen, an denen das Tuch direkt auf der Haut auflag, war die Färbung stärker und dunkler, über Vertiefungen in der Oberfläche wurde das Bild mit zunehmender Entfernung heller. Dieser Abstufung ist die unvergleichlich plastische Wiedergabe des Portraits zu verdanken. Sie ließ die Negativdarstellung des Bildes wie das Foto einer Skulptur erscheinen. Bei der systematischen Analyse dieses Phänomens

stellte der Wissenschaftler fest, daß sich ein regelmäßiges Schema für das ganze Bild ergab: Nur diejenigen Körperteile, die das Tuch direkt berührten oder nicht weiter als einen Zentimeter vom Tuch entfernt waren, hinterließen überhaupt eine Verfärbung; alles, was weiter entfernt war, wurde nicht mehr abgebildet. Eine wichtige Feststellung in diesem Zusammenhang ist die Tatsache, daß größere Teile des Körpers überhaupt nicht abgebildet sind. So fehlt etwa auf der Vorderseite der Halsbereich. Das Nichtvorhandensein einzelner Körperpartien ist ein weiteres Indiz dafür, daß das Tuch nicht nur auf keinen Fall gemalt worden ist (bei fast allen gemalten Kopien des Tuches sind alle Teile mit festen Konturen und zusammenhängend dargestellt), es beweist außerdem, daß es sich auch nicht um einen bewußt hergestellten *Körperabdruck* handelt, sondern um ein einzigartiges Zufallsprodukt.
Aus all diesen Erkenntnissen zog Vignon folgende Schlüsse:
1. Das Bild war eindeutig durch direkten Kontakt, aber durch eine Art von Projektion entstanden.
2. Körpereigene Ausdünstungen mußten die Ursache für die Entstehung des Bildnisses sein.
3. Die Wärme des Körpers hatte die Ausdünstungen nach den physikalischen Gesetzen der Schwerkraft in ausschließlich senkrechter Abstrahlung (durch aufsteigende Wärme) auf das Gewebe übertragen.
Wie das allerdings vor sich gegangen war, das mußte der junge Forscher erst noch durch weitere Experimente ermitteln.
Es gab zu jener Zeit in Frankreich einen noch neuen Wissenschaftszweig, der sich speziell mit solchen chemischen Phänomenen beschäftigte. Unter dem Begriff *»action à distance«* (Fernwirkung) untersuchte ein kleines Team von Forschern die Auswirkung von verschiedenen Gasen auf lichtempfindliche Platten. Vignon wandte sich an den Leiter der Experimente, Prof. René Colson von der École Polytechnique in Paris, und konnte ihn für seine Ideen begeistern. Colson hatte mit Zinkdämpfen gearbeitet und schlug vor, es damit zu probieren. Sie trugen Zinkpuder auf einen kleinen Kopf aus Gips auf und legten ihn anschließend so unter eine fotografische Glasplatte, daß das Relief die Platte mit Stirn, Nase und Bart berührte. Nach 24 Stunden entwickelten sie die Fotoplatte. Das Ergebnis war für beide eine freudige Überraschung: Deutlich konnte

man das Abbild des bärtigen Männerkopfes erkennen! Die Abbildung war sogar so ausgezeichnet, daß Vignon der Meinung war, man könne diese Art der Projektion weiterentwickeln und künftig vielleicht kommerziell nutzen. Schon nach dem ersten Versuch waren beide Wissenschaftler zu der Überzeugung gelangt, daß sie den Entstehungsprozeß des Abbildes auf dem »Turiner Grabtuch« entdeckt hatten.

Nun blieb zu klären, welche chemischen Stoffe auf dem Turiner Tuch in solcher Weise miteinander reagiert hatten, daß sie das Abbild erzeugen konnten. In der Folge experimentierten Vignon und Colson mit Ammoniakdämpfen in Reaktion mit pulverisierter Aloe *(aloe medicinalis),* die auf Leintüchern aufgetragen wurde. Aloe und Myrrhe sollen nach dem Johannes-Evangelium bei der Grablegung Jesu in großen Mengen angewendet worden sein: »... Nikodemus, der das erste Mal bei Nacht zu ihm gekommen war, kam und brachte eine Mischung von Myrrhe und Aloe, ungefähr hundert Pfund. Da nahmen sie den Leib Jesu und legten ihn samt den Gewürzen in leinene Binden, wie es bei den Juden Sitte ist, um ihn zu begraben.« (Joh 19,39–40)

Die Ergebnisse waren in ihrer Struktur und dem farblichen Erscheinungsbild so verblüffend, daß die Forscher daraus ihre »Vaporographismus«-Theorie der Bildentstehung entwickelten: Ammoniakhaltige feuchte Dämpfe von der Harnstoffgärung, die im Qual- und Fieberschweiß reichlich vorhanden seien, hätten mit der Mischung von Aloe und Myrrhe einen Oxydationsprozeß in der Zellulose der Flachsfasern hervorgerufen, wodurch die Oberfläche des Stoffes verfärbt wurde. Diese Verfärbung sei letztlich durch die Reaktion der vom Tuch aufgesogenen Lösung von Aloe und Myrrhe entstanden, durch die Bildung von Ammoniumkarbonat, dessen Dämpfe in der feuchten Atmosphäre zwischen Haut und Leintuch die Fasern direkt proportional zum Kontakt mit dem Körper dunkel verfärbt hätten. Deshalb ist die Färbung dort am stärksten, wo das Tuch den Körper berührt, und wird schwächer, je weiter Tuch und Körper auseinanderliegen. Das erklärt auch, warum das Abbild einem fotografischen Negativ gleicht. (Vgl. Abb. 6) Selbst bei Versuchen mit einer sehr kurzen Einwirkungsdauer von nur 45 Sekunden entstanden schwache Abdrücke, die auf dem fotografischen Negativ deutlich erkennbare Positivbilder ergaben.

Die deutlich dunklere Färbung der Blutflecken sei durch eine stärkere chemische Reaktion zu erklären. Die aufschlußreichen Experimente von Vignon stießen im Jahre 1933 auf heftige Kritik, weil die zur chemischen Reaktion notwendigen Körpersalze sowie die Körperwärme, die den Verdampfungsprozeß bewirkt, bei einem Leichnam nicht in ausreichender Konzentration auftreten können. Immerhin war bewiesen, daß eine Aloe-Myrrhe-Mischung in feuchtem Milieu unzerstörbare Körperabdrücke auf Stoff hinterläßt, die dem Farbton des Tuchabbildes sehr ähneln. Interessanterweise wurde Aloe in früheren Zeiten in der Färberei verwendet, weil ihre polychromatischen Verfärbungen als äußerst dauerhaft galten. Auf die Entstehung des Abbilds werden wir im letzten Teil noch ausführlich zu sprechen kommen.

Neue Fotos – neue Erkenntnisse

In den 30er Jahren haben neue und technisch bessere Fotografien von Giuseppe Enrie die minutiöse Spurensuche der Forscher von neuem beflügelt. Die Bilder bestätigen wieder, daß nichts auf eine maltechnische Herstellung des Abbilds hindeutet: Das Körperbild verliert sich ohne Umrißlinien allmählich im Tuch, klare Konturen sind nicht zu erkennen. Alle Versuche von Künstlern über die Jahrhunderte hinweg, das Grabtuchabbild zu kopieren, haben nichts als klägliche Resultate gebracht. Selbst die (sicherlich zu Unrecht) Albrecht Dürer zugeschriebene Kopie, die in Liers in Belgien aufbewahrt wird, bleibt hinter dem Original meilenweit zurück und ist sofort als Tafelbild vom echten Grabtuchabbild zu unterscheiden. Betrachten wir einmal das Bild des Mannes vom Grabtuch, wie er sich den Wissenschaftlern auf den exakten Fotos von Enrie darbot: Das erste auffallende Merkmal ist der unbekleidete Körper. Nach dem römischen Gesetz wurden Verbrecher tatsächlich unbekleidet gefoltert und hingerichtet. Die künstlerische Darstellung des völlig nackten Jesus wäre allerdings eine unverzeihliche Gotteslästerung gewesen. Das zweite, sofort ins Auge springende Merkmal sind die auffälligen Wunden, die den Mann eindeutig als Opfer einer Kreuzigung ausweisen. Er wurde nicht, wie häufig praktiziert, mit Lederriemen ans Kreuz gebunden, sondern an Händen und Füßen am Querbalken und am aufrechten Pfahl angenagelt. Unter Kaiser Konstantin I. (306–337) wurde diese schreckliche Art der Hinrichtung abgeschafft. Man kann also mit großer Wahrscheinlichkeit davon ausgehen, daß die Abbildung auf dem Leinen von einem Menschen stammt, der vor dem Jahr 330 in das Tuch gelegt worden war. Anhand der klaren Abbildungen lassen sich sechs Leidensstationen erkennen, die in den Evangelien berichtet werden. Fachärztliche Untersuchungen bestätigen eine starke Schwellung unter dem rechten Auge und andere oberflächliche Gesichtswunden, die offensichtlich im Zusammenhang mit den Schlägen ins Gesicht stehen, die durch die Soldaten ausgeteilt wurden.

Auf der Vorder- und Rückseite des Körpers – besonders deutlich auf den Schulter- und Rückenpartien – sind zahlreiche kleine, sehr auffällige hantelförmige Markierungen zu sehen. Insgesamt lassen sich über 90 dieser Wunden zählen, deren Struktur die Art des verwendeten Folterinstruments rekonstruieren läßt. Die Wunden stehen in Dreiergruppen in bestimmten Winkeln zum Körper, so daß von einer Peitsche ausgegangen werden muß. Die charakteristische Art der einzelnen Verletzungen verweist eindeutig auf das römische *flagrum.* Bei frühchristlichen Martyrien ist von diesem schrecklichen Folterinstrument häufig die Rede. Es war besonders gefürchtet, weil es an den Enden der drei Lederriemen kleine Bleihanteln, sogenannte *plumbatae,* bisweilen auch Knochen trug, die schmerzhafte Wunden verursachten.

In der Schultergegend erscheinen die Geißelwunden blutverschmiert. Diese Beobachtung deckt sich mit dem Brauch, den zum Kreuzestod Verurteilten den Querbalken *(patibulum)* des Kreuzes selbst zur Hinrichtungsstelle tragen zu lassen.

Die unregelmäßig verlaufenden Blutflüsse auf der Stirn und auf der Rückseite des Kopfes lassen aus ihrer Gesamtstruktur auf eine Dornenkrönung schließen. Interessant ist die Art der Verteilung dieser Wunden über den Kopf. Sie zeigt, daß es nicht der aus der gesamten christlichen Ikonographie bekannte Dornenring war, den der Mann des Grabtuchs trug. Es handelte sich vielmehr um eine den ganzen Kopf bedeckende Haube. Das entspricht genau den orientalischen Kronen, die in jener Zeit weit verbreitet waren.

Augenfällig sind die Nagelwunden, insbesondere eine der Handwunden. Der Verlauf der größeren Blutströme legt nahe, daß die Arme am Kreuz in einem Winkel von 55 bis 65 Grad von der Vertikalen ausgestreckt waren. Die Handwunden lieferten eine überraschende Erkenntnis: In der Kunst waren nur die durchbohrten Handflächen bekannt, während die Blutungen auf dem Tuch klar zeigen, daß die Nägel in Wirklichkeit durch die Handwurzel getrieben wurden – eine Tatsache, die sich durch anschließende Forschungen noch erhärten sollte.
Als letzte Leidensstation erkennt man eine etwa 4,5 cm lange ovale Wunde auf der rechten Seite, die zwischen der fünften und der sechsten Rippe liegt. Aus dieser Wunde scheint relativ viel Blut geflossen zu sein, dessen Verteilung man vor allem auf dem Rückenbild sehen kann. Bekanntlich spricht der Johannes-Text von einer Verletzung an der Seite durch eine Lanze, aus der sofort »Blut und Wasser« geflossen sein soll.
An den Ober- und Unterschenkeln lassen sich keine Zeichen größerer Verletzungen aufweisen; sie sind also, was ebenfalls biblisch bestätigt wird, nicht zerschlagen worden.
Das genaue Studium des Tuchbildes allein schließt eine Fälschung im Sinne eines Kunstwerkes vollkommen aus. Neben der erwähnten technischen Unmöglichkeit, ein solches Bild im Mittelalter zu produzieren, stehen jene Indizien, die einen Fälscher vollkommen jenseits der ikonographischen Tradition angesiedelt hätten: Die Dornenkrone war für die Kunst immer ein Ring, die kappenartigen Blutflecken wären unerklärbar; die Handwunden sind immer in der Mitte der Handfläche angesiedelt worden und niemals an der Handwurzel.
Die anatomisch exakte Darstellung des Körpers ist ebenfalls unerklärbar. Bis zum 16. Jahrhundert basierten die anatomischen Kenntnisse auf den Werken des griechischen Arztes Galen (129–201) und wurden erst durch die bahnbrechenden Arbeiten des flämischen Anatomen Andreas Vesal (1514–1564) modifiziert. Man braucht nur einen Blick in die medizinischen Codices des ausgehenden 15. Jh. zu werfen, um die ikonographischen Mängel der anatomischen Kenntnisse drastisch vor Augen geführt zu bekommen. Stellvertretend verweise ich auf das Manuskript der berühmten *Monumenta medica* von Johannes von Ketham aus dem Jahre 1491, das heute in der Pariser Nationalbibliothek aufbewahrt wird.

Es konnte kein Zweifel bestehen, daß das Bild auf dem Tuch den Abdruck eines Mannes darstellte, der tatsächlich in die Stoffbahn eingeschlagen war. Darüber hinaus beweisen die Indizien, daß es sich nicht um irgendeinen Gekreuzigten handeln konnte. Die Übereinstimmung in den vielen Details mit den Evangelienberichten über Jesu Passion und mit anderen historischen Kenntnissen über seine Kreuzigung sind so frappierend, daß selbst der Jesuit und Historiker Herbert Thurston, der das Linnen gleichwohl für eine Fälschung hielt, 1903 schreiben konnte: »... Wenn dies nicht das Abbild Christi ist, wurde es als Konterfei dieses Abbildes gemalt. Bei keiner anderen Person seit Bestehen der Welt könnten diese Einzelheiten verifiziert werden.«

Der Chirurg und das Tuch

Das Studium der Fotos von Enrie wirkte stimulierend. Für viele waren die Erkenntnisse so zwingend, daß sie sich anschickten, die Umstände der Kreuzigung in Zusammenhang mit dem Tuchbild genauer zu erforschen. Einer der Eifrigsten auf diesem Gebiet war der Chefchirurg des St.-Joseph-Hospitals in Paris, Pierre Barbet. Seine zahlreichen Experimente an amputierten Armen haben bewiesen, daß bei einer Nagelung durch die Handflächen ein Körpergewicht von 40 kg ausreichen würde, um sie durchzureißen. Die Nagelung erfolgte, das ist aus der Wunde auf dem Tuch deutlich ersichtlich, durch den sogenannten »Destotschen Spalt« an der Handwurzel. Bei seinen Experimenten an amputierten Unterarmen stellte Barbet fest, daß dieser Spalt, den er für zu klein gehalten hatte, ausreichte, um einen dicken Nagel mühelos hindurchzuschlagen. Durch die ringförmig um den Spalt angeordneten Handwurzelknochen ergibt sich eine große Stabilität, wodurch das Körpergewicht – freilich unter großen Schmerzen – gehalten werden kann. In ähnlicher Weise fand Barbet die Stelle, durch die der Nagel die Füße durchstoßen hatte. Diese liegt im zweiten metatarsalen Spezium. Weder an den Händen noch an den Füßen hat die Nagelung größere Blutgefäße oder Knochen zerstört. Ein so ans Kreuz geschlagener Mensch konnte sich mit den Füßen abstützen, und zugleich würde sein Körpergewicht nicht die Hände durchreißen. Dadurch war zweierlei gewährleistet: Einerseits waren Nagelungen an den angegebenen Stellen ohne besondere Kraftanwendung durchzuführen, andererseits konnte durch Abstützung und Hochziehen des Rumpfes die Agonie des Opfers tagelang dauern. Dies war der eigentliche Grund der Kreuzigung: das abschreckende Schauspiel, das der Todeskampf eines Menschen über Tage hinweg bieten sollte.[2]

Barbet und nach ihm andere haben auch die Beobachtungen an der Seitenwunde zu erklären versucht. Sie liegt auf dem Tuch nahe bei einem der Flicken, mit denen nach dem Brand die Löcher ausgebessert wurden. Bei genauer Betrachtung zeigt sich, daß die eigentliche Wunde ein Oval von 4,4 cm Länge und 1,1 cm Breite bildet. Die Blutspur der Seitenwunde, deren Verlauf sich auch auf dem Rückenbild weiterverfolgen läßt, wurde ausführlich von dem englischen Arzt Dr. David Willis beschrieben. Willis beobachtete, daß die inhomogene Ausbreitung, unterbrochen von klaren Zonen, »auf eine Vermischung einer hellen Flüssigkeit mit dem Blut« hindeutet.[3] Dieser interessante Befund wurde von einigen anderen Ärzten bestätigt und könnte in Übereinstimmung mit dem Evangelienbericht gesehen werden, wonach »Blut und Wasser« aus der Seitenwunde geflossen seien (Joh 19,33f). Bei der Erklärung für diese Feststellung scheiden sich allerdings die Geister. Barbet vermutete, das »Wasser« sei eine Flüssigkeit aus dem Herzbeutel gewesen, die gewöhnlich nur in kleinsten Mengen vorkommt, aber durch die Mißhandlung angereichert worden war. Der deutsche Röntgenologe Hermann Mödder aus Köln vermutete darin Flüssigkeit aus dem Pleuraraum, ebenfalls durch die Geißelung vermehrt. Eine ähnliche Ansicht vertritt der amerikanische Arzt Anthony Sava. In klinischen Untersuchungen mit Opfern schwerer Gewaltanwendung auf den Thorax konnte er feststellen, daß sich eine blutige Flüssigkeit im Pleuraraum ansammelt als Folge der verletzten Lungenoberfläche. Die Menge der angestauten Flüssigkeit kann beachtlich sein. Aufgrund der vielen Geißelwunden auf der Brust scheint eine solche Erklärung zunächst plausibel.

Das Linnen auf dem Prüfstand

1969 begann ein neuer Abschnitt, gewissermaßen eine neue Ära in der Grabtuchforschung. Am 16. Juni berief der Turiner Kardinal Pellegrino eine Expertenkommission ein, die zum erstenmal die Möglichkeit erhalten sollte, nicht nur Fotos, sondern das Tuch selbst in Augenschein zu nehmen.[4] Unschwer hätte der Kardinal führende Wissenschaftler aus aller Welt einladen können, und sie wären sicher seiner Aufforderung gefolgt. Doch das erste wissenschaftliche Begutachten der kostbaren Textilie erfolgte unter den wachsamen Augen hauptsächlich piemontesischer Kommissionsmitglieder. Von den elf geladenen Beobachtern waren nur sechs Wissenschaftler: Prof. Enzo Delorenzi, Chef der Röntgenologie am Mauriziano-Hospital von Turin, Prof. Giorgio Frache, Direktor des Instituts für Gerichtsmedizin der Universität Modena, Prof. Giovanni Judica-Cordiglia, Leiter der Abteilung für Gerichtsmedizin der Universität Mailand, die Professoren Lenti und Medi und schließlich Prof. Silvio Curto, Kurator des Turiner Ägyptischen Museums. Ohne die Leistungen und Fähigkeiten der einzelnen Forscher schmälern zu wollen, muß die Untersuchungskommission im Hinblick auf die Einmaligkeit ihrer Aufgabe als provinziell bezeichnet werden.
Freilich darf man nicht unterschätzen, mit welcher Scheu und Zurückhaltung wohl die ersten Wissenschaftler vor der Reliquie selbst agierten. Sie waren gewissermaßen Entdecker in einer *terra incognita,* deren Wege und Tabus sie nicht kannten. Vielleicht war es nur zum besten, daß die ersten Wissenschaftler vor dem Tuch nicht mit der Überheblichkeit und Ehrfurchtslosigkeit erschienen, die ihren Berufszweig allzuoft unrühmlich auszeichnen.
Beklagenswert daran ist allein, daß die Ausbeute der Erkenntnisse entsprechend dünn ausfiel. Enttäuschend waren auch die ersten Farbfotos, die ein Sohn von Prof. Judica-Cordiglia anfertigte. Sie konnten sich qualitativ nicht mit den Schwarzweißbildern Enries von 1931 messen.
Zwei Tage lang durften die Experten unter strenger Geheimhaltung vor der Öffentlichkeit das Tuch mit dem Mikroskop und unter ultraviolettem und infrarotem Licht studieren. Offenbar waren die

Vorbereitungen zu dieser rührend undurchdachten »Untersuchung« katastrophal. Die wenigsten wußten Näheres über die Geschichte des Tuchs, und so entstanden neben der ausgebreiteten Reliquie nicht enden wollende Diskussionen, während die kostbare Zeit, die für wissenschaftliche Datensammlung hätte verwendet werden können, verstrich. Das Ergebnis der Kommission war denkbar mager. Das einzig greifbare und verfolgenswürdige Resultat war die Empfehlung von Monsignore Caramello, Kustos des Grabtuchs, in Zukunft durch Entnahme von »minimalen Proben« weiterführende wissenschaftliche Untersuchungen zu gestatten.

Der Eingriff

1973 war es dann soweit, daß eine neue Expertenrunde an das Grabtuch gelassen wurde. Exkönig Umberto II. hatte aus seinem Exil im portugiesischen Cascais grünes Licht für die Entnahme von kleinsten Proben gegeben – unter der Voraussetzung, daß sie später dem Reliquiar wieder einverleibt würden. Einige der Kommissionsmitglieder von 1969 waren wieder dabei. Unter den neu hinzugezogenen sind hervorzuheben: der Turiner Physiker Prof. Cesare Codegone, der die Möglichkeit eines Radiokarbontests ergründen sollte, Prof. Guido Filogamo, ein Blutspezialist der Universität Turin, Prof. Mario Milone, Direktor des Chemischen Instituts der Universität Turin, Prof. Gilbert Raes vom Institut für Textiltechnologie in Gent und der Züricher Kriminalwissenschaftler Dr. Max Frei. Drei Tage hatten diesmal die Forscher Zeit, das Linnen gezielt und planmäßig zu untersuchen. Danach wurde es einem Millionenpublikum »live« im Fernsehen gezeigt, während Papst Paul VI. eine Ansprache hielt.

Von den »minimalen Proben«, die am 24. November 1973 entnommen wurden, erhielt Prof. Raes ein 40 x 13 mm großes Tuchstück vom rechten unteren Rand und eine 40 x 10 mm große Probe vom rechten Seitenstreifen sowie einen 12 mm langen Schußfaden und einen 13 mm langen Kettfaden. Für Prof. Frache nahmen die Professoren Mari und Rizzatti insgesamt zehn Fäden von verschiede-

nen Blutflecken mit. Der längste maß 19,5 mm, der kürzeste nur 4 mm. Die Professoren Filogamo und Zina erhielten je einen Faden vom rechten Fuß des Rückenbildes.
Gilbert Raes war der erste Mensch, dem jemals ein größeres Stück des Grabtuchs ausgehändigt wurde. Freilich kam die Gewebsprobe von einer Stelle, die weder Bild noch Blutflecken enthielt. (Vgl. Abb. 11)
Raes ist Textilexperte, Spezialgebiet Baumwolle. Er sollte das Tuch als Textilie untersuchen. Man wußte natürlich längst von dem charakteristischen Fischgrätmuster in der Drei-zu-eins-Technik, wobei jeder Schußfaden abwechselnd zuerst unter drei Kettfäden geführt wird, dann über einen, und so fort. Diese komplizierte und aufwendige Webtechnik ist für die ersten Jahrhunderte fast nur von Seidenstoffen bekannt, was keineswegs ausschließt, daß Leinen in dieser Weise verarbeitet wurde. Es gibt außerordentlich gute Beispiele von Leinenstoffen aus dem Neolithikum, insbesondere aus Ägypten. Selbst das Turiner Ägyptische Museum besitzt ein perfekt erhaltenes ägyptisches Leinengewand. Die besondere Art, in der die Leinenfäden des Grabtuchs gesponnen sind, zusammen mit der Fischgrät-Webtechnik, hat Textilfachleute dazu veranlaßt, nicht einen ägyptischen Ursprung anzunehmen, sondern vielmehr einen syrischen.[5]
Bei genauerer Untersuchung stellte Raes fest, daß sich auf dem Stoff Spuren von Baumwolle befinden. Offenbar kamen diese Baumwollfasern zufällig auf das Gewebe und wurden nicht bewußt mitverarbeitet. Durch die Lage der Baumwollfasern konnte Raes ausschließen, daß sie im Laufe der Zeit durch Verunreinigungen auf das Tuch gekommen sind. Sie müssen vielmehr aus der Werkstatt stammen, in der es hergestellt wurde.
Die charakteristischen Unterschiede der verschiedenen Arten von Baumwollfasern sind an deren Verwindungen zu erkennen. Baumwolle wächst in zwei verschiedenen Phasen. In den ersten 30 Tagen baut sich die äußere Hülle auf, und in der zweiten Phase entstehen die Windungen, nach denen die Gattung bestimmt wird. Es gibt drei Gattungen, die sich deutlich in der Anzahl der Windungen pro Zentimeter unterscheiden. Raes fand nur Fasern der Gattung *Gossypium herbaceum,* die acht bis neun Windungen pro Zentimeter aufweist. (Vgl. Abb. 9) *Gossypium herbaceum* wurde im Nahen Osten

schon seit sehr langer Zeit kultiviert. Das Ergebnis ist eindeutig. Es wurde keine der anderen Baumwollgattungen gefunden, die in Amerika beheimatet sind, und in Europa wurde Baumwolle nicht angebaut. Soviel ließ sich sagen: Das Tuch stammt aus dem Nahen Osten. Natürlich sagt dies nichts über sein Alter aus, doch ein weiterer Stein ist zum Puzzle gefügt worden.
Bei der Untersuchung des Stückes aus dem in gleicher Form gewebten Seitenstreifen konnte Raes keine Baumwollspuren entdecken. Der Unterschied in der Fadendicke allein reichte nicht aus, eine eindeutige Differenzierung der beiden Textilteile zu machen. Die vollkommene Abwesenheit von Baumwollfasern ist allerdings ein deutliches Unterscheidungsmerkmal. Der Seitenstreifen wurde, offenbar in der Absicht, das Bild auf dem Grabtuch in die Mitte der Stoffbahn zu rücken, wohl recht bald nach der Herstellung des Linnens angenäht. Nur so läßt sich erklären, daß ein in Farbe, Textur und Webart so passender Leinenstreifen erworben werden konnte. Interessant in diesem Zusammenhang ist der Umstand, daß am unteren und oberen Ende des Seitenstreifens jeweils ein Stück fehlt, er hat nicht dieselbe Länge wie das übrige Tuch. Untersuchungen haben ergeben, daß die Endstücke nicht später abgeschnitten wurden. Der Streifen war von vorneherein kürzer.
In Modena und in Turin arbeiteten die Experten für Blutanalysen an den ihnen jeweils zur Verfügung gestellten Fäden, an denen Blut zu sein schien. Im Labor von Prof. Frache in Modena, der viele Fäden zur Verfügung hatte, ergaben genaue mikroskopische Untersuchungen, daß die »Blutspuren« keine heterogene Materie bildeten, wie dies bei künstlichen Farbstoffen der Fall gewesen wäre, sondern feine, gelblich-rötliche Granula, die sich nur auf den oberen Fasern des Fadens befanden. Bei Betrachtung der Rückseite des Tuches konnten die Kommissionsmitglieder feststellen, daß in der Tat das Bild nicht zu sehen war, auch nicht die Blutstellen, obwohl das Tuch recht dünn ist. Dies spricht ebenfalls gegen die Fälschungshypothese durch aufgetragene Farben, die unmöglich allein auf den obersten Fasern nachzuweisen und mit Sicherheit auch bei der Betrachtung der Rückseite feststellbar wären.
Allerdings konnte es weder der Forschergruppe um Prof. Frache noch der um Prof. Filogamo, die Fasern unter dem Elektronenmikroskop untersuchte, gelingen, die Granula eindeutig als Blut zu

identifizieren. Ebensowenig wurden allerdings Substanzen festgestellt, die eine Fälschung nahegelegt hätten. Auffallend erschien den Untersuchern, daß das Blut, sofern es solches war, nicht durch die Fasern hindurchdrang. Der Prozeß, der zum Abbild führte, so urteilten damals die Wissenschaftler, mußte gewissermaßen ein »trockener« gewesen sein. Es sollte noch einige Jahre dauern, bis man über die wahre Beschaffenheit der blutig erscheinenden Stellen genauere Resultate vorlegen konnte.

Die Spur der Pollen führt ins Heilige Land

Inzwischen hatte der Kriminologe Dr. Max Frei eine zündende Idee. Frei, der Leiter des wissenschaftlichen Dienstes der Züricher Polizei, sollte die Fotos von Judica-Cordiglia, die 1969 gemacht worden waren, auf ihre Echtheit hin prüfen. Er hatte sich in der Vergangenheit mit Fälschungen von Fotografien beschäftigt und war deshalb von der Kommission eingeladen worden. Das eigentliche Interesse Freis galt jedoch einem ganz anderen Gebiet – der Analyse von mikroskopisch kleinen biologischen Substanzen. Schon 1938 hatte Frei ein Buch über die Pflanzengeographie Siziliens geschrieben und später sein Fachgebiet zu einer kriminalistischen Technik gemacht. Der Kriminologie mit dem Vergrößerungsglas war die Verbrechensbekämpfung mit dem Mikroskop gefolgt. Frei hatte auf den Fotos eine interessante Beobachtung gemacht: Das Tuch schien ihm mit sehr kleinen Staubpartikeln überzogen zu sein. Wenn man diese untersuchen könnte, würde sich ein ganzes Universum von Mikroorganismen, Staub, Bakterien, Moossporen, Pilzsporen und Pollen finden lassen. Auf die Pollen hatte es Frei abgesehen. Es ist zwar eine mühevolle Arbeit, Pollen genau zu bestimmen, sie konnten aber vielleicht Aufschluß geben über Herkunft und geographische Bewegungen des Tuches.
Frei bekam die Möglichkeit, mit seiner erstaunlich einfachen Methode an zwölf verschiedenen Stellen Proben zu entnehmen. Er benutzte dazu saubere, 10 bis 20 cm^2 große Klebestreifen, die er auf das Tuch drückte. Unter dem Rasterelektronenmikroskop fand

Frei neben Staub und Fasern etwa ein bis vier Pflanzenpollen pro Quadratzentimeter. Pflanzenpollen haben einen durchschnittlichen Durchmesser von 0,0025 bis 0,25 mm und sind deshalb meist mit bloßem Auge einzeln nicht zu erkennen. Die winzigen Körper sind von einer doppelten Schicht umgeben, deren chemische Zusammensetzung bisher noch nicht restlos geklärt werden konnte. Die äußere Schale ist außerordentlich widerstandsfähig und gestattet den Pollen unter Umständen, mehrere Millionen Jahre zu überdauern. Die winzigen Körner haben für jede Pflanzenart ein charakteristisches Aussehen, so daß man sie der jeweiligen Pflanze zuordnen kann, von der sie abstammen.

Bis zum März 1976 hatte Frei 49 verschiedene Pflanzenarten identifizieren können, deren Pollen er auf dem Grabtuch fand.[6] Viele dieser Pflanzen kommen heute in fast allen Gegenden vor, in denen sich das Tuch im Laufe seiner Geschichte vermutlich befunden hat, wie zum Beispiel die Libanonzeder *(Cedrus libani)*. Besonderes Interesse verursachten aber die Pollen von elf Pflanzenarten, die in Mitteleuropa nicht vorkommen, sondern von vorderasiatischen Halophyten stammen. Halophyten sind Pflanzen, die nur in einem Boden mit extrem hohem Salzgehalt leben können, wie er für das Gebiet um das Tote Meer typisch ist. Darunter befanden sich etwa spezielle Wüstenarten der Spezies Tamarix *(Tamarix nilotica Bunge)*, Suaeda *(Suaeda aegyptiaca Zoh.)*, Bassia *(Bassia muricata Asch.)* und Artemisia *(Artemisia alba Turr.)*. (Vgl. Abb. 22 und 23)

Um seine Entdeckungen wissenschaftlich zu untermauern, unternahm Max Frei ausgedehnte Forschungsreisen in jene Länder, die das Turiner Tuch in seiner Geschichte passiert haben könnte: Frankreich, Italien, östliche Mittelmeerländer, Istanbul, Urfa (Edessa) und Jerusalem. Frei sammelte an diesen Orten Blütenpollen und verglich sie in minutiöser Feinarbeit mit den Abstrichen vom Turiner Tuch. Nach und nach wurde es deutlich: Auf dem Linnen findet sich eine große Anzahl von Pollen, die von Pflanzenarten stammen, die in der Gegend von Jerusalem wachsen. Insgesamt ließen sich 44 dieser Pflanzenarten im unmittelbaren geographischen Umfeld von Jerusalem finden, 14 davon ausschließlich dort. 23 Pflanzenarten wurden im Umkreis von Urfa, dem ehemaligen Edessa, entdeckt, darunter *Prunus spartioides Spach.*, eine Pflanze, die nur dort nachgewiesen werden konnte. Bei Istanbul, dem antiken Konstantinopel, konnte Frei 14 Pflanzenarten nachweisen, deren Pollen auf dem Tuch waren, eine davon wiederum nur an diesem Ort *(Epimedium pubigerum).*

Freilich heißt das nicht, daß die entdeckten Pflanzenarten allein in diesen Gebieten gedeihen. Einige allerdings sind wohl nur in begrenzten Bereichen nachweisbar, speziell die typischen Wüstenpflanzen und jene aus den Steppen Kleinasiens. Außerdem konnte man feststellen, daß in Sedimentschichten des Sees Genezareth zur Zeit Jesu Blütenstaub der auf dem Tuch gefundenen Arten in relativ hoher Konzentration vorhanden war. Für die Beurteilung dieser äußerst interessanten Forschungsrichtung ist die Gesamtheit der lokalen Flora zu berücksichtigen. Dies hat Frei bis an sein Lebensende in seine Arbeit zu integrieren versucht. Doch der Züricher Kriminalist hatte sich ein Werk vorgenommen, das selbst ein großes Forscherteam auf Jahre hinaus auslasten würde. Er hinterließ eine unschätzbare Sammlung von Pollen und die Originalabzüge vom Tuch, zusammen mit vielen Seiten unveröffentlichter Analysen. Amerikanische Sindonologen haben das Material gekauft und werden alles daransetzen, diese bedeutenden Studien fortzusetzen.

Aufsehenerregende Untersuchungen teilen immer das gleiche Schicksal: Sie geraten ins Kreuzfeuer der Kritik. Freis palinologischen Studien erging es nicht anders. Man hatte sich gewundert, daß auf dem Grabtuch überhaupt so viele Pollen zu finden waren, als ob es ein rechter »Pollenfänger« wäre, man hatte gewisse Zuordnungen kritisiert, und nicht zuletzt wurde zu bedenken gegeben, wieso ausgerechnet Olivenpollen oder die vielen Gramineen-Arten (Gräser) fehlen, obwohl diese für die Umgebung von Jerusalem typisch gewesen wären.[7] Zugegebenermaßen können bislang keine endgültigen Antworten darauf gegeben werden, und die meisten Kritiker formulieren ihre Bedenken vorsichtig, zumal sie prinzipiell von der unanzweifelbaren Arbeit Freis überzeugt sind. Hätte Frei es tatsächlich darauf angelegt, beweisen zu wollen, daß das Grabtuch echt ist, und dabei betrügerisch Pollen auf seine Klebestreifen gebracht – ein Vorwurf, der ebenfalls erhoben wurde –, dann hätte er Pollen von Pflanzenarten »festgestellt«, die mittlerweile ausgestorben sind. Frei bedauerte, wie er selbst schrieb, keine solchen Pollen entdeckt zu haben, die freilich einen besonders stichhaltigen Beweis für das Alter und die Echtheit des Tuches erbracht hätten.

Dennoch, die Pollenanalyse zeigt, vor allem durch die Konzentration der Jerusalemer Flora, daß das Linnen in Palästina gewesen ist. Als Erklärung für die große Anzahl von Pollen aus Palästina wurde angenommen, daß diese beim Herstellungsprozeß des Tuches auf die Fasern gekommen sein mußten.[8] Dieser Vorgang beinhaltete das Waschen der neuen Textilie und einen langen Bleichungsprozeß auf einem offenen Feld. Das Turiner Tuch, das sich durch seine hohe Qualität auszeichnet, wurde sicherlich einem langen Bleichungsprozeß ausgesetzt, wobei ihm immer wieder von neuem Feuchtigkeit zugeführt wurde, um den Bleichungsvorgang zu beschleunigen. Weiße Tücher waren besonders kostbar. Da nur ein kleiner Prozentsatz der Pollen sein Ziel erreicht und die meisten auf flachen Oberflächen wie Wasser oder auf Feldern enden, stellte die lange Bleichung des Tuches ideale Bedingungen dafür dar, intensiv viele resistente Pollen der Umgebung aufzunehmen.
Bei späteren Ostensionen (Ausstellungen) in Europa waren die biochemischen Voraussetzungen nicht so gut wie bei der Bleichung mit der ständigen Benetzung, darum gelangten auch weniger lokal typische Pollen auf das Tuch. Ein interessantes Beispiel, das wohl auf eine Ausstellung des Tuches in Europa verweist, kann in der Entdeckung von Reispollen liegen. Das Tuch wurde 1494 und 1560 auf einem Balkon des Schlosses von Vercelli ausgestellt. Das Schloß liegt in der damals wichtigsten Reisanbau-Region Europas.

Modernste Technik lüftet Geheimnisse

1978 befand sich das Tuch seit 400 Jahren in Turin; Anlaß genug, es wieder einmal der Öffentlichkeit zu zeigen. Zwischen dem 28. August und dem 8. Oktober pilgerten mehr als drei Millionen Menschen nach Piemont, um die kostbare Reliquie zu sehen. Trotz der großen Bedeutung war das Linnen mit dem Abbild des Gekreuzigten bis zu diesem Zeitpunkt nur relativ wenigen Menschen bekannt. Das hatte sich mit einem Schlag geändert. Zeitungen, Rundfunk- und Fernsehanstalten in aller Welt berichteten von dem Ereignis. Was für die einen die Möglichkeit darstellte, einen Blick auf die Inkarnation des Herrn zu erhaschen, war für andere zumindest die Präsentation eines ungelösten Rätsels. Unberührt ließ das Abbild auf dem Tuch die wenigsten. Bis heute hat es für viele Menschen nichts von seiner Faszination verloren.

Am Abend des letzten Ausstellungstages wurde das Leinen aus seinem kugelsicheren Verschlag gelöst und auf eine schwenkbare Platte gelegt. In einem Saal des mit der Kathedrale verbundenen Palazzo Reale hielten sich zwei wissenschaftliche Teams bereit. Diesmal fiel die Auswahl der Untersucher internationaler aus. Führende Wissenschaftler auf ihren Gebieten, vor allem aus den USA, komplettierten die Gruppe der verbliebenen Kommissionsmitglieder. Die Amerikaner rückten zu fünfundzwanzig mit einem außergewöhnlichen Aufgebot an Apparaturen an, die teilweise eigens für die Analyse des Grabtuches konstruiert worden waren. Unter ihnen Spezialisten für Fototechnik, Spektroskopie, Röntgenstrahlenanalyse, Computertechnologie, organische Chemie und Physik.

Dazu kamen die Turiner Forscher Luigio Gonella, Physiker und wissenschaftlicher Berater des Kardinals, und Giovanni Riggi, Spezialist für Mikroskopie, ferner der Mailänder Pathologe Prof. Pierluigi Baima Bollone. Das Forschungsteam hatte diesmal die einmalige Gelegenheit, zwei Wochen lang ein intensives Untersuchungsprogramm zu absolvieren.

Man hatte sich gut vorbereitet und ging mit großer Systematik ans Werk. Begonnen wurde mit der Einteilung des Tuchs in 60 Felder, um eine Referenzkarte zu haben. Jedes dieser Felder wurde von Vernon Miller vom weltbekannten Brooks Institute of Photography in Santa Barbara, Kalifornien, mit einer ganzen Reihe von verschiedenen Filtern fotografiert. Sam Pellicori schoß zusammen mit dem Bildanalyse-Spezialisten Don Devan ungezählte Makroaufnahmen aus nächster Nähe, die jeden Quadratzentimeter der Textilie festhielten. Diese und verschiedene andere Aufnahmetechniken bildeten die Grundlage für eine Vielzahl optischer Experimente.

John Jackson und Eric Jumper hatten schon einige Jahre zuvor Aufnahmen von Enrie in den Bildanalyse-Computer VP-8 der NASA eingespeist. Der VP-8 war dazu konstruiert, Bildintensitäten in Reliefs umzuwandeln; er war das für die damalige Zeit fort-

schrittlichste Gerät. Jackson und Jumper wollten feststellen, in welcher Weise die Veränderung der Verfärbungsintensität mit der Entfernung des Körpers vom Tuch zusammenhängt. Zu diesem Zweck mußten sie zwei Versuche anstellen. Zunächst wurden die Hell-Dunkel-Werte eines Schwarzweißfotos des Tuchbildes digitalisiert. Wo dunkle Stellen waren, las der Computer Erhöhungen, wo die Verfärbung weniger intensiv war, geringere Erhöhungen, und wo kein Bild war, lieferte der Computer keine Informationen. In einem zweiten Versuch mußte der Abstand zwischen Tuch und Körper an den verschiedenen Stellen ermittelt werden. Die Versuchsleiter bedeckten zu diesem Zweck einen Mann in derselben Haltung wie den Gekreuzigten mit einem Tuch und fotografierten ihn von der Seite, so daß die Höhenkontur des Stoffes genau dargestellt werden konnte. Diese verglichen sie mit einem in gleicher Position aufgenommenen Foto des Mannes ohne Tuch. Aus der Differenz der beiden übereinandergelegten Profile ließen sich durchschnittliche Abstände zwischen dem Laken und einzelnen Körperregionen ermitteln. Der Computer berechnete aus der Korrelation zwischen Tuchabstand und Verfärbungsintensitäten die Rekonstruktionsformel für den ganzen Körper.
Als auf dem grünen Monitor das Programm langsam das errechnete Bild in eine dreidimensionale Graphik umsetzte, war das Ergebnis neuerlich eine Sensation, wie damals, als Secondo Pia zum ersten Mal im Entwicklerbad das Bild des Mannes vom Grabtuch entstehen sah.
Jetzt wurde die Figur gewissermaßen greifbar, als ein dreidimensionaler Körper sichtbar. Das Abbild auf dem Tuch enthält diese Information, die weder dem menschlichen Auge sichtbar ist noch jemals in einem gemalten Bild oder durch eine Fotografie erreicht werden kann![9]
Später konnte die mathematische Formel verfeinert werden, die in der Verfärbungsintensität codiert ist. Auf diese Weise gelang es Jackson und Jumper sowie dem italienischen Physiker Giovanni Tamburelli, den Mann des Grabtuchs dreidimensional zu rekonstruieren. Es entstanden eindrucksvolle Kartonreliefs. Sie lassen den Betrachter vor den Möglichkeiten der modernen Wissenschaft staunen, aber sie vermitteln auch ein eigenartiges Gefühl der Ehrfurcht vor dem greifbar wiedererstandenen Gekreuzigten. Fast hat

man die Empfindung einer gewissen Scheu, vielleicht sogar Zweifel, ob man nicht dabei ist, eine Grenze zu überschreiten, die für immer in dunkles Geheimnis gehüllt bleiben sollte.
Die Wissenschaft vertreibt in ihrer alles besiegenden Nüchternheit solche Bedenken. Die Entdeckung des Codierungsschlüssels der dreidimensionalen Information in dem Tuchbild war ein Triumph ohnegleichen. Jetzt konnte kein Zweifel mehr bestehen: In dem Tuch lag einst ein Mensch. Es sind die Züge dieses Mannes, die sich auf geheimnisvolle Weise über die Jahrhunderte erhalten haben.
Auf der Basis der Reliefdarstellung konnten sogar die Maße des Körpers errechnet werden: ungefähr 1,82 m groß und etwa 79 kg schwer. Jackson und seine Mitarbeiter waren auch bei den Untersuchungen von 1978 dabei, die nicht unwesentlich durch die Entdeckung der Amerikaner beflügelt wurden. Man brauchte sich nicht mehr um den Nachweis zu kümmern, daß das Tuch keine Fälschung war. Nun galt es zu prüfen, wie das Bild entstanden war, und vielleicht Hinweise zu finden, wie alt das Tuchabbild sein konnte.
In den Tagen nach der öffentlichen Ausstellung wurde eine große Anzahl von Fotos und Spezialaufnahmen angefertigt, ein tonnenschweres Arsenal von modernsten Analysegeräten aufgefahren, und ungezählte Einzeldaten wurden aufgenommen, die in langwierigen Verfahren mit Hilfe von Computern ausgewertet wurden. Die Ausarbeitung des gesamten Materials ist bis zum heutigen Tag noch nicht endgültig abgeschlossen. Seit 1980 werden aber von den beteiligten Instituten in unregelmäßigen Abständen Berichte in wissenschaftlichen Publikationsorganen veröffentlicht, die einen Einblick in Umfang und Bedeutung der Untersuchungen gestatten.

Ist Blut auf dem Tuch?

Bei den elektronenmikroskopischen Untersuchungen von Fasern aus dem Bereich des Abbildes war zunächst festgestellt worden, daß das Bild nicht durch irgendeine nachweisbare Substanz entstanden war, sondern daß die Fasern des Tuches lediglich an der Oberfläche eine dunklere Verfärbung zeigten, im Gegensatz zu den

Fasern, auf denen kein Abbild zu sehen war. Ein Experiment, das direkt am Tuch ausgeführt wurde, war die sogenannte Analyse des Röntgenfluoreszenzspektrums. Die Methode beruht auf der Erkenntnis, daß durch Anwendung von Röntgenstrahlen bei bestimmten Energiemengen jedes Atom seinerseits Strahlung aussendet, also fluoresziert. Das Fluoreszenzspektrum gibt auf diese Weise Auskunft über die atomare Struktur eines Objekts. Blutflecken, wie die von der Seitenwunde und an den Füßen, zeigten auffallend hohe Konzentrationen von Eisen.[10] Eisen ist ein Hauptbestandteil des Blutes. Dem amerikanischen Chemiker Dr. Walter McCrone genügte der Nachweis von Eisen, um auf der Jahrestagung der Amerikanischen Vereinigung zur Förderung der Wissenschaft Ende des Jahres 1981 vor der versammelten Weltpresse zu behaupten, dies sei der Beweis dafür, daß das Turiner Grabtuch nicht echt sein könne. McCrone behauptete, das Eisen in den Flecken sei ein deutlicher Hinweis auf eine eisenoxydhaltige Farbe, die erst seit dem 14. Jh. Verwendung fand. Der Chemiker, der das Tuch nie selbst gesehen hatte, wurde durch weitere Untersuchungen überzeugend widerlegt.[11] In diesen Experimenten wurden Staubteilchen von den Blutstellen des Linnens mit Hydrazin- und Ameisensäuredämpfen behandelt und anschließend mit ultraviolettem Licht beleuchtet. Porphyrinmoleküle begannen durch diese Bestrahlung rot aufzuleuchten.

Porphyrin tritt in einem Stadium der Hämbildung auf und gilt als sicherer Nachweis für das Vorhandensein von Blut, auch wenn das Häm selbst durch die Einwirkung von Hitze zerstört worden ist. Bei detaillierten spektralanalytischen Untersuchungen konnte Sam Pellicori vom kalifornischen Santa Barbara Research Center eindeutig nachweisen, daß die als Blut erscheinenden Flecken auf dem Linnen tatsächlich Blut sind. Das Spektrum legt nahe, daß es sich um denaturiertes Methämoglobin handelt. Methämoglobin entsteht durch Oxydation des Hämoglobineisens im Blut. Es vermag keinen molekularen Sauerstoff mehr zu binden.

McCrone hatte darüber hinaus nicht auf die Mangan-, Kobalt- und Nickelspuren hingewiesen, die in eisenoxydhaltigen Farben von Künstlern stets nachzuweisen sind, aber auf den Blutbildern des Tuches fehlen. Die Professoren Heller und Adler von der Gruppe STURP (Shroud of Turin Research Project) – der bedeutendste Zusammenschluß von Wissenschaftlern zur Untersuchung des Grabtuchs – konnten schließlich durch Anwendung von in den USA prozeßrechtlich anerkannten Techniken zur Determination von hämatischen Mikrospuren eindeutig nachweisen, daß es sich bei den rötlich-bräunlichen Flecken an den Wundmalen tatsächlich um Blut handelt.

In einem wissenschaftlichen Labor ist es heute relativ einfach, durch einen chemischen Reaktionstest selbst kleinste Mengen von Blut nachzuweisen. Die gebräuchlichste Methode ist dabei die sogenannte Peroxydase-Reaktion: Schon geringste Spuren des roten Blutfarbstoffes Hämoglobin setzen aus Wasserstoffperoxyd Sauerstoff frei, der die farblose Chemikalie Benzidin oxydieren läßt, wodurch eine Blaufärbung entsteht. Hämoglobin und sein Abbauprodukt Häm haben sehr stabile Moleküle, die normalerweise auch noch nach Jahrhunderten ihre Reaktionsfähigkeit behalten. Mit großer Intensität führte der Pathologe Prof. Baima Bollone die Blutanalysen anhand von einigen entnommenen Fäden aus den Blutregionen weiter.[12]

Die archäologischen Hilfswissenschaften hatten in den letzten Jahren neue Techniken entwickelt, um seit Jahrtausenden geronnenes Blut in Einzelheiten analysieren zu können. Mit Hilfe der Methode fluoreszierender Antikörper konnte Baima Bollone in einem ersten Schritt sogar zweifelsfrei nachweisen, daß es sich um *menschliches* Blut handelt. In aufsehenerregenden Versuchen durch die immuno-histochemische Technik monoklonaler Antisera konnte er sogar die Blutgruppe des Mannes vom Grabtuch bestimmen: Der Gekreuzigte hatte die Blutgruppe AB![13]

Die fluoreszenzfotografischen Forschungen der STURP-Mitglieder enthüllten darüber hinaus, daß auf dem Leinen zwei verschiedene Arten von Brandflecken auftreten. 1532 schwelte das Tuch bei dem Brand in der Schloßkapelle von Chambéry offensichtlich in sauerstoffarmer Umgebung. Die rötliche Fluoreszenz der Sengflecken bewies den historisch belegten Schwelbrand in der silbernen Aufbewahrungstruhe. Andere Brandspuren zeigen ein anderes Fluoreszenzspektrum und weisen auf einen zweiten Brand mit »offenem« Feuer hin.

Die verschiedenen spektralanalytischen Studien konnten auch Beiträge zum Verständnis der Bildentstehung liefern. Freilich ist

man immer noch davon entfernt, endgültige Klarheit über das Zustandekommen des Abbildes zu haben. Bestimmte Hypothesen lassen sich allerdings als sehr unwahrscheinlich zurückweisen. Eine Reihe von Sindonologen war der Meinung, das Abbild auf dem Tuch könnte durch eine Art unerklärbarer Strahlung entstanden sein, indem der Körper Jesu im Augenblick der Auferstehung eine starke Energie ausgestrahlt habe, wobei dann das Abbild des ganzen Körpers in das Gewebe »eingebrannt« worden sei. Pellicori testete solche und ähnliche Hypothesen, indem er die Fluoreszenzspektren des Tuches mit künstlich erzeugten Abbildern auf Leinen verglich. Er hatte festgestellt, daß eine oberflächliche Versengung des Stoffes ein Bild lieferte, das dem des Grabtuchs recht ähnlich war. In beiden Fällen waren nur die äußeren Fasern durch Feuchtigkeitsentzug und Veränderungen in der chemischen Struktur der Zellulose gebräunt. In zwei Phasen untersuchte er das Fluoreszenzspektrum: zunächst nach der Versengung und dann, nachdem er das Tuch zusätzlich fünf Stunden lang bei 150 °C gebacken hatte.
Durch den Backprozeß wurde das Tuch künstlich gealtert und erhielt eine dem Turiner Tuch ähnliche allgemein gelbliche Verfärbung. Die Fluoreszenzemission eines solcherart behandelten Tuchs war dem des Linnens an den bildfreien Stellen sehr ähnlich. Allerdings zeigte sich, daß die durch künstliche Versengung entstandenen Bilder auf durch Backen gealtertem Leinen in ultraviolettem Licht rötlichbraun fluoreszieren. Das Körperbild auf dem Tuch hingegen fluoresziert unter UV-Strahlung nicht. Wäre das Körperbild durch eine Art von Wärmestrahlung entstanden, müßte es in vergleichbarer Weise rötlichbraun fluoreszieren.

Das Problem der Bildentstehung

Wie ist das Bild aber dann entstanden? Die Ergebnisse weiterer Experimente haben gezeigt, daß die sepiafarbenen Dunkelwerte der Abbildung durch eine Veränderung in der chemischen Struktur der Zellulose des Leinens verursacht wurden. Im Laborversuch gelang

es, die gleichen Farbabstufungen zu erzeugen, indem man die Zellulose von Leinen unter Einwirkung verschiedener Oxydationsmittel abbaute. Diese Oxydationsbilder wurden im Laufe der Zeit durch den Alterungsprozeß sogar noch deutlicher. Besonders interessante Resultate erzielte Pellicori durch Anwendung von Aloe, Myrrhe, Olivenöl, Schweiß und Hautölen. In diesen Versuchen stellte der Wissenschaftler eine mögliche Ölung des Körpers mit der im Johannes-Evangelium genannten Kräutermischung nach. Beim Vergleich der Spektren von Aloe, Myrrhe und Schweiß mit Hautölen vor und nach dem Backprozeß zeigt sich, daß alle diese aufgetragenen Elemente für sich genommen auf dem Leinen dunkler werden, die Myrrhe und der Schweiß mit den Hautölen werden zusätzlich auch röter. In gewisser Weise führten diese Versuche wieder in die Nähe der Theorien Vignons, wobei allerdings die Bildentstehung durch einen dampfartigen Prozeß, wie ihn Vignon und Colson vorgeschlagen hatten, abgelehnt wurde, zumal in diesem Fall auch zwischen den Fasern ein Bild zu erwarten gewesen wäre und nicht nur an der Oberfläche.
Eine interessante zusätzliche Erkenntnis lieferte ein Versuch, bei dem ein mit Druck aufgebrachter Abstrich von Schweiß mit Hautölen mit einem anderen verglichen wurde, der nur durch leichte Berührung mit dem Leinen zustande kam. Zunächst unterschieden sich beide Abdrücke stark, der erstere erschien schmutzig, und der letztere war überhaupt nicht sichtbar. Nach dem künstlichen Alterungsprozeß durch Backen ähnelten die spektralen Charakteristika beider Abdrücke einander stark. Offenbar wird der chemische Prozeß der Bildentstehung, so schließt Pellicori, nicht vom unterschiedlichen Anpreßdruck auf Vorder- und Rückseite des Körpers auf dem Tuch beeinflußt. Das erklärt, warum die Abbilder beider Seiten nahezu gleiche Intensität aufweisen, obwohl die Druckverhältnisse extrem unterschiedlich gewesen sein müssen. Das Bild sei letztlich durch die Übertragung von auf der Haut befindlichen körpereigenen und aufgetragenen Stoffen zustande gekommen, wobei der Alterungsprozeß bzw. die Einwirkung von Hitze die Fixierung und Verdunkelung nach sich gezogen habe.[14]
Mit diesen Ergebnissen war man in interessante Regionen vorgedrungen. Theoretisch konnte das Tuchbild wirklich durch die Verwendung der im biblischen Bericht erwähnten Kräuter entstanden

sein. Vignon hatte bereits Versuche angestellt, die dies nahelegen, ebenso der Turiner Gerichtsmediziner Ruggero Romanese in den 30er Jahren. Etwa 80 Tücher von Romaneses Abdrücken von Leichengesichtern, die mit Aloe und Myrrhe bestrichen wurden, verwahrt heute das Institut für Gerichtsmedizin der Universität Turin. Weder seine noch die von Vignon kommen an das detailgenaue und unverzerrte Bild des Turiner Tuchs heran, gestatten aber Hypothesen über den möglichen Entstehungsprozeß. Baima Bollone, der die Versuche Romaneses noch vor den Untersuchungen von 1978 fortgesetzt hat, konnte nachweisen, daß bereits kurze Berührungen eines Tuches mit einem Leichengesicht, das mit einer Mischung von gelöster Aloe und Myrrhe und mit Blut bestrichen wurde, ausreichten, um permanente, klar sichtbare Abdrücke zu erhalten, wobei ein deutlicher Kontrast zwischen Bild und Blut erkennbar ist.[15]
Als er später die Gelegenheit hatte, einige Fäden des Turiner Tuchs ausführlich zu studieren, machte er eine entscheidende Entdeckung: Sechs verschiedene mikroskopische Analysen und die Untersuchung durch ein sogenanntes Energiedispersions-Spektrometer auf Röntgenbasis (EDS) haben die Anwesenheit von Materialien mit optischen Charakteristika und in organischen Zusammensetzungen ergeben, die, neben jenen des Blutes, denen von Myrrhe und Aloe entsprechen! Um seine Resultate zu überprüfen, untersuchte Baima Bollone Vergleichsfäden von den Experimentaltüchern Romaneses, von denen er wußte, daß sie durch Aloe-Myrrhe-Lösungen zustande gekommen waren, und Fäden von Mumientüchern, die ihm das Institut für Anthropologie der Universität Turin zur Verfügung gestellt hatte. Die Romanese-Fäden zeichneten sich durch große optische und elektronische Übereinstimmung mit den Originalfäden des Turiner Tuchs aus, während keine Ähnlichkeit zu den Mumienfäden festgestellt werden konnte.[16] Unabhängig davon konnte Pellicori experimentell feststellen, daß weder Aloe- noch Myrrheabdrücke unter UV-Strahlen fluoreszieren, ebensowenig wie das Bild auf dem Turiner Tuch.
Die Forscher hatten ganze Arbeit geleistet. Eine Fälschung wurde ausgeschlossen, textiltechnische und palinologische Erkenntnisse brachten das Tuch in engen Zusammenhang mit Palästina und dem kleinasiatischen Raum. Für die Bildentstehung hatte man erste Anhaltspunkte gefunden. Man war dem Mann des Grabtuchs auf der

Spur. Auch ohne geschichtliche Quellen zu Rate zu ziehen, deutete einiges darauf hin, daß die Stoffbahn womöglich 2000 Jahre alt sein könnte. Sicherheit, darüber waren sich die Untersucher einig, würde erst eine Radiokarbon-Datierung liefern.

Die Reliquie im Labor

In dem Jahrzehnt nach dem Zweiten Weltkrieg entwickelte der amerikanische Chemiker Willard F. Libby die Radiokarbonmethode zur Altersbestimmung von organischem Material.
Diese Methode beruht auf der Erzeugung des Kohlenstoffisotops ^{14}C in der Atmosphäre: Die durch die kosmische Strahlung entstehenden Neutronen bilden zusammen mit dem Stickstoffisotop ^{14}N das ^{14}C. Isotope sind Atomarten ein und desselben chemischen Elements mit identischer Ordnungszahl, aber verschiedener Massenzahl. Man unterscheidet zwischen stabilen Isotopen und radioaktiven instabilen Isotopen. Das ^{14}C ist ein solches radioaktives Isotop. Radioaktive Isotope zerfallen nach sogenannten Halbwertszeiten in andere, stabile Isotope. Die Radiokarbonmethode macht sich diesen Umstand zunutze. Vom ^{14}C-Isotop weiß man, daß es mit einer Halbwertszeit von 5730±40 Jahren in ^{14}N zerfällt. Zerfall und Erzeugung bleiben stets im Gleichgewicht, so daß der gesamte Anteil von ^{14}C im gewöhnlichen Kohlenstoff der Atmosphäre immer konstant ist. In einem organischen Stoff wird der geringe Prozentsatz an stetig zerfallendem ^{14}C immer wieder durch neues aufgebaut. Sobald der Organismus abstirbt, hört dieser Aufbauprozeß auf, und man kann aus dem heute noch feststellbaren Anteil an ^{14}C in einem solchen Gegenstand auf sein Alter schließen.
Libby selbst hatte vorgeschlagen, das Grabtuch mit seiner neu entwickelten Methode zu datieren. Das Tuch besteht aus Leinen, das bekanntlich aus der Flachspflanze gewonnen wird, somit eine organische Basis besitzt. Damals hätte man dafür nicht weniger als 870 cm^2 des kostbaren Stoffes vernichten müssen. Verständlicherweise war ein solches Ansinnen auf Ablehnung gestoßen. Doch wie in allen Bereichen schritt auch hier die Wissenschaft mit Riesen-

schritten voran. Schon 1977 verkündeten die Radiokarbon-Labors von Rochester in den USA und von Toronto, daß es möglich sei, Versuchsstücke von wenigen Milligramm Gewicht zu datieren. Das wurde durch eine neue Technik möglich, wobei die isotopische Trennung durch Beschleuniger-Massenspektrometrie erfolgt (BMS). Mit diesem System wird das gesamte vorhandene ^{14}C in einem Objekt gezählt, und nicht nur das zerfallende. Zu den Pionieren dieser neuen Methode zählt Harry E. Gove. Neben dieser Technik wurde ein weiteres Verfahren entwickelt, wobei kleine Gaszähler verwendet werden, die mit Mustern arbeiten, welche zuvor in Karbonanhydrid transformiert wurden. Mit dieser Methode läßt sich selbst ein einzelner Faden von 20 cm Länge datieren.
Wieder wurden Stimmen laut, die nach einer Radiokarbon-Datierung der Reliquie verlangten. Bis diese, fast zehn Jahre später, tatsächlich durchgeführt wurde, durchliefen die Pläne und Vorschläge eine recht eigentümliche und vielfach unverständliche Entwicklung. Da viele Entscheidungen und Geschehnisse vom Nebel der Geheimnistuerei verdeckt sind, läßt sich die Chronologie der laufenden Ereignisse nur unvollständig nachzeichnen. Doch was offenbar wurde, genügt, um einen Einblick in das Interessen- und Kräftespiel zu gewinnen, das die Suche nach der Wahrheit in einen Jahrmarkt der Eitelkeiten pervertieren sollte – oder verbergen sich hinter dem Schauspiel ganz andere Absichten, die gewissermaßen durch eine Komödie verdeckt werden sollten?
Der englische Reverend David H. Sox ist einer der frühen Hauptdarsteller. Mitte der 70er Jahre ist er Sekretär der »British Society for the Turin Shroud«. 1976 wird er bei Gilbert Raes, dem Textilexperten, in Gent vorstellig und schlägt vor, das Tuchstück, das Raes noch besitze, von Walter McCrone, einem Spezialisten der Radiokarbonmethode, datieren zu lassen. Hier stoßen wir schon auf die erste Ungereimtheit. Bislang war Sox ein vehementer Vertreter der Echtheit des Turiner Tuches. Seine enge Zusammenarbeit mit McCrone, der sich später als dezidierter Verfechter der Fälschungshypothese erweisen sollte, erscheint merkwürdig. Und in der Tat wechselt Sox alsbald selbst die Lager und gilt heute als einer der erbittertsten Gegner der Echtheitshypothese. Sein Vorstoß bei Raes schlägt fehl. Sox wendet sich an Harry Gove und versucht den Miterfinder der BMS-Methode für die Datierung des Linnens

zu begeistern. Für aufsehenerregende Experimente sind Wissenschaftler gern zu haben. Gove läßt sich nicht lange bitten und zieht das Projekt sogleich an sich. Er nimmt mit Teddy Hall und Robert Hedges vom Oxforder Radiokarbon-Labor Kontakt auf, die ebenfalls mit seiner Methode arbeiten. Hedges ist nicht sonderlich begeistert von der Idee, Hall hingegen zeigt großes Interesse. 1979 konstituiert sich ein informelles Komitee für die Datierung, dem neben Sox die beiden STURP-Chemiker Ray N. Rogers und Robert H. Dinegar angehören.

Der Streit um den Auftrag

Im Juli 1979 wenden sich Gove und Garman Harbottle von der Universität Brookhaven (USA) an den Erzbischof von Turin. Gemeinsam hatten sie die sogenannte Methode der Proportionalzählung entwickelt. Sie bitten darum, die Hälfte des Raes-Stückes datieren zu dürfen, erhalten aber auf ihre Anfrage keine Antwort. Später wurde behauptet, dem Vorschlag hätte deshalb nicht zugestimmt werden können, weil man keine Möglichkeit mehr hatte zu überprüfen, ob das Raes-Stück noch das Original vom Tuch war.[17] McCrone und Sox verlangen immer lautstärker nach dem Datierungsexperiment.
1982 bilden die STURP-Mitglieder einen Ausschuß, der sich mit der Möglichkeit der ^{14}C-Datierung beschäftigt. Sie waren freilich beflügelt von den fruchtbaren Ergebnissen der Untersuchungen, die sie 1978 in Turin durchführen konnten. Dinegar leitet die Kommission. Gemeinsam mit Gove werden sechs Institute, die auf das Datieren kleinster Proben spezialisiert sind, für das Unternehmen interessiert: Rochester, Tucson, Oxford und Zürich, die alle mit der BMS-Methode arbeiten, Brookhaven und Harwell, die nach der Methode der Gaszähler vorgehen. Unter der Schirmherrschaft des British Museum soll die Möglichkeit eines Datierungsexperiments am Grabtuch von den sechs Labors überprüft werden. Die Institutsleiter sind sich einig, daß nicht ein Labor allein die Datierung durchführen darf und daß verschiedene Techniken verwendet wer-

den sollen. Die Labors erhalten je zwei Tuchproben von etwa 100 Milligramm, eine ägyptische von 3000 v. u. Z. und eine peruanische von 1200 n. u. Z., deren Alter nicht bekanntgegeben wurde. Das Züricher Institut irrt um 1000 Jahre, weil die Stoffstücke nicht richtig gereinigt wurden. Dieser Umstand zeigt, wie entscheidend Verschmutzungen und andere Kontaminationen auf eine zuverlässige Datierung Einfluß nehmen können. Alle Labors datieren die peruanische Probe viel zu jung. Kurzerhand tauscht man sie ohne Erklärungen gegen eine andere aus ...
Die Voraussetzungen für eine »wasserdichte« Altersbestimmung des Turiner Tuchs sind alles andere als ermutigend. Beim 12. Internationalen Kongreß über Radiokarbon-Datierung im norwegischen Trondheim werden im Juni 1985 die Datierungsergebnisse der sechs Labors bei diesem »Probelauf« verkündet.
In der Zwischenzeit erarbeiten die STURP-Mitglieder ein ausführliches Forschungsprogramm. Insgesamt werden 26 Untersuchungen vorgeschlagen, um auf 85 entscheidende Fragestellungen eindeutige Aussagen zu bekommen. Neben der ^{14}C-Datierung wird eine ganze Palette von physikalischen, chemischen, optischen und anderen wünschenswerten Experimenten dargestellt. Der Run auf die besten Startpositionen für eine neuerliche Analyse des Linnens beginnt. Jeder will dabeisein, und viele verschiedene Interessen mischen sich. Einige wollen von einer Radiokarbon-Datierung überhaupt nichts wissen. Gemäßigte Skeptiker geben zu bedenken, daß etwa 20 % des gesamten Stoffes aus biologisch fremdem Material bestehen und die Datierung empfindlich beeinflussen können. Die STURP-Forscher möchten die Datierung nur als *einen* Teil ihrer umfangreichen interdisziplinären Analysen gelten lassen. Wieder andere Forscher wollen nur die ^{14}C-Untersuchung, aber die um jeden Preis.
Das Tauziehen beginnt. Sox verleumdet die STURP-Forscher als »militärisch organisierte religiöse Fanatiker«. In Wahrheit handelt es sich um respektable Wissenschaftler der verschiedensten Glaubenszugehörigkeiten, selbst Agnostiker sind unter ihnen. Aber um faire Behandlung oder ausgewogene Argumente geht es nicht mehr. Hier sind Motivationen auf dem Plan, die nicht immer durchsichtig erscheinen, aber allzuoft ihren wenig noblen Ursprung deutlich machen. Gove nimmt den von Sox zugespielten Ball beim Kon-

greß von Trondheim auf, wo er vorschlägt, die STURP-Gruppe vollkommen auszuschalten. Die sechs Laborleiter sind einverstanden. Vielleicht sind ihnen die STURP-Leute suspekt. Immerhin hatten diese bereits eine ganze Reihe von Ergebnissen auf den Tisch gelegt, die für die Echtheit des Tuches sprechen. Spielen in dieser Phase der Entscheidungen bereits vorgefaßte Urteile eine Rolle, wonach ein Tuch, in dem Jesus lag, für die Wissenschaft inakzeptabel ist? Das ist zumindest schwer verständlich. Auch die STURP-Forscher haben ihre Untersuchungen vollkommen neutral durchgeführt und allein aufgrund der Fakten ihre Urteile gefällt. Die Historizität Jesu steht auch für die Wissenschaft nicht in Frage. Damit dürfte es keiner geistigen Verrenkungen bedürfen, ein Objekt, das mit ihm in Beziehung stand, akzeptieren zu können. Es geht mithin nicht um ein paranormales Objekt, nicht um etwas Okkultes oder gar Wunderbares, mit dem bekanntlich die orthodoxe Wissenschaft ihre Probleme hat. Die Entscheidung der Radiokarbon-Lobby gegen die STURP-Mitarbeit ist auf den zweiten Blick eine Entscheidung zugunsten fachlicher Eitelkeit.
Die Repräsentanten der sechs Labors entwerfen noch in Trondheim ein Protokoll, das alle akzeptieren:
1. Das British Museum soll die Koordination der Untersuchung übernehmen und als »Garant« für die korrekte Durchführung fungieren.
2. STURP-Mitglieder dürfen die Proben vom Tuch entnehmen, um sich nicht ganz ausgeschlossen zu fühlen.
3. Das British Museum soll zwei Kontrollproben von Tüchern bekannten Alters besorgen. Alle drei Proben, auch jene des Grabtuchs, sollen zerfasert werden, um nicht mehr identifiziert werden zu können.
4. Das British Museum erhält eine schriftliche Zusicherung der Labors, niemandem die Resultate mitzuteilen außer den vom Museum autorisierten Personen.
5. Die Labors dürfen die ihnen am besten erscheinenden Methoden zur Vorbereitung der Muster anwenden, müssen aber alle Schritte minutiös dokumentieren.
6. Die Resultate werden vor der Veröffentlichung dem Heiligen Stuhl mitgeteilt.
Dinegar von STURP, der in Trondheim anwesend ist, besteht dar-

auf, daß eine Radiokarbon-Datierung erst nach der Analyse der Faserbestandteile durchgeführt werden soll, die von den STURP-Forschern Heller und Adler vorgeschlagen wurde. Die ^{14}C-Spezialisten schmettern seinen Vorschlag ab und behaupten, jede weitere Untersuchung sei absurd, solange nicht das Alter des Tuchs festgestellt wurde. Man will die STURP-Leute offensichtlich als Phantasten darstellen und erniedrigen. Sox ist sogar verärgert, daß sie bei der Probenentnahme zugelassen werden sollen, und Gove erklärt in polemischer Rede, er werde alles hinwerfen, sollte STURP außer der Entnahme irgendeine andere Rolle spielen. Spätestens jetzt sind die Fronten klar. Vom vielgepriesenen Teamgeist der Wissenschaftler, von ihrer Verpflichtung zum Erkenntnisinteresse, von der Suche nach Methodenvielfalt, um einem komplexen Problem gerecht zu werden, ist nichts mehr übriggeblieben. In Trondheim liegt die Kriegserklärung auf dem Tisch.[18]

In einem nächsten Schritt wird die Päpstliche Akademie der Wissenschaften eingeschaltet.

Es ist nicht klar, wer sich an die vatikanischen Wissenschaftsexperten gewandt hat, aber ihre Einbeziehung ist nur logisch, zumal die Reliquie nach Umbertos Tod 1983 in den Besitz des Vatikans übergegangen war. Eigenartig ist vielmehr die wenig überzeugende Rolle, die ihr Präsident, Prof. Carlos Chagas, spielen sollte. Der Vatikan gibt sein O. K. zu einer Konferenz zwischen der Akademie und den Wissenschaftlern, die an einer Datierung interessiert sind. Chagas soll sie organisieren. Seltsamerweise überläßt er diese Aufgabe keinem Akademiemitglied, sondern überträgt sie Vittorio Canuto, einem Astrophysiker am Institute for Space Studies der NASA in New York, der sein privater Berater-Sekretär ist. Gemeinsam entscheiden sie sich gegen die STURP-Vorschläge und für das Trondheimer Protokoll.

An dieser Stelle muß man sich fragen, welche Motive dafür eine Rolle gespielt haben mögen. STURP-Mitglieder hatten bereits viele exzellente Forschungen vorgelegt, ihr Engagement und ihre profunde Kenntnis der Materie waren bekannt. Ihre eigenen Vorschläge schlossen eine ^{14}C-Datierung als Teil eines umfangreicheren Projekts ein, was die Aussagekraft eines Einzelexperiments zweifellos erhöht hätte. Gove und die Radiokarbon-Spezialisten waren, was das Turiner Tuch betrifft, blutige Laien. Die meisten wußten über dessen Geschichte und Erforschung nicht einmal in groben Zügen Bescheid. Der »Probelauf« unter dem wachsamen Auge des British Museum war ein klägliches Schauspiel, das jede Menge Probleme erwarten ließ, und die Forscher selbst hatten sich bislang in der Angelegenheit bestenfalls durch Überheblichkeit und Eigensinn ausgezeichnet.

Entsprechend unübersichtlich gestaltet sich die Situation in der folgenden Zeit. Canuto begeht im Frühjahr 1986 die Indiskretion, einen vertraulichen Brief von Prof. Luigi Gonella, dem wissenschaftlichen Berater des Turiner Kardinals Ballestrero, an Gove weiterzuleiten. Dieser hat nichts Eiligeres zu tun, als ihn seinem engen Freund Sox zuzuspielen, der ihn sogar veröffentlicht. In diesem Brief beschuldigt Gonella Gove, er wolle Forschungsgelder von der National Science Foundation, der größten US-Wissenschaftsstiftung, für sein Institut in Rochester lockermachen, indem er sich als Führer der sechs Labors ausgibt. Mitten in diesen Intrigen läßt Dinegar Gove wissen, der vatikanische Staatssekretär und die Päpstliche Akademie der Wissenschaften hätten das Projekt von STURP akzeptiert! Um die Konfusion perfekt zu machen, erscheint in England am 13. April ein Artikel des Journalisten Peter Jennings, der behauptet, Chagas hätte sich persönlich gegen einen Radiokarbonversuch ausgesprochen.[19] Nach diplomatischem Tauziehen zwischen den Parteien, die mittlerweile wohl selbst nicht mehr wissen, wer auf welcher Seite steht, kommt die Tagung mit den Karbonfachleuten – »das Konklave der Karbonisten«[20] – mit Verspätung Ende September 1986 zustande. Repräsentanten der sechs Radiokarbon-Labors, einige andere Wissenschaftler, darunter solche von STURP, nehmen daran teil. Allerdings wird niemand vom Turiner Centro Internazionale di Sindonologia, der größten Vereinigung von Sindonologen, dazu eingeladen.

Während Gonella weiterhin darauf besteht, daß eine Probenentnahme an die Durchführung des gesamten STURP-Programms gebunden sein sollte, bleibt Gove hart. Der Karbontest dulde keinen Aufschub, und jede zusätzliche Untersuchung würde nur Zeit kosten. Die Repräsentanten der Institute legen nahe, daß man einen sogenannten Blindtest durchführen solle. Bei einem Blindtest wissen die Untersucher nicht, welches Stück das eigentliche Testobjekt und welche Muster nur Kontrollproben sind. Auf diese Weise sol-

len bewußte oder unbewußte Manipulationen, bzw. vorurteilsgeleitete unterschiedliche Behandlungen der Proben verhindert werden. Gonella macht deutlich, daß nicht Turin auf dem Blindtest besteht, sondern die Labors ihn wünschen, um »sich vor der Presse geschützt zu wissen«.
Nach drei Tagen kommen die Teilnehmer überein, daß sieben Institute an der Datierung beteiligt werden sollen, wobei fünf die BMS-Methode und zwei die andere Verfahrensweise anwenden. Das British Museum soll ein Kontrollmuster besorgen. Originaltuch und Kontrollmuster sollen, bis zur Unkenntlichkeit zerfasert, den einzelnen Labors übergeben werden. Drei Institutionen sollen die Supervision übernehmen: die Päpstliche Akademie der Wissenschaften, das British Museum und das Erzbischöfliche Ordinariat von Turin. Nach der Untersuchung sollen alle Institute zu einem bestimmten Datum die Rohdaten ihrer Experimentalergebnisse an folgende drei Institutionen zur statistischen Analyse übergeben: an die Päpstliche Akademie der Wissenschaften, das British Museum und das Istituto di Metrologia G. Colonnetti in Turin. Auf diese Weise sollten wissenschaftlich strenge Kriterien geschaffen und die Glaubwürdigkeit des Unternehmens garantiert werden.
Zugegebenermaßen klangen diese Vorschläge wohldurchdacht. Dennoch, die zusätzlichen STURP-Projekte waren noch nicht vom Tisch. Den Vorrang hatte sich die ^{14}C-Lobby allerdings erkämpft.

Die »Radiokarbon-Mafia«

Anfang 1987 spitzt sich die Situation zu. STURP präsentiert ein endgültiges Analyseprogramm, das gleichzeitig mit der Entnahme für die Datierung durchgeführt werden soll – STURP hofft immer noch, an der Untersuchung beteiligt zu werden. Gonella, der sich über die schroffe Art, in der die Radiokarbon-Forscher STURP und ihn persönlich diskreditiert haben, geärgert hat, findet unverhofft Gelegenheit zu einem hämischen Triumph: Als wissenschaftlicher Arm des Turiner Kardinals immer bestens informiert, läßt er eine Bombe platzen, als er am 27. April in der angesehenen Turiner

Tageszeitung *La Stampa* verkündet, daß nur zwei oder drei Labors die Datierung durchführen werden. Damit hat er den Keim der Zwietracht in die gegnerische Phalanx der »Radiokarbonisten« gesät. Wieder verletzt der Chagas-Berater Canuto seine Schweigepflicht und informiert Gove, daß der Vatikan tatsächlich plane, drei Labors mit der Aufgabe zu betrauen. Die Institutsleiter sind außer sich, fühlen sich plötzlich selbst als Betrogene, können aber natürlich nicht die Indiskretion ihres »Agenten« Canuto bekanntgeben. Gove schlägt daraufhin vor, sie sollen in einem Telegramm an den Papst und an den Erzbischof von Turin gegen den Artikel Gonellas protestieren. So etwas ist für die höchste Ebene des Vatikans, in der allein die Unfehlbarkeit der eigenen Entscheidungen Gültigkeit hat, freilich unerhört. Auf die Anfrage Gonellas bei Prof. Wölfli, dem Leiter des Züricher Radiokarbon-Labors, was sie sich dabei gedacht hätten, eine Protestnote an den Papst zu schicken, antwortet dieser lapidar: »Nun ja, Physiker sind nie gute Diplomaten.«[21] Am 10. Oktober 1987 schreibt Kardinal Ballestrero unter dem Eindruck der Verbitterung über das Protesttelegramm an die sieben Labors und teilt ihnen mit, er habe vom Heiligen Stuhl grünes Licht für das Experiment erhalten. Doch plötzlich sieht das Procedere völlig anders aus. Von der ein Jahr zuvor getroffenen Vereinbarung bleibt nur die Rolle des British Museum als Beschaffer von Kontrollproben bestehen! Die interessanteste und sicherlich unerwartetste Änderung ist die völlige Ausschaltung der Päpstlichen Akademie der Wissenschaften. Chagas wird nur noch als persönlicher Gast des Kardinals Ballestrero zur Probenentnahme zugelassen. Kein Wort über Vorkehrungen, damit die Proben nicht ausgetauscht werden können; und das, obwohl diese Gefahr in einem kurz davor erschienenen Artikel angesprochen wurde, der viel Wind – Bezichtigungen, Diskussionen und Apologien – verursacht hatte und noch im Gedächtnis der Veranstalter sein mußte.[22] Die Schweizer Textilexpertin Flury-Lemberg, die ursprünglich die Stoffentnahme an der Reliquie durchführen sollte, wird ebenfalls unerwähnt gelassen. Allein Tite vom British Museum bleibt als Garant für die Korrektheit des Unternehmens übrig. Weder die Päpstliche Akademie der Wissenschaften noch das Istituto di Metrologia G. Colonnetti sollen an der Analyse der Daten beteiligt werden. Auch diese geht ausschließlich in die Hände Tites über. Ausgewählt wer-

den nur die drei Labors von Tucson (Arizona), Oxford und Zürich; eine Entscheidung, die wohl schon im Mai getroffen worden war. Alle drei arbeiten nach der neueren BMS-Methode.
Harry Gove, der sich allenthalben als Leiter der Radiokarbonuntersuchung aufgespielt hatte, ist außer sich. Er schreibt an den Papst, die Zeitschrift *Nature* und das British Museum. Auch sein Kollege Harbottle vom Labor in Brookhaven macht seiner Enttäuschung Luft. Beide hatten sie die klassische Technik als Methode für kleine Muster weiterentwickelt. Der Ausschluß des Labors von Harwell ruft unter den Kollegen Verwirrung hervor, weil es die größte Erfahrung von allen hat und für genaueste Datierungen bekannt ist. In ihrem gemeinsamen Brief an den Papst kreiden Gove und Harbottle dieser Entscheidung an, sie sei wissenschaftlich kurzsichtig. Das ursprüngliche Turiner Protokoll mit den sieben Labors würde Fehler wie jenen, der dem Züricher Labor beim »Probelauf« passierte, ausmerzen. Es wäre besser, fügen sie hinzu, überhaupt nichts zu tun, als ein solches Schrumpfexperiment zu wagen. Robert Otlet vom Harwell-Labor drückt in einem Protestschreiben die Vermutung aus, daß irgend jemand in Italien den Weg der Wissenschaft behindern will. Die Reduktion auf drei Labors werde zu einer wissenschaftlichen Katastrophe führen. »Es ist«, schreibt er, »als würde man Bulldozer beauftragen, über einen archäologischen Ausgrabungsort zu fahren, bevor man ihn erforscht hat.«[23] Das Gerücht verbreitet sich, der Vatikan habe sich auf drei Institute beschränkt in der Hoffnung, widersprüchliche Ergebnisse zu erhalten. Gove beschuldigt den Erzbischof, den falschen Berater zu haben. Gonella sei dazu nicht qualifiziert, er sei nichts als »ein Wissenschaftler zweiter Klasse«.[24] Gonella kontert, man habe es mit einer regelrechten »Radiokarbon-Mafia« zu tun, die nur auf ihren Vorteil aus sei.[25]
Aus den Reaktionen wird eines klar: Die Ausgeschlossenen fühlen sich tief in ihrer Ehre gekränkt und nehmen kein Blatt vor den Mund, die einsamen Entscheidungen unbekannter Hintermänner im Vatikan anzugreifen und ihre »Gegner« zu diffamieren.
Was war seit der Zusammenkunft mit den sieben Labors in Turin geschehen? Was hat die kirchlichen Stellen bewogen, die Turiner Übereinkunft mit den sieben Labors so drastisch und entgegen jeder wissenschaftlichen Empfehlung zu ändern? Die zu datierenden

Teile des Stoffes konnten so klein sein, daß ihre Entnahme kein Problem darstellen würde. Warum die Ablehnung der zweiten Methode und, was besonders schwer wiegt, der Verzicht auf die beiden zusätzlichen Kontrollinstanzen? Es ist in der Tat verwirrend und schwer nachzuvollziehen, welche Beweggründe für diese Entscheidungen ausschlaggebend waren. Zu Beginn unserer Untersuchungen waren sie uns ganz und gar unverständlich. Doch im Laufe der Zeit sollte sich der skandalöse Sinn des Ganzen enthüllen.
Am 21. April 1988 ist es dann soweit. Unter den Augen der Abgesandten der ausgewählten Labors schneidet Riggi ein Stück des Tuchs ab, und Prof. Testore legt es auf eine Präzisionswaage. Danach wird es zerschnitten. (Vgl. Abb. 20) Dr. Tite nimmt die Stücke an sich und verschwindet, begleitet vom Kardinal, in die angrenzende Sakristei, um in aller Heimlichkeit die Tuchproben in mitgebrachten Metallbehältern zu verschließen. Dann erscheint er wieder mit neun Röhrchen auf dem Tablett – der lächelnde Kellner, der eine außergewöhnliche, eine einmalige Speise kredenzt. (Vgl. Abb. 17) Für jedes Labor waren drei Röllchen bestimmt: eines mit der Probe vom Turiner Tuch und zwei mit den Kontrollmustern. Fast ein halbes Jahr später wird verkündet, die Labors hätten das Turiner Tuch ins Mittelalter datiert. Für die Wissenschaft das Ende einer Legende, eines Mythos.
Die wissenschaftlichen Untersuchungen und Fakten aus der neueren Geschichte der Grabtuchforschung, die Berichte über die Geschicke des Linnens im Mittelalter und die Ikonographie der Abbildung hatte ich bereits eingehend studiert, als ich während meines Aufenthaltes in Sardinien aus der italienischen Presse erfuhr, Radiokarbon-Datierungen hätten das Tuch als mittelalterliche Fälschung entlarvt. Gut zehn Jahre hatte ich mich nun schon mit diesem merkwürdigen Textil beschäftigt und konnte immerhin von mir behaupten, eine ganze Menge Wissen darüber angesammelt zu haben. So stand ich diesem Ergebnis recht skeptisch gegenüber. Noch auf Sardinien faßte ich den Entschluß, der Radiokarbon-Datierung in allen Einzelheiten nachzugehen. Ich wollte jedes Detail genauestens prüfen und alle Beteiligten zu den Vorgängen befragen. Der Zeitung *La Repubblica* entnahm ich die Namen der Institute, welche die ^{14}C-Datierungen durchgeführt hatten. Nach Zürich sind es von meinem Wohnort nur zwei Autobahnstunden. Also setzte ich

Prof. Wölfli, Chef des Züricher Radiokarbon-Labors, auf meiner Prioritätsliste an die erste Stelle.

Anfang November kehrte ich von Sardinien nach Deutschland zurück und schrieb sogleich einen Brief an das Züricher Institut, in dem ich mich als Journalist vorstellte. Am 16. 11. erhalte ich prompt einen Telefonanruf aus der Schweiz. Die freundliche Stimme am anderen Ende der Leitung gehört Prof. Wölfli. Ein umfassender Bericht für die Zeitschrift *Nature* sei in Arbeit und sollte ursprünglich im November erscheinen. Wegen Schwierigkeiten bei der Abfassung durch die drei beteiligten Labors verzögere sich das Publikationsdatum auf Dezember. *Nature,* das muß man wissen, ist der Rolls-Royce unter den naturwissenschaftlichen Publikationsorganen. Wer nicht in *Nature* veröffentlicht hat, kann kaum der wissenschaftlichen High-Society zugerechnet werden. Was immer in *Nature* abgedruckt ist, hat einen strengen Spießrutenlauf durch die Hände unabhängiger Beurteiler überstanden und darf fortan als wissenschaftlich abgesichertes Faktum gelten. Kein Wunder, daß Prof. Wölfli mich auf den Artikel vertröstete; er würde sicher alle meine Fragen beantworten. Im offiziellen Bericht war nur die nüchterne Bestandsaufnahme der Ergebnisse zu erwarten und ein zurechtgestutzter Versuchsaufbau, der methodisch akzeptabel ist und damit die Resultate und Schlußfolgerungen unanfechtbar erscheinen läßt. Es ist ein offenes Geheimnis im Forschungsbetrieb, daß die läßlichen Sünden im Versuchsablauf unterschlagen werden. Am Ende steht immer ein makelloses Experiment von makellosen Forschern. Nein, aus dem Bericht ließe sich kaum eine jener Fragen beantworten, die mich interessierten; jene kleinen Episoden am Rande, jene unauffälligen Besonderheiten, die niemals den Weg in einen wissenschaftlichen Aufsatz finden würden. Immerhin versprach Wölfli, sich wieder zu melden, sobald er seinen Zeitplan überblicken könne.

Damit war ein erster Schritt getan. Zu sehr brannte mir das Problem auf den Nägeln, um untätig zu Hause zu sitzen und zu warten. Kurzerhand machte ich mich auf den Weg nach Belgien zu Prof. Gilbert Raes. Raes war vor seiner Pensionierung Direktor des Labors für Textiltechnologie in Gent und der einzige Mensch, der jemals ein größeres Stück vom Turiner Grabtuch erhalten hatte. Er kannte es deshalb so gut wie kein anderer. Würde es mir jemals gelingen, Fotografien von den untersuchten Proben zu erhalten, wäre Raes der einzige, der sie mit dem Tuch vergleichen könnte. Außerdem hatte ich nie in Erfahrung bringen können, was aus dem sogenannten »Raes-Stück« geworden war. Hatte der Professor womöglich immer noch eine Probe vom Turiner Grabtuch in seinem Besitz? Man könnte das Tuchstück von einem neutralen Labor unter Aufsicht datieren lassen. An einen solchen Glücksfall wagte ich kaum zu denken.

Es traf sich gut, daß mich Besprechungen mit einem Filmproduzenten nach Amsterdam führten, ein Besuch bei Prof. Raes war nur noch ein Abstecher.

Der Textilforscher und das Heilige Tuch

Gilbert Raes wohnt allein im obersten Stockwerk eines großen Mietshauses, mitten in der Stadt. Er ist ein überaus agiler und aufgeweckter Mann von über 70 Jahren. Für meinen Besuch hat er sich den ganzen Vormittag Zeit genommen. Ich zögere nicht lange und erkläre ihm, daß ich erhebliche Zweifel an der Korrektheit der Datierung des Turiner Grabtuchs habe. Prof. Raes kramt aus den Papierbergen auf seinem Schreibtisch eine kleine fotokopierte Zeitschrift hervor – eine Nummer der *Shroud News,* die er soeben aus Australien erhalten hatte. Rex Morgan, der umtriebige Herausgeber dieses rührigen, aber informativen Blättchens, vertritt offenbar die gleiche Meinung wie ich und äußert seine Zweifel in aller Öffentlichkeit. Prof. Raes zeigt mir den von ihm verfaßten Bericht über seine Untersuchungen an dem Tuchstück von 1973 und weist mich auf die dort abgebildeten Fotos hin. Man kann genau erkennen, wo das »Raes-Stück« abgetrennt worden war. Raes erklärt mir, daß sich der Randstreifen und das Haupttuch in der Dichte des Gewebes unterscheiden. Außerdem sind im Randstreifen, im Gegensatz zum übrigen Gewebe, keine Baumwollspuren nachzuweisen. Er äußert die Vermutung, daß sich die molekulare Struktur des Gewebes durch die große Hitze beim Brand von 1532 verändert haben könnte und daß dies zu verfälschten Ergebnissen bei der ^{14}C-Datie-

rung geführt habe. Er versäumt es aber nicht, hinzuzufügen, daß er dafür kein Spezialist sei und deswegen nur spekulieren könne.
Als ich Raes endlich nach dem Verbleib seiner Probe frage, holt er zu einer längeren Geschichte aus: »Ja, das Stück vom Tuch war tatsächlich mehrere Jahre in meinem Besitz. In dem von Turin zusammengestellten Bericht über die Untersuchungen von 1973 hatte gestanden, daß alle Teile, die den verschiedenen Forschern ausgehändigt worden waren, nach Turin zurückgeschickt werden sollten. Alle beteiligten Forscher waren Italiener, außer mir, und der Bericht war in italienischer Sprache abgefaßt. Da ich aber leider kein Italienisch spreche, wußte ich auch nicht, was ich mit meinem Stück tun sollte. So behielt ich es, und keiner hat sich daran gestört. Aber eines Tages erhielt ich einen Brief von Reverend David Sox, der damals Sekretär der Britischen Grabtuchgesellschaft war. Er bat mich, einen gewissen Dr. Walter McCrone zu empfangen, einen ›Radiokarbon-Spezialisten‹ aus Chicago. Dieser McCrone besuchte mich dann im September 1974, erklärte mir, daß er auch kleinste Stücke des Stoffes datieren könne, und bat mich um die Herausgabe der Probe. Ich war von dieser Idee nicht sonderlich begeistert und schlug vor, einen Spezialisten zu befragen. Da ich über Radiokarbon-Datierungen nicht viel wußte, bat ich den belgischen Fachmann Prof. Daniel Apers von der Universität Louvain-la-Neuve um Rat. Er und sein Assistent erklärten sich bereit, McCrone zu empfangen. Das Ergebnis war aber, daß sie mir davon abrieten, McCrone das Stück auszuhändigen, weil die Datierung eines 2000 Jahre alten Objektes nach der Methode McCrones einen Ungenauigkeitsfaktor von plus/minus 700 Jahren beinhaltet hätte, also mit keinem brauchbaren Ergebnis zu rechnen gewesen wäre.« Ich werfe ein, ob er denn wußte, daß McCrone sich immer lautstark gegen die Echtheit des Tuches ausgesprochen hatte. Raes vermutete, dies sei wohl darauf zurückzuführen, daß McCrone eben nicht das Stück von ihm erhalten hatte, und auch Sox habe offenbar aus dem gleichen Grund seine Haltung grundsätzlich geändert. Der Professor glaubt sich zu erinnern, daß McCrone zu der Gruppe von Amerikanern gehörte, die 1978 in Turin an den Untersuchungen beteiligt waren.
»Nach diesem Besuch«, fährt Prof. Raes fort, »wurde mir der Besitz des Tuchteiles irgendwie unbehaglich, und ich schrieb an Prof. Sylvio Curto, den Archäologen in Turin, auf dessen Empfehlung hin

ich für die Textiluntersuchungen hinzugezogen worden war, was ich mit der Stoffprobe machen solle. Curto bat mich, das Stück möglichst unverzüglich nach Turin zurückzusenden. Am 15.11.1976 schickte ich es per Einschreiben direkt an ihn. Gleich danach erhielt ich wieder einen Brief von David Sox, in dem er mir mitteilte, daß der Eigentümer des Tuches, Exkönig Umberto von Italien, seine Zustimmung dazu erteilt habe, das ›Raes-Stück‹ an McCrone auszuhändigen. Erleichtert konnte ich nun darauf antworten, daß sich die Probe nicht mehr in meinem Besitz befand.«

In seinem Buch über das Turiner Grabtuch schrieb Ian Wilson, Prof. Raes hätte das kostbare Stück sträflich leichtsinnig irgendwo unter den Papieren auf seinem Schreibtisch aufbewahrt. Diese Bemerkung scheint mir so eigenartig, daß ich Raes darauf anspreche. Er weist diese Unterstellung von sich. Wilson, mit dem er nie persönlichen Kontakt hatte, muß dies von Sox gehört haben. Als Sox ihn besuchen kam, hatte er zu diesem Zweck das Probestück tatsächlich gerade auf seinem Schreibtisch. Mehr als diese Episode interessierte mich aber die Frage, was aus dem »Raes-Stück« geworden ist. Viele müssen daran interessiert gewesen sein, denn es war und ist für Wissenschaftler so gut wie ausgeschlossen, an Teile des Turiner Grabtuchs zu kommen. Dennoch scheint niemand zu wissen, wo die Probe von Gent nach ihrer Rückgabe geblieben ist. Raes zuckt mit den Schultern: »Ich weiß auch nicht, was damit geschehen ist. Ich war der Auffassung, sie würden das Stück wieder zu dem ganzen Tuch in seinen Schrein fügen, so wie es auch vorher verabredet worden war. Nur unter der Bedingung hatte der König zugestimmt. Überhaupt ist sehr viel darüber spekuliert worden. Immer wieder sind mir auch Aussagen in den Mund gelegt worden, die ich nie gemacht habe. Ich hatte mich lediglich auf die Ergebnisse unserer Untersuchungen beschränkt und nie Spekulationen angestellt, daß nun bewiesen wäre, daß das Tuch tatsächlich 2000 Jahre alt sei. Ich hatte doch nur feststellen können, daß es sich bei dem Gewebe um Leinen handelt und daß sich Fasern von Baumwolle darin befinden. Unser Labor ist eigentlich auf Untersuchungen von Baumwolle spezialisiert.«

Mich interessiert, ob diese Baumwollart später auch in Europa angebaut wurde. Die Antwort des Professors ist eindeutig: »Nein, niemals in Europa! Unsere hier verwebte Baumwolle ist meistens Opland und kommt aus Amerika, Afrika und einigen arabischen Ländern. Baumwolle vom Typ *herbaceum* stammt nicht aus Ägypten, sondern hauptsächlich aus anderen arabischen Ländern.« Auf die Frage, ob es im Mittelalter einen anderen Typ gab, versichert mir Raes, daß es andere Arten nur in Rußland und in Griechenland gab und erst heute zu einem kleinen Teil in Spanien gibt. Sie alle sind aber nicht vom Typ *herbaceum.* In seinem abschließenden Bericht kam er deshalb zu dem Ergebnis, daß das *herbaceum* nur aus dem Nahen Osten kommen konnte.

Ob ein Fälscher im Mittelalter diese Fakten hätte berücksichtigen können, will ich von ihm wissen. Darauf Prof. Raes: »Nein, das habe ich schon gesagt, das ist vollkommen unmöglich. Diese Frage habe ich kürzlich erst öffentlich verneint, als mich das flämische und das französische Fernsehen von Belgien und auch noch ein Sender aus Frankreich dazu befragt haben. Ich weiß wirklich nicht, warum jetzt gerade alle etwas von mir wissen wollen.«

Ich muß Raes etwas klarmachen, dem er wohl keine besondere Bedeutung beigemessen hat: »Nun, Sie sind immerhin der einzige Mensch, der jemals ein richtiges Stückchen vom Tuch zur Verfügung hatte.« Prof. Raes: »Das ist wahr, ich habe es in meinen Händen gehalten und es in meinem Labor gehabt.« Dann fügt er nachdenklich hinzu: »Ich kann nicht verstehen, warum die Vertreter der Datierungslabors beim Abschneiden des Stückes im April dabeigewesen sind. Soweit ich erfahren habe, sollte alles streng geheim bleiben, um die Forscher nicht zu beeinflussen. Allerdings ist das Gewebe des Turiner Grabtuchs so charakteristisch, daß es sofort zu erkennen ist. Ich denke, man hätte die Proben in einzelne Fäden zerlegen sollen, dann wären sie tatsächlich nicht zu identifizieren gewesen. Aber so konnten sie die Grabtuchprobe sofort erkennen. Das ist doch kein Blindtest! Und dann haben sie sich wahrscheinlich auch noch untereinander abgesprochen. Falls es da Unterschiede von 600 bis 700 Jahren gab, mußten sie die Ergebnisse harmonisieren, damit das Publikum nicht mißtrauisch würde. Ich bin mir ziemlich sicher, daß sie sich ausgetauscht haben. Schließlich noch die Frage, warum die vier anderen Labors von ursprünglich sieben ausgewählten plötzlich ausgeschaltet wurden! Ich sehe immer mehr Gründe, die mich an der Korrektheit dieser Datierung zweifeln lassen. Am meisten macht mich mißtrauisch, daß die Labors Kontakt untereinander hatten. Ich persönlich glaube nicht, daß das Tuch eine Fälschung sein kann, denn wie könnte jemand im Mittelalter ein perfektes Negativ geschaffen haben?« Ich füge hinzu: »Und niemand wußte zu dieser Zeit, daß die Nagelung in Wahrheit durch die Handwurzel und nicht durch die Handfläche erfolgte. Außerdem wußte auch niemand, daß die Dornenkrone kein Ring war, sondern eine Art Haube.«

Raes stimmt mir zu: »Solange niemand die Entstehung des Abbildes erklären kann, bleibt es ein Geheimnis!«

Nach vier Stunden intensiver Gespräche verabschiede ich mich von Gilbert Raes mit dem Hinweis, daß ich versuchen will, alle Beteiligten an dieser mysteriösen Datierung zu befragen, um die vielen dunklen Punkte einer Klärung zuzuführen. Für alle auftauchenden Fragen bietet er mir Rat und Hilfe an, soweit sie in seiner Möglichkeit stehen.

Die freundliche Bereitschaft des Textilexperten aus Gent, mir bei der Lösung des Rätsels zu helfen, ließ mich zuversichtlich an die Arbeit gehen.

Freunde hatten mir aus Irland eine Videokassette von einem Film über die Erforschung des Grabtuchs geschickt. Es handelte sich um eine Produktion der BBC, die für ihre ausgezeichneten Dokumentationen bekannt ist. Der Film war im Juli 1988 im britischen Fernsehen in der Reihe »Timewatch« ausgestrahlt worden und zeigte sorgfältig die ganze Prozedur der Probenentnahme in Turin sowie die Vorbereitungen zur Analyse der Tuchstücke im Labor von Prof. Wölfli in Zürich. Im Film äußerte sich David Sox, jener anglikanische Pastor, der einige Jahre Sekretär der Britischen Grabtuch Gesellschaft war, zur Geschichte des Tuches. Im Nachspann war sein Name als Berater zu lesen. Für eine geraume Zeit wurde mir dieser Film zum ständigen Begleiter. Ich weiß nicht mehr, wie oft ich mir jede Szene in Zeitlupe, mit Stoppuhr und Notizblock angesehen habe. Am Ende hatte ich die Szenen so gut im Gedächtnis, als wäre ich selbst dabeigewesen. Zweimal kam der Turiner Kardinal Anastasio Ballestrero zu Wort. Beide Male ließ er die Öffentlichkeit wissen, daß es für ihn und die Kirche kein Problem darstellen würde, sollte sich das Tuch als unecht herausstellen. Es erschien mir, gelinde gesagt, seltsam, daß der Kurator dieser kostbarsten aller Reliquien sich offenbar schon mit dem Gedanken vertraut gemacht hatte, daß der von ihm gehütete Schatz möglicherweise nicht echt wäre; und das zu einer Zeit, als noch kein ernsthafter Sindonologe an der Echtheit des Tuches zweifeln konnte. Wer sonst, wenn nicht Kardinal Ballestrero, hätte mit der Geschichte des Turiner Grabtuchs vertraut sein und wissen müssen, daß es Hunderte von Indizien gab, die es ermöglichten, das Tuch bis zu seiner Entstehung zurückzuverfolgen. Was hat ihn dazu bewogen anzunehmen, das Grabtuch Jesu, das in der Obhut seines Domes in Verwahrung lag, sei vielleicht nur eine Art außergewöhnliches religiöses Gemälde? Zweimal sagte der Kirchenmann in aller Öffentlichkeit, es sei dem Tuch nicht abträglich, sollte es sich nun als »Kunstwerk« herausstellen. Dann ist es eben keine Reliquie mehr, sondern eine verehrungswürdige »Ikone«. So einfach ist das! Der Kirche ist alles recht. Oder wollte der Kardinal schon vor den Ergebnissen der Untersuchung die Menschheit auf das enttäuschende Resultat vorbereiten? Ich konnte mich des Eindrucks nicht erwehren, daß für ihn längst alles klar war: Das Tuch mußte einfach aus dem Mittelalter stammen.

Der Film war für ein breites Publikum geschaffen und zeigte verständlicherweise, aber sehr zu meinem Leidwesen, die Vorgänge der Probenentnahme nur in Andeutungen. Immerhin ließ sich erkennen, wie ein längliches Stück Stoff parallel zur Längskante des Tuches von Prof. Riggi abgeschnitten wurde. Weiter konnte man beobachten, daß die von dem länglichen Stück abgetrennten Einzelstücke gewogen wurden, bevor sie von Dr. Tite in kleine Metallbehälter getan wurden. Wie allerdings die Experimental- und die Kontrollproben verteilt wurden, wer daran beteiligt war und wie lange der ganze Vorgang gedauert hatte, blieb ein Geheimnis. Der zweite Teil des Filmes zeigte Prof. Wölfli mit seiner kostbaren Textilprobe in einer Limousine auf dem Weg zum Flughafen und kurz darauf beim Aufbrechen der Containersiegel, um die Stoffstückchen zu entnehmen. Ein instruktiver Abschnitt durfte nicht fehlen. Mit Hilfe von Trickaufnahmen wurde der Vorgang der Radiokarbon-Datierung erklärt. Wie so oft gelang es den Leuten von der BBC, schwerverständliche wissenschaftliche Zusammenhänge einfach und verständlich darzustellen. Seltsam aber, daß das Filmteam nicht vor seiner Haustür in Oxford die Aufnahmen gemacht hat, wo das Institut für Radiokarbon-Datierung ebenfalls an einer Probe des Turiner Grabtuchs arbeitete. Statt dessen entschied man

sich, umständlich und mit großem Aufwand, im entfernten Zürich zu drehen. Wollte vielleicht Prof. Hall in Oxford keine neugierigen Journalisten um sich dulden? Der Film ließ mehr Fragen offen, als er Probleme löste.
Kurze Zeit später kam eine Einladung von Prof. Wölfli für 14.00 Uhr am 19. Dezember in Zürich. Die Recherchen konnten beginnen.

Zürich: Ein Besuch im Labor

Der neue Teil der Eidgenössischen Technischen Hochschule ist ein großer moderner Gebäudekomplex auf dem Hönggerberg, am Stadtrand von Zürich. Von der riesigen Tiefgarage aus leiteten mich Schilder mit eigentümlichen Abkürzungen durch halbdunkle Gänge und zu sterilen Aufzugstüren. Es dauerte eine Weile, bis ich mich in dieser hieroglyphischen Verwirrung zurechtgefunden hatte. Um zu Wölflis »Institut für Mittelenergiephysik« zu gelangen, so fand ich schließlich erleichtert heraus, war nichts weiter zu tun, als dem Schild zum Gebäude »HPK« zu folgen. Mit etwas Glück stand ich pünktlich um 14.00 Uhr vor seinem Büro.
Wölfli mustert mich mit sprunghaften Blicken und geht sogleich zur Offensive über. Meine Beweggründe will er kennenlernen, eine Erklärung für mein besonderes Interesse an der Materie bekommen. Ich kontere mit der Bitte, einen Tonbandmitschnitt machen zu dürfen. Zunächst ist ihm das suspekt. Als ich ihm versichere, daß ich die Aufzeichnung als Gedächtnisstütze nutzen will, stimmt er schließlich zu. Ich hatte mich schon vor unserer Verabredung dazu entschlossen, mit offenen Karten zu spielen. Also erzähle ich ihm von meinen Forschungen über den historischen Jesus und überreiche ihm ein Exemplar meines Buches zu diesem Thema als Gastgeschenk. Darauf Wölfli: »Ah, ja, jetzt fällt der Groschen. Ich habe schon von Ihren Hypothesen gehört, und irgendwo habe ich sogar Auszüge aus Ihrem Buch gelesen. Ich glaube sie stützen sich auf gewisse Eigenschaften des Leichentuchs; die sind relativ interessant. Aber natürlich fällt dieser Beweis zusammen, wenn das Tuch aus

dem Mittelalter stammt. Ich kann dazu nichts sagen, ich bin diesen Spuren nicht gefolgt. Jetzt über Weihnachten und Neujahr werde ich mir aber die Zeit nehmen, Ihr Buch zu studieren.«
Ich erkläre ihm kurz, daß es viele Indizien gibt, die für eine Existenz des Tuches vor dem Mittelalter sprechen, und erwähne die Pollenanalysen von Dr. Max Frei aus Zürich. Wölfli, nachdenklich: »Ja, er ist leider inzwischen verstorben, ich habe ihn gut gekannt, schon ziemlich lange. Er hatte den wissenschaftlichen Dienst bei der Kantonalpolizei aufgezogen und war 1978 als Pollenspezialist zu den Untersuchungen am Tuch hinzugezogen worden. Ich hatte auch mit ihm darüber gesprochen, und er war eigentlich auch der Meinung, daß nur die ^{14}C-Datierung endgültig Aufschluß über das Alter des Tuches geben könne. Er selbst hat der Pollenanalyse gar nicht diese Bedeutung beigemessen, wie es ihm jetzt in den verschiedenen Publikationen untergeschoben wird. Ja, er saß dort auf Ihrem Stuhl, und ich hätte damals sogar Fäden für die Datierung bekommen können, aber es bestand noch die Gefahr ...« Völlig unvermittelt bricht er bei diesen Worten den Satz ab. Gefahr? Welche Gefahr? Aufmerksam höre ich ihm weiter zu: »Wir haben jetzt sehr große Sorgfalt darauf verwendet, daß keine Verwechslung der Proben möglich war. Das wird uns nun angekreidet, weil natürlich gesagt wird, daß es kein echter Blindtest war. Aufgrund der Gewebeaufnahmen von 1978 war es relativ leicht, das Tuch zu erkennen, weil die Gewebeart doch sehr speziell ist und eher selten.«
Ich werfe ein, daß Dr. Tite offensichtlich nicht in der Lage war, ähnliche Gewebe zu finden, und somit die ganze Aktion mit den Blindproben eigentlich völlig überflüssig war.
»Ja, doch, die Codierung war schon nötig wegen ... sagen wir mal wegen der Journalisten zum Beispiel«, versucht der Professor die Vorgehensweise der Untersucher zu rechtfertigen.
Interessant, denke ich, da lassen sich erfahrene Wissenschaftler scheinbar ihre Methoden von Journalisten vorschreiben und gefährden dadurch die Glaubwürdigkeit ihrer Arbeit. Das ist neu, unverständlich und klingt gar nicht nach dem gewohnten Selbstbewußtsein der Wissenschaft. Ich lasse Wölfli mit der Rechtfertigung fortfahren: »Aber bei den British-Museum-Proben wußten wir natürlich nicht, welche welche ist, das war nicht auszumachen, und dazu wußten wir auch das Alter nicht. Die Bedingung war ganz klar,

wir haben auch nicht untereinander kommuniziert, sondern jedes Labor hat seine Resultate an das British Museum gesandt, dort wurden die Resultate ausgewertet, und dann wurde dieser Paper geschrieben.«[26] Mit diesen Worten legt er ein etwa 40 Seiten starkes Manuskript auf den Tisch und beginnt darin zu blättern. »Da sahen wir dann zum ersten Mal die Vergleichswerte. Wir hoffen, daß die Veröffentlichung in *Nature* nun im Januar erscheinen wird.« Ich frage ihn, ob es möglich ist, eine Kopie des Manuskripts zu erhalten, damit ich mich genau orientieren könnte. Sofort kehrt Wölflis Mißtrauen zurück – und dann die Rechtfertigungen: »Nun, es ist so ..., ich weiß im Moment nicht, ob der Paper so von *Nature* akzeptiert wurde. Sie können sich vorstellen, daß es nicht so einfach ist, daß eigentlich vier Konkurrenten einen gemeinsamen Paper schreiben. Wir haben lange darum gerungen! Also ich meine nicht um die Resultate. Also ... wir haben die statistische Auswertung vom British Museum selber wieder überprüfen können. Auffällige Fehler wurden erkannt und korrigiert. Es ist mehr die Art und Weise, wie der Paper geschrieben wurde, darum haben wir ziemlich lange gerungen. Hier konnten wir schreiben, soviel wir wollten, aber bei *Nature* waren uns 4000 Worte vorgegeben, und da muß man fast um jeden Satz ringen.«
Ich mache ihm klar, daß diese Untersuchung eine sehr weitreichende Bedeutung hat. »Man sollte es auch wieder nicht überbewerten«, beschwichtigt mich Wölfli. »Für gewisse Menschen ja, aber für die Menschheit im allgemeinen glaube ich doch nicht. Der Paper ist eben ein Entwurf, nicht die endgültige Fassung, und deswegen möchte ich es nicht aus der Hand geben. Nicht weil etwas Geheimes darin steht, sondern weil es möglicherweise nicht die endgültige Version ist. Also konkret: Es könnte sein, daß hierin noch ein gravierender Fehler steckt, den wir übersehen haben, und der muß noch ausgemerzt werden. Sehen Sie, ich kenne Sie zu wenig, und es gibt das Problem, wenn noch etwas geändert werden sollte im Text, und Sie hätten die vorhergehende falsche Version veröffentlicht, und dann muß man das widerrufen, weil irgendein Fehler darin ist, den nur der Lektor bemerkt hat und niemand von uns, dann ...« Wieder endet der Satz im luftleeren Raum.
Etliches geht mir durch den Kopf. Also Fehler sind es, die ausgemerzt werden müssen. Eigentlich hatte ich immer eine sehr einfa-

che Vorstellung vom wissenschaftlichen Arbeiten. Man macht einen Versuch, und am Ende erhält man ein Resultat, das sich in einem Zahlenwert ausdrücken läßt. Wenn alles mit rechten Dingen zugegangen ist, kann es da keinen Fehler geben. Er kann doch wohl keine Tippfehler gemeint haben? Zahlen richtig niederzuschreiben, sollte für ein geübtes Team, das schon viele »Papers« verfaßt hat, kein Problem sein. Was meinte er wohl mit seiner »falschen Version«? Ich frage ihn, warum Oxford so viel länger gebraucht hat, um seine Resultate nach London zu schicken. Von Anfang an, meint er, sei gesagt worden, daß nicht vor September/Oktober mit dem Ergebnis zu rechnen sei. Für ihn sei die Sache ohnehin nicht so aufregend wie für die kirchlichen Auftraggeber. Er habe den Eindruck, daß allgemein zuviel Bedeutung in eine solche Reliquie hineininterpretiert wird. Er sei nicht katholisch und habe überhaupt große Bedenken gegenüber den organisierten Religionen. Es verwundert mich, das von einem angesehenen Wissenschaftler zu hören. Oder sollte das Vorurteil, Wissenschaftler würden über die Zinnen des Elfenbeinturms ihrer Spezialdisziplin nicht hinausblicken, richtig sein? Wölfli hatte doch hautnah miterlebt, welcher Aufwand um die Datierung des Turiner Grabtuchs getrieben wurde, welches journalistische und wissenschaftliche Interesse daran bestand. Kann er wirklich nicht ermessen, in welcher Weise die letzten 2000 Jahre abendländischer Geschichte vom Christentum geprägt waren, welch entscheidende Bedeutung dem historischen Jesus in unserem Verständnis dieser Entwicklung zukommt und welchen einzigartigen Platz das Turiner Grabtuch in diesem Prozeß einnehmen muß? So wenig fachübergreifendes Verständnis kann man nicht haben. Aber offenbar sind seine Bedenken »gegenüber den organisierten Religionen« die gleichen, die man auch, angesichts solcher Haltungen, gegenüber der organisierten Wissenschafts-Religion hegen muß.

»Ich möchte hier aber nicht allzu scharf ins Gericht gehen«, läßt er mich gnädig wissen. Dann holt er das Labortagebuch und will mir zeigen, wann er seine Ergebnisse an das British Museum geschickt hat. Ich komme ihm zuvor und nenne das Datum, den 22. Juli 1988. »Das wissen Sie ja besser als ich!« Unser Lachen entspannt die Situation ein wenig. Da er das Tagebuch gerade vor sich hat, frage ich ihn nach den genauen Wiege-Ergebnissen seiner Proben.

»O ja, das ist die einfachste Sache der Welt. Wir haben sogar genaue Fotos von den Proben«, sagt er und entnimmt dem Tagebuch zwei großformatige Fotos, bei denen auf rotem Hintergrund einmal drei verschiedene Stoffstückchen zu sehen sind und einmal eines, das in kleinere Stücke unterteilt wurde. Die Fotos sind mit schweizerischer Gründlichkeit beispielhaft beschriftet, tragen die Überschrift »Shroud of Turin/Zürich«, Kennzeichen für jedes Muster und genaue Gewichtsangaben in Milligramm mit einer Stelle hinter dem Komma. Auch ein Maßstab ist beigefügt, so daß die genaue Größe der einzelnen Proben unschwer ermittelt werden kann. Ein erster Blick auf diese Fotos zeigt mir, daß jeder Laie problemlos die Grabtuchprobe von den anderen beiden unterscheiden kann. Beim Grabtuch kann man auf dem sauber ausgeschnittenen Rechteck deutlich die charakteristische Fischgrätstruktur erkennen, während die anderen beiden Proben unförmig beschnittene Stücke aus einfachem Twillgewebe sind.
Die Prozedur der geheimen Verteilung der Proben in die kleinen, verschraubten Behälter war geradezu eine Farce. Nicht mal als Komödie für Presse und Öffentlichkeit konnte dieses Theater von Nutzen sein. Im Labor von Wölfli war das BBC-Filmteam dabei, als er bei seinen drei Behältern die Siegel brach und die Tuchstücke vor sich ausbreitete, für jedermann deutlich erkennbar, welches zum Turiner Grabtuch gehörte. (Vgl. Abb. 17) Ziemlich schlechtes und noch dazu überflüssiges Theater! Es ist verwunderlich, daß man bei diesen entscheidenden Vorgängen nicht besser geplant hatte, wenigstens um der Öffentlichkeit etwas vorzumachen. Oder war etwa ein grober Fehler in der Planung unterlaufen? Die geheimnisvolle Probenverteilung hätte nur dann Sinn gehabt, wenn die Gewebstücke, wie Prof. Raes bemerkte, in Fasern zerlegt in die Behälter getan worden wären. Dann wäre es den Untersuchern in ihren Labors kaum noch möglich gewesen, die Experimentalprobe von den Kontrollproben zu unterscheiden.
Ich frage Wölfli, warum man genau dies nicht getan hat. Darauf Wölfli sachlich: »Bei unserem vorbereitenden Treffen in London im Januar dieses Jahres haben wir genau diese Frage diskutiert. Aber schließlich haben wir uns darauf geeinigt, die Proben gerade nicht zu zerfasern. Schon bei dem Treffen im September vor zwei Jahren in Turin, bei dem noch alle sieben ausgewählten Labors be-

teiligt waren, hatten wir über die Entnahmeprozedur beraten. Es hat sich herausgestellt, daß bei der Reinigung von in Fasern zerlegtem Material zuviel Verlust entsteht. Sie können diesen Materialverlust auf unserem Laborbild sehen, bei dem die Teststücke zerteilt wurden. Wenn Sie das Gewicht der kleinen Teilchen zusammenzählen, fehlt ein erheblicher Betrag. Außerdem war es gerade ein Argument, die Probe doch noch bis zum Zeitpunkt der Auflösung in CO_2 erkennen zu können, damit es nicht zu einem Vertauschen kommen kann. Ja, das war gerade eine gute Kontrollmöglichkeit, ob es sich tatsächlich um die richtige Probe handelt.«
Jetzt bin ich vollends verwirrt. Man hatte sich also längst entschieden, offenbar schon vor Jahren, die Grabtuchprobe bis zu ihrer experimentellen Vernichtung erkennbar zu lassen. Trotzdem wurden unter großem Aufwand Kontrollproben herbeigeschafft, und man führte das Schmierenstück der geheimen Verteilung auf. Jeder der Beteiligten wußte, daß dies völlig unnötig war. Sollten unbedingt andere Textilstücke aus verschiedenen Epochen als Vergleiche datiert werden, wäre es ausreichend gewesen, diese den Forschern einfach in durchsichtigen Behältern auszuhändigen. Vor laufenden Kameras hätte man verschiedenfarbige Behälter versiegeln und den Vorgang notariell beglaubigen lassen können, und viel Mysteriöses wäre uns erspart geblieben. Statt dessen verschwinden Tuch- und Kontrollstücke hinter verschlossenen Türen, bis wieder ein unsicher lächelnder Dr. Tite mit einigen Metalldöschen auf einem Tablett erscheint. Wer wollte wen für dumm verkaufen? Die Forscher taten so, als hätten sie erst im nachhinein begriffen, daß der Versuch alles andere als »double-blind« war, und rechtfertigten ihr Vorgehen mit der Gefahr des Austauschens. Dieselben Wissenschaftler haben ihr ganzes Forscherdasein damit verbracht, Blindproben zu analysieren, und haben sich noch nie gefragt, ob sie eine solche Probe wohl vertauscht hätten. Was das Turiner Grabtuch anbelangt, hatten sie sich, aus rätselhaften Gründen, geeinigt, keinen Blindtest durchzuführen, und wollten die Öffentlichkeit doch in dem Glauben lassen, es wäre ein solcher gewesen. Sollte ein so wichtiges, auf Jahre hinaus geplantes Unternehmen einfach aus Schlampigkeit zu diesem widersprüchlichen Versuchsaufbau geführt haben? Das ist undenkbar, wenn man sich vor Augen hält, mit welcher Präzision ohne lange Vorbereitungen üblicherweise die wissenschaftliche

Maschinerie abläuft. Es wurde mir recht unbehaglich dabei, diese Gedanken weiter zu verfolgen.
Bei meinem Gespräch mit Prof. Raes in Gent hatte ich von einer mysteriösen vierten Probe gehört. Ich denke, es ist ein guter Moment, um Wölfli danach zu fragen. Er bestätigt, daß es diese vierte Probe tatsächlich gibt, daß »sie aber nicht eigentlich, nicht genau, zu den Blindproben zählt«. (Bei der neuerlichen Erwähnung der »Blindproben« muß ich unwillkürlich lächeln.) Diese Zusatzprobe bestehe aus Fäden von einem Chorrock aus dem 14. Jh. »Da hat das British Museum gesagt: ›Das ist eine Beigabe; wenn ihr wollt, könnt ihr daran üben, das Alter ist genau bekannt!‹«
Zu diesem Zeitpunkt konnte ich dieser »Zusatzprobe« keine rechte Bedeutung beimessen und schenkte ihr deswegen auch keine besondere Beachtung. Merkwürdig aber reihte sich der Umstand in die verwirrenden Fakten ein, daß man diesen hochspezialisierten Labors freundlicherweise noch eine Möglichkeit »zum Üben« bot, wo sie doch Monat für Monat Hunderte von Proben zu datieren hatten und kaum anzunehmen war, daß ihnen die rechte Übung fehlte.
Viel mehr brannte mir eine andere Frage unter den Nägeln. Allzugern wollte ich wissen, wie lange der Kardinal und Dr. Tite allein in der Sakristei zugebracht hatten, um die Proben auf die neun kleinen Behälter zu verteilen. Immerhin fand dieser ebenso unsinnige wie entscheidende Vorgang nur unter vier Augen statt, die anwesende Öffentlichkeit und selbst die eigene Videodokumentation waren davon ausgeschlossen. Hier, fernab von neugierigen Beobachtern, sollte der Wissenschaftler vom British Museum die neun kleinen Stückchen Stoff aus ihren Glasschalen nehmen und in die Behälter stecken, die zuvor mit dem jeweiligen Buchstaben des Labors (Z = Zürich; O = Oxford; A = Arizona) und den Nummern 1 bis 3 bezeichnet worden waren. Die Siegel brauchte er nicht selbst anzubringen, das wurde später in der Kapelle wieder unter den Augen aller Anwesenden erledigt.
Wölfli: »Das ist schwierig zu sagen; ich habe nicht auf die Uhr geschaut, weil ich endlich Gelegenheit hatte, das Tuch in Ruhe zu betrachten. Also, ich würde sagen, so etwa eine halbe Stunde.«
Eine halbe Stunde, um neun briefmarkengroße Stoffstückchen in kleine Röhrchen zu stecken! Unglaublich! In der Dokumentation

der BBC war dieser Zeitraum natürlich durch einen Schnitt überbrückt worden, und es hatte den Anschein, als habe die ganze geheimnisvolle Prozedur der Verteilung nur einen Augenblick gedauert.
»Theoretisch wäre hierbei die Möglichkeit zu einem Austausch der Proben gegeben«, gebe ich zu bedenken.
Wölfli muß mir zustimmen: »Ja, das war die einzige Phase, in der wir ausgeschlossen waren. Aber Dr. Tite war ja unser Vertrauensmann, er hatte doch die Aufgabe, darauf zu achten, daß alles mit rechten Dingen zugeht.« Offensichtlich zweifelt Wölfli nicht im geringsten an der Integrität des Briten. Nun frage ich ein zweites Mal nach den Ergebnissen der Wägungen, die man im BBC-Film kurz sehen konnte. Wölfli weicht aus, verschmitzt lächelnd: »Ja, ich habe mir die Daten in meinem privaten Notizbuch aufgeschrieben. Ich weiß nicht, ob sie irgendwo sonst notiert wurden. Sie müßten aber in der gesamten Videodokumentation zu sehen sein. Also wenn Sie Lust haben, 14 Stunden in Turin fernzusehen, wird das sicher möglich sein.«
Ich halte dagegen: Den BBC-Bericht hätte ich schon ein dutzendmal angeschaut und analysiert. Nein, 14 Stunden Fernsehen mache mir in der Tat nichts aus. Wieder fällt mein Blick auf die vor mir liegenden Fotos mit der zerteilten Grabtuchprobe Z1. Jetzt fällt mir auf, daß nur eine Hälfte der Probe weiter zerteilt wurde, die andere aber ganz geblieben ist. Dazu erklärt der Professor, daß er tatsächlich nur die Hälfte der Tuchprobe für die Datierung verwendet habe. Die andere Hälfte habe er aus Sicherheitsgründen außerhalb des Labors aufbewahrt. »Wissen Sie, es kann immer ein Feuer ausbrechen. Das wäre nicht das erste Mal, daß es hier in unseren Labors brennt.« Da werde ich neugierig und möchte gerne wissen, wo sich die nicht verwendete Hälfte seiner Probe jetzt befindet. Mit einem geheimnisvollen Lächeln erhalte ich zur Antwort, dies wüßten nur er und seine Frau! Ich bin enttäuscht über die Geheimnistuerei, bohre aber nicht weiter nach. Ein drittes Mal bitte ich ihn, mir doch die Ergebnisse des Wiegens in Turin aus seinem Kalender zu zeigen.
Endlich gibt er meinem Drängen nach und zeigt mir die betreffende Notiz. Er deutet auf eine Kolonne von drei Zahlen und sagt mir, daß dies die Wiegeergebnisse für die drei Proben seien, die Zürich

erhalten habe. Die Fotos liegen immer noch vor mir auf seinem Schreibtisch. So kann ich unschwer die Turiner Zahlen mit denen vergleichen, die Wölfli später in seinem Labor gemessen hat. Bei der Überprüfung mache ich eine weitere beunruhigende Entdeckung: Die Zahlen für die beiden Blindproben stimmen ganz genau überein. Aber ausgerechnet das Gewicht der Grabtuchprobe weicht auffällig von dem in Turin gemessenen ab! Sofort weise ich auf den Unterschied von beinahe 2 mg hin, den die Experimentalprobe Z1 in Zürich weniger wog als kurz zuvor in Turin, bevor sie von Tite in das Röhrchen gesteckt wurde. Ich will von dem Professor wissen, wie ein solcher Unterschied zustande kommen könne. Damit scheine ich ihn nun doch überrascht zu haben.

Wölfli vergleicht noch einmal nervös die Aufzeichnungen, stottert ein wenig und meint dann rasch, er habe diesen Unterschied auch schon bemerkt. »Vielleicht Gewichtsverlust während des Fluges durch die unterschiedliche Luftfeuchtigkeit?« fügt er hinzu, während er fragend mit den Schultern zuckt. Warum ausgerechnet das Grabtuch einen Gewichtsverlust erlitten hat, während die beiden anderen Proben davon verschont blieben, ist wohl eines jener Rätsel, die von offizieller Seite gern verschwiegen worden wären.

Mittlerweile haben wir uns etwa drei Stunden lang unterhalten, und Wölfli beginnt öfter auf seine Uhr zu schauen. Höflich bietet er an, mir die »Accelerator-Unit«, die technische Anlage für Radiokarbon-Datierungen, zu zeigen. An Technik habe ich wenig Interesse, und die komplizierten Vorgänge könnte ich wohl ohnehin nicht richtig nachvollziehen, also lehne ich dankend ab, mit dem Hinweis, daß ich nicht noch mehr seiner kostbaren Zeit in Anspruch nehmen wolle. Statt dessen würde ich mich aber sehr freuen, wenn er mir die zwei Fotos mit den Abbildungen der verarbeiteten Proben überlassen könne. Als er zögert, ergänze ich, daß er doch sicher die Negative habe und sich jederzeit neue Fotos nachmachen könne. Dem Argument kann er nichts entgegensetzen.

Er überläßt mir die gewünschten Bilder, nachdem er sein Copyright auf der Rückseite vermerkt und mir ausdrücklich untersagt hat, die Bilder zu veröffentlichen.

Ich bedanke mich freundlich für sein Entgegenkommen und trete den Heimweg durch das schon weihnachtlich festlich beleuchtete Zürich an.

Am nächsten Tag gilt mein ganzes Interesse Wölflis Bildern. Der abgebildete Maßstab erlaubt mir, mit Hilfe eines Lineals die genaue Größe der ursprünglichen, unzerteilten Züricher Grabtuchprobe Z1 auszumessen. Das Stückchen Stoff war demnach genau 18 × 14 mm groß. Im BBC-Film hieß es, das abgetrennte Gesamtstück hätte eine Größe von 70 × 10 mm. Angeblich wurde es in drei gleich große Stücke zerteilt. Ausgehend von der Züricher Probe ließ sich das Originalstück leicht rekonstruieren. Es muß ein Gesamtstück von 14 × 54 mm gewesen sein. Das entspricht aber keineswegs dem länglichen Streifen, der in der Filmdokumentation gut zu erkennen ist. Diese Entdeckung beunruhigte mich und beschäftigte mich derart, daß ich immer wieder nachprüfte, rechnete und maß. Das Webmuster war gut auf Wölflis Foto zu erkennen, und ich verglich es schließlich mit anderen Detailaufnahmen des Turiner Grabtuchs. Dabei erkannte ich, daß das Fischgrätmuster, das auf dem kleinen Stück aus Zürich in der Längsrichtung des Rechtecks verlief, auf einem der Länge nach entnommenen Streifen rechtwinkelig zur Längsrichtung verlaufen mußte. Also war der Originalstreifen, wenn er aus der Probe Z1 rekonstruiert wird, hochkant zur Probe zu ergänzen. Das bedeutete, ich hatte einen Fehler gemacht, das imaginäre Gesamtstück mußte die Maße von 18×42 mm haben! Ein solches Stück ist aber einem 10 × 70 mm großen Stück noch weitaus unähnlicher. Ich war fassungslos! Das war einfach unmöglich! Irgendwo mußte ein Fehler gefunden werden können. Nach wiederholter Prüfung kam ich zu dem Schluß, daß der Fehler nicht bei meinen Berechnungen liegen konnte. Irgend etwas mußte falsch gelaufen sein. Die ebenso aufregende wie tief beunruhigende Möglichkeit materialisierte sich, daß die Proben vom Grabtuch tatsächlich gegen ein anderes, ähnlich aussehendes Tuch ausgetauscht worden waren.

Welche Manipulation! Und ich hielt den Beweis dafür in der Hand. Doch damit begann erst die sorgsame Spurensuche. Es galt jetzt, jede Einzelheit der Datierung genau nachzuprüfen, um wirklich alle Zweifel auszuräumen.

London: Die Britische Tuchgesellschaft

Es gibt nur wenige Personen auf der Welt, die in der Lage sind, die Fotos der Gewebeprobe Z1 aus Zürich mit dem Gewebe des Originaltuches zu vergleichen. Aber niemand war besser dazu in der Lage als Prof. Raes aus Gent. Ich rief ihn sofort an, und er stimmte zu, die Fotos aus Zürich zu untersuchen.

Am 2. Januar 1989 schickte er mir seine Diagnose: »Ich bin zunächst überrascht über die Größe der Probe.« Dann stellte er den Gewichtsverlust beim Zerteilen der Probe Z1 fest: »3,1 mg oder ca. 6 %!«

»Ich habe die Probe, die ich 1973 erhielt, mit den Fotos des Prof. Wölfli verglichen. Ich muß feststellen, daß das Erscheinungsbild ein ganz anderes ist. Welche Erklärung gibt es für diesen Unterschied? Die Hauptdifferenz liegt in jedem Fall in der unterschiedlichen Anzahl der Fäden pro Zentimeter in Kett- und Schußrichtung. Es ist nicht gerade leicht, die Anzahl auf einem Foto zu zählen, aber bei meinem Versuch kam ich nicht auf die gleiche Anzahl wie auf meinem Stück, das ich 1973 erhielt. Ich finde keine Erklärung für diesen Unterschied. Ich darf daraus schließen, daß die beiden Proben nicht vom selben Stück stammen können. Dies ist mein Eindruck beim Betrachten der Proben.«

Offensichtlich ist Professor Raes der Meinung, daß es sich bei dem Züricher Stoffstück auf dem Foto um ein anderes Gewebe handeln muß als um das Originaltuch.

Mein Verdacht, daß eventuell jemand die echten Tuchproben gegen Proben eines anderen, ähnlich gewebten Stoffes ausgetauscht haben könnte, hatte sich erhärtet. Jetzt galt es, den selbstgewählten Sherlock-Holmes-Auftrag in Angriff zu nehmen. Als erstes Ziel steuerte ich London an. Dort ist das British Museum, das eine maßgebliche Rolle in der Durchführung der Radiokarbon-Datierung spielte, und das Oxforder Institut liegt ganz in der Nähe.

Am 18. Januar flog ich mit einer kleinen Maschine der Swissair von Basel nach London. Freunde hatten mir ihre Wohnung im Londoner Stadtteil Hampstead zur Verfügung gestellt. Dort schlug ich eine Zeitlang mein Hauptquartier auf. Zwei Jahre zuvor hatte ich schon einmal hier gewohnt, als eine Public-Relations-Firma für die

englische Übersetzung meines Buches über das Leben Jesu einen Werbefeldzug auf der britischen Insel plante. Dadurch hatte ich einige Bekannte in dieser großen Stadt und fühlte mich recht wohl. Von meinem kleinen, aber eleganten Domizil aus war das Zentrum in wenigen Minuten mit der U-Bahn zu erreichen.
Der Autor des faszinierenden Buches *Eine Spur von Jesus,* Ian Wilson, war Präsident der Britischen Gesellschaft für das Turiner Grabtuch (BSTS). Ich hatte den dringenden Wunsch, mich mit ihm zu treffen, da er als einer der besten Kenner der Geschichte des Grabtuches gilt. Wilson ist zugleich der Herausgeber von *Newsletter,* einer Zeitschrift, die alle zwei Monate von der Gesellschaft veröffentlicht wird. In dieser einfach gemachten kleinen Zeitschrift hatte ich schon viele wichtige Insider-Informationen entdeckt. Zunächst bat ich die Sekretärin der Gesellschaft, Susan Brown, um einen Gesprächstermin. Sie rief mich an, und wir verabredeten uns für den übernächsten Tag in der Lounge des Charing-Cross-Hotels zum Five o'clock tea, direkt über einer der größten U-Bahn-Stationen Londons am Charing-Cross-Platz. Das Erkennungszeichen war die neueste Ausgabe von *Newsletter.*
Während in mäßiger Entfernung ein junger Mann dezente Barmusik auf einem schwarzen Flügel spielte, konnten wir uns in gediegener Atmosphäre ungestört unterhalten. Ich erzählte ihr freimütig von meinen Zweifeln an der korrekten Durchführung der Datierung des Tuches und weihte sie in meine Pläne ein. Es war tröstlich zu hören, daß sie meine Zweifel teilte, doch glaubte sie nicht an eine betrügerische Manipulation, sondern eher daran, daß ein technisches Mißgeschick zur Fehlinterpretation des Alters geführt hatte. Jedenfalls bot sie mir alle Hilfe an, zu der sie imstande war, und stellte mir sämtliche erschienenen Ausgaben des *Newsletter* zu Studienzwecken in Aussicht. Den Kontakt zu Ian Wilson konnte sie im Moment leider nicht herstellen, da Wilson sich für einige Wochen in Kenia aufhielt, um in Ruhe ein Buch über christliche Ikonen fertigzustellen. Sie selbst arbeitete als Herausgeberin eines medizinischen Monatsmagazins und versprach, an ihrem arbeitsfreien Samstag zu mir zu kommen und alles verfügbare Material mitzubringen.
Pünktlich um 11.00 Uhr erschien sie und brachte eine Reisetasche voll mit Büchern, Heften, fotokopierten Artikeln und Briefen mit.

Als wichtigste Neuigkeit zeigte sie mir eine Pressemitteilung, die im vergangenen November von Agence-France-Presse veröffentlicht worden war. Danach hatte bereits vor Jahren ein geheimer Radiokarbontest an einem Faden vom Turiner Tuch stattgefunden! Ein gewisser Prof. William Meacham, Archäologe an der Universität Hongkong, berichtete, daß ein Team von Amerikanern, die an der Untersuchung des Tuches von 1978 beteiligt gewesen waren, bereits 1982 einen nicht genehmigten Test durchgeführt hatte. Sie hatten einen einzelnen Faden in zwei Hälften geteilt und diese in der Nuklear-Beschleuniger-Anlage der University of California datiert. Sie erhielten zwei verschiedene Resultate: einmal etwa das Jahr 1000, das andere Mal die Jahreszahl 200. Da diese Untersuchung ohne Absprache durchgeführt wurde und zudem dieses widerstreitende Resultat zutage brachte, gelangten diese Informationen nie an die Öffentlichkeit, obwohl sie unter Fachleuten bekannt gewesen zu sein scheinen. Susan meinte ergänzend, daß Experten diese geheime Datierung für relativ wertlos hielten, da zu jener Zeit die Untersuchungsmethoden noch nicht so weit verfeinert waren, daß man solche winzigen Stückchen exakt datieren konnte. »Wir hatten schon seit Jahren Informationen darüber, daß es schon früher einen geheimen Radiokarbontest gegeben haben mußte.«
Ich fragte sie, ob sie glaube, daß der getestete Faden von der Raes-Probe stammen könne. In der Tat habe sie selbst daran gedacht. »Aber«, fügte sie hinzu, »ich glaubte, daß jener Test ein negatives Ergebnis hervorgebracht hatte, denn es ereignete sich da eine merkwürdige Begebenheit: Sie wissen, daß Reverend David Sox mein Vorgänger als Generalsekretär der BSTS war. Er war immer völlig von der Authentizität des Tuches überzeugt und ein leidenschaftlicher Verfechter der Echtheitshypothese gewesen. Aber nachdem er einige der amerikanischen Wissenschaftler auf dem Londoner Flughafen Heathrow getroffen hatte, die 1978 gerade nach den ›Initial-Tests‹ aus Turin zurückgekommen waren, änderte Sox urplötzlich seine Meinung, vertrat auf einmal das absolute Gegenteil und begann von da an, Artikel und Bücher gegen die Echtheit des Tuches zu veröffentlichen. Ganz plötzlich! Ich traf ihn an diesem bewußten Abend, und ich muß sagen, er war am Boden zerstört, er war völlig fertig! Er mußte gerade etwas erfahren haben, von dem wir keine Ahnung hatten. Erst später sagte er mir, er habe

damals erfahren, daß die Amerikaner Röntgen-Lumineszenz-Tests durchgeführt hätten, die das Tuch als eine Fälschung erwiesen hätten. Als die Wissenschaftler die Tests später in Amerika wiederholten, mußten sie feststellen, daß sie sich beim ersten Mal geirrt hatten. Ich hatte aber das Gefühl, daß mehr hinter dieser Geschichte steckte und daß er diese Erklärung nur zu seiner Rechtfertigung abgab. Offenbar ist ihm irgend etwas gesagt worden, das unter keinen Umständen an die Öffentlichkeit dringen durfte – irgendein Geheimnis. Ich vermute aufgrund verschiedener Zusammenhänge, daß auch Gonella schon 1973 davon ausging, daß das Tuch eine Fälschung sei. Ich glaube, es gab schon zu jener Zeit bestimmte Untersuchungsergebnisse mit negativem Ausgang. Ich weiß es nicht, und niemand weiß, was wirklich passiert ist.«

Anschließend diskutierten wir verschiedene Fachartikel, die sie mitgebracht hatte; unter anderem eine Arbeit von Noel Currer-Briggs, ebenfalls ein Mitglied der BSTS. In diesem Artikel war von einer Mumie die Rede, deren Leinenbinden durch die Radiokarbonmethode wesentlich jünger datiert wurden als die Mumie selbst. Die Ägyptologin Dr. Rosalie David von der Universität Manchester hat festgestellt, daß nichts darauf hindeutet, daß diese Mumie zu einem späteren Zeitpunkt wieder neu eingehüllt worden ist. Sie weist damit auf die allgemeine Problematik der Radiokarbon-Datierung von Stoffen hin. Andere Texte setzen sich mit der These auseinander, daß die Datierung des Tuches durch technische Fehler zu einem falschen Ergebnis geführt hat. Außer David Sox scheint sich kein BSTS-Mitglied damit abgefunden zu haben, daß das Tuch eine Fälschung aus dem Mittelalter sein soll. Manche Autoren glauben, daß die Proben durch fremdes Material kontaminiert waren; andere vermuten, daß das CO^{14} durch äußere Einflüsse seine molekulare Struktur geändert hat; manche meinen, daß ein Stück von dem später hinzugefügten Seitenstreifen datiert worden ist. Kaum einer der Fachleute, die sich ernsthaft mit dem Tuch beschäftigt haben, scheint die Fälschungshypothese zu akzeptieren.

Nebenbei fragt mich Susan, ob ich tatsächlich nur wegen der Datierung des Tuches nach London gekommen sei. Als ich ihr dies bestätige, äußert sie ihren Respekt vor meinem Engagement. Ich entgegne ihr, ich sei mittlerweile der festen Überzeugung, daß irgend etwas nicht mit rechten Dingen zuging und ich die Möglichkeit erwöge, daß eine Manipulation im Spiel ist. Ich sei daher fest entschlossen, die Ursache für das falsche Datierungsergebnis herauszufinden.

Bevor ich die englischen Untersucher persönlich aufsuche, bitte ich Susan um eine Charakterisierung der beteiligten Wissenschaftler. Susan kennt die beiden Männer durch ihre Arbeit bei der BSTS persönlich und hat Prof. Hall auch schon in seinem Laboratorium in Oxford besucht. Sie beschreibt Hall als einen ziemlich arroganten Karrieristen, der sich in keiner Weise für das Tuch als solches interessiert. Ihm liegt lediglich daran, für sich und sein Institut Publicity zu machen, und er hält die Mitglieder der BSTS und alle, die sich für das Tuch interessieren, für verrückt. Seine Vorstellungskraft scheint an seiner Labortüre zu enden. Jetzt, da das Turiner Grabtuch ins Mittelalter datiert wurde, behauptet Hall, er habe dies schon immer gewußt. Aber tatsächlich wisse er überhaupt nichts über das Tuch, er habe keine Ahnung, läßt mich Susan wissen und bekräftigt: »Ich bin sicher, wenn die Datierung ein Alter von 2000 Jahren ergeben hätte, hätte er auch behauptet, daß er dies schon immer gewußt habe.«

Bei diesen Worten wendet sie sich mir mit einem wissenden Lächeln zu und warnt mich zur Vorsicht, damit ich nicht eines Tages aufgehängt unter der Westminsterbrücke gefunden würde, wie 1982 der skandalumwitterte Roberto Calvi, der Manager der vatikaneigenen Banco Ambrosiano. Dann fügt sie hinzu: »Nein, also im Ernst: Es gibt hier einige sehr merkwürdige religiöse Gruppen. Wir hatten im Zusammenhang mit dem Turiner Grabtuch vor ein paar Jahren Kontakt mit einer Gruppe, die sich als ›Tempelritter‹ bezeichnete. Wahrscheinlich waren sie eine Art von Freimaurern. Jedenfalls beschäftigten sie sich mit Kabbala und Mystizismus und allerlei seltsamen religiösen Dingen. Ungefähr 1978 oder '79 begannen Ian Wilson und David Sox sich für diese Leute zu interessieren. Sie wußten, daß diese Menschen sehr seltsam und ziemlich gefährlich waren. Die beiden befragten eine Frau, die Beziehungen zu dieser Vereinigung hatte. Sie arbeitete in einer Bank und war kurz nach unserer Kontaktaufnahme plötzlich von ihrer Arbeitsstelle und aus ihrer Wohnung verschwunden. Sie ließ alle ihre persönlichen Dinge unberührt zurück. Sie war einfach wie vom Erdboden verschluckt, und niemand hat jemals erfahren, was aus ihr geworden ist. Als wir später eine Grabtuchausstellung in der Westminster-Kathedrale organisierten, trat ein Mann an uns heran, der sich als Journalist ausgab und behauptete, ein Mitglied eben dieser Gruppe zu sein. Er war Spiritualist und sagte, daß er einen Templer als geistigen Führer habe. Dieser Mann beschwor mich, nach Templecombe zu gehen. Dort würden mir wichtige Dinge offenbart werden. Ich sollte dort unter der Anleitung seines geistigen Führers Ausgrabungen machen. Er wollte mich sofort dorthin begleiten. Ich befragte daraufhin Ian Wilson, was er dazu meinte. Der war entsetzt und rief: ›Nein, auf gar keinen Fall‹.« Und mit einem Augenaufschlag fügte sie hinzu: »Wirklich, ich würde an Ihrer Stelle vorsichtig sein. Man kann nie wissen!«

Vor geheimnisvollen Gruppen und Sekten ist man auf dem schwankenden Boden, auf dem wir uns bewegen, nie gefeit. Da mich schon andere Leute darauf aufmerksam gemacht hatten, daß ich mich auf gefährlichem Terrain bewege, hatte ich zur Aufbewahrung der Originaldokumente, die ich inzwischen erhalten hatte, ein Tresorfach hinter den meterdicken Stahltüren im Keller einer Bank gemietet. Den zweiten Schlüssel für dieses Schließfach hatte ich bei einem Rechtsanwalt hinterlegt. Falls mir wirklich etwas zugestoßen wäre, hätte der Anwalt dann für die Veröffentlichung des Materials gesorgt.

Wir wechselten das Thema, kamen aber zu einem nicht weniger undurchsichtigen Punkt, dem Buch von David Sox. Ich nahm an, daß er wieder in Amerika sei, erfuhr aber, daß er im Londoner Stadtteil Kensington wohnte. Susan klärt mich auf, daß Sox zwar Amerikaner ist, aber schon lange hier lebt und Religionslehrer an der amerikanischen St.-Johns-Wood-Schule war. Jetzt scheint er nicht mehr zu lehren, da er recht vermögend ist. Ich will von ihr wissen, wie es möglich war, daß Sox die Ergebnisse der Datierung schon vor der offiziellen Bekanntgabe publizieren konnte.

»Sox ist nicht mehr gut auf uns zu sprechen. Bei unserer letzten Zusammenkunft haben wir ihm auch diese Frage gestellt und ihm dabei wohl unterstellt, daß er vielleicht an den kursierenden Gerüchten nicht ganz unschuldig sei. Er ist ein sehr emotionaler Mensch, sehr enthusiastisch auf der einen Seite und dann wieder tief deprimiert. Dem Buch entnehme ich, daß er seine Insider-Informationen zu einem großen Teil Harry Gove aus Amerika verdankt. Gove ist praktisch der Erfinder der neueren Radiokarbonmethode, und er hat früher mit Paul Damon in Arizona zusammengearbeitet. Prof. Goves Labor hat keine Probe zur Datierung erhalten, obwohl Gove derjenige war, der diese ganze Radiokarbon-Datierung des Tuchs überhaupt in die Wege geleitet hat. Alles war Goves Idee. Er hat die Pläne dafür ausgearbeitet. Natürlich war Gove sehr enttäuscht, als gerade ihm keine Probe zur Verfügung gestellt wurde. Das alles ist sehr, sehr merkwürdig. Es scheint ganz und gar nicht sensibel geplant worden zu sein. Gove war es aber möglich, an den Datierungen von Damon in Arizona teilzunehmen. Damon ist ein überaus freundlicher, sehr wissenschaftlich arbeitender Mann, der aber die weitreichenden religiösen Zusammenhänge um das Tuch herum offensichtlich nicht wirklich begreift. Sox fand heraus, daß Damon der Assistent von Gove gewesen war, und da Gove ein sehr geselliger Typ ist, gelang es Sox, sein Vertrauen zu erschleichen. Auf diese Weise hat Sox wohl die meisten seiner Informationen erhalten. Er tut immer so, als ob er bei dem Geschehen dabeigewesen wäre. Seine Formulierungen suggerieren dem Leser, daß er persönlich bei der Probenentnahme anwesend war. In Wirklichkeit hat er all dieses Wissen aus den Videoaufzeichnungen und seinen Gesprächen mit Prof. Wölfli. Deswegen ist seine Beschreibung von der Stelle, an der die Probe entnommen wurde, sehr vage. Er sagt einfach: ›Jedermann nimmt an, daß die Probe in der Nähe des Raes-Stückes entnommen wurde.‹ Das ist alles, was er darüber sagt. Sehr ungenau!«

Die Charakterisierung Dr. Tites interessiert mich besonders, denn ihm kommt als dem Koordinator vom British Museum in der ganzen Datierungsaffäre eine Schlüsselrolle zu. Neben dem Kardinal von Turin ist Tite die einzige Person, die die Möglichkeit gehabt hätte, die Proben unter Ausschluß der Öffentlichkeit auszutauschen, bevor sie in die kleinen Stahlbehälter verpackt wurden. Susan beschreibt Tite: »Beinahe ein Geschäftsmann, er ist Wissenschaftler, und er ist fähig, an der Wahrheit vorbeizureden, denn er sagte nicht immer die Wahrheit, als wir ihn im November befragten; er schien sehr erregt.« Auf meine direkte Frage, ob er vielleicht bestechlich sein könnte, antwortet sie ausweichend: »Oh, das weiß ich nicht, darüber möchte ich mich auch nicht äußern; aber ... jeder Mensch hat seinen Preis!«

Könnte Tite Zugang zur Textilsammlung des British Museum gehabt haben, will ich von ihr wissen. »Nun, er ist Chef der Forschungssektion, da hat er natürlich zu jeder Abteilung Zutritt. Es ist auch seine Aufgabe, Textilien zu testen ... Ehrlich gesagt, wir konnten es ihm nicht abnehmen, daß angeblich kein dem Grabtuch ähnliches Stück aufzutreiben gewesen wäre! Er gab uns zur Antwort, daß es wohl eins oder zwei gegeben hätte, eines in einer Bibliothek in Cambridge, aber die Leute dort wären nicht bereit gewesen, ein Stück davon zur Verfügung zu stellen, weil es zu kostbar wäre. Diese Antwort befriedigte uns ganz und gar nicht.« Darauf frage ich: »Also glauben Sie, daß er irgend etwas verheimlichen will?« »Ich glaube, entweder haben sie nicht besonders aufmerksam gesucht – vielleicht hielten sie es nicht für besonders wichtig –, oder ... er hat wirklich etwas zu verbergen ... er möchte nicht, daß die Leute erfahren, daß es ähnliche Stoffe gibt. Er war sehr vage.« Zu diesem Zeitpunkt hatte ich den Entschluß gefaßt, selbst zu versuchen, in den Archiven der Londoner Museen ein Vergleichsstück zu finden. »Vielleicht«, so lasse ich meine Informantin wissen, »wird irgendwo ein ähnliches Stück Stoff vermißt!«

Einen Moment lang überlegt Susan und wendet sich dann mir zu: »Wenn Ihre Theorie richtig ist, wenn diese Leute tatsächlich etwas zu verbergen haben, dann werden wir das entsprechende Stück in keinem Fall finden können, denn dann werden sie es mit Sicherheit für immer aus dem Verkehr gezogen haben. Es würde auf jeden Fall erklären, warum es scheint, daß sie den Test so schlecht durchgeführt haben. Es wurde so unglaublich schlecht organisiert für eine wissenschaftliche Untersuchung von dieser Tragweite. Alles, was falsch gemacht werden konnte, wurde auch falsch gemacht! Und alle Vorschläge des Harwell-Labors – ein außenstehendes, objektives Institut – wurden überhaupt nicht berücksichtigt. Etwas stimmt hier nicht!«

Das aufschlußreiche Gespräch ging zu Ende, als Susan zu einer Theatervorstellung aufbrechen mußte. Sie versprach, mir die Tonbandaufzeichnung vom Treffen mit Dr. Tite zu besorgen; darin seien bestimmt wichtige Informationen für mich enthalten. An jenem Abend wußte ich noch nicht, wie recht sie haben sollte.

Dr. Tite und die »unumstößlichen Tatsachen«

Ein paar Tage später konnte ich dieser Tonbandaufzeichnung lauschen. Es war erschreckend zu hören, wie Dr. Tite, dieser »Vertrauensmann der Datierungslabors«, wie Prof. Wölfli ihn genannt hatte, es mit der Wahrheit nicht sonderlich genau nahm. In einer relativ kurzen Ansprache stellte er sich den versammelten Mitgliedern der Britischen Grabtuchgesellschaft vor: »Ich sollte zuerst besonders hervorheben, daß weder das British Museum noch ich selbst direkt mit der Radiokarbon-Datierung befaßt waren. Meine Rolle bei der Datierung des Tuches war die einer Art von Gewährsmann dafür, daß die Proben, die den Labors gegeben wurden, auch tatsächlich vom Tuch stammen. Daraus folgend hatte ich für die Koordinierung der Ergebnisse zu sorgen, die dann an den Erzbischof von Turin weitergegeben wurden. Ich wurde im September 1986 gefragt, ob ich diese Aufgabe übernehmen wolle, und als Turin im Oktober 1987 drei Labors für die Datierung ausgewählt hatte, fragte man mich, ob ich diese Rolle als Gewährsmann und Koordinator übernehmen wolle. Ich sagte zu und war an jenem Donnerstagmorgen, dem 21. April 1988, in Turin anwesend, als die Proben entnommen wurden. Ich beobachtete das Abschneiden der Proben« (korrigierend fügte er hinzu) »der Probe (!) und das Zerschneiden in drei Teile (sic!). Ich beobachtete das Wiegen ... und dann, zusammen mit dem Erzbischof-Kardinal von Turin, ging ich in einen separaten Raum, wo wir die Tuchproben verpackten, zusammen mit den Kontrollmustern. Wir verpackten sie in Aluminiumfolie und dann in Stahlbehälter, und dann wurden sie mehr oder weniger sofort (!) den Vertretern der Labors übergeben.« Daraufhin ließ er alle Anwesenden deutlich wissen: »Und daher bin ich in der Lage, vollkommen dafür zu garantieren, daß die Proben auch wirklich vom Grabtuch selbst stammen!«

Im Anschluß an diese kurze Erläuterung führte er acht bis zehn Dias vor, um die Vorgänge zu illustrieren und seine Glaubwürdigkeit zu unterstreichen. In diesen wenigen Sätzen betonte Tite immerhin zweimal, daß er die einzige Person ist, die für die Echtheit der Tuchproben garantieren kann.

Im weiteren Verlauf seines kleinen Vortrags äußerte er sich schließ-

lich noch zur Größe der Probe: »Die Probe vom Tuch war ein Streifen von etwa 1 × 7 Zentimetern, der von der rechten unteren Ecke des Tuches abgeschnitten wurde, da wo das ›Raes-Stück‹ 1973 entfernt worden war. Es gibt keine Zweifel, also ich meine, ich habe es selbst gesehen, und zwei Textilexperten haben es gesehen, daß die Probe vom Hauptteil des Tuches stammt und nicht von irgendeinem Flicken oder hinzugefügten Teil!«
Bei genauerer Betrachtung seiner Aussagen offenbart sich bald die ganze Fragwürdigkeit von Dr. Tites »wohlbeobachteten, unumstößlichen Tatsachen«. Die Wahrheit ist so verstümmelt, daß man sich fragen muß, was man diesem hervorragenden Gewährsmann überhaupt glauben darf. Zunächst behauptet er, das abgeschnittene Stück sei in drei Teile zerteilt worden. Wie wir später erfuhren, wurde es in Wahrheit in vier Teile zerschnitten, nämlich zuerst halbiert, und dann wurde eine Hälfte in drei Teile geteilt. Dann sagt er, daß nur er und der Kardinal an der geheimen Verpackung der Proben beteiligt waren. Absichtlich verschweigt er, daß auch Prof. Gonella dabeigewesen ist. Er kann doch unmöglich vergessen haben, ob sie zu zweit oder zu dritt im Raum waren? Und hätte er es vergessen, um so schlimmer für seine Glaubwürdigkeit! Drittens erzählt er, der abgeschnittene Streifen sei 1 × 7 cm groß gewesen. In Wahrheit mußte er doch fast doppelt so breit und über 8 cm lang sein! Dieses Mißverhältnis hätte dem ›Koordinator‹ der Datierung doch bekannt sein oder zumindest auffallen müssen.
Zu diesem Zeitpunkt waren die Einzelheiten aber noch keinem der Sindonologen von der BSTS bekannt, und deswegen gab es von den anwesenden Zuhörern auch keinen Protest zu den Behauptungen des Dr. Tite. Dann fügte er noch hinzu, woher die zwei sogenannten »Blindproben« stammten, und er erwähnte, daß den Labors noch eine dritte Blindprobe gegeben wurde, die aus einzelnen Fäden bestand, die dem Chorrock des hl. Louis d'Anjou entnommen worden sind. Dieser Rock wird in der Kirche von Saint-Maximin in Südfrankreich aufbewahrt. »Diese Probe war exakt datiert. Mir wurde gesagt, zwischen 1290 und 1310, nach dem Zeitraum, in dem die Kirche gebaut wurde. Somit hatten die Labors diese drei Kontrollmuster zusätzlich zur Grabtuchprobe. Und den Labors wurde nicht gesagt, welche der Proben in welchem Behälter war.« Allerdings räumte Tite hier ein, daß es nicht möglich gewesen war, ein

gleich aussehendes Stück Stoff zu bekommen, und daß die Labors an der besonderen Webart das Grabtuch doch hätten erkennen können.

Anschließend hatten die Zuhörer die Möglichkeit, Fragen zu stellen. Neben verschiedenen Fragen zu einer möglichen Verunreinigung der Tuchproben äußerte einer der Anwesenden, daß er überrascht war, in dem Buch von David Sox zu lesen, daß Tite und der Kardinal extra ein Dokument unterzeichnet hätten, in dem ausdrücklich noch einmal versichert wurde, daß die Probe vom Tuch auch wirklich vom Turiner Grabtuch stamme. Die Frage: »Gibt es tatsächlich ein solches Dokument?« Darauf die wörtliche Antwort von Tite: »Ich weiß es nicht, ich muß das Video ansehen!« Darauf der Frager: »Aber Sie haben es doch selbst unterzeichnet!« Tite: »Nun, wie ich schon sagte, ich muß das Video sehen! ... Also es kann sein, daß ich etwas unterschrieben habe. Aber ich ... ich meine ... ja, ich ... ich muß das Video sehen, deshalb haben wir ein Video gemacht!« Lachen im Saal! Es ist schon mehr als seltsam, daß sich der wissenschaftliche Gewährsmann nicht mehr an dieses äußerst wichtige Detail erinnern kann.

Allerdings wäre es völlig unsinnig, die ganze Videoaufzeichnung deswegen zu betrachten, da bei der Verteilung der Proben in die Behälter doch (nach den Aussagen von Herrn Tite) keine Zeugen anwesend waren und diese Szene deswegen auch nicht gefilmt wurde. Zumindest an diese Tatsache hätte sich Dr. Tite doch erinnern müssen. Tite war offensichtlich verstört und etwas aus der Fassung geraten. Der Diskussionsleiter des Abends war Ian Wilson, und er war höflich genug, die Peinlichkeit schnell zu übergehen und in die Runde zu fragen, ob noch jemand andere Fragen hätte.

Daraufhin tauchte die Frage eines Zuhörers auf, ob die Labors während der Testphase untereinander Kontakt gehabt hätten. Tite äußerte die Vermutung, daß sie wohl entgegen den Absprachen doch kommuniziert hätten, und bei der darauf im Saal entstehenden Unruhe gestand er ein, daß auch der sogenannte Blindtest in Wirklichkeit kein Blindtest war! Hätte Tite dies nicht aber schon vor der Probenentnahme wissen müssen, als es ihm angeblich nicht gelungen war, identische Stoffe zu organisieren? Wozu wurde dann die ganze Show mit der geheimgehaltenen Verpackung der Muster in die Behälter unter Ausschluß der Öffentlichkeit inszeniert? Für welchen Zweck war ein solches Theater notwendig? Es gibt keine vernünftige Antwort auf diese Frage. Der Informationsaustausch der Labors untereinander, den Tite eingesteht, geht auf sein Konto. Er war der Gewährsmann, der Schiedsrichter sozusagen, der sich darum zu kümmern hatte, daß der vereinbarte Versuchsablauf genau eingehalten wurde. In Wahrheit wurde so gut wie keine Vereinbarung befolgt.

Auf Spurensuche in Museumsarchiven

Der folgende Tag war ein Sonntag, und ich hatte mich entschlossen, einen Besuch im British Museum zu machen. Ich wollte selbst erkunden, ob sich vielleicht doch irgendwo ein Stück Stoff finden ließe, das dem Grabtuch glich. Das Museum führt keine spezielle Sammlung von Stoffen, und so mußte ich sämtliche Abteilungen durchforsten. In einem Raum für englische Geschichte hatte ich Glück. Dort lag in einem Glaskasten ein kleiner Fetzen aus dunklem Stoff aus dem 4. Jh., der in genau dem gleichen Fischgrätmuster gewebt war wie das Turiner Tuch. Allerdings handelte es sich der Beschreibung nach um ein Wollgewebe und nicht um Leinen. Immerhin verdeutlichte das Objekt, daß diese spezielle Webtechnik schon um 350 n. u. Z. bekannt war. Interessanter würde es aber sicher sein, in den Archiven zu suchen, und ich war entschlossen, dies auf jeden Fall zu versuchen. Am Sonntag war natürlich keiner der Kuratoren des Museums zu sprechen, ich würde an einem Wochentag wiederkommen müssen.
Die britischen Museen sind von ihrer Bestimmung her Institutionen, die sehr um Öffentlichkeitsarbeit bemüht sind, und haben in der Regel eine besondere Abteilung, in der die Bürger sich mit ihren speziellen Fragen und Problemen von den dort arbeitenden Wissenschaftlern beraten lassen können. Als ich mich ein paar Tage später in dem Beratungsraum des Museums einfand, mußte ich mich zunächst in einen eigenartigen Wartesaal begeben. Eine Reihe von Leuten war bereits da, alle mit seltsamen antiken Gegenständen bewaffnet, als würden sie auf das Erscheinen eines Arztes

warten, der diese zum Leben erwecken sollte. Ich wurde aufgefordert, meinen Namen in ein dickes Buch einzutragen und auch meine Fragen darin zu notieren. Nach einer Weile erschien eine Dame, der ich meine besonderen Wünsche vortrug. Sie bat mich, noch etwas zu warten, und schließlich stellte sich mir ein etwa fünfzigjähriger Mann vor: Dr. John Cherry, der unter anderem auch ein Buch über die Geschichte des Fingerrings verfaßt hat, das ich später zufällig beim Stöbern in einem Buchladen entdeckte. Ich erklärte ihm, mein ganz besonderes Interesse gelte Geweben aus dem 14. Jh., worauf er mich ohne zu zögern durch lange Korridore und über zahlreiche Treppen in andere Stockwerke führte, bis wir durch eine Tür wieder in die öffentlichen Ausstellungsräume gelangten. Dort wies er auf ein paar mittelalterliche Textilien hin, die aber alle nicht im Fischgrätmuster gewebt waren. Ich erklärte dem freundlichen Herrn, daß ich die ausgestellten Stoffe schon gesehen hatte und viel lieber einen Blick in die Lager und Regale werfen würde, um die Stücke sehen zu können, die nicht öffentlich ausgestellt werden. Er musterte mich mit einem ziemlich verständnislosen Gesichtsausdruck, und ich formulierte meinen Wunsch noch etwas deutlicher. Schließlich konnte ich ihn überreden, mich in die Archive hineinzulassen, und er führte mich, wenn auch verunsichert und widerwillig, wiederum durch endlose Korridore in Räume von gigantischen Ausmaßen, in denen zahllose Schränke und Arbeitstische standen. Er öffnete einen der kleineren Verschläge und wies auf einen Stapel von etwa 30 flachen Kartons und Pappdeckeln. Ich nahm einen nach dem anderen heraus und öffnete sie vorsichtig. Es lagen die unterschiedlichsten Stoffstücke, Reste, Tücher, kleine und große Fetzen aus den verschiedensten Jahrhunderten darin, alles völlig ungeordnet und nur durch kleine Handzettel unzureichend bezeichnet. An der Innentüre des Schrankes war zwar so etwas wie eine Inventarliste angebracht, die wohl schon seit Jahrzehnten nicht mehr aktualisiert worden war. Manche der Kartons waren leer, und niemand konnte sagen, was sie jemals enthalten hatten oder was aus dem Exponat geworden war. John Cherry schien nicht sonderlich viel über Stoffe zu wissen, und ich fragte ihn, ob es denn nicht einen Spezialisten für Stoffe innerhalb dieser riesigen Institution gäbe. Er erklärte mir, daß man hier nicht auf Stoffe spezialisiert sei und deswegen auch nur wenige Stoffobjekte aufbewahre. Für besondere

Aufgaben im Zusammenhang mit Stoffen beschäftige das British Museum eine der größten Kapazitäten auf diesem Gebiet als freie Mitarbeiterin, Elizabeth Crawfoot, die aber nicht in London wohne.
Dieser Besuch war ziemlich enttäuschend verlaufen, denn ich hatte mir vorgestellt, viel mehr geeignete Objekte dort sehen zu können. Immerhin hatte ich aber doch feststellen können, daß, falls es in den Archiven jemals ein passendes Stück Stoff gegeben haben sollte, praktisch jeder Mitarbeiter Gelegenheit gehabt hätte, es unauffällig in seinen Besitz zu bringen.

Oxford: Ein Professor macht sich unsichtbar

Schon zu Beginn meines Aufenthaltes in London hatte ich an Prof. Hall nach Oxford geschrieben, ihm meine Situation erklärt und ihn gebeten, mir doch so schnell wie möglich ein kurzes Gespräch mit ihm zu gewähren. Da ich nach zwei Wochen immer noch keine Antwort aus Oxford erhalten hatte, rief ich in seinem Büro an und erhielt die Auskunft, daß sich der Professor gerade im Ausland aufhalte und erst in zehn Tagen wieder zurück sein werde. Nach Ablauf der zehn Tage erklärte mir seine Sekretärin, daß meine Briefe wohl in Halls Büro angekommen seien, der Professor aber halte sich im Ausland auf und werde erst in zehn Tagen wieder zurückerwartet. Schon wieder? Offenbar wurde eine stupide Abwehrorder ausgeführt. Ich hatte erfahren, daß Hall in wenigen Tagen, ausgerechnet am Tag meiner Abreise, einen öffentlichen Vortrag über die Radiokarbon-Datierung des Turiner Tuchs in den Räumen des British Museum halten würde. Die Erklärung der Sekretärin war völlig unglaubwürdig, und ich entschloß mich kurz darauf, selbst nach Oxford zu fahren.
Mit dem Zug erreicht man die weltbekannte Universitätsstadt von London aus in nur zwei Stunden. Es war Mittwoch, der 10. Februar, gegen elf Uhr vormittags, als ich das Sekretariat von Halls Institut betrat. Auf meine Frage nach dem Professor kam abermals die gleiche stereotype Antwort: »Der Professor ist gerade ins Ausland

1

1 Der barocke Hochaltar in der Königskapelle der Kathedrale von Turin. Hinter dem Gitter, das in der Mitte zu sehen ist, befindet sich der Schrein, in dem das Tuch liegt.

2 Das Tuch in seiner gesamten Länge von 4,36 m (Breite: 1,10 m), wie es mit bloßem Auge zu sehen ist.

3 Das ganze Tuch in der Umkehrung als Fotonegativ. Erst im Negativ sind alle Details deutlich zu erkennen.

4 Als Negativdarstellung gibt die Vorder- und Rückseite des Körpers viele erstaunliche Einzelheiten preis.

5 Erst als Negativ strahlt das Antlitz Anmut und Würde aus.

6 Maskenhaft erscheint das Portrait dem bloßem Auge.

7 Die Struktur des Gewebes ist ein sogenanntes Fischgrätmuster, das sich zur Zeit Jesu nur im syrischen Raum nachweisen läßt.

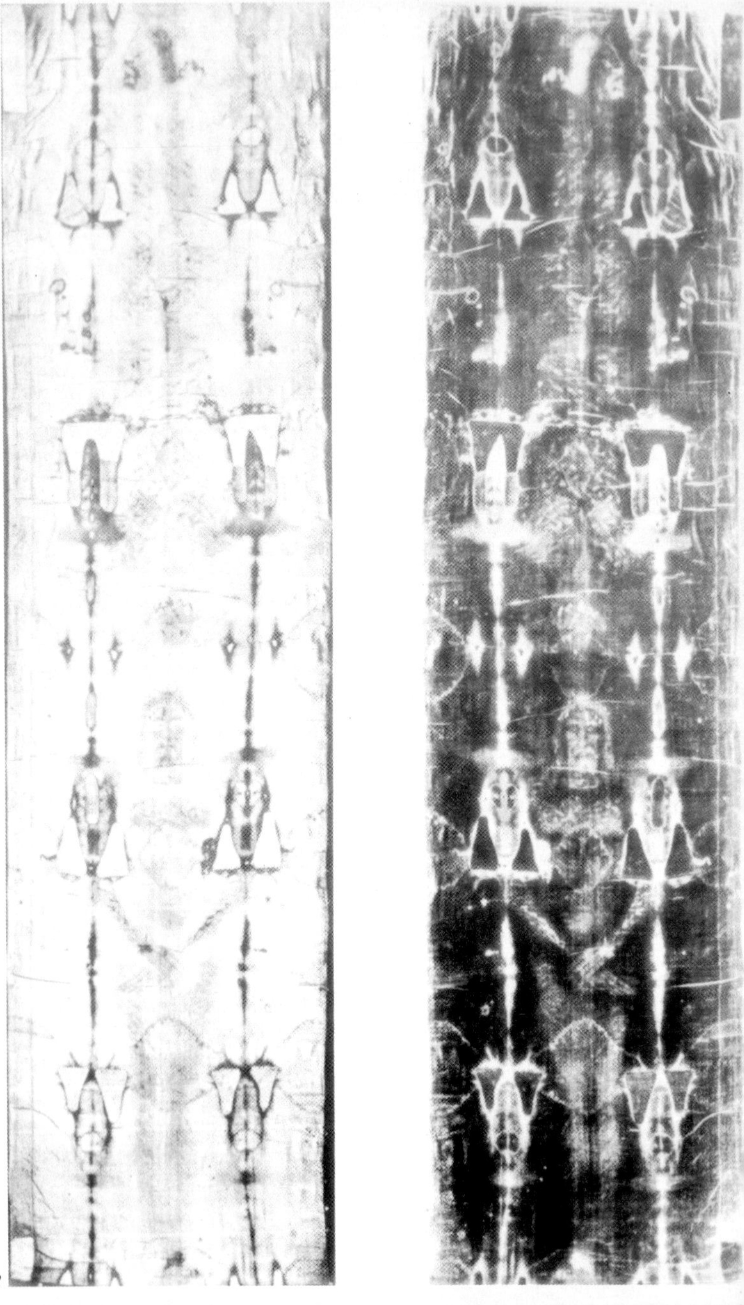

2

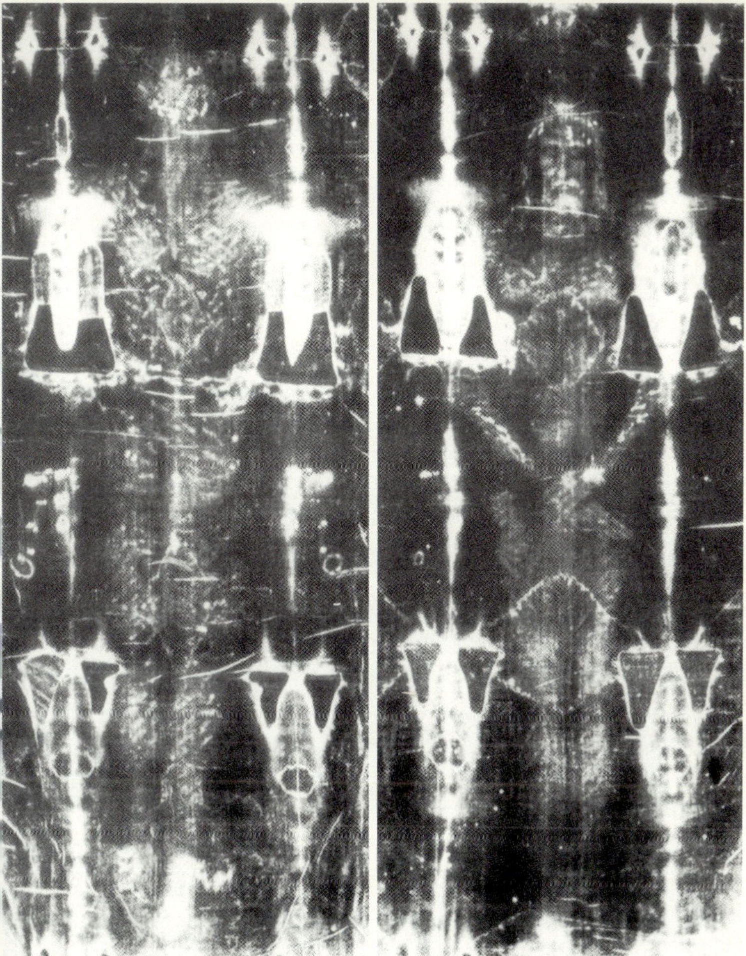

4

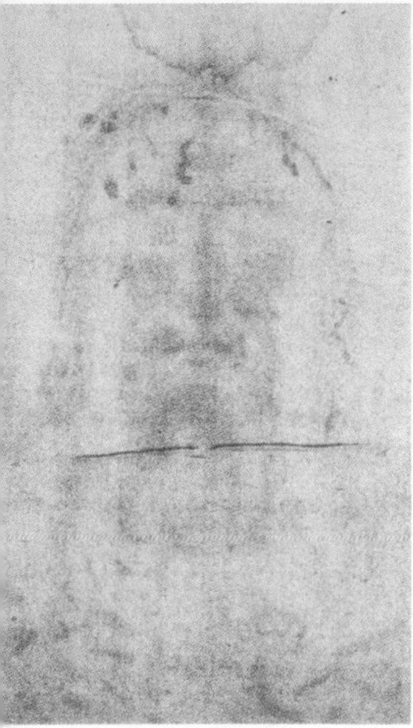

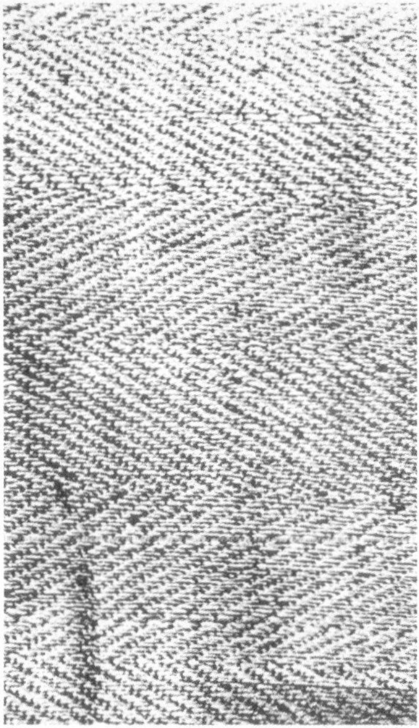

7

8

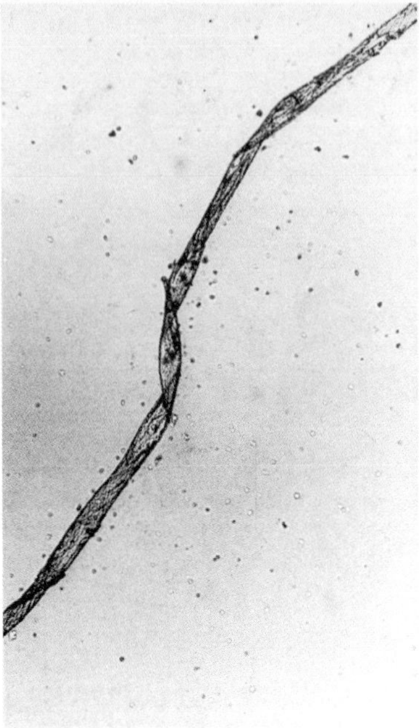

9

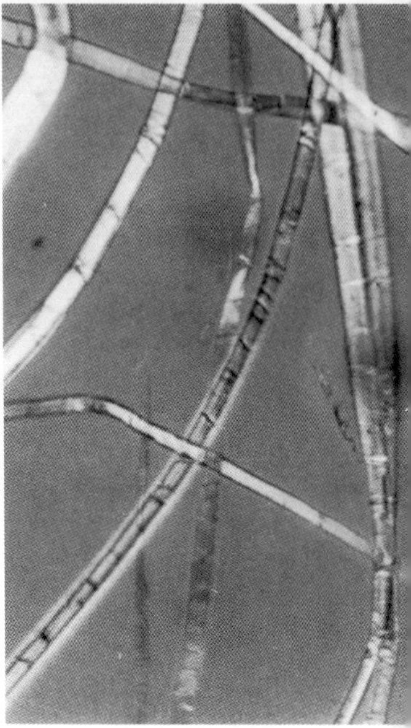

8 So, wie auf diesem Gemälde aus dem 16. Jh., wurde der Körper in das Tuch gelegt

9 Diese gewundene Baumwollfaser wurde im Gewebe des Tuches entdeckt. (vergrößert

10 Diese Flachsfasern vom Turiner Tuch sind bambusartig aufgebaut. (vergrößert)

11 Etwa 4 cm lang und 1 cm breit war die Probe, die bereits 1973 für den belgische Textilforscher Prof. Raes abgetrennt wurde. (Vorder- und Rückseite)

12 Dieses briefmarkengroße Stück Gewebe erhielt das Radiokarbon-Labor in Oxfor zur Datierung.

13 Ein Teil der Probe, die in Tucson (Arizona) datiert worden ist.

14 Das Originalstück vom Turiner Tuch, unmittelbar bevor es für die Datierun abgetrennt wurde. Dieses Foto diente zum Vergleich mit den Teilen, welche die Labor erhalten hatten.

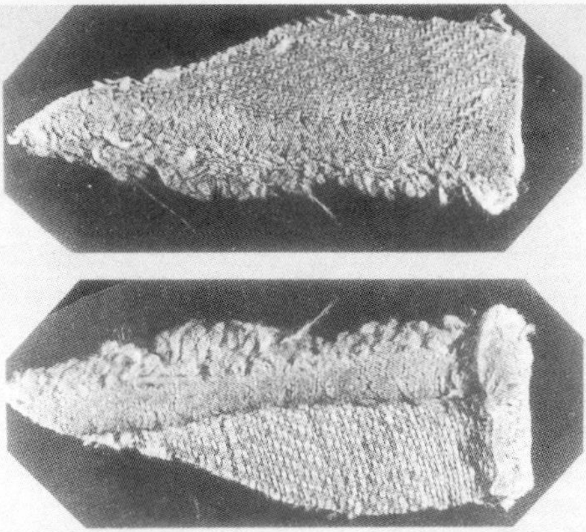
11

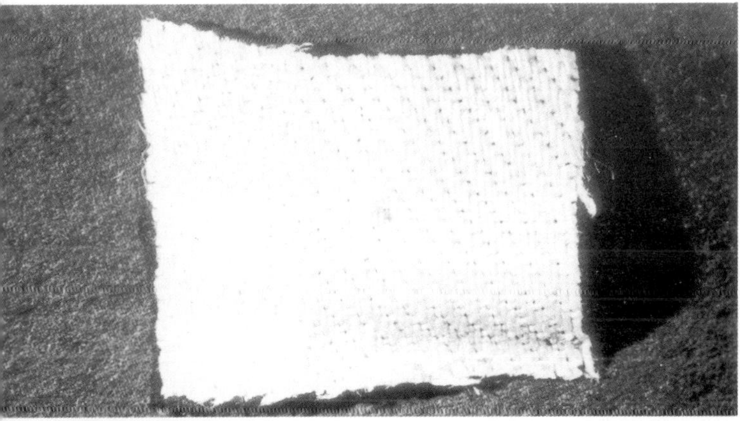
12

13

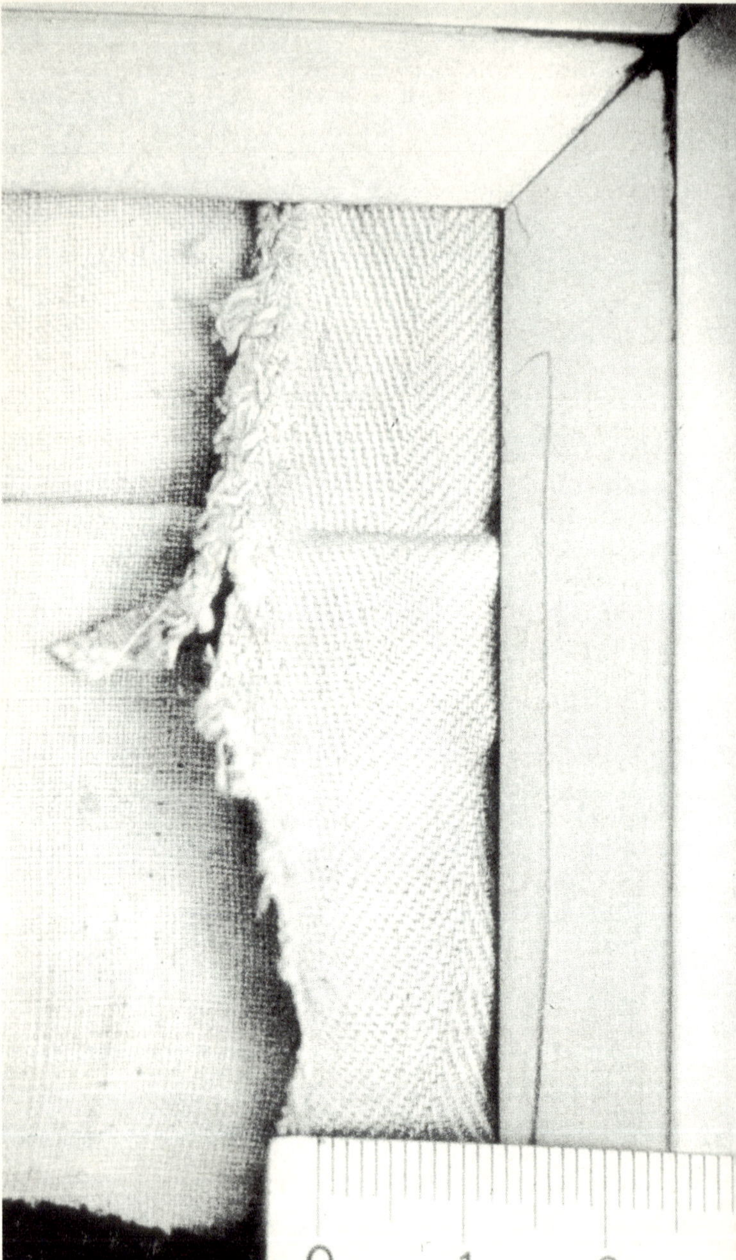

14

gereist und kommt erst in zehn Tagen zurück.« Wäre mir nicht viel an Halls Aussage gelegen, hätte ich mich jetzt über die köstliche Komödie sicherlich amüsiert. Rasch überschlug ich meine Chancen, nicht ganz mit leeren Händen zurückfahren zu müssen. Es ging mir vor allem darum, eine Fotografie der in Oxford datierten Probe zu erhalten, und die konnte mir wohl auch sein Assistent Hedges aushändigen, der den Professor bei allen seinen Auftritten in der Öffentlichkeit begleitet hatte. Also äußerte ich meinen Wunsch, den Assistenten zu sprechen. Die beiden Sekretärinnen waren offenbar für jede Eventualität vorprogrammiert und sagten, daß Hedges auch nicht zu sprechen sei. Erst als ich den reizenden Damen erklärt hatte, daß ich extra aus Deutschland angereist war, um mit einem der Beteiligten zu sprechen, bequemten sie sich, Hedges in seinem Labor anzurufen. Ich hatte sie vorsorglich gebeten, ihm auszurichten, daß mir zehn Minuten seiner kostbaren Zeit genügen würden und daß ich bereit war, den ganzen Tag auf ihn zu warten. Der strebsame Mitarbeiter war aber unter keinen Umständen bereit, mich spontan zu empfangen, allenfalls nach vorheriger schriftlicher Anmeldung. Aber wie man in diesem Institut mit schriftlichen Anmeldungen umging, hatte ich ja bereits erfahren müssen. Vielleicht hat der treue Diener seines Herren auch nur auf Befehl seines Chefs gehandelt. Die beiden eifrigen Vorzimmerdamen schienen sich jedenfalls über meine vergeblichen Bemühungen köstlich zu amüsieren, so daß mir nichts anderes übrigblieb, als diesen ungastlichen Ort enttäuscht und niedergeschlagen wieder zu verlassen.
Wenigstens wollte ich das Institut noch von außen betrachten, und so gelangte ich in den Innenhof, wo die Mitarbeiter ihre Autos parkten. An jedem Auto klebte von innen an der Frontscheibe eine Parkplakette mit dem Namen des Besitzers. Ich wollte wissen, ob ich wirklich frech belogen worden war, und kontrollierte die Namen auf den kleinen Schildern, um zu sehen, ob ich vielleicht das Auto von Hall finden würde. Als ich so von Wagen zu Wagen ging, bemerkte ich, daß ich durch die Fensterscheiben beobachtet wurde. Ich wollte nicht für einen Autodieb gehalten werden und brach meine Aktion erfolglos ab. Im Weggehen konnte ich durch das Fenster in einem ebenerdigen Raum Dr. Hedges erkennen, der vor einer größeren Maschine stand. Sein Gesicht mit dem markanten Vollbart, das ich schon auf verschiedenen Fotos gesehen hatte, war unverkennbar. (Vgl. Abb. 19)

Da ich zu gerne wissen wollte, ob Hall wirklich verreist war oder sich bewußt verleugnen ließ, suchte ich im örtlichen Telefonbuch nach seiner Nummer. Ich rief an und fragte, ob ich den Professor sprechen könne. Am anderen Ende der Leitung war ein jüngerer, freundlicher Mann, der mir die Auskunft gab, daß Hall in seinem Institut sein müsse, aber am Abend auf jeden Fall wieder zu Hause wäre!

Nun war es absolut klar, daß ich systematisch belogen worden war. Warum ließ sich der Professor aus Oxford verleugnen? Hatte er Angst vor unbequemen Fragen? Oder hatte er gar etwas zu verbergen? (Vgl. Abb. 21)

In dem BBC-Film, der vor der Datierung im Fernsehen ausgestrahlt worden war, gab es ein Interview mit der Textilexpertin des Victoria and Albert Museum, Linda Woolley, in dem sie zu der speziellen Webtechnik des Grabtuches befragt wurde. Mit ihr hatte ich telefonisch einen Termin für ein Gespräch verabredet, und sie erwies sich als wesentlich kompetenter und auch hilfsbereiter als der eher zurückhaltende Herr vom British Museum. Diesmal änderte ich meine Taktik und sagte ihr direkt, daß ich einen Stoff suchte, der dem Turiner Tuch in Webart und Alter gleichen sollte. Sie schmunzelte und meinte, daß diese Bitte schon einmal an sie gerichtet worden sei, als nämlich das British Museum die Vergleichsproben zur Datierung des Turiner Tuches gesucht habe. Deswegen konnte sie nun auch, ohne lange nachdenken zu müssen, sagen, daß solch ein Stoff in ihrer Sammlung nicht existierte. Sie zeigte mir aber noch ein paar Stoffstücke aus dem 12. bis 14. Jh., gewissermaßen um ihre Behauptung durch Beweise zu untermauern. An den Wänden der riesigen Räume waren Regale, Schränke und Schubladen angebracht, die bis unter die zehn Meter hohe Decke reichten. Auf halber Höhe führte eine mit einem Geländer versehene Empore rundum. Auf diesem Balkon mußten wir dann noch auf eine recht wackelige Leiter klettern, um in die obersten Schubladen sehen zu können. Mrs. Woolley erklärte mir nebenbei, daß Leinen zu dieser Zeit nur importiert wurde und noch sehr selten war, weswegen es auch nur sehr wenige Beispiele dafür in Europa gebe.

Ihres Wissens gebe es nur in Israel zwei kleine Leinenstücke aus dem 1. Jh., die im Fischgrätmuster gewebt seien. Schließlich riet sie mir, mich an Elizabeth Crawfoot zu wenden, die als die beste Tex-

tilexpertin Englands galt. Linda Woolley versprach, einen Kontakt mit ihr herzustellen. Da sich Mrs. Crawfoot öfter in London aufhalte, wäre es sicher möglich, sie noch während meines Aufenthaltes hier zu treffen.
Auch Dr. Tite bat ich in einem Brief, mir ein wenig seiner Zeit für ein kurzes Gespräch zu opfern. Er ließ mich wissen, daß er schon versucht habe, mich unter der angegebenen Nummer anzurufen, und bereit sei, mich zu empfangen. Der einzige Termin, den wir gemeinsam wahrnehmen konnten, war Dienstag, der 14. Januar, der letzte Tag meines Aufenthaltes in London.
Bei unserer Begegnung machte Tite einen ziemlich nervösen Eindruck, sein Gesicht war vor Aufregung gerötet. Ich lasse ihn besser nicht mißtrauisch werden, dachte ich bei mir und behielt meine Zweifel an der korrekten Durchführung des Tests für mich. Vielleicht ließ er sich auch mit Fragen von allgemeiner Natur aus der Reserve locken. Immerhin war Michael Tite die zentrale Figur im Datierungsdrama. Er organisierte, kontrollierte, verteilte und analysierte Test und Testobjekte. Doch leider ließ sich von ihm nichts Neues erfahren. Vielleicht sensibel geworden durch die vielen bohrenden Anfragen von Grabtuchforschern, spürte er wohl meinen Argwohn und beeilte sich, mir am Ende unseres Gespräches zu versichern, er könne persönlich dafür garantieren, daß bei der Datierung des Tuches alles mit rechten Dingen zugegangen sei. In diesem Stadium der Recherchen waren seine Versicherungen allerdings nicht dazu angetan, meine Skepsis zu vertreiben.
Über die Mittagszeit traf ich mich noch einmal mit meiner »Konspirantin« Susan Brown im Great Russell Hotel, gleich um die Ecke vom British Museum. Die Szene hatte etwas Komisches an sich, wie aus einem schlechten Agentenfilm. Ich drückte ihr einen winzigen Kassettenrekorder in die Hand, mit dem sie den Vortrag von Prof. Hall am nächsten Tag aufnehmen sollte. Die Früchte dieses Wunsches konnte ich allerdings nicht ernten. Das Vorhaben scheiterte an den Grenzen der technischen Begabung meiner »Mitarbeiterin«: Sie konnte das Gerät nicht starten.

Der Artikel in *Nature*

Am nächsten Tag war ich zurück in Deutschland und wartete auf die Veröffentlichung des Artikels über die Radiokarbon-Datierung in *Nature.* Es sollte noch einige Tage dauern, bis ich das lang ersehnte Heft in der Universitätsbibliothek einsehen konnte, das alle meine Fragen beantworten würde, wie mich Wölfli hatte wissen lassen. Entsprechend erwartungsvoll schlug ich die Seiten mit dem Artikel auf. Schon allein der Umfang war enttäuschend: vier Seiten, einschließlich aller Adressen der Autoren, Tabellen und Danksagungen. Vier nüchtern verfaßte Seiten, die nach dem Wunsch der Autoren das Ende einer Legende bedeuten sollten, der in Hunderten von Jahren Tausende von Seiten gewidmet waren!

Der Bericht selber bietet kaum neue Informationen. Interessante Einzelheiten finden keine Erwähnung. Unter der Überschrift »Die Radiokarbon-Datierung des Turiner Grabtuches« stehen die Namen der insgesamt 21 Autoren, die in den verschiedenen Institutionen an den Experimenten beteiligt waren; darunter, auf drei Zeilen Länge, Inhalt und Ergebnis des Artikels: »Sehr kleine Proben des Turiner Grabtuches wurden mit der Methode der ›Beschleuniger-Massenspektrometrie‹ durch Labors in Arizona, Oxford und Zürich datiert. Als Kontrollstücke wurden drei Proben, deren Alter zuvor bekannt war, ebenfalls datiert. Die Resultate liefern den endgültigen Beweis dafür, daß das Leinen des Turiner Grabtuches aus dem Mittelalter stammt.« Danach werden auf knapp einer halben Seite die bisher bekannten Eckdaten des Tuches aufgezählt, und es wird kurz beschrieben, wie die Proben entnommen wurden. Es folgt die Beschreibung der sogenannten Kontrollstücke auf gerade 24 Zeilen. Eine halbe Seite widmen die Autoren den Vorbereitungen der Muster und den eigentlichen Messungen. Am Ende stehen die Resultate in einer Zusammenfassung, eine knappe Diskussion der Ergebnisse, gefolgt von Danksagungen an 16 namentlich genannte Personen und Institutionen.

Ein auffälliges Resultat springt mir sofort ins Auge. In zwei Tabellen werden einmal sämtliche Einzelmessungen mit ihrer wahrscheinlichen Fehlervarianz dargestellt und in der anderen die Mittelwerte der experimentell ermittelten Altersangaben.

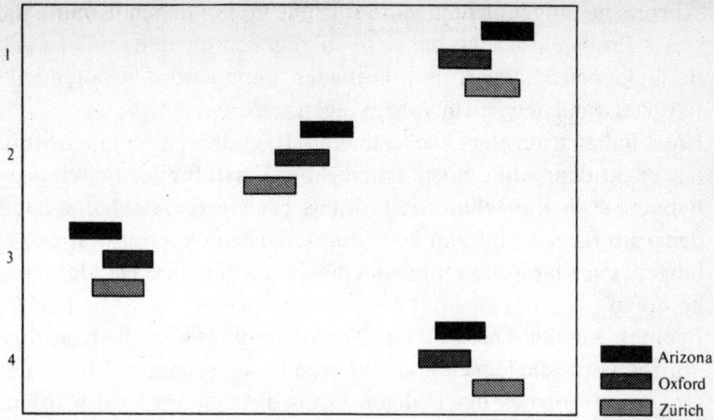

Betrachtet man die Durchschnittswerte der Altersbestimmung im Vergleich, so zeigt sich eindeutig, daß die Messungen der drei Labors (A = Arizona; O = Oxford; Z = Zürich) bei der Probe 1 (angeblich vom Turiner Tuch) und der Probe 4 (Kontrollprobe vom Chorrock des hl. Ludwig) eine absolute Übereinstimmung ergeben.

Die Zahlen in den Tabellen wie auch die graphische Umsetzung zeigen, daß die Proben vom Grabtuch und die der mysteriösen Kontrollprobe Nr. 3 nahezu identisch sind. Wenn man bedenkt, daß sich aus den insgesamt zwölf Einzelmessungen des Tuches so unterschiedliche Mittelwerte wie ein Minimum von 646 Jahren (Arizona) und ein Maximum von 750 Jahren (Oxford) ergeben und im Vergleich dazu für das Kontrollmuster Nr. 3 aus 13 verschiedenen Messungen wenigstens 685 Jahre (Arizona) und höchstens 755 Jahre (Oxford), kann man bei so enormen Schwankungen mit Sicherheit sagen, daß beide Textilmuster gleich alt sind. Wenn das Zufall sein soll, dann hat er sich einen erstaunlichen Schabernack geleistet. Die einfachste und der wissenschaftlichen Forderung, nach der nächstliegenden Lösung zu suchen, angemessenste Erklärung ist aber jene, daß die beiden angeblich unabhängigen Proben etwas gemeinsam haben müssen, das aus dem Versuch nicht hervorgeht. Sie sind entweder identisch oder zumindest mit einem identischen Fehler behaftet. Falls eine bewußte Täuschung im Spiel war, mußte diese Manipulation mit der unerwartet und gegen jede protokollarische

Absprache aufgetauchten vierten Probe zu tun haben. Konnte die vierte Probe einfach als die erste ausgegeben worden sein? Es gab dafür keinen Hinweis, und dermaßen plump würden potentielle Fälscher wohl auch nicht vorgegangen sein.
Eines ließ sich auf alle Fälle festhalten: Irgendwo gab es einen Stoff, der exakt dem Alter entsprach, das die Vertreter der Fälschungshypothese als Entstehungszeit für das Tuch festgesetzt hatten, und den vom British Museum konsultierten Textilexperten war es gelungen, ein paar Milligramm von diesem Stoff in ihre Hände zu bekommen.
In einem kurzen Abschnitt des *Nature*-Artikels über die Kontrollmuster wurde die Herkunft der vierten Probe genannt: »Fäden, die von dem Chorrock des heiligen Louis d'Anjou entfernt wurden, der in der Basilika von Saint-Maximin, Dép. Var, in Südfrankreich aufbewahrt wird. Aufgrund der stilistischen Einzelheiten und der historischen Fakten kann der Chormantel ungefähr um die Jahre 1290–1310 datiert werden.« Später konnten wir feststellen, daß sich der Chorrock noch genauer datieren ließ. Louis d'Anjou, Großneffe Ludwigs IX., des Heiligen, wurde 1296 Bischof von Toulouse und starb im Jahr darauf mit 23 Jahren. Der Chorrock läßt sich somit genau auf die Jahre 1296–97 datieren. Zu gerne wollte ich mir diesen Chorrock etwas genauer ansehen. In den Kunstgeschichtsbüchern der Bibliotheken ließ sich kein Hinweis auf diesen Mantel finden. Vielleicht war er im Fischgrätmuster gewebt, und vielleicht würde ihm an einer unauffälligen Ecke ein Stück Stoff fehlen?

Der Rock des heiligen Ludwig

Am Samstag vor Ostern hatte ich mich mit Freunden am Fuße des Mont St. Victoire verabredet, jenem Berg, der durch die Gemälde von Cézanne berühmt geworden ist. Um die Mittagszeit trafen wir uns in Vauvenargues, direkt vor den Toren eines stattlichen Schlosses, einem ehemaligen Wohnsitz von Picasso. Von unserem Standort östlich von Aix-en-Provence waren es nur etwa 40 Kilometer bis

nach St.-Maximin-La-Sainte-Baume, wo der Chorrock Ludwigs aufbewahrt wird.
St.-Maximin ist ein kleines Städtchen mit typisch südfranzösischem Flair. Bedeutung erlangte der Ort im Mittelalter als Pilgerstätte. Die Legende berichtet, daß hier in unmittelbarer Nähe der Stadt in einer Höhle des Felsmassivs Baume Maria Magdalena ein Büßerleben geführt habe und auch dort gestorben sei. Maria Magdalena sei zusammen mit ihrer Schwester Martha, ihrem Bruder Lazarus, Maria Jakobäa (der Mutter des jüngeren Jakobus), Maria Salome (der Frau des Zebedäus und Mutter des älteren Jakobus und des Johannes) sowie deren schwarzer Dienerin Sara und den beiden Christus-Jüngern Sidonius (der von Jesus geheilte Blindgeborene) und Maximin mit einem Boot gelandet. Die Juden hatten diese Anhänger Jesu nicht hingerichtet, sondern in einem Boot ohne Ruder und Segel aufs offene Meer hinausgestoßen. Durch wunderbare Fügung erreichte die kleine Gruppe unbeschadet die provenzalische Mittelmeerküste in der Nähe von Marseille an einer Stelle, die heute »Les Saintes-Maries-de-la-Mer« heißt.
Der Ort Saint-Maximin wird von der mächtigen Kathedrale beherrscht, die im 13. und 14. Jh. über einer Krypta aus dem 4. Jh. errichtet wurde, nachdem 1279 bei Grabungen in der Krypta die angeblichen Gebeine der Maria Magdalena entdeckt worden waren. Auf diese Kunde hin kamen Ströme von Pilgern an die Fundstelle, so daß bald der Bau einer größeren Kirche erforderlich war, mit dem 1295 begonnen wurde. König Karl II. trieb den Bau zügig voran, und schon im Jahr 1300 fand die Weihe des ersten Bauabschnitts statt. Die langgestreckte gotische Kirche wirkt in der lichtdurchfluteten Landschaft der Provence merkwürdig fremd. Die dreischiffige Basilika hat keine Türme und erscheint deshalb streng und kompakt. Mit 70 Metern Länge und einer Höhe von fast 30 Metern wirkt der Mittelraum auf den eintretenden Besucher imposant. Über eine enge, dunkle Steintreppe gelangt man in das finstere Gewölbe der Krypta, die nur von ein paar nackten Glühbirnen und einigen Opferkerzen in fahles Licht getaucht ist. In dieser dämmrigen Gruft aus dem 5. Jh. stehen die Sarkophage der vier Heiligen Sidonius, Maximin, Marcella und Magdalena. Im hinteren Teil der Krypta erkennt man mühsam eine vergitterte Nische, die einen schwachen goldenen Schimmer ahnen läßt. Haben sich die Augen einmal an

die Dunkelheit gewöhnt, zeichnen sich allmählich die Umrisse einer lebensgroßen Büste aus purem Gold ab, mit einem völlig schwarz erscheinenden Gesicht. Erst bei genauerer Betrachtung kann man die schaurigen Züge eines Totenkopfes ausmachen, der einem aus finsteren Augenhöhlen entgegenstarrt: die sterblichen Überreste des Hauptes der hl. Maria Magdalena, umrahmt von langem, goldenem Haar.
Erleichtert, wieder oben in der freundlicher wirkenden Kathedrale zu sein, setzen wir unsere Suche nach der Reliquie fort. In einem fast vier Meter langen, verglasten Schaukasten finden wir das kunstvoll bestickte Pluviale des hl. Ludwig von Anjou hinter einem eisernen Faltgitter aufgehängt. Der Umhang hat die Form eines Halbkreises mit einem Durchmesser von etwa drei Metern und trägt ca. 30 gestickte Medaillons, die Szenen aus dem Leben Christi und der Gottesmutter illustrieren. Auch hier sind die Lichtverhältnisse nicht sonderlich gut, wohl um dem 700 Jahre alten Stoff nicht zu schaden. Vor der Glasabdeckung kann man sich dem Umhang bis auf wenige Zentimeter nähern. Beim genaueren Betrachten kann ich erkennen, daß der Stoff neben den dargestellten Figuren tatsächlich dasselbe Fischgrätmuster aufweist wie das Turiner Tuch.
Diese Entdeckung versetzt mich in Erregung. Sollte das bestickte Leinengewand tatsächlich aus der gleichen Gewebeart bestehen wie das Turiner Tuch? Ich mußte den Chorrock unbedingt näher untersuchen können!
Zwei Tage später saß ich mit meinen Begleitern im Büro von Abbé Weber, dem Pfarrer und Kustos der Kathedrale. Wir hatten uns für neun Uhr morgens verabredet, und er schien schon mitten in der Arbeit zu sein. Wie in Frankreich allgemein üblich, trug Abbé Weber einen ganz gewöhnlichen Straßenanzug und wirkte mit seinen etwa 45 Jahren hinter einem großen Schreibtisch eher wie der Direktor einer kommunalen Behörde. Er war überaus freundlich und hilfsbereit und nahm sich genügend Zeit, um alle meine Fragen zu beantworten. Was er von der Aktion des Fädenziehens berichtete, war eine recht merkwürdige Geschichte: Er selbst könne keinen Augenzeugenbericht der Ereignisse liefern, weil er gar nicht dabei war, als die Fäden von dem Umhang entnommen wurden. Zwar obliegt ihm die Verwaltung der Kirchenschätze, aber der Bürgermeister des Ortes hat auch ein gewisses Recht am kulturellen Eigentum

des Staates. Als eine Gruppe von Leuten am Morgen des 12. April 1988 beim Bürgermeister vorsprach, befand sich der Pfarrer gerade zu einem Besuch in der Nachbarstadt. Später erfuhr er, daß der Bürgermeister am frühen Morgen des gleichen Tages einen Anruf von der Verwaltung der kirchlichen Kulturgüter erhalten hatte, mit dem der Besuch einer Abordnung von Wissenschaftlern angekündigt wurde, die den Chorrock des hl. Ludwig begutachten wollten. Bald darauf erschienen im Rathaus sieben oder acht Personen unter der Leitung des Verwalters der kirchlichen Kulturgüter des Dép. Var. Der Bürgermeister, Monsieur Olivier, kannte den Ort, an dem der Schlüssel in der Kathedrale aufbewahrt wurde, und öffnete bereitwillig den vergitterten Schaukasten mit der Reliquie. Wie der Pfarrer später erfahren hat, nahm die Gesellschaft das kostbare Pluviale aus seinem Kasten und breitete es auf einem Tisch in der Sakristei aus. Dann hat offenbar jemand die Naht des Futterstoffes an einer Seite geöffnet, um ein paar lose Fäden von der Rückseite des bestickten Tuches zu entfernen. (Vgl. Abb. 24)
In dem Augenblick, als die Gruppe im Begriff war, die Basilika wieder zu verlassen, kam der Pfarrer gerade von seiner Reise zurück. Abbé Weber war verblüfft über das Schauspiel, das sich ihm bot, und alles andere als erfreut darüber, daß sich fremde Leute ohne sein Wissen während seiner Abwesenheit an einem der bestgehüteten Schätze in seiner Kathedrale zu schaffen gemacht hatten. Um ihn zu beruhigen, präsentierte man ihm einen mit rotem Lack versiegelten Briefumschlag, in dem sich, nach Aussage der Wissenschaftler, fünf Leinenfäden von jeweils fünf bis sechs Zentimetern Länge befanden.
Weber kam, mit Recht, die ganze Angelegenheit äußerst seltsam vor. Wieso hatte man ihn nicht rechtzeitig vorher verständigt? Er war schließlich der Kustos der Kirchenschätze. Die Wissenschaftler aus Lyon und der Beamte aus der Präfektur Draguignan konnten sich doch unmöglich erst am gleichen Morgen zu dieser Aktion entschlossen haben? Man marschiert nicht einfach aus einer Laune des Augenblicks in eine Kirche, um ein Stück einer Reliquie, noch dazu eines wertvollen Kunstschatzes, zu entfernen. So etwas bedarf einer Planung, und niemand hätte mehr Recht, erfahren zu dürfen, wofür dieser Aufwand getrieben werden sollte, als Abbé Weber.
Als ich dem Pfarrer schließlich erzählte, daß mein Interesse an dem

Chorrock mit dem Turiner Grabtuch zusammenhänge und ich Zweifel an der Richtigkeit der neuesten Datierung hätte, antwortete er, daß er den Fall verfolge und ebenfalls seine Zweifel daran habe. Ein Stück vom Schädel der Maria Magdalena aus seiner Kathedrale sei ebenfalls mit der Radiokarbonmethode datiert worden. Was das Turiner Tuch anbelange, habe der ganze wissenschaftliche Apparat wohl nur dazu gedient, ein Ergebnis zu bestätigen, das vorher festgelegt worden war. Persönlich halte er allerdings nicht viel von Reliquien, schließlich existierten die meisten in solch großen Mengen, daß man annehmen müsse, der größte Teil sei nicht echt. Endlich holt er einen Schlüssel aus einem Schrank und führt uns in die Kathedrale zum Rock des Heiligen. Er schließt das erste Schloß auf, schiebt das schwere eiserne Scherengitter zur Seite und öffnet die Verglasung. Wir können das Gewebe aus unmittelbarer Nähe begutachten. Jetzt zeigt sich deutlich, daß das Fischgrätmuster nur mit goldenen Fäden auf die ganz gewöhnliche Leinenbindung aufgestickt ist. Von der schönen Theorie, die ich mir zurechtgelegt hatte, muß ich mich verabschieden. Als mögliches »Ersatzstück« für das Turiner Tuch kam dieser Stoff nicht in Frage. Außerdem ist der Mantel vollständig mit Stickerei verziert, so daß es schwierig wäre, unbesticktes Gewebe davon zu entfernen. Da fällt mir ein, daß vorhin von einem Futterstoff die Rede war, und ich bitte den Priester, auch die Rückseite des Umhangs betrachten zu dürfen. Er erlaubt mir, den Stoff anzufassen und da umzudrehen, wo ich es möchte. Ich habe Hemmungen, dieses kostbare Stück in meine Hände zu nehmen, und berühre es mit großer Vorsicht. Das nachsichtige Lächeln des Abbé bedeutet mir, daß der Stoff trotz des hohen Alters keineswegs so brüchig ist, wie ich angenommen hatte. Also hebe ich beherzt den unteren Teil des Mantels ein wenig hoch, so daß wir bequem die Rückseite betrachten können. Jetzt schwindet auch meine letzte Hoffnung, einer möglichen Manipulation auf die Spur zu kommen. Auch der Futterstoff auf der Rückseite stellt sich als ganz gewöhnlich gewebtes Leinen heraus. Im Gegensatz zum Stoff der Vorderseite wirkt dieses Futter allerdings erstaunlich neu. Der Pfarrer erklärt, daß der Futterstoff tatsächlich neu ist; der Chorrock sei irgendwann vor seiner Amtsperiode restauriert worden, und dabei wurde der altersschwache Futterstoff vollständig durch einen neuen ersetzt. Das ist ein interessanter Hinweis, und ich bitte ihn,

mir Literaturangaben zu diesem Chorrock zu nennen, damit ich der Sache auf den Grund gehen kann. Eine Diplomarbeit, die vor ein paar Jahren eine Amerikanerin erarbeitet hatte, kann ich in seinem Büro durchblättern, finde aber keinen Hinweis auf die Restaurierung.
Bisweilen dauert es leider viele Wochen, bis man eine kleine Information erhält, um ein Puzzle zusammenzusetzen, und häufig weiß man nicht einmal, ob sie hilfreich sein wird. Aber dies ist schließlich ein Teil des Reizes, den Dingen auf den Grund gehen zu wollen, ohne zu wissen, wohin die Suche führt. Als ich die Diplomarbeit nach Bestellung über die Fernleihe einer Bibliothek endlich genauer studieren kann, erweist sie sich weiterhin im Hinblick auf meine Fragen als unbrauchbar. Einziger Lichtpunkt sind weitere Literaturhinweise. Ein darin genanntes Standardwerk über alle mittelalterlichen Stickereien in Frankreich läßt außer einer detaillierten Beschreibung der Ornamente nichts über den Zustand des Umhangs verlauten. Über den Verlag wende ich mich an die Autorin, die inzwischen Konservatorin der Museen des Dép. Gers ist. Endlich kann ich eine Erfolgsmeldung verbuchen: Sie nennt mir den Namen und die Adresse von Mme. Classen-Smith, die im Jahre 1965 den Chorrock des hl. Ludwig in St.-Maximin restauriert hatte. Jetzt war es soweit.
Es sollte, so hoffte ich, nicht mehr allzu lange dauern, bis ich wußte, was mit dem originalen Futterstoff geschehen und welcher Webart er war. Obwohl mittlerweile 25 Jahre vergangen waren, hoffte ich sehr, daß mir Mme. Classen-Smith die fehlenden Informationen liefern konnte. Einen Monat lang bekam ich auf meinen Brief keine Antwort, also griff ich zum Telefon. Ich hatte das Freizeichen schon so oft gehört, daß ich im Begriff war, den Hörer wieder aufzulegen, als sich eine schrille Stimme am anderen Ende der Leitung meldete. Wie ich rasch begriff, war die alte Dame fast taub, selbst als ich in den Hörer brüllte, konnte sie mich kaum verstehen. Sie machte schließlich deutlich, daß sie 96 Jahre alt sei, nichts mehr höre, nahezu blind sei und sich an nichts mehr erinnern könne. Dann hängte sie ein. In einem letzten Versuch schrieb ich einen Brief mit Riesenlettern und hoffte, daß sie auch meine Hartnäckigkeit überzeugen würde. Nur zehn Tage später hatte ich ihre Antwort in meinen Händen, die eine Bekannte für sie niedergeschrieben hatte. An

die Webart des Stoffes konnte sie sich nicht mehr erinnern, auch nicht, ob sie den Futterstoff ersetzt hatte. Hätte sie den alten Futterstoff entnommen, soviel erfuhr ich zumindest von ihr, hätte sie ihn dem für historische Monumente zuständigen Ministerium in Paris übergeben, zusammen mit dem Bericht über ihre Arbeit.

Ein unerwarteter Brief aus Oxford

In der Zwischenzeit hatte ich an Prof. Hall nach Oxford geschrieben und ihm meine Verwunderung darüber mitgeteilt, wie wenig man in seinem Institut zu Auskünften bereit gewesen war. Ich hatte ihm erklärt, daß ich gerne ein Foto von der Tuchprobe hätte, die er in seinem Labor datiert hatte. Angefügt hatte ich auch, daß ich entsprechende Fotos schon aus Zürich und Arizona erhalten hätte (was zu diesem Zeitpunkt in bezug auf Arizona nicht der Wahrheit entsprach) und daß ich nicht annähme, er habe etwas zu verbergen. Der versteckte Vorwurf und die angedeuteten Zweifel in meiner Formulierung waren durchaus beabsichtigt. Durch meine Erfahrungen mißtrauisch geworden, wollte ich natürlich wissen, wieviel die Proben bei der Ankunft in Oxford gewogen hatten. Ich erklärte ihm, daß ich einen Bericht über die Untersuchungen veröffentlichen wolle, und legte ihm einen Blankoscheck für seine Unkosten bei.

Was ich nicht zu hoffen gewagt hatte, trat ein: Schon eine Woche später erhielt ich Teddy Halls Antwort. Die Frage nach dem Gewicht der Muster beantwortete er pauschal: Alle hätten sie »ungefähr 43 mg« gewogen. Das war sehr unpräzise und alles andere als wissenschaftlich brauchbar. Zumindest für die Probe vom Turiner Tuch konnte die Angabe auf keinen Fall stimmen. Dazu fügte er ein, wie er schrieb, schlechtes Foto seines Tuchmusters bei und die Fotokopie von zwei unterschiedlichen Vergrößerungen aus diesem Bild. Auf einer sehr starken Vergrößerung hatte er mit roter Tinte handschriftlich einen herausragenden gekräuselten schwarzen Faden markiert, der ihm als Fremdkörper im Gewebe aufgefallen war. Von diesem fremden Faden hatte ich bereits gehört und mich mit

dem Labor in Verbindung gesetzt, dem Hall den Faden zur näheren Untersuchung zugeschickt hatte. Er wurde als Baumwolle identifiziert. Raes, der die Makrofotos davon bekam, konnte sich nicht festlegen, um welche Art Baumwolle es sich handelt, weil das Stück zu kurz ist. Meinen Scheck schickte Hall freundlicherweise wieder zurück. Am Ende des kurzen Briefes fügte er noch handschriftlich hinzu: »Es tut mir leid wegen der Fotografien, aber wir haben niemanden, der Kopien von den Polaroids machen könnte.« Das verwirrte mich ein wenig, denn weder konnte ich feststellen, daß eine der Aufnahmen von einem Polaroidfoto stammte, noch war der Abzug von der Tuchprobe von schlechter Qualität. Im Gegenteil, es handelte sich um ein Schwarzweiß-Hochglanzfoto von ausgezeichnetem Kontrast und perfekter Schärfe im Format 11 × 16 cm, und ich konnte mir vorstellen, daß es doch ein Abzug von seinem Originalnegativ war. Vielleicht funktioniert die Koordination zwischen Hall und seinem Sekretariat nicht besonders gut. Ich war jedenfalls mit der Ausbeute meiner Bemühungen zufrieden, das Foto bot die Möglichkeit, die Probe mit dem Originalstoff zu vergleichen. (Vgl. Abb. 12)
Zwei sehr auffällige Kennzeichen fielen bei der Betrachtung des Musters »O 1« gleich ins Auge: Fast genau in der Mitte des Stoffstückchens stand ein Büschel Fasern in die Höhe, als sei beim Weben ein Knoten im Faden mitverwebt worden. Zum anderen erkennt man durch das seitlich einfallende Licht, daß am linken Rand des rechteckigen Stückes eine Falte den Stoff so verformt hat, daß er sich hügelartig abhebt.
Jetzt fehlte nur noch die Probe aus Arizona und vor allem ein Foto von dem ganzen Stück, das in Turin abgeschnitten worden war. Ohne dieses Foto war ein Vergleich nicht machbar.

Auf der Jagd nach Beweisen

Es kam mir sehr gelegen, daß im Mai eine internationale »Grabtuchkonferenz« in Bologna stattfinden sollte, zu der die Creme der Sindonologen angesagt war. In der Hoffnung, dort all diejenigen be-

fragen zu können, die an der Datierung des Tuches teilgenommen hatten, machte ich mich auf den Weg nach Italien. Das Treffen fand im Theatersaal eines alten Palazzos statt. Goldene Kandelaber an den Wänden, rote Samtvorhänge und prachtvolle Stühle gaben der Versammlung einen würdigen Rahmen. Die Liste der Redner war beeindruckend. Hier begegnete ich vielen Forschern persönlich, die ich zuvor nur durch ihre Publikationen kannte, wie Paul Maloney, Alan D. Whanger, Werner Bulst, Pierluigi Baima Bollone und Giovanni Tamburelli. Leider mußte ich aber anhand der Rednerliste feststellen, daß sich das Lager der Grabtuchforscher in zwei Parteien aufgespaltet hatte. Der einen gehörten jene an, die sich mit der enttäuschenden Nachricht der ^{14}C-Resultate abgefunden hatten. Zum anderen Lager zählten jene, die das Ergebnis anzweifelten und nach dem Fehler suchten, der dazu geführt haben mußte. Offenbar war wegen der Konkurrenz der beiden Lager die erste Gruppe nicht erschienen. Auf diese Weise entging mir die Möglichkeit, etwa die Professoren Riggi und Gonella zu befragen, die maßgeblich an der Probenentnahme beteiligt gewesen, aber für den Bologna-Kongreß ausgeladen worden waren.
Zu den geladenen Rednern gehörte auch der englische Schriftsteller Ian Wilson, den ich bisher noch nicht persönlich getroffen hatte. Susan Brown hatte ihm von meinen Nachforschungen berichtet, und wir hatten uns gegenseitig ein paar Briefe geschrieben.
In einer Pause ergab sich die Gelegenheit, unsere Meinungen auszutauschen. Wilson traute dem Ergebnis der Datierung ebensowenig wie ich, allerdings konnte er sich nicht erklären, wie dieses Resultat zustande kommen konnte. Immerhin war es dem Historiker Wilson als erstem gelungen, die Geschichte des Tuches bis ins 1. Jh. zurückzuverfolgen.
Er versicherte mir, daß er mich bei meinen Untersuchungen gerne unterstützen wolle, und bot mir seine Hilfe an. Das Angebot nahm ich erfreut an. Seit geraumer Zeit versuchte ich, von Prof. Damon von der Universität Tucson in Arizona Fotos seiner Tuchproben zu erhalten. Doch bislang hatte ich auf fünf Briefe noch keine einzige Antwort bekommen.
Wilson, der Prof. Damon, wie sich herausstellte, persönlich kannte, war schließlich sogar bereit, ihn in dieser Angelegenheit selbst anzurufen, um die Sache abzukürzen, und er hielt sein Wort.

Wenig später war es endlich soweit: Ich hatte die Fotos von allen drei Tuchproben, die in den Labors von Oxford, Arizona und Zürich datiert worden waren. Jetzt fehlte nur noch ein Foto von dem zusammenhängenden Stück, das vom Turiner Tuch abgeschnitten wurde, damit es mit den drei Teststücken verglichen werden konnte. Ich hoffte bei Prof. Giovanni Riggi Glück zu haben, das fehlende Foto zu bekommen. Riggi selbst hatte nicht nur die Probe abgeschnitten, unter seiner Aufsicht wurde die ganze stundenlange Prozedur auf Video aufgenommen und fotografisch festgehalten. Er verfügte über das Dokumentationsmaterial, und jeder, der sich ein Bild von den Vorgängen machen wollte, mußte sich an ihn wenden.

In der Zwischenzeit faßte ich zusammen mit Elmar Gruber, der seit geraumer Zeit an der Geschichte des Turiner Tuchs arbeitete und oft mit mir über aktuelle Probleme auf diesem Gebiet diskutierte, den Entschluß, gemeinsam dieses Buch in Angriff zu nehmen. Unsere erste Aktion sollte der Besuch bei Riggi sein. Wir wußten, daß wir als Privatpersonen keine Chance gehabt hätten, die Dokumentation einzusehen, und kündigten uns deshalb als die Filmproduktion an, für die Elmar Gruber schon seit Jahren tätig war. Riggi erwies sich als sehr zugänglich. Er war bereit, uns das gesamte Filmmaterial von zehn bis zwölf Stunden Dauer bei sich in Turin vorzuführen. Davon erhofften wir uns eine ganze Menge. Freilich wollten wir die Probenentnahme genauestens unter die Lupe nehmen, aber besonders lag uns daran, genau festzustellen, wieviel Zeit vergangen war, bis Tite und der Kardinal mit den versiegelten Behältern wieder aus der Sakristei gekommen waren.

Die Koffer waren gepackt, als wir noch einmal telefonisch unsere genaue Ankunft mitteilten. Da machte Riggi plötzlich einen Rückzieher. Es ginge nun doch nicht, daß wir das ganze Material einsehen könnten, das wäre für eine Filmdokumentation auch gar nicht nötig. Nach Rücksprache mit Gonella könnten wir nur noch eine »bereinigte« Version sehen. Wie so oft mußten wir wieder enttäuscht feststellen, daß im letzten Augenblick die Türen dichtgemacht werden und nur noch zensuriertes Material an die Öffentlichkeit dringt.

Die Frage stellt sich natürlich, wozu überhaupt eine – bis auf die Episode in der Sakristei – anscheinend lückenlose Videoaufzeichnung gemacht worden war, wenn sie letztendlich in ihrer Gesamtheit nicht eingesehen werden darf. Wäre es dann nicht ehrlicher gewesen, die Dokumentation überhaupt fallenzulassen, genauso wie man das Verbalprotokoll einfach fallengelassen hatte? Was nützt die Versicherung, alles sei mit rechten Dingen zugegangen und obendrein »perfekt« dokumentiert, wenn dies keiner überprüfen darf? Auf einen Notar, der das Geschehen bestätigen könnte, hatte man wohlweislich auch verzichtet.

Turin: »Journalisten sind gefährlich«

Die gemeinsame Reise nach Turin fiel zunächst ins Wasser. Da ich aber unbedingt das Foto vom Tuchstück haben wollte, machte ich mich bald darauf allein und unangemeldet auf den Weg nach Turin. Riggi befand sich bei einer Besprechung für die geplante Grabtuchkonferenz in Paris, sollte jedoch in zwei Tagen zurück sein. Wenigstens kam ich auf diese Weise dazu, mir in aller Ruhe die prächtige Stadt mit ihren großbürgerlichen Bauten anzusehen und die Grabtuchkapelle in der Kathedrale zu besuchen, in der ich seit über einem Jahrzehnt nicht mehr gewesen war. Die Reliquie thront in einem Schrein verschlossen hinter einem Gitter inmitten des barocken Altares in der von Guarino Guarini erbauten Königskapelle, der jetzigen Capella della Santa Sindone. Wahrscheinlich ist diese Art der Aufbewahrung die einzig richtige. Würde das Tuch dort ständig zu sehen sein, ließe sich die Flut der Gläubigen und Wundergläubigen wohl nicht eindämmen.
Riggi ist geschäftsführender Vizepräsident des STURP. Er war bereit, mich noch am Abend seiner Ankunft aus Paris zu empfangen. Seine ersten Reaktionen waren mir mittlerweile von allen an der Radiokarbon-Datierung beteiligten Wissenschaftlern geläufig: Mißtrauen. Er wollte genau wissen, warum ich so viele Fragen hätte und alles so genau erforschen würde. Ich berief mich auf meine zehnjährige Forschung über das Grabtuch und die heillose Verwirrung, die mit den vielen Ungereimtheiten um das Datierungsexperiment entstanden war. Ich sagte ihm, daß ich aus erster Hand Klar-

heit haben wolle für einen Artikel, den ich zu schreiben gedächte. Riggis sibyllinische Äußerung gleich zu Beginn berührte mich eigenartig: »Journalisten sind gefährlich, Sie sind auch gefährlich.« Wenn man in Ruhe sein Süppchen kochen will, kann einem jeder Schnüffler zur Gefahr werden. Gefahr fürchtet derjenige, der etwas zu verbergen hat. »Das ist wie mit den Leuten der Bologna-Konferenz«, präzisierte Riggi, »keiner weiß etwas Genaues. Niemand von denen, die in Bologna waren, hat das Tuch jemals gesehen, wir hingegen arbeiten und reden wenig.« Wir, damit meinte der von der Bologna-Konferenz ausgeladene Riggi die STURP-Mitglieder. Mit geheimnisvollen Andeutungen zog er aus einem Schuber eine Broschüre mit dem Titel *Formal Proposal for Performing Scientific Research on the Shroud of Turin* (Formeller Antrag für wissenschaftliche Erforschung des Turiner Grabtuchs). Es handelte sich um die 1984 von STURP verfaßte Arbeit über zahlreiche dringende weitere Experimente. In die Hand nehmen durfte ich das »Heiligtum« nicht, es kursiert nur in zehn oder zwölf Exemplaren und bleibt den Augen der Außenstehenden verschlossen.
Es schien mir eigenartig, daß Kardinal Ballestrero ausgerechnet kurz nach Bekanntgabe der Datierungsergebnisse in den Ruhestand trat, deshalb frage ich Riggi nach dem Grund. Riggi antwortet ausweichend. Sonderlich krank oder alt sei er nicht gewesen, doch genau wisse er das nicht. Was aus dem Raes-Stück geworden sei, will ich als nächstes wissen. Darauf Riggi: »Einen Teil davon habe ich selbst, aber es ist nicht zu verwenden, weil ...« Er bricht den Satz ab und geht auf ein anderes Thema über. Warum ist es nicht zu verwenden? Riggi beantwortet die Frage nicht mehr. Ich bin zwar nicht zufrieden, notiere aber die eigenartige Antwort und gehe auf das Radiokarbon-Experiment ein. Riggi hatte vor laufenden Kameras das Stoffstück, das datiert werden sollte, an jener Stelle abgeschnitten, wo 1973 das Raes-Stück entfernt wurde. Ich frage ihn nach der Größe des abgetrennten Streifens. »Sieben mal ein Zentimeter«, lautet seine Antwort. Von den Fotos der Proben wußte ich, daß dies unmöglich der Fall sein konnte. Aber auch auf die mehrfache Bitte, die genaue Größe anzugeben, bleibt Riggi bei diesen Maßen.
Die zweite Hälfte des Streifens, die als Kontrollstück zurückblieb, sei etwa drei bis vier Zentimeter lang, und Riggi hat sie selbst in

Verwahrung. »Die ist für die Zukunft«, sagt er mit einem vieldeutigen Lächeln. Was das bedeuten soll, will ich wissen. Seine mysteriöse Antwort: »Es gibt immer eine Zukunft!«
Dann schiebt mein Gastgeber eine Videokassette in seinen Rekorder. Es ist soweit, ich darf die zensierte Kurzfassung der Probenentnahme begutachten. Deutlich sieht man, daß der von Riggi abgeschnittene Streifen breiter als ein Zentimeter ist. An einer Seite ist der Stoff ausgefranst. Auf meine Frage, ob man den zerfaserten Rand glattgeschnitten habe, gibt Riggi nur unklare Antworten.
Im Film sieht man, wie der Textilexperte, Prof. Testore, das Tuchstück wiegt. Die Waage zeigt 478,1 Milligramm. Im Hintergrund sitzen erwartungsvoll die Radiokarbon-Experten: Hedges, Hall, Damon, Tite, Wölfli. Noch einmal frage ich Riggi, ob der Streifen nicht breiter als ein Zentimeter war. »Ungefähr 1,2 Zentimeter, aber nicht gerade, sondern unregelmäßig«, erhalte ich zur Antwort.
Jetzt zeigt der Film, wie das Stück in der Mitte geteilt wird. Eine Hälfte wird auf die Seite gelegt, die andere Hälfte in drei Teile geschnitten. Prof. Testore legt die einzelnen Stücke mit der Pinzette auf die Präzisionswaage. Deutlich kann man die Gewichte der einzelnen Proben als Digitalanzeige ablesen: 0,0520; 0,0528 und 0,0537 Gramm. Ich lege Riggi eine Zeichnung des Grabtuchabschnitts vor, wo er das Stück herausgeschnitten hat. Das 1973 entfernte Raes-Stück ist in der Grafik bereits eingetragen. Ich bitte ihn, einzufügen, wo er das Stück entnommen hat. Riggi vervollständigt die Zeichnung und schreibt als Breitenangabe dazu: 10 ± 0,2mm.
Nach dem Entfernen des Tuchstücks zeigt der Film, daß an drei Stellen das Futter gelöst wurde. Mit einem Spezialstaubsauger entnimmt Riggi Staub aus verschiedenen Bereichen hinter dem Tuch, um das biologische Umfeld zu testen. Pollen seien irrelevant, erzählt mir Riggi, man habe auf dem Tuch selbst Pollen aus der Zeit des Trias gefunden. Für interessanter hält er die Suche nach Mineralien, die es nur an wenigen Stellen auf der Welt gibt.
Während der Film weiterläuft, frage ich ihn nach den losen Fäden der vierten Probe. Riggi spielt ihre Bedeutung herunter: »Die vierte Probe ist eigentlich bedeutungslos, nur eine unwesentliche Zugabe. Ich habe sie, ziemlich unvorbereitet, erst am Ende von Vial erhalten und sie dann den Vertretern der Labors übergeben.«
Der Film zeigt weiter nichts Interessantes, also bitte ich ihn am En-

de unseres Gesprächs um einige Fotos von den Tuchstücken. Es gebe nicht weniger als 2000 Fotos, gibt er zu bedenken, dann holt er aber doch einen Stapel ausgewählter Aufnahmen, die ich durchsehen kann. Neun interessante Fotos wähle ich aus und bitte ihn, mir bald Abzüge machen zu lassen. Um ihn moralisch unter Druck zu setzen, bestehe ich darauf, gleich dafür zu bezahlen. Doch Riggi läßt alles sehr kompliziert erscheinen, ich müsse mich sehr gedulden. Als ich mich von ihm verabschiede, macht Riggi geheimnisvolle Andeutungen, daß irgendwann mit einer Veröffentlichung sensationellen Inhalts gerechnet werden könne. »Dazu brauchen wir noch drei Jahre Ruhe«, sagt er, »dann wird es eine unglaubliche Enthüllung geben.« So lange brauchten er und gewisse STURP-Mitglieder noch für ihre Arbeit. Er beschwört mich, bis dahin nichts zu veröffentlichen.

Bis Ende August höre ich nichts mehr von Riggi. Ich erinnere ihn an die Fotos, und er schreibt mir, er habe nicht gedacht, daß es so eilen würde, zumal die Bilder ohnedies nicht für Publikationen, sondern allein für wissenschaftliche Studienzwecke verwendet werden dürften. Er verspricht, sie eventuell noch vor dem Pariser Kongreß zu schicken, doch der beginnt am 7. September 1989, ohne daß ich die Fotos erhalten hätte.

Paris: Das Symposium der Grabtuchforscher

Das »Internationale wissenschaftliche Symposium von Paris über das Turiner Grabtuch« fand im Centre Chaillot Galliera statt, in Anwesenheit zahlreicher illustrer Sindonologen und anderer Wissenschaftler. Vor dem Kongreßhaus, wenige Schritte von den Champs-Élysées entfernt, verteilten die Mitglieder der Contre-Réforme Catholique (CRC, Katholische Gegenreformation) Flugblätter mit dem provokanten Titel »Die Karbon-14-Affäre« und noch provokanterem Inhalt. Darin beschuldigen sie Dr. Tite des Betrugs. Er habe in der Sakristei die Grabtuchstücke gegen andere ausgetauscht. Wenig später wurde Tite als Nachfolger von Prof. Hall Direktor des Oxforder Radiokarbon-Instituts – ausgestattet

mit einer Spende von 1 Million Pfund Sterling (ca. 3 Mio. DM) »von unbekannten Gönnern«!
Auch im Auditorium gingen die Wogen der Emotionen auf und ab. Einige Redner präsentierten neue Fakten aus der Geschichte, die eine Existenz des Grabtuchs viele Jahrhunderte vor der Datierung unterstreichen, so etwa Prof. Gino Zaninotto aus Italien und Ian Wilson aus England. Andere analysierten den Bildentstehungsprozeß und physikalisch-chemische Hinweise auf eine frühere Datierung des Tuchs, wie Dr. Paul Maloney, Dr. Allan Adler und Dr. Gilbert Lavoie aus den USA und Prof. Pierluigi Baima Bollone aus Italien. Auch die Radiokarbon-Datierer und die Befürworter der Ergebnisse kamen zu Wort, Dr. Michael Tite, Dr. Gabriel Vial und Dr. Jacques Evin etwa, während der angekündigte Prof. Teddy Hall dem Treffen unentschuldigt fernblieb. Als gegen Ende des Kongresses Dr. Alan Whanger auf das Podium trat und anhand von Dias beweisen wollte, daß bei der Datierung tatsächlich eine Manipulation im Spiel war, lehnte das Gremium ab. Er stehe schließlich nicht auf der Rednerliste. Der Unmut im Publikum, das zum großen Teil den Radiokarbon-Ergebnissen mißtraute, blieb ohne Erfolg.
Im Hotel Brancion, wo die meisten Redner untergebracht sind, treffe ich Gilbert Raes wieder. Wir beschließen, gemeinsam einen Kaffee trinken zu gehen. In diesem Moment kommt Riggi aus dem Lift und will an mir vorbeistürmen. Die Chance will ich mir nicht entgehen lassen. Ich begrüße ihn, er stutzt für einen Augenblick, dann scheint er sich an mich zu erinnern und sagt: »Ach ja, Ihre Fotos. Gonella möchte nicht, daß Sie die Fotos erhalten.« Ich bin erstaunt und verärgert. Riggi scheint dies zu merken und beruhigt mich: »Ich habe trotzdem für Sie die Kopien anfertigen lassen. Kommen Sie heute abend zu mir, dann werde ich sie Ihnen geben.«
Beruhigt und erleichtert gehe ich mit Raes in ein Café und tausche mit ihm Neuigkeiten aus. Ich erzähle ihm, daß ich jetzt alle Fotos von den Proben habe, Zürich, Oxford, Arizona. Raes will sie unbedingt sehen, erklärt sich dazu bereit, sie zu untersuchen und zu vergleichen.
Zur vereinbarten Zeit ist Riggi nicht auf seinem Zimmer. Enttäuscht verlasse ich das Hotel. Eine glückliche Fügung läßt mich einen Blick durch das geöffnete Fenster eines benachbarten Restaurants werfen, wo an einem Tisch Gonella, Wilson, Rex Morgan und der von mir vermißte Riggi sitzen. Jetzt oder nie, denke ich, obwohl

der undurchsichtige Gonella dabeisitzt, der meinem Ansinnen Steine in den Weg zu legen versucht. Die Gesellschaft ist schon beim Nachtisch, als ich das Restaurant betrete. Riggi begrüßt mich, und Wilson, der sich offenbar freut, mich wiederzusehen, fragt mich sogleich, wie weit ich mit meinem neuen Buch sei. Gonella und Riggi tauschen fragende Blicke aus, und ich hoffe, Wilson wird mir nicht noch mehr Fragen stellen, die das Mißtrauen der Italiener schüren könnten. Die Herren laden mich zu einem Kaffee ein, und nach einer Weile fordert mich Riggi auf, mit ihm um die Ecke ins Hotel zu gehen. Er hält sein Wort und überreicht mir die gewünschten Dias. Zuvor betont er noch einmal ausdrücklich, daß Gonella die Aushändigung der Bilder mißbillige, und läßt mich ein Papier unterschreiben, auf dem ich mich verpflichte, die Fotos nur für meine privaten Studienzwecke zu verwenden und keinesfalls zu veröffentlichen. (Vgl. Abb. 14)

Die wichtigste Hürde war genommen. Jetzt konnten die Fotos der Tuchstücke der einzelnen Labors mit dem vollständigen in Turin entfernten Streifen mit wissenschaftlichen Methoden verglichen werden – das hoffte ich wenigstens. Am nächsten Tag gelang es mir, noch ein kurzes Gespräch auf der Treppe des Auditoriums mit Vial zu führen. Er schien mir ein gutmütiger älterer Herr zu sein, dessen Rolle in der ganzen Angelegenheit recht undurchsichtig ist. Ich hatte eigentlich nur eine Frage an ihn, wie viele Fäden er in Saint-Maximin dem Chorrock entnommen habe, die später zur mysteriösen vierten Kontrollprobe verwendet wurden. Vial war nicht besonders präzise. Es seien wohl etwa 200 Milligramm gewesen. Die Fäden wurden in vier gleiche Teile geteilt. Einen Teil behielt er selbst, den Rest von je 50 Milligramm steckte er in drei Umschläge, die den Labors übergeben wurden. Es handelte sich lediglich um Fäden, die lose auf der Rückseite der Reliquie herabhingen und nicht durch die Stickerei fest mit dem Tuch vernäht waren.

Die Aussage war zumindest interessant. Prof. Wölfli hatte mir in einem Brief vom 17. August 1989 mitgeteilt, das Gewicht seiner Probe Nr. 4 habe 68,8 mg betragen. Bei annähernd gleicher Verteilung der vier Teile ergibt sich aber ein Gesamtgewicht von fast 300 mg! Die Zahlen scheinen immer wieder für besondere Verwirrung zu sorgen. Aber greifen wir den Dingen nicht vor. Denn eben die Zahlen werden für noch weit größere Verwirrungen gut sein.

Fotos beweisen die Täuschung!

Ich konnte es kaum erwarten, wieder zu Hause zu sein, um die Vergleichsuntersuchungen in Angriff zu nehmen, von denen ich mir so viel versprochen hatte. Bald mußte ich feststellen, daß man trotz modernster technischer Möglichkeiten immer wieder auf Grenzen stößt. Um brauchbare Resultate zu erlangen, begann ich eine Exkursion zu Instituten und Fachleuten, die zu einer wahren Odyssee wurde. Die Proben der Labors waren inzwischen durch die Radiokarbon-Datierung zu Kohlenstoff »verbrannt« und standen deshalb für einen Vergleich mit dem Original nicht mehr zur Verfügung. Darum verfolgte ich die Idee, die Struktur des Originalgewebes, das man auf einem Makrofoto Riggis sehen konnte, auf einem eng umgrenzten Raum wie einen Fingerabdruck zu behandeln und dann versuchen zu lassen, ob sich die identische Struktur auf einem der Teile, die an die Labors gegangen waren, wiederfinden ließ. Freilich mußte man zumindest zwei solche »Fingerabdrücke« anpeilen, da eine Hälfte des Tuchstreifens nicht weiter unterteilt worden und bei Riggi verblieben war.
Es hatte sich gezeigt, daß eigentlich nur zwei Fotos miteinander vergleichbar waren, da nur sie ganz bestimmte Merkmale trugen, die es gestatteten, Ausschnitte einander zuzuordnen. Auf dem Farbbild, das ich von Riggi in Paris erhalten hatte und das den Ausschnitt des Grabtuchs zeigt, der kurz darauf abgetrennt werden sollte, kann man deutlich eine Falte im Gewebe erkennen (Foto A). Eine solche Falte, oder zumindest eine, die dieser ähnlich sieht, ist auch auf dem Foto zu erkennen, das ich von Hall aus Oxford erhalten hatte. (Vgl. Abb. 25 und 26)
Wenn also eine Übereinstimmung zu finden war, dann mußte diese mit der Falte als Anhaltspunkt angepeilt werden, die auf beiden Fotos zu erkennen ist. Bei den beiden Fotos aus Zürich und aus Arizona (Tucson) ließen sich ähnlich augenfällige Merkmale nicht ermitteln, und deswegen konnten sie auch nicht einer bestimmten Stelle auf dem noch unabgetrennten Tuchstück zugeordnet werden. Außerdem zeigte die Aufnahme von Wölfli aus Zürich nur die Rückseite der Probe und hätte nur durch aufwendige und äußerst komplizierte computergestützte Berechnungen für einen Vergleich

brauchbar gemacht werden können. Das Stück aus Arizona zeigte dagegen nur einen 5 x 12 Millimeter großen Abschnitt vom gesamten Material, das dieses Institut erhalten hatte. (Vgl. Abb. 13)
Zu dieser Zeit sah ich zufällig einen Filmbericht über die Methoden der Züricher Kriminalpolizei, die über die modernsten technischen Geräte verfügt. Ich versuchte es mit einer Anfrage bei der Stadtpolizei Zürich. Am 20.1.90 erhalte ich von Dr. K. Zollinger vom wissenschaftlichen Dienst der Stadtpolizei eine Antwort. Grundsätzlich sei die Auftragsannahme von privater Seite möglich, sofern ein öffentliches Interesse vorliege. Textilfasern könne die Stadtpolizei analysieren, Gewebemuster allerdings in der Regel nicht. Grundsätzlich sei sie jedoch bereit, bei Vorlage von Originaltextilien die Möglichkeit zu prüfen. Originaltextilien hatte ich natürlich nicht anzubieten, also schilderte ich, welcher Art der Vergleich sein sollte. In diesem Brief betonte ich, daß Dr. Max Frei, der die berühmten Pollenanalysen am Grabtuch durchgeführt hatte, der Leiter des wissenschaftlichen Dienstes eben der Stadtpolizei Zürich gewesen war. Vielleicht würde dieser Hinweis ihr Interesse herausfordern. Am 2. Februar erhalte ich den Hinweis, mich der Wichtigkeit der Sache wegen nur an »absolute Spezialisten« auf diesem Gebiet zu wenden. Gleichzeitig bekräftigen die Polizeiwissenschaftler ihren ablehnenden Bescheid. Schade, ich hatte gehofft, sie wären die »absoluten Spezialisten«.
Meinen nächsten Versuch begann ich mit einem Anruf bei Wolfgang Goede in der Redaktion des in Deutschland erscheinenden populärwissenschaftlichen Jugendmagazins *PM*. Ich hatte einen Artikel von ihm über kriminalistische Methoden des Bundeskriminalamtes gelesen. Er verwies mich an Dr. Franz Peter Adolf beim BKA. Auch hier bekam ich einen abweisenden Bescheid, für Privatpersonen könnten keine Gutachten erstellt werden. Dies sei allein auf Antrag von Staatsanwaltschaften und Gerichten möglich. Juristen, mit denen ich mich besprochen hatte, hatten dazu geraten, auf Unterlassung zu klagen, weil es sich nur um einen ideellen Sachverhalt handle und kein Vermögensdelikt vorliege. Auf diese Weise könnte man eine Vergleichsuntersuchung erzwingen. Dieser Ansatz erschien mir doch etwas abwegig, zumal das BKA auch mitgeteilt hatte, man könne eine Identitätsprüfung nur mit den Originalstoffen durchführen.

In der Zwischenzeit erhielt ich eine Nachricht von der Kantonalpolizei Zürich, die ich nach der Stadtpolizei um die Adresse der Hersteller ihrer Bildanalyse-Geräte befragt hatte. Dr. P. W. Pfefferli hält für die Identitätsprüfung von Darstellungen auf zwei Fotografien einen »Makro-Vergleichs-Projektor« für hilfreich. Ein solches Gerät verwendet die Polizei für die Prüfung fraglicher Urkunden. Es ist in der Lage, sogenannte Superpositions- und Tangentialvergleiche durchzuführen. Der Hersteller der Geräte ist die »Projectina AG« in der Schweiz.

Herr Direktor Werner Liechti von der »Projectina AG« machte am Telefon einen recht zuversichtlichen Eindruck, als ich ihm mein Anliegen vorbrachte. Seine Techniker versuchten in der Folge, mit Projectina-Systemen einen Bildvergleich zustande zu bringen. Leider scheiterten auch sie an technischen Problemen, und Direktor Liechti empfahl mir Prof. Pierre Margot vom Kriminaltechnischen Institut der Universität Lausanne, der mit Projectina-Geräten große Erfahrung habe. Doch Prof. Margot war leider für viele Monate außer Landes.

Die nächste Station auf meiner Suche nach einem geeigneten Labor war das Institut für Photogrammetrie der Abteilung Geodäsie an der Universität Stuttgart. Der Leiter, Prof. Ackermann, hörte sich bei meinem Besuch am 13. März 1990 geduldig mein Ansinnen an und verwies mich an seinen Mitarbeiter Dipl.-Ing. Michael Hahn. Einen ganzen Tag lang nahm sich dieser mit Kollegen Zeit, um die Bilder zu analysieren. Die Fotos wurden über einen Scanner mit Hilfe des Gerätes Zeiss Planicomp C 130, eines hochpräzisen Digitalisierapparats, in das Grafikprogramm eines Computers eingelesen. Später versuchten die Wissenschaftler sogar noch das Computerprogramm umzuschreiben, um verschwommen sichtbare Fäden über Hell-Dunkel-Werte optisch zu verstärken.

Das Resultat war allerdings nicht befriedigend. Es gelang nicht, die Fäden einzeln herauszustellen. Schließlich verzögerten sich die Analysen durch eine China-Reise Hahns um viele Wochen. Endlich, kurz vor Weihnachten, kam sein ausführliches Gutachten.

Darin vermerkt Dipl.-Ing. Hahn: Die projektive Anpassung der digitalisierten Bilder setze ebene Objekte voraus. Leider erfüllten die Fotos diesen Umstand nicht. Insbesondere die Abbildung des Tuchausschnittes in Turin zeige einen deutlichen Faltenwurf.

Trotzdem wurde eine rechnerische Anpassung über die Kennzeichnung des »Fischgrätmusters« vorgenommen. Diese Entzerrung gelang dem Wissenschaftler erstaunlich präzise. Das bedeutet, die Abweichung der Texturoberfläche von einer idealen Ebene fällt nicht ins Gewicht. Aus der projektiven Ähnlichkeit der Probenfotos kann keine Identität der beiden Bilder abgeleitet werden.[27]
Für den Texturvergleich werden Bildausschnitte pixelbezogen verglichen (als Pixel werden die Rasterpunkte der digitalisierten Bilder bezeichnet). Die Information für den Vergleich stellt der Intensitätswert (Grauwert) eines Pixels und dessen Kontext, also die lokalen Umgebungspixel mit ihren Intensitäten, dar. Bei den vorliegenden Bildern ergaben sich hierbei allerdings Probleme, zumal Merkmale herangezogen werden mußten, die kaum von unterschiedlicher Beleuchtung beeinflußt sind und möglichst nicht mit den Schärfeunterschieden der beiden Bilder in Konflikt geraten. Merkmale dieser Art sind in der Bildverarbeitung nicht bekannt. Als Ausweg hat der Wissenschaftler eine Anpassung vorgenommen, zunächst durch Angleichung des Maßstabs, durch Annäherung des scharfen an das unscharfe Bild (Tiefpaßfilterung), durch geometrische Übereinstimmung mit Hilfe von Entzerrung und durch Korrelationsrechnung mit kleinen Korrelationsmasken. (Korrelationen sind statistische Maßeinheiten für Übereinstimmung von zwei Objekten). Um eine Korrelation aussagekräftig zu machen, ist es nötig, die Ähnlichkeit nicht nur mit einem Vergleichsobjekt, sondern auch des Objekts mit sich selbst zu errechnen. Dabei ergab sich ein Resultat, das schon bei einfacher Betrachtung der Stoffstücke ins Auge springt: Die Webstruktur der jeweiligen Stoffe ist nicht einheitlich, sondern unterschiedlich, was auf die manuelle Fertigung hindeutet. Hahn behauptete, daß auf diese Weise keine stichhaltige Korrelation zwischen den Proben errechnet werden kann, zumal vorhandene Ähnlichkeiten zufällig verteilt sind.
Offenbar wurde dem Forscher, der mich dazu gedrängt hatte, die Herkunft der Analyseproben preiszugeben, die Sache zu heiß. Der zu Beginn an den Tag gelegte Elan wandelte sich rasch in eine recht vorsichtige Haltung. Man konnte ihm anmerken, daß ihm bei der Aufgabe nicht wohl zumute war. Nur so läßt sich erklären, warum er sich auf die mathematisch nicht darstellbare Korrelation verließ

und nicht den direkten, sichtbaren Vergleich der Proben vornahm. Mit dem Ausschnitt auf dem Foto A, links von der deutlich erkennbaren Falte, sollte das Foto B verglichen werden. Foto A zeigt das ausgewählte Stück vom Grabtuch, bevor es von Riggi abgetrennt wurde. Foto B ist die angebliche Tuchprobe, die das Oxforder Labor erhalten hatte. Dieses Muster eignet sich in hervorragender Weise für einen Vergleich, da es als einzig bekanntes eine Falte aufweist. Aus der Richtung des Fischgrätmusters und der Falte läßt sich genau jener Ausschnitt auf Foto A bestimmen, mit dem die Probe identisch sein müßte.
In der Zwischenzeit hatte ich mich bereits an die Firma Sick in Waldkirch gewandt, die ein Gerät entwickelt hat, das durch optische Abtastung eines Stoffstücks Textilien genau nach Fadendichte, Fadenanzahl usw. analysieren kann. Sollte dieser »Video shrink image processor 1« (VSIP 1) nicht auch Fotos von Textilien auf diese Weise miteinander vergleichen können? Der Versuch wurde unternommen, doch er scheiterte an der Oberfläche der Fotos, die offenbar für die Informationsabtastung ungeeignet war. Die Lichtstrahlung wurde reflektiert, was nichts als schwarze Bilder zur Folge hatte.
In Waldkirch verwies man mich weiter an das »Institut für Textil- und Verfahrenstechnik« in Denkendorf bei Stuttgart. An diesem Institut versuchten Mitarbeiter eine genaue optische Analyse. Die Untersucher, Dipl-Ing. P. Ehrler und Z. Cai, stellten in ihrem Gutachten vom 19.12.1989 zunächst fest, daß sich die Gewebemuster im optischen Eindruck unterscheiden. Der Grund des Unterschieds war allerdings noch nicht klar, da dieser auch auf aufnahme- bzw. wiedergabetechnische Umstände zurückzuführen sein kann. Muster A (Farbfoto des gesamten in Turin abgetrennten Stückes) weise eine lockerere Struktur (große Lücken zwischen den Schußfäden) und eine kürzere Flottierung auf als Muster B (Oxford-Muster). Bei beiden Mustern zählten die Forscher zwischen den beiden Spitzfäden einheitlich 41 Kettfäden. Einen Unterschied stellten sie allerdings beim Winkel der Spitze fest. Bei Muster A betrage dieser etwa 59°, bei Muster B etwa 65°. »Dieser Unterschied kann gleichermaßen durch eine unterschiedliche Fadendichte und durch Spannungsunterschiede, die beim Auslegen des Musters auf der Unterlage entstehen können, verursacht worden sein.«[28]

Des weiteren machten die Denkendorfer Wissenschaftler eine sehr aufschlußreiche Beobachtung: »Dem Eindruck der einheitlichen Bindung steht der Eindruck eines uneinheitlichen Gewebebildes gegenüber.« Ursache des uneinheitlichen Gewebebildes sind die unterschiedlich dicken Kettfäden von Muster B. »Diese Anordnung von feinen und starken Kettfäden kann bei Muster A nicht festgestellt werden.« Abschließend kommen die Textilwissenschaftler zu dem Schluß: »Die genannten Unterschiede veranlassen uns, eine Identität der Muster zu verneinen.«
Es wurde also ein unterschiedlicher optischer Eindruck festgestellt durch eine lockerere Struktur des Oxfordmusters gegenüber dem Originaltuch und durch eine unterschiedliche Fadendichte. Dieser Befund stimmt mit dem überein, den Prof. Raes schon für das Zürich-Muster bestätigt hatte. Zudem hatten die beiden verglichenen Ausschnitte einen um 6° unterschiedlichen Winkel in der Fischgrätstruktur. Außerdem haben die sichtbaren Fäden eine unterschiedliche Dicke, und es bestehen gewisse Differenzen im Verhältnis der Fadendichten von Kette und Schuß.
Auf eine solche Bestätigung meiner Vermutungen hatte ich nicht zu hoffen gewagt. Aber ich konnte mich damit noch nicht zufriedengeben, da die fototechnischen Bedingungen für beide Aufnahmen verschieden waren und erst durch Bereinigung dieses Unterschieds endgültige Gewißheit herrschen kann.
Ständig blieb ich auf der Suche nach neuen Möglichkeiten, um die Identität der Proben, die die Labors zur Datierung erhalten hatten, mit dem Originalausschnitt vom Turiner Tuch zu überprüfen. Alle Hoffnungen hatte ich in die Fotografien der datierten Muster gesetzt, die ich mittlerweile alle erhalten hatte. Zu allem Unglück ist das Stoffstück vom Turiner Tuch auf dem Foto des Züricher Labors von der Rückseite aufgenommen und für einen Vergleich unbrauchbar. In meiner Not erinnerte ich mich daran, daß Professor Wölfli in Zürich nur die halbe Probe verbraucht und die andere Hälfte noch aufbewahrt hatte. Wenn Professor Raes aus Gent die Möglichkeit erhalten würde, die richtige Seite dieses Stückes Stoff zu untersuchen, könnte er anhand der Anzahl und Art der Kett- und Schußfäden einen Vergleich mit jenem Stück anstellen, das er 1973 erhalten hatte. Auf diese Weise sollten sich Identität oder Differenz einwandfrei ermitteln lassen.

Freilich konnte ich nicht hoffen, das beiseite gelegte Stück selbst ausgehändigt zu bekommen. Ich bat Wölfli deshalb um eine brauchbare Fotografie davon.
Am 3. November 1989 schrieb ich Wölfli einen Brief, in dem ich ihn über den bisherigen Stand meiner Forschungen aufklärte, worum er mich gebeten hatte. Ich machte ihm klar, daß ich mich bei meiner Vergleichsanalyse natürlich nicht allein auf mein Augenmerk verlassen könne, sondern auf Computer-Meßdaten angewiesen sei. Gleichzeitig teilte ich ihm mit, daß es mir gelungen sei, eine Firma ausfindig zu machen, die Fotos per Videoaufzeichnung digitalisiert, um Daten von Vorlagen mit anderen zu vergleichen. Leider zeigten die Fotos, die ich von ihm erhalten hatte, nur die Rückseite des Stoffes und seien zu einem Vergleich ungeeignet. Inständig bitte ich Wölfli darum, mir ein möglichst scharfes und vergrößertes Foto der Vorderseite der zurückbehaltenen Tuchprobe anfertigen zu lassen. Des weiteren ersuche ich ihn, vorerst noch niemanden von meinen Untersuchungen zu unterrichten, um meine Bemühungen nicht zu gefährden. Darüber hinaus teile ich ihm mit, ich sei inzwischen recht sicher, daß die Labors mit einer eventuellen Manipulation nichts zu tun haben.
Obwohl ich ihm die Dringlichkeit meines Anliegens klargemacht habe, erhalte ich keine Antwort aus Zürich. Fast vier Wochen später schreibe ich erneut einen höflich formulierten Brief an Wölfli, in dem ich ihn nochmals um Zusendung der Fotos ersuche. Ich berichte ihm, daß alle Bemühungen, die ich bisher für meine Vergleiche herangezogen hatte, negativ verliefen. Bislang war es technisch nicht möglich, die Labormuster im Originalausschnitt zu lokalisieren. Ich lasse ihn wissen, daß das Institut für Textilforschung und Verfahrenstechnik in Denkendorf ein entsprechendes Gutachten erstellt hat.
Diesmal reagiert Wölfli. Seine Antwort fällt allerdings seltsam, ja fast rätselhaft aus:
»Sehr geehrter Herr Kersten, ich beziehe mich auf Ihre beiden Anfragen vom 3. und 28. November und kann Ihnen mitteilen, daß wir nach einigem Suchen unter 5000 Proben die Überreste unserer Z1-Probe gefunden haben. Es sind insgesamt nur noch zwei kleine Stücke von je etwa 2 Milligramm Gewicht, die zudem chemisch bereits behandelt wurden. Nächste Woche werden die Mikrofotos

hergestellt, und dann werden wir sehen, wie stark der Faden bei der Reinigung aufgelöst wurde. Falls die Bilder brauchbar sind, werde ich sie Ihnen gerne überlassen, aber erst wenn Sie mich über den neuesten Stand Ihrer Nachforschungen informiert haben. Ich bin bereit, dafür noch einmal einen Termin für Sie zu reservieren. Bitte rufen Sie mich in etwa einer Woche an, damit wir ein Datum festlegen können. Mit freundlichen Grüßen, gez. Prof. Dr. W. Wölfli.«

Die von Wölfli angefertigten Fotos zeigen eindeutig, daß er von der Gesamtprobe, die er in Turin erhalten hat (52,8 mg), nur einen Teil von 25,9 mg Gewicht verwendet hat. Den anderen Teil, ein zusammenhängendes Gewebestück mit einem Gewicht von 26,5 mg, hatte er nach seinen eigenen Angaben »an einem sicheren Ort außerhalb des Labors verwahrt«, den nur er und seine Frau kannten. Wie kommt es, daß er das Fragment wochenlang mühsam unter 5000 (sic!) anderen Mustern suchen muß, will er doch den Rest vom Turiner Tuch an diesem besonderen Ort verwahrt haben? Und wieso sind plötzlich nur noch zwei kümmerliche einzelne Fädchen von jeweils 2 mg vorhanden, aus denen sich so gut wie keine Rückschlüsse ziehen lassen, schon gar nicht auf die Dichte des Gewebes? Die Vermutung drängt sich auf, daß der redliche Professor möglicherweise die vier Wochen dazu benutzt hat, bei der verantwortlichen Stelle nachzufragen, wie er sich verhalten solle! Ganz verschwunden konnte das sorgsam gehütete Ersatzstück nicht sein, das wäre allzu auffällig. Nach einiger Zeit des gemeinsamen Nachdenkens ist man wohl auf die Idee verfallen, einige lose Fäden »aus dem Hut zu zaubern«, unbrauchbare Reste eines einst brauchbaren Teils. Ein Vergleich mit dem Originaltuch war dadurch auf alle Fälle vereitelt worden. Und dann noch die Bedingung, nunmehr vorher »über den Stand meiner Nachforschungen« aufgeklärt zu werden?

Ich hatte Wölfli zuvor für vertrauenswürdig gehalten und war der Meinung gewesen, daß er selbst vielleicht das Opfer einer gut eingefädelten Täuschung geworden war. Nach diesen seltsamen Äußerungen stellte sich mir das Szenario allerdings anders dar. Alles deutete darauf hin, daß die angeblich unabhängigen Datierungsinstitute an die Weisungen einer geheimen Stelle gebunden waren. Ob diese im British Museum, in Turin oder sogar im Vatikan gesucht werden mußte, war mir zu diesem Zeitpunkt noch nicht klar.

Noch etwas war seltsam: Wölfli wußte, daß ich für meine Vergleiche sein Foto von der Rückseite der Probe nicht verwenden konnte, obwohl es sonst sehr geeignet gewesen wäre, da hier zusätzlich ein genauer Maßstab mit abgebildet war und auch das Gewicht feststand. In der Zwischenzeit hatte ich von CRC, der katholischen Gegenreformation aus Frankreich, ein anderes Foto erhalten, das die brauchbare Vorderseite der Züricher Probe zeigte. Also waren in Wölflis Labor doch noch andere Fotos gemacht worden, die er mir absichtlich vorenthielt und deren Existenz er mir gegenüber nicht einmal erwähnte. Warum hat er mir dieses Foto nicht zur Verfügung gestellt, zumal er zunächst Kooperationsbereitschaft signalisierte? Gegen Ende des Jahres '91 bat ich Wölfli schließlich, mir die Genehmigung zum Abdruck seiner Fotos zu geben, die auch schon im Jahresbericht der Eidgenössischen Technischen Hochschule veröffentlicht waren. Daraufhin schrieb er mir zurück, daß er ganz genau wissen wolle, in welchem Kontext die Bilder erscheinen sollten. In einem weiteren Brief kam ich seiner Bitte nach und schrieb dazu, daß diese Fotos für mich zwar keinen Beweiswert hätten, jedoch sehr schön farbig gestaltet seien und sich deswegen gut in einem Buch abbilden ließen. Darauf folgte dann vier Wochen später, nachdem ich nochmals angefragt hatte, die kurze Mitteilung: »Ihre Antwort hat mir gar nicht gefallen. Deshalb kann ich Ihnen die Verwendung unserer Fotos vom Turiner Grabtuch nicht gestatten.«[29] Für eine dermaßen seltsame Antwort kann ich keine Erklärung finden; irgendwie schien der Professor mißtrauisch geworden zu sein.

Ich wurde jedoch das Gefühl nicht los, daß aus den Fotos »mehr« herauszuholen war. Zum Glück gibt es jemanden in meinem Bekanntenkreis, der auf die computergestützte Verarbeitung grafischer Informationen spezialisiert ist. Über ein Jahr lang hatte er sich ausschließlich mit der Software eines führenden Herstellers beschäftigt und konnte mit sämtlichen Grafikprogrammen virtuos umgehen.

Um sie miteinander vergleichen zu können, mußten die beiden Fotos zunächst mit einem Scanner digitalisiert (also in einzelne Bildpunkte aufgerastert) werden, damit der Computer die Bilder als Hell-Dunkel-Informationen verarbeiten kann. Als zweiter Schritt wurden dann einzelne Bildpunkte so verändert, daß sich eine deutlichere Struktur der einzelnen Fäden ergab. Das war nötig, zumal das Farbfoto mit der Abbildung des zusammenhängenden Streifens nicht in allen Bereichen genügend Tiefenschärfe besaß. Dazu werden alle Punkte über einer gewissen Helligkeitsstufe ein wenig verstärkt, damit sie dunkler werden, und die helleren in ihrer Intensität abgeschwächt, damit diese etwas heller erscheinen. Auf diese Weise zeichnen sich die markanten Linien innerhalb der Abbildung wesentlich deutlicher ab. An der Abbildungsgröße und dem Maßstab wird nichts verändert; alle Bildpunkte bleiben im gleichen Verhältnis zueinander.

Selbst die winzigen Ausschnitte, die vom gesamten Tuch nur einen verschwindend kleinen Teil ausmachen, erscheinen unter entsprechender Vergrößerung gigantisch. Sie sind viel zu groß, um Punkt für Punkt miteinander verglichen werden zu können. Wir konzentrierten uns deshalb auf die zuvor beschriebene Falte, die auf dem ganzen Streifen und auf dem Oxford-Foto sichtbar ist und dadurch gewissermaßen unser »archimedischer Punkt« wurde. Wenn man das Gewebe in Koordinaten einteilt, um sich präzise orientieren zu können, bildet die sichtbare Falte auf beiden Ausschnitten die x-Achse. Die y-Achse des Koordinatensystems ergibt sich aus dem zur Falte in fast rechtem Winkel verlaufenden »Spitz-« oder »Null-Faden«. Das sind jene Fäden, an denen sich das Fischgrätmuster wendet und dann spitzwinkelig in die andere Richtung verläuft. Dieser Null-Faden ist ebenfalls auf beiden Abbildungen gut sichtbar. Auf diese Weise ließ sich der theoretische Entnahmeort der Probe B auf dem Tuchstück A exakt ermitteln.

Natürlich waren die beiden Fotos nicht von vornherein im gleichen Maßstab vergrößert worden. Zunächst mußten wir uns mit dem Problem auseinandersetzen, die Größe so anzupassen, daß überhaupt ein Vergleich möglich wurde. Dazu mußten wir die auf beiden Fotos sehr ähnlichen Strukturen in ihrer Größe so weit angleichen, daß sie ein möglichst hohes Maß an Übereinstimmung zeigten. Zu diesen auffälligen Strukturen zählten zum Beispiel einzelne sichtbare Fäden oder die diagonal verlaufenden Fischgrätmuster. Die Diagonale, die sich aus den Vertiefungen zwischen Kett- und Schußfaden ergibt, zeigt auf beiden Fotos einen ähnlichen Winkel, und somit war es möglich, den kleineren Ausschnitt B in den größeren A hineinzuprojizieren. Mit dem Grafikprogramm ließen sich durch Tastendruck beide Darstellungen verschieden einfärben.

Dann konnten beide Bilder übereinandergelegt und entsprechend

vergrößert oder verkleinert werden, bis die diagonalen Linien auf dem Monitor soweit wie möglich übereinander in Deckung gebracht waren.
Obwohl die »Fischgräten« auf beiden Mustern in Übereinstimmung gebracht werden konnten, zeigte sich, daß die Abstände der Fäden auf den beiden Ausschnitten ungleich waren. Ein eindeutiger Befund: Die beiden Stoffproben unterscheiden sich hinsichtlich der Webdichte. (Vgl. Abb. 27)
Das Ergebnis dieser Analyse stimmt mit der Beobachtung von Prof. Raes an der Züricher »Grabtuch«-Probe überein, »daß das Erscheinungsbild ein ganz anderes ist«, weil eine »unterschiedliche Anzahl der Fäden pro Zentimeter in Kett- und Schußrichtung« vorliegt; er schloß daraus, »daß die beiden Proben nicht vom selben Stück stammen können«. Leider ließ sich das Foto des Tucson-Musters für einen ähnlichen Computervergleich nicht verwenden, weil es einen zu geringen Ausschnitt wiedergibt, auf dem der Null-Faden nicht zu sehen ist. Gerne hätten wir dieses Foto analysiert, zumal Prof. Raes bei seiner ausführlichen Begutachtung zu dem unglaublichen Schluß kam, daß die Tucson-Probe eine völlig andere Webart zeige, die weder mit der Vorder- noch mit der Rückseite seines Tuchmusters von 1973 überhaupt vergleichbar sei![30]
Deshalb unterwarfen wir die Webstruktur des Oxford-Musters einem zweiten Vergleich mit dem Originaltuch. Beim ersten Test hatten wir versucht, die schräg verlaufenden Zwischenräume des Gewebes (die das typische Fischgrätmuster ergeben) beider Ausschnitte miteinander in Übereinstimmung zu bringen, und dabei festgestellt, daß sich dann die einzelnen Fäden nicht zuordnen lassen, beide Gewebe also eine unterschiedliche Dichte aufweisen.
Beim zweiten Versuch gingen wir anders vor: Wir wollten nun die Fischgrätstruktur auf beiden Ausschnitten in Übereinstimmung bringen, um dann zu sehen, ob sich dabei auch die einzelnen Fäden decken. Wieder wurden die Originalfotos mit einem hochauflösenden Scanner in den Computer eingegeben und dann im Größenverhältnis angepaßt. Wir wählten den gleichen Ausschnitt auf beiden Proben, der sich durch die Koordinaten des Null-Fadens und der sichtbaren Falte in Deckung bringen ließ.
Legt man nun beide Bildausschnitte auf dem Monitor so übereinander, daß der Null-Faden, der sechste Faden und der 18. Faden so

in Deckung gebracht werden, daß sie ein fortlaufendes Ganzes ergeben, stimmt die quer verlaufende Fischgrätstruktur nicht mehr überein. An den Schnittkanten der beiden Fotoausschnitte sind nunmehr deutliche Unterschiede zu erkennen! (Vgl. Abb. 28) Damit ist für jeden Laien klar erkennbar geworden, was die Gutachten zuvor bestätigt hatten: Die beiden Ausschnitte, die eigentlich vollkommen identisch sein müßten, unterscheiden sich deutlich sichtbar in ihrer Webdichte sowie in der Stärke der einzelnen Fäden.

Zusammenfassend ergeben sich folgende Unterscheidungen zwischen den Proben, welche die Labors erhalten haben, und dem Stoffstück, das tatsächlich in Turin abgetrennt wurde:

1. Die einzelnen hochstehenden Fasern, die mitten auf der Oxford-Probe sichtbar aus dem Gewebe herausragen, finden sich nicht auf dem Originalstück. Prof. Hall hat ausdrücklich versichert, daß diese Verletzung des Gewebes bereits vorhanden war, als er das Stück aus seinem Behälter nahm.
2. Die im Originaltuch vorhandene Falte ist zwar in der Oxford-Probe ebenfalls nachempfunden, jedoch mit einem viel größeren Öffnungswinkel. Statt dessen müßte sich die Falte auf dem kleinen Ausschnitt 1 ohne die Last des größeren Umfeldes enger (also mit einem kleineren Öffnungswinkel) darstellen.
3. Die Laborproben haben im Unterschied zum Originalstück eine andere Webdichte.
4. Die einzelnen Fäden zeigen im Vergleich unterschiedliche Dicke.
5. Die Winkelgrade des gewebten Fischgrätmusters der Laborproben unterscheiden sich erheblich von denen des Turiner Originals.
6. Fügt man die Zürich-Probe Z1 paßgenau an die Oxford-Probe O1, so ergibt sich ein zusammenhängendes Stück, das dann aber über den Rand des originalen Turiner Tuchs hinausragen würde! Der präparierte Gewebestreifen ist also in Wirklichkeit wesentlich breiter (ca. 20 mm anstatt der angegebenen 10 mm), als es technisch überhaupt möglich wäre.

Wenn sich die Stoffe auch auf den ersten Blick ähnlich sehen, so sind sie dennoch nicht identisch. Der Nachweis ist eindeutig: Die Labors haben falsche Stoffstücke zur Datierung ausgehändigt bekommen, die nicht vom Turiner Tuch stammen!

II

Das Tuch im Dunkel der Geschichte

Elmar R. Gruber

Auf der Suche nach dem »wahren Grabtuch«

Wenn wir uns auf die Suche begeben nach dem »wahren Grabtuch«, müssen wir uns zunächst die Frage stellen, was mit den Grablinnen geschah, nachdem sie im leeren Grab zurückgelassen worden waren. Zum Glück suchen wir nicht nach irgendeinem Grabtuch, sondern nach dem keines Geringeren als des Gottessohnes selbst. Die Hoffnung scheint also nicht unberechtigt, auch in dieser so fernen Zeit Hinweise zu finden, die eine solche Aufgabe nicht zu einem aussichtslosen Unternehmen machen. Unterstützt wird die positive Einschätzung von dem Umstand, daß die frühen Christen bereits eine ausgeprägte Sammelleidenschaft für Reliquien entwickelt hatten. Die Passionsreliquien, zu denen auch das Grabtuch zu zählen ist, standen von Anfang an auf der Wunschliste der Gläubigen an erster Stelle.

Es gibt nur wenige Berichte über das Schicksal der Grablinnen, nicht viel mehr als Vermutungen oder Legenden. Die meisten sind Jahrzehnte, oft erst Jahrhunderte später bekannt geworden. Im apokryphen Hebräer-Evangelium findet sich der Hinweis, Jesus selbst habe die Sindon (Grabtuch) nach der Auferstehung dem »Diener des Priesters« gegeben, wer auch immer damit gemeint war.[1] Die hl. Nino (gest. um 335) berichtet, das Begräbnislinnen hätte sich eine Zeitlang im Besitz der Frau des Pilatus befunden. Danach hätte es der hl. Lukas bekommen, der es an einem geheimen Ort aufbewahrte. Das Sudarium hingegen hätte Petrus »gefunden«. Diese Darstellung muß in Zusammenhang mit einer Legende gesehen werden. Danach wurde die Persönlichkeit Pilatus', allen historischen Tatsachen zum Trotz, nachträglich als Jesus wohlgesinntes Instrument in den Händen der Judenführer umgedeutet. Sie ist uns ebensowenig hilfreich auf der Suche nach dem Schicksal des Grabtuchs wie ein Hinweis des hl. Hieronymus, da es keine Berichte über den weiteren Weg des Tuches gibt, die direkt an diese Überlieferungen anschließen.

Einige Jahrhunderte später schreibt Bischof Braulio von Saragossa (631–651), daß die Linnen und das Schweißtuch wohl gefunden wurden, aber daß keine Hinweise darauf existieren, wo sie aufbewahrt wurden. Zugleich äußert er die Vermutung, es sei undenkbar,

»daß die Apostel versäumten, diese und ähnliche Reliquien für spätere Zeiten zu verwahren«.[2] Wir müssen uns vor Augen halten, daß diese Aussage einer Zeit entstammt, in der Reliquien als sicht- und berührbare Beweise für die Wahrheit der Evangelienberichte angesehen wurden. Dem einfachen Volk galten sie zugleich als magische schutz- und heilbringende Talismane, die ihren Ursprung in der heidnischen Religiosität haben. In dieser Perspektive mußte es dem frommen Kirchenmann absurd erscheinen, Reliquien nicht zu verwahren, insbesondere jene, die mit der Passion Jesu in Zusammenhang standen. Doch zu Christi Zeiten war dies keineswegs eine gängige Vorstellung. Außerdem braucht man sich nur die Umstände von Jesu Kreuzigung und Grablegung ins Gedächtnis zu rufen, das Entsetzen vor dem leeren Grab. Wurde der Leib Christi gestohlen, oder was war von seinem Verschwinden zu halten? Es muß eine heillose Verwirrung geherrscht haben, als die Jünger mit einem Male auf sich allein gestellt waren.

Es waren gefährliche Zeiten. Eben hatte man ihren Anführer gekreuzigt, und es war abzusehen, daß ihre Verfolger nach diesem Triumph nicht ruhen würden. Die Anhänger Jesu mußten untertauchen. Die Angst ging unter ihnen um. Viele von ihnen zogen es vor, sich wieder ins Privatleben zurückzuziehen. Als Jesus sie später fand, gingen sie wieder ihren ursprünglichen Tätigkeiten nach. Nach der Steinigung des Stephanus waren die Standhaften einer offenen Verfolgung ausgeliefert (Apg 8,1–4), mußten vielfach das Land verlassen. Sie hatten wohl kaum Zeit und auch wenig Interesse, Reliquien zu sammeln, zumal es gefährlich war, sich mit solchen erwischen zu lassen.

Anders liegen die Dinge, wenn wir von der Annahme ausgehen, daß das Abbild Christi, wie wir es vom Turiner Tuch kennen, auf dem Grablinnen gesehen wurde. Dieser Umstand mußte die relative Bedeutungslosigkeit von Begräbnistüchern mit einem Male zu einem einzigartigen Zeichen verwandeln: Der fleischgewordene Logos hatte in wunderbarer Weise ein unerklärliches Bild hinterlassen! Ein göttliches Abschiedsgeschenk an die Gläubigen. Ein solches Tuch hätten die Apostel wohl auch in äußerster Bedrängnis nicht achtlos liegengelassen. Doch hatten sie ein Abbild gesehen? Wir wissen heute, daß die Züge des Mannes auf dem Turiner Tuch nicht erst im Lauf der Zeit durch einen langsamen biochemischen Prozeß,

sondern sofort entstanden. War aber im dunklen Grabraum ein so schwaches Bild überhaupt zu erkennen? War das Linnen nicht vielmehr so übervoll von den Spezereien – nach dem Johannes-Evangelium sollen es 100 Pfund (etwa 33 Kilogramm) gewesen sein –, daß ein Abbild nicht auszumachen war?
Hatte niemand das Bild wahrgenommen, so wurden die Tücher wahrscheinlich zunächst liegengelassen. Grabtücher galten den Juden als rituell unrein. Aus diesem Grund war es undenkbar, daß sie jemand an sich genommen hätte. Unter einer bestimmten Voraussetzung, die an dieser Stelle noch nicht dargestellt werden kann, der wir uns aber später ausführlich widmen, ist es nicht nur denkbar, sondern in höchstem Maße wahrscheinlich, daß man das Linnen später aus dem Grab geholt hat, auch ohne Außergewöhnliches an ihm festgestellt zu haben. Herkömmliche Grabtücher waren sehr einfache, preiswerte Stoffe. Das Turiner Tuch war kein gewöhnliches Leichentuch, mit Sicherheit sehr teuer und sollte vielleicht zur Wiederverwendung gereinigt werden. Als dann die Spezereien, die lose am Gewebe hafteten, abgewaschen wurden, konnte das »wundersame« Abbild, das sich nicht auswaschen ließ, zutage treten. Auch in diesem Fall ist anzunehmen, daß Anhänger Jesu das Tuch in Verwahrung genommen haben. Doch auch diese Spur läßt sich nicht verfolgen. Keine Hinweise auf einen Aufenthaltsort; in den ersten Jahrhunderten finden sich keine Berichte über ein Versteck. Um 670 beschreibt der fränkische Bischof Arculf von Périgueux die Geschichte seiner Pilgerfahrt nach Palästina. Bei dieser Gelegenheit habe er das Grabtuch in einer Kirche ausgestellt gesehen, wo er es, gemeinsam mit einer großen Menschenmenge, geküßt habe. War dies »unser« Grabtuch? Von einem Bild auf dem Tuch erwähnt der Bischof nichts. Außerdem berichtet er, das Tuch habe eine Länge von acht Fuß, es war also wesentlich kürzer als das Turiner Tuch. Allem Anschein nach erhielt Karl der Große um 797 jenes Grabtuch, das Arculf gesehen hatte. Ein Jahrhundert später kam es in die Abtei St. Cornelius von Compiègne. Bis zur Französischen Revolution, während der es zerstört wurde, blieb das heilige Grabtuch von Compiègne Ziel ungezählter Pilgerfahrten.
Welche Herkunft sich auch immer hinter diesen »Grabtüchern« verbirgt, von einem Abbild auf ihnen ist nie die Rede. Wollen wir aber die Geschichte des »Turiner Grabtuchs« zurückverfolgen,

dann müssen wir nach Hinweisen Ausschau halten, die sich auf dieses eindeutige Unterscheidungsmerkmal beziehen.
Es lag nahe, meine Aufmerksamkeit zunächst dem Reliquienschatz im mittelalterlichen Konstantinopel zuzuwenden. In der blühenden Metropole am Goldenen Horn befand sich in dieser Zeit nicht nur eine unvergleichliche Anzahl von prachtvollen Palästen, sondern auch die weitaus bedeutendste Sammlung von Reliquien der Christenheit. Der Grundstock zu dieser Sammlung wurde schon zu Konstantins Zeiten gelegt. Kaiserin Helena, die Mutter Konstantins, bereiste in frommem Fleiß Palästina, um Golgotha freizulegen, die Reliquien der Passion aufzufinden und diese aus dem Heiligen Land nach Konstantinopel verschiffen zu lassen. Damit hatte sie einen Prozeß in Gang gesetzt, der in den kommenden Jahrhunderten immer intensiver betrieben wurde. Mit der Wiederentdeckung des »echten« Kreuzes Christi im ausgehenden 4. Jh. erreichte der Reliquienimport seinen ersten Höhepunkt. In dieser Zeit kamen die ersten Pilger ins Heilige Land. Mit der Bibel als Touristenführer wurden die heiligen Stätten besucht, Gebete auf geweihtem Boden gesprochen und Reliquien als Andenken mit nach Hause gebracht. Auf diese Weise entwickelte sich bald ein reger Handel mit leicht transportablen Heiligtümern der Christenheit. Viele fanden ihren Weg in die Heimatkirchen europäischer Pilger, die meisten und bedeutendsten aber kamen nach Konstantinopel.
Im 5. Jh. ließ Theodosius II. (408–450) die Reichshauptstadt mit schönen Kirchen schmücken. Er veranlaßte den Wiederaufbau der abgebrannten Hagia Sophia und erneuerte die der Gottesmutter geweihte Blachernen-Kirche. Die zahlreichen sakralen Bauten wurden durch Niederlegungen wertvoller Reliquien geweiht. Seine energische Schwester, Kaiserin Pulcheria, soll von seiner Gemahlin Athenais-Eudokia die Grabtücher Christi bekommen und sie zur Aufbewahrung in die Blachernen-Kirche gelegt haben. Athenais-Eudokia soll die Tücher von ihrem Besuch in Jerusalem im Jahre 438 mitgebracht haben. Ob diese Stoffe wirklich Begräbnislinnen waren, läßt sich nicht mehr rekonstruieren.
Vom 10. bis zum 13. Jh. sind uns endlose Aufzählungen von Heiligtümern, insbesondere der allen vorangestellten Passionsreliquien, überliefert, die hohen Besuchern in der Hauptstadt des Byzantinischen Reiches vorgeführt wurden. Die Berichte vermitteln einen

Eindruck von der Bedeutung und Vollständigkeit der Sammlung. Man kann daraus ermessen, welchen Rang Konstantinopel in der Christenheit innehatte, stand doch die Stadt gewissermaßen unter dem Schutz einer ganzen Armee von stummen Zeugen über das Wirken des Herrn.

In mancher Inventarliste begegnet uns ein »Grabtuch« Christi.[3] Doch zu sagen, es handle sich eindeutig um das heute als »Turiner Grabtuch« bekannte Linnen, würde den Berichten nicht gerecht. In der Tat sind die Mitteilungen über Begräbnistücher in Konstantinopel bisweilen recht verwirrend. Das hat mehrere Gründe. Zum einen stehen wir vor der Schwierigkeit, die verwendeten Begriffe eindeutig zu übersetzen. Es gab damals keineswegs eine klare Sprachregelung, unter der ein Tuch eindeutig als Grabtuch identifizierbar ist. Zum anderen blieben in dem Grab, den Evangelienberichten zufolge, zumindest zwei, vielleicht sogar mehr Tücher zurück, die allesamt als Grabtücher gelten konnten. Es kann darum durchaus sein, daß es mehrere echte Grabtücher gab. Ein anderes Problem stellt die verbreitete Sitte dar, Kopien von Reliquien als Originale auszugeben, ganz abgesehen von Fälschungen, die den eifrig sammelnden christlichen Kaisern und frommen Pilgern von gerissenen Betrügern untergeschoben wurden.

Immerhin ragt aus allen Texten einer hervor, der von den Sindonologen in aller Welt als Beweis angesehen wird, daß jenes Tuch, das heute in Turin aufbewahrt wird, an der Wende zum 13. Jh. noch in Konstantinopel ausgestellt wurde. Es handelt sich um den Bericht eines fränkischen Ritters, Robert de Clari, der als Teilnehmer des unglückseligen vierten Kreuzzugs eine Beschreibung von den Herrlichkeiten der Stadt bietet. Unter anderem erzählt er von seinem Besuch einer Kirche, »die sie Unsere Frau Heilige Maria von Blachernai nannten, wo das Grabtuch aufbewahrt war, in welches Unser Herr eingehüllt war, das jeden Freitag aufgerichtet wurde, so daß die Figur unseres Herrn deutlich gesehen werden konnte«.[4]

Diese wichtige Mitteilung, offenbar von einem Augenzeugen, ist in der Tat bemerkenswert. Allem Anschein nach wurde in der Blachernen-Kirche im August 1203 ein Grabtuch Christi gezeigt, das jeden Freitag in einer Weise zur Schau gestellt wurde, daß man darauf die Gestalt Jesu sehen konnte! Viele Sindonologen sehen darin den eindeutigen Beweis für die Anwesenheit des wahren Grabtuchs

in Konstantinopel, bevor es 150 Jahre später in Frankreich auftaucht.
Wie aber gelangte das Linnen nach Konstantinopel, und warum hat niemand schon früher die auffällige Abbildung auf dem Tuch beschrieben? Es ist nicht leicht, eine Antwort auf diese Frage zu finden. Immerhin geht es um nicht weniger, als die Aufenthaltsorte des Linnens über nahezu 1000 Jahre zu rekonstruieren, während derer es rätselhafterweise so gut wie unerwähnt bleibt.

Die Geschichte von König Abgar

Wir haben das Grabtuch mit der Abbildung des Körpers in Konstantinopel dingfest gemacht. Jetzt gilt es, die Spuren dieses einzigartigen Stoffstückes auf seinem Weg nach Byzanz aufzudecken.
Der Ausgangspunkt unserer Suche ist folgendes Szenario: Auf welche Weise auch immer, das rätselhafte Abbild der Vorder- und Rückseite Jesu wird auf dem Tuch entdeckt. Das Linnen wird von Anhängern Jesu in Verwahrung genommen. Es handelt sich dabei nicht um die Jünger, denn diese waren schon während der Kreuzigung untergetaucht. Um die Kreuzabnahme und die Grablegung kümmern sich Joseph von Arimathäa und Nikodemus, zwei angesehene jüdische Ratsherren, die zur geheimen Anhängerschaft Jesu zählen.
Zunächst wird es im Verborgenen aufbewahrt, doch trachtet man danach, es zu gegebener Zeit auszustellen, damit die Menschen »sehen und glauben«, wie der Lieblingsjünger, der bei seinem Anblick im leeren Grab »sah und glaubte« (Joh 20,8). Palästina aber ist ein heißes Pflaster. Viele widerstreitende religiöse und politische Gruppen stehen einander gegenüber, hinzu kommen die ständig schwelenden Spannungen mit der römischen Fremdherrschaft, die in der endgültigen Zerstörung des Tempels in Jerusalem im Jahre 70 und dem Fall der Festung Masada (73) gipfeln. Unter Hadrian wird schließlich 135 der jüdische Aufstand von Bar Kochba niedergeschlagen. Weiter im Norden, vor allem in Städten wie Antiochia, Korinth und Ephesos, fallen die Lehren der Apostel auf fruchtba-

ren Boden. Judenchristliche und heidenchristliche Gemeinden bilden starke Gruppen, die fernab von den Wirkungsstätten Jesu in der relativen Sicherheit nebeneinander existierender messianischer Sekten gedeihen können. Wollte man das Grabtuch außer Landes schaffen, dann kamen nur Orte mit gefestigten Christengemeinden im Norden in Frage. Edessa war eine solche Stadt im Norden.
Wir kennen heute eine Überlieferung, die gewöhnlich als Legendenzyklus eingestuft wird und die im Lauf der Zeit verschiedensten Wandlungen unterworfen war. Auf den ersten Blick scheint sie mit unserem Problem wenig zu tun zu haben. Bei genauer Betrachtung aber kommt hinter dem anekdotischen Gewand ein faszinierendes Geschehen zutage, in dem das Grabtuch Christi eine zentrale Rolle spielt. Gemeint sind die Erzählungen um den sogenannten Briefwechsel Jesu mit König Abgar von Edessa. Begeben wir uns also zunächst, auf der Suche nach dem Schlüssel für des Rätsels Lösung, ins antike Edessa.
Edessa, heute die türkische Provinzhauptstadt Urfa in Südostanatolien, lag am Schnittpunkt zwischen der griechischen und der orientalischen Welt. Schon sumerische, akkadische und hethitische Keilschrifturkunden aus dem 3. Jt v. u. Z. scheinen sich auf diese Stadt zu beziehen. Zur Zeit des römischen Kaisers Tiberius übersiedelte der königliche Hof von Medzpine nach Edessa in der Provinz Osroëne; ein Umstand, der Edessa große Bedeutung verlieh und bald Menschen von überall her anzog. Edessa lag unweit der alten Königsstraße, die, von Ephesos im Westen bis Susa im Osten, die alten Reiche der Lyder, Meder und Perser durchzogen hatte, und stand in Verbindung mit Antiochia, mit Persien, Armenien, selbst mit Indien und dem ostasiatischen Raum. Durch die Tore der Stadt wurden nicht nur Waren auf bedeutenden Handelswegen transportiert, sondern vor allem Ideen, Weltbilder, Mythen und Legenden. Als sprudelndes intellektuelles Zentrum läßt sich Edessa vielleicht am besten mit Alexandria vergleichen. Ihren Charakter gewann sie aus der Mischung von Nationalitäten und Glaubensrichtungen, die hier eine wechselseitig befruchtende Koexistenz führten. Begünstigt wurde dies durch die schicksalhaft eigentümliche Lage der Stadt, die während ihrer langen Geschichte nie im Zentrum, sondern stets im Randgebiet des jeweiligen politischen Einflußbereiches lag: im Grenzgebiet des Seleukidenreiches, dann

des Partherreiches, des Römischen Reiches, des Sassanidischen Reiches, schließlich des Byzantinischen Reiches.
Politisch unterstand Edessa von 132 v. u. Z. bis 216 n. u. Z. der Dynastie der Abgaren. Gegen Ende des 2. Jh. gewann die christliche Gemeinde von Edessa stark an Bedeutung, und Abgar IX. bar Ma'nu, Toparch von Edessa, trat zum Christentum über. Um der jungen Kirche besonderes Gewicht zu verleihen, sei in dieser Zeit, so behauptet die orthodoxe Geschichtsschreibung, eine Legende verbreitet worden, die den Ursprung des edessenischen Christentums auf Christi Zeit zurückversetzt: die Abgar-Geschichte.[5]
Als frühester Gewährsmann für die Abgar-Überlieferung gilt Eusebios (260–340), der Vater der Kirchengeschichtsschreibung. Ihm verdanken wir den Bericht folgender Ereignisse: Abgar V. von Edessa (15–50), genannt Ukkama, entsandte, als er von den Wundern Jesu hörte, einen Boten nach Jerusalem. Er sollte Jesus einladen, nach Edessa zu kommen, um ihn von einer Krankheit zu befreien. Jesus schickte dem Fürsten einen handschriftlichen Brief, in dem er Abgar wissen ließ, daß er wichtige Aufgaben in Palästina zu erledigen habe und selbst nicht kommen könne. Aber er versprach, einen Jünger zu senden, der Abgar heilen solle. Eusebios zitiert gewissenhaft den Briefwechsel zwischen Abgar Ukkama und Jesus. Als seine Quelle gibt er altsyrische Texte aus den Archiven von Edessa an.[6]
Würde dieser Bericht allein stehen, könnte man ihn als Dichtung abtun, die der edessenischen Kirche des 2. Jh. besondere Autorität verleihen sollte, da sie auf der persönlichen Entsendung eines Jüngers durch Jesus gründe. In der Tat wird der Briefwechsel von den meisten Autoren unter diesem Gesichtspunkt gesehen: Die viel spätere Christianisierung erfährt eine legendäre Rückdatierung, und die edessenische Christengemeinde wird unter den besonderen Schutz des Herrn gestellt, zumal Jesus in seinem Schreiben mitteilt, die Anwesenheit seines Briefes würde Edessa vor Unglück und Überfall bewahren. Doch die Geschichte des Briefwechsels ist in vielen verschiedenen Varianten überliefert und gehörte offenbar so eng zum Glaubensgut der frühen Christenheit, daß man sich allen Ernstes die Frage stellen muß, ob hinter ihr nicht ein tatsächliches Ereignis steht, das zu ihrer Tradierung Anlaß gegeben hat. Es kann kein Zweifel daran bestehen, daß sich eine organisierte Kirche erst

Mitte des 2. Jh. in Edessa geformt hat. Es ist aber durchaus möglich, und nach eingehendem Studium der historischen Quellen halte ich es sogar für sehr wahrscheinlich, daß es bereits zu Jesu Zeiten ein »christliches Zwischenspiel« in der Osroëne gegeben hat.
Die Nachricht von Jesu Wirken wurde früh über die Grenzen Palästinas hinausgetragen. Besonders in einem Handelszentrum wie Edessa, durch das die Gewürz- und Seidenkarawanen zogen, ist es zu erwarten, daß man von seinen Wunderheilungen und seinen Lehren Kunde hatte. In Edessa lebten Diasporajuden, die als Kaufleute wichtigen Anteil am Handel mit Ländern im Osten hatten. Batne in der Provinz Osroëne, eine Tagesreise von Edessa entfernt, beherbergte einen berühmten Markt, der Anfang September Händler ferner Länder, besonders Inder und Serer aus Turkestan, zusammenführte. Hauptsächlich handelte es sich um einen Umschlagplatz für Seide. An diesem Seidenhandel waren die edessenischen Juden rege beteiligt. Dazu kommt, daß man in Edessa einen lokalen aramäischen Dialekt sprach, der sich kaum vom Aramäischen Jesu unterschieden hat. Unter diesen Voraussetzungen ist es sehr gut möglich, daß ein Anhänger Jesu, um das Wort des Herrn zu verbreiten, kurz nach dessen Passion in die Stadt zog, von der er gehört hatte, ihr Herrscher zeige Interesse an Christi Wunderheilungen. Vielleicht sah er darin eine Chance, die christliche Lehre rasch im Schutze eines kleinen, aber nicht unbedeutenden Reiches zu festigen. Die wenigen historischen Mitteilungen über Abgar Ukkama lassen nicht zu, eindeutig zu entscheiden, ob er tatsächlich eine Neigung zum Christentum hatte.
Der Bericht des Eusebios aber steht nicht allein. Und dies ist der entscheidende Punkt, der uns auf eine Fährte führt, auf der ein ebenso eigenartiges wie aufregendes Geschehen offenbar wird. Im Westen hatte die Legende vom Briefwechsel Abgars mit Jesus durch die lateinische Übersetzung der Kirchengeschichte des Eusebios durch Rufin von Aquileja (345–410) Verbreitung gefunden. Rufin war die Hauptquelle, aus der viele spätere Autoren schöpften, obwohl die Geschichte schon früher bekannt gewesen sein mußte. Die aquitanische Pilgerin Ätheria, die um 383 das Heilige Land bereiste, kannte sie bereits.[7] Nach den obligatorischen Stationen in Palästina besuchte sie auch Edessa, die Stadt, in der nach einer Legende das Martyrium des Apostels Thomas stattgefunden

hatte, und erkundigte sich nach dem Brief Jesu, der im Archiv aufbewahrt wurde. Sie brachte eine Abschrift des Briefes mit, weil die im Abendland bekannte nicht so vollständig sei.
Irgendwann gegen Ende des 6. Jh. findet eine Form der Abgar-Erzählung Verbreitung, die zuerst Evagrios Scholastikos[8] (527–600) erwähnt und in der ein neues Element auftaucht. Dieser Überlieferung zufolge hätte Jesus nicht nur einen Brief an Abgar gesandt, sondern auch ein Bild. Das Bild war ein Portrait seiner selbst, aber ein besonderes, ein auf wundersame Weise entstandenes. Die älteste Fassung der Geschichte des Bildes geht, wie wir heute wissen, auf die *Doctrina Addai* zurück, die bereits Ende des 4. Jh. in Syrien aufgezeichnet wurde, aber offenbar nur lokale Verbreitung gefunden hatte. Bis vor etwa 150 Jahren waren nur Niederschriften aus späterer Zeit erhalten. Als man aber zwischen 1840 und 1850 im unterägyptischen Natrontal einen sensationellen Fund von zahlreichen Manuskripten machte, entdeckte man diese frühen altsyrischen Versionen der Abgar-Geschichte.[9] Man kann mit Sicherheit davon ausgehen, daß deren mündliche Überlieferung noch weit älter ist. Es ist spekuliert worden, daß auch Eusebios, der Einblick in die Archive von Edessa hatte, ebenso wie der Autor der *Doctrina Addai,* von dem Bild wußte, aber wegen seiner ablehnenden Haltung gegenüber religiösen Bildern eine Erwähnung unterließ.
Später finden wir in einer berühmt gewordenen Festpredigt, die am Hof Konstantins VII. Porphyrogennetos (913–959) im Jahre 945 gehalten wurde, ebenfalls den ausführlichen Bericht über das »Edessa-Bild«, wobei sich der Autor ausdrücklich auch auf altsyrische Quellen bezieht.[10]
Auf diese Festpredigt muß ich hier kurz eingehen, zumal sie für den Gesamtzusammenhang der historischen Rekonstruktion von besonderer Bedeutung ist. Im August des Jahres 944 wird aus Edessa ein »Nicht-von-Menschenhand-Gemachtes« (Acheiropoieton), ein Bild Christi, fortgebracht, das sogenannte »Mandylion«. Dort hatte es seit dem 6. Jh. größte Verehrung genossen. Es war so bedeutend, daß mehrere Kopien von ihm angefertigt wurden, die alle den Anspruch erhoben, das Original zu sein. Der entscheidende Punkt aber ist, daß das Mandylion mit der Abgar-Geschichte in Verbindung gebracht wurde: Es sei das Bild Christi, das er durch einen seiner Anhänger dem Abgar habe zukommen lassen.

Ab dem 6. Jh. tritt das Element des Briefwechsels zwischen Abgar und Jesus in den Hintergrund, an dessen Stelle gewinnt das wunderbare Bild immer mehr an Bedeutung. Schließlich übernimmt das Bild die Funktion, die Stadt vor Schaden zu bewahren, die zuerst allein dem Brief Christi zugeschrieben wurde. 944 erobert Kaiser Romanos I. Lakapenos Edessa aus den Händen der Araber und läßt das Mandylion in die Hauptstadt des Reiches bringen. Als es nach Konstantinopel kam, befand es sich in der goldenen Einfassung, in der es in Edessa gefunden wurde.
Zu Ehren der Niederlegung des heiligen Bildes in der kaiserlichen Kapelle am Pharos, am 16. August 945, wird eine Festpredigt verlesen, die unter dem Titel »Narratio de imagine Edessena« (Die Geschichte des Edessa-Bildes) auf uns gekommen ist. Der Autor stammt mit Sicherheit aus dem Umkreis des Mitregenten Konstantin VII. Porphyrogennetos. Konstantin war ein eifriger Forscher mit historischen Interessen, dem das Handwerk des Politikers überhaupt nicht lag. Seine ganze Leidenschaft galt der Kunst und der Literatur. Manche Autoren vermuten deshalb sogar in ihm selbst den Verfasser der Festpredigt. Der vollständig erhaltene Text bietet das umfassendste Bild über die Geschichte des Mandylion im Zusammenhang mit der Abgar-Erzählung. Besonders hervorstechend ist die Redlichkeit des Autors, der großen Wert darauf legte, einen möglichst authentischen Bericht zu geben. Es wird überhaupt nicht versucht, eine stimmige und passende Geschichte zu bieten. Vielmehr ist sich der Verfasser bewußt, daß durch die vergangene Zeit die Berichte nicht mehr genau auf ihren Wahrheitsgehalt überprüft werden können. Wenn er sich selbst nicht im klaren darüber ist, welche Version die richtige ist, bietet er dem Leser zwei Überlieferungen an.

Das wunderbare Bild des Erlösers

Einer Fassung der Abgar-Geschichte zufolge, wie sie in der Festpredigt dargestellt wird, entsenden die Jünger nach dem Tod Jesu einen Verkünder der Frohen Botschaft, wie von ihrem Herrn in sei-

nem Brief versprochen, nach Edessa. Er soll das nicht von Menschenhand gemachte Bild des Erlösers überbringen. In den griechischen Texten wird der Bote Thaddäus, in den syrischen Addai genannt. Ein Indiz für die Echtheit des Berichtes ist die ausdrückliche Erwähnung, daß er aus Paneas stamme und nicht der Apostel Thaddäus sei, sondern »einer von den Siebzig« (Luk 10,1), die Jesus auswählte und je zwei und zwei vor sich her sandte. In Edessa begab sich Thaddäus zur wohlhabenden jüdischen Gemeinde und fand bei dem Juden Tobias Unterkunft. Auch die weitere Geschichte des Thaddäus liest sich eher wie ein Tatsachenbericht denn eine Legende.
Thaddäus wurde demnach nicht unverzüglich bei Abgar vorstellig, wie man es von seiner Botenrolle erwarten könnte, sondern bereitete seine Mission mit aller Sorgfalt vor. Er machte sich daran, Kranke zu heilen, »indem er nur den Namen Christi anrief. Darum wurde das Gespräch über Christus weit verbreitet (wie es in solchen Situationen geschieht: wenn sich unerklärliche Dinge ereignen, gibt es immer viele Leute, um sie zu verkünden)«. Offenbar war der Edle Abdu, der bei Hofe großen Einfluß genoß, auf die Heilungen des Thaddäus aufmerksam geworden. Vielleicht erhoffte er Heilung für sich selbst, denn wie es scheint, hat der Jünger ihn später von der Gicht befreit. Abdu berichtete Abgar ausführlich von den Wundertaten, und dieser vermutete sofort, »daß dies der Mann sei, den Jesus in seinem Brief zu senden versprochen hatte«. Er ließ Thaddäus zu sich rufen.
»Kurz bevor er (Thaddäus) vor ihm erschien, legte er das Bild über seine Stirn wie ein Kennzeichen.
Abgar sah ihn aus der Ferne kommen und dachte, er sehe ein Licht, das von seinem Gesicht schien, dem kein Auge standhalten konnte, es ging von dem Bild aus, das Thaddäus trug.
Abgar wurde betäubt von dem unerträglichen Glanz des Scheins, und als ob er die Schmerzen, die er hatte, und die Lähmung seiner Beine vergäße, sprang er sofort von seinem Bett auf und konnte nicht widerstehen, ihm entgegenzueilen. Als seine gelähmten Glieder wieder beweglich wurden, um Thaddäus entgegenzueilen, hatte er das Gefühl, wenn auch in anderer Weise, wie jene, die dieses Antlitz auf dem Berg Tabor von Blitzen hatten strahlen sehen.
Und so, das Bild von dem Apostel empfangend und es zu seinen

Lippen führend und die übrigen Teile seines Körpers nicht von solcher Berührung ausschließend, fühlte er unverzüglich alle Teile wunderbar gestärkt und besser werdend; sein Aussatz war gereinigt und vergangen, doch eine Spur davon blieb auf seiner Stirn zurück. Als er dann von dem Apostel besser in der Lehre der Wahrheit unterwiesen war und über die erstaunlichen Wunder Christi und seine göttliche Passion, sein Begräbnis und seine Auferstehung von den Toten und seine Himmelfahrt, und nachdem er bekannt hatte, daß Christus der wahre Gott ist, fragte er nach dem Bildnis, abgebildet auf dem Linnentuch.«[11]

Soweit die Darstellung der Festpredigt von 945.

Aus den geschichtlichen Quellen geht eindeutig hervor, daß kurze Zeit nachdem Abgar das Portrait erhalten hatte, das Bild verschwand, um Jahrhunderte später wiedergefunden zu werden. In der mündlichen Überlieferung blieb nur eine dunkle Erinnerung an das Bild erhalten. Sie zeigt sich etwa in der frühen *Doctrina Addai,* wonach Abgars Bote Hannan (oder Ananias), der nicht nur hoher Diplomat am edessenischen Hof, sondern auch Maler war, das Portrait Christi gemalt und es nach Edessa gebracht haben soll. Gewisse Eigenheiten der Briefgeschichte lassen sich ebenfalls auf die Bildüberlieferung zurückführen. So etwa die Glanzvision im Eusebios-Bericht, die Abgar beim Erscheinen des Thaddäus befällt, als ratselhaftes Licht, das von dem Gesandten Jesu selbst ausgeht: »Als er herbeikam und die Würdenträger des Königs dort standen, erschien im Augenblick seines Eintretens dem Abgar auf dem Antlitz des Thaddäus eine wunderbare Vision.« Die Berichte über dieses Ereignis scheinen in den ersten Jahrhunderten recht unvollständig und unklar gewesen zu sein. Das Bild selbst war nach und nach aus der Überlieferung verschwunden, übrig blieb allein die Lichtvision, von der man nicht mehr wußte, womit sie in Verbindung stand. Einen deutlichen Hinweis darauf, daß die Glanzvision eindeutig dem wunderbaren Jesusbild zugeordnet ist, nicht aber dem Thaddäus, gewinnen wir aus Beobachtungen an anderen Acheiropoieten. Als ein bekannteres Beispiel erwähne ich lediglich den Bericht des Antoninus von Placentia, der um 570 als frommer Pilger ein Christus-Acheiropoieton in Memphis gesehen haben will, dessen Glanz ihn geblendet habe, so daß er nichts darauf erkennen konnte.[12]

Das wunderbare Christusbild von Memphis gehört zu einer ganzen

Reihe von Acheiropoieten, die nach dem Wiederauftauchen des Edessa-Bildes im 6. Jh. wie die Pilze aus dem Boden sprossen. Das bekannteste Bild ist das von Kamuliana, einem kleinen Flecken nordwestlich der Hauptstadt Kappadokiens, Kaisareia-Mazaka, dem heutigen Keiseri.[13] An der Hochachtung, die diesem Bild entgegengebracht wurde, können wir ermessen, welchen Stellenwert die wunderbaren Christusbilder in dieser Zeit einnahmen. Die ältere Fassung der Kamuliana-Legende (zwischen 560 und 574) erzählt von der Heidin Hypatia, die unter der Wasseroberfläche in einer Zisterne das Bild Christi auf eine Leinwand gemalt findet. Sobald sie das Bild herausnimmt, ist es trocken. Auf dem Weg zu ihrem Lehrer, der sie zum Christentum bekehren will, hält sie das Bild an ihr Kleid gedrückt. Als sie ihren Fund präsentieren will, bemerkt man, daß sich das Antlitz auf ihr Gewand übertragen hat. Weiter erfahren wir, daß eines der beiden Bilder nach Kaisareia gebracht worden sei (offenbar der wunderbare Abdruck auf dem Kleid), das andere blieb in Kamuliana. Zwischen 554 und 560 trug man das Kamuliana-Bild in feierlichen Prozessionen durch die ganze Gegend.

Im 6. und 7. Jh. genoß das Bildnis von Kamuliana größte Hochachtung. Justin II. (565–578) ließ es im Jahre 574, gleichzeitig mit Teilen des heiligen Kreuzes aus Apameia in Syrien, nach Konstantinopel bringen. Wahrscheinlich galt es bereits damals, wie das Edessa-Bild, als schutzverheißend, zumal durch seine wunderbare Entstehung Christi hilfreiche Gegenwart in ihm verbürgt war. Justin, der nicht zögerte, den »ewigen« Frieden, den sein Vorgänger mit dem persischen Großkönig Chosroes I. Anuschirvan geschlossen hatte, zu kündigen, indem er die Tributzahlungen an Persien einstellte, sah sich einem harten, langwierigen Krieg entgegengehen. Ein Reichspalladion war höchst willkommen, nicht allein zum Schutz des Landes, sondern auch, um den Kriegswillen der Armee anzufachen. Seit den Zeiten Konstantins galten wunderbare Zeichen des Herrn als vortreffliche Mittel, den Kriegsmut zu fördern. Schon Konstantin führte sein Feldzeichen, das *labarum,* als heiliges Zeichen gegen jede feindliche Macht mit sich und ließ es durch eine Spezialgarde beschützen. (Noch im Ersten Weltkrieg trugen russische Truppen das Bildnis in ihren Feldzügen als Schlachtstandarte voran.)

Die Ankunft des Bildes in der Hauptstadt wurde begeistert und mit großem Pomp gefeiert. Bald hat man dort, wie von allen großen Acheiropoieten, Kopien hergestellt, die in verschiedenen Kirchen aufbewahrt wurden. In der Folge hatte das Kamuliana-Bild Gelegenheit genug, seine schützende Kraft unter Beweis zu stellen. 20 Jahre lang wütete der Krieg gegen die Perser mit wechselnden Erfolgen. Unter Maurikios zeigte der Feldherr Philippikos im Jahre 586 vor der Schlacht am Arzamon seinen Mannen ein Acheiropoieton, um ihren Mut zu entflammen. Wenn es nicht das Kamuliana-Bild selbst war, dann handelte es sich dabei aller Wahrscheinlichkeit nach um eine Kopie desselben. Das gleiche gilt von dem »nicht von Menschenhand gemachten« Bild, das unter Herakleios (610–641) in den Perserkriegen mitgeführt wurde.
War vielleicht, so könnte man fragen, das Kamuliana-Bild, das es ja tatsächlich gab, Auslöser für die übrigen Geschichten um wunderbare Christusbilder, die plötzlich überall auftauchten? Es läge nahe, diese Frage positiv zu beantworten, wäre das Edessa-Bild erst später erschienen. Doch das Gegenteil ist der Fall. Mitte des 6. Jh. ist in Edessa jenes Christusbild, das die Byzantiner später das Mandylion nennen sollten, bestens bekannt. Sogleich wurde es mit der Abgar-Erzählung in Verbindung gebracht, und das verschüttete Bildmoment aus der mündlichen Überlieferung erlebte eine Renaissance.
Das plötzlich aufgetauchte Jesusbild muß für die edessenischen Christen ein aufregendes Ereignis gewesen sein, bestätigte es doch ein altes Wissen, das nur noch bruchstückhaft vorhanden war. Führt man sich vor Augen, welche Bedeutung die Abgar-Geschichte für das Christentum der Region hatte, kann man davon ausgehen, daß sich die Kunde um das entdeckte wunderbare Bild wie ein Lauffeuer verbreitete. Es war eine Zeit, in der Reliquien und wunderbare Erscheinungen hoch im Kurs standen. Darum verwundert es nicht, daß in kürzester Zeit an verschiedenen Orten in der Gegend um Edessa andere Christus-Acheiropoieten auftauchten, sozusagen in Konkurrenz zu dem bedeutenden Original.
Diese wunderbaren Abbilder des Antlitzes Christi, die im 6. Jh. insbesondere aus dem östlichen Kleinasien bekannt wurden, bilden auch den Hintergrund einer Legende, die sich bis auf den heutigen Tag in der westlichen Volksfrömmigkeit erhalten hat. Gemeint ist

die Legende der Veronika. Sie ist eine jener Erzählungen, die jedes katholische Kind kennt und ihrer einprägsamen Einfalt wegen zeitlebens im Gedächtnis behält. In kurzen Zügen besagt die Legende folgendes: Eine gewisse Veronika hört das Wehklagen und Schreien einer Menschenmenge, die in Jerusalem an ihrem Haus vorbeizieht. Aufgeschreckt läuft sie zur Tür und sieht, wie Jesus unter der Last des Kreuzes blutüberströmt zur Richtstätte geführt wird. Sie bahnt sich einen Weg durch die Masse, bis sie vor Jesus steht. Mit ihrem Schleier wischt sie ihm das blut- und schweißnasse Gesicht ab, und auf dem Schleier bleibt sein Bildnis aufgedrückt, als kostbarstes Geschenk des Heilands.

Das Ereignis wurde schließlich zum festen Bestandteil der Passionsgeschichte, indem es als sechste Station in den Kreuzweg Aufnahme fand – bis Papst Johannes Paul II. diese Kreuzwegstation im Jahre 1991 durch eine andere ersetzen ließ! Heute ist diese Geschichte auch für wenig informierte Katholiken so selbstverständlich geworden, daß viele meinen, die Veronika-Erzählung stehe in den Evangelien. In Wahrheit ist sie das Produkt einer langsamen Umformung von Legenden, die seit dem Auftauchen des Edessa-Bildes die Runde machten. Die Geschichte der Veronika, wie wir sie heute kennen, geht auf mittelalterliche Mysterienspiele zurück, in denen die Passion zur Darstellung kam.

Wahrscheinlich handelte es sich dabei um die dramatisierte Fassung einer Erzählung, die Petrus Mallius, Domherr von St. Peter, um 1150 verfaßt hatte. In ihr heißt es, Veronika sei im Besitz des Schweißtuchs *(sudarium)* Jesu gewesen, mit dem er sein Gesicht während der Agonie in Gethsemane getrocknet habe. Von der Kreuztragungsszene an der Via Dolorosa ist keine Rede. Mallius' Erzählung ist eine Weiterbildung von Legenden, die vom 6. bis zum 8. Jh. in Umlauf gekommen sind. Die eine, jüngere, ist als *Tod des Pilatus* bekannt.[14] Darin will Veronika das Portrait ihres Meisters malen lassen, von dem sie weiß, daß er sie bald verlassen wird. Auf dem Weg zum Künstler begegnet ihr Jesus, läßt sich die Leinwand reichen, drückt sein Gesicht darauf, so daß sich die Züge übertragen. Die zwei älteren Legenden sind die unbedeutendere *Vindicta Salvatoris (Die Rache des Heilands)* und die sehr einflußreiche *Cura Sanitatis Tiberii (Die Heilung des Tiberius).* Beide entstammen direkt der Tradition des Edessa-Bildes.[15] Interessanterweise wird in

der *Heilung des Tiberius* Veronika mit der Blutflüssigen aus dem Evangelium gleichgesetzt, jener Frau, die geheilt werden wollte, indem sie den Saum von Jesu Gewand berührte.[16] Veronika läßt aus Liebe zu Jesus, wie es heißt, sein Portrait malen. Von Kaiser Tiberius, der am Aussatz leidet, wird der Tempelpriester Volusian nach Palästina entsandt, um die Frau und das Christusbild zu holen. In ähnlicher Manier wie Thaddäus vor Abgar erscheint Veronika mit dem Bild vor Tiberius, der erschauernd zu Boden fällt und unter Tränen Jesus anbetet und von seiner Krankheit befreit wird.
Wie das Mandylion von Edessa das Erscheinen einer Reihe ähnlicher Christus-Acheiropoieten, wie das Kamuliana-Bild, inspirierte, so bildete sich aus den beiden Geschichten von Abgar und von der Blutflüssigen die Legende der Veronika mit dem Schweißtuch. Daß die Blutflüssige im Zuge dieser Transformation schließlich den Namen Veronika erhielt, geht allein auf das Christus-Bild auf dem Schweißtuch zurück: Da es sich um ein »nicht von Menschenhand gemachtes« Abbild handelte, ist es selbstverständlich das wahre Bild des Herrn. »Wahres Bild« heißt auf lateinisch/griechisch *vera icon,* woraus »Veronika« wurde. Der Schlüssel zum Verständnis des Zusammenhangs der beiden Erzählkreise ist nicht das wundertätige Bild selbst, denn das gibt es in der ursprünglichen Fassung von der Heilung der Blutflüssigen nicht, sondern die *Berührung* mit einem Tuch, das mit Jesus in Verbindung steht. Es spielt dabei keine Rolle, ob das Tuch Jesu Gewand ist oder ein Handtuch, in dem er sein Gesicht trocknet. Entscheidend ist, daß es in Assoziation zu Jesus gebracht werden kann. Dadurch macht es andere, die es berühren oder von dem Tuch – durchaus auch im übertragenen Sinn – berührt werden, heil. Der Heilszusammenhang, in dem die gesamte christliche Botschaft steht, gewinnt hier eine konkrete, eine greifbare Gestalt, wie es der archetypischen, mythenbildenden Schicht der Seele entspricht. Die legendären Verästelungen und Verwandlungen, die sowohl die Abgar-Erzählung wie die Veronika-Legende erfahren haben, sind beredte Beispiele für jenen Grundzug der menschlichen Psyche, aus existentiell bedeutenden Erkenntnissen bildhafte, bisweilen allegorische Geschehnisse zu formen.

Die Entdeckung des Mandylion

Das Urbild für alle Christus-Acheiropoieten, von dem wir auszugehen haben, ist das Abgar-Bild in Edessa. Von seinem Wiederauftauchen nach Jahrhunderten berichtete als erster Evagrios. In seiner Kirchengeschichte heißt es, das Mandylion sei im Mai 544 als schützendes Palladion bei der Belagerung Edessas durch den Perserkönig Chosroes I. Anuschirvan zum Einsatz gekommen. Chosroes, der an rheumatischen Gesichtsschmerzen litt, wollte in einem raschen Streich im dritten Anlauf die sich tapfer wehrende Stadt einnehmen, obwohl seine Magier nach ungünstigen Vorzeichen versuchten, ihn davon abzuhalten. Chosroes ließ einen enormen Wall aus Erde und Holz errichten, der an die Stadtmauer geschoben wurde. Auf ihm sollten seine Truppen die Mauern besteigen und die Stadt einnehmen. Diese Art der Belagerung war übrigens für die damalige Zeit typisch. Die Edessener entschlossen sich, als Gegenmaßnahme unter der Stadtmauer einen Schacht zu graben, um den Wall von unten her in Brand zu stecken, bevor er errichtet war. Der Minengang war bald fertiggestellt, doch die Luftzufuhr in dem unterirdischen Raum reichte nicht aus, um das Feuer zu entfachen.

»In diesem Zustand höchster Bedrängnis brachten sie (die Edessener) das gottgemachte Bild hervor, das Menschenhände nicht gefertigt hatten, vielmehr Christus, der Gott, dem Abgar, da dieser ihn zu sehen begehrte, gesandt hatte. Dies hochheilige Bild brachten sie in den Minengang, bespülten es mit Wasser und spritzten dies auf den Herd des Feuers und die Hölzer. Und sofort gesellte sich die göttliche Macht zum Glauben derer, die das taten, und was ihnen erst unmöglich war, ward vollbracht. Denn sofort fingen die Hölzer Feuer, und schneller, als man's sagen kann, verkohlt, übertrugen sie es auf die darüberliegenden, indem das Feuer alles ringsum verzehrte.«

Das Bemerkenswerte an diesem Bericht ist die Selbstverständlichkeit, mit der das neu entdeckte Mandylion mit der Abgar-Geschichte in Beziehung gebracht wird. Evagrios bezieht sich in seinem Bericht auf die Aufzeichnungen des sehr zuverlässigen Geschichtsschreibers Prokop von Kaisareia (um 500–562), bei dem

von dem wunderbaren Bild keine Rede ist. Vielmehr sei es, Prokop zufolge, den Edessenern nach anfänglichen Schwierigkeiten gelungen, den unterirdischen Brand zu entfachen. Anschließend hätten sie durch Schleudern von Feuertöpfen und Brandpfeilen davon abgelenkt, so daß Chosroes, als er auf dem Damm erschien, die Gefahr zu spät erkannte und sein Wall der Vernichtung anheimfiel. Woher also nahm Evagrios die selbstverständliche Art, in der er vom Hervorholen des Mandylion schreibt? Das wunderbare Bild wird in seinem Text in einer Weise eingeführt, als ob seinen Zeitgenossen sofort klar sein mußte, wovon er spricht. Mithin muß er sich auf eine zu seiner Zeit allgemein akzeptierte Verbindung zwischen der Abgar-Geschichte und einem wunderbaren, »nicht von Menschenhand gemachten«, in Edessa aufbewahrten Christusbild bezogen haben.
Interessanterweise stellt Prokop Chosroes' Angriff auf Edessa als einen Religionsfeldzug dar. Es sollte Christi Verheißung in seinem Brief an Abgar, die Stadt würde nicht eingenommen werden, zuschanden gemacht werden. Aus dieser Einschätzung gewinnen wir einen Eindruck von der Bedeutung, die der Abgar-Erzählung im 6. Jh. im vorderasiatischen Raum zugeschrieben wurde. Wenn ihretwegen ein derartiger Feldzug mit großem Aufwand inszeniert wird, kann man ermessen, wie stark der Glaube an den göttlichen Schutz in der einheimischen Bevölkerung verwurzelt war und wie sehr er in der Lage war, die Emotionen von Andersgläubigen zu entfachen. Doch müssen wir uns fragen, ob Prokops Interpretation als Religionsfeldzug allein auf dem Christus-Brief beruhen kann. Für Prokop als Kronzeugen der wahren Geschehnisse spricht der Umstand, daß seine Darstellung nur zwei Jahre nach den Ereignissen niedergeschrieben wurde.
Wie bereits erwähnt, schrieb Evagrios nach 593, also zu einer Zeit, als das Kamuliana-Bild im ganzen Reich bekannt und längst nach Konstantinopel als Reichspalladion überführt war. Und wenn meine Einschätzung stimmt, daß das Auftauchen des Christus-Acheiropoieton von Kamuliana vom Erscheinen des Edessa-Bildes (das durch die alte Abgar-Überlieferung höchste Autorität beanspruchen konnte) abhängig ist, dann muß das Mandylion zu Beginn der zweiten Hälfte des 6. Jh. bekannt gewesen sein. Ob es tatsächlich, wie bei Evagrios, schon bei der Belagerung Edessas 544 einge-

setzt wurde, muß dahingestellt bleiben. Wilson versucht die Version des Evagrios als historisch korrekt hinzustellen, ohne den widerstreitenden Bericht Prokops zu konsultieren, auf den sich Evagrios ausdrücklich beruft.[17] Evagrios berichtet die Abgar-Geschichte zuerst nach Prokops Fassung, bringt aber bei der Belagerung das Bild ins Spiel. Das bedeutet entweder, daß Evagrios eine vollständigere Version des Prokopschen Textes vorlag als die, die auf uns gekommen ist, oder aber, daß in der Zwischenzeit das Mandylion aufgetaucht war. Letzteres scheint der Wahrheit näher zu kommen. Zumal das Bild in Edessa sofort mit der Abgar-Erzählung in Verbindung gebracht wurde, die auf Jesu Zeiten zurückging, mußte Evagrios davon ausgehen, daß das wunderbare Christusbild seit Jahrhunderten in der Stadt war.
Wenn das Mandylion als Prototyp für das Kamuliana-Bild gilt, dann muß es vor 554 entdeckt worden sein, dem Zeitpunkt des Erscheinens des Kamuliana-Acheiropoieton. Der heilige Ephraim, »die syrische Harfe«, wie er genannt wurde, der in Edessa lebte und 373 verstarb, erwähnt das Mandylion mit keinem Wort, obwohl er die Abgar-Erzählung in seinem *Testament* berichtet. Auch die Chronik des Josua Stylites, die 507 in Edessa verfaßt wurde, berichtet noch nichts von dem wunderbaren Bild. Ebensowenig erwähnt es der edessenische Autor Jakob von Sarug (452–521). Wir kommen den wahren Umständen wohl recht nahe, wenn wir zunächst vorsichtig das Erscheinen des Mandylion in die Zeit zwischen 521 und 554 datieren.
Doch woher kam das Bild? Wenn es tatsächlich das Christusportrait der Abgar-Erzählung war, dann mußte es seit Jahrhunderten in der Stadt gewesen sein. Warum kannte es über diesen enormen Zeitraum niemand? Warum wußte man nur von dem Briefwechsel und hatte lediglich eine dunkle Erinnerung an eine eindrucksvolle Lichtvision, die den Abgar befiel, als ihm Thaddäus gegenübertrat? Die einzige Lösung zu diesem Rätsel muß lauten, daß das Mandylion schon zu einem sehr frühen Zeitpunkt versteckt worden war. Eben dies berichtet der Text der Festpredigt anläßlich der Translation nach Konstantinopel. Anscheinend boten die Quellen des Verfassers der Festpredigt keine Möglichkeit, die Kenntnis des Mandylion vor der Belagerung Edessas nachzuweisen. Der Zusammenhang zwischen dem Auftauchen des wundertätigen Bildes mit dem

Religionsfeldzug muß ihm als eine derart bedeutsame Fügung erschienen sein, daß die Entdeckung des lange Zeit versteckten Abgar-Bildes in die Zeit der Belagerung selbst verlegt wurde. In dieser Version der Erzählung[18] bauen die Perser selbst einen Schacht, um in die Stadt zu gelangen. Ihre Arbeit wird entdeckt, als die Kupfertöpfe eines Schmieds zu klappern beginnen. In ihrer Bedrängnis suchen die Edessener Zuflucht bei Gott. Des Nachts erscheint dem Bischof Eulalios eine übermenschliche Frauengestalt, die gebietet, man solle, das »göttlich geschaffene Bild von Christus« holen, der Herr würde dann schon seine Wunder zeigen.
Der Bischof antwortet, er habe keine Ahnung, ob das Bild überhaupt existiere oder, wenn es so wäre, ob sie oder jemand anders es hätten. Dann sagt die Erscheinung in Gestalt einer Frau, daß ein solches Bild verborgen an der Stelle über den Stadttoren liege in einer Weise, die sie beschreibt.
Durch die Klarheit der Vision von ihrer Echtheit überzeugt, begibt sich der Bischof im Morgengrauen betend an die bezeichnete Stelle. Man verschiebt den Ziegel über dem Torbogen und findet dahinter das Christusportrait. Vor dem Bild steht noch eine brennende Lampe, und auf dem Ziegel, der zum Schutz davor stand, entdeckt man einen wunderbaren Abdruck des Bildes Christi.[19] Unter dem Haus des Schmieds, wo der feindliche Tunnel ausgemacht wurde, graben die Edessener selbst einen Schacht. Kurz bevor dieser mit dem der Perser zusammenstößt, werden das Bild und die heilige Lampe in den Gang gebracht, etwas Öl von der Lampe wird auf den von den Persern gegen die Stadt angelegten Brand verspritzt. Das Feuer dreht sich und verzehrt die Angreifer.
Es ist in höchstem Maße unwahrscheinlich, daß das Mandylion, wie in der Festpredigt dargestellt, tatsächlich während der Belagerung aufgefunden wurde. Wilson meint zu Recht, daß Evagrios es in diesem Fall nicht versäumt hätte, das dramatische Ereignis der Entdeckung zu schildern. Wilson, der sich auf den Evagrios-Bericht verläßt, präsentiert folgende Rekonstruktion: Das Bild war in der Tat in einem der Stadttore eingemauert. Während einer verheerenden Überschwemmung im Jahre 525 wurden große Teile Edessas zerstört. Der Daisanfluß war über die Ufer getreten und hatte die schönsten Gebäude und einen großen Teil der Bollwerke und der Stadtmauer hinweggespült. In kürzester Zeit bot die Stadt nur

noch ein Bild der Verwüstung. Justinian I., die Bedeutung der Stadt im südöstlichen Grenzbereich seines Einflußgebietes wohl erkennend, ließ umgehend Edessa wieder aufbauen. Wie Prokop zu berichten weiß, hatten die Mauern der Stadt nicht allein durch die Überschwemmung gelitten, sie waren schon seit geraumer Zeit in bedenklichem Zustand. Während dieser Bauarbeiten soll »das alte parthische Tor, das das Mandylion barg, abgetragen und sein erstaunlicher Inhalt ans Licht gebracht« worden sein.[20] Zugegebenermaßen klingt das plausibel, und vielleicht hat sich die Auffindung genau so zugetragen. Andererseits hätte wohl schon Prokop in aller Deutlichkeit die Rolle des Bildes während der Belagerung herausgestrichen, wäre es zu diesem Zeitpunkt schon bekannt gewesen. Aber dieser zuverlässige Zeitzeuge hat das Bild nicht erwähnt. Man muß also davon ausgehen, daß das Mandylion erst nach dem Abzug der persischen Truppen zum Vorschein gekommen ist. Immerhin hatten die Edessener wieder Gelegenheit, Ausbesserungen an ihren Schutzmauern vorzunehmen. Die Belagerung selbst und die Angriffsrampen hatten wohl an einigen Stellen der Mauer Schaden zugefügt. Vielleicht entdeckte man bei Gelegenheit dieser neuerlichen Restaurierung das Christusbild. In diesem Fall können wir die Auffindung des Abgar-Bildes in Edessa auf die Periode zwischen 546 (Bericht Prokops) und 554 (Erscheinen des Kamuliana-Bildes) festlegen. Es mag Evagrios erstaunlich erschienen sein, daß Edessa nach mehreren persischen Attacken nicht eingenommen werden konnte, und er entschied sich darum, die Kenntnis des Mandylion, dessen Schutz gewissermaßen aus dem Verborgenen wirksam war, zum Zeitpunkt der Belagerung durch Chosroes vorauszusetzen.

Abgar und der Bote Jesu

Doch wie war das Bild in das eigentümliche Versteck gekommen? Wer hätte ein Interesse daran haben können, es zu verbergen? Immerhin gab es in Edessa zum Zeitpunkt der Entdeckung seit über 300 Jahren eine bedeutende christliche Gemeinde, die mit Sicherheit die Tradition des Abgar-Berichtes hochhielt. Warum hätte man das Bild verstecken sollen? Die Antwort kann nur lauten, daß es bereits viele Jahre vor der Etablierung der frühen Christengemeinde im ausgehenden 2. Jh. verborgen worden und schon damals nur noch aus Erzählungen bekannt war. Um den Grund und den Zeitpunkt zu erkunden, an dem das Bild in den Torbogen eingemauert wurde, müssen wir uns in die Zeit kurz nach der Passion Christi zurückversetzen, als Thaddäus Abgar Ukkama in Edessa aufsuchte.

Gemäß der Festpredigt ließ Abgar nach seiner Taufe eine griechische Götterstatue vor dem Stadttor zerstören und ersetzte sie durch das Mandylion, das er auf einer Tafel mit goldener Verzierung befestigen ließ. Jeder, der durch das Stadttor nach Edessa kam, sollte dem neuen Glauben in Gestalt des Christus-Acheiropoieton huldigen. Abgar und nach ihm sein Sohn seien dem Christentum treu geblieben, doch Abgars Enkel sei zum alten Dämonenglauben und den heidnischen Bräuchen zurückgekehrt. Aus Angst vor der Zerstörung des Mandylion durch Abgars Enkel zündete der Bischof des Gebietes vor dem Bild, das in einer halbrunden, zylinderförmigen Vertiefung war, eine Lampe an und verbarg Bild und Lampe mit einem Ziegel.

»Dann verschloß er den Zugang von der Außenseite mit Mörtel und Backsteinen und machte das Aussehen der Mauer wieder glatt ... Dann verging eine lange Zeit, und die Entstehung dieses geheiligten Bildes und sein Versteck entschwanden beide aus dem Gedächtnis der Menschen.«[21]

Sollte tatsächlich schon kurze Zeit nach dem »christlichen Zwischenspiel« Edessa zum Heidentum zurückgekehrt sein, dann ist es nicht unwahrscheinlich, daß ein so kostbares Bild, wenn es sich in der Stadt befand, auf diese oder ähnliche Weise in Sicherheit gebracht wurde. Das würde in der Tat eine Erklärung dafür sein, warum in den folgenden Jahrhunderten in der Abgar-Geschichte soviel Konfusion herrscht, warum das Bildmotiv nur verstümmelt in verschiedenen Überlieferungen weiterlebt, warum allein die Glanzvision übriggeblieben und die wahre Geschichte um das Bild fast völlig verlorengegangen ist. Freilich muß man sich fragen, wie es sein kann, daß die Geschichte des Briefwechsels tradiert wurde, während die des Bildes untergegangen ist. Das Bild muß doch einen

ebenso großen Eindruck hinterlassen haben wie der Brief des Herrn.
Aus allem, was wir bisher wissen, ist anzunehmen, daß die Korrespondenz zwischen Abgar und Jesus auf die Tradition der frühen Evangelisierung Edessas zurückgeht. Nach Moses von Khorens *Geschichte Armeniens* erhielt Abgar durch seine Boten, die hohen Würdenträger Mar-Ihap, Shemashgram und seinen Vertrauten Hannan, Kunde von Jesu Wirken. Abgars Gesandte waren in Eleutheropolis im südlichen Palästina mit dem römischen Statthalter zusammengetroffen, um den Grund für eine Reise Abgars in den Orient zu erklären. Im Zuge ihrer Mission mußten die Gesandten ganz Palästina durchqueren, wo sie von Jesu Wirken hörten. Auf ihrem Rückweg machten sie in Jerusalem halt und wurden Augenzeugen seiner Wundertaten.
Auf diese Weise könnte in der Tat Abgar auf Jesus aufmerksam geworden sein. Die Kunde über das Interesse der Gesandten aus Edessa und später ihres Herrschers hat sich daraufhin unter den Jüngern verbreitet. Es lag nahe, daß man sich entschloß, einen so fruchtbaren Boden umgehend zu beackern. Zudem konnte man in der fernen Stadt Sicherheit für das kostbare Christusbild erhoffen. Der Botenkontakt und die spätere Ankunft eines Jüngers in Edessa wurde durch die ausschmückende orientalische Erzählkunst in einen Briefwechsel verwandelt. Im übrigen war es ein gängiges Schema der frühen Christenheit, das Evangelium selbst als himmlischen Brief darzustellen. Es ist nicht davon auszugehen, daß Jesus tatsächlich einen Brief an Abgar geschickt hat. Der Botenaustausch wurde als Korrespondenz ausgelegt und so zum Bestandteil der Überlieferung. Was der Bote Jesu jedoch mit sich brachte, geriet in Vergessenheit.
Für die frühen Judenchristen war der Auszug in die Fremde nicht ungewöhnlich. Die Zerstreuung des Volkes Israel war zu Jesu Zeiten bereits ein weit fortgeschrittener Prozeß. In der jüdischen Diaspora herrschte vielerorts eine intensive Tradition religiöser Propaganda zum Anschluß von Proselyten an die Gemeinde des Gesetzes. Diese Vorgehensweise wurde von den ersten Judenchristen außerhalb Palästinas zum Zweck der christlichen Mission übernommen. Thaddäus stand in dieser Traditionslinie, als er in Edessa auf eine Gemeinde von Diasporajuden traf und danach trachtete,

sie für die christliche Sache zu gewinnen. Etwa zur selben Zeit war in vergleichbarer Weise die im vordersyrischen Raum führende Gemeinde von Antiochia entstanden. Das Bild, das Thaddäus mit sich führte, war ihm allerdings zu wertvoll, um es sogleich und allgemein zur Schau zu stellen. Es war eine Zeit wankelmütigen Glaubens. Immer neue Lehren und Propheten kamen unter das Volk, auch immer häufiger solche, die sich anmaßten, die »wahre« Lehre Christi zu verkünden, und nicht selten wechselte der offiziell anerkannte Glaube mit dem jeweiligen Herrscher.

Man kann es nur als klugen Schachzug werten, daß Thaddäus sich zunächst das Vertrauen von einflußreichen Bürgern sicherte, bevor er den eigentlichen Grund seiner Mission in Angriff nahm. Durch Abdu hatte er sich den Zugang zum Herrscherhaus geschaffen. Nach längerem Aufenthalt in Edessa und Unterredungen mit seinen Vertrauten Tobias, Abdu und einem gewissen Aggai wird sich Thaddäus entschlossen haben, das Bild bei einer privaten Audienz dem Abgar zu zeigen, nachdem er sich von seiner redlichen Gesinnung überzeugt hatte. Abgar, tief beeindruckt von dem Christus-Acheiropoieton, wird es gern in Verwahrung genommen haben. Vielleicht nahm ihm Thaddäus, der ein mit dem Abbild verbundenes Geheimnis kannte, das Versprechen ab, das Bild zu schützen und der Nachwelt zu erhalten. Es ist in höchstem Maße unwahrscheinlich, daß Abgar das Mandylion tatsächlich in der Nische über dem Tor anbringen ließ. Unter keinen Umständen hätte er als Neubekehrter ein so unschätzbares Heiligtum der Gefahr ausgesetzt, zerstört oder geraubt zu werden. Sicher hat Abgar das Bild im Herrscherpalast wohlbehütet verborgen. Als Zeichen seines neuen Glaubens aber ließ er in dem Bogen über einem Stadttor einen Reliefziegel im Stil der Zeit anbringen, auf dem der Christus des Tuches dargestellt war. Dies entsprach dem im Parthischen Reich verbreiteten Brauch, Götter- und Dämonenfiguren an Toren und Mauern zu postieren, wo sie Schutz vor bösen Geistern gewähren sollten. Eine charakteristische Eigenart dieser Figuren ist ihre Frontaldarstellung. Die besten Beispiele für solche Reliefziegel in Gesichtsform findet man etwa auf dem Großen Tempel in Hatra oder auf dem Baalshamin-Tempel in Palmyra, wo die schützenden Götter Nebu und Bel in Frontalansicht zu sehen sind.

Aus diesen Erwägungen läßt sich ersehen, warum sowohl mit dem

Bild als auch mit dem Brief später ein besonderer Schutz der Stadt verbunden wurde: Abgar verfuhr mit seinem »neuen Gott« wie mit den angestammten schutzbringenden Gottheiten. Wahrscheinlich erfuhren nur wenige von der Anwesenheit des Mandylion in Edessa. Das erwähnte Tor aber scheint in der Tat eine wichtige Rolle gespielt zu haben. Der Bischof, der im Jahre 383 der aquitanischen Pilgerin die Besonderheiten Edessas zeigte, wies sie auf ein Stadttor hin, durch welches der Abgesandte Abgars Jesu Antwort dem Toparchen gebracht haben soll. Seit jener Zeit durfte kein Unreiner oder Trauernder durch das Tor gehen und kein Toter hindurchgetragen werden. Nach anderen Überlieferungen brachte Abgar, als Feinde vor den Stadtmauern erschienen, den Brief Christi ans Stadttor und zeigte ihn, worauf die Angreifer die Flucht ergriffen. Prokop berichtet, daß Christi Brief anstelle eines anderen Phylakterions auf dem Stadttor eingeschrieben war.[22] Welche Bewandtnis es auch immer mit dem Tor haben mag, es steht mit ihm eine Erinnerung in Verbindung, die durch die Dunkelheit der Zeit nur eine unklare Kontur bewahren konnte. Eine Kontur allerdings, die es hartnäckig mit der Geschichte des Mandylion verbindet.
Die Predigt des Thaddäus auf dem Platz Beththabara am Tag nach der Zusammenkunft mit Abgar fällt nach der *Doctrina Addai* auf das Jahr 343 edessenischer Zählung. Das entspricht nach heutiger Zählung dem Jahr 32 oder 33. Neuere Untersuchungen haben ergeben, daß Jesus im Jahre 33 gekreuzigt wurde. Thaddäus wird also noch im selben Jahr nach Edessa gekommen sein.
Der historische Abgar Ukkama ist als der 15. König von Edessa, der fünfte seines Namens, faßbar.[23] Seine Regierungszeit von 37 Jahren dauerte (nach der rektifizierten Chronologie von Gutschmid) vom Jahre 13 bis zum Jahre 50. Auch nach seiner Bekehrung zum Christentum scheint Abgar kein besonders ehrenhafter Charakter gewesen zu sein, sofern man einen solchen Schluß aus den spärlichen Berichten über sein Leben zulassen kann. Tacitus erzählt, wie die Parther im Jahr 49 darum bitten, Rom möge Meherdates (Mithridates) entsenden, um die Regierung vom Partherkönig und Tyrannen Gotarzes II. zu übernehmen. Meherdates kommt in Begleitung einer römischen Armee. Abgar, der in Wahrheit der geheime Verbündete von Gotarzes ist, empfängt Meherdates bei Zeugma, spielt ihm Freundschaft und Loyalität vor und hält ihn und das Heer lan-

ge Zeit bei Festen in Edessa auf, um dem Feind die Möglichkeit zu geben, seine Truppen zu sammeln. Als die von den Märschen erschöpfte Armee dem Rivalen gegenübersteht, läßt Abgar sie im Stich. Gotarzes besiegt Meherdates und macht ihn durch Verstümmelung herrschaftsunfähig.[24]

Man darf freilich einen solchen Bericht nicht überbewerten und deswegen die Bekehrung Abgars in den Bereich des Legendären verbannen. Tacitus schrieb vom Standpunkt Roms, dessen Protegé eine empfindliche Niederlage zugefügt wurde, wohl nicht ohne Ressentiments. Außerdem schließt Abgars Bekehrung nicht aus, daß er in politischen Dingen seiner alten Linie treu geblieben ist. Auf der anderen Seite kann man mit Sicherheit davon ausgehen, daß die Autoren der Abgar-Erzählung aus propagandistischen Gründen versucht haben, Abgars Persönlichkeit in ein für das Christentum günstiges Licht zu rücken.

Eine Analyse der wichtigsten Figuren und Ereignisse um die Zeit Abgar Ukkamas, die in der Festpredigt von 945, in der *Doctrina Addai* und in den mit ihr in Verbindung stehenden Schriften erwähnt werden, hat die große historische Zuverlässigkeit der Abgar-Überlieferung bestätigt. Hätten wir es mit einer ungenauen und vor allem legendären bzw. anekdotischen Überlieferung zu tun, wäre anzunehmen, daß bestimmte als Fakten dargestellte Ereignisse unhaltbar sind. Das ist nicht der Fall. Was über Abgar ausgesagt wird, deckt sich mit den zuverlässigen frühen Historiographien, etwa mit Moses von Khorens *Geschichte Armeniens.* Die verschiedensten Quellen nennen Abgar mit dem Beinamen Ukkama. Eusebios schreibt, Abgar V. habe an einer unheilbaren Krankheit gelitten. Sein Beinahme »Ukkama« bedeutet »der Schwarze« und hat zu Spekulationen über die Art seiner Krankheit Anlaß gegeben. Prokop sah in der Krankheit Abgars – wie es scheint in Anlehnung an die Heilung des edessenischen Edlen Abdu – die Gicht. Die Syrer vermuteten den schwarzen Aussatz bzw. in Gegensatz zu seinem Beinamen den weißen Aussatz. Offenbar hatte sich Abgar seine Krankheit bei seinen Schlichtungsversuchen in Persien zugezogen. Nach diesen diplomatischen Interventionen verbündete er sich mit Aretas IV., König von Petra, und unterstützte mit Truppen dessen Krieg gegen Herodes Antipas, der Aretas' Tochter – der Herodias wegen – verstoßen hatte.

Die frühe Wende zum Christentum in Edessa war nur von kurzer Dauer. Nach Abgars Tod im Jahre 50 regierte sein Sohn Ma'nu V. Edessa und der Sohn seiner Schwester, Sanadroug, Armenien. Auf Ma'nu V. folgte schon 57 Ma'nu VI. auf den Thron, der zum Heidentum zurückkehrte und die alten Sonnen- und Mondgötter Nebu und Bel an ihre angestammten Plätze zurückbrachte.

Die Errettung des Christusbildes

Zu diesem Zeitpunkt muß ein aufmerksamer Beobachter der Situation, obendrein ein Christ und alter Vertrauter Abgars V. und seines Sohnes Ma'nu V., dafür gesorgt haben, daß das Christusbild in Sicherheit gebracht wurde. Nach allem, was wir wissen, müssen wir davon ausgehen, daß er bis zur Rückkehr des Heidentums in Edessa Zugang zum Königshaus hatte und den Aufbewahrungsort des Mandylion kannte. Durch seine engen Kontakte zum Hof hatte er gehört, daß die Christusabbildung über dem Torbogen zerstört und durch einen lokalen Gott ersetzt werden sollte. Kurzerhand entschloß er sich, das Mandylion in der Nische über dem Tor zu verbergen. Aus Ehrerbietung gegenüber dem Bild stellte er eine Lampe davor auf, dann drehte er den Reliefziegel mit dem Christusportrait einfach um und verschloß den Hohlraum nach außen hin mit Ziegeln, vielleicht ließ er das Abbild einer heidnischen Gottheit davorsetzen. Das Versteck war in vielerlei Hinsicht ideal. Niemand würde auf den Gedanken kommen, dort nach dem hochverehrten Bild zu suchen. Gleichzeitig war dadurch garantiert, daß in dem mächtigen Tor, das mehrere Überschwemmungen und feindliche Anstürme überstehen sollte, das Bild ein halbes Jahrtausend unbeschadet erhalten blieb.
Wer könnte der geheimnisvolle Retter des Mandylion gewesen sein, der in der Festpredigt von 945 »der Bischof der Gegend« genannt wird? Und warum hatte er niemandem, nicht einmal in der Christengemeinde, von dem Versteck erzählt? Thaddäus kann es nicht gewesen sein, denn er ist noch zu Lebzeiten Abgars gestorben. Er wurde im Grab von Abgars Vorfahren beigesetzt.[25] Wer auch im-

mer es war, offenkundig mußte er rasch handeln. Zumal das Bild ein Geschenk für Abgar war, ist es unwahrscheinlich, daß es sich im Besitz der Gemeinde befand. Vielmehr wird es an einem Ort aufbewahrt gewesen sein, zu dem Abgar Zugang hatte und der sonst nur mit besonderen Privilegien aufgesucht werden konnte. Sicherlich durften die führenden Gemeindemitglieder den Raum betreten. Ma'nu VI., der mit Brutalität gegen den neuen Glauben vorging, wird darauf bedacht gewesen sein, das verhaßte Gottesbild seines Großvaters zu vernichten; jenes Bild, das im Ruf stand, göttlichen Schutz zu gewähren. Ein Christenführer muß ihm zuvorgekommen sein, und es ist nicht unwahrscheinlich, daß dem tapferen Mann sein entschlossenes Handeln zum Verhängnis wurde.

Die syrische und die armenische Überlieferung erwähnen neben Addai (Thaddäus) einen gewissen Aggai, der in Edessa in Zusammenhang mit dem Mandylion eine wichtige Rolle spielte. Wir haben Aggai bereits als einen der Vertrauten des Thaddäus kennengelernt. Aggai wird in der Überlieferung »ein Hersteller goldener Ketten und Anfertiger des königlichen Kopfputzes« genannt.[26] Als solcher scheint er nicht nur reich, sondern auch einflußreich gewesen zu sein. Zweifellos ging er bei Hof ein und aus und war in Edessa ein angesehener Mann, wohlbekannt mit dem Herrscher und den Fürsten der Stadt. Nach Addai wurde Aggai der Führer der christlichen Gemeinde in Edessa. Eine Chronotaxis der chaldäischen Patriarchen[27] schreibt Aggai ein dreiundzwanzigjähriges Episkopat in Edessa zu. Es ist anzunehmen, daß Addai (Thaddäus) nicht die Führerschaft der edessenischen Gemeinde beanspruchte. Als Fremder hätte er Schwierigkeiten gehabt, dauerhaften Einfluß auf die einheimische Bevölkerung auszuüben. Nach dem anfänglichen Zulauf durch die Heilungen im Namen Christi wird er sich bald entschlossen haben, die Führung der jungen Gemeinde einem angesehenen Edessener anzuvertrauen, der sich zum Christentum bekehrt hatte. Aggai war der ideale Mann dafür. Es ist wahrscheinlich, daß Aggai schon wenige Jahre nach der Ankunft Addais »Bischof« von Edessa wurde.[28] Auf diese Weise hätte sein dreiundzwanzigjähriges Episkopat tatsächlich bis zur Machtübernahme Ma'nus VI. gereicht. Am Ende des 4. Jh. zeigte man in Edessa »Aggais Grab im Inneren des Tores in der Mitte der Kirche zwischen den Männern und den Frauen«. Selbst Tixeront, der sonst die Abgar-Geschichte

nur als legendäre Einkleidung zur Gründung der edessenischen Kirche im 2. Jh. beurteilt, sieht darin ein Detail, das nicht erfunden ist, sondern vielmehr auf Aggai als eine historische Persönlichkeit verweist. Eine in diesem Zusammenhang interessante Aussage entnehmen wir dem apokryphen Nikodemus-Evangelium. Dort heißt es, daß unter den drei Augenzeugen der Himmelfahrt Jesu ein Arzt mit Namen Adas und ein Levit namens Aggaios waren.[29] Offenbar war der Verfasser des Nikodemus-Evangeliums darauf bedacht, die syrische Überlieferung der Abgar-Geschichte in engsten Bezug zur Nachfolge Jesu Christi zu setzen. Addai (Adas) und Aggai (Aggaios) als Zeugen der Himmelfahrt darzustellen, vermittelt dem edessenischen Christentum eine besondere Autorität und sollte wohl darauf hinweisen, daß diese beiden die ersten bedeutenden Führergestalten der Christengemeinde von Edessa waren.
Aggai ist also der Christenführer in Edessa, dessen Privilegien ihm erlauben, früh genug Informationen über die Absichten Ma'nus VI. zu erhalten und rasch das Mandylion in Sicherheit zu bringen. Ma'nu, der sich um den Triumph betrogen sieht, das Christusbild vernichten zu können, läßt Aggai, der allein als Täter in Frage kommt, grausam hinrichten. In der Überlieferung heißt es, Ma'nu verlangte von Aggai, er möge ihm den königlichen Kopfputz herstellen. Dieser verweigerte dem abtrünnigen Herrscher seine Dienste und sollte deshalb getötet werden. Ich nehme an, daß dieser relativ harmlose Auslöser für seine Ermordung eine spätere Erfindung war, die von der Rolle des Christus-Acheiropoieton nichts mehr wußte. Viel eher wollte Ma'nu wohl von Aggai den Verbleib des Bildes erfahren. Aggai aber gab sein Geheimnis nicht preis und vertraute es auch keinem in der Gemeinde an, um das unschätzbare Heiligtum nicht zu gefährden. Nach Mares Salomonis starb er an einem 30. Juli den Märtyrertod, nachdem ihm die Schergen Ma'nus die Beine zerschlagen hatten.[30] So nahm Aggai sein Wissen mit ins Grab, wohl vertrauend auf die göttliche Vorsehung, die zur rechten Zeit den Schleier um das Geheimnis wieder lüften würde.

Wie das Grabtuch zum Mandylion wurde

Wir haben nun ausführlich die Geschichte des edessenischen Christusbildes kennengelernt, und es ist an der Zeit zu fragen, was sie mit dem heute in Turin aufbewahrten Tuch zu tun hat. Rekapitulieren wir die Elemente zu unserem Puzzle: Ein Grabtuch in Konstantinopel im Jahre 1203 mit einer »Figur unseres Herrn« darauf, eine eigentümliche Erzählung von einem »nicht von Menschenhand gemachten« Christusportrait auf Leinen, das kurz nach der Passion Christi nach Edessa kommt, für Jahrhunderte verborgen bleibt, und schließlich das Fehlen von eindeutigen Berichten über ein Grabtuch mit Abbild während der ganzen langen Zeit von der Grablegung Jesu zumindest bis zum Ende des 1. Jt. In einer ebenso aufregenden wie provokanten These behauptet der Historiker Ian Wilson[31], das Mandylion von Edessa sei nichts anderes als das Grabtuch selbst, gefaltet, so daß nur das Antlitz Christi zu erkennen war! Erst in den Jahren nach der Translation des Mandylion nach Konstantinopel soll das ganze Tuch zum Vorschein gekommen sein.
Wilsons Rekonstruktion hat die Grabtuchforscher in zwei Lager geteilt. Die einen sehen in seinem Ansatz einen konstruktiven Beitrag, ein historisches Rätsel auf ungewöhnliche Weise zu lösen, die anderen halten die These einfach für zu gewagt und abwegig. Ich habe mich eingehend mit dem Für und Wider der Argumentation Wilsons auseinandergesetzt. Abgesehen von einigen Schwächen und fragwürdigen Schlüssen, bleibt seine These nicht nur die bei weitem plausibelste, sie läßt sich in der Tat durch Dokumente erhärten. Ich werde in der Folge, auf der Grundlage des bislang Dargestellten, den Weg des Tuchs von Jerusalem nach Konstantinopel nachzeichnen.
Wir haben bereits gesehen, welche Probleme die Jünger mit den im Grab zurückgebliebenen Tüchern haben mußten. Da war zunächst die Schwierigkeit, die Linnen überhaupt an sich zu nehmen. Die Tücher hätten nach jüdischem Brauch jeden, der sie berührte, unrein gemacht. Und dann das Abbild auf einem der Leinen. Welcher Verwirrung müssen die Jünger ausgesetzt gewesen sein, gehörten sie doch der Welt des Spätjudentums an, und im Mosaischen Gesetz hieß es, man solle sich kein Abbild Gottes oder des Menschen ma-

chen (Ex 20,4). Selbst die Evangelien haben sich später daran gehalten, so daß wir heute nicht einmal eine Beschreibung von Christi Aussehen haben. Dennoch werden einige wenige ihre Skrupel überwunden haben und das Bild auf dem Linnen als ein besonderes Zeichen genommen haben; ein Zeichen, dessen Bedeutung sie vielleicht noch nicht ermessen konnten, die sich ihnen aber eines Tages eröffnen würde. Wenn ihr Herr und Meister Jesus Christus auf solche Weise die Erinnerung an seine Passion, eingeprägt in weißen Stoff, zurückgelassen hatte, konnte dies nicht ohne Sinn sein. Vielleicht, mag der eine oder andere gedacht haben, könnte dieses Siegel seiner Anwesenheit in einem irdischen Leib dereinst der Schlüssel zu einem tieferen Verständnis seines wahren Wesens werden. Wie konnten sie das volle Spektrum der Persönlichkeit Jesu erfaßt haben, waren sie doch nicht einmal ein Jahr an seiner Seite gewesen und hatten so viele neue und verwirrende Lehren erfahren müssen! Die Ungewißheit begleitete sie. Das Tuch aus dem Felsengrab war gewissermaßen Jesu einziges greifbares Vermächtnis; eine Hinterlassenschaft, die es zu respektieren, vor allem aber auch zu bewahren galt.

Die Anhänger Jesu ahnten, daß mit seinem Fortgang das Ende der Zeit anhob. Sie waren es, in deren Händen nunmehr die Vollendung der Verheißung lag. Denn solange Jesus unter ihnen weilte, hatte er mit Missionierung in großem Umfang nicht viel im Sinn, ja er hat sie geradezu verboten. Es ging ihm allein darum, das Judentum zu erneuern: »Geht nicht den Weg zu den Heiden und betretet keine Stadt der Samariter, geht vielmehr zu den verlorenen Schafen des Hauses Israel.«[32]

Man muß sich vor Augen führen, welcher psychischen Streßsituation die Anhänger Jesu ausgeliefert waren. Auf der einen Seite waren sie von einer starken Motivation beflügelt, ihre neue Lehre auftragsgemäß in alle Welt zu tragen; eine Motivation, die für den seelischen Zustand des Auserwählten einer messianischen Gemeinde typisch ist. Auf der anderen Seite hatten sie innere Kämpfe auszufechten, die aus der Dissonanz zwischen Verheißung und erlebter Wirklichkeit zwangsläufig entstehen. Wir können nicht voraussetzen, daß das Wirken der Anhänger Jesu einem selbstverständlichen, fast automatischen Prozeß folgte. Für viele Jünger, vor allem für jene, die nicht dem inneren Kreis zuzurechnen sind, war es wohl

keineswegs klar, in welcher Perspektive sie den Messias zu sehen hatten. Sie waren ein buntes Häufchen von Hoffenden in einer Zeit, die von zahlreichen Glaubensrichtungen und politischen Kräften durchwirkt war. Die einen kamen aus Gruppen politischer Extremisten, die in Jesus den Befreier aus dem Hause Davids sahen, die anderen aus streitbaren Sekten, beseelt von der Naherwartung einer verwandelten Welt. Und über allen schwebte die ständige Angst, einer Meute von Verfolgern und Verhöhnern ausgesetzt zu sein, die stets den Zweifel nährte, ob ihr Glaube der richtige sei. Allein die soziale Unterstützung der Glaubensbrüder untereinander konnte solch feurige wie verzagte, tatendurstige wie furchtsame, missionswillige wie reaktionäre Seelen in ihrem Glauben festigen und erneuern durch ungebrochenen messianischen Eifer.[33]
Aus dieser Situation heraus ist es leicht verständlich, daß danach getrachtet wurde, das kostbare Linnen in Sicherheit zu bringen. Man erinnerte sich der Begegnung mit den Gesandten Abgars in Jerusalem und des Interesses ihres Herrschers an den Heilungen Jesu. Das Los fiel auf einen Mann mit gefestigtem Glauben, auf Thaddäus. Er würde keine Einwände haben, dieses »unreine« Begräbnistuch mit sich zu führen. Auf seiner Mission zu den Heiden sollte er das Tuch nach Edessa bringen und dafür sorgen, daß es gut verwahrt würde. Fürwahr keine einfache Aufgabe. In Edessa wird sich Thaddäus Gedanken gemacht haben, wie er dem Toparchen ein Grabtuch anvertrauen kann, ohne ihn abgrundtief zu beleidigen. Vielleicht war dieser Umstand nicht so problematisch, wie er einem Juden erscheinen mußte. Die Mesopotamier lebten seit Jahrtausenden gewissermaßen mit ihren Toten unter einem Dach. Diese wurden unter Fußbodenfliesen und in Mauernischen der Wohnhäuser bestattet. Dennoch wird es Thaddäus anstößig erschienen sein, einfach ein Grabtuch zu übergeben. Dazu kam das Problem, daß er Abgar, der gewohnt war, an kämpferische Götter und Dämonen zu glauben, wohl kaum dauerhaft für das Christentum gewinnen konnte, hätte er ihm gleichsam den Beweis für seinen »nackten, geschundenen, toten Gott« vor die Füße gelegt. Aller Wahrscheinlichkeit nach wird sich Thaddäus in dieser Angelegenheit mit seinem Vertrauten Aggai besprochen haben. Aggai kannte das moralische Empfinden der Edessener ebenso wie den Charakter des Herrschers. Er war, nach seinem Beruf zu urteilen, zweifellos ein kreativer Mann, der

bald mit einer geradzu genialen Idee die Lösung zu diesem Problem fand: Das Grabtuch mußte verfremdet werden, ohne dabei Schaden zu erleiden. Er ließ es dreimal falten, so daß zuerst nur das Bild der Vorderseite, nach dem zweiten Falten nur noch Kopf und Rumpf und nach dem dritten nur noch der Kopf zu sehen war. Dann ging er daran, durch seine ureigenste Kunst eine würdige Verkleidung für das so gefaltete Linnen zu bauen.
Wir erinnern uns daran, daß Aggai der Hersteller des königlichen Kopfputzes oder Diadems und Erzeuger goldener Ketten genannt wurde. Aus den altsyrischen Texten geht hervor, daß diese Tätigkeit sowohl Handfertigkeit in der Goldschmiedekunst als auch Umgang mit feinen Stoffen, vor allem Seidenstoffen, erforderte. Die Kopfbedeckung der Könige und jene der Hohenpriester von Bel und Nebu waren komplizierte, meist hohe, kegel- oder zylinderartige Gebilde. Sie wurden aus Seiden- und Musselinschals angefertigt, wie heute noch kostbare Turbane im Orient, durchwoben mit goldenen, gitterartigen Strukturen und Figuren. Einen guten Eindruck von der außergewöhnlichen künstlerischen Qualität, die solche Kopfbedeckungen auszeichnete, vermitteln die Statuen parthischer Herrscher, wie jene der Könige Sanatruq und Uthal in den Museen von Bagdad und Mosul. Besonders eindrucksvoll ist der Kopfputz der Prinzessin Washfari. Er ist mit mehreren Medaillonketten geschmückt und mit einem Nackenschleier verbunden und trägt in der Mitte in einer kleinen muschelförmigen Vertiefung ein Götterbildchen. Aggai wird sein ganzes Können aufgebracht haben, um das Christusantlitz auf dem gefalteten Tuch so kostbar und eindrucksvoll wie nur möglich erscheinen zu lassen. Dies ist eine zusätzliche Erklärung dafür, warum Thaddäus eine Zeitlang warten mußte, bevor er das Bild dem Abgar bringen konnte. Eine derart aufwendige Arbeit war nicht in aller Eile herzustellen.
Vielleicht war es in diesem Zusammenhang nötig, den früher erwähnten Seitenstreifen an das Tuch zu nähen, damit das Bild in die Mitte des Rahmens rücken würde. Da es gefaltet würde, war es unwesentlich, daß der Seitenstreifen nicht exakt die gleiche Länge wie das Tuch hatte. Wie es den Anschein hat, wurde das Bild mit einem feinen goldenen Gittermuster überzogen, wie wir es vom Gewand der Königsstatuen von Sanatruq und Uthal kennen. Wie sonst hätte man das Gewebe ohne Verwendung einer großen Glasscheibe

sichtbar und ohne es zu beschädigen in einen Rahmen spannen können? In der Mitte war ein Kreis ausgespart, in dem das Gesicht Jesu zu sehen war. Wenn man die Abbildung auf dem Turiner Linnen aufmerksam betrachtet, sieht man, daß unterhalb des Gesichtes eine leere Stelle verbleibt, bis erst wieder in Brusthöhe Verfärbungen zu erkennen sind. Wird das Antlitz in einen Kreis eingeschlossen, so erscheint es merkwürdig körperlos, nicht einmal ein Halsansatz ist zu sehen. Jeder, der das so gefaltete Grabtuch im Gitterrahmen vor Augen bekam, mußte unwillkürlich an einen reinen Gesichtsabdruck denken. Nichts deutete darauf hin, daß sich hinter der schützenden Abdeckung mehr verbergen sollte, als der runde Ausschnitt freigab.

Die Verwandlung des Grabtuchs zum Mandylion war perfekt, und zudem war Aggais Arbeit in ihrer eleganten Einfachheit von außergewöhnlicher künstlerischer Wirkung. Er hatte gewissermaßen Jesu Verklärung ins Werk gesetzt, bei der »sein Angesicht glänzte wie die Sonne« (Mt 17,2). Denn als Thaddäus in ehrfürchtiger Geste das Mandylion über seinem Kopf dem Herrscher vorführte, versetzte der Glanz, der dem Bild entströmte, Abgar in seliges Erstaunen.

Diese Rekonstruktion wäre nichts als eine romanhafte Erfindung, besäßen wir nicht aufschlußreiche Hinweise, die sie überhaupt erst möglich machten. In den sogenannten *Acta Thaddei* des 6. Jh. findet sich die Beschreibung, wie man sich damals den Vorgang dachte, der zu dem Bild auf dem Tuch führte. Darin heißt es, Jesus hätte begehrt, sich zu waschen. Man reichte ihm daraufhin ein Handtuch, mit dem er sein Gesicht trocknete, worauf sich sein Antlitz auf dem Tuch abdrückte. Die Stelle wäre nicht weiter bemerkenswert, würde nicht für das »Handtuch« die eigenartige, sonst völlig unbekannte Wortschöpfung *tetradiplon* verwendet werden.[34] *Tetradiplon* bedeutet soviel wie ein »Vier-Doppeltes« im Sinne eines »vierlagig« Gefalteten, weil durch die dreifache Faltung viermal zwei Lagen hervorgebracht werden! Wie Bulst und Pfeiffer bemerken, hätte dasselbe sehr einfach durch das Wort *oktaploun* (achtfach, achtfältig) ausgedrückt werden können. »Die umständliche Formulierung wird nur verständlich, wenn sowohl das ›Vier‹ wie das ›Doppelt‹ etwas bedeutet.« Die Bedeutung ist, daß das Grabtuch in der beschriebenen Weise gefaltet wurde, so daß vier doppelte Lagen entstanden. Moderne wissenschaftliche Methoden haben nachge-

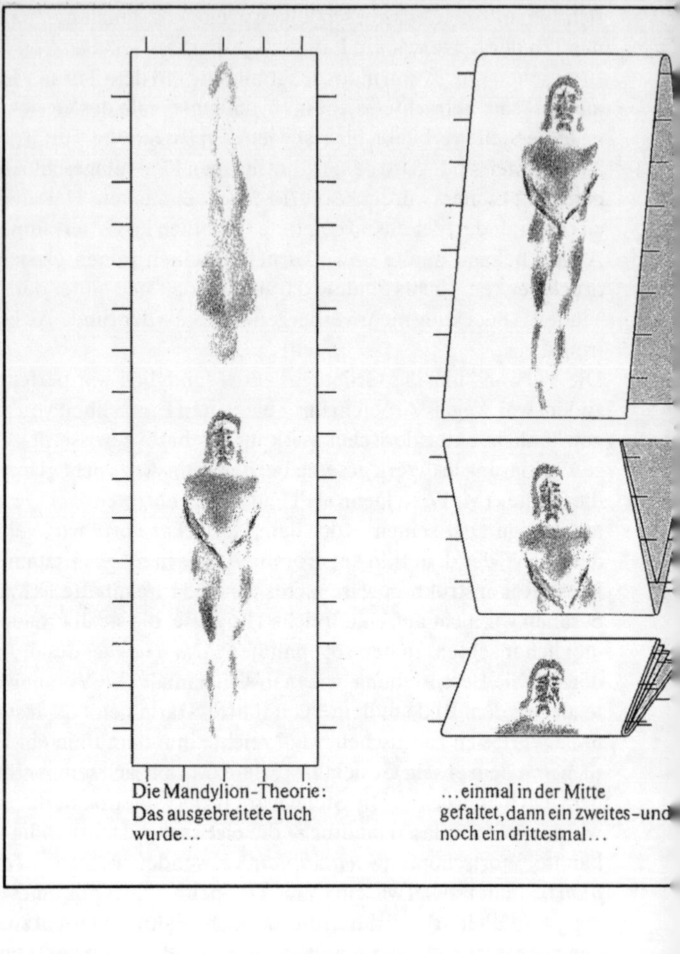

Viermal gefaltet (acht Lagen) wurde das über 4 m lange Tuch auf ein handliches Format gebracht, das das Antlitz in den Mittelpunkt rückte. Da so-

... so daß nur das Gesicht zu sehen blieb.

Befestigt auf einer Tafel...

... wurde es mit einem schutzenden Netzgitter überzogen.

genannte Mandylion wurde auf eine Tafel gelegt und durch ein netzartiges Gitter in einem Rahmen gehalten.

wiesen, daß das Turiner Tuch tatsächlich in alter Zeit gefaltet wurde.[35]

Von besonderem Interesse ist allerdings, herauszufinden, wie der Autor des 6. Jh., also der Zeit, in der das Mandylion wiedergefunden wurde, von einem *tetradiplon* sprechen konnte, wenn man doch nur das Antlitzbild im Zierrahmen vor Augen hatte. Ausgeschlossen ist, daß er vom wahren Inhalt der Verkleidung wußte. Dann wäre dieser wohl zutage gefördert worden, und das ganze Tuch wäre uns seitdem bekannt. Die Bezeichnung *tetradiplon* muß darum als unschätzbarer Hinweis auf die Art und Weise gelten, in der das nach Edessa gebrachte Tuch umfaßt wurde, zumal sie ohne Entnahme des Tuchs getroffen wurde. Versuchen wir, ein wenig Licht in dieses Rätsel zu bringen.

Nachdem das Edessa-Bild entdeckt worden war, sind viele Kopien gemacht worden. Sie wurden in ganz Kleinasien herumgereicht und weiter vervielfältigt, so daß das edessenische Mandylion in zahlreichen Kirchen und Klöstern zur Abbildung kam. Leider sind uns frühe Mandylion-Kopien kaum erhalten geblieben, sie haben die Zeit der Bilderstürmer des 8. und 9. Jh. nicht überdauert. Als das Mandylion nach Konstantinopel kam, war es immer noch im Originalzustand, »aufgezogen auf einer Tafel mit Goldverzierung«, wie es in der Festpredigt heißt. Abermals wurde es kopiert und vor allem zum Schmuck von Kirchennischen abgebildet. Aus dieser Zeit sind uns aufschlußreiche Fresken, Abbildungen in illuminierten Manuskripten und Ikonen erhalten. Die Kopisten waren sehr darauf bedacht, das Original so genau wie möglich wiederzugeben. Diese Grundvoraussetzung byzantinischer Sakralkunst erlaubt uns, von den Kopien auf das zugrundeliegende Original zu schließen.

Die häufigste Darstellungsform zeigt das körperlose Gesicht Christi, umgeben von einem Kreis. Auf den meisten Abbildungen fehlt wie auf dem Tuch der Hals. Außerhalb des Kreises wiederholt sich immer wieder eine Gitterstruktur von Diagonallinien mit ähnlichen Verzierungen in den Feldern. Besonders interessant ist der Fransenrand, der in der Mehrzahl der Mandylion-Abbildungen zu sehen ist. Bisweilen sind diese Fransen am unteren und oberen Rand dargestellt, häufig an den Seitenrändern. Die Fransen enden in Verdickungen, die ganz offensichtlich Nägel darstellen sollen.[36] (Vgl. Abb. 37–39) Eine der ältesten Abbildungen dieses Typus (1077) findet sich auf einem leider nicht sehr gut erhaltenen Fresko in der Shakli Kilise in Kappadokien.

Wir können darum ohne besondere Probleme folgendes Bild von der Art der Mandylion- Einfassung entwerfen: Das Grabtuch wurde in zweimal vier Lagen gefaltet. Aggai wird größte Sorgfalt darauf verwendet haben, das Tuch nicht zu beschädigen. Wahrscheinlich hat er das lange Linnen, um es gut spannen zu können und gleichzeitig zu vermeiden, daß es an den Faltstellen Schaden erleidet, an der Innenseite mit feinem Seidenstoff ausgelegt. Unter der obersten Lage, wahrscheinlich auch in verschiedenen Lagen darunter, zog er ein Gitterwerk von kräftigen, aber feinen Fäden durch. Diese kamen als kurze Fransen an zwei, eventuell an allen vier Seiten zum Vorschein. Sie wurden mit goldenen Ziernägeln auf einer Holztafel fixiert. Darüber kam die kostbare netzartige Abdeckung. Wenn es einen Rahmen gab, so nur über der Holztafel, nicht aber über dem Mandylion, sonst wären nicht die Fransen mit den Nägeln sichtbar gewesen. Auf diese Weise konnte ein aufmerksamer Beobachter, der das Mandylion inspizieren durfte, bei seitlicher Betrachtung an einem Fransenrand feststellen, daß es sich um ein mehrfach gefaltetes, großes Tuch handeln mußte. Nur so kann die sonst unverständliche Bezeichnung *tetradiplon* entstanden sein.

Doch damit nicht genug. Ein Charakteristikum aller frühen Mandylion-Darstellungen ist ihr Querformat. Es widerspricht jeglichem Kunstempfinden, ein Portrait auf ein Format zu malen, das für eine Landschaft oder für eine Gruppenszene geeignet wäre. Entsprechend sind die Christusbilder, mit denen die Veronika-Legende im Westen interpretiert wurde, auf Längsformat zu finden. Das Querformat des Mandylion ist ein auffälliger Hinweis darauf, daß es kein kleines »Handtuch« war, sondern vielmehr Teil eines viel größeren Tuchs. Faltet man das Turiner Tuch in der angegebenen Weise, dann erhält man eine Breite von 110 cm, aber nur eine Höhe von 54,5 cm, also ein den bekannten Mandylion-Kopien ganz ähnliches Querformat. Wir können heute den Kopisten des Mandylion für ihre Treue zum Original nur dankbar sein. Auf diese Weise wird es möglich, das im 6. Jh. in Edessa wiedergefundene Mandylion als die heute als »Turiner Grabtuch« bekannte Stoffbahn zu identifizieren.

Wunderbare Bilder im frühen Christentum

Im Rückblick muß man es als großen Glücksfall werten, daß das Mandylion über eine so lange Zeit verborgen geblieben ist. Die ersten Jahrhunderte unserer Zeitrechnung waren nämlich von heftigen Auseinandersetzungen in der sich ausbreitenden Kirche gekennzeichnet, in deren Zentrum nicht selten die Frage nach der Statthaftigkeit von religiösen Bildern, insbesondere von Gottesbildern, stand. Als das Edessa-Bild erschien, hatte das Meinungspendel deutlich zugunsten der Bilder ausgeschlagen, und so konnte es sofort, zusammen mit den anderen wunderbaren Bildern, seinen Siegeszug antreten. Freilich ahnte man zu dieser Zeit noch nicht, daß ab dem 8. Jh. eine heftige Gegenbewegung auftreten sollte, die als Ikonoklasmus (Bildersturm) bekannt ist, und das Jesusportrait neuerlich der Gefahr seiner Zerstörung ausgesetzt war.

Nach seiner Entdeckung hat das edessenische Christusbild bedeutenden Einfluß auf die Vorstellung vom Aussehen Jesu gehabt. Dieser Punkt ist äußerst wichtig in der Beurteilung der Frage, ob das Abbild auf dem Turiner Tuch tatsächlich das Jesusbild für alle Zeiten entscheidend geprägt hat. Wir werden uns in der Folge damit auseinandersetzen. Die Bedeutung dieser Frage im Kontext der christologischen Diskussionen darf nicht unterbewertet werden. Ich will daher zunächst in aller Kürze die geistesgeschichtlichen Wurzeln aufdecken, die mit der Bilderfrage verknüpft waren und die insbesondere die Einschätzung von »gottgewirkten« oder »himmelentstammten« Bildern betreffen.

Als Thaddäus dem Abgar das göttliche Bild übergab, war der Beschenkte nicht überrascht. Wunderbare Bilder waren nicht etwas Unerhörtes oder Nie-Dagewesenes, sie gehörten zur ältesten mythologischen Tradition. Das gottgesandte Bild stand in der nie unterbrochenen Reihe von greifbaren Himmelsbotschaften, die den Menschen seit dem Erwachen religiöser Empfindungen begleiten.

In der Morgenröte seiner Geschichte hatte der Mensch begonnen, überirdischen Mächten einen Platz zuzuweisen, der dieser Bezeichnung gerecht wird: Die geheimnisvollen Wesen, die Einfluß nehmen auf alle Erscheinungen der Natur, hausen irgendwo jenseits des Horizonts. Der Adler, der sich am weitesten in die Lüfte wagt, galt den frühen Stämmen als Bote der Götter. Von oben sandten die Himmlischen Zeichen ihres Wohlwollens und Zornes: Sonne, Regen, Stürme, Schnee, Blitz und Donner. Aufs nächtliche Firmament schrieben sie in Sternenlichtern ihre eigene Geschichte. Was immer der Mensch von den Göttern erfahren sollte, kam von oben – von dort, wo sich jenseits der blauen Kuppel der Blick ins Unermeßliche verliert.

Die Götter, die von alters her Zeichen gesandt hatten, hörten im Laufe der Bewußtseinsentwicklung des Menschen nicht auf, sich auf diese Weise kundzutun. Allein die Bedeutung ihrer Botschaften erfuhr immer neue Interpretationen. Wir wissen heute, daß jene rätselhaften, vom Himmel auf die Erde gefallenen Steine – die Meteoriten – seit frühester Zeit mit der Aura des Heiligen umgeben wurden. Sie galten als direkt vom Sitz der Götter auf die Erde befördert. Heute noch glauben die australischen Ureinwohner, das Himmelsgewölbe bestehe aus Bergkristall – Steinen aus Licht. Wenn Brocken davon herausbrechen und auf die Erde fallen, werden sie schwer und dunkel. Dennoch behalten sie ihre numinose Ausstrahlung, denn in ihnen ist die himmlische Helligkeit verborgen anwesend. Im ersten vorchristlichen Jahrtausend galt demnach den Völkern der Eisenzeit das meteoritische Eisen als von einer heiligen Kraft erfüllt. Das »himmlische Metall« war ein Zeichen aus dem Jenseits, ein »Bild der Transzendenz«, wie der Religionshistoriker Eliade sagt.

Da die Blüte der klassischen Antike mit der Eisenzeit zusammenfällt, ist es nicht verwunderlich, daß sich die Idee vom transzendenten Gottesbild im Meteoriten über viele Jahrhunderte als Topos erhalten hat. Noch als die Römer nach Pessinus kamen, um das Bild der dort verehrten großen Muttergöttin zu holen, erhielten sie einen Stein, der vom Himmel gefallen sein soll. Appian, der römische Geschichtsschreiber und kaiserliche Prokurator im Ägypten des 2. Jh. n. u. Z., schreibt diesem Stein meteoritischen Ursprung zu. Das einzige Idol, das der Islam aus der Zeit des altarabischen Heidentums beibehalten hat, ist ebenfalls ein meteoritischer Stein, der bis heute in der Kaaba in Mekka verehrt wird.

Im klassischen Altertum hatte sich solcher Glaube in den sogenannten *Diipeten* bewahrt – von Göttern auf die Erde gesandten Abbildungen, deren heilige Kraft unversehrt bleibt und die dadurch eine besondere Schutzfunktion ausüben. Das entstehende Christentum mußte sich mit diesen Vorstellungen auseinandersetzen, denn in der volkstümlichen Überlieferung spielten die himmelentstammten Götterbilder nach wie vor eine wichtige Rolle. Sie widersprachen aber dem göttlichen Auftrag, sich kein Bild zu machen von dem, was im Himmel ist. In der Tat hatte die junge Kirche einen schweren Kampf zu führen.

Auf der einen Seite drängte der Volksglaube zur bildlichen Vergegenwärtigung der Gottheit, auf der anderen Seite mußte dem mosaischen Verbot Genüge getan werden. Zwischen beiden Extremen galt es einen Weg zu finden, der theologisch gerechtfertigt werden konnte. Ohne die Verkörperung Gottes durch Christus wäre die Entscheidung zweifellos für alle Zeiten gegen die bildliche Darstellung ausgefallen. Doch konnte man behaupten, daß Jesus in seiner menschlichen Form schlechterdings nicht abbildbar sei? Die christlichen Verteidiger der Bilder haben immer wieder darauf hingewiesen, daß gerade die Menschwerdung Gottes dessen bildhafte Darstellung möglich machte.

In der Frühzeit der Christenheit standen sich bereits bilderfeindliche und bilderfreundliche Gruppen gegenüber. Bis ins 5. Jh. ist keine eindeutige Stellung zum religiösen Bilderdienst festzustellen. Viele unterschiedliche, oft gegensätzliche Meinungen beherrschen die Ansichten über Christusbilder. Einerseits kam es unter dem Einfluß von (vor allem gnostischen) Sekten zu einer Geringschätzung des leiblichen Abbildes Christi, andererseits sind uns die frühesten Christusbilder gerade unter Gnostikern überliefert: Schon in der ersten Hälfte des 2. Jh. monieren die Kirchenlehrer, die gnostischen Häretiker würden Bilder verehren. Hippolytos warf etwa den Sethianern vor, sich ein heidnisches Gemälde in Phyla dogmatisch angeeignet zu haben. Irenäus beschuldigt die Karpokratianer, gemalte und metallene Christusbilder zu besitzen, denen sie, nach Art der griechischen Philosophenschulen, Verehrung erwiesen. Andererseits warfen die Heiden den Christen vor, weder Tempel noch Altäre, noch Bildsäulen zu haben. Die Seele der Gläubigen, so antworteten die Apologeten, sei heiliger Tempel, Altar und Bild Gottes.

Dennoch, die Gnosis (»Erkenntnis«) war wesentlich bilderfeindlich. Denn Bilder entstammten der materiellen Welt, die im Den-

ken der Gnostiker dem Widersacher des guten Gottes der geistigen Welt untersteht. Für den Gnostiker konnten deshalb Abbildungen des Körpers keinen religiösen Wert besitzen. Sie leisteten nur der Herrschaft dunkler Mächte Vorschub. Jede Verehrung, in deren Zentrum Körperliches stand, verhinderte wahre Gnosis und damit die Befreiung aus dem menschlichen Jammertal. Gott in einem Bild anzubeten kam den gnostisch denkenden Menschen einer Blasphemie gleich, suchten sie nicht, wie es im apokryphen Thomas-Evangelium heißt, »nach dem Schatz, der nicht vergeht und dort ist, wohin keine gierigen Motten dringen und wo kein Wurm ihn zernagt« (log 76) – also allein im Reich des Geistigen?
Die frühchristliche Gnosis erfuhr eine Verwandlung, als es auf ihrem Hintergrund, zuerst durch Plotin (um 205–270), zu einer Erneuerung der platonischen Philosophie kam, die heute als Neuplatonismus bekannt ist. Von diesem Zeitpunkt an erhielten die Bilderverehrer philosophisch-theologische Unterstützung. Plotins Gedankengänge sind für die Theologie der Bilder von besonderer Bedeutung. Plotin stellte »das Eine« (Gott, »das Gute«) als Quelle allen Seins dar. Es verstreut sich, indem es in die unbestimmbare Finsternis des Stoffes hineinstrahlt. Aus ihm gehen durch Ausstrahlungen der Weltgeist, die Weltseele und alles Leben hervor. Der Prozeß des Hervorgehens ist stufenweise Erniedrigung. Zunächst strahlt der Geist aus dem Einen heraus wie die Wärme und das Licht aus der Sonne. In ihm existieren die platonischen Ideen. Als Mittler zwischen der Ideen- und Sinneswelt erschafft er die Seele. Körperwelt und Materie faßt Plotin als Spiegelungen der Ausstrahlungen des Einen im Nicht-Seienden auf. Die Seele als Bindeglied empfängt vom Geist die Ideen und erhält die diesseitigen Abbilder der physischen Welt nach den jenseitigen Urbildern. Gewissermaßen psychologisch faßbar für den Menschen wird diese Ausstrahlung als die in der Menschenseele aufkeimende Sehnsucht nach dem göttlichen Ursprung – der spirituelle Impuls. Hierin ist Plotin der Gnosis verpflichtet. An Platon erinnert seine Vorstellung, daß man das Eine in der ekstatischen Schau erreichen kann. Auf diese Weise befreit sich der Mensch von der Selbsttäuschung individueller Existenz und findet sein ureigenstes Wesen, sein eigentliches Selbst, seine innere Heimat.
Der Neuplatonismus brachte eine entscheidende Neuerung in das

Gegensatzdenken der Gnosis. War die Seele des Gnostikers noch dem ständigen Kampf zwischen zwei Herrschern – einem des Geistes und einem der Welt – ausgeliefert, so verspricht das neue Denken, durch philosophische Raffinesse, Linderung. Der Neuplatonismus verneint das absolut Böse und weicht so dem unüberwindbaren Dualismus aus. Das Böse wird zu graduell abgestufter Gottesferne. Gnosis wird in diesem philosophischen System zum Schreiten auf dem Pfad lehrmäßig vorgeschriebener mystischer Erkenntnisstufen – zurück zur Ureinheit, zu Gott. Die materielle Welt ist nach platonischer Vorstellung als eine »goldene Kette« geordnet, die vom obersten Sein und vom »Einen«, das noch jenseits des Seins steht, bis zum letzten Abglanz des Seins im Materiellen hinabreicht, Ebene mit Ebene wesenhaft verbindend. Entlang dieser Kette steigen die Wesen wieder zum Gipfel allen Seins empor.
War in der Frühzeit das Christentum vor allem von der Auseinandersetzung mit gnostischem Denken geprägt, so formte es sich später in Spannung zum Neuplatonismus. In dem Maße, in dem die Intellektuellen sich mehr und mehr von der Gnosis ab- und dem Neuplatonismus zuwandten, wandelte sich die Auffassung über die Statthaftigkeit religiöser Bildwerke. Es ist ein Resultat dieses ideengeschichtlichen Evolutionsprozesses, daß die Bilderfeindlichkeit allmählich von der Bilderverehrung abgelöst wurde.
Der Neuplatoniker konnte in einem gelungenen Bild die Verkörperung der inneren Schau erkennen und somit die Transparenz des Geistigen in der materiellen Welt. Das Bild war ihm Erinnerung an das Urbild, das sich gemäß dem stufenweisen Abstieg im Körperlichen manifestierte. Die neuplatonische Emanationslehre war wie dafür geschaffen, auch den »himmelentstammten« Bildern, den Acheiropoieten, die rechte Stelle zuzuweisen. Plotin und Porphyrios (234–304) hatten schon im 3. Jh. den Götterbildern eigene Schriften gewidmet. Porphyrios' Schüler Jamblichos (um 250–330) schied zwischen künstlerisch angefertigten und vom Himmel gefallenen Bildern. Er behauptete, daß selbst künstlich geschaffenen Bildern die Gottheit innewohnen könne. Darin lag ihm das einzige Unterscheidungskriterium zu gewöhnlichen, profanen Bildern.
Als Kaiser Julian (361–363) den Neuplatonismus gegenüber der entstehenden christlichen Staatskirche förderte und deshalb von den Christen Apostata (»Abtrünniger«) genannt wurde, befürchte-

te man einen Rückfall ins Heidentum. In Wahrheit hatte aber in seiner nur drei Jahre währenden Regierungszeit die Diskussion um die neuplatonischen Anschauungen das Christentum befruchtet. In der Folgezeit gewannen diese unter den Kirchenlehrern immer mehr an Bedeutung.

Es gibt aber noch einen zweiten historischen Strang, der für die spätere Bilderverehrung bedeutsam ist. Sind die neuplatonischen Ansichten weitgehend theoretischer Natur und für die Entwicklung der *Theologie* der Ikone (Bild) grundlegend, so erwächst die zweite Traditionslinie aus dem emotionalen Volksglauben, aus der Reliquienverehrung, die selbst aus dem Hang zum Magischen schöpft.

Das Element der Berührung, das wir als den Schlüsselgedanken für die Legendenbildung um das Acheiropoieton von Edessa und das Schweißtuch der Veronika eingeführt haben, steht auch am Beginn der Reliquienverehrung. In ihm bewahrte sich ein Rest heidnischen Glaubensgutes, der auf die alte animistische Welterfahrung zurückverweist. Das magische Weltbild jener Bewußtseinsstufe läßt sich in zwei fundamentalen Gesetzmäßigkeiten ausdrücken, die das religiöse und moralische Empfinden prägten, aber auch als Erklärungen für Krankheiten und Unglücksfälle bereitstanden. Das erste wollen wir das Gesetz der Ähnlichkeit nennen, wonach Ähnliches Ähnliches erzeugt. Das Bewußtsein verwechselt Ähnlichkeit mit Identität und schafft auf diese Weise ein vielschichtiges Muster von magischen Beziehungen. Das zweite, damit in Verbindung stehende Gesetz nennen wir jenes der Ansteckung. In diesem Fall wird Nachbarschaft beziehungsweise Nähe mit Identität verwechselt. Objekte, die einmal miteinander Kontakt hatten, werden als für immer in Verbindung bleibend angesehen.

Nur auf dem Boden dieser Bewußtseinshaltung sind magische Bräuche verständlich, der Vorbildzauber etwa, bei dem das »Opfer« identisch wird mit einer Figurine, oder die Vorstellung, daß in einem Teil eines Menschen, z. B. in einer Haarlocke, der ganze Mensch, auch in seiner geistigen Dimension, vorhanden ist. Der Reliquienglaube hat genau hier seine Wurzeln. Wenn man selbst heute noch sieht, wie Gläubige Reliquienschränke berühren oder küssen, so ist dies echter Ausdruck des immer noch – vor allem in archetypischer, emotionaler Beziehung – aktiven magischen Bewußtseins. Diesem vorbewußten Denken gilt ein Überrest des verehrungswürdigen Menschen soviel wie die ganze Person; ihm gilt die »echte« Reliquie soviel wie die »falsche«. Letztere unterscheidet sich überhaupt nicht von der echten, wenn sie nur einmal mit der »echten« in Berührung war. So konnten ungezählte Reliquienteile in alle Welt verstreut werden, die ihren Status nur dadurch erhielten, daß sie als zwar profanes, jedoch ähnliches Objekt mit dem (angeblichen) Original in Berührung gebracht worden waren. Was für die Vernunft geradezu lächerlich erscheint, ist hier selbstverständlich: Echt – und dadurch auf numinose Weise wirksam – ist, was »angesteckt« wurde in der Aura des Sakralen. Ansteckung durch das Heilige als Akt fortgesetzter Berührung: vom Heiligen, der freilich selbst in der Berührung mit Gott stand, über seine Knochen, seine Habe, die mit diesen berührten Kopien bis hin zum demütigen Streichen mit den Fingerkuppen über den Reliquienschrein oder selbst über eine Statue des Heiligen, die sich durch eine »innere Berührung« mit dem Wesen des Dargestellten auszeichnet.

Im Volk war die Bereitschaft für solche Reliquienverehrung groß, und sie war zunächst das eigentliche Problem, mit dem sich die Bilderfeinde auseinanderzusetzen hatten. Reliquien waren vom Anbetungsverbot ausgenommen. Auf diese Weise konnte sich rasch unter den nach faßbaren anbetungswürdigen Objekten drängenden Menschen der Kult um die Reliquien entwickeln. Ausgangspunkt war die Anbetung des Kreuzes, das sich früh als *das* bildhafte Zeichen für die Christenheit etablierte. Besonderen Aufschwung erlebte die Kreuzesverehrung durch die symbolische Identifikation von Christi Passionsinstrument mit dem *labarum,* der Siegesstandarte Konstantins. Auf Münzen in der dritten Dekade des 4. Jh. finden wir zum erstenmal die Standarte in Kreuzform als ein im ganzen Reich verbreitetes Bild, das gewissermaßen durch die Hände aller gehen sollte. Kurz darauf erfahren wir bereits aus den Pilgerberichten von der nach Berührung strebenden Verehrung der Martersäule Christi und des »Leichentuches«.

Eine der frühesten Lobeshymnen auf die Reliquien ist uns von Gregor von Nyssa (334–394) überliefert, der in nahezu ekstatischen Passagen die Freude jener beschreibt, die das Glück hatten, die Reliquien berühren zu dürfen. Der Ruhm des Märtyrers, so Gregor, erhalte sich in der Vollständigkeit seines Leibes. Konnte diesen nicht ein Abbild des Märtyrers, vielleicht in noch vollkommenerer

Weise, bewahren als ein kleines Stückchen von ihm? André Grabar, einer der besten Kenner der byzantinischen Kunstgeschichte, hat darauf aufmerksam gemacht, daß in der Tat der Reliquienkult nach und nach vom Bilderkult ersetzt und zurückgedrängt wurde.[37] Der Zugang des Gläubigen zur Ikone unterschied sich bald nicht mehr von dem zur Reliquie. Beide sind direkte Abkömmlinge magischer Weltbetrachtung. Im 5. Jh. entstand der Brauch, Reliquiare mit ikonographischen Repräsentationen zu versehen: Das Bild des verehrten Heiligen wurde unauflöslich mit seinen Reliquien verknüpft. Noch war die Ikone nicht aus sich selbst heilig. Aber mit solcher Verehrung und dem magischen Zusammenhang, in den die religiösen Bilder gestellt wurden, verstärkte sich der Kult um die Bilder sogleich mit ihrem Erscheinen.[38]

Gegen Ende des 4. Jh., zur Zeit der großen kappadokischen Väter, ist der Reliquien- und Kreuzeskult in voller Blüte. Es ist darum nicht verwunderlich, daß sie sich bereits mit der bildlichen Darstellung zu befassen hatten. Sie taten dies in Zusammenhang mit ihrer Auseinandersetzung mit dem Neuplatonismus: Bei Gregor von Nazianz (329–390) und Basileios (330–379) wird die Seele noch als »ein Teil der Gottheit« aufgefaßt, während sie von Gregor von Nyssa als ein Geschöpf bezeichnet wird, das dazu bestimmt ist, durch die Gnade Gott in sich aufzunehmen. Durch die gnadenhafte Einstrahlung Gottes wird sie wie ein Spiegel, der das Licht in sich aufnimmt, ohne selbst wesenhaft Licht zu sein. Gregor von Nyssa versteht das Christentum grundlegend neuplatonisch. Was die Bilder anbelangt, ist der Ansatz der kappadokischen Väter pragmatischer Natur. Bilder werden als hilfreiche didaktische Instrumente für die Massen Ungebildeter erachtet. Der erste, der das Argument des erzieherischen Wertes der Bilder übersteigert, ist Gregor von Nyssa. Für ihn können religiöse Abbildungen eine mystische Annäherung befördern: Die Versenkung in das Dargestellte vermag nicht nur die religiöse Erziehung des Betrachters und seine Emotionen zu stimulieren, darüber hinaus kann das Bild zu einem Medium werden, über das der Gläubige die Gottheit erreichen kann.

Zweifellos sprach Gregor, der Vater der Mystik, aus einer Verinnerlichung des neuplatonischen Denkens, und in der Tat sollten gegen Ende des 5. Jh. die Schriften des Pseudo-Dionysios die Idee des Bildes als Kanal der Kommunikation mit Gott aufnehmen und in

seiner mystisch-neuplatonischen Lehre einen bedeutsamen Platz einnehmen.
Das Bild als Hilfsmittel und Führer vom Sichtbaren zum Unsichtbaren wird in der Folgezeit zum zentralen Argument der Befürworter. Unschwer konnte auf dieser Basis weiter spekuliert werden: Der neuplatonische Gedanke des hierarchischen Weltenaufbaus, der den stufenweisen Aufschwung der Seele zu Gott nunmehr über die Bilder ermöglichte, ließ sich umgekehrt zu einer Theorie der Vergegenwärtigung Gottes im Bild verwenden. Im graduellen Abstieg wird Gott in den niederen Sphären und zuletzt in materiellen Gegenständen reflektiert. Als solche Reflexionen können diese Objekte Ikonen (»Bilder«) genannt werden. Diese Gedanken wurden bisweilen zu solchen Extremen geführt, daß Formulierungen gefunden wurden, die nicht mehr im Einklang mit der Schrift standen, sich vielmehr völlig dem animistisch-magischen Weltbild hingaben. Manche Ikonodulen (Bilderfreunde) spielten selbst mit dem Gedanken, daß ein Bild die tatsächliche Wohnstatt der dargestellten Person sei.
Von Augustinus (354–430) hören wir dann zum erstenmal in unzweideutiger Weise von Christen, die Bilder verehren. Unter denen, die abergläubische Praktiken in die Kirche eingeführt hätten, erwähnt er jene, die Bilder und das Grab Christi anbeteten. Um 440 erfahren wir durch Theodoret von Bildern des hl. Simeon Stylites, die in apotropäischer Funktion an den Eingängen zu römischen Werkstätten plaziert wurden.
Trotz der Dringlichkeit einer theologischen Lösung in bezug auf die Bilderfrage seit dem 4. Jh. gab es noch zwei Jahrhunderte lang keine systematischen Anstrengungen, eine Theorie der Bilder zu entwickeln.

Der Wandel des Christusbildes

Der entscheidende Wendepunkt von den weitgehend bilderfeindlichen ersten Jahrhunderten zu einer positiven Einschätzung von Christusbildern fand schon unter Konstantin d. Gr. (306–337) statt.

Der Satz aus Psalm 45,3: »Du bist der Schönste unter den Menschenkindern, voller Huld sind deine Lippen; wahrlich, Gott hat dich gesegnet für ewig«, gibt das Leitmotiv für die Betrachtung Christi. Hier nimmt die Verehrung des Christusbildes ihren Anfang.

Doch die Darstellungen Jesu aus konstantinischer Zeit zeigen, wie unsicher noch die Überlieferung über sein Aussehen war. Die Künstler tappten im dunkeln und lehnten Jesu Züge vielfach heidnischen Götterbildern an. Sie übernahmen auch die Darstellungsweisen, mit denen in der griechischen Welt Philosophen abgebildet wurden. Schließlich standen sogar die Kaiserportraits für die frühen Ikonen Pate. Letzteres lag nahe, zumal die mit den Dargestellten identifizierten Kaiserportraits Gegenstand eines quasireligiösen Kultes waren. Die *imago clipeata* – das rundschildartige Portraitbild des Kaisers auf den Feldzeichen der Legionen – wurde sogar bei bestimmten Gelegenheiten in Prozessionen mitgeführt.

Auf der Ikone des Petrus im Katharinenkloster (6./7. Jh.) kann man die Herkunft von den Kaiserbildern klar erkennen: Über dem Zentralmotiv sind drei Medaillons zu sehen mit Christus in der Mitte, Maria rechts und Johannes links. Diese Darstellungsweise entspricht genau den profanen Ikonen der Herrschergeschlechter. Johannes ersetzt den Konsul, Christus den Kaiser, Maria die Kaiserin.

Es ist ein kunstgeschichtlich ausgesprochen reizvolles Unternehmen, den Wandel des Christusbildes von seinen Anfängen bis zur vollendeten Form zu verfolgen. Abgesehen von einer Jesusdarstellung aus der Mitte des 3. Jh. in Dura Europos, finden wir die ältesten erhaltenen Abbildungen Jesu, aus dem späten 3. und dem frühen 4. Jh., vor allem in römischen und neapolitanischen Katakomben.

Bis zum 6. Jh. gibt es die unterschiedlichsten Darstellungen Jesu. Dann erst begegnen wir einer auffälligen und endgültigen Zäsur, die für alle Zeiten den Typus von Jesu Antlitz festlegen sollte.

Beim Durchblättern von Bildwerken zur frühchristlichen Kunst wird uns dieser Umstand drastisch vor Augen geführt. In der Frühzeit treffen wir immer wieder Jesus als bartlosen Jüngling, oft nach dem Typus des Guten Hirten, an – die häufigste Abbildungsart in den römischen Katakomben. Zahlreiche Skulpturen haben ebenfalls diesen Typus festgehalten.

Ganz unterschiedlich werden die Gesichtszüge behandelt. Die Haartracht ist bisweilen kurz, dann wieder lang und kappenartig, auf einigen Bildwerken in der Mitte gescheitelt. In den frühen Bildern ist vielfach die Assimilation der heidnischen Ikonographie für den christlichen Gebrauch deutlich erkennbar: Aus dem Philosophen wurde Christus, ein Apostel oder ein Prophet; Szenen der Apotheose wurden in Repräsentationen der Himmelfahrt verwandelt, und der Gute Hirte hatte seine Wurzeln in den pastoralen Darstellungen der Zeit.
Kunstgeschichtlich sind die frühchristlichen Sarkophage für das Christusbild besonders ergiebig. Neben dem Guten Hirten steht der Typus des Lehrers oder Philosophen, daneben der des Weltenrichters. Hier finden sich auch vermehrt Szenen aus den Evangelienberichten. Fast immer ist Jesus jung und bartlos dargestellt. Auf einem Elfenbeinkasten, der im Museo Civico von Brescia aufbewahrt wird, ist ein Jesusrelief zu sehen, das ihn rundlich knabenhaft portraitiert, mit kappenartigen Stirnfransen. Von ganz ähnlicher Art ist eine Elfenbeintafel im Bayerischen Nationalmuseum in München (um 400) mit der Himmelfahrtszene. (Vgl. Abb. 40) Neben den bartlosen Typen tauchen vor allem in nachkonstantinischer Zeit vereinzelt bärtige Christusbilder auf, etwa in der Katakombe des Petrus und Marcellinus oder das bekannte Portrait aus der Commodilla-Katakombe. Auch in der byzantinisch beeinflußten Kunst des späten 5. und frühen 6. Jh. von Ravenna finden wir noch kein einheitliches Jesusbild. In Sant'Apollinare Nuovo wird Jesus vor Pilatus mit einem elongierten, bärtigen Antlitz dargestellt (um 500–526), während der bartlose Jesus des obersten Mosaikfrieses im Langhaus derselben Kirche, der das Brot und die Fische segnet, mit seinem dichten langen Haar neben seinen kurzhaarigen Jüngern einen ausgesprochen femininen Eindruck macht. Diese Portraitierung mit dem eigenartig melancholischen Blick erinnert an die – ebenfalls bartlose – Majestas-Domini-Darstellung von Hosios David in Thessaloniki (vor 500). Der thronende Christus von Santa Pudenziana (um 400, Rom) vermittelt uns hingegen einen älteren, in unermeßliche Ferne blickenden Jesus.
Mit Kaiser Justinian I. (527–565), dem eine achtunddreißigjährige Regierungszeit vergönnt war, treten wir in eine Epoche ein, in der die Bilderverehrung einen ungeheuren Aufschwung erlebt. Gleich-

zeitig tritt ein auffälliger Wandel in der Darstellung des Portraits Christi ein; ein Wandel, der für alle Zeiten das »wahre Antlitz« Jesu in die Kunst einführen sollte. Die Intensivierung des Bilderkultes dauert bis in die Zeit des Ikonoklasmus (726–843) und wird nach dessen Überwindung mit ungebrochenem Elan wiederaufgenommen. In dieser Epoche schreiben die Pilger im Heiligen Land immer häufiger von Bildern, während zuvor davon keine Rede war. Von Antoninus von Piacenza (um 570) haben wir bereits über das nicht von Menschenhand gemachte Christusbild von Memphis gehört. Im Praetorium des Pilatus habe er darüber hinaus ein Jesusbild angebetet, das zu dessen Lebzeiten gemalt worden sein soll. Der Boden für den Siegeszug des Christusbildes war vorbereitet. Gleichberechtigt durfte es neben den Reliquien stehen und als Mittel zum Emporschwingen der Seele in göttliche Gefilde gelten. Ja, es überstieg sogar noch die Reliquien, zumal die Anwesenheit Gottes im Bilde durch die vollkommene Darstellung seiner Inkarnation unübertroffen war. In Justinians Regierungszeit fällt das Auftauchen des Edessa-Bildes und seiner zahlreichen wunderbaren und künstlerischen Kopien wie des Acheiropoieton von Kamuliana.
Offenbar hatten die Gläubigen nach dem Erscheinen der Acheiropoieten und ihren öffentlichen Zurschaustellungen keine Angst mehr, die lange Zeit im geheimen betriebene Bilderverehrung nun auch öffentlich werden zu lassen. Entsprechend häufig hören wir davon im späten 6. und im 7. Jh. Allenthalben vermischen sich Sagen und Legenden mit den zahlreich erscheinenden Wunderbildern; neben den Acheiropoieten sind es das Lukasbild der Madonna, Ikonen, die Blut vergießen, die Kranke heilen, und solche, die selbst Tote wieder zum Leben erwecken. Die Ikone als Kultbild hatte sich gegen ihre Feinde durchgesetzt.
Das am höchsten verehrte Bildwerk der Zeit war zweifellos das Acheiropoieton, durch das gewissermaßen Gott selbst die Bilderfrage entschieden hatte. In eben diesem Sinne werden die »gottgemachten Bilder« ins theologische Lehrgebäude aufgenommen. Schon ihre Bezeichnung »Acheiropoieton« unterstreicht den unantastbaren Stellenwert. Das Wort ist nur in der christlichen Literatur nachgewiesen. Zunächst scheint es alles bezeichnet zu haben, was nicht von Menschenhand gemacht ist, etwa die Natur selbst. Bei genauerer Analyse erweist sich der Begriff aber als direkt der neupla-

tonischen Philosophie entnommen. Im Himmel, so besagt diese Anschauung, hätten alle irdischen Dinge ihre wahren Urbilder. Da diese allein von Gottes Geist bewirkt sind, heißen sie Acheiropoieta. Vor allem die alexandrinischen Kirchenlehrer haben im Anschluß daran die Auffassung vertreten, daß Gott alles erschaffen, aber auch künstlerisch geformt hat. Später verglich Methodios (788-847) Gott sogar mit einem Künstler und die Welt mit einer Statue, deren Schönheit die Menschen bewundern.[39] Ein Bild wird erst durch den wunderbaren Vorgang seiner Entstehung zu einem Acheiropoieton. Noch aus einem anderen Grund ist der Begriff bemerkenswert. Die wunderbaren Christusbilder sollten mit diesem Terminus von jedem Makel der Idolatrie abgehoben und zugleich als »nicht dem Bereich der Kunst zugehörig« dargestellt werden.

Wunderbare Bilder Christi nahmen in dieser Zeit bisweilen eigentümliche Formen an. Auf der Martersäule in Jerusalem sollen Hände, Brust und Gesicht Christi zu sehen gewesen sein, in der Weise, wie er an der Säule festgebunden war. Dobschütz vermutet, daß man sich die Abdrücke Christi als Vertiefungen im Stein vorzustellen hat, denn nach dem Bericht unseres auskunftsfreudigen Pilgers Antoninus hätten die Gläubigen Wachsabdrücke angefertigt, die sie als Amulette gegen Krankheiten um den Hals trugen. Dobschütz irrt hier, indem er ein lateinisches Wort in einer zu freien und nirgends nachgewiesenen Weise übersetzt.[40] In Wahrheit wird es sich wohl um Verfärbungen gehandelt haben, die aller Wahrscheinlichkeit nach von einem einfallsreichen Menschen, dem die Sucht der Gläubigen nach wunderbaren Zeichen am Herzen lag, auf die Säule aufgetragen wurden. Durch den Zahn der Zeit und die vielen abergläubischen Berührungen des Martersäulen-Bildes sind sie immer mehr verblaßt. Der Pilger Thedosius hatte 40 Jahre vor Antoninus noch Hände, Brust und Gesicht Christi auf der Martersäule im Hause des Kaiphas gesehen, während Antoninus nur Hände und Brust wahrnehmen konnte. Später sollen nur noch die Handabdrücke zu sehen gewesen sein.

Acheiropoieten eigneten sich in bester Weise dazu, direkte und bleibende Erinnerungen an den inkarnierten Gott zu liefern. Sie selbst sind schließlich durch einen Akt der Reproduktion entstanden, der auf einer niederen Stufe das Wunder der Inkarnation wiederholt. In der Tat wurde die Geschichte des Kamuliana-Bildes etwą als das Ereignis einer neuen Inkarnation beschrieben und Kamuliana selbst als das »neue Bethlehem« gefeiert.[41]

Als das Mandylion in Edessa auftauchte, gab es mehrere starke Kirchengemeinden in der Stadt. Der Konstantinopel nahestehenden chalkedonensisch-griechischen Kirche standen die monophysitische und die nestorianische gegenüber. Der Nestorianismus gründete auf der Lehre des Patriarchen Nestorios (381–ca.451), der behauptete, in Christus seien göttliche und menschliche Natur geschieden. Auf dem 3. Ökumenischen Konzil zu Ephesos wurde 431 diese Lehre verdammt. Unter dem Einfluß des Patriarchen Kyrill von Alexandria, der gegen Nestorios auftrat, entwickelte sich als entgegengesetzte theologische Auffassung der Monophysitismus. Die Monophysiten lehrten, daß in Christus nicht zwei Naturen, die göttliche und die menschliche, verbunden seien, sondern allein die eine ungeteilte Natur des fleischgewordenen Gottes sei. Auch der Monophysitismus fiel in Ungnade und wurde auf dem 4. Ökumenischen Konzil zu Chalkedon (451) als Irrlehre gebrandmarkt.

Interessanterweise berichten vom Edessa-Bild syrische Quellen, die ausgesprochen monophysitisch zu nennen sind. Es handelt sich dabei um Chroniken zweier monophysitischer Patriarchen, Michaels des Großen und des Abulfaradj bar 'Ebrajâ. Die griechische Gemeinde Edessas wird darin fast völlig übergangen, so daß man annehmen könnte, das Mandylion befand sich im Besitz der Monophysiten. Das wäre überraschend, denn die Monophysiten lehnten religiöse Bilder ab, speziell solche Christi, da eine bildliche Darstellung immer nur die Erscheinungsform *einer* Natur zeigen kann, nicht aber die von ihnen gelehrte Ungeteiltheit. Wahrscheinlich wird das Mandylion in der Verwahrung der reichskirchlichen chalkedonensisch-griechischen Gemeinde gewesen sein. Eulalios, der es durch eine Vision entdeckt haben soll, ist durch seinen Namen als Grieche ausgewiesen. Trotzdem war der Wert des nicht von Menschenhand gemachten Bildes Christi, vor allem weil es von Jesus selbst in die Stadt gesandt worden war, so bedeutend, daß wohl alle Kirchen Edessas, ungeachtet ihrer Einstellung zur Bilderfrage, in den Besitz des Portraits kommen wollten. Das war schlechterdings unmöglich. So kommt es, daß die Festpredigt von drei wunderbaren Christusbildern in Edessa spricht. Wir müssen davon ausgehen, daß zwei Kirchen Kopien besaßen und eine das Original.

Nachdem Edessa 639 von den Arabern erobert worden war, scheint das echte Edessa-Bild aber tatsächlich in den Besitz der Monophysiten gelangt zu sein. Der reiche und vornehme Athanasios, aus der Familie der stets monophysitischen Gumäer, der als Erzieher des Prinzen Abdul-Aziz die Gunst des Kalifen genoß, ließ zahlreiche Kirchen errichten. In einer dieser Kirchen ließ er das Christusportrait niederlegen, das er für eine ungeheure Summe von den Arabern erstanden hatte. Vorsichtshalber verbarg er das Mandylion in der Krypta zwischen zwei Steinen, um es vor seinen Glaubensbrüdern zu schützen, die nach wie vor dem Bilderkult der Griechen ablehnend gegenüber standen. Die eigenartige Wortschöpfung »Mandylion« muß wohl zur Zeit der arabischen Herrschaft in Edessa aufgekommen sein. Es scheint sich dabei um eine lautmalerische Adaptation des arabischen Wortes *mandil* zu handeln, das einen Schleier, ein Handtuch oder ein Taschentuch bezeichnet. Der arabische Terminus seinerseits entstammt dem lateinischen *mantele,* Handtuch. Ein *mantele,* im umgangssprachlichen Latein ein *mantellum,* konnte die Bedeutung eines Umhangs oder Mantels annehmen. Es konnte also durchaus sein, daß man von der Art der Befestigung des Mandylion auf der Holztafel, wie früher dargestellt, wußte, daß es sich um ein relativ großes Tuch handelte, und deshalb diese Bezeichnung wählte.
Interessanterweise zeigt sich das Mandylion auf Miniaturen des 13. Jh. als ein langes Tuch. In einem Pariser Manuskript findet sich die Abgar-Erzählung mit 24 Miniaturen, einschließlich einer, die das Auffinden des Mandylion neben dem Torbogen in Edessa zeigt. Auf der Illustration fließt das Tuch in einer Weise aus der Nische, daß man ein größeres Tuch zugrunde legen muß.[42] (Vgl. Abb. 31)
Eine Miniatur aus der Chronik des Johannes Scylitzes, die in der Madrider Nationalbibliothek aufbewahrt wird, zeigt die Ankunft des edessenischen Mandylion in Konstantinopel. Auch hier kann man sich des Eindrucks nicht erwehren, daß Konstantin VII. Porphyrogennetos das Mandylion als langes, mehrfach gefaltetes Tuch in Empfang nimmt. (Vgl. Abb. 41)
Durch das Erscheinen des Christus-Acheiropoieton von Edessa bekam die Diskussion um die Bilder eine ganz neue Qualität. Durchgängig beruft man sich in der Auseinandersetzung auf sie. Mit großer Geschwindigkeit verbreitete sich nicht nur die Kunde von

dem heiligen Bild, sondern ganz offensichtlich auch das Bild selbst. En-face-Darstellungen Christi als das »wahre Antlitz« des Abgar-Bildes sind im 6. Jh. bald überall zu finden: auf Ampullen von Monza, auf Spangen, Schließen, Zierscheiben und Anhängern nicht nur in den christlichen Mittelmeerländern, sondern auch in Gallien, in den Rheinlanden und in Süddeutschland.[43]

Das Urbild Christi in Edessa

Im Laufe des 6. Jh. verschwinden mit einem Male alle bartlosen, rundlichen oder femininen Jesus-Typen, auch die Anklänge an römische oder hellenistische Stilelemente entfallen. Zurück bleibt das Jesusportrait mit länglichem Gesicht, großen Augen, markanten Augenbrauen, einer auffallend langen Nase, Oberlippen- und (oft zweigeteiltem) Kinnbart, langem gewelltem Haar mit Mittelscheitel. Kurzum das Antlitz, das wir vom Turiner Tuch kennen.
Wir befinden uns in jener Zeit, in der die Bilderverehrer die Oberhand behalten haben. Doch ein beliebiges Bild, das angeblich Jesus darstellen sollte, konnte der Bilder-Theologie nicht recht sein. Sollte sich tatsächlich das Göttliche im materiellen Abbild vergegenwärtigen, dann mußte dafür gesorgt werden, daß die von offizieller Seite sanktionierte Jesus-Ikone dem wahren Aussehen des Herrn so nahe wie möglich kam. Auf Berichte von Jesu Zeitgenossen über seine Gesichtszüge und Gestalt konnte man sich nicht stützen – es gab sie einfach nicht.
Mitten in dieser Auseinandersetzung erscheint das Edessa-Bild mit den Zügen, die der Herr selbst in das Leinen gedrückt hatte! Die Bilder-Theologie mußte sich an der Tatsache prüfen, daß es ein wundersames Bild von Jesus gab. Das bedeutete nicht nur, daß Jesus abbildbar war, sondern mehr noch, daß er die Abbildung selbst hervorgerufen und damit gutgeheißen hatte. Damit der Bilderkult nicht aus den Fugen geriet, war es wichtig, daß dem Original so weit wie möglich Genüge getan wurde. Was lag näher, als die anatomischen Besonderheiten und physiognomischen Merkmale Jesu direkt dem Mandylion zu entnehmen. Die zahlreichen Kopien, die in

rascher Folge allenthalben in Erscheinung traten, hatten bald das echte Antlitz verbreitet, und es mußte jedem Künstler einsichtig erscheinen, daß er sein Jesusportrait nach dem Bild auf dem »Schweißtuch« zu richten hatte. Die faszinierende Hypothese, der wir uns zuwenden, besagt, das Bild auf dem Turiner Tuch, bekannt als das Mandylion von Edessa, sei Ausgangspunkt für den alles entscheidenden Wandel in der ikonographischen Darstellung Christi – der Prototyp des »wahren Jesusbildes«.

Es ist anzunehmen, daß vereinzelt Künstler aufgefordert wurden, das Mandylion originalgetreu zu kopieren, mit dem ausdrücklichen Wunsch, der Wahrheit Genüge zu tun. Schon aus dem 6. Jh. besitzen wir ein Beispiel für eine solche Kopie, das in der Tat frappierend ist. Es handelt sich um ein Jesusportrait in einem Medaillon ohne Heiligenschein – den auch der Mann des Grabtuchs nicht besitzt -, das bis in Einzelheiten dem Bild auf dem Tuch gleicht. Das Brustbild findet sich auf einer Silbervase aus Emesa (unweit von Edessa), die heute im Louvre in Paris aufbewahrt wird. (Vgl. Abb. 32) Auf der Vase sind neben Jesus eine Anzahl von Aposteln ebenfalls in Medaillons abgebildet. Äußerst aufschlußreich ist der Umstand, daß der Künstler alle Apostel im Halbprofil mit geneigtem Kopf darstellt. Lediglich das Christusbild ist streng frontal und stilistisch anders behandelt als die übrigen Bilder. Man gewinnt den Eindruck, daß der Künstler die Apostel aus seiner Phantasie lebendig gestaltet hat, während er sich beim Jesusportrait auf eine Vorlage stützen mußte, die ihn in seiner künstlerischen Freiheit beschränkte. Ohne Zweifel entstammte diese Vorlage dem Mandylion.

In diesem Zusammenhang ausgesprochen interessant erscheint mir auch eine Silberpatene aus Riha in Syrien (zwischen 565 und 578), auf der Christus in doppelter Darstellung bei der Apostelkommunion zu sehen ist. (Vgl. Abb. 33) Wiederum wirken die beiden Christusportraits in ihrer Ähnlichkeit mit dem Grabtuchbild steif, regungslos, während die Apostelgesichter bewegte, lebendige, bisweilen sogar grimassenartige Züge aufweisen.

Eine der schönsten Christusikonen des 6. Jh. besitzt das Katharinenkloster am Sinai. Sie ist in ihrer technischen Vollkommenheit und in ihrer künstlerischen Ausdruckskraft ohne Beispiel. Betrachtet man das Antlitz, könnte man den Eindruck haben, als hätte der

Maler versucht, das schattenhafte Bild des Grabtuchs, getreu seiner Vorlage, zu verlebendigen. (Vgl. Abb. 42)
Als Paul Vignon in den 30er Jahren seine Aufmerksamkeit mehr und mehr der kunstgeschichtlichen Rolle des Grabtuchabbildes zuwandte, entdeckte er eines Tages auf einer Christusdarstellung in der römischen Pontianus-Katakombe zufällig eine eigenartige geometrische Figur zwischen den Augenbrauen. Es handelte sich um ein U-förmiges Zeichen. Vignon war sehr überrascht, denn die Figur ergab überhaupt keinen Sinn und schien mit dem übrigen Gemälde nichts zu tun zu haben. Was ihn aber noch mehr in Aufregung versetzte, war der Umstand, daß er dieses Zeichen an der gleichen Stelle auf dem Grabtuch gesehen hatte! Wie es dorthin gekommen war, ist nicht geklärt. Es stammt aller Wahrscheinlichkeit nach nicht von den tatsächlichen Zügen des Mannes vom Grabtuch. Auf alle Fälle hatte der Forscher ein neues Betätigungsfeld gefunden. Es war ihm bereits aufgefallen, daß die Christusportraits seit dem 6. Jh. dem des Grabtuchs auffallend ähneln. Doch jetzt hatte er einen neuen, verfolgenswürdigen Ansatzpunkt gefunden: Hatte ein früher autorisierter Künstler den Auftrag erhalten, das Grabtuchabbild so exakt zu kopieren, daß er selbst Unebenheiten, Falten, zufällige und mechanische Veränderungen an der Oberfläche mit einbezog? Und wurden seine Kopien in alle Welt verteilt, um in der Form von »wahren Jesusbildern« als Vorlagen religiöser Ikonographie zu dienen? Die Idee war zumindest nicht abwegig. Vignon kannte noch nicht die Verwandlung des Tuchs zum Mandylion und die damit verbundene besondere Autorität in Fragen der Echtheit, die es als Acheiropoieton genoß. Er ging davon aus, daß zu jener Zeit das Grabtuch bekannt gewesen sein muß. Freilich hätte es auch in seiner entfalteten Form dieselbe Autorität gehabt, das wahre Abbild des Herrn zu bewahren.[44]
Wenn der geheimnisvolle Kopist tatsächlich mit solcher Genauigkeit vorging, selbst Linien und Zeichen zu übertragen, deren Sinn er nicht verstand, dachte Vignon, dann sollte man das Antlitz auf dem Grabtuch nach allen auffälligen und unauffälligen Eigenheiten untersuchen und erforschen, ob diese im neuen Christusbild der justinianischen Zeit wiederkehren. Vignon und nach ihm Edward Wuenschel ermittelten nicht weniger als 20 Besonderheiten, die ein hypothetischer byzantinischer Künstler in sein »wahres Jesusbild«

kopiert haben könnte.[45] Wilson läßt nur 15 davon zu, da das Grabtuchbild so unpräzise sei, daß einige nicht genau ermittelt werden können. Es sind die folgenden:

1. Ein Querstreifen auf der Stirn
2. Die U-Form oder das dreiseitige »Quadrat« auf der Stirn
3 Eine V-Form auf der Nasenwurzel
4. Eine zweite V-Form innerhalb des unter 2. genannten Zeichens
5. Eine hochgezogene rechte Augenbraue
6. Eine geschwollene linke Wange
7. Eine geschwollene rechte Wange
8. Ein vergrößerter linker Nasenflügel
9. Eine Schwellung zwischen Nase und Oberlippe
10. Eine starke Linie unter der Unterlippe
11. Eine unbehaarte Zone zwischen Lippe und Bart
12. Der geteilte Bart
13. Ein Querstrich über dem Hals
14. Stark geschwollene eulenhafte Augen
15. Zwei lose Haarsträhnen, vom Apex der Stirn herabfallend[46]

Übereinstimmungen mit einer Reihe dieser spezifischen Charakteristika finden sich bereits auf den wenigen erhaltenen Ikonen des 6. und 7. Jh., auf der erwähnten Christusikone vom Katharinenkloster etwa, auf der Emesa-Vase, auf einer Ikone der Märtyrer Sergios und Bakchos aus dem 7. Jh., schließlich auf Münzen: Am Ende des 7. Jh. führt Justinian II. (685–695 und 705–711) eine revolutionäre Neuerung ein.
Er läßt das Portrait Christi auf seine Münzen prägen mit der Inschrift »Rex Regnantium« – Herrscher über Herrschende. Auch das frühe Christusbild auf den byzantinischen Münzen weist viele der von Vignon und Wuenschel herausgearbeiteten Merkmale auf. (Vgl. Abb. 45/46) Als das Christusantlitz auf den Münzen erscheint, ist der Bilderkult nicht mehr nur gestattet, sondern gewissermaßen staatspolitisch verordnet. Mit den Zahlungsmitteln erreicht er nunmehr die entlegensten Winkel des Reiches. Die nachikonoklasti-

Mindestens 15 verschiedene, unverwechselbare Merkmale lassen sich in dem Gesicht auf dem Tuch nachweisen, die sich in den Jesus-Portraits byzantinischer Künstler wiederfinden.

1) Ein Querstreifen auf der Stirn. 2) Die U-Form oder das dreiseitige »Quadrat« mit der Stirn. 3) Eine V-Form auf der Nasenwurzel. 4) Eine zweite V-Form innerhalb des unter 2 genannten Zeichens. 5) Eine hochgezogene rechte Augenbraue. 6) Eine geschwollene linke Wange. 7) Eine geschwollene rechte Wange. 8) Ein vergrößerter linker Nasenflügel. 9) Eine Schwellung zwischen Nase und Oberlippe. 10) Eine starke Linie unter der Unterlippe. 11) Eine unbehaarte Zone zwischen Lippe und Bart. 12) Der geteilte Bart. 13) Ein Querstrich über dem Hals. 14) Stark geschwollene eulenhafte Augen. 15) Zwei lose Haarsträhnen, vom Apex der Stirn herabfallend.

schen Kaiser nahmen das Christusportrait auf dem Solidus (Goldmünze) wieder auf und festigten so das Recht auf die Bilderverehrung. Auf den Münzen etwa von Michael III. (842–867), Basileios I. (867–886), Konstantin VII. Porphyrogennetos (913–959) sind ebenfalls viele Einzelheiten des Christusbildes aus dem Merkmalskatalog Vignons zu finden.

Alan Whanger hat in den letzten Jahren eine Methode erfunden, die Übereinstimmungen mit dem Abbild auf dem Tuch in frappierender Weise vorzuführen. Er bedient sich dabei zweier Diaprojektoren. Durch einen wird das Antlitz des Mannes vom Turiner Tuch projiziert, durch den anderen eine Vergleichsabbildung – etwa von einer byzantinischen Münze -, genau über die erste gelegt. Durch die sogenannte »Überlagerungstechnik durch Polarisationsfilter« kann rasch und sanft von einem Bild auf das andere übergegangen werden, so daß sich lagegenaue Merkmale in optisch überzeugender Weise demonstrieren lassen. (Vgl. Abb. 43 und 44)

Betrachten wir byzantinische bzw. auf byzantinischen Einfluß zurückgehende Christusbilder der Jahrhunderte nach der Entdeckung des Edessa-Bildes, stechen die Übereinstimmungen vor allem mit den eigenartigen geometrischen Figuren auf der Stirn, mit den Haarlocken oder der asymmetrischen Nase ins Auge. Um nur einige Beispiele zu nennen: Auf dem Christus Pantokrator in der Kuppel der Klosterkirche von Daphni bei Athen (Ende 11. Jh.) lassen sich nicht weniger als 13 der genannten Merkwürdigkeiten feststellen, vor allem aber die V-Form auf der Nasenwurzel, das nach oben offene Rechteck mit einer weiteren V-Form darin, der Streifen auf der Stirn, die Schwellung der Augen und die hochgezogene Augenbraue, das asymmetrische Gesicht. Vergleichbare Abbildungen sind der thronende Christus auf der Südempore und jener über dem Kaiserportal (der wohl aus dem 9./10. Jh. stammt) in der Hagia Sophia (vgl. Abb. 34), der Christus aus Sant' Angelo in Formis (Italien), das Christusbild in der Apsis der Kathedrale von Cefalù (1148) und jenes in der Kathedrale von Monreale (um 1180), die berühmte Acheiropoieton-Ikone von Nowgorod (um 1200) (vgl. Abb. 48) oder das Heilige Gesicht von Laon (12. Jh.) (vgl. Abb. 49).

Haben wir durch solche Vergleichsstudien tatsächlich die Abhängigkeit des endgültigen Christusbildes von seinem »Original« auf dem Grabtuch nachgewiesen? Die sindonologische Literatur hält

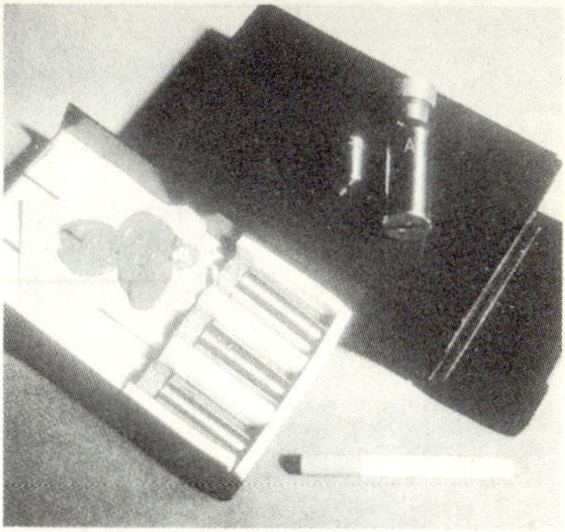

16

18

19

20

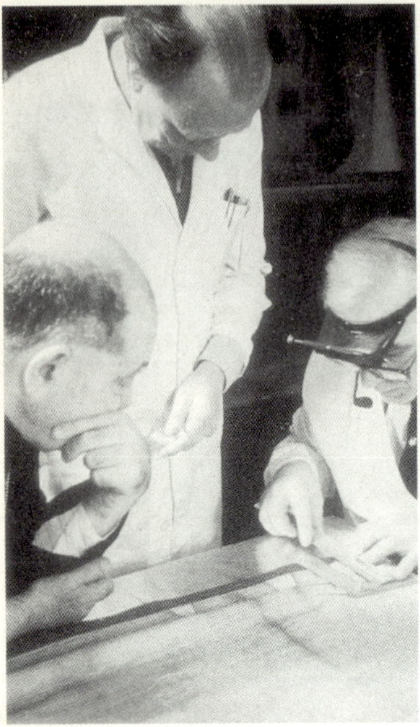

15 Prof. Raes während seines Vortrags beim Grabtuch-Symposium 1989 in Paris.

16 Die Behälter, die versiegelt an die drei Labors übergeben wurden. (Zigarette zum Größenvergleich.)

17 Nach der geheimgehaltenen Verteilung bringt Dr. Tite die Proben aus der Sakristei.

18 Prof. Wölfli in seinem Labor in Zürich. Vor ihm stehen die Behälter mit den verschiedenen Proben.

19 Hall, Tite und Hedges (von links) bei der offiziellen Bekanntgabe der Datierungsergebnisse auf einer Pressekonferenz im Oktober 1988 in London.

20 Unter den wachen Augen von Kardinal Ballestrero (links) und Prof. Testore (stehend) schneidet Giovanni Riggi hier das Originalstück vom Turiner Tuch ab.

21 Prof. Hall neben dem Beschleuniger der Testanlage in seinem Institut in Oxford.

22 Pollen von Epimedium pubigerum aus der Gegend von Konstantinopel.

23 Pollen der Pflanze Sudea aegyptiaca, die in Salzwüsten am Toten Meer vorkommt.

24 Nur fünf dieser Fäden von der Rückseite des Chormantels vom hl. Ludwig von Anjou wurden tatsächlich für die mysteriöse Blindprobe Nr. 4 verwendet.

25 Die Oxford-Probe »O1« vom Computer digitalisiert.

26 Das Originalstück vom Turiner Tuch wurde digitalisiert und mit Koordinaten versehen, damit es sich exakt mit dem Oxford-Muster vergleichen läßt.

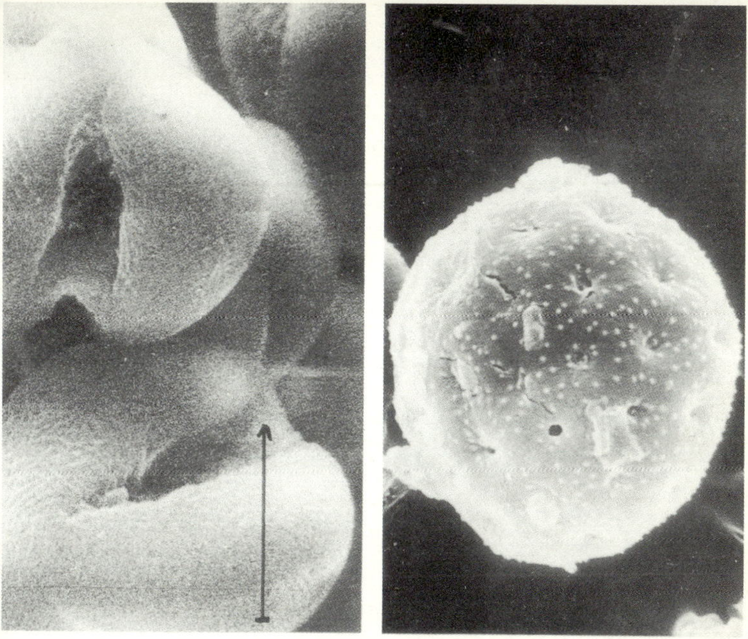

23

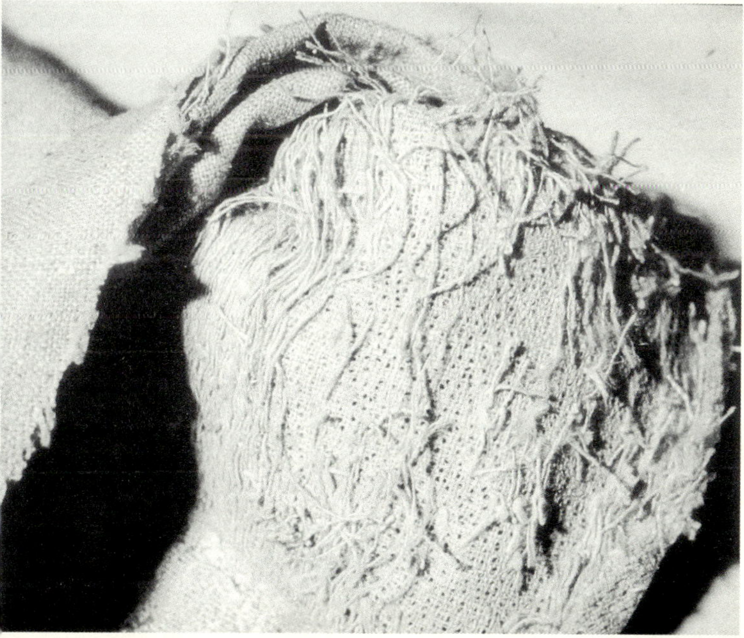

24

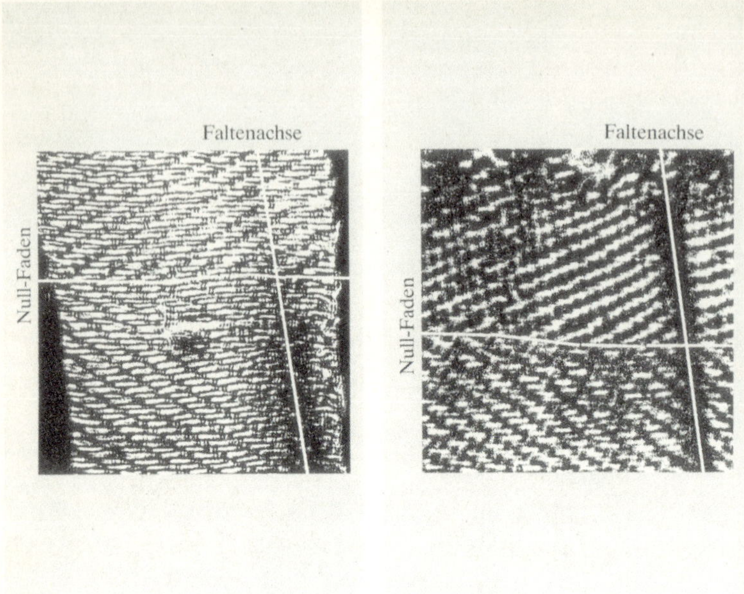

25

27 Durch Übereinanderlegen wurden die Fäden der Bilder 25 und 26 in Übereinstimmung gebracht. Die diagonal verlaufenden Webmuster setzten sich an der Schnittkante nicht einheitlich fort: ein weiterer Beweis, daß die beiden Muster nicht identisch sind.

28 Im Unterschied zu Bild 27 wurden hier die diagonalen Gewebestrukturen in Übereinstimmung gebracht. Jetzt zeigt sich, daß die waagerecht verlaufenden Fäden nicht mehr zueinander passen. Die Stoffproben der beiden Muster unterscheiden sich deutlich sichtbar durch unterschiedliche Webdichte und durch verschieden dicke Fäden.

29 Auf dieser Miniatur aus dem 14. Jh. überbringt Thaddäus, »der Bote Jesu«, das Tuch dem König Abgar von Edessa.

30 König Abgar mit dem Tuch, das Jesus ihm schickte. (Ikone, 10. Jh.)

31 Nachdem es lange Zeit verschollen war, wird das »Mandylion« in Edessa wieder aufgefunden. (Miniatur, 13. Jh.)

32 Eines der ersten »authentischen« Jesusportraits nach dem Tuch findet sich auf dieser Silbervase aus dem 6. Jh.

33 Bei diesem Bild der Apostelkommunion aus dem 6. Jh. gleicht die Darstellung Jesu deutlich dem Portrait auf dem Tuch.

34 Auch dieser »thronende Christus« (Mosaik in der Hagia Sophia, 9./10. Jh.) gleicht dem Antlitz auf dem Tuch bis ins Detail.

35 Jesusportrait als Mosaik in der Apsis der Kathedrale von Cefalù. (12. Jh.)

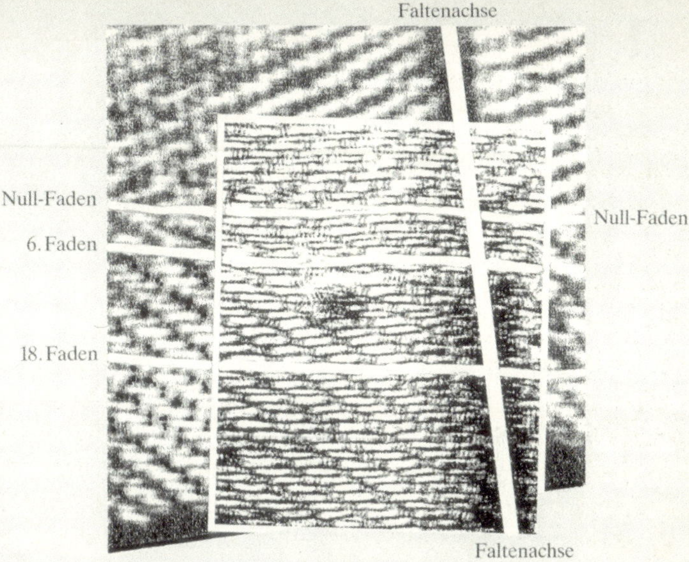
Faltenachse
Null-Faden
6. Faden
18. Faden
Null-Faden
Faltenachse

27

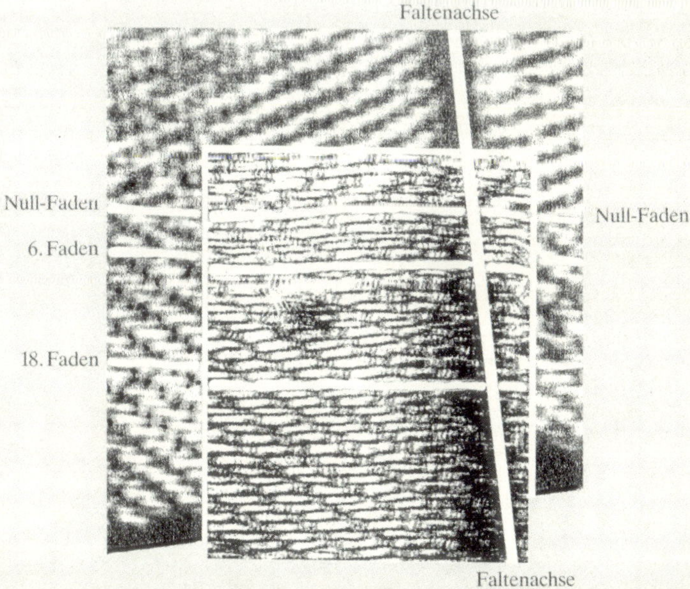
Faltenachse
Null-Faden
6. Faden
18. Faden
Null-Faden
Faltenachse

28

29

31

32

33

34

35

diesen Ansatz für einen der fruchtbarsten. Viel Energie wird darauf verwendet, den exakten Wandel des Christusbildes festzustellen, seine Wurzeln aufzudecken und vor allem die eigentümlichen Charakteristika und deren Evolution in der künstlerischen Wiedergabe im Detail zu erforschen. Obwohl die Ansichten über die Herkunft einiger Besonderheiten in den Jesusportraits auseinandergehen, stimmen die meisten Sindonologen in ihrer Einschätzung überein, daß der Wandel der Christusdarstellung einen grundlegenden Beweis für die Existenz und Kenntnis des Grabtuchs im 6. Jh. darstellt. Wir müssen diese Beurteilung näher untersuchen, gerade weil auf sie so viel Wert gelegt wird. Von theologischer Seite wäre die Aufklärung dieses Problembereichs ebenfalls äußerst wichtig. Sie würde in der Diskussion um die Bedeutung der Tuchreliquie im religionshistorischen Prozeß und für die Christologie unter Umständen entscheidende neue Aspekte liefern.

Greifen wir als Beispiel das Merkmal der Haarsträhnen heraus (Vignon, Nr. 15). Bulst und Pfeiffer sind in ihrer ausführlichen Studie davon überzeugt, daß der Abdruck auf dem Grabtuch das Jesusportrait nachhaltig beeinflußt hat. Die zwei oder drei Haarsträhnen (besonders auffällig beim Christus von Cefalù) gehen für sie »letztlich auf die Blutspur an dieser Stelle« zurück. (Vgl. Abb. 35) Ein anderer Autor sieht die Haarsträhnen unabhängig von der einem elongierten E ähnelnden Blutspur als tatsächlich sichtbare kurze Strähnen in Λ-Form, die von einer Weblinie durchzogen werden und so bisweilen zwei, bisweilen drei Strähnen erscheinen lassen.[47]

Was ist davon zu halten? Sind tatsächlich Strähnen auf dem Tuchbild zu sehen, oder hat ein früher Kopist die Blutspur, die »nicht als solche erkannt war«, wie Bulst und Pfeiffer mutmaßen, zu einer Haarlocke umgedeutet? Dies ist ein entscheidender Unterschied in der Beurteilung der Originaltreue. Wir müssen von der Voraussetzung ausgehen, daß der Kopist tatsächlich den Auftrag hatte, so originalgetreu wie möglich das Gesicht des Grabtuchs zu übertragen, denn das *war* Jesu wahres Antlitz. Nur auf dieser Basis läßt sich von Übereinstimmungen, insbesondere unauffälliger Details, reden. Der Künstler muß die Möglichkeit erhalten haben, das Edessa-Bild in aller Ruhe zu studieren. Wegen seiner hohen Heiligkeit wird er es sicher nicht ausgehändigt bekommen haben. Aller Wahrscheinlichkeit nach durfte er das Mandylion an seinem Ort in der Hagia Sophia zu Edessa bei geöffnetem Schrein betrachten. Die Lichtverhältnisse waren keineswegs optimal. Nach allem, was wir von dieser nicht mehr erhaltenen Kirche wissen, wurde sie zu dem ausdrücklichen Zweck gebaut, das Mandylion zu beherbergen. Es handelte sich um eine große Kathedrale, im Inneren übersät mit ornamentalen Mosaiken. Das Mandylion wurde an der Ostseite zur Rechten der Apsis aufbewahrt, die von drei Fenstern erleuchtet wurde. Es befand sich samt Schrein in einem Sanktuarium. Die Fenster der Kirche waren nicht sonderlich groß, so daß das hereinfallende Licht im Inneren ein mystisches Dämmerlicht entfalten konnte. Es nutzte dem Künstler wenig, besonders nahe an das Original herantreten zu dürfen, zumal jeder, der das Grabtuch aus nächster Nähe gesehen hat, bestätigt, daß es sich solcher Betrachtung entzieht. Das zarte Bild verschwindet, wenn man allzu nahe Detailstudien anstellen will. Unterstellen wir trotzdem, daß der Kopist in der Lage war, das Jesusantlitz des Tuches zumindest länger und aufmerksamer zu betrachten als irgend jemand vor ihm, und halten wir uns gleichzeitig das Bild auf dem Turiner Tuch vor Augen. Sind nicht die Blutspuren die auffälligsten, herausstechendsten Elemente? Ich halte es für völlig ausgeschlossen, daß der Kopist den deutlichen Blutfluß auf der Stirn nicht als das erkannt hatte, was er ist, wie Bulst und Pfeiffer glauben machen wollen.

Zwar haben die Mitglieder der Turiner Untersuchungskommission festgestellt, daß selbst bei mäßig gedämpftem Licht ein Farbunterschied zwischen Körperbild und Blutflecken auf dem Tuch kaum wahrzunehmen ist, aber bereits die Quellen des 8. bis 10. Jh. sprechen vom »Blutschweiß« Jesu, der auf dem Edessa-Bild zu sehen sei. Offenbar konnte ein genauer Beobachter sehr wohl deutlich wahrnehmen, daß auch Blut auf dem Tuch abgedrückt war. Aber selbst gesetzt den Fall, der Kopist hätte sich geirrt und in der Blutspur eine Haarlocke gesehen, sind die kurzen, vom Scheitel ausgehenden Haarsträhnen der Christusbilder unzulässige und unverständliche Zufügungen. Das Christusbild müßte vielmehr durch eine auffällige, lange Locke an der linken Stirnseite gekennzeichnet sein, die bis zur Augenbraue verläuft! Mir ist kein einziges Abbild Jesu dieser Art bekannt. Stellen wir uns andererseits einen ganz exakt beobachtenden Kopisten vor, der auf dem Edessa-Bild in der

Tat zwei oder drei kurze Striche am Scheitel gesehen hat, die ihm als Haarsträhnen erschienen, dann ist es völlig unverständlich, wie er die viel auffälligere Blutspur übersehen konnte, die nie Teil der Christusbilder ist, auch nicht jener, die explizit das Mandylion selbst darstellen.
Wir befinden uns in einem schwierigen Dilemma. Die wahrscheinlichste Lösung ist die, daß wohl eine genaue Kopie in Auftrag gegeben wurde, aber eine, die ich als »theologisch bereinigte« bezeichnen möchte. Ich habe bereits darauf hingewiesen, daß das Mandylion zuerst im Besitz der griechischen Gemeinde von Edessa war und daß die griechische Christus-Auffassung vom siegreich strahlenden Pantokrator, dem Allherrscher, durchdrungen war. Die Vorstellung vom Pantokrator geht auf ein Prophetenwort des Alten Testaments zurück, das Jesus in die Bergpredigt aufgenommen hat (Mt 5,34f) und das vom ersten urchristlichen Blutzeugen, dem Armenpfleger Stephanus, in seiner Verteidigungsrede vor dem Hohen Rat (Apg 7,49) zitiert wird: »So spricht der Herr: Der Himmel ist mein Thron und die Erde der Schemel meiner Füße.« (Jes 66,1) Der Pantokrator-Typus muß aus der Kontinuität der griechischen Geisteswelt verstanden werden. In ihr ist die Idee des strahlenden, siegreichen Gottes verankert, wie sie schon in vorchristlicher Zeit das allgemeine religiöse Empfinden prägte. Darüber hinaus wäre es auch psychologisch unklug gewesen, den Christus, der »schützend vor seiner Stadt« stand, als den Leidenden, seinen Peinigern Ausgelieferten zu portraitieren. Wen sollte ein hilfloser Gefolterter schützen? Dem einfachen Volk war der Schutz eines solchen Gottes schwer plausibel zu machen. Es ist daher anzunehmen, daß der Künstler die Zeichen der Passion aus seiner sonst treuen Kopie weglassen sollte. Nur so läßt sich erklären, warum sämtliche Blutflecken, auch jene entlang der Haare, nicht abgebildet und demnach auch nicht »falsch verstanden« wurden.
Doch unsere Probleme sind damit nicht zu Ende. Auf Fotos, die einigermaßen den richtigen Eindruck wiedergeben, wie die Grabtuchverfärbungen dem Betrachter erscheinen, sind manche der Merkmale Vignons und Wuenschels, die, wir erinnern uns, bereits um einige noch abwegigere reduziert wurden, beim besten Willen nicht wahrzunehmen. Zugegeben, auf besonders kontrastreich entwickelten Schwarzweiß-Negativfotos, auf denen die Struktur des

Leinengewebes deutlich zutage tritt, lassen sich geometrische Muster auf der Stirn und andere Besonderheiten gut erkennen. Das hilft uns allerdings nicht weiter, denn unser spätantiker Künstler konnte bei seiner Arbeit keineswegs auf die Segnungen der modernen Technik zurückgreifen. Fairerweise sollte man sich allein auf die beim Original erkennbaren Zeichen beschränken, etwa die V-Form an der Nasenwurzel.

Im übrigen scheint mir das Aufspüren von verborgenen Zeichen auf den nach Spezialverfahren entwickelten Fotos des »Turiner Grabtuchs« mittlerweile zu einer regelrechten Obsession unter gewissen Sindonologen geführt zu haben: Man will ein um die Stirn gebundenes Band mit einem Phylakterion an der Nasenwurzel entdeckt haben, das Lettern enthielt, Münzen des Pilatus auf den Augenlidern, hebräische Buchstaben, die dem Mann auf die Stirn gelegt wurden, Abdrücke von Blütenblättern über das ganze Tuch verteilt, sogar ein Amulett, das Jesus auf der Brust getragen habe, usf.[48] Ich werde das Gefühl nicht los, daß hier Verzweifelte am Werk sind, die das Tuch wie einen riesigen Rorschachschen Tintenklecks betrachten, in den man nach Herzenslust alles hineinprojizieren kann. So viel die fotografische Feinanalyse für unser Verständnis über das Tuch geleistet hat, auf um so fruchtlosere Irrwege führt sie einige Forscher, die immer wieder neuen Mikrozeichen auf der Spur sind. Informationstheoretisch ist die Sache klar: Je undeutlicher ein Bild ist, desto mehr verleitet es dazu, zufällige Hell-Dunkel-Differenzen zu Formen zusammenzusetzen und aus ihnen Informationen abzuleiten, die gar nicht enthalten sind. Will man eine verantwortungsvolle Forschung auf diesem Gebiet leisten, muß man sich solche Tendenzen schonungslos bewußtmachen. Nur auf diese Weise entgeht man der Gefahr, am Ende all das bestätigt zu finden, was man als vorgefaßte Hypothesen mit sich herumträgt.

Speziell auf dem Gebiet der Ikonographie Christi ist solche Vorsicht geboten. Wie sollen wir etwa Bilder von Heiligen, Engeln, sogar von profanen Personen einstufen, die ebenso mit den zwei oder drei Haarsträhnen dargestellt werden?[49]

Und was ist von Gesichtern von Heiligen und anderen zu halten, die auf der Stirn die gleichen eigenartigen geometrischen Zeichen aufweisen wie das einzigartige Jesusportrait?[50] Die Argumente der Sindonologen sind in diesem Fall recht dürftig. Wilson vermutet, man habe sie Heiligen als besonderes Zeichen der Heiligkeit beigegeben. Das Argument scheint mir kontraproduktiv. Wollte man nicht mit dem genauen Abbild des Edessa-Portraits Jesu Einzigartigkeit zur Darstellung bringen? Gerade die unerklärlichen Formen würden diese unterstreichen. Ihre Übertragung auf andere Personen stünde in diesem Fall im Gegensatz zu jeder Logik. Hier winden und drehen sich die Befürworter, um ein überspitztes Argument aufrechtzuerhalten, das, mit Mäßigung und wissenschaftlicher Genauigkeit und Redlichkeit vorgetragen, den Grabtuchforschern einen weit besseren Dienst erweisen würde.

Die »Merkmalssucher« haben nämlich einen unverzeihlichen methodologischen Irrtum begangen, der die wissenschaftliche Aussagekraft ihrer Entdeckungen merklich schmälert. Will man ähnlich erscheinende Bilder miteinander vergleichen, reicht es nicht, besondere Elemente zu benennen und ihr Vorhandensein auf verschiedenen Abbildungen des gleichen Inhalts festzustellen, eventuell auszuzählen und Statistiken darüber aufzustellen. Dies gilt um so mehr, als die identischen Charakteristika auch auf Bildern *anderen* Inhalts – also solchen, die nicht Christus darstellen – auftreten. Die Güte des Vergleichs kann sich erst ergeben, wenn zugleich die *Unterschiede* aufgezeigt werden, die bei aller Ähnlichkeit immer noch vorhanden sind. Dies wird von den Sindonologen geflissentlich vergessen – oder verdrängt.

Die Christusportraits, die etwa von Bulst und Pfeiffer und von Wilson zur Unterstreichung ihrer Thesen abgebildet werden, zeigen fast ausschließlich langes, gewelltes Haar, das sich an den Kopf anschmiegt, als ob es am Nacken zusammengebunden wäre. Darüber hinaus sind in der überwiegenden Mehrzahl der Fälle deutlich die vom Haar nur halb verdeckten Ohren zu sehen. Der thronende Christus im Narthex der Hagia Sophia hat Linien an den Wangen, die wie lange Falten aussehen; jener von Sant'Angelo in Formis (Italien) hat hervorstechende Flecken unter den Augen und auf den Backen, die im süditalienischen Raum ein geläufiges ikonographisches Attribut darstellen. Das sind nur einige auffallende Abweichungen vom Gesicht auf dem Turiner Tuch. Dort fallen die Haare gerade auf die Schultern, und Ohrläppchen sind beim besten Willen nicht zu sehen, weder Falten noch runde Wangenflecken sind auszumachen.[51] Ein werktreuer Kopist, der immer vorausgesetzt

werden muß, hätte diese Fehler wahrlich nicht begehen dürfen. Wann gestattet man späteren »Kopisten der Kopie« künstlerische Freiheit, wann sind die Elemente Teil des einstigen Originals? Nur wenn sich letztere auf dem Grabtuch wiederfinden lassen? Schlechte Forschung wäre das!
Umgekehrt muß man die Identität mit dem Grabtuchbild anhand von Portraits messen, die einen hohen Grad an Ähnlichkeit zeigen, ohne daß sie Jesus darstellen.
Recht verblüffende Beispiele sind etwa die Keramikikone des hl. Theodor (9./10. Jh.) aus Preslav in Bulgarien, der Apostel Paulus aus einer Handschrift von Homilien des hl. Johannes Chrysostomos (Ende 9. Jh.) in der Nationalbibliothek von Athen und Johannes der Täufer auf dem Mosaik in der Hosios-Lukas-Kirche (um 1000).
Um die Lieblingshypothesen aufrechtzuerhalten, wird unserem tapferen »Ur-Kopisten« unterstellt, recht dümmlich und zudem ein schlechter Beobachter gewesen zu sein. Hatten Bulst und Pfeiffer ihm vorgeworfen, die Blutbahn auf der Stirn nur als reduzierte Strähne wahrgenommen zu haben, so nimmt Wilson den armen Kopisten in Schutz, er habe offene Augen »gesehen, weil sie so tatsächlich auf dem Tuch erscheinen«.[52]
Die hohe Kunst der frühen Ikonenmalerei, der Fresken und Mosaikwerke zeigt uns vielmehr, daß wir es mit Künstlern zu tun haben, die weit tieferes Verständnis für die bildhafte religiöse Darstellung hatten, als ihnen dies gewisse moderne Ausleger bescheinigen wollen. Nichts deutet darauf hin, daß der Mandylion-Kopist ein schlechterer Vertreter seines Berufsstandes war, vielmehr ist davon auszugehen, gemessen an der einmaligen Bedeutung seines Auftrags, daß er der beste und theologisch gebildetste war, den man auftreiben konnte. Jesus hatte, soviel wußte er aus der Abgar-Geschichte, sein Antlitz in das Tuch gedrückt. Er war davon ausgegangen, daß Jesus, als er sein Gesicht auf das Linnen preßte, instinktiv die Augen schloß, wie das jeder machen würde. Es war ihm klar, daß der Mann auf dem Tuch geschlossene Augen hatte. Daß er ihn dennoch in einer ganz bestimmten Art und Weise malte, hängt mit dem Status zusammen, den das Christusbild haben sollte. Ein Portrait des Herrn mit geschlossenen Augen war undenkbar. Zum siegreichen Christus als Prototyp von göttlicher Kraft und geistlicher Autorität gehörte der klare Blick, ohne dadurch die

Treue zum Original in Frage zu stellen. Der Künstler hatte schließlich nichts Unzulässiges hinzugefügt.
Die Analyse der künstlerischen Darstellungen Christi bleibt ein schwieriges Feld. Wie ich meine, ist es tatsächlich einer der spannendsten Fragenkomplexe im Zusammenhang mit dem Turiner Tuch. Die Übereinstimmungen des »neuen« Jesusbildes seit dem 6. Jh. mit dem »Mann des Grabtuchs« sind frappierend. Wegen der großen Kompliziertheit aller damit in Verbindung stehenden Bereiche habe ich die verschiedenen Ansätze mit einem recht kritischen Auge betrachtet. Ich halte es für entscheidend, daß in diesem Forschungsschwerpunkt mit größter Sorgfalt vorgegangen wird, damit die vielversprechenden Ansätze nicht durch fanatische, aber unwissenschaftlich arbeitende »Merkmalssucher« an Glaubwürdigkeit verlieren.
Am fruchtbarsten für intensive Studien über die Tuchkopien sind die Jesusportraits aus der Mitte des 6. Jh., die in der unmittelbaren Umgebung von Edessa entstanden, wie die Vase von Emesa oder die Silberpatene aus Riha. Sie sind in den ersten Jahren nach der Entdeckung des Bildes angefertigt worden und in solcher geographischen Nähe, daß sie durchaus Originalkopien sein können.
Was allgemeinere Vergleiche anbelangt, glaube ich, daß es richtig und unserem Material angemessen ist, wenn wir uns auf die wesentlichen Konstanten des Grabtuchgesichtes beschränken. Außer Zweifel steht, daß die Jesusbilder der nachjustinianischen Zeit auffallend dem Gesicht auf dem Tuch gleichen, wobei gelegentliche Besonderheiten diese Hypothese bekräftigen, aber angesichts des gleichzeitigen Vorhandenseins von deutlichen Unterschieden kein endgültiger Beweis sein können.
Die überlange Nase etwa ist in der Tat ein bestechendes Merkmal. Jedem, der das Grabtuchbild zum erstenmal sieht, fällt sie sofort auf. Sie ist gewissermaßen das physiognomische Erkennungszeichen par excellence. Auf den nachjustinianischen Jesusportraits wirkt sie in entsprechender Weise schmal und lang, häufig überlang. Die prominente Nase diente dem byzantinischen Ikonographen als Modul für den Aufbau der Gesichtsproportionen Jesu: Der Kopf ergab sich aus zwei Kreisen, deren Radien einmal eine, einmal zwei Nasenlängen maßen. Der Heiligenschein wurde oft als ein dritter Kreis mit dem Radius von drei Nasenlängen konstruiert. Diese Konstruktion wurde später auf die Darstellung aller heiligen Per-

sonen angewendet, wenngleich die auffallend lange Nase nicht allgemein übertragen wurde. Das Zentrum des Bildaufbaus war gleichzeitig das Zentrum des Zirkels: die Nasenwurzel zwischen den Augen. Es wurde vermutet, daß deshalb die Nasenwurzel in der byzantinischen Kunst in besonderer Weise (mit Punkten, Kreisen, V-Formen, Triangeln etc.) hervorgehoben wurde. Gerechtfertigt wurden dieser Konstruktionsvorgang und die Betonung der Nasenwurzel, weil diese gleichzeitig als Mitte des Kopfes, des Sitzes der Weisheit, verstanden wurde.

Das Bild des Tuches in Edessa hatte die grundlegenden Züge des Jesusbildes für alle Zeiten festgelegt. Von dieser Basis aus konnte sich die Theologie des Christusbildes und der Ikone im allgemeinen frei entwickeln. Man hatte das »wahre Abbild« gefunden und als richtig und statthaft erklärt. Jetzt ging es darum, nur noch »wahre« Abbilder in der sakralen Kunst zuzulassen. Der entscheidende Beitrag dazu wurde bei der Zweiten Trullanischen Synode in Konstantinopel 691/692 geleistet. Dort wurde der berühmte Kanon 82 beschlossen, der zu aktiver Promotion für die Bilder führte. Zwar bezieht sich der Kanon ausdrücklich auf Bilder, die Johannes den Täufer darstellen, der auf das Lamm weist, doch das Urteil, das der Kanon formuliert, hat offenbar eine viel allgemeinere Auslegung erfahren. Der Kanon verbietet fortan die Darstellung Christi als »Lamm Gottes, das hinwegnimmt die Sünden der Welt« (Jes 53,7–8,12–13; Joh 1,29; Offb 5,6, 12–13), und verkündet: »Damit also das, was vollkommen ist, der Anschauung aller in Form und Farbe beschreibbar gemacht wird, bestimmen wir, daß Christus unser Gott, der die Sünden der Welt hinwegnimmt, künftig nach seiner menschlichen Gestalt anstelle der alten Symbolgestalt des Lammes auf den Bildern dargestellt wird.«

In der Einschätzung der Tragweite der Synodalbeschlüsse im Hinblick auf die Bilderfrage müssen wir aber auch einen weniger berühmt gewordenen Kanon in Betracht ziehen. Im Kanon 100 heißt es: »Wir ordnen an, daß von jetzt an in keiner Weise mehr Bilder, sei es auf Tafeln oder anderswie dargeboten, gemalt werden, welche dem Blick etwas vorgaukeln und den Geist verderben ...« Die Bilder, die zugelassen werden, sollen Abbildungen sein, die »naturgetreu« sind, aber trotz dieser Fixierung auf das wahre Erscheinungsbild »den Geist nicht verderben«. Das ist eine entscheidende Forderung, denn in der Tat führt die Theologie der Ikone in der orthodoxen Tradition zu der Ansicht, daß die in der Ikone abgebildete Person natürlich, doch nicht rein irdisch sein soll. Die dargestellte Person übersteigt die im Kanon 82 des Zweiten Trullanums geforderte natürliche Größe und leibliche Ähnlichkeit durch ihr im Bild vermitteltes überirdisches und verherrlichtes Sein.

In dieser Zeit wird der Jubel um die Bilder nirgends deutlicher als in den drei Reden des Johannes Damascenus (675–749) zu ihrer Verteidigung. Ausgangspunkt seiner Überlegungen sind die beiden göttlichen Seinsweisen: einerseits der unmanifestierte dreieinige Gott, der unsichtbar, unbegrenzt und ohne Gestalt ist, andererseits der in Jesus Christus manifestierte, inkarnierte Gott. Johannes Damascenus unterscheidet fünf Arten von Bildern, die teils dem Unsichtbaren, teils der Sichtbarkeit angehören: erstens das natürliche Bild in der Gottheit, nämlich des Sohnes im Verhältnis zum Vater; zweitens die Urbilder aller Dinge, wie sie in Gott existieren; drittens die körperlichen Gestalten der unsichtbaren und gestaltlosen Dinge, also Gottes und der Engel, die in der Bibel beschrieben werden, um von den Menschen erfaßbar zu sein; viertens die Urbilder im Alten Testament als Vorformen des Kommenden (etwa die eherne Schlange als Typus des Gekreuzigten); fünftens die Abbilder, in denen sich das Gedächtnis des Geschehenen erhält. Die Kunst, so Johannes, gehe unmittelbar aus der letzten Bilderart hervor.

Johannes Damascenus verteidigt die Ikone Christi durch die Tatsache seiner Menschwerdung. Die Art und Weise der Inkarnation versteht Johannes als »Kunst«, die nicht die unsichtbare Gottheit, sondern die sichtbare Menschengestalt zur Abbildung bringt. Johannes argumentiert, da der Unsichtbare sichtbar wurde durch die Menschwerdung, solle man ihn malen auf Holztafeln und zur Kontemplation darstellen, ihn, der den Wunsch hatte, sichtbar zu werden. Die Inkarnation des Logos ist die Ursache der Bilder. Der dargestellte Leib Christi wird zum Mittel, das Unsichtbare zu erreichen. Als Gott noch der Unkörperliche und Gestaltlose war, ist er schlechthin undarstellbar gewesen. Nachdem Gott aber im Fleisch sichtbar geworden ist und unter den Menschen geweilt hat, soll das dargestellt werden, was bei Gott sichtbar geworden ist. Niemals wurde diese Forderung treuer verwirklicht als im Edessa-Bild und dessen Kopien.

Das Mandylion kommt nach Konstantinopel

Mit dem Siegeszug der Bilder überschwemmt im 8. Jh. die Flut wunderbarer Christusikonen auch den Westen. Um ein wunderbares Christusbild vor dem Bildersturm unter Leon III. dem Syrer (717–741) zu retten, habe es der Patriarch Germanos den Fluten anvertraut, worauf es nach Rom zu Papst Gregor II. (715–731) schwamm. Als Papst Stephan II., vom Langobarden Aistulf bedrängt, 752 barfuß mit Asche auf dem Haupt zur Kirche der Gottesmutter ad Praesepem zog, ließ er kostbare Reliquien mitführen. Unter diesen befand sich »das hochheilige Bild des Herrn, unseres Gottes und Erlösers, Jesu Christi, welches Acheiropoieta heißt«, das der Papst selbst trug. Noch heute wird es als Salvatorbild in der Kapelle Sancta Sanctorum in der Lateranbasilika aufbewahrt, in einem kostbaren, von Papst Nikolaus III. (1277–1280) gestifteten Schrein.[53]

So manchem Kirchenlehrer wurde der wuchernde Bilderkult unheimlich. Man befürchtete ein Versickern der geistigen Werte des Christentums in heidnische Kulttradition, die sich anschicke, sich der Religion zu bemächtigen. Die Ikonoklasten überschätzten in dieser Beziehung wohl die Bedeutung des Bildes. Um der befürchteten Entwicklung zu begegnen, verbot 726 Kaiser Leon III. für das gesamte Oströmische Reich die Bilderverehrung. Konstantin V. (741–775) förderte den Ikonoklasmus mit theologischen Argumenten und politischen Maßnahmen weiter und berief 754 ein Konzil nach Konstantinopel ein, in welchem die Bilderfeinde die Maler als geldgierige Betrüger darstellten. Sie würden das abbilden, was schlechterdings undarstellbar sei. Auch die Heiligen mit leblosen Farben darzustellen, während sie in überirdischem Glanz leuchteten, sei nichts als eine verabscheuungswürdige Nachahmung heidnischer Sitten. Sie stehe im Widerspruch zur Hoffnung der Auferstehung. Christusbilder würden gegen die Lehre von der Menschwerdung verstoßen und leisteten entweder dem Nestorianismus oder dem Monophysitismus Vorschub.

Es folgte eine Epoche des Ikonoklasmus – des Bildersturmes. Allenthalben zerstörten Eiferer religiöse Bilder, wo immer sie ihrer

habhaft werden konnten. In wenigen Jahren lag eine unwiederbringliche Schatzkammer an Kulturgütern in Trümmern. Bald griff der Bildersturm auf das byzantinische Italien über. Zum Glück reichte die Befehlsgewalt Leons III. nicht bis in den Sinai. Deshalb konnten dort im Katharinenkloster die hervorragenden Exemplare früher Ikonenkunst die Zeit des Bildersturmes unbeschadet überdauern. 787 wurde der Ikonoklasmus auf Betreiben der Regentin Eirene auf dem 7. Ökumenischen Konzil zu Nikaia vorerst beendet. In Wahrheit gingen die Streitigkeiten weiter. Selbst nach ihrem dogmatischen und liturgischen Ende 842 durch die Einsetzung des Festes der Orthodoxie waren die Wogen des Streits noch nicht geglättet. Die Synoden des späten 9. Jh. verdammen den Ikonoklasmus immer noch.
Vielleicht war es ein besonderes Glück für das Mandylion, daß es in Edessa schon seit längerer Zeit wegen der bilderfeindlichen Haltung im monophysitischen Lager versteckt gehalten werden mußte. Wahrscheinlich war es auch klug, es vor den Arabern zurückzuhalten, denn die extrem bilderfeindliche Haltung des entstehenden Islam hätte eine zusätzliche Gefahr für das Tuch bedeutet. Auf diese Weise konnte es auch die Zeit des Bildersturms unbeschadet überstehen.
Die Rettung der Bilder für das Christentum war wesentlich darauf zurückzuführen, daß der dem Neuplatonismus entstammende Bildbegriff der vorikonoklastischen Zeit durch die aristotelische Bildauffassung ersetzt wurde. Bedeutung erhielt ein Bild nicht mehr, weil es eine mystische Teilhabe am Wesen des Dargestellten ermöglichte, sondern weil es zu einem Zeichen, ja geradezu zu einer Art Schrift wurde. Johannes Damascenus, der die Tradition des Bildes mit jener der Schrift verglichen hatte, nahm diese Entwicklung vorweg, obwohl sein neuplatonisches Fundament mehr und mehr in den Hintergrund trat und die aristotelische Sichtweise schließlich das theologische Denken über die Bilder im Byzantinischen Reich bestimmte.
Aus der Zeit um 829 ist uns ein Echo der Entwicklung zu einer positiven Einschätzung von Christusbildern erhalten, bei dem das Mandylion als wesentliches Argument für die Bilder dargestellt wird: Die Patriarchen von Antiochien, Alexandrien und Jerusalem schrieben an Kaiser Theophilos, Konstantin habe Christus nach der

genauen Beschreibung von dessen Gesichtszügen auf dem Abgar-Bild malen lassen.[54]
In Edessa genoß das Mandylion höchste Verehrung. Erst war es, wie gezeigt, in der eigens errichteten Hagia Sophia aufbewahrt, dann kam es in den Besitz eines vornehmen Monophysiten. Auf alle Fälle scheint es selbst die bilderfreundliche Stimmung beflügelt zu haben. Diese hat wiederum dazu beigetragen, daß mehr Menschen es genauer unter die Lupe nahmen. Immer häufiger tauchten Beschreibungen auf, die den zarten, fast farblosen Charakter des Abbilds, der für das Turiner Tuch typisch ist, zur Sprache bringen und auf blutigen Schweiß verweisen. Patriarch Germanos von Konstantinopel (8. Jh.) bezeichnet es als »Schweißtuch« *(soudarion)*. In einer Bearbeitung der Heiligenlegende des Alexios um 800 ist von dem »*blutigen Bild* des Herrn« die Rede, das in Edessa aufbewahrt werde.[55] Wenige Jahrzehnte später ist im Synodalschreiben der Orientalen an Kaiser Theophilos (829–842) außer vom »Schweißtuch« auch vom »göttlichen Schweiß« die Rede, der darin abgewischt sei und das Bild verursacht habe. 100 Jahre danach spricht der Verfasser der Festpredigt von einer »nassen Feuchtigkeit ohne Farbtönung oder Malkunst« und daß auf dem Mandylion der *Blutschweiß* Jesu aus Gethsemane zu sehen sei. Die unschätzbare Bedeutung des Tuches war im ganzen Reich anerkannt. So kam es, daß nach dem Schlag gegen den Ikonoklasmus Anstrengungen unternommen wurden, das Edessa-Bild nach Konstantinopel zu holen.
Es war Kaiser Romanos Lakapenos (920–944), der das Mandylion aus Edessa in die Reichshauptstadt holen ließ. Das Ende des Bilderstreits lag lange zurück, 942 erlebte das Fest der Orthodoxie seine Hundertjahrfeier. Die Feinde des Kaisers hatten die tapferen byzantinischen Soldaten in vielen Schlachten das Fürchten gelehrt. Sicher wäre sein Volk von großer Freude erfüllt, wenn jetzt auch das schutzbringende Christusbild in Konstantinopel seine Kraft unter Beweis stellen könnte. Außerdem ging es nicht an, daß eine so kostbare und allseits gerühmte Reliquie, deren Existenz darüber hinaus die theologische Klärung der Bilderfrage entscheidend beeinflußt hatte, immer noch in einer fernen Stadt war, die zu allem Übel von den Arabern kontrolliert wurde. Im Jahr 942 schickte der Kaiser seinen fähigsten Mann aus, das Christusbild zu holen.
Im Oktober fiel der byzantinische Feldherr Kurkuas in Mesopota-

mien und Armenien ein, eroberte Arzen, Dara und Maipherkat und nach hartem Kampf Nisbis und damit ganz Mesopotamien. Auf der Höhe seines Ruhms leitete Kurkuas im Jahre 332 der Hedschra (4.9.943–23.8.944) das byzantinische Heer bei der Belagerung Edessas. In deren Verlauf soll Kurkuas die Stadt gezwungen haben, das Bild herauszugeben. Der Feldherr bot an, auf die Einnahme Edessas zu verzichten, alle muslimischen Gefangenen auszuliefern und 12.000 Silberstücke zu bezahlen, wenn ihm die hochheilige Reliquie ausgehändigt würde.
Die Historiker sind sich uneins über den wahren Grund der Auslieferung des Mandylion. Wie es scheint, waren die Edessener in Zugzwang. Kurkuas hatte die Stadt in der Hand, und es ist eigentlich nicht einzusehen, warum er nicht, wie an ungezählten Siedlungen und Städten davor zur Genüge exerziert, einfach alles kurz und klein schlug, das Bild an sich nahm und abzog. Die Berichte der Chronisten legen nahe, daß von seiten der Edessener der Vorschlag gemacht wurde, das Heiligtum auszuliefern, als sie keinen Ausweg vor der sicheren Niederlage sahen. Aber in einer solchen Situation ist es wenig wahrscheinlich, daß der Emir einen Freibrief für die Stadt, die Übergabe der Gefangenen und gar noch die Bezahlung einer hohen Summe hätte verlangen können.
Wahrscheinlich wurde das diplomatische Geschick des Feldherrn auf eine besondere Probe gestellt. Romanos Lakapenos wird ihm die Order gegeben haben, das Mandylion gewissermaßen freizupressen, *ohne* die Stadt in Schutt und Asche zu legen. Die Unversehrtheit Edessas war ein entscheidender Punkt, denn der heilige Schutz, den es durch den Brief Christi und sein Bild genoß, durfte unter keinen Umständen angetastet werden. Was wäre von diesem heiligen Palladion zu halten, wenn es durch einen zerstörerischen Streich den blutenden Händen jener entrissen würde, die es schützen sollte? Hätte es da nicht seinen Nimbus verloren, wenn es nach Konstantinopel kam, und würden nicht Stimmen laut werden, die es als eine Fälschung, einen Betrug brandmarken würden, wenn Jesu Verheißung sich nicht erfüllt hätte? Kurkuas sollte so viel Druck auf die Stadt ausüben, daß sie den Forderungen des Kaisers schließlich nachgeben mußte. Offenbar wollte der Feldherr mit seinem Angebot die Stadt zu verschonen, die Entscheidung erleichtern.
Trotzdem gestaltete sich die Übergabe des Edessa-Bildes alles an-

dere als einfach. Die politische Situation gestattete nicht, zu einem raschen Ende zu kommen. Offensichtlich war das Mandylion immer noch im Besitz einer der Kirchengemeinden der Stadt. Der Emir konnte es nicht einfach der Gemeinde entreißen, zudem war in einer solchen Frage, die in erster Linie religiöser Natur war, die Genehmigung des Kalifen Al-Muttaki nötig. Eine Zeit schwieriger und zäher Verhandlungen begann, die unter Hinzuziehung von *Kadis* (Juristen) und *Fakihs* (Theologen) vor dem Kalifen Al-Muttaki stattfanden. Zunächst sollte das Bild nicht ausgeliefert werden, weil darin eine Erniedrigung liege. Endlich aber obsiegte das diplomatische Tauziehen um die Gefangenen, und der Emir wurde angewiesen, das Mandylion zu übergeben. Freilich fingen die Probleme damit von neuem an. Die Christengemeinden und die Bürger der Stadt wollten unter keinen Umständen das kostbare Heiligtum aus der Hand geben. Die Byzantiner ließen daraufhin den Erzbischof Abramios von Samosata kommen, der in Edessa hohes Ansehen genoß. Er sollte nicht nur den Klerus dazu veranlassen, keine Schwierigkeiten zu machen, sondern auch Sorge dafür tragen, daß wirklich das echte Bild ausgeliefert würde. Die Maßnahme erwies sich als richtig, zumal versucht wurde, als es klargeworden war, daß man sich gegen die Auslieferung nicht mehr zur Wehr setzen konnte, eine Kopie auszuhändigen. Abramios ließ sich schließlich alle drei in Edessa befindlichen Bilder geben und entschied dann durch seine Kenntnis, welches das Original war. Die Tradition spricht von einer Wunderprobe, durch die sich das wahre Edessa-Bild dokumentiert habe.
Erst im Jahre 944 war es endlich soweit. Die Byzantiner übergaben 200 Gefangene, zahlten die Silberstücke, verbrieften dem Gebiet von Edessa, Haran, Sarug und Samosata Freiheit von jeder Belästigung durch griechische Heere und schickten sich an, mit ihrem erpreßten Heiligtum von dannen zu ziehen. Noch einmal stiegen Wogen des Hasses und der Verachtung auf. Die Bürger der Stadt fühlten sich betrogen und versuchten in einem Aufruhr das Wegführen der Reliquie buchstäblich in letzter Minute zu verhindern – vergeblich. In Begleitung des Bischofs Abramios, des chalkedonensischen Bischofs von Edessa mit seinem Archipresbyter, etlicher christlicher Notablen aus der Stadt und eines Beauftragten des Emirs verschwand das Schiff mit dem Christusbild über den Euphrat. Auf

dem langen Weg nach Konstantinopel ereigneten sich zahlreiche Wunder, gewissermaßen als Bestätigungen, daß es das echte Bild war und darüber hinaus rechtens, es in die Hauptstadt zu überführen. An der Brücke über den Sangarios-Fluß, die unter Justinian errichtet worden war, kam der kaiserliche Kammerherr, der Patrikios Theophanes, dem Zug entgegen.

Die Ankunft in Konstantinopel gestaltete sich als triumphaler Empfang, großartig choreographiert, mit feinem Gespür für dramatische Akzente. Am hohen Festtag des Hinscheidens der Gottesmutter, am 15. August 944, erreichte das Mandylion gegen Abend die berühmte Blachernen-Kirche, wo der gesamte Hof, mit Ausnahme des krankheitshalber verhinderten Romanos, das Heiligtum betrachten durfte. Die beiden Söhne des Kaisers zeigten sich enttäuscht über das Bild, sie konnten kaum etwas erkennen. Anschließend legte man die Reliquie in der Kaiserlichen Kapelle am Pharos nieder. Am darauffolgenden Tag umfuhr eine Abordnung hoher kirchlicher und weltlicher Würdenträger auf dem kaiserlichen Schiff mit dem Heiligtum die ganze Stadt. Überall jubelte die Menschenmenge dem Zug zu, warfen sich Gläubige vor dem Bild zu Boden. Von Westen her wurde die Prozession zu Fuß außerhalb der Mauer bis zum Goldenen Tor fortgeführt. Dann zog das Palladion in die Mitte der Stadt, wo es auf dem Gnadenthron im inneren Altarraum der Hagia Sophia aufgestellt wurde. Schließlich setzte man den »Rex Regnantium«, symbolisch in Form seiner Anwesenheit im Mandylion, auch auf den Thron des weltlichen Herrschers im Blachernen-Palast und krönte ihn mit dem Diadem, bis er seinen endgültigen Aufenthaltsort in der Pharos-Kapelle einnehmen sollte.

Am Ende des großen Festaktes, am Abend des 16. August 944, verlas der Archidiakon Gregorios, Referendar der großen Kirche zu Konstantinopel, vor dem »thronenden« Edessa-Bild im Bukoleon-Palast eine Predigt, die im Hinblick auf unsere Thesen ein unschätzbar wertvolles Dokument darstellt. Der italienische Gelehrte Prof. Gino Zaninotto entdeckte den Originaltext der Predigt in einer Handschrift der Zeit und veröffentlichte die wichtigsten Aussagen.[56] Interessant scheint, daß wir es hier mit einem Experten sowohl in Fragen der Geschichte als auch der Kunst zu tun haben. Zunächst berichtet Gregorios die Geschichte des Mandylion und seiner Translation und verkündet, daß die Abbildung auf dem Tuch auf den Blutschweiß von Gethsemane zurückzuführen ist. Dann fordert er die Anwesenden auf, die Zeichen des Antlitzes *wie in einem Spiegel* zu betrachten, die *nicht mit gewöhnlichen Farben der Malkunst aufgetragen sind.* Der Glanz, läßt uns Gregorios wissen, wird in der Ikonenkunst mit verschiedensten Farben erzielt, und er zählt sie auf, wie sie dazu verwendet werden, die einzelnen Teile eines Portraits zu malen. Auf dem Tuch aber sei »der Glanz *allein auf die Schweißtropfen der Agonie zurückzuführen, die aus dem Antlitz traten, das die Quelle des Lebens ist, hinunterflossen wie Tropfen von Blut und aufgedrückt wurden mit göttlichem Finger*«. Und dann setzt er seine Rede fort mit einem Satz, der mit einem Male ein völlig anderes Licht auf das Tuch wirft und durchaus sensationell zu nennen ist: »Dies sind wahrhaftig die Schönheiten, die die Färbung des Abdrucks Christi hervorgerufen haben, welcher zuletzt verschönert (gefärbt) wurde durch die *Blutstropfen, ausgeflossen aus seiner eigenen Seite* ... Ich sage, diese sind es (Blut und Wasser), die das Tuch bedruckt haben.« Noch ein zweites Mal streicht er die Seitenwunde heraus und gibt uns damit den vielleicht entscheidenden Schlüssel in die Hand – den Beweis für die Identität des Mandylion mit dem »Turiner Grabtuch«. Um ein Schweißtuch aus Gethsemane konnte es sich nicht handeln, wenn die Wunde des Lanzenstichs zu erkennen war. Es mußte mithin aus der Zeit unmittelbar nach der Kreuzigung stammen.

Zaninotto vermutet, man habe bei der Kontrolle in Edessa, als das Mandylion mit den beiden Kopien verglichen wurde, das Bild aus dem Rahmen gelöst und bei genauer Betrachtung entdeckt, daß die Seitenwunde an einem Rand zu sehen war. Möglicherweise war das Tuch in einer Weise gefaltet, daß man beim Entfernen des Rahmens die Brust bis zur Seitenwunde sehen konnte. Warum aber hören wir nichts von der Seitenwunde in der berühmten »Narratio«, der Festpredigt am Hofe Konstantins VII. Porphyrogennetos?

Gregorios wurde wahrscheinlich mit dem noch im Dezember 944 von seinen Söhnen entmachteten und auf die Insel Prote deportierten Kaiser Romanos, wie in solchen Fällen üblich, seines Amtes enthoben. Die Autoritäten, die sich dafür eingesetzt hatten, das Christusbild aus Edessa wegzuholen, befanden sich in einer peinlichen Situation. Mit großem Aufwand war das schutzbringende Bild nach

Konstantinopel geschafft worden, und nun erwies sich, daß es ein Grabtuch war, nicht das jahrhundertelang gepriesene Bild. Das war in höchstem Maße irritierend. Als Konstantin VII. im Januar 945 die beiden Söhne des Romanos in die Verbannung schickte und endlich allein als rechtmäßiger Kaiser an der Spitze des Staates stand, war sein Hof darauf bedacht, die Kontinuität mit der Abgar-Erzählung zu bewahren.

Das beweisen die im selben Jahr entstandene Festpredigt und die berühmte Ikone vom Katharinenkloster am Sinai, die Abgar mit dem Mandylion zeigt: Abgar trägt die Züge des Porphyrogennetos. (Vgl. Abb. 30) Das Mandylion *durfte* sich nicht als etwas anderes erweisen.

Ein Geheimnis wird aufgedeckt

Für viele Jahrzehnte blieb das Mandylion an seinem Ehrenplatz in der Pharos-Kapelle. Neben ihm wurde der Ziegel mit dem wunderbaren Abdruck, das Keramion, aufgestellt, das durch Nikephoros II. Phokas (963–969) im Jahre 965 nach Konstantinopel überführt wurde. Wir erfahren von gelegentlichen Prozessionen, bei denen das Mandylion mitgeführt wurde. An die Beobachtung des Archidiakons Gregorios scheint sich niemand mehr zu erinnern. Irgendwann während des 11. Jh. muß das Geheimnis des Mandylion ans Tageslicht gekommen sein. Wie dies geschah, ist unbekannt. Möglicherweise wurde Aggais alter Rahmen, der immerhin ein Jahrtausend überstanden hatte, brüchig und sollte restauriert oder durch ein modernes Oklad ersetzt werden. Dabei wird das ganze Tuch zum Vorschein gekommen sein.

Die frühesten schriftlichen Hinweise darauf kennen wir aus dem beginnenden 12. Jh. In einer Predigt, die Papst Stephan III. 769 auf der Lateransynode gehalten hatte, wurde um diese Zeit ein Abschnitt eingeschoben, der bemerkenswert ist. Darin heißt es: »Denn derselbe Mittler zwischen Gott und den Menschen [Christus] selbst, um den König [Abgar] in jeder Weise zufriedenzustellen, streckte *sei-*

nen ganzen Leib auf ein Tuch aus, weiß wie Schnee, worauf das glorreiche Bild des Antlitzes unseres Herrn und *die Länge seines ganzen Leibes so göttlich abgebildet wurden,* daß es für jene genügte, die den Herrn nicht leiblich im Fleische sehen konnten, die Transfiguration, die auf dem Tuch geschehen war, zu sehen.«[57]
In der Kirchengeschichte des Ordericus Vitalis (um 1141) heißt es, Jesus habe dem Abgar ein kostbares Tuch senden lassen, »auf welchem des Heilands Bild auf wunderbare Weise abgebildet erscheint: welches *des Herrn körperliche Gestalt und Größe* den Hinblickenden erkennen läßt«.[58] Gervasius von Tilbury wiederholt in seinen Werk *Otia imperialia* (Kaiserliche Mußestunden), das er zwischen 1209 und 1214 für Kaiser Otto IV. verfaßte, die Version, Jesus habe seinen ganzen Leib auf ein Tuch abgedrückt und dieses dem Abgar überstellen lassen.[59] Interessanterweise stellt Gervasius über die Abdrücke eine Verbindung her zwischen dem Edessa-Bild mit dem vollständigen Körperabbild Christi und einem Tuch, mit dem Jesus vom Kreuz abgenommen wurde und das ebenfalls seine Züge bewahrt haben soll. Gervasius bringt das Körperbild auf dem Grabtuch mit der Legende in Verbindung, wonach Nikodemus der Urheber der künstlerischen Darstellung des Kruzifixes sei. Nikodemus habe nach den Zügen des wunderbaren Christusbildes, das in jenem Tuch, mit dem Jesus vom Kreuz genommen wurde, erhalten blieb, das Kruzifix in Holz hergestellt. Ob hier ein Acheiropoieton erfunden worden ist, um die Originaltreue der künstlerischen Darstellung zu unterstreichen, oder ob zu Gervasius' Zeiten das Grabtuch mit dem Abbild in gewissen Kreisen bekannt war, läßt sich nicht mit letzter Sicherheit entscheiden.
In jedem Fall können wir anhand dieser Aussagen eine Traditionslinie verfolgen, die zwischen dem 11. und dem 13. Jh. den Wandel vom Edessa-Bild zum Grabtuch belegt. Zu Beginn dieser Epoche muß also das Tuch in seiner ganzen Länge zum Vorschein gekommen sein.
Eine Unterstützung dieser Annahme bietet uns abermals die christliche Kunsttradition. Die ältesten Abbildungen der Ereignisse von der Kreuzabnahme bis zur Bestattung zeigen nur die Grablegungsszene, wobei Jesus bisweilen wie eine Mumie in Binden gewickelt ist, während nur der Kopf unverhüllt bleibt. In einem Psalter des Athos-Klosters Pantokratoros aus dem 9. Jh. sind auf einer Minia-

tur Joseph und Nikodemus zu sehen, wie sie Jesus ins Grab bringen. Jesus wird wie in einem Sack getragen, nur das klassische bärtige Gesicht Christi ist zu sehen.[60] Der berühmte Chloudoff-Psalter aus dem Historischen Museum in Moskau vom Ende des 9. Jh. zeigt dieselbe Szene mit Jesus, der wie eine Mumie eingewickelt ist.[61] Etwa zur selben Zeit wird der Passionszyklus um eine ikonographische Neuheit erweitert: Vor der eigentlichen Bestattung wird der vom Kreuz abgenommene Jesus auf den Boden gelegt und von den Frauen beweint, während Joseph von Arimathäa und Nikodemus mit den Begräbnisvorkehrungen beschäftigt sind. Später kommt die Gestalt der Jungfrau hinzu. Während die Grablegung in allen Evangelien beschrieben ist, hat die Szene der Beweinung ihre Wurzeln im apokryphen Nikodemus-Evangelium, speziell in der späteren Rezension B, die die »Beweinung der Jungfrau« enthält. Das Lamentationsthema wird als Pause während der Bestattung eingeführt. Als charakteristisches Beispiel gilt der berühmte Codex der Homilien Gregors, geschrieben und illustriert für Basileios I. in Konstantinopel kurz nach 880. Doch erst im 11. Jh. wird die Beweinungsszene in einer Weise dargestellt, die sofort an das Bild auf dem Grabtuch denken läßt: Jesus liegt auf einem glatten Linnenstück, das meist wesentlich länger als sein Körper ist, in recht steifer Haltung, mit über den Lenden gekreuzten Händen. Diese Darstellungsart ist völlig neu und findet in dieser Zeit, was die charakteristische Haltung Christi anbelangt, in zwei weiteren künstlerischen Themen Verbreitung: auf liturgischen Tüchern *(epitaphios und antiminsion)* und als Halbbild, das ihn mit den Malen der Passion aus einem sargähnlichen Grab hervortretend zeigt.[62] Die letztere Darstellungsart als Vergegenwärtigung der Leidensqual wurde in der abendländischen Christusbetrachtung unter dem Einfluß der kontemplativen Mystik des Mittelalters zu der weitverbreiteten Gestalt des Schmerzensmannes. Im Osten, der dem leidenden Christus ferner stand, spielte sie nur eine untergeordnete Rolle.

Eine interessante Beweinungsszene findet sich in der Kirche des hl. Panteleimon in Nerezi (Serbien). Sie ist 1164 entstanden und zeigt Jesus auf einem Tuch mit einem Rautenmuster, wie wir es von den Mandyliondarstellungen her kennen. (Vgl. Abb. 50) Es mag der Versuch sein, das Fischgrätmuster des Turiner Tuchs wiederzugeben. Vielleicht dürfen wir aber auch eine direkte Beziehung zum

Mandylion vermuten, wobei das diesem zugehörige Muster wieder aufgenommen wird, in Unkenntnis seiner ehemaligen Bedeutung als Zierrahmen.
Vergleichbare Abbildungen finden wir etwa in der Muttergottes-Kirche von Studenica (1235) oder als Miniatur in einem Evangelien-Lektionar des 11./12. Jh. in der Biblioteca Vaticana, wo Christus flach auf dem Grabtuch mit Gittermuster, das aus mehreren Lagen zu bestehen scheint, zu sehen ist.
Wir müssen das geringe Verständnis, das die Byzantiner für das Leiden Christi hatten, zum Anlaß für die Analyse der künstlerischen Handhabung der Beweinungsszenen und der Epitaphios-Darstellungen nehmen. Denn bei aller Übereinstimmung mit der Figur auf dem Grabtuch fehlen ihnen nicht selten die zahlreichen Wunden als Leidenszeichen. Christi Leidensqual ist zumeist auf einen verzerrten Gesichtsausdruck reduziert, während der Körper Jesu den Eindruck macht – ganz im Gegensatz zum Grabtuch –, völlig unversehrt zu sein. Nicht selten sind sogar die Nagelwunden nur in kleinen Andeutungen oder überhaupt nicht vorhanden, auf zahlreichen Epitaphios-Tüchern wird man die Seitenwunde umsonst suchen.
Warum, so könnte man sich fragen, tauchen diese Darstellungen Christi erst so spät auf, hatte nicht die Trullanische Synode in ihrem berühmten Kanon 82 schon im Jahre 692 die Abbildung Christi als Lamm verboten und angeordnet, ihn nach natürlicher Größe und leiblicher Ähnlichkeit darzustellen? Das in der Eucharistiefeier verwendete Opferbrot wurde schon in den ersten Jahrhunderten als Lamm *(amnos)* bezeichnet, und man bewahrte diese Symbolik in den liturgischen Texten auch nach dem Trullanischen Verbot. Auf die liturgischen Tücher wurde schließlich die Ikone des toten Christus nach dem Vorbild des Grabtuchs gestickt. Doch aus der Zeit unmittelbar nach dem Trullanum sind uns keine Abbildungen dieser Art bekannt, obwohl Basilius Grolimund in einem sehr interessanten Artikel mutmaßte, daß »das damals (z. Zt. des Trullanums) in Byzanz und heute in Turin aufbewahrte Grabtuch des Herrn ... wohl einen Einfluß auf die Ikonographie ausgeübt haben« mag. Bei meiner Nachfrage erfuhr ich, daß sich der Mönch Basilius auf historisch nicht abgesicherte Zeugnisse stützte, die angebliche Grabtücher Christi in Konstantinopel – von denen wir wissen, daß solche bereits im 4. Jh. vorhanden waren – fälschlicherweise mit dem Tu-

riner Tuch identifizieren.[63] Zudem konnte auch Basilius Grolimund keine Angaben über Christusdarstellungen auf Epitaphios-Tüchern oder verwandten liturgischen Tüchern machen, die vor dem 11. Jh. zu datieren sind. Die älteste erhaltene Darstellung des toten Christus als Lamm Gottes finden wir auf der Stroganov-Ikone in der Eremitage in St. Petersburg. Ihre Emaildarstellungen stammen aus dem 11./12. Jh. Unter der zentralen Kreuzigungsikone ist Christus auf dem Grabtuch abgebildet, rechts und links die Erzengel Michael und Gabriel.

Auffallend ist, daß Christus nicht wie üblich mit dem Lendenschurz dargestellt ist, sondern seine Blöße ist mit einem viereckigen Tuch (Velum) bedeckt, wie es zur Verhüllung der liturgischen Gaben verwendet wird.

Ähnliche Darstellungen des toten Christus wie auf der Stroganov-Ikone finden sich als Apsisdekoration in der Klosterkirche Hl. Maria Ägyptiaca in Messenien (Peloponnes, Ende 12. Jh.), in der Prothesis der St.-Nikolaus-Kirche zu Melnic (Südbulgarien, 13. Jh.) oder auf dem Epitaphios von Milutin Ures (um 1300) im Museum der Serbisch-Orthodoxen Kirche in Belgrad.

Die Darstellung eines völlig unbedeckten Christus finden wir in einem Budapester Gebetbuch, das schon um 1192 entstand und als das sogenannte Pray-Manuskript bekannt ist. (Vgl. Abb. 52) Es ist in zweierlei Hinsicht interessant, wenn wir das Turiner Tuch als Original voraussetzen. Die Miniatur, die bedauerlicherweise kein großes künstlerisches Können verrät, ist in zwei Szenen geteilt. Oben sieht man den nackten Jesus, wie er von Nikodemus gesalbt wird. Er liegt auf einem Tuch. Unten ist die Szene der Frauen vor dem leeren Grab dargestellt. Ein Engel weist auf ein kleineres Tuch. Das offene Grab ist in einer Weise gezeichnet – und deshalb ist das künstlerische Können des Miniaturisten beklagenswert –, daß es verschieden gedeutet werden kann. Der obere Teil, der wohl die weggeschobene Bedeckung darstellen soll, ist in einem Stufen- und Kreuzmuster gezeichnet, der untere nur mit Kreuzen. Als Darstellung eines Grabes, selbst eines Sarkophages, ist diese Ornamentstruktur äußerst ungewöhnlich. Dubarle hat deshalb vorgeschlagen, die beiden Teile als das aufgeschlagene Grabtuch anzusehen. Die geometrischen Muster seien der Versuch, das auffällige Fischgrätmuster des »Turiner Grabtuchs« wiederzugeben. Besonders einleuchtend wird seine These dadurch, daß er auf einige kleine Kreise aufmerksam macht, die völlig unvermittelt und ohne kompositorischen oder verzierenden Sinn auf beiden Seiten des »Grabtuchs« erscheinen.[64] Diese entsprechen einmal annähernd lagegenau, einmal fast proportionsgerecht den viermal vier Brandlöchern auf dem Turiner Tuch, die lange Zeit vor dem Brand von 1532 entstanden sein müssen![65] Eine mögliche Erklärung für das Fehlen von vergleichbaren Darstellungen aus der Zeit unmittelbar nach der Synode von Trullo könnte man in den Zerstörungen des Ikonoklasmus vermuten. In diesem Fall würden wir allerdings erwarten, daß die Restauration der Bilder nach der Mitte des 9. Jh. auch die Darstellung des toten Christus in der beschriebenen Form hervorbrachte. Doch darauf müssen wir, wie wir gesehen haben, noch 200 Jahre warten. Die neuen ikonographischen Themen und Besonderheiten, die Erwähnungen eines ganzen Körperabdrucks Christi auf dem Abgar-Tuch, die stilistischen und liturgischen Beziehungen zwischen Mandylion, Grabtuch, Epitaphios und Velum – alle diese Elemente machen unzweideutig klar, daß erst im 11. Jh. das Geheimnis des Edessa-Bildes endgültig gelüftet wurde.

Verständlicherweise wurde dies nicht an die große Glocke gehängt. Wenn man die in der Festpredigt veröffentlichte Geschichte des Bildes zugrunde legte, hätte man davon ausgehen müssen, daß von Anfang an ein Betrug, zumindest aber eine Irreführung vorlag, und diese Täuschung wäre auf die unmittelbarsten Vertrauten Jesu zurückzuführen gewesen. Ein verwirrendes theologisches Problem, das dem einfachen Volk kaum verständlich gemacht werden konnte. Bislang war es im Glauben, daß Edessa ein schutzbringendes, wunderbares Jesusportrait besaß, welches der große Kaiser Romanos Lakapenos unter gewaltigem kriegerischem Aufwand in die Hauptstadt hatte bringen lassen, damit es dort seine Qualitäten als hervorragendes Palladion entfalten konnte. Mit einem Male sollte sich das hochverehrte Palladion als ein Grabtuch erweisen, auf dem der geschundene Leib Christi zu sehen ist! Erinnern wir uns daran, daß die Griechen niemals eine besondere Beziehung zum leidenden Jesus hatten. Ihr Jesusbild ist vom Pantokrator, vom Allherrscher geprägt. Schutzkraft konnte nur von einem solchen starken Gott ausgehen. Und obgleich man auf dem Gesicht des Grabtuchs Blutflüsse sieht, bleibt es doch durch die Frontaldarstellung mit den geöffnet erscheinenden großen Augen und den entspannten Zügen, die kein Leiden ahnen lassen, ein Bild von Kraft, Autorität und alles durchdringender Klarheit – kurzum das Antlitz eines wahren Pantokrators. Das entfaltete Linnen aber brachte eine ganz andere Erscheinungsform ans Licht: Der siegreiche Gott des Mandylion war offensichtlich das Bild eines Toten. Der Pantokrator blickte nicht mit wissendem Blick auf die Geschöpfe der Welt, seine Augen waren geschlossen.

Die Theologen hatten ein Problem. Man durfte nicht auf diese Weise die tausendjährige gnadenvolle Geschichte des Mandylion aufs Spiel setzen und den Byzantinern ihr Reichspalladion nehmen. Gleichzeitig mußte das kostbare Tuch, das den Körper Jesu umschloß, bewahrt werden. Als Lösung wurde wohl eine Kopie des Mandylion anstelle des echten neben dem Keramion in der Pharos-Kapelle belassen. Nur wenige hatten je das Original gesehen. Bei Prozessionen wurde es in einem verschlossenen Schrein durch die Straßen geführt, und selbst wer das Glück hatte, einen Blick auf das Tuch zu werfen, wird kaum viel erkannt haben. Also war es nicht schwierig, eine Kopie fortan als das echte Mandylion auszugeben. Durch die Berührung mit dem Tuch konnte dieses von Menschenhand hergestellte Bild, nach der eigentümlichen Logik der Vervielfältigung von Reliquien, als »echt« und verehrungswürdig gelten. Was dann mit dem Grabtuch geschah, ist schwer zu sagen. Einerseits besaß man ja bereits »Grabtücher« Christi, andererseits wollte man den sensationellen Fund nicht verheimlichen. Nach und nach werden kirchliche und weltliche Würdenträger und ausgesuchte Mönche, die zugleich Künstler waren, zu Besichtigungen zugelassen worden sein. Ob diese immer in der Pharos-Kapelle stattfanden, wissen wir nicht.

Allmählich gelangten Informationen über die kostbare Reliquie in den Westen. Im Jahre 1095 schreibt der byzantinische Kaiser Alexios I. Komnenos seinem Freund Robert, Herzog von Flemings, und allen Fürsten des Reiches einen Brief, in dem er beklagt, daß das griechische Reich unter der ständigen Bedrohung durch die Türken stehe. Es sei ihm lieber, wenn anstelle der Heiden westliche christliche Heere die Hauptstadt Konstantinopel einnähmen, besonders deshalb, weil die bedeutendsten Reliquien des Herrn in ihr aufbewahrt würden, unter diesen »die Linnen, die man im Grab

nach der Auferstehung fand«.[66] Ein so eigenartiges Ansinnen eines Herrschers, der den Überfall auf seine eigene Hauptstadt herbeiwünscht, mußte auf Mißtrauen stoßen. Die meisten modernen Forscher halten den Brief für eine Fälschung, die vielleicht schon kurz vor dem Ersten Kreuzzug (1096) im Westen angefertigt worden war, um Konstantinopel als mögliches Eroberungsziel zu propagieren. Tatsächlich hatte sich Alexios an Papst Urban I. und die abendländischen Fürsten um Hilfe gewandt. Aber es war undenkbar, daß ein Kreuzfahrerheer Konstantinopel einnehmen sollte – eine so bedeutende Stadt der Christenheit. Immerhin bestätigt der gefälschte Brief, daß an der Wende zum 12. Jh. die Anwesenheit des Grabtuchs in Konstantinopel bekannt war.
Hundert Jahre später sollte die Einnahme von Byzanz durch das Kreuzfahrerheer schreckliche Wirklichkeit werden.

Das Christusbild und der Vierte Kreuzzug

Wir schreiben das Jahr 1199. Innozenz III. hatte soeben das höchste Amt der Kirche angetreten, da trieb ihn schon sein übergroßer Ehrgeiz, den Streit zwischen Kaisertum und Papsttum endgültig zugunsten der geistlichen Macht zu entscheiden.
Seit dem Tod Heinrichs VI. im September 1197 war der Kaiserstuhl vakant. In Deutschland stritten sich Hohenstaufen und Welfen um die Kaiserkrone, in England machten sich Richards Bruder Johann und dessen Neffe Arthur gegenseitig den Thron streitig, und Frankreichs König Philipp beteiligte sich rege an den englischen Auseinandersetzungen. Rundherum waren alle gekrönten und noch ungekrönten Häupter damit beschäftigt, sich gegen Nebenbuhler und Herausforderer durchzusetzen. Daß sich gerade zu dieser Zeit um den Grafen Tibald von Champagne fränkische Ritter versammelten, die von der Notwendigkeit eines Vierten Kreuzzugs beseelt waren, mußte Innozenz als glückliche Fügung des Schicksals erscheinen. Innozenz erkannte sofort die Gelegenheit und betrieb Tibalds Idee von einem neuerlichen Kreuzzug mit großem Elan. Schon bald

war eine stattliche Anzahl Edelleute von Flandern bis zum Rheinland bereit, mit ihren Rittern das Kreuz zu nehmen. Als Tibald 1202 unerwartet verstarb, wählte man Bonifaz von Monferat zum Führer der Kreuzzugsbewegung.
Die Führerschaft Bonifaz' sollte das gesamte Unternehmen außer Kontrolle geraten lassen und schließlich zu jenem verheerenden Resultat führen, wofür der Vierte Kreuzzug zu Recht einen sehr unrühmlichen Platz in der Geschichte einnimmt. Bonifaz verband eine alte Freundschaft mit Philipp von Schwaben, welcher hoffte, in Kürze Kaiser des Heiligen Römischen Reiches zu werden. Bei ihm verbrachte er 1201 die Wintermonate. Philipp war mit Irene Angelina, der Tochter des byzantinischen Kaisers Isaak Angelos, verheiratet. Sein Schwiegervater war 1195 bei einer Palastrevolution gestürzt, geblendet und zusammen mit seinem Sohn Alexios ins Gefängnis geworfen worden. Doch Alexios gelingt die Flucht. Im Winter 1201 schlägt er sich zu seiner Schwester an den Hof Philipps durch. Dort beratschlagen Philipp und Alexios mit ihrem Gast Bonifaz einen folgenschweren Plan: Der beabsichtigte Kreuzzug könnte doch einen kleinen Umweg nach Konstantinopel machen, und mit der Hilfe der Kreuzritter würde der befreundete rechtmäßige Herrscher wieder den Thron erlangen.
In der Tat war das für einen hartgesottenen Politiker wie Bonifaz ein verlockender Vorschlag. Nicht umsonst war Byzanz einer der wichtigsten Handelspartner der italienischen Seefahrtsstädte. Sein Reichtum genoß einen sagenhaften Ruf. Bonifaz ahnte, daß aus einer solchen Aktion mannigfache Vorteile zu erringen waren. Um solche für sich zu nutzen, war der Machthungrige nie verlegen.
Als es darum ging zu entscheiden, mit wessen Schiffen es zum Vierten Kreuzzug nach Palästina gehen sollte, gab Innozenz Venedig den Vorzug. Enrico Dandolo, der Doge von Venedig, erklärte sich bereit, zum Preis von 85.000 Kölnischen Silbermark den Kreuzrittern eine Flotte und Verpflegung bereitzustellen. Dandolo war mit ganzer Seele Kaufmann, der Inbegriff des diplomatisch geschickten Venezianers, der durch kluge Taktik und kühl kalkulierte Entscheidungen das Wirtschaftsimperium der Republik ausdehnen wollte. Er ist die dritte große Figur des Vierten Kreuzzugs und zweifellos einer der außergewöhnlichsten Männer seiner Zeit. Als er den Kreuzfahrern sein Angebot unterbreitete, war Dandolo im ho-

hen Alter von 94 Jahren und obendrein blind! Sein Augenlicht hatte er bei einer Schlägerei in Konstantinopel 30 Jahre zuvor verloren. Trotz seines Alters und dieser schweren Beeinträchtigung zögerte dieser Ausbund an Tatendrang und Ehrgeiz keinen Moment, auf der Kommandobrücke einer Galeere das Heer der fränkischen Ritter gegen Osten zu führen – und das in einer Zeit, in der eine längere Seefahrt selbst für junge und robuste Naturen ein unabwägbares Risiko darstellte.

Seit dem Frühsommer 1202 war das Kreuzfahrerheer auf der kleinen Insel San Niccolo di Lido zusammengepfercht, aber es konnte das Geld nicht aufbringen, das Dandolo verlangt hatte. Auf Vermittlung von Bonifaz kommt ein Kurier Philipps von Schwaben mit einer Botschaft von Alexios. Wenn die Kreuzritter Konstantinopel dem unrechtmäßigen Herrscher entreißen und Alexios an die Macht bringen, wird er alle Schulden übernehmen und zudem die Weiterfahrt zur Eroberung Ägyptens finanzieren. Enrico Dandolo ist von dem Vorschlag begeistert. Er würde gut bezahlt werden, und zudem könnte er die Handelsprivilegien Venedigs im Byzantinischen Reich entscheidend erweitern.

Innozenz war hin und her gerissen. Konnte er es zulassen, daß ein Kreuzzug derart pervertiert wurde, daß er sich letztlich gegen die Christen im Osten richten würde? Alexios war ihm gleichgültig, er hielt ihn für einen bedeutungslosen Mann. Aber unter allen diesen Überlegungen bewegte ein alter Traum der römischen Kirche die Phantasie des ehrgeizigen Papstes: die Wiedervereinigung der Kirchen. Vielleicht könnte der umgeleitete Kreuzzug ein Ende des Schismas bedeuten, dann würde er, Innozenz, zum großen Einiger der auseinandergefallenen Christenheit werden. Die angebotene Unterstützung des Feldzugs nach Ägypten mit Geld, Vorräten und 10.000 byzantinischen Kriegern war Vorwand genug, sein Placet zu dem Vorhaben zu geben.

Im Juli 1203 stand das Kreuzfahrerheer vor den Mauern Konstantinopels, und man schickte sich an, die Stadt mit Gewalt zu nehmen, zumal die fränkischen Soldaten nicht mit offenen Armen empfangen wurden, wie Alexios versprochen hatte. Als der Usurpator auf dem Thron keinen Ausweg sah, floh er mit seiner Lieblingstocher und einem Sack voll Edelsteinen unter dem Arm. In ihrer Not griffen die Fürsten Konstantinopels zu einer letzten List. Sie ließen den

geblendeten Isaak aus dem Verlies holen und erklärten ihn wieder zum Kaiser. Nach kurzen Verhandlungen akzeptierten sie seinen Sohn Alexios IV. als Mitregenten, und die Kreuzfahrer sahen von einer Erstürmung der Stadt ab.
Alles schien noch einmal gutgegangen zu sein, und das Heer der Ritter hatte endlich Zeit, sich von den Strapazen der Unternehmung zu erholen. Man quartierte sich gegenüber der Stadt beim Turm von Galata ein. In diesem Sommer 1203 sah die vom Völkergemisch vibrierende Stadt am Tor zum Orient zahlreiche »Franken« staunend durch ihre Straßen wandeln. Sie kamen aus vergleichsweise rückständigen Gegenden, rauhen Wäldern, einfachen Dörfern. Zum erstenmal sahen sie eine Pracht und Fülle an Kostbarkeiten, die ihre kühnsten Träume übertraf. Geoffroy de Villehardouin, einer der Führer des Kreuzzugs und Chronist der Ereignisse, schreibt:
»Man muß wissen, daß viele aus dem Heer Konstantinopel bestaunen gingen und die reichen Paläste und die hohen Kirchen, von denen es viele gab, und die riesigen Reichtümer, so groß wie in keiner anderen Stadt. Von den Reliquien braucht man gar nicht zu sprechen, da es so viele in dieser Zeit in der Stadt gab wie in der ganzen übrigen Welt zusammen.«
Zu dieser Zeit zog auch Robert de Clari (1170–1216), ein Gefolgsmann des Grafen Pierre de Amiens, durch die Stadt am Bosporus. Robert war ein armer, aber zweifellos intelligenter, frommer Mann. In Konstantinopel sah er sich eben jene Heiligtümer und Reliquien an, die Villehardouin ob ihrer großen Zahl nicht nennen wollte. Ihm verdanken wir die schon erwähnte aufschlußreiche Beobachtung vom Grabtuch, auf dem »die Figur unseres Herrn« zu sehen ist.
Offenbar um die Neugier der westlichen »Besucher« zu befriedigen, hatte man selbst die Tore der Pharos-Kapelle im Bukoleon-Palast geöffnet. Bis zu diesem Zeitpunkt war ein Besuch der Kapelle im Kaiserpalast nur einem kleinen Kreis Privilegierter gestattet gewesen. Von ihnen kennen wir Beschreibungen der dort aufbewahrten Passionsreliquien, die dem Historiker manch ein Problem bereiten.
Es ist von einem *sudarium* (Schweißtuch) die Rede, von *fasciae* (Binden), von einer *syndon* (Leinwand) und einem *linteum* (Laken, Leinwand), und es ist nicht immer klar erkennbar, ob ein großes

Grabtuch, ein Tuchteil oder gar das »Handtuch«, also das angebliche Edessa-Bild, gemeint ist. Ein englischer Pilger beschreibt 1150 ein *sudarium* und einen »goldenen Behälter, der das *mantele* (Handtuch) enthält«, das Jesus auf sein Antlitz gedrückt und das sein Abbild bewahrt habe. 1157 listet der isländische Pilger Nicholas Soermundarson in seinem detaillierten Inventar der Palastreliquien »*fasciae* mit *sudarium* und Blut Christi« auf. 14 Jahre später erfahren wir vom Erzbischof Wilhelm von Tyrus, daß er die *syndon* Christi in der königlichen Schatzkammer gesehen habe. Eine anonyme Inventarliste von 1190 enthält sowohl »Teile der Linnen, in welche der gekreuzigte Körper Christi eingeschlagen war«, als auch eine *syndon* und das »Handtuch« mit dem Abbild Jesu, das der Herr an Abgar sandte. Antoninus von Nowgorod kann im Jahre 1200 ein *linteum* und ein anderes *linteum* mit dem Gesicht Christi sehen.[67]
Als der Soldat Clari den Pharos-Tempel betreten durfte, kam er aus dem Staunen nicht heraus. Die Heilige Kapelle des Bukoleon-Palastes war von so unermeßlichem Reichtum, teilte er der Nachwelt mit, daß kein Gegenstand, der gewöhnlich aus Eisen gefertigt ist, dort nicht aus schwerem Silber oder Gold wäre. Keine Säule stand darin, die nicht aus Marmor oder Porphyr war.
Unter den zahlreichen Reliquien der Kapelle hob Clari einige hervor, die demonstrieren, welcher Stellenwert dieser Schatzkammer christlicher Geschichte zukommen mußte: zwei Stücke des wahren Kreuzes, die Lanze, die »beiden (sic!) Nägel, die durch die Mitte Seiner Hände und durch die Mitte Seiner Füße geschlagen wurden«, in einem Kristallbehälter das Blut Christi, seine Tunika, die Dornenkrone, der Kopf Johannes des Täufers. In der Mitte der Kapelle hingen an dicken Silberketten zwei goldene Gefäße. Eines davon enthielt offensichtlich die Kopie des edessenischen Mandylion. Im anderen Behälter befand sich das Keramion, der Ziegel mit dem wunderbaren Abdruck. Robert de Clari berichtet eine verstümmelte Legende dazu. Deren Herkunft aus dem Abgar-Zyklus ist zwar unverkennbar, doch Abgar und Edessa spielen keine Rolle mehr. Vielmehr wurde das Tuch mit dem Bild Jesu auf eine Erscheinung des Herrn vor einem frommen byzantinischen Bürger zurückgeführt. Während der Mann das Dach seines Hauses ausbessert, erscheint ihm Jesus, verlangt nach einem Tuch, drückt sein Gesicht hinein und händigt es dem Mann wieder aus. Die Gestalt Jesu ver-

schwindet, aber sein Antlitz bleibt auf wunderbare Weise auf dem Tuch erhalten. Bis zur Vesperzeit verbirgt der Mann das kostbare Handtuch unter einem Ziegel, wodurch sich das Bild auf den Ziegel überträgt.

Claris Beobachtung ist sehr aufschlußreich. Das Bild im goldenen Kasten an der prominenten Stelle, in unmittelbarer Nähe zum Keramion, sollte zweifellos das Mandylion darstellen. Wie es den Anschein hat, kannten nur noch die kirchenhistorisch gebildeten Besucher den Zusammenhang mit Abgar. Die Geschichte, die man sich vom wunderbaren Portrait erzählte und die Clari kolportiert, kennt die wahre Tradition nicht mehr. Nach der Entdeckung des Geheimnisses um das Edessa-Bild werden sich die Patriarchen entschlossen haben, die Bedeutung des Mandylion nach und nach zu reduzieren. Schließlich wußten sie, daß es ein Mandylion, wie es die Festpredigt besungen hatte, nie gegeben hatte. Man ließ die Geschichte in Vergessenheit geraten, und jene, die man in Konstantinopel noch kannte, als Robert de Clari staunend davor stand, zeigt, zu welchem Grad an Bedeutungslosigkeit das Edessa-Bild mittlerweile geschrumpft war. Vom Begriff »Mandylion« ist schon lange keine Rede mehr.

Das Grabtuch allerdings wurde irgendwann in die Blachernen-Kirche gebracht, wo es Clari bewundern konnte. Viele Forscher, die sich mit dem Aufenthalt des Tuchs in der Blachernen-Kirche auseinandergesetzt haben, stießen auf ein Problem: Wieso befand sich diese bedeutende Reliquie ausgerechnet in der Blachernen-Kirche und nicht in der Kapelle des Kaiserpalastes bei den anderen hervorragenden Passionsreliquien, wo man sie vermuten würde?

Der Bukoleon-Palast war eine weitläufige Anlage im ältesten Stadtkern, südwestlich der ehemaligen Akropolis, gewissermaßen eine Stadt in der Stadt. Mit Sicherheit war dies der bestgeschützte Ort. Die Blachernen-Kirche hingegen gehörte zum gleichnamigen Palastkomplex am äußersten nördlichen Stadtrand, etwa fünf Kilometer vom Bukoleon entfernt. Der Blachernen-Palast lag direkt an der von Kaiser Manuel I. nur wenige Jahrzehnte vor dem Vierten Kreuzzug fertiggestellten Stadtmauer. Die Kirche selbst, die wie die Pharos-Kapelle der Muttergottes geweiht war, grenzte an das nordöstliche Ende der Mauer an der Küste über dem Goldenen Horn. Ohne Zweifel war diese Lage ausgesprochen exponiert und als sicherer Aufbewahrungsort äußerst ungeeignet. Wie kam das Tuch an diesen Platz? Hat sich Clari vielleicht geirrt? Es ist durchaus möglich, daß man sich bereits bald nach der Entdeckung entschied, die Mandylion-Kopie vom Grabtuch örtlich zu trennen. Freilich mußte das »neue« Mandylion in der kaiserlichen Kapelle am Pharos – seinem angestammten Platz – bleiben. Die Blachernen-Kirche bot sich in praktischer Weise als Aufenthaltsort für das Grabtuch an, zumal sie ebenfalls zu einem Schutz bietenden, bedeutenden Palastkomplex gehörte. In theologischer und liturgischer Hinsicht war der Ort ebenfalls gut gewählt, denn die Blachernen-Kirche beherbergte bereits das Gewand Marias. Doch wann das Tuch letztendlich in die Blachernen-Kirche gebracht wurde, läßt sich nicht mehr sagen.

Um alle damit zusammenhängenden Fragen hinreichend zu klären, müssen wir uns zunächst die Ereignisse nach der Inthronisierung Alexios' IV. als Mitregent vor Augen führen.

Schon bald stellt sich heraus, daß Alexios nicht in der Lage ist, die versprochenen Gelder aufzutreiben. Zunächst versucht er Zeit zu gewinnen, indem er den Venezianern und den Führern der Kreuzritter verschwenderische Geschenke macht. Den Zorn der Kirche zieht er sich zu, als er versucht, sie zur Anerkennung von Roms Oberhoheit zu zwingen, und sogar Kirchensilber einschmelzen läßt, um Vorschußzahlungen leisten zu können. Die Situation in der Stadt wird von Tag zu Tag angespannter. Die Byzantiner mit ihren feinen Sitten sind der rauhen, betrunkenen Masse ungehobelter Soldaten, die beständig in den umliegenden Dörfern Angst und Schrecken verbreiten, überdrüssig. Wiederum erkennt der schlaue Dandolo sofort die Situation: Können seine Forderungen nicht erfüllt werden, sollte sich, mit dem kampfeslustigen Heer im Rücken, noch weit mehr gewinnen lassen. Er stellt immer übertriebenere Forderungen, um den verzweifelten Alexios rascher in die Enge zu treiben. Im Februar 1204 gibt sich Alexios geschlagen, aber zugleich läuft der Hexenkessel Konstantinopel über. Dem aufgebrachten Mob gelingt es beinahe, eine Abordnung der Kreuzfahrer zu lynchen. Statt dessen ergreifen und töten die Bürger Alexios. Auf dem Thron folgt ihm Alexios Murtzuphlos als Alexios V., die Stadttore werden verriegelt, und aus den freundlichen politischen Helfern aus dem Westen werden plötzlich Belagerer.

Dandolo sah sich kurz vor einem Ziel, an das er beim Auslaufen aus dem heimatlichen Hafen nicht zu denken gewagt hätte: Durch den Zusammenbruch der Regierung von Alexios IV. waren die Möglichkeiten zu einem diplomatisch errungenen Westkurs vereitelt worden, also mußte Konstantinopel mit Gewalt dazu gezwungen werden. Ein lateinischer Kaiser in Byzanz, noch dazu mit tatkräftiger venezianischer Unterstützung auf den Thron gehoben, bedeutete beste Handelsprivilegien und den Gewinn wichtiger Seestützpunkte für die Republik. Die führenden Kreuzritter liebäugelten mit der Eroberung neuer Länder im riesigen Ostreich.
Nach einem fehlgeschlagenen Angriff erobern am 13. April 1204 jene Ritter, die geschworen hatten, allein die Muslime von den heiligen Stätten zu vertreiben, Konstantinopel. Murtzuphlos flieht, während sich die Heerführer noch in derselben Nacht im Bukoleon-Palast niederlassen. In dieser Situation macht die Diplomatie der Eroberer einen unverzeihlichen Fehler. Um die Soldaten zufriedenzustellen, wird ihnen die Stadt drei Tage lang zur Plünderung freigegeben. (Vgl. Abb. 47)
Die schrecklichen Szenen, die sich dabei ereigneten, und das ungeheure Grauen, das die Meute blindwütiger Rohlinge verbreitete, haben Eingang gefunden in die Annalen der dunkelsten Kapitel der Weltgeschichte. Auf lange Zeit hinaus hat die Plünderung der Stadt in das Verhältnis zur westlichen Welt einen noch tieferen Abgrund gerissen, während das neue lateinische Kaiserreich in Byzanz, in völliger Verkennung der Situation, die Spaltung schon fast überwunden glaubte.
Der byzantinische Historiker Niketas Choniates (ca.1150–1215) beschreibt als Augenzeuge die schlimmmen Verwüstungen durch die Plünderer, wie sie mit Pferden und Mauleseln in die Paläste und Kirchen eindringen, die heiligen Gefäße stehlen und alles, was wertvoll ist, wie sie Stühle, Gebetsbänke zertrümmern, selbst kostbare Ornamente aus Halterungen und Türen reißen. Niketas selbst flüchtet in diesen Tagen von einem Freund zum anderen. Aber nirgends ist er vor dem Furor der Horde sicher. Schließlich muß er alles den Plünderern zurücklassen und die geliebte Heimatstadt fluchtartig verlassen. Der Terror kennt keine Grenzen. Unterschiedslos werden harmlose Bürger erschlagen, in den Klöstern schänden die christlichen Eroberer Nonnen, und in der Hagia So-

phia setzen sie eine Hure auf den Thron des Patriarchen. Niketas' Schmerzensschrei, die Anklage eines entrüsteten und gebrochenen Mannes, hallt bis in unsere Tage: »Selbst die Sarazenen wären barmherziger gewesen!«
Allein die Anlagen des Bukoleon- und des Blachernen-Palastes entgehen den Händen der Plünderer, weil sie nach dem Sturm sofort von den Anführern in Besitz genommen werden. Graf Balduin IX. von Flandern und Hennegau wird am 16. Mai 1204 als Balduin I. zum lateinischen Kaiser von Byzanz gekrönt.

Das Grabtuch verschwindet

In dieser Zeit hektischer Veränderungen verliert sich die Spur des Grabtuchs; 150 Jahre später wird es in einer französischen Provinzkirche wieder auftauchen.
Robert de Clari, dem das außergewöhnliche Tuch in Konstantinopel aufgefallen war, vermerkt: »Niemand weiß, weder Grieche noch Franke, was aus dem Tuch geworden ist, als die Stadt eingenommen war.«
Clari war, wie es scheint, so sehr an der Reliquie interessiert, daß er nach der Eroberung Konstantinopels nach ihr gefahndet hat – ohne Erfolg. Nach allem, was wir über Grabtuchreliquien in Konstantinopel vor der Eroberung von 1204 wissen, waren sie in der Kapelle am Pharos untergebracht. Von Nikolaus Mesarites, dem Kustos für die Schätze der Kirchen im Großen Palast, ist uns aus dem Jahr 1201 eine Auflistung der Passionsreliquien überliefert, die sich in der Pharos-Kapelle befanden.[68] Darunter erwähnt er die Begräbnis-*Sindones* Christi. Sie seien aus Leinen, aus billigem und leicht erhältlichem Material. Immer noch dufteten sie nach Myrrhe und hätten dem Verfall widerstanden, weil sie »den geheimnisvollen, nackten toten Leib nach der Passion« eingehüllt hätten. Es ist schwer zu sagen, ob Mesarites auf jenes Grabtuch Bezug nimmt, das zwei Jahre später Clari in der Blachernen-Kirche gesehen haben will. Ich habe bereits deutlich gemacht, daß es wohl mehrere Grabtuchreliqui-

en gegeben hat, die alle den Anspruch auf Echtheit erhoben. Wilson gibt zu bedenken, daß die Wortwahl »nach der Passion« und nicht »im Grabe« darauf hindeuten könnte, daß man dabei nicht an das eigentliche Begräbnistuch dachte, sondern an jenes Tuch, mit dessen Hilfe Jesus vom Kreuz abgenommen wurde. Vielleicht darf der Hinweis auf den »nackten Körper« als Kenntnis der Abbildung auf dem Tuch gewertet werden. In diesem Zusammenhang ist ein weiterer von Mesarites verwendeter Terminus interessant. Um die Eigenschaft des Leibes zu charakterisieren, der im Tuch lag, verwendet er den Ausdruck *aperilepton,* der die Bedeutungen von »unumschrieben«, »unbegrenzt«, »unbeschreibbar« oder »geheimnisvoll« annehmen kann. Entscheiden wir uns für eine nicht symbolisch gemeinte Aussage, dann kann der Passus, wie Scavone nahelegt[69], sich auf das uns bekannte Bild beziehen, das »unumschrieben« ist, weil es seltsamerweise keine deutlichen Konturen besitzt. Mesarites, der die Passionsreliquien gewissermaßen beschwörend vor einer anstürmenden Menge während einer Palastrevolution aufzählt, beruft sich auf die hohe Heiligkeit der Kapelle, in der Christus wieder auferstehe, und die *sindon* sei der deutliche Beweis dafür. An diesem Ort vollziehe sich also gewissermaßen eine neue Auferstehung, weil in ihm die Zeit der Passion und Grablegung durch die Reliquien verlebendigt ist. Am selben Ort befanden sich aber auch das Keramion und die Mandylion-Kopie in den Behältern an den Silberketten, die Clari beschrieb. Mesarites erwähnt die wunderbaren Jesusportraits auf dem *cheiromaktron* (Handtuch) und dem Ziegel ebenso. Es ist bezeichnend, daß er selbst nicht mehr den Ausdruck Mandylion verwendet und das Bild auf dem Handtuch beschreibt als angefertigt »durch eine gewisse Kunst der Zeichnung, nicht von Hand gemacht«.[70] Die Erwähnung der »Kunst der Zeichnung« scheint mir ein deutliches Indiz dafür zu sein, daß dem Betrachter auffallen mußte, daß es sich um ein künstlerisches Werk handelte, das Portrait also einen ganz anderen Charakter besaß als das Abbild auf dem Grabtuch. Zu dieser Zeit war ja das Geheimnis des Mandylion bereits gelüftet, und das alte edessenische Bild existierte nur noch als »echte« Kopie.

Der bekannte Erforscher des »Turiner Grabtuchs« Werner Bulst nimmt an, daß es sich bei der Beschreibung von Mesarites immer noch um das wahre Mandylion/Grabtuch handelt, wogegen Clari in der Blachernen-Kirche lediglich ein Epitaphios-Tuch gesehen habe mit dem gemalten oder gestickten Bild des toten Christus, wie es »wenigstens seit etwa 1300 in vielen östlichen Kirchen beim Karfreitagsgottesdienst gebraucht wurde«.[71] Das wahre Grabtuch mit der Abbildung sei immer noch in dem gefalteten Zustand als Mandylion in der Pharos-Kapelle aufbewahrt gewesen. Neuerdings vertritt Bulst die Ansicht, die Kapelle selbst wäre nach der wichtigsten in ihr aufbewahrten Reliquie benannt: Bei Homer würde das Wort *pharos* im Sinne von »Grabtuch« gebraucht.[72] Konstantin habe die Kapelle errichten lassen, um neben dem Labarum das Grabtuch in gefaltetem Zustand aufzubewahren. Zur Zeit des heidnischen Rückschlags während der Regierung des Julian Apostata habe man das Tuch nach Edessa in Sicherheit gebracht. Als es wieder geholt wurde, kam es abermals, dann als Mandylion, in die Pharos-Kapelle. Aus Konstantinopel verschwunden sei die Reliquie erst 1247, als der letzte lateinische Kaiser, Balduin II., aus akutem Geldmangel eine Reihe von bedeutenden Heiligtümern König Ludwig IX. dem Heiligen vermachte. Darunter befand sich auch eine *»sancta toella tabule inserta«* (ein heiliges Handtuch, in eine Tafel eingefügt). Für Bulst besteht kein Zweifel, daß es sich um das Mandylion/Grabtuch handelte, das Ludwig aus dem Schatz der Pharos-Kapelle übersandt wurde.

Bei genauer Betrachtung erweist sich, daß diese Theorie auf sehr schwachen Beinen steht. Zunächst irrt Bulst in der Annahme, Konstantin habe den Bukoleon-Palast und die Pharos-Kapelle errichten lassen. Die Kapelle wurde erst Jahrhunderte später, nämlich unter Konstantin V. Kopronymos (741–775) errichtet, und zwar auf der Terrasse, auf deren gegenüberliegender Seite der Leuchtturm, der »Pharos«, gelegen war. Zweifellos erhielt die Kapelle ihren Namen nach dem berühmten Leuchtturm.[73] Zudem kann zur Gründungszeit ein Tuch mit Bild keine Rolle gespielt haben. Das Grabtuch selbst befand sich in Edessa, und für Konstantin V., bekannt als radikaler Ikonoklast, wäre es undenkbar gewesen, einem Gottesbild eine Kapelle zu errichten.

Daß Robert de Clari in der Blachernen-Kirche lediglich ein Epitaphios-Tuch gesehen habe, ist eine weitere sehr gewagte Unterstellung Bulsts. Clari wird zwar gern als fromm und leichtgläubig beschrieben, aber er muß als zuverlässiger Beobachter gelten. Zahlreiche von ihm geschilderte Ereignisse während des Vierten Kreuzzugs decken sich sehr genau mit den Beschreibungen Villehardouins. Er hat eine exakte Darstellung der Heiligtümer der Pharos-Kapelle geliefert, auf die sich Bulst übrigens stützt, und es ist nicht einzusehen, warum ihm ausgerechnet bei der Beschreibung des Tuchs in der Blachernen-Kirche ein so grober Fehler unterlaufen sein sollte. Clari konnte sehr wohl zwischen gemalten, bestickten oder anderen Tüchern unterscheiden. Er wird zahlreiche Reliquien nicht nur kurz gesehen, sondern selbst in der Hand gehalten haben. Der Überlieferung zufolge hat Clari eine große Anzahl von Reliquien aus Konstantinopel mit in seine Heimatstadt Corbie in der Picardie gebracht. Besonders herausgehoben wird ein Kristallreliquiar in Kreuzform, das übrigens unter anderem ein Stück des »Sudariums unseres Herrn« enthielt und aus der Pharos-Kapelle stammte. In einer Inventarliste über den Bestand des Sanktuariums, die Robert de Clari aus Konstantinopel mitbrachte, sind nicht weniger als 54 Reliquien vermerkt.[74] Clari hat auch ein »Heiliges Antlitz« mit sich geführt. Es handelte sich dabei zweifellos um eine Kopie des Mandylion. Ihre Ähnlichkeit mit anderen Portraits dieser Art, wie mit dem »Edessa-Bild« in der Matilda-Kapelle des Vatikans oder dem Bild in der Armenierkirche in Genua, ist bestechend.[75] Jemandem, der eine so enge Beziehung zu den Reliquien hat, muß gerade in dieser Hinsicht besondere Glaubwürdigkeit zukommen. Claris Aussage, es habe sich in der Blachernen-Kirche um das »Grabtuch« gehandelt, auf dem die Figur Jesu deutlich zu sehen war, und der Zusatz, weder Franke noch Grieche hätten gewußt, wohin es gekommen war, darf nicht unterschätzt werden. Offenbar hatte er sich bei Griechen und Franken nach dem Verbleib erkundigt. Es ist anzunehmen, daß Clari den Entschluß gefaßt hatte, wenn irgend möglich, diese bedeutende Reliquie mit nach Hause zu nehmen.

Eine weitere Schwäche in der Argumentation Bulsts liegt in dem Umstand, daß er daran festhält, das Grabtuch sei bis zu seiner Überführung nach Paris in der Form des edessenischen Mandylion geblieben. Aber er selbst behauptet, die Kenntnis des entfalteten Tuches mit der ganzen Abbildung sei schon viel früher bekanntgeworden und habe die Ikonographie der Beweinungs- und Grablegungsszenen sowie die Darstellungen des sogenannten »Schmer-

zensmannes« im Westen entscheidend beeinflußt. Wie ich dargestellt habe, ist es völlig undenkbar, daß man nach der Entdeckung des ganzen Tuchs dieses wieder zum Portrait zusammengefaltet hat. Dies entbehrt nicht nur jeglicher Logik, sondern hätte für die byzantinische Kirche bedeutet, sich selbst der wichtigsten Reliquie zu berauben.
Bulst versucht seine These zu stützen, indem er auf die Totenrede des Nikolaus Mesarites auf seinen Bruder aus dem Jahr 1207 verweist. In dieser erwähnt der ehemalige Kustos der Pharos-Kapelle abermals die Passionsreliquien und das Christusportrait, das Bulst für das originale Mandylion hält. Also sei das Grabtuch/Mandylion noch 1207 in Konstantinopel gewesen. Doch seit der Machtübernahme Balduins waren sämtliche Kirchenämter an Lateiner übergegangen, und Mesarites hatte das Amt des Kustos abgeben müssen. Wie der Historiker Daniel Scavone eindrücklich demonstriert, benutzt Mesarites während der Eloge seine eigene Aussage von 1201 mit fast identischen Worten allein zu rhetorischen Zwecken.[76] Ein Beweis, daß irgendeine der darin erwähnten Reliquien um 1207 noch in der Pharos-Kapelle war, läßt sich daraus nicht konstruieren.
Die Schwierigkeiten mit der Fixierung des Grabtuchs 1203 in der Blachernen-Kirche und sein darauffolgendes Verschwinden haben weitere, zum Teil recht abenteuerliche Hypothesen entstehen lassen. Eine davon präsentiert Noel Currer-Briggs. Sie sei hier neben der These Bulsts wiedergegeben, weil auf beide in der Literatur immer wieder verwiesen wird. Currer-Briggs geht von der Annahme aus – und darin folgt er im übrigen Ian Wilson –, daß man das Mandylion, ebenfalls noch als das echte gefaltete Grabtuch, auch während der Belagerung durch das Kreuzfahrerheer als Reichspalladion verwendete. Es sollte, wie einst die Perser von Edessa, die lateinischen Angreifer von Konstantinopel fernhalten. Currer-Briggs vermutet, man habe das Mandylion von Zeit zu Zeit aus der Pharos-Kapelle geholt und in die Blachernen-Kirche an der Stadtmauer gebracht, wo es die Wirkung als Palladion unter Beweis stellen sollte. Als im April 1204 die Stadt eingenommen wurde, habe es sich allerdings nicht in der Blachernen-Kirche befunden, denn diese sei geplündert worden, es müsse in der Pharos-Kapelle gewesen sein. Die Kaiserin-Witwe Margarethe (die nach dem Tod ihres Gemahls,

Kaiser Isaaks II., den Kreuzfahrer Bonifaz von Monferat geheiratet hatte) habe das Tuch an sich genommen. Nach der Hochzeit habe das Paar die kostbare Reliquie mit sich geführt, zunächst nach Thessalonike. Dann soll das Tuch ein abenteuerliches Schicksal erlitten haben, an verschiedenen Orten im heutigen Jugoslawien gewesen sein, in Klis und Trogir, bis es 1242 König Bela IV. von Ungarn aus einer finanziellen Notlage heraus den Templern verkauft habe. Eigenartigerweise sei damals das Tuch als Mandylion in seinen Rahmen gefaßt gewesen, der aber auch das Keramion enthalten habe. Letzteres soll in den Besitz der Katharer des Languedoc gelangt sein und zur Vorstellung des Grals als eines Steines – des *lapis exilis* – geführt haben.

Es würde zu weit führen, Currer-Briggs' Thesen einzeln einer fundierten Kritik zu unterziehen; viele von ihnen lohnen nicht den Aufwand, zumal sie von falschen historischen Voraussetzungen ausgehen. Beschränken wir uns deshalb kurz auf die wesentlichen Elemente im Zusammenhang mit dem Grabtuch. Suspekt erscheint die Idee, das Mandylion habe zu Beginn des 13. Jh. immer noch die Funktion eines Palladion ausgeübt, die es in Edessa hatte. Aus verschiedenen Gründen scheint mir diese Annahme völlig unhaltbar. Erstens muß das Mandylion als schutzbringendes Objekt bereits nach der Überführung von Edessa ein gut Teil dieser Funktion eingebüßt haben. Der von Jesus in seinem Schreiben an Abgar garantierte Schutz bezog sich explizit auf Edessa selbst, und welchen Wert konnte ein Palladion noch besitzen, wenn es nicht einmal in der Lage war, sich selbst zu schützen? Schließlich wurde es ja gewaltsam von Edessa weggeholt. Es ist anzunehmen, daß schon Romanos Lakapenos nicht so sehr an der Palladionfunktion des Edessa-Bildes interessiert war, als vielmehr an der besonderen Verehrung, die dem Heiligtum überall entgegengebracht wurde, und es ging ihm wohl auch darum, diese bedeutende Reliquie nicht in einer Provinzhauptstadt zu belassen, noch dazu in einer, die von den Arabern kontrolliert wurde.

Nichts deutet darauf hin, daß in Konstantinopel das Mandylion noch die Funktion eines Palladion hatte. Ganz im Gegenteil. Während der kurzen Herrschaft des Kaisers Alexios V. Murtzuphlos von Februar bis April 1204 kommt es zu einem Überraschungsangriff Murtzuphlos' auf die Kreuzfahrer. Der Usurpator verfolgt mit 4000 Mann Heinrich, den Bruder Balduins von Flandern, der mit einer kleinen Schar nach Philae aufgebrochen war. Bei diesem Angriff hat Murtzuphlos »die Ikone dabei, ein Bild der Jungfrau, das die Herrscher mitführen, wann immer sie in eine Schlacht ziehen« (Clari), und »in welches die Griechen großen Glauben hatten«.[77] Murtzuphlos wird besiegt, und zu allem Unglück verliert er die Ikone, die ganz in Gold gefaßt und mit herrlichen Edelsteinen besetzt war. Sie wird dem Bischof von Troyes anvertraut (und später der Zisterzienserabtei von Cîteaux vermacht). Kurz darauf wird die Ikone feierlich auf einem Schiff um Konstantinopel herumgefahren, um den Bewohnern zu zeigen, daß sie sich im Besitz der Angreifer befindet. Die Griechen, die ein schlimmes Vorzeichen darin sehen, werden nervös und bedrängen den Usurpator Murtzuphlos.

Aus dieser Episode wird deutlich, daß ein ganz anderes Bild, eine Ikone der Gottesmutter mit wertvollem Oklad, die Rolle des Palladion übernommen hatte. Die Kreuzfahrer hatten dies sofort erkannt und durch die Schiffsprozession mit der Ikone um die Mauern der Stadt die Macht des Palladion »umgekehrt«. Das Mandylion spielte in solchen Zusammenhängen keine Rolle mehr. Zudem wäre es völlig unerklärlich, warum man, wie Currer-Briggs fabuliert, jedesmal das Mandylion hätte auseinandernehmen sollen, um es als entfaltetes Grabtuch in die Blachernen-Kirche zu schaffen. Das macht überhaupt keinen Sinn. Die Darstellung Claris deutet unzweifelhaft darauf hin, daß das Tuch in der Blachernen-Kirche einen besonderen liturgischen Zweck erfüllte, der an eine alte Institution denken läßt und nicht an eine hektische Überführung. Clari sprach davon, das Tuch würde jeden Freitag aufgerichtet, bzw. es richte sich auf, so daß die *Figur* Jesu deutlich sichtbar werde. Diese Freitagszeremonie läßt allein einen theologischen Zusammenhang erkennen und keinen politischen, und sie verweist mit aller Deutlichkeit auf die Funktion einer Vergegenwärtigung der Passion Christi.

Den weiteren Weg des Mandylion/Grabtuchs versucht Currer-Briggs dadurch zu untermauern, daß er an allen Stationen entweder eine Kirche des hl. Acheiropoietos findet oder solche, in denen das Mandylion bzw. eine »verdächtige« Beweinungsszene abgebildet ist. Vor allem auf die erste Station in Thessalonike legt er besonderen Wert, obgleich er bereits hierbei einen folgenschweren Fehler begeht. Er geht davon aus, daß der Begriff *Acheiropoieton* immer in Zusammenhang mit Bildern des Grabtuchportraits verwendet wird, und macht sich nicht die Mühe, die Weihung der Kirche eines hl. Acheiropoietos näher zu untersuchen. Der Terminus selbst ist neutral, wie wir gesehen haben, und bezieht sich keineswegs nur auf das Edessa-Bild. Das Entscheidende aber ist, daß Kirchen, denen dieses Epithet beigegeben wurde, sich *stets* auf die Muttergottes bezogen haben, von der zahlreiche »nicht von Menschenhand gemachte« Bilder überliefert waren. Neuere Untersuchungen haben ausgerechnet die Acheiropoietos-Kirche von Thessalonike herausgehoben, um diesen Umstand zu illustrieren.[78] Und schließlich: Würden wir aus Fresken und Mosaiken in Kirchen unsere Schlüsse ziehen, dann könnten wir unschwer eine Reise durch den ganzen kleinasiatischen Raum, den Balkan und Italien für das Mandylion/Grabtuch entwerfen. Aber für keinen der Orte, die Currer-Briggs erwähnt, gibt es auch nur den geringsten historischen Nachweis, daß das Edessa-Bild oder das Grabtuch dort Station gemacht hätten, und von allen angeblichen Besitzern des Tuches bis zur Übergabe an die Templer hören wir kein Wort über die auffallende Textilie. Freilich bleibt Currer-Briggs für seine abenteuerliche, völlig irreführende Hypothese letztlich auch das Motiv schuldig, das Margarethe gehabt haben könnte, die Reliquie an sich zu nehmen.

Wir erkennen in solchen Versuchen, das geheimnisvolle Verschwinden des Tuchs und das undurchdringliche Schweigen, das sich über seine Geschichte legte, erklären zu wollen, unzulängliche Kombinationen spärlicher Hinweise auf dem Hintergrund einer prekären politischen Situation. Alle einflußreichen Leute im 13. Jh. sind mit einem Male verdächtig. Jeder konnte das Grabtuch haben wollen, so mancher wollte vielleicht nur das alte Reichspalladion in seinen Besitz bringen – so lauten die Argumente. Nach Willi K. Müller hat es André de Joinville 1203 an sich genommen und nach Akkra gebracht, dann gelangte es zwischen 1229–1245 nach Deutschland. Die Stütze seiner These sind wiederum Bildwerke in Kirchen, diesmal aus dem tauberfränkischen Raum. Bulst, der sich auf Müller beruft, bringt die Staufer ins Gespräch, die das Palladion in die Hand bekommen wollten. Endlose Listen von Interessenten, zahlreiche Optionen, viel historiographische Science-fiction.

Den geschichtlichen Quellen gerechter wird Ian Wilson. Für ihn ist es folgerichtig, anzuerkennen, daß zur Zeit der Belagerung Konstantinopels das Grabtuch ein anderer Gegenstand als das Mandylion war und letzteres nur noch als Kopie existierte. Wer aber das Grabtuch an sich genommen hat und auf welche Weise, bleibt für ihn ein Geheimnis. Wer immer es aber war, er muß es schließlich dem Orden der Templer vermacht haben. Wilson untermauert diese These mit folgenden Argumenten: Da sich die Periode des »Untertauchens« über ein Jahrhundert erstreckt, muß man eine Kontinuität im Besitztum voraussetzen. Als Eigentümer kommt daher eher eine Gruppe denn eine Einzelperson in Frage. Die Gruppe muß in naher Verbindung zu den Kreuzfahrern gestanden haben, muß sehr reich gewesen sein, um nicht der Versuchung zu erliegen, die Reliquie zu verkaufen. Die Besitzer müssen in der Lage gewesen sein, für Geheimhaltung und Sicherheit zu garantieren, sie müssen ein Motiv gehabt haben, in dieser Weise vorzugehen, und müssen Christen gewesen sein. Schließlich müssen sie ein historisches Bindeglied zu Geoffroy de Charny gehabt haben, jenem französischen Ritter, der als erster anerkannter Besitzer des Grabtuchs in die Geschichte eingegangen ist. »Wer hatte also eine so hohe Meinung von sich selbst, es für sein exklusives Recht anzusehen, Christi kostbarste Reliquie zu besitzen?« Die Antwort, die Wilson auf seine eigene Frage gibt, lautet: die Templer. In der Tat ist diese These bemerkenswert und keinesfalls abwegig. Das zentrale Element, das das Antlitz auf dem Grabtuch mit den Templern in Verbindung bringt, ist der berühmte rätselhafte Kult um einen bärtigen Männerkopf, den die Templer bei ihren geheimen Zusammenkünften als Idol angebetet haben sollen. Ich werde die Möglichkeit, das Templer-Idol direkt vom Bild auf dem Grabtuch abzuleiten und den Orden als wahrscheinlichen Besitzer des Grabtuchs im 13. Jh. anzunehmen, noch ausführlich analysieren. Doch vorerst muß die Frage geklärt werden, wie das Tuch in den Besitz der Templer gekommen sein kann. Wilson und alle, die in seinen Fußstapfen nach einer Antwort gesucht haben, konnten keine finden. Man vertröstete sich auf den geheimnisvollen Nimbus, der die Templer umgibt: Sie werden schon ihre Wege gehabt haben.

Der Streich der Templer

Diese Antwort kann jedoch nicht zufriedenstellen, wenngleich es sehr wahrscheinlich ist, daß die Templer im Drama um das Tuch eine Rolle gespielt haben. Wenn die Templer wirklich ein Interesse an dem Tuch hatten, dann werden sie alles darangesetzt haben, es in die Hände zu bekommen. Sicher wußten sie über das Tuch in Konstantinopel bestens Bescheid. Sie gehörten zu jenen Privilegierten, denen der Zutritt zu den verborgenen Heiligtümern gestattet wurde. Im Gefolge von Ludwig VII. und seiner Gemahlin Eleonore von Aquitanien erhielt Everard de Barre, Großmeister der Templer, während des Zweiten Kreuzzugs im Jahre 1147 Gelegenheit, in Konstantinopel die Passionsreliquien zu sehen.
Seit der Gründung des Ordens 1119 finden sich die Templer bei Kreuzzügen und Schlachten gegen Muselmanen in den ersten Reihen. Doch während des Vierten Kreuzzugs waren keine Templer unter den Rittern. Sie hatten sich verpflichtet, nie gegen Christen zu kämpfen. Ihre Zurückhaltung ist auffallend. Sobald Konstantinopel eingenommen war, erschienen die Templer sofort auf der Bildfläche.
Die vom Papst nach Konstantinopel beorderten Legaten brachten eine Reihe von großen Kirchenmännern und Rittern in ihrem Gefolge mit. Auch eine Anzahl von Templern befand sich auf den Schiffen, die 1204 von Akkon nach Konstantinopel aufbrachen. Wenn die Templer das Grabtuch in ihre Gewalt bringen wollten, mußten sie bald handeln.
Wir können davon ausgehen, daß Gewährsmänner aus ihren Reihen, die den Coup ausführen sollten, gleich nach der Einnahme in die Stadt geschickt oder bereits als »Geheimagenten« ins Kreuzzugsheer eingeschleust worden waren. Doch der Streich war nicht einfach zu bewerkstelligen. Trotz des großen Durcheinanders, das während der Tage der Plünderung herrschte, gab es zwei Bezirke, die von den Verwüstungen verschont blieben. Der eine war der Bukoleon-Palast, den der Marquis Bonifaz von Monferat in Besitz nahm, und entgegen bisweilen anders lautenden Annahmen wurde auch der Blachernen-Palast mit seiner Kirche von der Plünderung ausgenommen.[79] Dieser wurde unmittelbar nach dem Einbruch des

Kreuzfahrerheeres, der sich ganz in der Nähe vollzog, von Heinrich von Flandern, dem Bruder des späteren Kaisers Balduin, gesichert. Villehardouin beschreibt dies mit den Worten:
»So wie jener Palast dem Marquis Bonifaz übergeben wurde, wurde der von Blacherne Heinrich, dem Bruder des Grafen Balduin, gegeben, samt dem Leben derer, die sich darin befanden; dort wurde ein weiterer großer Schatz gefunden, der nicht geringer war als jener des Bukoleon.«
Weder aus der Pharos-Kapelle noch aus der Blachernen-Kirche konnten irgendwelche Reliquien von plündernden Horden einfach entwendet werden. Sie wurden vielmehr gezielt an klerikale und weltliche Würdenträger verteilt. Konrad, Bischof von Halberstadt, der zu Bonifaz besonders gute Verbindungen pflegte, muß nach und nach so viele Reliquien aus der Pharos-Kapelle erschlichen haben, daß er später aufgefordert wurde, einen Teil davon zurückzugeben. Entsprechend müssen wir davon ausgehen, daß das Grabtuch mit dem Einverständnis der flandrischen Grafen von seinem angestammten Platz genommen wurde. Warum besitzen wir aber keinen Bericht darüber?
Ich sprach von Templern, die gewissermaßen als Geheimagenten die unglückselige Entwicklung in Konstantinopel mitverfolgten. Einer von ihnen war Bruder Baroche, Magister des Ordens in der Lombardei.[80] Als Balduin einen Botschafter auswählte, um die Nachricht von seiner Wahl und Krönung dem Papst und den christlichen Fürsten in einem Rundschreiben zu übermitteln, fiel die Wahl auf den Templer Baroche. Es ist bemerkenswert, daß für diesen besonderen Auftrag, der immerhin nicht weniger war als die Übermittlung des Versprechens, die geteilte Kirche wieder zu vereinen, ein recht unbedeutender Templer ausgewählt wurde. Es gab genügend namhafte Streiter, die von Anfang an das waghalsige Unternehmen mitgetragen hatten und Seite an Seite mit Balduin bei der Eroberung der Stadt gekämpft hatten. Gern hätten sie die Ehre entgegengenommen, als Gesandte des lateinischen Kaisers nach Rom zu fahren. Doch Balduin setzte auf einen Unbekannten – aber einen Templer. Über Bruder Baroche läßt sich so gut wie nichts in Erfahrung bringen. Außer bei diesem Auftrag scheint er nie eine diplomatische oder andere bedeutende Rolle gespielt zu haben.
Wie Baroche zu seinem Auftrag kam, bleibt ein Rätsel. Wenn aber

die Templer beabsichtigt hatten, das Tuch in ihren Besitz zu bringen, so bot sich ihnen jetzt eine ausgezeichnete Gelegenheit. Auf dem »freien Reliquienmarkt« wäre eine so kostbare und einzigartige Reliquie wie diese selbst für die Templer unmöglich zu erwerben gewesen. Schon für unbedeutende Teile von Passionsreliquien wurden ungeheure Summen bezahlt. Zudem hätten wohl der Heilige Stuhl oder das französische Königshaus Einspruch erhoben, wenn das Tuch mit dem Abbild Jesu bei dem ohnehin schon sehr einflußreichen Orden gelandet wäre.
Balduin schickte seinen Botschafter nicht mit leeren Händen auf die Reise. Er füllte dessen Schiff mit kostbaren Tapisserien, Edelsteinen, Gold und Reliquien. Das war die Chance für die Templer. Sie hatten es fertiggebracht, ihren Mann in die begehrte Position zu setzen, jetzt ging es darum, das Tuch aus der Blachernen-Kirche herauszubekommen. Baroche mußte Kaiser Balduin davon überzeugen, wie wichtig es war, die bedeutendste Reliquie des Byzantinischen Reiches nach Rom, dem Zentrum der Christenheit, zu bringen, um sie dem Papst zum Geschenk zu machen. Damit dokumentiere der Kaiser seine Ergebenheit und mache sich den Heiligen Stuhl geneigt. Mit der Übergabe des Heiligtums werde die Rolle Roms symbolisch bestätigt: Jesus selbst in der Form seines leiblichen Abdrucks auf dem Tuch würde seinen glorreichen Einzug halten in die Ewige Stadt!
Balduin ließ sich überzeugen. Bruder Baroche brach bald auf einem venezianischen Schiff nach Rom auf. Mit sich führte er ein Sendschreiben des Kaisers und kostbare Geschenke; unter den letzteren, wohl behütet, das Grabtuch Jesu. Sicher hat er Balduin geraten, über die kostbare Ladung Schweigen zu bewahren. Es war gut, unauffällig ins Marmarameer hinauszufahren. Die Zeiten waren unsicher, und auf dem langen Weg konnten sich noch viele Widrigkeiten ereignen. Außerdem war nicht abzusehen, wie die Geistlichkeit und die Kreuzritter darauf reagieren würden, daß Balduin ohne ihr Einverständnis die kostbarste Reliquie außer Landes schaffte, ganz zu schweigen von einer möglichen Unruhe in den Reihen der Griechen. Um innenpolitische Ruhe zu bewahren, galt es mit aller Vorsicht vorzugehen.
Eine Schiffsreise von Konstantinopel nach Rom konnte in wenigen Wochen bewältigt werden. Bei ungünstigen Bedingungen konnte

sie sich aber durchaus auch über Monate erstrecken. Leider läßt sich nicht mehr rekonstruieren, wann genau Bruder Baroche in See gestochen ist.
Nach etwa einer Woche wird die kleine Abordnung die Insel Andros erreicht haben, wo reichlich Quellen sprudelten, so daß man die Wasserbehälter für die weitere Fahrt füllen konnte. Dann führte der Weg die Küste entlang, vorbei an den drei nach Süden auslaufenden Landzungen des Peloponnes, der damals unter dem Namen Morea bekannt war. Kurz bevor das Schiff den letzten westlichen Landzipfel vor dem Hafen von Modon passierte, um ins Ionische Meer hinauszusteuern, geschah das Befürchtete: Eine kleine Flotte hielt auf das Schiff von Bruder Baroche zu, offenbar in der Absicht, es zu kapern.
Seefahrten waren zu jener Zeit gewagte Unternehmen. Insbesondere im östlichen Mittelmeer, auf den wichtigen Handelsrouten, wurden häufig Fehden zwischen den großen Seefahrerstädten Venedig, Genua und Pisa ausgetragen. In Kriegszeiten war man darauf bedacht, mit Geschwadern flinker Schiffe die feindlichen Handelsschiffe aufzubringen. Aber selbst in friedlicheren Epochen wurden wichtige Handelsschiffe oder ganze Handelsflottillen von Kriegsschiffen geschützt. Mit einem großen Handelsschiff war viel zu verlieren und für geschickte Seeräuber ein guter Fang zu machen. Zwischen dem Schutz der eigenen Flotte und seeräuberischen Aktivitäten wurde wenig Unterschied gemacht. Häufig wurde es einzelnen Schiffen gestattet, auf eigene Faust die Piraterie fortzusetzen, während der Großteil der Flotte in den Heimathafen zurückfuhr. Dem Gewerbe der Seeräuberei haftete nichts Entehrendes an, und oft beteiligten sich Bürger unter staatlicher Aufsicht an Fehden und Kriegen mit eigenen Flotten. Auch Bischof Konrad von Halberstadt entging mit seinen beiden mit Heiligtümern aus Konstantinopel gefüllten Schiffen nur mit knapper Not dem Angriff von Piraten.[81]
Dieses Glück war dem Botschafter Balduins nicht vergönnt. Er sah sich vor Modon nicht weniger als sechs Genueser Galeeren gegenüber, jede mit ungefähr 140 Rudern ausgestattet[82], die sich sein Schiff nicht entgehen ließen. Die Genueser Annalen für das Jahr 1204 vermerken von diesem geglückten Überfall, man habe große Mengen Geldes, viele Reliquien von Heiligen und herrschaftliche

Kreuze erbeutet, nach Genua gebracht und, soweit es sich um Heiligtümer handelte, diese auf die Kirchen der Stadt verteilt.[83] Muß man also annehmen, daß das kostbare Tuch bei einem Hehler in Genua landete und die Templer, kurz vor ihrem Ziel, die Betrogenen waren?
Weit gefehlt. Es scheint vielmehr, daß der Überfall vor Modon zum Plan der Templer gehörte. Auf diese Weise konnte das Tuch verschwinden, ohne daß den Templern ein Vorwurf gemacht werden konnte. Betrachten wir diese These genauer.
Baroche, dem es gelungen war, Balduin zu überreden, das Tuch dem Papst zu schicken, könnte andere Templer-Agenten angewiesen haben, mit den Genuesern eine Abmachung zu treffen: Um ein gegebenes Datum sollten sie vor Modon ein schlecht geschütztes Schiff überfallen. Das Schiff, den Botschafter und eine unansehnliche Reliquie, die bloß ein wertloses langes Tuch sei, sollten sie verschonen, dafür dürften sie den kostbaren Schatz behalten, der nach Rom transportiert werden sollte. Es wäre klug, um den Schein zu wahren, mit einer großen Übermacht auszurücken; mit nennenswerter Gegenwehr sei nicht zu rechnen. So ließe sich größeres Blutvergießen vermeiden, ohne daß die Besatzung des Schiffes Verdacht schöpfen konnte.
Eine andere Möglichkeit war, die Tuchreliquie bei einem Zwischenaufenthalt von Bord zu bringen und danach ins geplante Unglück zu segeln. In diesem Fall konnte man sogar auf eine, eventuell in ihren Folgen nicht berechenbare, Zusammenarbeit zwischen Templern und Genuesen verzichten. Die Templer-Agenten konnten das Gerücht von dem reich mit Gold und Silber beladenen Schiff in Umlauf bringen, aber gleichzeitig auch verlauten lassen, daß es in diplomatischem Auftrag von höchster Stelle unterwegs sei und es deshalb ratsam erscheine, Besatzung und Schiff zu verschonen. Vielleicht ließ Baroche kurz vor Modon in Kalamata ankern und brachte das Tuch in die Niederlassung der Templer von Fuste in der unmittelbaren Nähe. Als sein Schiff später gekapert wurde, war die Reliquie nicht mehr an Bord.
Gleich in welcher Weise der Raubzug vonstatten ging, auffallend ist, daß die Piraten Schiff und Besatzung verschont haben, denn Bruder Baroche traf im Herbst 1204 in Rom ein und übergab Papst Innozenz das Schreiben Balduins. Dies ist in der Tat ungewöhnlich.

Gekaperte Schiffe wurden normalerweise nach Genua gebracht, wo sie in die eigene Flotte integriert wurden. Waren die Schiffe zu schwer beschädigt oder war es aus anderen Gründen hinderlich, sie mitzuführen, wurden sie verbrannt. Warum sollten die als rücksichtslos bekannten Ligurier gerade in diesem Fall von ihrem üblichen Vorgehen abgewichen sein? Wohl nur, weil der Überfall in dieser Weise verabredet war.

Innozenz, der durch Baroche vom Überfall erfuhr, drohte den Schuldigen mit Exkommunikation und der Stadt Genua mit dem Kirchenbann, wenn die gestohlenen Gegenstände nicht dem Apostolischen Stuhl und den Templern zurückgegeben würden. Das diesbezügliche Schreiben des Papstes vom 4. November 1204 ist sehr aufschlußreich.[84] In ihm sind jene Gegenstände aufgelistet, die Balduin als Geschenke übergeben wollte. Darunter ein Edelstein, ein Ring, eine bestickte Altardecke und 1000 Silberlinge für den Heiligen Stuhl. Die Templer sollten zwei Ikonen, eine Reliquie vom wahren Kreuz mit zahlreichen Edelsteinen, zwei goldene Kreuze, fast 200 Topase, Smaragde und Rubine, eine Kristallampulle, zwei Silberbecher, einen vergoldeten Behälter, zwei Reliquienkästchen, eine Silberbüchse und 50 Silbermünzen erhalten. Gegen die Kostbarkeiten, die den Templern zustanden, nimmt sich das Geschenk an Innozenz geradezu bescheiden aus! Auffällig ist vor allem, daß alle erwähnten Reliquien für die Templer gedacht waren. Doch es ist nicht anzunehmen, daß der Papst nur Geld und Schmuck erhalten sollte. Das Fehlen irgendwelcher Reliquien für Rom in dieser Aufzählung spricht für sich. Innozenz sollte die *eine* bedeutendste unter allen Passionsreliquien in Empfang nehmen, neben der jede weitere Reliquie verblassen würde. Balduin hatte offensichtlich, wohl bedacht auf den dramatischen Effekt, aus diesem Grund darauf verzichtet, außer dem Tuch andere Heiligtümer überbringen zu lassen.

Verständlicherweise taucht das Grabtuch in der Liste der gestohlenen Gegenstände nicht auf. Baroche hat darüber keine Meldung erstattet. Vielleicht hatte er die Eventualität eines Überfalls mit Balduin diskutiert und sich mit ihm geeinigt, in einem solchen Fall die Sache mit dem Tuch auf sich beruhen zu lassen. Auf alle Fälle war es besser so. Man muß sich die Peinlichkeit vor Augen führen, die eine Aufdeckung dieser Fracht verursacht hätte: Der lateinische

Kaiser will in aller Heimlichkeit das Grabtuch aus der Blachernen-Kirche als Geschenk zur Beschwichtigung für den Papst nach Rom bringen lassen, und die kostbare Reliquie wird seinem Boten von einer Meute rücksichtsloser Seeräuber entwendet. Welch unaussprechliche Profanierung, Jesus selbst in seiner Anwesenheit im heiligen Tuch als Beute in den Händen betrunkener Piraten! Welche Schlappe für den Kaiser! Es war ganz ausgeschlossen, daß man eine solche Schmach bekanntmachen würde. Für die Templer bedeutete dies: Sie konnten sicher sein, daß Balduin selbst nichts von der geheimen Aktion verlauten lassen würde. Ganz abgesehen davon, daß ihm dazu nur wenig Zeit geblieben wäre. Einige Monate nach Bekanntwerden des Überfalls, am 15. April 1205, wurde Balduin in einer verlorenen Schlacht von den Bulgaren gefangengenommen und starb bald darauf im Gefängnis.
So verschwand das Grabtuch aus Konstantinopel und gelangte unbemerkt in den Besitz des reichsten und mächtigsten Ordens des Hochmittelalters.

Macht und Geheimnis des Templerordens

Die Templer gelten bis in die Gegenwart als eine der umstrittensten Gemeinschaften des europäischen Mittelalters. Um den Orden der Armen Ritter Christi rankten und ranken sich unzählige Geschichten, Legenden und Gerüchte. Auch heute noch hat der Orden, der 200 Jahre lang die Geschicke der Weltpolitik mitbestimmte, nichts von seiner Faszination eingebüßt. Allen rationalen Analysen zum Trotz sieht die esoterisch orientierte Geschichtsschreibung in den Templern die wahren Hüter des Heiligen Grals, die Bewahrer einer spirituellen Tradition und eines verborgenen Wissens, die in der Folgezeit auf geheimgesellschaftliche Kreise wie die Renaissance-Hermetiker, die Rosenkreuzer und die Freimaurer übergingen. Es ist müßig, die Rolle der Templer im esoterischen Schrifttum zu erörtern, zu weit verzweigt sind die Bezüge, zu unentwirrbar haben sich

Dichtung und Wahrheit verknotet. Man kann ermessen, wie lebendig das »Templerproblem« noch immer ist, wenn Umberto Ecos Roman *Das Foucaultsche Pendel,* zu dessen Themen die okkulte Geschichte der Templer und ihre Fortwirkung durch die Jahrhunderte gehört, ein Welt-Bestseller wird.
Bei der Analyse der Rolle des Ordens in der Geschichte des Turiner Tuchs war es darum besonders wichtig, sich nicht vom gängigen Vorurteil leiten zu lassen, sondern vielmehr eine Fährte zu verfolgen, die sich durch Dokumente belegen läßt.
Die Frage nach der Motivation hinter dem Wunsch der Templer, in den Besitz des Tuchs zu kommen, müssen wir uns noch aufheben. Sie ergibt sich erst, wenn das ganze Ausmaß der Bedeutung der Reliquie erhellt wurde. Der entscheidende Hinweis auf die Templer als Eigentümer des Tuchs ist deren rätselhafter Idolkult, der in größter Heimlichkeit betrieben wurde. Sie sollen einen bärtigen Männerkopf angebetet haben, den sie als Heiland verehrten. War das Idol der Templer der Jesus des Grabtuchs bzw. eine Kopie davon, und wohin hatten die Templer vor ihrer Vernichtung das Grabtuch geschafft? Um uns diesen schwierigen Fragen zu nähern, müssen wir ein wenig Licht auf den Ritterorden werfen und auf die historischen Umstände, die zu seiner Entstehung und Auflösung führten.
Die Gründung der Gemeinschaft der Armen Ritter Christi geht auf Hugo von Payens zurück. Gemeinsam mit acht Gesinnungsgenossen rief er als Kreuzfahrer unter Balduin II., König von Jerusalem, 1119 den Orden ins Leben. Die kleine Gruppe von Rittern legte die drei klassischen Gelübde ab: Armut, Keuschheit und Gehorsam; dazu kam als viertes Gelübde der Kampf gegen die Ungläubigen. Später fügte man als hervorragende Aufgabe den Schutz der Pilger hinzu. Balduin II. räumte ihnen einen Teil seines Palastes beim alten Tempel Salomos ein. Deshalb wurden sie als Tempelritter oder Templer bekannt.
Die tatkräftige propagandistische Unterstützung durch den charismatischen Bernhard von Clairvaux (1091–1153) sicherte den Templern jenen raschen Aufstieg, der in der Geschichte beispiellos ist. Der Ordensgründer Hugo von Payens konnte den wortgewaltigen Kirchenmann für sich gewinnen, und mit seiner Hilfe wurde auf der Synode von Troyes 1128 die Ordensregel festgelegt. Stephan, der

Patriarch von Jerusalem, ergänzte die Regel im Jahre 1130. Erst aber als Bernhards Schrift *De laude novae militiae ad milites Templi (Lob der neuen Ritterschaft)* erschien, war der Durchbruch geschafft und dem Tempel, wie es hieß, starker Zustrom gesichert.

In der Folgezeit verstand es der Orden mit großem Geschick, seinen Einflußbereich und seine Güter zu mehren. Die Templer wurden mit Gütern und Privilegien sowohl von der Kirche als auch von seiten der Herrscherhäuser überhäuft. Papst Innozenz II. gestand ihnen fast unglaubliche, außerordentliche Privilegien zu: Die Templer unterstanden allein dem Papst. Vom Zehnten wurden sie befreit und durften darüber hinaus in ihrem Einflußbereich selbst den Zehnten eintreiben. Außerdem durften sie die gesamten Kriegsbeuten behalten, und die waren oft nicht unerheblich. In kürzester Zeit war der Orden so reich, daß er Kriege und Kreuzzüge finanzierte und nicht selten das Zünglein an der Waage in politischen Entscheidungen war. Der Einflußbereich der Templer hatte sich vom Mutterland Frankreich nach Deutschland, England, Spanien, Portugal, Italien, auf den Balkan und selbstverständlich nach Palästina ausgebreitet. Bei vielen wichtigen Entscheidungen standen Mitglieder des Ordens in der ersten Reihe, beeinflußte ihr Geld das Ergebnis politischen Tauziehens. Noch gegen Ende des Jahres 1306, ein dreiviertel Jahr vor dem vernichtenden Schlag gegen den Orden, spielten die Templer nachweislich eine aktive Rolle im königlichen Finanzsystem. Am 6. November dieses Jahres hatte Philipp IV. der Schöne, König von Frankreich (1285–1314), die Templer angewiesen, die Gehälter an Soldaten auszuzahlen, die in Flandern gedient hatten.[85]

Philipp war eine der markantesten Figuren seiner Zeit. Autoritär und kriegerisch, war er ständig in finanziellen Schwierigkeiten. Zuerst konfiszierte er die Güter der lombardischen Kaufleute, besteuerte selbst den Klerus, was ihm Papst Bonifaz VIII. zum Erzfeind machte, dann plünderte er die Juden aus und verjagte sie im Juli 1306 aus Frankreich. Doch die Finanzmittel reichten immer noch nicht. Es kam zu einer Geldentwertung und schließlich zur Idee, nach den schier unerschöpflichen Reichtümern der Templer zu greifen. Zuerst verlangte er die 40.000 Livres zurück, die sein Vater, Philipp III. der Kühne, testamentarisch dem Orden vermacht hatte. Der Schatzmeister in Paris bezahlte, ohne den Großmeister Jacques de Molay zu unterrichten. Molay ahndete den Regelverstoß mit dem Ausschluß aus der Bruderschaft. Papst Clemens V. weigerte sich auf die Bitte des Königs, den Schuldigen wieder in den Orden zuzulassen. Von diesem Tag an standen die Templer auf der Abschußliste des Königs. Die Abhängigkeit von dem reichen Orden war für einen so stolzen und machthungrigen Herrscher ohnehin demütigend. Auf lange Sicht gesehen, konnte sie sogar zu einer Gefahr für ihn werden.

Die einzige Möglichkeit, sich der international so erfolgreich operierenden Gemeinschaft zu entledigen, war ihre Liquidation.

Am 14. September des Jahres 1307 befiehlt Philipp der Schöne eine großangelegte Verhaftungswelle gegen den Orden. In einer Nacht-und-Nebel-Aktion erscheinen königstreue Truppen in den Häusern und Burgen der Templer. Nirgends setzen sich die völlig überraschten Ordensbrüder zur Wehr.[86]

Im Zentrum der Begründung für den Streich gegen den Orden, die als Befehl zur Verhaftung unter dem Titel *Rex jubet Templarios comprehendi* überliefert ist, hatte Philipp jene Vorwürfe formuliert, die später zahlreiche geständige Templer unter der Folter zugeben sollten: Von ihren Aufnahmeriten heißt es, daß die Novizen das Kreuz mit Füßen treten oder auf es spucken mußten, daß sie von Ordensbrüdern auf Mund, Nabel und Gesäß geküßt wurden, daß die Brüder zu gleichgeschlechtlichen sexuellen Beziehungen angehalten wurden, daß sie bei der Messe die Worte der Konsekration ausließen u. v. m. Im Mittelpunkt der Vorwürfe standen Kulthandlungen, bei denen die Templer einer Katze oder einem rätselhaften Männerkopf ihre Ehrerbietung erweisen würden. Diese Figur sei ihr »Heiland«, der alle »Bäume erblühen und die Ernte reifen läßt«. Philipp verstand die kultischen Handlungen der Templer in einer Weise zu präsentieren, daß sich der Eindruck des Unrechtmäßigen gleichsam von selbst ergab.

Philipp konnte sich lange Zeit der kirchlichen Unterstützung nicht sicher sein. Papst Bonifaz VIII. lag mit ihm im Streit um den Vorrang der geistlichen vor der weltlichen Macht. Mit dem Tode Bonifaz' erlitt die Kirche einen merklichen Schwund ihres Einflusses. 1305 kam mit Philipps Unterstützung Clemens V. auf den Stuhl Petri. Er wurde der erste avignonensische Papst, und obwohl ihm klar war, daß Philipp eigentlich nur darauf aus war, den Reichtum des

Ordens einzustecken, konnte er sich den Richtlinien des Königs nicht widersetzen. Philipp der Schöne wußte, daß die Ordensbrüder nur durch ein kirchliches Tribunal verurteilt werden konnten. Allein der Klerus durfte in Fragen der Ketzerei entscheiden.
Jacques de Molay, der Großmeister des Ordens, hatte sich darum vor ungerechtfertigter Verurteilung recht sicher gefühlt. Der Papst hatte ihm zugesagt, eine Untersuchung einzuleiten über die Anschuldigungen, die gegen die Templer vorgebracht wurden. Davon versprach er sich eine den König zufriedenstellende Aufklärung. Doch der Schlag gegen das Herz des Ordens in Frankreich kam über Nacht. Noch am 12. Oktober, am Tag vor seiner Verhaftung, war Molay einer der Sargträger beim königlichen Begräbnis von Cathérine, der Schwägerin Philipps. Im Gegensatz dazu hatten die Templer in den anderen Ländern Zeit, sich gegen eventuelle Verhaftungen zur Wehr zu setzen. In Aragón ließen sie die Burgen befestigen und tauschten Waren in Gold, das sich leichter verstecken ließ. Auch Schiffe zur Flucht wurden gechartert. In den umliegenden Ländern, in denen die Templer ebenfalls verhört wurden, ging man nirgends so global vor wie in Frankreich. Als der Templer-Orden schließlich aufgelöst wurde, befanden sich zahlreiche ehemalige Ordensmitglieder in ganz Europa auf freiem Fuß. Dieser Umstand hat Phantasien beflügelt, die den untergetauchten Templern eine kontinuierliche Weiterexistenz bis in unsere Tage bescheinigten.
Einen sehr wichtigen Stellenwert in den Anschuldigungen nimmt der Versuch ein, die Templer in die Nähe der Katharer zu rücken. Man beschuldigte sie, mehr oder weniger offen, bestimmte Bräuche und Riten zu pflegen, für die man ein Jahrhundert davor die Sekte der Katharer in blutigen Kreuzzügen dezimiert hatte. Von den Katharern wußte man, daß sie das Kreuz verachteten, es war ihnen Symbol der Fesselung an das Irdische. Der göttliche Leib Jesu konnte nicht gekreuzigt werden, aber Satan versuchte das zu töten, was er für den materiellen Körper hielt. Dieses teuflische Werk konnte unter keinen Umständen ein Objekt der Verehrung sein. Den Templern zu unterstellen, sie würden das Kreuz verachten und mit Füßen treten, war eine der schlimmsten, aber wohl auch eine der wirksamsten Anschuldigungen. Damit wollte Philipp den Entscheidungsprozeß des Klerus beschleunigen. Welches Argument

würde auch den wohlwollendsten klerikalen Untersucher zur Weißglut treiben, wenn nicht geständige Ordensbrüder, die zugaben, auf das heiligste Symbol der Christenheit gespuckt zu haben?
Die Verachtung des Kreuzes hatte aber zugleich eine andere Assoziation wachgerufen, die noch viel schlimmer war und zweifellos die Entrüstung aller nach sich ziehen mußte. Der Franziskaner Fidenzio von Padua hatte im späten 13. Jh. aus dem Heiligen Land berichtet, daß von Muslims gefangene Christenknaben gezwungen wurden, auf das Kreuz und auf Bilder Jesu zu spucken. Man beschuldigte die Templer, während der langen Zeit in Palästina nicht so sehr das Christentum an den heiligen Stätten etabliert zu haben, als vielmehr selbst vom Islam infiltriert worden zu sein. Die Geheimnistuerei des Ordens tat das Ihre dazu, die wildesten Gerüchte blühen zu lassen. In den Reihen der Templer, so legten die Anschuldigungen nahe, gedieh der Islam. Der Satan hatte mitten in einer christlichen Bastion sein Lager aufgeschlagen. Es drohte die Gefahr, daß die im Nahen Osten niedergemetzelten Sarazenen mitten in Frankreich als Arme Ritter Christi des Tempels von Jerusalem wieder auferstehen würden.
In diesem Zusammenhang wurde die ritterliche Gesinnung der frühen Templer zu ihrem Verhängnis. Zwar bekämpften sie die Muslime, aber gleichzeitig legten sie eine großzügige Toleranz an den Tag, die kleinmütig Denkenden äußerst suspekt vorkommen mußte. Dem Gesandten des Emirs von Damaskus überließen sie eine bereits zur Kirche umfunktionierte Moschee als Gebetsstätte. Ein Franke, empört über den Ungläubigen an geweihtem Ort, mißhandelte ihn, worauf die Templer ihren Landsmann verjagten und sich beim Kriegsgegner entschuldigten. Im Prozeß wurden solche Ereignisse in einer Weise dargestellt, die eine unterschwellige Sympathie für die Muslime durchblicken ließ.
Die anderen Anklagepunkte ergänzten jenes Bild vom bösen islamisch-katharischen Teufelsmenschen, das mit einem Male in den verblüfften Gesichtern der gestern noch hochverehrten Ritter nur noch verabscheuenswürdige Fratzen erkennen ließ. Auch die Anschuldigung der Homosexualität gehörte dazu.
Es ist schwierig zu entscheiden, welche der gegen die Templer vorgebrachten Beschuldigungen zu Recht bestanden. Zweifellos hatten sich Philipp und seine Berater den Katalog der Anschuldigun-

gen gut überlegt und ihn so gestaltet, daß er bei den kirchlichen Stellen auf die größtmögliche Resonanz treffen würde. Mit Sicherheit waren die Vorwürfe nicht allesamt erfunden. Allerdings besitzen wir keine zuverlässigen Aufzeichnungen von Mitgliedern selbst, die einen umfassenden Einblick in das Ordensleben gestatten. Unsere Kenntnisse entstammen zum größten Teil den Prozeßakten, und diese sind mit Vorsicht zu genießen. Die Folter hat wohl so manchen Mund geöffnet, um das zu gestehen, was die Inquisitoren zu hören wünschten.[87]

Auf diese Prozeßakten müssen wir uns stützen, wenn wir den Spuren der templerischen Idolatrie nachgehen wollen. Es soll der Versuch unternommen werden, anhand der Aussagen das Templer-Idol soweit wie möglich zu rekonstruieren. Wir suchen nach einem Zusammenhang zwischen dem durch eine geschickte List aus Konstantinopel entwendeten Tuch und jenem geheimnisvollen männlichen Haupt, vor dem sich die Templer nach Art byzantinischer Unterwürfigkeit auf den Boden streckten. Waren die Idole Kopien vom Antlitz auf dem Grabtuch?

Das rätselhafte Idol der Templer

Schon in den Anklagepunkten Philipps findet sich der interessante Passus, die Brüder würden Kordeln um ihren Leib tragen, die zuvor mit ihrem Idol in Berührung gebracht worden seien: »... und diese Schnüre berührten oder umkreisten ein Idol, das die Form eines männlichen Kopfes mit einem großen Bart hat. Diesen Kopf küssen sie, und sie beten ihn an in ihren Provinzialkapiteln. Aber nicht alle Brüder wissen davon, außer dem Großmeister und den älteren Mitgliedern.«[88] Die Vorstellung, die Templer hätten Riemen bei sich getragen, die zuvor um das Idol gelegt wurden, erinnert in auffälliger Weise an den ähnlichen Brauch der frühen Palästinapilger an der Martersäule Christi. Von der Beobachtung des Antoninus von Placentia habe ich berichtet. Kranke versprachen sich vom Tragen der Schnüre, die um die Geißelsäule gelegt worden waren, Heilung. Gregor von Tours (538/9–594) erzählt, Pilger brächten Riemen heim, welche sie um die Geißelsäule gelegt hätten. Es ist anzunehmen, daß im Heiligen Land zur Zeit der Templer ähnliches Brauchtum noch bekannt war und an den wenigen verbliebenen Heiligtümern gepflegt wurde. So hat sich im Volksglauben das Abnehmen der Länge des Grabes Christi mit Schnüren bis in unsere Tage erhalten. Wenn man den Brauch der Templer auf diesem Hintergrund betrachtet, ist zweierlei festzustellen. Zum einen betrieben die Ordensbrüder offensichtlich einen Reliquienkult, der in klassischer Weise durch Berührung Wirksamkeit erlangen sollte, zum anderen muß man davon ausgehen, daß die verschiedenen Templer-Idole auf einen einzigen »Prototyp« zurückgingen und gewissermaßen kopierte »echte Stellvertreter« darstellten. Nur so war gewährleistet, daß die Umwindung oder das Maßnehmen mit der Schnur tatsächlich eine Verbindung zum Original herstellte und jeden Bruder unmittelbar dem Schutz des Templer-Heilands unterstellen konnte.

Betrachten wir die Aussagen der Ordensbrüder über die Verehrung des Idols im einzelnen, so fallen, bei aller grundsätzlichen Ähnlichkeit, auch Unterschiede ins Auge. Fast immer haben wir es mit einem bärtigen Männerkopf zu tun, der aber in verschiedenen Formen beschrieben wird. Bisweilen scheint es sich um ein Standbild, manchmal um ein Tafelbild gehandelt zu haben, einige wollen große Figuren gesehen haben; von wieder anderen heißt es, der Initiationsmeister hätte das Idol zum geeigneten Zeitpunkt aus der Manteltasche gezogen. Johannes von Turno, der Schatzmeister des Pariser Tempels, spricht nur von einem »bärtigen Männerkopf«. Für Bruder Bartholomeus Bochier trug das Idol eine Kappe und einen langen grauen Bart aus Holz, Metall oder Knochen.[89] Manchmal nahmen Beschreibungen des Templer-Idols groteske Formen an. Einmal ist von »einem kleinen Löwenbild, wohl aus Gold, welches das Aussehen einer Frau hat«, die Rede.[90] Abraham Bzovius, der Fortführer der Kirchengeschichte von Kardinal Baronius, wußte, daß der Kopf ein blasses, »fast menschliches« Gesicht hatte und schwarze gekräuselte Haare. Diese furchtbare Statue hätten sie in einem Hohlraum unter der Erde aufbewahrt. Verschiedentlich sei sie als »figura Baffometi« oder »Baphomet« bezeichnet worden. Vielleicht wollte man durch diese eigenwillige Namengebung die Assoziation zu »Mahumet« (Mohammed) erzeugen – ein weiteres Indiz dafür, daß die templerische Häresie in einer unzulässigen synkretistischen Vermischung von Glaubensinhalten gesehen wurde.[91] Diese Aussagen machen deutlich, daß es mehrere, durchaus unterscheidbare Kopien des Kopfes gab, die in verschiedenen Kapiteln aufbewahrt wurden. (Vgl. Abb. 53)

Wilson ist der Ansicht, die Templer hätten das Grabtuch in Paris versteckt. Er versucht seine These durch den Nachweis zu untermauern, daß das in Paris aufbewahrte Idol auffällige Ähnlichkeiten mit dem Abbild auf dem Tuch hatte und somit mit diesem identisch sei. Wilson zieht für seine Ansicht die *Chronik von St. Denis* des Guillaume Paradin heran. Darin heißt es, das Idol habe aus einer alten Haut bestanden, einbalsamiert wie glänzendes Leinen.[92] »Jedem, der das Grabtuch von Turin gesehen hat,« fügt Wilson hinzu, »kommt dies nicht als ganz und gar unmögliche Beschreibung vor. Selbst heute noch ist eines der Charakteristiken des Tuches ein überraschender Schimmer auf der Oberfläche.«[93] Dazu stellt Wilson noch die Aussage des Serviten Etienne de Troyes, der einen »mysteriösen Gegenstand« gesehen haben will, »ein menschliches Haupt ohne jedes Silber oder Gold, sehr blaß und farblos, mit einem geteilten Bart, wie die Templer ihn haben«. In der Tat könnte man von diesen Beobachtungen verblüfft sein. Doch wäre es verfrüht, vorschnell zu urteilen, die Templer hätten in ihrem Pariser Tempel das Tuch aus Konstantinopel aufbewahrt und den Kopfteil bei besonderen Anlässen vorgeführt. Ian Wilson will uns dies zur Untermauerung seiner Lieblingshypothese glauben machen. Doch Wilson macht sich schuldig, die Zitate seiner Theorie anzupassen oder sie unzulässig zu verkürzen. Das ist sehr unglücklich, zumal er dadurch seine an sich interessanten Ideen selbst ins Zwielicht bringt.

In der *Chronik von St. Denis* heißt es nämlich weiter: In den tiefen Augenhöhlen des Idols leuchteten zwei Edelsteine, hell wie der Himmel. Dies bietet natürlich ein völlig neues Bild. Der Autor bezieht sich wohl nicht auf ein Tuch mit einem zarten Bild darauf, sondern zweifellos auf eine dreidimensionale, mit Edelsteinen besetzte Figur. Mit der Aussage von Etienne de Troyes ergeht es uns nicht anders. Wilson hat sie völlig verstümmelt wiedergegeben. Etienne de Troyes verdanken wir eine ausführliche Beschreibung des Rituals um das Idol. Vor Kardinälen und dem Papst berichtete er 1308 in Poitiers, die Templer hätten am 24. Juni ein jährliches Kapitel abgehalten, das sich über einen Zeitraum von drei Tagen erstreckte. Er selbst habe ein Jahr nach seiner Aufnahme in Paris daran teilgenommen. Konnte man bei Wilsons »mysteriösem, blassem und farblosem Gegenstand mit geteiltem Bart« sofort an das Bild auf dem Tuch denken, so zeigt uns die ganze Aussage des Bruders eine recht genaue Beschreibung eines völlig anderen Objekts: Während der Vigilie der ersten Nacht brachte ein Priester einen Kopf herein. Vor ihm gingen zwei Brüder mit zwei großen Wachskerzen auf silbernen Kandelabern. Der Priester stellte den Kopf auf zwei mit einem Seidentuch bedeckte Kissen auf dem Altar. Dieser Kopf schien ihm aus Fleisch zu sein, mit Hundehaaren, ohne Gold- oder Silberbedeckung. Lediglich vom Halsansatz bis über die Schultern war er vollständig mit Gold und wertvollen Edelsteinen übersät. Der Kopf hatte eine bläuliche Farbe und Flecken. Er trug einen Bart aus schwarzen und weißen Haaren, ähnlich dem Bart, den einige Templer trugen. Dann stand der Visitator, Hugo von Pairaud, auf und sprach zu den Versammelten: »Wir müssen ihn anbeten und ihm huldigen, denn er hilft uns und läßt uns nicht im Stich.« Und alle gingen nach vorn mit großer Ehrerbietung, huldigten dem Kopf und beteten ihn an. Bruder Etienne de Troyes will erfahren haben, daß es sich um den Kopf des ersten Großmeisters des Ordens, Hugo von Payens, handelte.[94]

Über Art und Aussehen des Kopfes kann kein Zweifel sein. Wilson war darauf bedacht, absichtlich in die Irre zu führen. Doch lassen wir uns von einem Beispiel vorurteilsgeleiteter Forschung nicht verdrießen, und verfolgen wir die Fährte des Idols weiter.

Der Historiker Malcom Barber vermutet, daß der erwähnte Kopf tatsächlich ein Reliquiar des Hugo von Payens gewesen sein könnte und dessen Schädel enthielt.[95] Was auch immer es mit dem Kopf auf sich gehabt haben mag, diese und andere recht spezifische Aussagen machten es möglich, daß Guillaume Pidoyé, der königliche Administrator und Verwalter der templerischen Besitztümer, beauftragt wurde, im Pariser Tempel nach hölzernen oder metallenen Köpfen zu suchen. Offenbar wollte Pidoyé seine Auftraggeber nicht enttäuschen, oder aber man hatte ihm nahegelegt, auf alle Fälle ein Corpus delicti herbeizuschaffen. Irgend etwas Greifbares mußte man doch gegen diese Brüder in der Hand haben!

Als Pidoyé mit seinen beiden Mitarbeitern Guillaume de Gisorcio

und Rayner Bordono endlich samt einer Kopfreliquie vorstellig wurde, waren Wochen vergangen. Es ist anzunehmen, daß sie im Tempel zu Paris nichts Verdächtiges gefunden und ihr »Beweisstück« wer weiß woher bekommen hatten. Der Pariser Tempel lag in der Villeneuve du Temple, gegenüber dem Königspalast. Er war zwar eine mächtige Anlage und es gab darin wohl genug gute Verstecke, aber man muß sich allen Ernstes fragen, warum die Templer diesen Kopf so gut verborgen gehalten haben sollen. Bei dem von Pidoyé herangeschafften Objekt handelte es sich nämlich um ein großes »vergoldetes silbernes Haupt in der Form eines Frauenkopfes, in welchem die Knochen eines einzelnen Schädels waren, in ein gewisses weißes Leinen eingeschlagen und genäht, mit einem roten Tuch darüber. Ein bestimmtes Dokument war in ihm eingenäht, auf dem geschrieben stand *capud LVIII.*«[96] Einige behaupteten, es sei der Kopf einer der 11.000 Jungfrauen.[97] Offenbar hatte Pidoyé ein zwar kostbares, aber nicht ungewöhnliches Reliquiar aus irgendeiner Kirche herbeigeschafft, das mit der Inventarnummer »Kopf Nr. 58« bezeichnet war. Wahrlich nichts Außergewöhnliches. Solche Kopfreliquiare waren damals sehr beliebt und entsprachen dem Kunstgeschmack der Zeit.[98]
Gute Beispiele sind der zuvor erwähnte in Silber gefaßte Kopf der Maria Magdalena in der Krypta der Basilika von Saint-Maximin, aber auch das Reliquiar des St. Eustachius, eine deutsche Arbeit vom Anfang des 13. Jh., das sich heute im British Museum befindet, und die verschiedenen von Godefroid de Huy geschaffenen Arbeiten, wie das Büstenreliquiar des Papstes Alexander (1145) in den Musées Royaux d'Art et d'Histoire in Brüssel oder auch der berühmte Cappenberger Barbarossakopf, der seit 1156 ebenfalls als Reliquiar dient.
Als man den Fund dem Templer Guillaume d'Arreblay, Präzeptor von Soissy und ehemaliger königlicher Gebührenverwalter, vorlegte, konnte dieser nur den Kopf schütteln. Dies sei nicht das Idol. Das Haupt, das in den Kapiteln angebetet wurde, habe zwei Gesichter gehabt, sei bärtig und überdies von schrecklicher Erscheinung gewesen. Außerdem sei das Idol an Festtagen oft gezeigt worden und er, Guillaume, würde es selbstverständlich wiedererkennen.[99]
Solche selbstbewußten Aussagen unterstreichen die These, daß es tatsächlich ein Kopfidol gab, das im templerischen Geheimkult ei-

ne Rolle spielte. Zugleich aber machen sie deutlich, daß die Ordensbrüder, obgleich sie in einem überraschenden Streich verhaftet wurden, trotzdem gute Vorsorge getroffen hatten. Nirgends konnten die Schergen der Exekutive ein authentisches Templer-Idol finden. Pidoyés »Kopf Nr. 58« war ein peinliches Zwischenspiel, welches das völlige Fehlen von Fakten nicht verschleiern konnte. Als man allenthalben nach kompromittierendem Material suchen ließ, war vom sagenhaften Reichtum der Templer kaum etwas zu finden. Entweder wußten die führenden Persönlichkeiten von der bevorstehenden Verhaftung und hatten alles Kostbare in Sicherheit gebracht, oder aber sie hatten stets eine Politik des Verbergens ihrer Reichtümer befolgt. Doch wo waren Gold und Geld der Templer und die vielen Idole geblieben?
Die Inventarlisten templerischer Niederlassungen, die nach der Verhaftung aufgezeichnet wurden, sind ernüchternde Dokumente: Wer Gold und Geld, Schätze, Reliquien oder Waffen erwartet hatte, wurde schwer enttäuscht. Werfen wir einen Blick auf eine typische Inventarliste der »Schätze« einer Templer-Niederlassung. Nur im Zimmer des Kommandanten lassen sich registrierenswerte Funde vermerken: drei silberne Humpen, zwei große und ein kleiner; ein kleiner Becher aus Onyx mit Silberfuß; zwei Onyxbecher mit Silberfüßen in schlechtem Zustand und drei Holzbecher; Geld fand man keines, da der Kommandant damit seine Schulden bezahlt habe.[100] Außer Humpen war nichts zu entdecken. War dies alles, was die geheimnisvolle Brüderschaft zu bieten hatte? Hat denn der Kommandant dieser »Maison de Baugie« nichts anderes getan, als ständig aus anderen Bechern zu trinken?
Wie König Philipp in seiner Anklageschrift vermerkt hatte, war zu erwarten, daß unbedeutende Brüder wohl keine weiterführenden Aussagen zu dem Idol machen könnten, zumal nur die einem inneren Zirkel Zugehörigen eingeweiht waren. In der Tat legen die Aussagen der einfacheren Ordensmitglieder, die weder schreiben noch lesen konnten und die lateinischen Worte bei den Zeremonien nicht verstanden, nahe, daß sie lediglich geheimnisvollen, bisweilen beängstigenden Schauspielen beigewohnt hatten, über deren theatralisch vorgeführten »Hauptdarsteller« sie nichts wußten.
Es ist deshalb interessant, um den Gesamtzusammenhang richtig einschätzen zu können, die Aussagen höhergestellter Ordensmit-

glieder zu dieser Frage zu hören. Raol de Gisy, der Präzeptor der Champagne, behauptete, das Idol in sieben Kapiteln gesehen zu haben, die Hugo von Pairaud und anderen unterstanden. Es sei »die schreckliche Figur irgendeines Dämons, den man in Frankreich ›maufé‹ nennt. Jedesmal wenn er sie sah, wurde er so von Angst erfüllt, daß er sie kaum anschauen konnte, lediglich in äußerster Furcht zitternd.«[101] Ein anderer Präzeptor, Johannes von Anisiaco, saß zu weit entfernt, als das Idol vorgeführt wurde, um irgend etwas erkennen zu können. Außerdem war es fast Mitternacht, und nur eine schwache Kerze erhellte den Raum.[102]

Der eine hatte Angst, so daß er gar nicht hinsah, der andere will nichts gesehen haben, weil er, obwohl ein Ordensführer, in der letzten Reihe saß, und sie alle wollten, wie die weniger bedeutenden Brüder, überhaupt nicht wissen, worum es sich bei dem Idol handelte! Das ist höchst bemerkenswert. Eigenartigerweise ist das auch bei den Aussagen von Hugo von Pairaud nicht anders. Pairaud war nach Molay der zweite Mann des Ordens, aber der mächtigste. Während seiner vierundvierzigjährigen Templer-Karriere hatte er in verschiedensten Kapiteln Frankreichs zahlreiche Brüder in den Orden aufgenommen. Wenn einer um die inneren Angelegenheiten und das Lehrgebäude der Tempelritter Bescheid wußte, dann war er das. Mit großer Routine hat Pairaud selbst während der Initiationsrituale das Idol vorgeführt. Von ihm dürfte man eine Beschreibung erwarten, die Art und Wesen des verehrten Bildnisses spezifischer zum Ausdruck bringt.

In der Tat ist seine Aussage in bezug auf die These, die Templer hätten den Christus des Grabtuches angebetet, sehr wichtig. Hören wir also die Aussage von Hugo von Pairaud, wie sie bei seiner Befragung am 9. November 1307 in den Prozeßakten festgehalten wurde: »Befragt nach dem Kopf, der oben erwähnt wurde, gab er unter Eid an, daß er jenen in einem Kapitel zu Montpellier gesehen, gehalten und betastet hat und daß er selbst und andere anwesende Brüder denselben angebetet haben ... Auf die Frage, wo er sich befinde, gab er an, daß er ihn Bruder Peter Alemaudin, dem Präzeptor von Montpellier, zurückgegeben habe, aber er wisse nicht, ob ihn die Männer des Königs finden würden. Er sagte aus, daß der besagte Kopf vier Füße hatte, zwei auf der Seite des Gesichts und zwei hinten.«[103]

Keiner weiß Genaues, niemand besitzt ein Idol. Alle befragten Templer sprechen über den rätselhaften Kopf, als hätten sie selbst nie gewußt, was oder wen sie eigentlich anbeteten. Haben sie sich denn nie gefragt, welchem Idol sie diese Ehrerbietung erweisen mußten? Sogar bei einer so hohen Persönlichkeit wie Hugo von Pairaud, der selbst das Idol vorgeführt hatte, klingt die karge Beschreibung des Kopfes von Montpellier wie eine Zirkusvorstellung, deren Sinn er nie durchschaut hat.
Es ist wahrscheinlich, daß die unteren Ränge der Templer wirklich nie in das wahre Geheimnis des Idols eingeweiht wurden. Vielleicht hatten die meisten von ihnen auch nur Kopien des einen echten Idols zu Gesicht bekommen. Wenn aber die höchsten Eingeweihten das Geheimnis kannten, dann haben sie ihr Wissen bestens für sich behalten. Es fragt sich natürlich in diesem Zusammenhang, warum sie überhaupt das Idol erwähnt haben, wenn es ihnen doch darum gegangen sein muß, das wahre Wesen des Idols zu schützen. Wäre es nicht klüger gewesen, rundum zu leugnen, daß es jemals ein Idol gab? Die eingeweihten Templer gingen offenbar besonders klug vor. Sie wußten, daß viele einfachere Mitbrüder über ihre Begegnung mit dem Idol sprechen würden, daß sie sogar angeben würden, von den Eingeweihten mit dem Idol bekannt gemacht worden zu sein. Dieser Umstand war von Vorteil. Er war ein Garant dafür, daß die Beschreibungen des Kopfes recht unterschiedlich ausfallen würden und der echte Prototyp nie ans Licht kommen würde. Wenn die hohen Würdenträger des Ordens die Existenz des geheimnisvollen Objekts leugneten, würden sie nur das Interesse der Inquisitoren wecken, die ja längst wußten, daß es dieses geben mußte. Die Eingeweihten leugneten nicht. Aber sie sprachen von dem Idol in beiläufiger und ebenso »unwissender« Weise wie die anderen, als hätten sie den exotischen Fetisch einer fremden Volksgruppe betrachtet. Auf diese Weise machten sie das Idol selbst zu einem relativ »uninteressanten« Gegenstand und schützten damit das eine echte vor einer großangelegten Suchaktion. Hugo von Pairaud legte, auch was die Bedeutung aller Handlungen während der Kapitel betraf, eine schauspielerische Meisterleistung an den Tag. Er mimte den Unwissenden, der wie ein Novize bloß brav seine Pflicht getan hatte: Er hätte alles nur getan, weil es nach den Statuten des Ordens so Brauch war.[104] Das ist das Fazit der Schutzbehauptungen des

obersten Templers Frankreichs! Konnten die Untersucher das glauben? Ein großes Rätsel bleibt, warum die sonst um sophistische Spitzfindigkeiten nicht verlegenen Inquisitoren in der Frage der Idolverehrung nicht weitergeforscht haben. Die unteren Chargen konnten, das hat sich gezeigt, zur Klärung nicht viel beitragen. Aber es war schlicht unmöglich, daß ein Mann wie Hugo von Pairaud und die Präzeptoren nicht ganz genau wußten, worum es sich bei dem Idol handelte. Sie selbst verwahrten offensichtlich Kopien davon. Warum müssen wir uns heute mit den nebulösen Berichten zufriedengeben? Warum hat man in diesem Fall nicht so lange gebohrt, bis man die Art der Ketzerei genau beschreiben und anprangern konnte? Verehrten die Templer etwa den Satan selbst, oder Mohammed oder wen?

Die Antwort kann nur lauten, daß die Inquisitoren kein Interesse daran hatten, Genaueres über das Idol in die Öffentlichkeit dringen zu lassen. Wenn alles in einem Raum des Geheimnisvollen bleiben würde, gab es genug Möglichkeiten, ihn mit den passenden Theorien zu füllen. Das bedeutet aber zugleich, daß sie genau wußten, eine eindeutige Lösung des Rätsels um das Idol konnte ihre ganze Argumentation zusammenstürzen lassen wie ein Kartenhaus. Wir müssen davon ausgehen, daß ihnen bekannt war, daß die Templer, wenn auch auf eine sehr mysteriöse Weise, in dem Idol das Haupt Jesu anbeteten, eines Jesus allerdings, der auf auffällige Weise von dem für das Christentum so bedeutsamen Kreuzestod weggerückt wurde.

Bei all der Konfusion um den Kopf kam es für die Eingeweihten nicht darauf an, irgend etwas Wahres oder Erfundenes über das Idol gesagt zu haben. Fast hat es den Anschein, als hätte sich Hugo über die Inquisitoren lustig machen wollen mit seiner ans Groteske grenzenden Aussage, der Kopf hätte »vier Füße« gehabt, zwei vorne und zwei hinten! Sollte dies als Piedestal zu verstehen sein, oder muß man sich wirklich einen Kopf mit vier Füßen vorstellen? Vielleicht hatte Pairaud aber bei diesem für das Gericht verwirrenden Bericht nicht einmal gelogen. Vielleicht ist dies der deutlichste Hinweis darauf, daß die Templer in der Tat im Besitz des Grabtuchs waren. Wenn sie das Tuch tatsächlich hatten, so wurden vom Kopf Kopien und Standbilder hergestellt. Aber es ist denkbar, daß zu besonderen Anlässen das Original selbst hervorgeholt wurde. Möglicher-

weise hatte man eine Tafel errichtet in Lebensgröße eines Mannes und das Tuch darübergelegt, so daß, wenn man um die Tafel herumging, die Vorder- und die Rückseite eines aufrecht stehenden Mannes gesehen werden konnten. Auf diese Weise erschienen vorne, »auf der Seite des Gesichts«, wie Pairaud explizierte, zwei Füße und hinten zwei! Von mehreren Brüdern hören wir, daß das Idol zwei Gesichter gehabt habe bzw. »doppelt« war. Mag sein, daß sich diese Beobachtung auf das zweifache Abbild auf dem Tuch bezieht, das in verschiedener Weise zur Darstellung gebracht wurde.
Wenn die Templer wirklich den Christus des Grabtuchs angebetet haben, dann muß man sich freilich fragen, warum ein so großes Geheimnis darum gemacht und warum dies nicht unumwunden zugegeben wurde. Dagegen konnte die päpstliche Untersuchungskommission nichts einzuwenden haben, und die Brüder hätten eine Chance gehabt, ihre Haut zu retten. Wir können das Schweigen der Brüder und die Mystifizierung der templerischen Rituale nur damit erklären, daß sie zwar Jesus anbeteten, aber einem völlig anderen Jesusbild anhingen als die Orthodoxie. Ihre Weigerung, mehr zu sagen, entzog den Inquisitoren die Möglichkeit, die Art der Ketzerei genauer zu bestimmen, deren Vorhandensein schon das Weglassen der Wandlungsworte im Meßritus bestätigte.
Es ist anzunehmen, daß ein dem katharischen Geist verwandtes esoterisches Christentum tatsächlich bei ihnen lebendig war. Keinesfalls hatten die Templer die gleichen Glaubensansichten wie die Katharer. Während letztere den Waffendienst völlig ablehnten, war der Kampf in den Statuten des Templer-Ordens festgelegt; freilich mit der Ausnahme, nie gegen Christen das Schwert zu erheben. Aus diesem Grunde fehlten die Templer bei der Eroberung Konstantinopels und verteidigten sich nicht, als sie von Philipps Mannen gefangengenommen wurden. Es ist durchaus denkbar, daß die Templer in ihrer radikalen Ablehnung des Kreuzes der katharischen Weltverachtung nahestanden und daß ihnen der Jesus des Grabtuchs in diesem Zusammenhang als besonderes Symbol galt. Darüber hinaus aber mag die Kontemplation über das wahre Antlitz im Mittelpunkt der templerischen Mystik gestanden haben, nach den Worten des Paulus: »Nun aber spiegelt sich bei uns allen die Herrlichkeit des Herrn in unserem aufgedeckten Angesicht, und wir werden verklärt in sein Bild von einer Herrlichkeit zur anderen von

dem Herrn, der der Geist ist.« (2 Kor 3,18) Die Figur auf dem Tuch vermittelt nicht den Eindruck eines Toten, so wie auch das Portrait auf dem Mandylion den Betrachtern höchst lebendig erschien. Der Jesus des Tuchs zeigte ihnen, daß ihm das verachtenswerte Kreuz nichts anhaben konnte, weil seine wahre Natur nicht getötet werden konnte.

Man könnte in diesem Zusammenhang sogar mutmaßen, daß Bernhard von Clairvaux, der Förderer der frühen Templer, die Idee in ihnen wachgerufen hatte, das Grabtuch besitzen zu wollen. Die Templer hatten in Jerusalem bereits eine enge symbolische Beziehung zum Grab Christi und verstanden sich als *Advocati Sancti Sepulchri,* als Anwälte des Heiligen Grabs. Bernhards kontemplative Mystik hatte die Betrachtung des Leidens und Sterbens Jesu Christi der Frömmigkeit seiner Zeit als höchste Aufgabe vorgezeichnet. Wie ließ sich für die ersten Diener des Heiligen Grabs über die Passion des Herrn besser meditieren als angesichts des Grabtuchs?

Die Frage nach dem Tuch in Zusammenhang mit dem Idol der Templer könnte leichter einer Lösung zugeführt werden, wenn wir genaue Angaben hätten über den Beginn des Idolkults und eventuelle Wandlungen im Laufe der Zeit. Vor allem wäre es hilfreich, einen entscheidenden Anhaltspunkt zu finden, der auf eine besondere Zusammenkunft der führenden Ordensmitglieder kurz nach 1204 deutet, bei welcher Gelegenheit das Tuch zur Ausstellung gekommen sein könnte. Doch in dieser Hinsicht bewahrten die Armen Ritter Christi die Verschwiegenheit, die ihrem Ruf geziemt. Weder wissen wir von einem einschneidenden Ereignis nach der Ankunft von Bruder Baroche noch vom Entstehen und der Evolution des Idolkults. Auch wir sind auf Spekulationen angewiesen.

Am 18. März 1314 beriefen die Kardinäle eine außerordentliche Zusammenkunft in Paris ein. In Anwesenheit des Erzbischofs von Sens, Philippe de Marigny, vieler Prälaten und Doktoren der Theologie und des kanonischen Rechts brachte man die Anführer des Ordens vors Gericht: Jacques de Molay, Hugo de Pairaud, Geoffroy de Gonneville, Präzeptor von Aquitanien, und Geoffroy de Charnay, Präzeptor der Normandie. Alle werden sie zu lebenslanger Haft verurteilt. Überraschenderweise kommt von Hugo de Pairaud, der sicherlich eine schillernde Führerpersönlichkeit war, kein Protest. Geoffroy de Gonneville fügt sich ebenfalls dem Richter-

spruch. Aber der naive Molay und Geoffroy de Charnay, über die wir kaum historisches Material besitzen, wachsen in dieser Stunde über sich selbst hinaus. Der Mönch, der die Chronik von Guillaume de Nangis fortführte, vermerkt zu diesem Ereignis: »Doch siehe da, als die Kardinäle glaubten, der Affäre ein Ende gesetzt zu haben, verteidigten sich plötzlich und unerwartet zwei von ihnen, nämlich der Großmeister und der Meister der Normandie, hartnäckig gegen den Kardinal, der die Predigt gehalten hatte, und gegen den Erzbischof von Sens, kehrten zurück zur Leugnung sowohl des Geständnisses als auch von allem, was sie gestanden hatten.«[105]
Pairaud und Gonneville wanderten hinter Gitter, die Rückfälligen Molay und Charnay aber sollten in aller Eile beseitigt werden. Offenbar wollte der König kein Risiko eingehen. Er hatte genug von dem Hin und Her von Geständnissen und Rücknahmen, am Ende würde vielleicht der Klerus doch noch einlenken. Außerdem war es wohl die beste Abschreckung, zwei der bedeutendsten Führer auf dem Scheiterhaufen enden zu lassen. Um die Vesperstunde desselben Tages brachte man Molay und Charnay ohne viel Aufhebens auf die Ile des Javiaux, eine kleine Seine-Insel, wo sie dem Feuer übergeben wurden. Die Insel unterstand der Jurisdiktion der Mönche von Saint-Germain-des-Prés und nicht dem König. Alles war sehr schnell gegangen, denn später mußte sich Philipp bei den Mönchen entschuldigen und ihnen zusichern, daß die Exekution keinesfalls ihr Recht auf die Insel beinträchtige. So hatte Philipp einen großen Volksauflauf vermeiden können. (Vgl. Abb. 54) Wer war Geoffroy de Charnay, dessen Ruhm als Tempelritter sich darauf beschränkte, neben Molay auf dem Scheiterhaufen zu enden? Zweifellos gehörte er dem Führungsgremium des Ordens an, er scheint aber keine exponierte Stellung eingenommen zu haben. Vielleicht hatte man ihm, weil er über besonders zuverlässige familiäre Beziehungen außerhalb des Ordens verfügte, das Grabtuch zuvor anvertraut, damit er es in Sicherheit bringe. Denn wenige Jahrzehnte später sollte es im Besitz eines Mannes mit gleichem Namen die Bühne der offiziellen Geschichte betreten.

36

36 »Mandylion« in der Armenierkirche S. Bartholomäus in Genua. (14. Jh.)

37 Mandylion-Kopie in Gradac (Serbien, 12. Jh.). Die Maße entsprechen dem zusammengefalteten Tuch.

38 Mandylion-Kopie von Spas Nereditsa bei Novgorod. (12.Jh.)

39 Mandylion-Kopie aus dem Kloster Studenica. (Serbien, 13. Jh.)

40 Jesus bei der Himmelfahrt als bartloser Jüngling nach griechischem Ideal. (Elfenbein, um 400)

41 Das »Edessa-Bild« wird 944 nach Konstantinopel gebracht. (Miniatur, 14. Jh.)

42 Enkaustische (mit wachsfarben gemalte) Ikone aus dem Katharinenkloster mit den Proportionen vom Turiner Tuch. (6. Jh.)

37

38

39

40

41

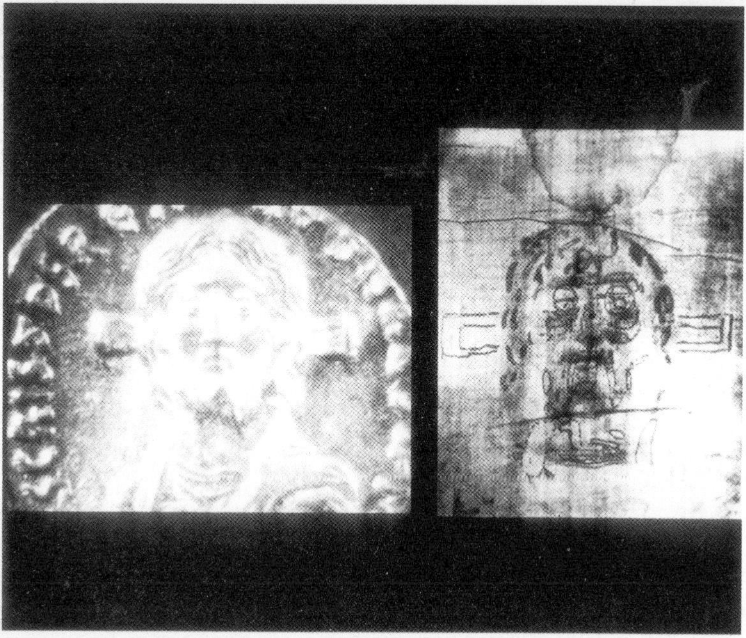
43

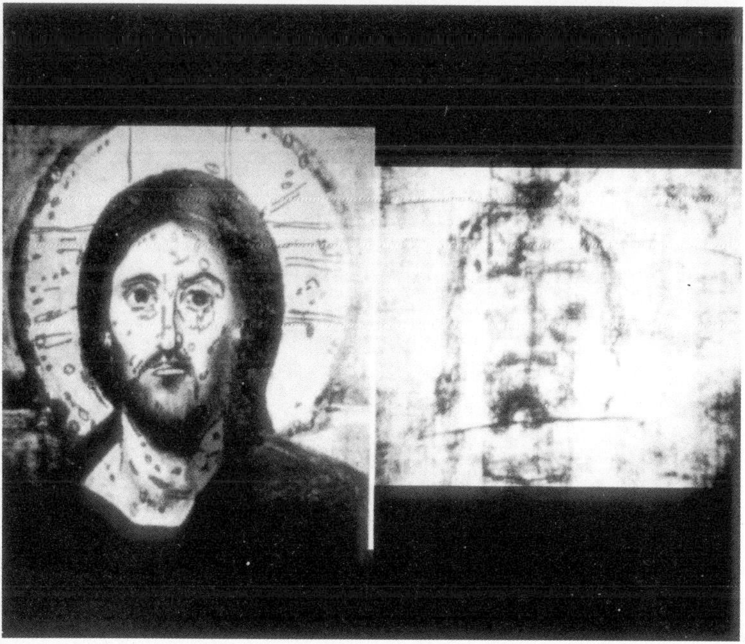
44

45

46

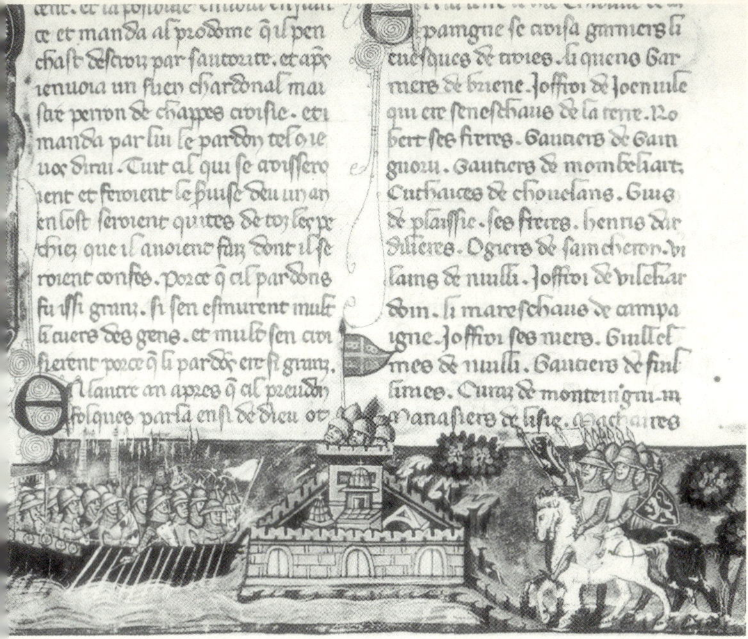

47

43 Das Antlitz auf dieser byzantinischen Münze (Solidus, 692) stimmt auffallend mit dem Portrait des Tuches überein.

44 Übereinstimmung zwischen der Christusikone (Abb. 42) und dem Tuchbild im Vergleich.

45 Christusportrait auf einer Goldmünze. (Solidus, Justinian II., 7. Jh.)

46 Christusportrait auf einem byzantinischen Solidus von 945, kurz nachdem das Tuch nach Konstantinopel gebracht worden war.

47 Das Heer des vierten Kreuzzuges greift das christliche Konstantinopel an. (Miniatur, 14. Jh.)

48 Die berühmte »nicht von Hand gemachte« Ikone von Novgorod. (um 1200)

49 Das Heilige Antlitz von Laon. (12. Jh.)

48

49

Das Grabtuch taucht wieder auf

Im Musée de Cluny in Paris befindet sich ein fragmentarisch erhaltenes Pilgerandenken, das beim Pont du Change aus der Seine gefischt wurde. Es handelt sich um die älteste erhaltene Darstellung des ganzen Turiner Tuchs mit Vorder- und Rückenbild. (Vgl. Abb. 58) Das Amulett erinnert an die Ausstellung in der Stiftskirche zu Lirey um 1357. Im oberen Teil sind die Stolen von zwei Priestern zu erkennen, die das Tuch halten, unten in der Mitte sieht man das offene Grab in einem Kreis. Links befindet sich das Wappen von Geoffroy de Charny (drei kleine Wappenschilde auf »rotem« Grund), rechts das Wappen seiner zweiten Frau, Jeanne de Vergy. Charny und seine Frau sind die ersten Besitzer des Tuchs, die es durch aufsehenerregende öffentliche Ausstellungen so populär gemacht haben, daß sich seitdem sein weiteres Schicksal eindeutig verfolgen läßt. Sie haben damit auch jene Entrüstung des Bischofs von Troyes, Pierre d'Arcis, provoziert, die wir im ersten Teil unseres Buches erwähnten. Was uns vordringlich interessiert, ist eine mögliche Verwandtschaft zwischen Geoffroy de Charny, dem Eigentümer des Tuchs, und Geoffroy de Charnay, dem Templer. Hatten die Templer dafür Sorge getragen, daß das Tuch in Sicherheit gebracht wurde, so werden sie es einer Person anvertraut haben, die mit dem Orden selbst nichts zu tun hatte, aber in irgendeiner Weise mit ihm in Verbindung stand. Das Tuch könnte so in den Besitz eines Verwandten eines führenden Ordensmitglieds gekommen sein. Hatte es der Präzeptor der Normandie, Geoffroy de Charnay, einem Mitglied seiner Familie anvertraut, bei dem es einige Jahrzehnte später auftaucht?
Über die leicht unterschiedliche Schreibweise der Namen brauchen wir uns keine Gedanken zu machen. Es gab keine einheitliche Nomenklatur. In Zeitdokumenten sind uns von beiden viele verschiedene Arten der Namensschreibung überliefert. Ich halte mich lediglich an die gebräuchlichste Schreibweise.
Von Charnay, dem Templer, wissen wir nur wenig. Er wurde 1248 in Anjou geboren, trat mit achtzehn Jahren dem Tempelritterorden bei und verbrachte einige Zeit in Zypern. Direkte Nachkommen wird es aller Wahrscheinlichkeit nach nicht gegeben haben.

Ganz anders steht es um den »zweiten« Charny. Wilson hatte noch behauptet, seine Herkunft liege im Dunkel, obwohl er einer von Frankreichs glänzendsten Generalen unter Philipp VI. war. Tatsächlich war es nicht leicht, eine brauchbare Genealogie zusammenzustellen. Doch ungezählte Stunden akribischer Suche in Archiven, Zeitdokumenten und Bibliotheken haben sich schließlich gelohnt.[106]

Ponce de Mont-Saint-Jean, Seigneur de Charny, Samaise, Noidan, Thorey-sous-Charny war der dritte Sohn von Hugues I de Mont-Saint-Jean und Elisabeth de Vergy.

Er erhielt in den ersten Dezennien des 13. Jh. Charny und einen Teil von Chastel-Sansoy und wurde dadurch der Begründer der Charny-Linie. Charny liegt im Département Côte-d'Or. Aus seiner Ehe mit Sybille de Noyers ging Hugues de Charny, Seigneur de Pierrefitte, Montbutois, Arcy, Châtel-Censoir und Lugy hervor – der Großvater von Geoffroy. Der Sohn von Hugues de Charny und Mabile de Savoisy war Jean de Charny. Er heiratete Marguerite de Joinville, die Tochter von Jean de Joinville, dem Biographen Ludwigs IX. des Heiligen. 1318 wurde er zuletzt dokumentarisch erwähnt, er lebte 1323 nicht mehr. Jean de Charny hatte vier Kinder: Isabeau, Dreux, Jean und Geoffroy. Dreux muß der älteste Sohn gewesen sein, zumal er Charny erbte und es seiner Tochter Guillemette weitergab. Geoffroy erhielt die Besitztümer aus der Mitgift seiner Mutter, die Ländereien und die kleine Siedlung von Lirey im Département Aube. Später wurde er auch Seigneur de Savoisy und Montfort und heiratete in erster Ehe Jeanne de Toucy, Tochter von Guy I, Sire de Bazarne, Pierre-Perthuis und Vault-de-Lugny. In zweiter Ehe vermählte er sich mit Jeanne de Vergy, Tochter von Guillaume de Vergy, Seigneur de Mirabeau. Aus seiner Ehe mit Jeanne de Vergy gingen zwei Kinder hervor, Charlotte und Geoffroy II.

Zu Geoffroy dem Templer finden sich in dieser Genealogie keine Beziehungen. Allerdings muß man sagen, daß die Genealogie alles andere als vollständig ist. Man müßte Anstrengungen unternehmen, die Familienbande des Templers Geoffroy de Charnay zu erhellen; ein Unternehmen, das ungleich schwieriger sein dürfte als die Fahndung nach dem Stammbaum des anderen Charny, der ein berühmter Ritter war. Das Fehlen einer direkt nachweisbaren Beziehung mag nur auf die geringe Ausbeute an ausgewerteten Zeitdokumenten und damit auf unsere fragmentarische Kenntnis mittelalterlicher Familienbande zurückzuführen sein. Vielleicht gelingt es einem geduldigen Forschergeist, in Zukunft das fehlende Bindeglied ausfindig zu machen ...

Sein ganzes Leben verbringt Geoffroy in den Feldlagern, Garnisonen und auf Turnieren, was ihm die Reputation des perfekten Ritters einträgt. 1337 nimmt er an den Kriegen im Languedoc und in der Guyenne teil. Vom 9. März 1339 bis zum 1. Oktober 1340 kämpft er an der flandrischen Grenze. 1341 begleitet er Raoul d'Eu, Herzog von Brienne, nach England. 1345 befindet er sich im Gefolge des Dauphins Humbert II. von Vienne bei dem sinnlosen Kreuzzug gegen Smyrna (das heutige Izmir). Im Sommer des Jahres 1346 wird er bei der Belagerung von Aiguillon zum Ritter geschlagen und kurz darauf zum Kommandanten von Saint-Omer ernannt. In der Silvesternacht 1349 wird er vor Calais von den Engländern gefangengenommen. König Johann II. der Gute (1350–1364) kauft ihn zwei Jahre später für die ungeheure Summe von 12.000 Goldécus frei und ernennt ihn zu seinem Botschafter für die Picardie, Flandern und Artois.[107] Kurz darauf erhebt er ihn zum Träger des heiligen Banners von St. Denis. 1355 schickt ihn der König in geheimem Auftrag in die Normandie und schenkt ihm nach der Schlacht von Breteuil im Juli 1356 zwei Häuser in Paris. Nur kurze Zeit konnte sich Geoffroy daran erfreuen. Am 19. September 1356 warf er sich in der Schlacht bei Poitiers gegen die Engländer schützend vor seinen König und fiel, das heilige Banner Frankreichs in der Hand. In der Cölestinerkirche zu Paris ließ ihn der König in einem Ehrengrab beisetzen.

Im Besitz dieses Mannes befand sich die kostbare Reliquie. Doch sein ganzes Leben lang vernehmen wir von ihm kein Wort darüber. Nichts deutet darauf hin, daß er sie zu einem bestimmten Zeitpunkt erhalten hatte. Das erste historische Dokument tauchte auf, als Pierre d'Arcis 1389 – also über 30 Jahre nach Geoffroys Tod – sein »Memorandum« an Papst Clemens VII. sandte und auf die Ausstellung des Tuches zu Lebzeiten Geoffroys in seiner Kirche zu Lirey verwies.[108] Geoffroy II. behauptete, sein Vater habe das Tuch als »hochherziges Geschenk« erhalten. Die Enkelin Geoffroys und letzte Charny, Marguerite, pochte 1443 bei einem Prozeß in Dôle auf ihr Besitzrecht an der Reliquie mit der Aussage, ihr Großvater habe das Tuch »par feu« erhalten, »als Lehensgabe«.[109] Ob man daraus ableiten kann, wie Bulst und Pfeiffer das tun, daß Geoffroy das Tuch vom König selbst anvertraut bekommen hat, ist äußerst fraglich. Kein Zeitdokument vermerkt eine solche Schenkung, auch die guterhaltenen Archivquellen geben uns keinen Anhaltspunkt in die Hand. Zudem scheint es unmöglich, daß ein Regent, sollte er jemals diese kostbarste aller Reliquien besessen haben – wofür es nicht den geringsten Anhaltspunkt gibt –, sie einem Untertan schenkt. Die Autoren stützen ihre Ansicht auf ein Dokument aus dem Jahre 1247, in welchem der lateinische Kaiser von Konstantinopel Ludwig dem Heiligen das »heilige Tuch auf eine Tafel aufgezogen« überstellen ließ. Es kann sich dabei nur um die Mandylion-Kopie gehandelt haben, keineswegs um das Grabtuch. Mit gleicher Post ließ der Kaiser demselben Adressaten auch »Stücke des Grabtuchs des Herrn« zukommen[110] – offenbar Reliquienteile eines Tuches, das ebenfalls als Grabtuch galt und noch in der Pharos-Kapelle lagerte, wie wir gesehen haben. Vielleicht aber handelte es sich auch tatsächlich um Fragmente des »Turiner Tuchs«, von dem an der Seite und an einem Ende eventuell Originalteile, allerdings ohne Bild, abgetrennt worden waren.

Marguerite behauptete auch, Geoffroy habe das Tuch »erobert«. Diese Aussage hat viele Forscher zu der Ansicht gebracht, der umtriebige Geoffroy hätte tatsächlich das Tuch als Beute von einem Feldzug zurückgebracht, vielleicht sogar aus Smyrna. Auch darüber ist nichts bekannt. Die widerstreitenden Aussagen seiner Nachkommen zeigen vielmehr, daß sie selbst nicht gewußt haben, woher das Tuch kam, und lediglich versuchten, den rechtmäßigen Erwerb und Besitz herauszustreichen.

Es gibt eine Legende, wonach Geoffroy während seiner englischen Gefangenschaft ein Gelöbnis machte, in Lirey eine Kirche zu erbauen, sollte er heil aus dem Gefängnis entkommen. Seine »wunderbare« Rettung soll er diesem Gelöbnis zugeschrieben haben. In Wahrheit beschäftigte ihn dieses Projekt schon viele Jahre vor seiner Gefangennahme. 1343 hatte Geoffroy bei Philipp VI. wegen einer jährlichen Zuwendung angefragt, um eine kleine Kirche gründen zu können. Geoffroy steuerte selbst die Erbschaft einer Tante bei, aber viel Geld scheint dafür nicht zusammengekommen zu sein.

1349 kündigte er Papst Clemens VI. die Fertigstellung der Stiftskirche »Unserer gesegneten Jungfrau Maria der Verkündigung« in Lirey an. Johann der Gute gewährte den Kanonikern der Kirche eine Jahresrente von 120 Livres.
Eigenartigerweise berichten die Gründungsurkunden der Kirche, daß die Errichtung erst am 20. Februar 1353 begonnen und am 10. Juni desselben Jahres abgeschlossen wurde. Geoffroy bemühte sich darum beim Nachfolger von Papst Clemens, Innozenz VI., einen höheren Status für seine Kirche zu bekommen, die nunmehr der Heiligen Dreifaltigkeit und der Jungfrau der Verkündigung geweiht war. König Johann erhöhte die Rente auf 180 Livres. Wie darf man diese widersprüchlichen Dokumente verstehen?
Es ist nicht anzunehmen, daß Geoffroy Papst Clemens 1349 die Errichtung eines Gotteshauses angekündigt hatte, ohne ein solches gebaut zu haben. Vielmehr scheint er sich in der Zwischenzeit entschlossen zu haben, den ursprünglichen kleinen Bau zu vergrößern, um ihm mehr Bedeutung zukommen zu lassen. Dorothy Crispino, die in zahlreichen Studien die Geschichte des Tuches im Eigentum der Charnys erhellt hat, vermutet, daß diese Entscheidungsänderung ein Hinweis darauf ist, daß Geoffroy zwischen 1349 und 1353 in den Besitz des Tuchs gekommen ist und der Reliquie eine würdigere Stätte errichten wollte.[111]
Doch auch diese Theorie steht auf schwachen Füßen. Selbst die »zweite«, angeblich größere Kirche wurde in wenigen Monaten fertiggestellt. Es handelte sich um einen einfachen Holzbau, von dem heute nur noch ein Eckstein übriggeblieben ist. Nirgends in den Gründungsurkunden findet sich ein Hinweis auf das Grabtuch, obwohl zahlreiche Reliquienschenkungen vermerkt sind. Hätte Geoffroy wegen des Tuchs die Vergrößerung vornehmen wollen, hätte eine Mitteilung an den Papst genügt. Doch das Linnen wurde nie erwähnt. Ende Mai 1356 hielt Bischof Henri de Poitiers eine Lobrede auf die Kirche. Von einem Grabtuch ist abermals keine Rede, und es ist ausgeschlossen, daß er vergessen hätte, diese wichtigste Reliquie herauszustreichen. Sein Nachfolger Pierre d'Arcis hatte in seinem angeblichen Schreiben an den Gegenpapst darauf aufmerksam gemacht, daß Henri de Poitiers bereits den ungeheuren Betrug mit dem Tuch in Lirey angeprangert hatte. Zumindest zur Zeit der Kirchengründung kann davon keine Rede sein.

Vier Monate später fiel Geoffroy in der Schlacht. Es ist kaum anzunehmen, daß in dieser kurzen Zeit, zwischen der Lobrede des Bischofs und dem Tod Geoffroys, das Tuch in Lirey zur Ausstellung gekommen ist, denn weder bei Geoffroys Totenmesse in Lirey noch in einem Inventar von 1357 wird es erwähnt. Vielmehr deutet alles darauf hin, daß Geoffroy sich während seiner Gefangenschaft nur darüber Gedanken gemacht hätte, seinen begonnenen, vielleicht sogar abgeschlossenen Kirchenbau etwas großzügiger zu gestalten, sollte er je wieder heimatlichen Boden betreten. Das Tuch hatte bei seinen Überlegungen wohl keine Rolle gespielt.
Einen Kult um das Tuch muß es jedoch gegeben haben. Ein Beweis dafür ist das Pilgermedaillon und das Aufsehen, das Bischof Pierre d'Arcis um die Sache gemacht hat.[112] Eine Antwort auf das Rätsel scheint das Pilgerandenken selbst zu geben, das sowohl Geoffroys Wappen als auch das seiner zweiten Frau, Jeanne de Vergy, trägt. Es könnte der Hinweis darauf sein, daß die Ausstellung erst nach dem Tode Geoffroys durch seine Frau erfolgte. Dies ist eine legitime Hypothese, zumal es keine zeitgenössischen Äußerungen von Geoffroy de Charny über das Tuch in seinem Besitz gibt. Warum sollte er zeitlebens verschweigen, daß er das Grabtuch besaß?
Für Wilson hängt der Fall eng mit der Herkunft der Reliquie aus Templerbesitz zusammen. Wenngleich sich eine tatsächliche Verwandtschaft zwischen dem Templer Charnay und Geoffroy de Charny, Seigneur de Lirey, Savoisy und Montfort, nicht erhärten läßt, bleibt die Möglichkeit doch bestehen und damit auch die Wahrscheinlichkeit, daß die Weitergabe auf diesem Weg erfolgt ist.[113] Freilich konnte Geoffroy über die Reliquie nichts verlauten lassen. Sie war ihm zu treuen Händen anvertraut worden, wahrlich als »hochherziges Geschenk«, wie man ihm später in den Mund gelegt hat. Aber es war undenkbar bekanntzugeben, woher das Tuch stammte. Die brutale Unterdrückung der Templer in Frankreich war sicher noch nicht aus dem Gedächtnis der Menschen geschwunden. Konnte es sich der Bannerträger Frankreichs erlauben, in Verbindung mit dem zwielichtigen Orden gebracht zu werden? Vielleicht war ihm sogar bekannt, daß eben auf jenes Bild auf dem Linnen der Vorwurf der Häresie und der Idolatrie gegen die Ordensmitglieder zurückging. Pierre d'Arcis, der die Ausstellung des Tuchs unter Geoffroy II. um jeden Preis verhindern wollte, mag von

dieser Herkunft der Reliquie etwas gewußt haben: Er entschuldigte sich beim Papst, krankheitshalber nicht persönlich bei ihm vorsprechen zu können, da er schriftlich nur »ungenügend die arge Natur des Skandals zum Ausdruck bringen« könne, »die Schmach, die über die Kirche gebracht wurde ... und die Gefahr für die Seelen.«[114]
Lag die wahre Natur des Skandals, die zu schildern sich seine Feder sträubte, in dem Umstand verborgen, daß christliche Pilger nunmehr vor dem wahren »Idol« der Templer beteten und daß dieses »Idol«, das Grabtuch des Herrn, über 100 Jahre lang in den Händen einer ketzerischen Brüderschaft verschollen gewesen war?
Die Anschuldigungen von d'Arcis, das Tuch sei eine Fälschung, sollten den Papst dazu bewegen, die Ausstellung zu verbieten. Offenbar war aber dieser Vorwurf nicht zu belegen, denn die Meinungen und Entscheidungen des Papstes dazu sind nicht klar, sie widersprechen sich sogar[115]; ein Hinweis, daß sich der Papst wohl kein eindeutiges Bild der Lage machen konnte. Ein weiteres Rätsel ist das vollständige Fehlen von Dokumenten zur Verteidigung gegen die Anschuldigungen. Wurden sie unterdrückt, oder hatten die Beschuldigten überhaupt keinen Grund, sich vom Vorwurf der Fälschung reinzuwaschen, zumal jeder mit eigenen Augen überprüfen konnte, daß ihr Tuch kein Gemälde war? Zuletzt darf auch nicht vergessen werden, daß die Argumente der Anklage nie zu einem »Sieg« geführt haben. Vielmehr sollte in den folgenden Jahrzehnten und Jahrhunderten die Kirche immer wieder Versuche unternehmen, die außergewöhnliche Reliquie in ihren Besitz zu bekommen. Gelungen ist ihr das erst nach dem Tode Umbertos II. von Savoyen am 18. März 1983, der sie testamentarisch dem Heiligen Stuhl vermachte, nachdem Papst Johannes Paul II. ihm kurz davor in seinem portugiesischen Exil besuchte und sie vom Exkönig erbeten hatte. (Vgl. Abb. 63)
Es kann kein Zweifel daran bestehen, daß Geoffroy de Charny dem ritterlichen Ideal des Templerordens nahestand. In einem langen Gedicht, das ihn sowohl als schwärmerischen Geist wie als schlechten Schriftsteller ausweist, beschrieb er neben den vielen Gefahren, die den Ritter im Heiligen Land erwarten, die Ideale des Rittertums. Die Unternehmung mit dem Dauphin Humbert II. von Vienne in Smyrna blieb ihm nicht in guter Erinnerung. Er skizzierte die Gefahren durch das entfesselte Meer, durch Piraten, Türken und

Christen. Dennoch ließ er sich durch nichts vom Ideal des reinen Ritters abbringen. In seiner Phantasie lebte ein edles Gralsrittertum weiter, stets bereit, für Gott, Ehre und Vaterland Kopf und Kragen zu riskieren. »Zwei besonders noble Berufe« gebe es auf dieser Welt, schrieb Geoffroy, »Geistlichkeit und Rittertum«.[116] Um sie zu vereinen und zu verwirklichen, wie es einst die Tempelherren getan hatten, finden wir ihn im Januar 1352 mit Gleichgesinnten bei der Gründung des »Sternenordens« oder des »Ordens Unserer Lieben Frau des Edlen Hauses«. Der König hatte diesen religiös-militärischen Orden nach dem Muster der Tafelrunde ins Leben gerufen.[117] Der Orden hatte wenige Jahre Bestand. Spätestens bei der Schlacht von Poitiers (1356) gehörte er der Geschichte an.
Die kurze Episode zeigt, daß Geoffroy de Charny in gewisser Weise das Ideal der Templer fortführen wollte. Vielleicht hatte er sich bei der Entgegennahme der Reliquie verpflichtet, den templerischen Geist aufrechtzuerhalten.
Als der Präzeptor der Normandie Seite an Seite mit seinem Großmeister auf dem Scheiterhaufen verbrannte, mußte das Tuch längst in Sicherheit gebracht worden sein, spätestens aber zur Zeit der Verhaftung im September 1307. Es ist anzunehmen, daß dies schon früher geschehen ist, als den Führern die Stimmung gegen den Orden bedrohlich zu werden schien. Wir wissen nicht, wie alt Geoffroy, der spätere Bannerträger, zu dieser Zeit war. Kann sein, daß er Anfang des 14. Jh. erst geboren wurde, vielleicht war er aber schon ein junger Mann.[118] Das könnte bedeuten, daß Geoffroy das Tuch nicht direkt aus der Hand eines Templers, sondern es vielleicht als »zweiter« bekommen hatte. Mag sein, daß wir zuviel in Geoffroy de Charny hineinlesen – in jenen Mann, in dessen Besitz das Grabtuch mit Sicherheit war, der aber sein ganzes Leben lang trotz auffallend frommer und ritterlicher Gesinnung die Reliquie mit keinem Wort erwähnte. Bedeutet das vielleicht, daß Geoffroy überhaupt nicht wußte, was ihm anvertraut worden war, daß er einen verschlossenen Kasten zu treuen Händen entgegengenommen und ihn zeit seines Lebens nicht geöffnet hat? Nach seinem Tod könnte die Neugier seine zweite Frau dazu verleitet haben, das geheimnisvolle Erbstück zu inspizieren. So könnte sie den erstaunlichen Inhalt zutage gefördert haben. Als Geoffroy verstarb, war Jeanne de Vergy noch eine sehr junge Frau und, wie es scheint, in

finanziellen Nöten. Sie mag sogleich erkannt haben, daß eine Ausstellung des Tuches einen großen Zustrom von Pilgern und damit eine exzellente Quelle von Einnahmen sicherstellen würde. Da sie nicht wußte, woher der Schatz in der Truhe letztendlich gekommen war, ließ sie verlauten, ihr Mann habe das Tuch als Lehensgeschenk erhalten oder als Beute von einer seiner Reisen mitgebracht. Die Kanoniker in Lirey werden über die Reliquie hoch erfreut gewesen sein und sich keine Gedanken gemacht haben, welche Reaktion sie mit einer Ausstellung heraufbeschwören würden. Auf diese Weise wurde das Tuch zum erstenmal öffentlich in Frankreich gezeigt, in der Kirche Geoffroys de Charny, der zu diesem Zeitpunkt aber nicht mehr unter den Lebenden weilte.

Exkurs: Historische Rätsel

Bei meinen Forschungen über Geoffroy de Charny bin ich auf Ereignisse gestoßen, die ich der Vollständigkeit halber nicht vorenthalten möchte. Mir scheint der bisher gezeichnete Weg des Tuchs aus Konstantinopel über die Templer in den Besitz Geoffroys der wahrscheinlichste zu sein. Zahlreiche Indizien untermauern ihn. Doch bei allen Dingen, bei denen die letzte Gewißheit fehlt, gibt es die Möglichkeit einer Alternative. Ich will diese, mit allen zu Gebote stehenden Vorbehalten, kurz skizzieren und überlasse es zukünftigen Forschungen, mehr darüber in Erfahrung zu bringen.
Es gibt zwei Dokumente, die nahelegen, daß das Tuch nach seinem mysteriösen Verschwinden aus Konstantinopel, zumindest für kurze Zeit, in Athen war. Nach der Einnahme Konstantinopels kam es zu einer Reihe von Zusammenkünften zwischen dem führenden griechischen Klerus und päpstlichen Gesandten. Nicolas von Otranto, Abt des süditalienischen Klosters Casole, war als Übersetzer bei diesen Unterredungen anwesend.
Während einer der Diskussionen im Jahre 1207 erwähnt er, daß die Franken wie Räuber in die Stadt gekommen seien und im königlichen Palast wertvolle Reliquien fanden, darunter die *fascia* (Binde), »die wir später mit unseren eigenen Augen sahen«.[119] Diese *fascia*

wird häufig als Grabtuch übersetzt, zumal sie bei der Auflistung der Passionsreliquien Erwähnung findet. *Fascia* ist Nicolas von Otrantos lateinische Übersetzung des griechischen *sparganon.* Abgesehen davon, daß von einem Bild auf dem Tuch keine Rede ist, bedeutet *sparganon* eigentlich »Windel«. Es ist anzunehmen, daß dieser besondere Ausdruck verwendet wurde, um ein kleineres Stoffstück zu beschreiben, das mit der Passion in Zusammenhang steht und gewissermaßen wie eine »Windel« getragen wurde. Damit kann nur das Lendentuch gemeint gewesen sein, das ein unverzichtbarer Bestandteil der Kreuzigungsikonographie war! Wenn wir trotzdem ein Grabtuch voraussetzen, kann es eines gewesen sein, das sich schon vor der Ankunft des Mandylion in der Stadt befunden hatte und immer noch als solches galt. Nicolas begleitete den päpstlichen Gesandten Benedict von St. Susanna 1206 nach Thessalonike und Athen. Scavone vermutet, daß er dort das Tuch »mit seinen eigenen Augen« gesehen hat.[120] Ein anderes Zeitdokument legt nämlich nahe, daß das Grabtuch nach der Einnahme Konstantinopels nach Athen gebracht wurde. In einem Brief an Papst Innozenz III. vom 1. August 1205 beklagt Theodor Angelos – Neffe Isaaks II. Angelos –, der nach dem Vierten Kreuzzug deportiert wurde, den Überfall auf seine Stadt und die Raubzüge der Eroberer. Sie hätten auch die »heiligste aller Reliquien weggeführt, das Tuch, mit dem unser Herr Jesus Christus nach seinem Tode und vor seiner Auferstehung eingehüllt war. Wir wissen, daß die heiligen Gegenstände von ihren Dieben in Venedig, in Frankreich und anderen Orten aufbewahrt werden, das heilige Linnen in Athen«.[121]
Die Authentizität dieses Briefes scheint einigen Forschern nicht gesichert, auch weil er zu offensichtlich eine Hypothese unterstützt, die seit langem bekannt, doch ein Irrweg ist. Es handelt sich um die sogenannte Besançon-Hypothese.

Ein Manuskript des 18. Jh., das in der Bibliothek von Besançon unter der Inventarnummer 826 aufbewahrt wird, vermerkt die Schenkung eines »heiligen Grabtuchs« an den Bischof der Stadt, Amedeus de Tramelai, durch Ponce de la Roche im Jahre 1208. Ponce war der Vater von Othon de la Roche, einem der bekanntesten Ritter des Vierten Kreuzzugs, der Fürst von Athen wurde. Othon habe seinem Vater das Grabtuch gesandt. Das Tuch sei in Besançon verblieben, bis es 1349 bei einem Brand spurlos verschwand.

Diese ebenso einfache wie plausible Geschichte hat allerdings einige Haken. Ein Grabtuch wird in Besançon selbst erst 1532 genannt. Es war die Kopie der Vorderansicht des Turiner Tuchs. Besançon hat nie den Anspruch erhoben, das echte Tuch zu besitzen, obwohl dieses kurz nach dem angeblichen Verschwinden unweit davon, in Lirey, ausgestellt wurde und der spätere Streit zwischen Marguerite von Charny und den Kanonikern von Lirey ausgerechnet vor dem Gericht von Besançon verhandelt wurde. Die angebliche Schenkung durch Ponce de la Roche ist nicht verbürgt. Das Besançon-Manuskript bezieht sich auf drei Dokumente, die nicht mehr existieren, nicht einmal in Abschriften. Eine Bulle von 1208 spricht lediglich von Ponce de Lyon, dem Schatzmeister des lateinischen Kaisers Heinrich I., der »gewisse Reliquien« aus Konstantinopel mitgebracht habe, die er dem Erzbischof von Lyon übergeben sollte. Der Benediktiner Dom François Chamard machte 1902 aus Ponce de Lyon einfach Ponce de la Roche und startete die Theorie und deren Konfusionen. Die Akten des Erzbischofs Amedeus de Tramelai im Pariser Nationalarchiv erwähnen mit keinem Wort ein Grabtuch, auch Ponce de la Roche wird nicht genannt.[122]
Nehmen wir dennoch hypothetisch an, das Grabtuch sei tatsächlich nach Athen gebracht worden. Es lag nahe, dafür Othon de la Roche verantwortlich zu machen. Othon war mit Bonifaz von Monferat und Geoffroy de Villehardouin nach Westen aufgebrochen, um die Länder zu erobern, mit denen sie vom Kaiser belehnt worden waren. Während Geoffroy de Villehardouin, angetrieben von Bonifaz, das Fürstentum Achaia (Morea) gewann, wurde Othon zum Herrn von Athen. Hatte Othon tatsächlich ein Grabtuch an seinen Vater geschickt, dann war es wohl nicht das echte Tuch. Welches Tuch auch immer im 13. Jh. in Besançon war – wenn überhaupt eines da war -, es war nicht das »Turiner Grabtuch«. Dann verblieb aber das echte Grabtuch versteckt in Athen oder in einer Burg in den von Othon kontrollierten Gebieten. Othon kam vor 1229 wieder zurück in seine Heimat und überließ die griechischen Länder seinem Neffen Guy I., von dem sein Sohn Guy I. (1287–1308) sie nach seinem Tod übernahm.[123]
Im Jahre 1305 heiratete Guy I. Mahaut von Hennegau die Erbin des Fürstentums Achaia. Mahaut war die einzige Tochter aus der Ehe von Isabelle de Villehardouin, der Erbin von Achaia, und Florenz

von Hennegau aus der Familie der lateinischen Kaiser von Konstantinopel. Mahaut von Hennegau, die letzte Nachkommin der Villehardouins in direkter Linie, wurde 1293 geboren. Als sie Guy I. ehelichte, war sie gerade zwölf Jahre alt und brachte die großen Ländereien der Villehardouins auf dem Peloponnes als Mitgift in die Ehe. Drei Jahre später starb Guy I., und die junge Mahaut war die Erbin der weitläufigsten Ländereien in der Morea.
Nach zunehmenden Schwierigkeiten in Achaia entschloß sich Philipp der Schöne, bereits mitten im Prozeß gegen die Templer, einige Heiraten zu arrangieren, um die lateinischen Kräfte in der Morea neu zu gruppieren. Den fünfzehnjährigen Prinzen Ludwig von Burgund verheiratete er mit Mahaut von Hennegau. Gegen Ende des Jahres 1315 machte sich das Ehepaar auf den Weg nach seinen fernen Ländereien; im Gefolge eine große Anzahl von burgundischen Edelleuten. In Venedig schickte Ludwig seine Frau mit einigen Gefolgsleuten voraus, während er dort sein Testament unterschrieb. Seine Unterschrift unter das Testament setzte auch Jean de Charny, der Vater von Geoffroy, dem späteren Bannerträger des Königs. Im April 1316 erreichte Prinz Ludwig mit Mitgliedern der Familie Charny die Morea.[124] Nur vier Monate später starb der Prinz. Mahaut blieb zum zweitenmal als Witwe in der von Krisen geschüttelten Morea zurück. Zuvor hatte Ludwig aber dafür gesorgt, daß den bedeutenden Leuten in seinem Gefolge Ländereien zugesprochen wurden. Auf diese Weise erhielt Dreux de Charny, »der Bruder von Geoffroy de Charny«, wie die aragonesische Chronik der Zeit vermerkt[125], eine Anzahl von im ganzen Gebiet verteilten Ländereien und zusätzlich durch Heirat die Grafschaften von Vostitsa und von Nivelet.
Welche Ländereien genau darunter fallen, ist nicht mehr mit Sicherheit zu sagen, zumal die Grafschaft von Nivelet sich nicht mehr eindeutig lokalisieren läßt. Auf alle Fälle kann eines festgehalten werden: Durch die erste Ehe mit Guy I. de la Roche hatte Mahaut von Hennegau die Erbländer der de la Roche erhalten. Wenn sich das Tuch noch in diesen befand, dann mit Sicherheit nicht mehr in Athen, zumal die Stadt zu diesem Zeitpunkt nicht mehr unter fränkischer Kontrolle war. Die kriegstüchtige katalanische Kompanie, die seit Beginn des 14. Jh. in byzantinischem Auftrag gegen die Türken kämpfte, hatte begonnen, Kleinasien und Griechenland in im-

mer unkontrollierbareren Raubzügen unsicher zu machen. 1311 überwarfen sich die Katalanen mit den Franken in Athen und fügten dem Herzog Gauthier von Brienne eine vernichtende Niederlage zu. Das Herzogtum von Athen wurde zum katalanischen Fürstentum.[126] Es ist durchaus denkbar, daß Dreux de Charny von Mahaut und dem Prinzen Ludwig Ländereien zugesprochen wurden, die vormals im Besitz der de la Roche waren. Vielleicht ist er dort in einer Kirche innerhalb einer fränkischen Festungsanlage, von denen es zahlreiche gab, auf den »Schatz« des Othon de la Roche gestoßen – auf das Grabtuch! Um den glücklichen Fund in der Heimat in Sicherheit zu bringen, übersandte er das Tuch seinem jüngeren Bruders Geoffroy.
Zugegeben, diese Variante, die sich allein auf genealogische Studien stützt, klingt unwahrscheinlich. Doch bei einer Materie, so delikat wie diese und so tief im Dunkel der Geschichte, darf man auch Spuren folgen, die nicht unmittelbar einleuchtend sind.

Die »offizielle« Geschichte

Die weitere Geschichte des Tuchs, so interessant sie in Details auch sein mag, ist rasch erzählt und bestens belegt. Das Tuch bleibt im Besitz der Familie Charny. Im Juli 1418 bringt man es in der Festung Montfort, danach in Saint-Hippolyte-sur-Doubs in Sicherheit vor umherziehenden Räuberbanden. 1443 erheben die Stiftsherren von Lirey Anspruch auf das Tuch. Marguerite, die letzte Charny, erhält vom Gericht in Besançon das Tuch zugesprochen und behält es. 1452 stellt sie die Reliquie in Germolles in einem Schloß öffentlich aus. In dieser Zeit sucht sie, in Ermangelung geeigneter Erben, nach einer Familie, der sie den kostbaren Besitz anvertrauen kann. Sie entscheidet sich für Ludwig, den Herzog von Savoyen. Als Dank für »wertvolle Dienste«, wie es heißt, bekommt sie vom Herzog das Schloß Varambon in Genf und die Einkünfte aus dem Gut Miribel bei Lyon geschenkt. Nach dem Tode Marguerites 1460 läßt Ludwig von Savoyen den Kanonikern von Lirey 50 Goldfranken anweisen

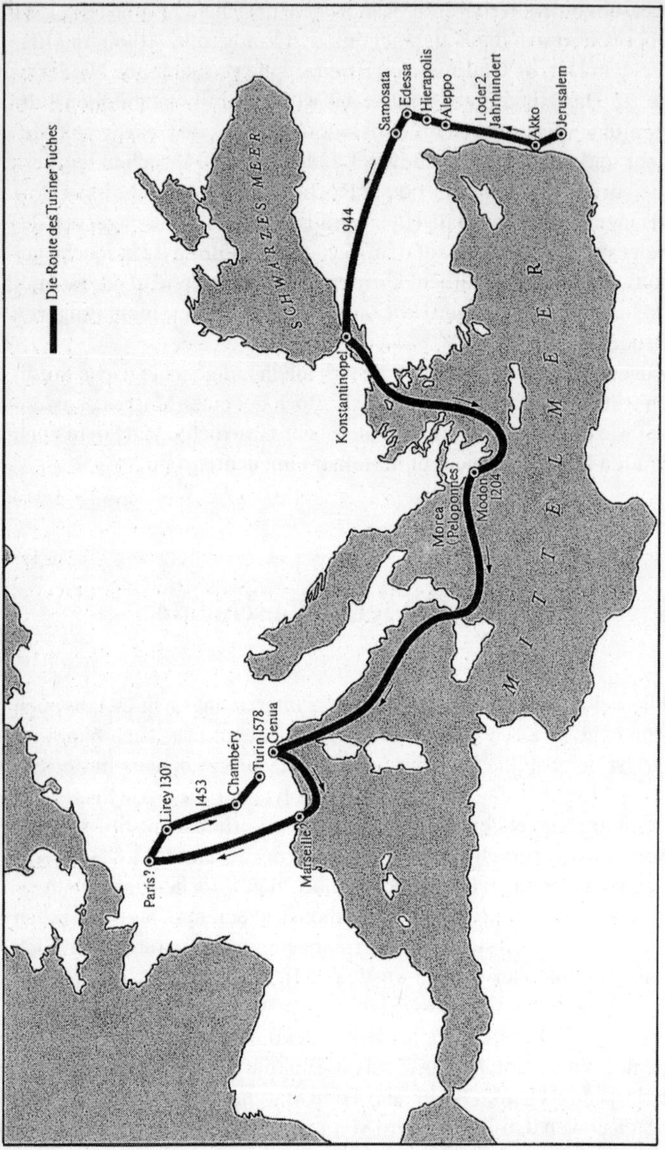
Die Route des Turiner Tuches
SCHWARZES MEER
MITTELMEER
Jerusalem
Akko
1. oder 2. Jahrhundert
Aleppo
Hierapolis
Edessa
Samosata
944
Konstantinopel
Modon 1204
Morea (Peloponnes)
Genua
Turin 1578
Chambéry
1453
Lirey 1307
Paris?
Marseille

als Ersatzzahlung für das Tuch. Seitdem blieb die Reliquie bis 1983 im Besitz der Familie Savoyen.
Zu Beginn des 16. Jh. wird sie feierlich als »Grabtuch unseres Erlösers, Jesu Christi« in der Kapelle der savoyischen Residenz von Chambéry niedergelegt. 1506 erhebt Papst Julius II. den 4. Mai zum Fest des Heiligen Grabtuchs. In den folgenden Jahren wird das Tuch oft ausgestellt. Könige, Fürsten und Bischöfe aus allen Ländern interessieren sich dafür, stiften kunstvolle Reliquienschreine, pilgern nach Chambéry, um das Tuch zu verehren und im »Angesicht« des Herrn zu beten. Der 4. Dezember 1532 ist ein schwarzer Tag in der Geschichte des Linnens. Mit knapper Not entgeht es der sicheren Vernichtung. Ein Brand zerstört die Schloßkapelle bis auf die Grundmauern. Vermutlich handelte es sich um Brandstiftung, doch der Fall wird nie geklärt. In letzter Minute kann das Reliquiar mit dem kostbaren Inhalt in Sicherheit gebracht werden. Die Hitze des Feuers hatte jedoch den silbernen Kasten an einer Stelle schon zum Schmelzen gebracht. Wie durch ein Wunder ist das Tuch nur von wenigen Brandlöchern beschädigt, vor allem an den Stellen, die kein Bild tragen. Zwei Jahre später werden die verbrannten Stellen von Nonnen der Armen Klarissinnen mit Flicken vernäht, und das Linnen erhält ein Futter aus holländischem Tuch.
Anschließend tritt das Tuch eine Reise nach Piemont an, wird in Nizza vom Bellanda Turm gezeigt (1537), schließlich in der Schatzkammer der Eusebius-Kathedrale von Vercelli verwahrt. Wenige Jahre darauf versteckt es ein Kanoniker der Kathedrale in seinem Haus, als Vercelli von französischen Truppen geplündert wird. 1561 kommt es im Zuge einer pompösen Prozession in die wieder aufgebaute Kapelle von Chambéry zurück. Herzog Emmanuel Philibert von Savoyen, der sich mit dem Gedanken trägt, seine Hauptstadt nach Turin zu verlegen, läßt das Tuch am 17. September 1578 dorthin überführen, wo es bald darauf vom hl. Karl Borromäus verehrt wird.
Bis 1898 kommt es zu einer Anzahl von Zurschaustellungen in Turin. Im Mai dieses Jahres ist das Tuch aus Anlaß der Fünfzigjahr-

Die wichtigsten Stationen und Daten im Verlauf der zweitausendjährigen Geschichte des Tuches.

feier des italienischen Königreichs für acht Tage zu sehen. In dieser Zeit kann Secondo Pia das erste Foto machen, dem die sensationelle Entdeckung auf der Negativplatte folgt. Vom 2.–23. Mai 1931 wird die Reliquie 22 Tage lang ausgestellt. Der Anlaß ist die Hochzeit des Prinzen Umberto von Piemont. Neue, bessere und präzisere Aufnahmen werden gemacht. Bei Ausbruch des Zweiten Weltkrieges 1939 wird das Tuch in der Abtei von Monte Vergine (Avellino) in Sicherheit gebracht, wo es bis Kriegsende bleibt.
Eine erste wissenschaftliche Kommission darf im Juni 1969 das Tuch unter Aufsicht von Kardinal Pellegrino in Augenschein nehmen. Am 1. Oktober 1972 klettert ein Unbekannter über das Dach des herzoglichen Palazzos, bricht in die Kapelle ein und versucht, Feuer an das Tuch zu legen. Eine Asbestschicht auf der Innenseite des Altarschreins verhindert die Vernichtung der Reliquie. Im November 1973 werden die ersten Fäden und Proben von Oberflächenverunreinigungen für wissenschaftliche Untersuchungen entnommen, und im Oktober 1988 verkünden Wissenschaftler, die von der langen Geschichte des Grabtuchs keine Ahnung haben, es sei eine mittelalterliche Fälschung.

III

Die Geheimnisse von Golgotha

Elmar R. Gruber

Zwei Begräbnisse im Johannes-Evangelium

Wir haben einen weiten Bogen gespannt, um die aufregende Geschichte des einzigartigen Linnens zu verfolgen. Von seinem mehrfachen Verbergen und Wiederfinden war die Rede, von seinem Weg durch den Vorderen Orient nach Konstantinopel und schließlich nach Frankreich. Und wir haben die wissenschaftlichen Untersuchungen dargestellt, die das Turiner Tuch als echt erwiesen haben. Sie haben Herkunft, Alter und den historischen Weg der Textilie eindeutig untermauert. Dagegen steht allein die journalistisch weidlich ausgeschlachtete Radiokarbon-Datierung. Und diese hat sich als manipuliert herausgestellt. Nicht das Tuch ist eine Fälschung, die Altersbestimmung durch die ^{14}C-Methode ist die Fälschung.

In diesem und im folgenden Abschnitt werden wir die Motive, die zur Manipulation geführt haben, aufdecken sowie Art und Durchführung der Täuschung darstellen. Bislang konnte keiner der Autoren, die ebenso von einem Betrug überzeugt sind, plausibel machen, welche Motivation hinter der Affäre steckt. Das liegt daran, daß im allgemeinen die Bedeutung des Abbildes auf dem Linnen falsch interpretiert wird. Gemeinhin gilt es den Sindonologen als manifest gewordenes, »wunderbares« Zeichen der Auferstehung des Herrn. Nun hat aber das Verhalten der kirchlichen Stellen gezeigt, daß sie selbst das fragwürdige Datierungsexperiment in einer Weise gefördert haben, daß der betrügerischen Manipulation Tür und Tor geöffnet waren. Der Vatikan hat die eigenen Kontrollinstanzen zurückgepfiffen, die Anzahl der Labors verringert, und der Kustos der Reliquie, Kardinal Ballestrero, ließ vor Ende der Altersbestimmung keinen Zweifel daran, daß er an die Echtheit des Tuchs nicht glaube. Es entbehrte jeder Logik, würde sich die Kirche dieses einzigartigen Beweisobjekts für die Rechtmäßigkeit des Auferstehungsglaubens berauben; jene Auferstehung, die Paulus in den Mittelpunkt des christlichen Glaubens gerückt hat mit den

Worten: »Ist aber Christus nicht auferweckt worden, dann ist unsere Predigt sinnlos, sinnlos auch euer Glaube.« (1 Kor 15,14) Die Lösung dieses Problems liegt in der rätselhaften Abbildung des Tuches selbst verborgen. Sie ergibt sich dadurch, daß wir Jesu Kreuzigung und Grablegung unabhängig vom christlichen Mythos und von der christlichen Theologie betrachten, um auf diesem Wege die wahren Begebenheiten ans Tageslicht zu bringen.
Wir versetzen uns deshalb noch einmal in jene dramatischen Stunden am Karfreitag, als man Jesus auf Golgotha ans Kreuz nagelte und noch am selben Tag in aller Eile begrub.
Die Geschichte der Kreuzigung ist uns aus den synoptischen Evangelien, dem Johannes-Evangelium und aus einigen apokryphen Texten überliefert. Wenn man sich die Mühe macht, die Evangelientexte parallel zu lesen, wird man neben den Übereinstimmungen auf eine ganze Reihe von Unterschieden aufmerksam, die es schwermachen, ein eindeutiges und stimmiges Bild von den Ereignissen zu zeichnen. Wir treffen bereits bei der Datierung der Kreuzigung auf eine auffällige Abweichung in den Darstellungen: Nach Matthäus, Markus und Lukas fand sie am Tag nach Passah statt, nach Johannes am Tag davor.
Überhaupt zeigt das Johannes-Evangelium größte Eigenständigkeit gegenüber den drei anderen Evangelien. Deshalb wurden die Evangelien von Matthäus, Markus und Lukas auch die synoptischen genannt. Synoptisch bedeutet nebeneinandergereiht. Man kann die Texte nebeneinandergestellt in ihren vielen Übereinstimmungen vergleichen – ein Umstand, der darauf hindeutet, daß sie ein und derselben Quelle entstammen. Johannes paßt sich diesem Vergleich nicht an. Obwohl der Johannes-Text als letztes der Evangelien gegen Ende des 1. Jh. in Ephesos abgeschlossen wurde, gilt er trotzdem als der authentischste der vier Erzählzyklen. In ihm finden sich Episoden, die in den anderen kanonisierten Texten nicht vorkommen, wie die Hochzeit zu Kana, das Gespräch mit Nikodemus oder die Auferweckung des Lazarus. Die detaillierten und historisch richtigen Kenntnisse von geographischen Gegebenheiten (insbesondere von Jerusalem vor der Erhebung von 66) lassen den Schluß zu, daß »Johannes« selbst bzw. der Informant, der sich hinter dem Autor verbirgt, an diesen Orten zur Zeit Jesu anwesend war. Der auffallend mystische und gnostische Einschlag des Be-

richts und die unmittelbare Nähe zu Jesus legen die Vermutung nahe, daß Johannes, nicht nur was die Ereignisse betrifft, der beste Zeuge ist, sondern auch in bezug auf die Lehre seines Meisters.[1]
Wir müssen uns deshalb, was Jesu Kreuzigung und Grablegung anbelangt, in der Hauptsache an den Johannes-Bericht halten, der auch in dieser Angelegenheit der zuverlässigste ist.
Liest man den Text, hat man unmittelbar das Gefühl, einen Augenzeugenbericht vor sich zu haben. Während die Synoptiker sich darauf beschränken, festzustellen, Jesus habe ein Begräbnis nach jüdischer Sitte erhalten, bemüht sich Johannes, die Grablegung in Perspektive zu der von ihm selbst erlebten oder ihm aus erster Hand geschilderten Entdeckung der Leichentücher am Ostermorgen zu beschreiben. Der italienische Literaturprofessor Gino Zaninotto weist diese Vermutung in einer exzellenten philologischen Analyse nach, wobei er allerdings den gewagten Schluß zieht, in Johannes einen Augenzeugen der »Auferstehung« zu sehen. Ein solcher Schluß schießt freilich über das Ziel hinaus.
Als Voraussetzung für eine »unbelastete« Auslegung der in Frage kommenden Bibelstellen müssen wir uns zunächst einer »natürlichen« Leseweise bedienen, die, soweit möglich, die theologische Interpretation vermeidet. Wenden wir uns dem Johannes-Text also zu wie einer Aufzeichnung, die ein historisches Ereignis beschreibt.
Im Johannes-Evangelium steht eine Geschichte im Mittelpunkt, die gewissermaßen als Dreh- und Angelpunkt des gesamten Textes gelten kann. Es ist dies der Bericht von der Erweckung des Lazarus (Joh 11,1–45). Die Episode findet sich in keinem der anderen kanonisierten Evangelien. Interessanterweise scheint sie in einer ursprünglichen Form des Markus-Evangeliums ebenfalls aufgezeichnet gewesen zu sein, wurde aber, offenbar auf Betreiben von Bischof Klemens von Alexandria, daraus entfernt.[2] In unserem Zusammenhang ist die Darstellung der Lazarus-Geschichte zunächst deshalb interessant, weil Johannes darin eine genaue Beschreibung von den Begräbnisbräuchen seiner Zeit liefert. Obwohl die Erzählung an vielen Stellen zweideutig ist und immer wieder zu verschiedenen Interpretationen Anlaß gegeben hat, so soll sie doch klarmachen, daß Lazarus tatsächlich »tot« war. Lazarus wird als an Händen und Füßen in Binden – die mit dem griechischen Wort *keiriai* bezeichnet werden – gewickelt dargestellt. Hier begegnen wir

bereits dem ersten Übersetzungsproblem: Wie sollen wir das »an Händen und Füßen gebunden« verstehen? Es ist nicht bekannt, daß die Juden die Glieder der Toten gebunden hätten, außer vielleicht zum Transport der Leichen zum Grab.[3] Der Ausdruck *keiriai* bezeichnet lange Leinenbinden, die offenbar den gesamten Körper umhüllten. Wir müssen diese Textstelle also nicht dahingehend verstehen, daß Lazarus nur an den Hand- und Fußgelenken zusammengeschnürt war, sondern daß der gesamte Körper bis zu den Händen und Füßen in Leinenbinden gewickelt war. Wären Lazarus' Füße eng verschnürt gewesen, wäre es kaum einsichtig, wie er auf Jesu Befehl von selbst aus dem Grab hätte kommen können (Joh 11,44). Im übrigen verwendet auch Nonnos, der bedeutende griechische Epiker der Spätantike, in seiner Paraphrase des Johannes-Evangeliums denselben Ausdruck, um darzustellen, daß Lazarus »von den Füßen bis zum Kopf in Leinenbinden gewickelt« gewesen sei.

Interessanterweise gebraucht Johannes hingegen zur Beschreibung der Tücher, in die Jesus im Grab gehüllt war, einen ganz anderen Ausdruck, nämlich *othonia,* und ohne bestimmte Körperteile damit in Zusammenhang zu bringen. *Othonia* aber sind keineswegs Binden, sondern der Ausdruck bezeichnet lediglich »Tücher«. Wir werden darauf noch zurückkommen.

Lazarus' Kopf war mit einem sogenannten Sudarium »umbunden« *(peridedemenos).* In diesem Fall läßt sich an eine Kinnbinde denken, die in der Tat den Kopf eines Toten umbindet zum Zweck, den Unterkiefer davon abzuhalten, herunterzufallen.

Für das Jesus-Begräbnis findet Johannes wiederum andere Worte. Jesu Haupt sei von einem Sudarium nicht umbunden, sondern vielmehr »eingehüllt« *(entetyligmenon)* gewesen. Ja mehr noch, er erwähnt mit aller Deutlichkeit, daß das Tuch »auf/über den Kopf gelegt« *(epi tes kephales)* war, wohl um alle anderen Möglichkeiten auszuschließen, speziell eine Umwicklung. In der sindonologischen Literatur, etwa bei Barbet, Bulst oder Currer-Briggs, taucht immer wieder die Vorstellung auf, das Bild auf dem Grabtuch ließe eine Kinnbinde erkennen.[4] In Wahrheit ist nicht die Spur einer solchen Binde zu sehen. Sie hätte zumindest die Haare an den Seiten und den Bart deutlich an den Kopf drücken müssen. Die »Kinnbinde« ist eines jener eigenartigen Phantome, die, entsprechend einer Lieblingshypothese, in das Abbild hineingelegt werden.

Aus diesen deutlich unterschiedlichen Darstellungsweisen gewinnt man den Eindruck, als wollte der Autor des Johannes-Evangeliums ganz bewußt einen Gegensatz zwischen dem Begräbnis des Lazarus und dem Jesu konstruieren, indem er für nur scheinbar gleiche Geschehnisse unterschiedliche Worte gebraucht. Jenen, die aufmerksam lesen, wollte er dadurch wohl einen klaren Hinweis geben, daß wir es mit zwei fundamental unterschiedlichen Ereignissen zu tun haben. Die Lazarus-Erweckung soll klarmachen, daß es sich hierbei tatsächlich um ein Geschehnis nach der vollzogenen Bestattung eines Toten gehandelt hat. Im Falle Jesu aber deutet alles darauf hin, daß wir es nicht mit einer gewöhnlichen Beisetzung zu tun haben.

Im Grab des Herrn

Betrachten wir darum die Verschiedenheiten weiter. Lazarus kam, wie es heißt, ohne Hilfe heraus *(exelthen)*. Er entstieg dem Grab und wurde dann von seinen Leinenbinden befreit, damit er sich bewegen konnte. Das typische jüdische Grab bestand aus einer in den Fels gehauenen Kammer, in der, im rechten Winkel zur Wand, je nach Bedarf ofenartige Vertiefungen *(kök, Plural kôkim)* von etwa 50 cm Breite, 80 cm Höhe und 200 cm Tiefe ausgehoben wurden. In diese wurden die Toten der Länge nach hineingeschoben.[5] Aus der Beschreibung muß man schließen, daß es sich beim Begräbnis des Lazarus zweifellos um eine endgültige Bestattung handelte.
Das Begräbnis Jesu hingegen wird uns auf ganz andere Weise geschildert. Jesus wurde nicht in ein Grabloch geschoben, sondern vielmehr auf eine Bank gelegt. Am Morgen der »Auferstehung« sieht Maria Magdalena die »Engel«, wie es heißt, »einen zu den Häupten und den andern zu den Füßen, da sie den Leichnam Jesu hingelegt hatten« (Joh 20,12). Daraus folgt, daß man Jesus auf keinen Fall in ein *kôk* geschoben hatte, da dann niemand an dem Fußende hätte sitzen können.
Man könnte an dieser Stelle die Vermutung äußern, daß Jesus in einem sogenannten Arcosol-Grab bestattet wurde. Das Charakteristikum dieser Grabarchitektur ist ein in die Seitenwand der Grab-

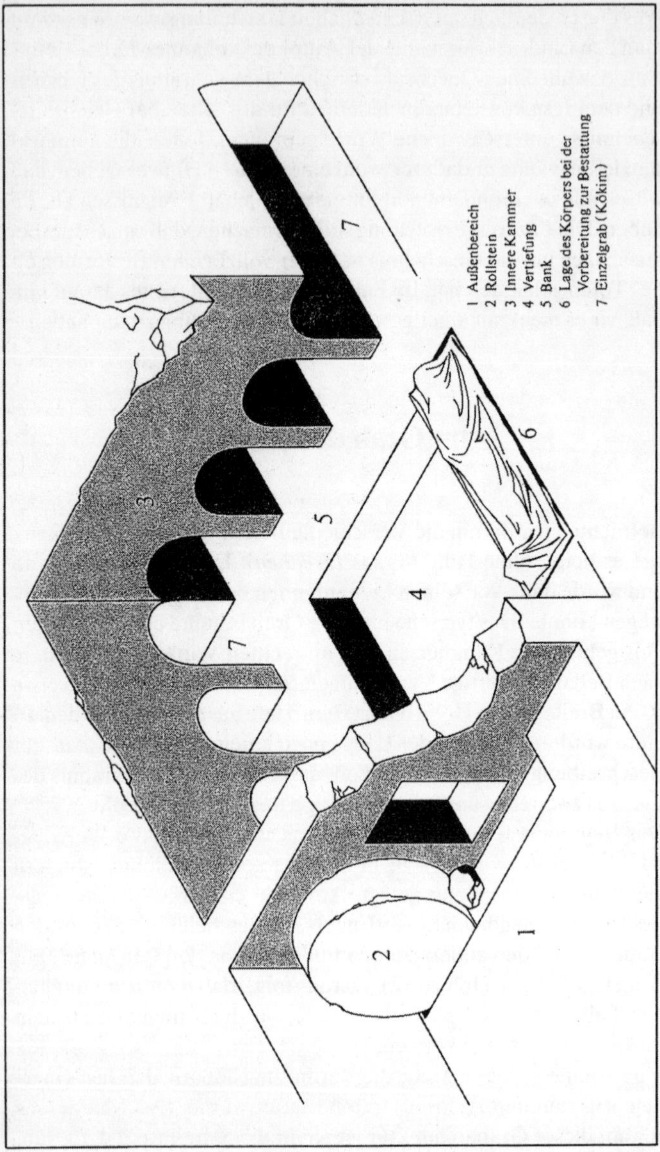
1 Außenbereich
2 Rollstein
3 Innere Kammer
4 Vertiefung
5 Bank
6 Lage des Körpers bei der Vorbereitung zur Bestattung
7 Einzelgrab (Kōkim)
1
2
3
4
5
6
7
7
7

kammer geschlagenes Gewölbe über einer Felsbank oder über einem sargförmigen Trog. In diesem Fall hätten die »Engel« sehr wohl zu beiden Enden des Grabes sitzen können. Archäologische Erkenntnisse widersprechen aber dieser Auffassung. Arcosol-Gräber entstanden erst in der frühen byzantinischen Periode, also etwa 200 Jahre nach Jesu Grablegung. Davor gab es eine kurze Periode spätrömischer Schaftgräber. Aber der am weitesten verbreitete und typische Grabbau der Zeit Jesu war das *kôkim*-Grab, und ganz offensichtlich war auch das Grab, in das sie Jesus legten, ein solcher Grabbau.

Das *kôkim*-Grab erreicht man durch einen Eingang unterhalb der Erdoberfläche, der oft mit einem Rollstein verschlossen wird. Es besteht aus einem großen Innenraum, in dessen Seiten meist mehrere *kôkim* für je einen Körper ausgehauen sind. In der Mitte des Innenraums befindet sich eine quadratische Vertiefung, die als Senkgrube diente. Entlang des Randes der Grube, der auf gleicher Höhe mit den Eingängen der Grablöcher liegt, legte man die Verstorbenen hin, um sie zu waschen und zu ölen. In Nischen wurden Lampen aufgestellt.

Es entsprach nicht dem jüdischen Gesetz, Tote bei Nacht zu bestatten, aber in diesen höhlenartigen Strukturen brauchte man auch tagsüber eine Beleuchtung.[6]

Johannes läßt uns wissen, der Lieblingsjünger sei zum Grab gelaufen (20,5) und »beugte sich, um hineinzuschauen«, und sah die Linnen. Maria Magdalena »beugte sich, um ins Grab zu schauen« (20, 11), und sah die beiden »Engel« an der Stelle, wo Jesus gelegen hatte. Diese Aussagen lassen uns zweierlei Schlußfolgerungen ziehen. Zum einen ist die oft wiedergegebene Rekonstruktion des Grabs Christi von Bruder Hughes Vincent sicherlich falsch.

In ihr liegt Jesus in einem Arcosol-Grab in einer hinteren Grabkammer, die erst durch eine davor gelegene zu erreichen ist. Es wäre völlig unmöglich, durch Niederbeugen vom Eingang den Platz zu

Rekonstruktion eines Kôkim-Grabbaus: Die gesamte Grabanlage wurde aus dem Felsen herausgemeißelt. Gleich nach dem Eingang befindet sich eine Vertiefung, an deren Rand die Toten auf einer Bank gewaschen, gesalbt und umwickelt wurden. Danach wurde der Leichnam mit dem Kopf voran in eine Kammer geschoben, die manchmal mit einer Platte verschlossen wurde. (Nach Nitowski/Claycombe)

sehen, an dem Jesus lag. Zum anderen erhärten diese Aussagen unsere Vermutung, daß Jesus keine vollständige Bestattung widerfuhr. Hätte er bereits in einem *kôk* gelegen, wäre die Stelle ebenfalls nicht vom Eingang des Grabes auszumachen gewesen. Durch den sehr niedrigen Zugang fällt das Licht nur in die Mitte der Grabkammer. Lediglich an dieser Stelle konnte der Körper Jesu gelegen haben. Jesus wurde auf den Rand der zentralen Vertiefung einer Grabkammer gelegt, keinesfalls aber in ein Grabloch geschoben.
Betrachten wir den griechischen Text des Johannes noch genauer: »Da nahmen sie den Körper Jesu und banden *(edesan)* ihn in leinene Tücher *(othoniois)* zusammen mit den Spezereien *(meta ton aromaton),* wie die Juden zu begraben pflegen *(entaphiazein).*« (Joh 19,40)
Die Interpretation dieses Satzes hat aus verschiedenen Gründen vielen Exegeten Schwierigkeiten bereitet. Das Verb *deo,* das in der Form *edesan* Verwendung findet, bedeutet binden. Gewöhnlich wird aber nur mit einem Gewebsverband *(spargana, keiriai),* mit Schnüren *(desmoi)* oder mit Lederstreifen gebunden, aber nie mit Tüchern. Savio umgeht das Problem, indem er *deo,* entsprechend gewissen griechischen Manuskripten, in denen es mit der Präposition *en* gebraucht wird, in der Bedeutung von »einhüllen« übersetzt.[7]
Bei Markus (15,46) finden wir statt dessen das Verb *eneileo* zur Betonung, daß Jesus nicht nur mit einem Tuch zugedeckt wurde, sondern daß der Leib damit regelrecht eng eingeschlagen, ja geradezu verpackt war. Dennoch darf dabei nicht an ein Umwinden, wie man eine Mumie einwickelt, gedacht werden. Um letzteres auszudrücken, wäre der Begriff *kateilisso* angebrachter. Mit diesem Ausdruck beschreibt etwa Herodot das Einwickeln einer ägyptischen Mumie und bei anderer Gelegenheit das Verbinden der Verletzung eines griechischen Soldaten. *Eneileo* findet sich aber in der Literatur im Zusammenhang mit einer bestimmten Art, Speisen zuzurichten, die zuvor in Feigenblätter eingeschlagen wurden.[8] Offenbar wurde dieses Wort in Zusammenhang mit der Bedeckung des Leibes Jesu bevorzugt, um die dichte (feuchte?) Verpackung durch die im Tuch gelösten Aromastoffe darzustellen.
Um der Besonderheit dieser eigenartigen Beschreibung gerecht zu werden, haben einige Interpreten darauf hingewiesen, daß eine Art Einbalsamierung stattfinden sollte. Sie verweisen dabei auf die

100 Pfund Aromastoffe, die Nikodemus herbeischaffte: »Es kam aber auch Nikodemus, der zuvor des Nachts zu ihm gekommen war, und brachte eine Mischung von Myrrhe und Aloe, etwa hundert Pfund.« (Joh 19,39) Man muß sich diese ungeheure Menge bildhaft vorstellen, denn sie entspricht etwa 33 Kilogramm! Wenn es sich um Aloe und Myrrhe in getrocknetem oder pulverisiertem Zustand handelte, dann war wohl eine ganze Reihe großer Säcke notwendig, um dieses Gewicht zu erreichen, und Nikodemus muß seine Helfer gehabt haben, um seine Ladung transportieren zu können. Noch schwieriger hätte sich der Transport gestaltet, wenn es sich um in Wein, Weinessig oder Öl gelöste Stoffe gehandelt hätte. Der Theologe Paul Billerbeck läßt das Geschehen so erscheinen, als ob eine Einbalsamierung mit den dem Öl beigegebenen Aromastoffen vorgenommen werden sollte.[9] Doch die rabbinischen Texte kennen nur eine Ölung von Verstorbenen. Die Beigabe von Spezereien, noch dazu in diesen Mengen, wird nirgends erwähnt und gehörte nie zum jüdischen Brauch, ebensowenig die Einbalsamierung.[10] Ganz abgesehen davon, daß es sinnlos wäre, auf die beschriebene Weise die Einbalsamierung vorzunehmen. Man hätte die Eingeweide Jesu herausnehmen müssen, damit die Verwesungsgase nicht den Leib zersprengen; ein Eingriff, der den Juden in höchstem Maße als anstößig galt und der mit den herangebrachten Stoffen allein auch gar nicht zu bewerkstelligen war. Darum erscheint vielen Bibelauslegern diese Stelle im Johannes-Evangelium verwirrend und sinnlos. Einer von ihnen, der Exeget Haenchen, kann deshalb nur resümieren: »Der Schreiber dieses Verses kannte weder die jüdischen Bestattungsriten, noch wußte er über das Einbalsamieren Bescheid.«
Doch halten wir einen Augenblick inne. Wir haben bereits gesehen, daß Johannes bewußt einen Gegensatz zwischen der Bestattung des Lazarus und der Jesu konstruiert hat, und es ist sehr wohl anzunehmen, daß er seine Worte nach reiflicher Überlegung gewählt hat, um jenen, die zwischen den Zeilen zu lesen verstehen, ein Geschehnis zu offenbaren, das bei oberflächlichem Verständnis des Textes nicht zutage tritt. Der Unterschied zwischen der Lazarus-Episode und der Grablegung Jesu hatte bereits eines deutlich gemacht für den aufmerksamen Leser: Ein vollständiges Begräbnis stand einem unvollständigen gegenüber. Warum aber hätten die treuen Jünger ihrem geliebten Herrn nur eine halbe Bestattung ge-

währen sollen, hatten sie es doch so eilig, ihn ins nahe gelegene Grab zu schaffen? Das macht überhaupt keinen Sinn.

Mit diesem eigenartigen »Begräbnis« Jesu haben die Interpreten ihre Schwierigkeiten. Häufig versuchen sie diese zu umgehen unter dem Hinweis, daß Jesu Bestattung sich deshalb von gewöhnlichen unterschied, weil mit der untergehenden Sonne am Karfreitag der Sabbat nahte, an dem kein Begräbnis vorgenommen werden durfte. Eile soll also geboten gewesen sein. Darum müsse man Jesu Grablegung als eine unvollständige, rasche Handlung begreifen, die dazu diente, den Sitten Genüge zu tun. Diese Vorstellung macht aber aus verschiedenen Gründen wenig Sinn.

Zum einen ist die Ansicht falsch, am Sabbat dürfe kein vollständiges Begräbnis vollzogen werden. Die rabbinischen Texte sprechen sich nicht eindeutig darüber aus. Einerseits wird eine vollständige Bestattung auch am Sabbat erlaubt, andererseits wird verordnet, daß man in solchen Fällen den Leichnam zunächst mit Sand zudeckt, damit er den Sabbat überdauert, um dann die Beisetzung zu vollziehen.[11] Allerdings hatten sich Joseph von Arimathäa und Nikodemus in ihrem Einsatz für Jesus bereits entschieden gegen die Sitten gestellt. Es ist kaum anzunehmen, daß sie sich dann um die Einhaltung der jüdischen Bräuche kümmern sollten, wenn es um so überaus wichtige Handlungen ging.

Obwohl man also keineswegs eine verkürzte, rasch durchgeführte Bestattung hätte vorspielen müssen, um den Sitten Genüge zu tun, deutet alles darauf hin, daß dennoch in aller Eile gehandelt wurde; zugleich aber äußerst effizient, von langer Hand vorbereitet. Was also geschah im Grabbau?

Lesen wir noch einmal den kritischen Satz unter Einbeziehung des eben Dargestellten: »Da nahmen sie den Körper Jesu und schlugen ihn in leinene Tücher ein, zusammen mit den Spezereien, wie die Juden zu begraben pflegen.« Die Spezereien, soviel ist bekannt, waren Aloe und Myrrhe. Insbesondere Myrrhe fand bei den Ägyptern als eine Zutat zur Einbalsamierung Verwendung, nicht aber bei den Begräbnissitten der Juden. Der jüdische Brauch sieht vielmehr vor, daß der Körper des Verstorbenen gewaschen und geölt wird, ihm die Haare geschnitten und zurechtgemacht werden, daß er wieder bekleidet und sein Gesicht mit einem Tuch zugedeckt wird. Die Waschung des Körpers war von so entscheidender Bedeutung, daß sie

selbst am Sabbat ausgeführt werden mußte.[12] Von alledem ist aber keine Rede. Nicht einmal die Ölung hatte stattgefunden, vielmehr heißt es, daß am Ostersonntag die Frauen ans Grab kamen, um Jesu Leib zu ölen. Joseph und Nikodemus waren mit Handlungen beschäftigt, die eben nichts mit den jüdischen Begräbnissitten zu tun hatten. Johannes sagt, man habe Jesus begraben, wie es bei den Juden Brauch war, und fährt fort, ein Begräbnis zu schildern, das dem Brauch offenkundig widerspricht!
Warum sollte er das tun? Kannte er wirklich nicht die Begräbnissitten? Natürlich kannte er sie, denn er schildert in der Lazarus-Geschichte ein solches Begräbnis. Wir müssen auch hier, wie in der Gegenüberstellung mit der Erweckung des Lazarus, das herauslesen, was Johannes mit den widersprüchlichen Formulierungen vermitteln wollte. Was aber geschah in jenem Felsengrab, wenn es keine Bestattung war?

Die mysteriösen »Aromastoffe«

Das hervorragendste Element bei den Handlungen im Grabbau war die Herbeischaffung der großen Kräutermenge. Was hat es mit diesen Kräutern, die bei einer Bestattung nichts zu suchen haben, auf sich? Entgegen der Ansicht mancher Autoren, es handle sich bei der von Johannes erwähnten Aloe um *Aloe perryi*,[13] muß man davon ausgehen, daß die verwendete Spezies *Aloe vera* war.[14] *Aloe vera* ist eine in Südwestarabien und auf der Insel Socotra (deshalb bisweilen auch *Aloe soccotrina* genannt) heimische Pflanze, wo sie zusammen mit über einem Dutzend anderer Aloe-Arten auftritt. Sie wuchs in Südwestarabien unweit der klassischen Handelswege, die von Südarabien ans Mittelmeer führten. Als fleischig-saftige Pflanze konnte sie unschwer auf den langen Karawanenwegen und auf den Seehandelsrouten dem Austrocknen widerstehen. Daß eine rege Pflanzenausfuhr aus Südwestarabien nach Palästina und den angrenzenden Gebieten bestand, ist hinreichend bekannt. Schon im 2. und 3. Jahrtausend v. u. Z. war Aloe in der Heilkunde

und als Räuchermittel in Indien und Babylonien in Gebrauch. In der Antike fand das klebrige Gel der Pflanze Anwendung, insbesondere bei der Heilung von Hautwunden, Entzündungen der Haut und bei Brandwunden. Man gewann das Gel durch Abschaben der dünnen Zellen des Blättermarks von den festeren äußeren Schichten. Das gelbliche Exsudat, das zusätzlich von den abgeschnittenen Enden tropft, verdampft, bis eine wachsartige Masse zurückbleibt. Diese erreichte schließlich die alten Märkte für Heilpflanzen als bittere Aloe, eine Masse, reich an Phenolen, besonders an Aloin.[15]
Die zweite Art von Spezerei, die Nikodemus anbrachte, war Myrrhe, ein Gummiharz von Sträuchern der Gattung *Commiphora,* die zu den *Burseraceae* gehört. Der aromatische Geruch der Myrrhe spielte bereits im altindischen und altorientalischen Kultus eine bedeutende Rolle. Das heilige Salböl der Israeliten enthielt ebenfalls Myrrhe als Duftkraut der »edelsten Sorte« (Ex 30,23). Altägyptischen Urkunden zufolge kam die Myrrhe aus dem sagenumwobenen Land Punt, das wahrscheinlich an der heutigen Somaliküste lag. Hippokrates pries bereits die desinfizierende Wirkung der Myrrhe. Schon früh wurde sie als exzellentes Mittel der Wundheilung eingesetzt. Im Mittelalter galt Myrrhe als wichtigstes Mittel gegen Seuchen und Infektionskrankheiten.
Beide Stoffe, Aloe wie Myrrhe, wurden in hervorragender Weise zur Behandlung von großflächigen wunden Stellen eingesetzt, weil sie sich bestens zu Salben und Tinkturen verarbeiten lassen. Einige Forscher behaupten, daß die Myrrhe bei den Juden oft mit Ladanum, dem Harz der Zistrose, vermischt wurde.[16] Dieses fand besonders für Pflaster und Wundverbände Anwendung.[17] Es ist offensichtlich, daß man in solchen Mischungen die um die Zeit Jesu spezifischsten Mittel zur raschen und effektiven Wundheilung sehen muß, gepaart mit der größtmöglichen Bekämpfung von Infektionsgefahren.
Es kann kein Zweifel daran bestehen, daß Nikodemus eine unglaubliche Menge an hochspezifischen Heilkräutern herbeigeschafft hatte, die allein dem Zweck dienen sollten, die Wunden auf dem Körper Jesu zu behandeln. Zu keinem anderen Gebrauch wären diese Spezereien von Nutzen gewesen.
Es dämmert die Gewißheit, daß die geheime Schreibweise des Johannes dem aufmerksamen Leser ein ungeheures Geschehen of-

fenbaren sollte, das er vor den Augen des Unkundigen zu verbergen suchte: Jesus sollte gar nicht bestattet werden, denn er war nicht am Kreuz gestorben!
Dem Autor des Johannes-Textes bzw. seinem Informanten, der Augenzeuge am »Grab« Jesu und offenbar von Joseph von Arimathäa und Nikodemus eingeweiht war, kam die Aufgabe zu, dem, der zwischen den Zeilen zu lesen weiß, deutlich zu machen, was während und unmittelbar nach der Kreuzigung tatsächlich geschehen war.
So läßt er uns wissen, daß ein Begräbnis nach jüdischer Sitte vorgegeben wurde, während man sich in Wahrheit im Schutze des Grabbaus unter der Leitung von Joseph und Nikodemus anschickte, Jesus wieder »zum Leben zu erwecken«. Allerdings versuchten sich seine Getreuen nicht im Kopieren von Jesu Wundertaten, sondern vielmehr in der Kunst medizinischer Heilung.

Jesus und die Essener

Um diese Vorgänge und die folgende Darstellung angemessen würdigen zu können, muß man vorausschicken, daß Jesus der Sekte der Essener nahestand, allem Anschein nach sogar einem Zweig der Sekte angehörte. Die Essener bildeten eine Art mönchischer Gemeinde von strikter Observanz, sie hatten aber auch Mitglieder, die gewissermaßen »in der Welt« lebten, ähnlich einem Dritten Orden. Ihr Ideal war das der inneren Vervollkommnung. Essenische Gemeinden existierten noch in der Diaspora vor der Zerstörung Jerusalems und übten selbst noch im 7. Jh. durch die judenchristlichen Ebioniten[18] einen Einfluß auf den entstehenden Islam aus.
Die Wurzeln der Essener gehen auf Zadok zurück, den ersten Hohenpriester zur Zeit der Gründung des Tempels durch Salomon. Die Mitglieder der Priesterschaft durften sich die »Söhne Zadoks« nennen. Im Lauf der Zeit sonderte sich eine Fraktion der Söhne Zadoks ab, weil sie die Priesterschaft für korrupt und kompromißbereit hielt. Die Dissidenten wurden *bene sadok* genannt. Nach der

modernen Terminologie heißen sie Zadokiten oder, wie sie die Griechen bezeichneten, Essener. Dieser Begriff geht auf das aramäische *assaya* zurück, was soviel wie Arzt oder Heiler bedeutet. Manche der mönchischen Anhänger, die sich in fast fanatischer Ausschließlichkeit ihren asketischen Buß- und Gebetsübungen hingaben, entwickelten erstaunliche Fähigkeiten. Diese sogenannten Therapeuten scheinen durch ihre öffentlichen Heilungen besonderes Aufsehen erregt zu haben.[19] Nirgends im Neuen Testament werden die Essener erwähnt, obwohl sie zahlenmäßig mindestens ebenso stark waren wie die Sadduzäer und die Pharisäer. (Josephus schätzt ihre Zahl auf 4000.) Das läßt auf die Absicht schließen, den Einfluß der Sekte auf Jesu Lehre und Wirken bewußt zu verschleiern.

Die Essener besaßen verschiedene Gemeinden in Palästina, wobei die Hauptgemeinde sich in Qumran an den Ufern des Toten Meeres befand. Der sensationelle Fund zahlreicher Schriftrollen in einer Höhle von Qumran aus dem Jahre 1947 gewährt uns Einblicke in eine Gemeinde, die gewissermaßen ein »Christentum vor Christus« praktizierte. Die Übersetzung des Materials wurde offenbar systematisch boykottiert, und wir haben deshalb bis heute nur eine bruchstückhafte Kenntnis von den Lehren der Qumran-Essener. Doch läßt sich schon jetzt die große Ähnlichkeit von Jesu Lehren mit denen der Essener erkennen. Die aufsehenerregende Ähnlichkeit zeigt sich in den gleichen theologischen Themen und den gleichen religiösen Institutionen. Schon 1831 schrieb der Stuttgarter Stadtvikar und Repetent am Tübinger Stift August Friedrich Gfrörer, obwohl er die Qumran-Schriften noch nicht kannte: »Die christliche Kirche ging aus der essenischen Gemeinschaft hervor, deren Gedanken sie fortbildete und ohne deren Regeln ihre Organisation unerklärlich wäre.«

Qumran liegt im unmittelbaren frühen Wirkungsradius Jesu. In diese Gegend fällt sein erstes öffentliches Auftreten. Es fällt auf, daß die Stelle, an der Jesus das rituelle Taufbad im Jordan durch Johannes erhielt, nur fünf Kilometer von der Klostersiedlung von Qumran entfernt lag. Das hat freilich seinen Grund. Johannes der Täufer war ein »Schaliach«, ein Apostel der Sekte von Qumran. Allerdings hatte sich im Johanneskreis eine eigenständige Tradition entwickelt, gewissermaßen eine Art Dritter Orden von Qumran.[20]

Johannes führte eine gemäßigte essenische Gemeinschaft an.[21] Nach seiner Taufe sollte man Jesus ebenfalls einer dieser Gemeinden zurechnen und ihn als Nazarener bezeichnen. Später führt dies zu der falsch übersetzten und widersinnigen Bezeichnung als »Jesus von Nazareth«, ein Ort, der zu Jesu Zeiten überhaupt noch nicht existiert hat. Am Kreuz Jesu sollte später eine Tafel angebracht werden, auf der die Anklage genannt wird, nämlich die Zugehörigkeit zu dieser Sekte: »Jesus, Nazarenus, Rex Iudaeorum« – Jesus, Nazarener, König der Juden.

Das Tauchbad als reinigende Taufe spielte bei den Essenern eine besonders wichtige Rolle. Zweifellos war Johannes unter den vielen Bußpredigern einer der erfolgreichsten seiner Zeit, dessen Wirkung in der Diaspora erhalten blieb. Es ist davon auszugehen, daß er einen weit größeren Jüngerkreis als Jesus hatte. Bei seiner Begegnung mit dem Täufer, am Anfang seines öffentlichen Wirkens, wird die enge Verbindung von Jesus zu den Essenern deutlich. Johannes war gewissermaßen sein geistiger Vater, und Jesus war ein Jünger des Johannes. Man muß die Geschichte, daß eigentlich Jesus Johannes hätte taufen müssen und daß nach Jesu Taufe die göttliche Stimme erschien, relativieren durch die spätere Anfrage des Johannes im Kerker des Herodes bei Jesus, ob er der erwartete Messias sei oder ob man noch eines anderen harren müsse. Aufgrund der Ereignisse bei der Taufe erscheint diese Frage als völlig widersinnig. Vielleicht sind die Erlebnisse um die Taufe spätere Andichtungen. Aber aller Wahrscheinlichkeit nach wurde Jesus nach der Verhaftung des Täufers von den Jüngern als messianischer Prätendent anerkannt. Bisweilen hielt man ihn sogar für die Wiederverkörperung des Johannes. Jesus emanzipiert sich von Johannes erst nach dessen Gefangennahme, tritt aus dem Schatten seines Lehrers und geht seine eigenen Wege (Mt 4,12; Mk 1,14; Lk 4,14f). Die Abhängigkeit von der Johannes-Tradition und damit vom essenischen Geistesgut zeigt sich auch darin, daß Jesus zunächst dem Ideal seines »Meisters« treu bleibt und sich, wie Johannes, allein in die Wüste begibt.

Die Einsiedler von Qumran nennen in ihren Schriften die Gegend, die sie bewohnten, »die Wüste«. Dort hauste Johannes, vielleicht in den Höhlen von Qumran, dorthin zog sich Jesus für 40 Tage zurück und erfuhr seine Versuchungen durch den Teufel (Lk 4,1–13). Im

Markus-Evangelium heißt es, Jesus lebte in dieser Zeit »unter wilden Tieren, und die Boten Gottes halfen ihm« (Mk 1,12–13). Die »Boten Gottes« waren zweifellos Essenermönche, die Jesu »Noviziat« in einer Höhle außerhalb von Qumran beaufsichtigten.

Über den mönchisch organisierten Teil der Sekte wissen wir aus den Schriften des Flavius Josephus: »Den Reichtum verachteten sie, und bewundernswert ist bei ihnen die Gemeinschaft der Güter, so daß man niemand bei ihnen findet, der mehr besäße als die anderen. Es besteht nämlich die Vorschrift, daß jeder, der der Sekte beitreten will, sein Vermögen der Gesamtheit abtreten muß, und so bemerkt man durchgehend weder niedrige Armut noch übermäßigen Reichtum, sondern alle verfügen wie Brüder über das aus dem Besitztum der einzelnen Ordensmitglieder gebildete Gesamtvermögen. Öl halten sie für Schmutz, und wenn einer wider seinen Willen gesalbt worden ist, so wischt er seinen Körper ab. Denn eine rauhe Haut zu haben, gilt für ihn für ebenso ehrenvoll, als beständig in weißen Gewändern einherzugehen.«[22]

Diese Lebensart in Gütergemeinschaft hat auch Jesus gelehrt. Darüber hinaus forderte er seine Anhänger auf, Haus und Familie zu verlassen und sich den wandernden Mönchen ohne Behausung anzuschließen. Das Leben der Essener charakterisiert Plinius der Ältere in seiner Naturgeschichte folgendermaßen: »Ein einsames und in der ganzen Welt vor anderen merkwürdiges Volk, ohne alle Frauen, das der Liebe entsagt hat und ohne Geld bei den Palmen wohnt.«[23] Für einen jungen jüdischen Mann bestand das Pflichtgebot zur Ehe. Ehelosigkeit wurde verurteilt. Jesus aber lehnt Familienbindungen auf seinem eigenen spirituellen Weg für sich selbst ab (Lk 14,26; Mt 10,37). Er spricht sich sogar radikal und revolutionär gegen den überlieferten Familienzusammenhalt aus (Mt 10,35–36). Dieses befremdliche Verhalten findet seine Aufklärung, wenn man bedenkt, daß Jesus in der im Orient verbreiteten spirituellen Tradition der vollkommenen Loslösung von allen irdischen Gebundenheiten und des Auslöschens der irdischen Begierden stand. »Die Füchse haben Höhlen und die Vögel des Himmels Nester, der Menschensohn aber hat nichts, wohin er sein Haupt lege«, sprach Jesus zu einem Schriftgelehrten (Mt 8,20). Und dem Mann, der ihm folgen, aber zuvor von seiner Familie Abschied nehmen wollte, entgegnet Jesus: »Niemand, der seine Hand an den Pflug legt

und zurückblickt, ist tauglich für das Reich Gottes.« (Lk 9,62) Jesus lebte seinen Anhängern das Dasein des besitzlosen Wanderpredigers vor. Im apokryphen Thomas-Evangelium findet sich die daraus entstandene Aufforderung prägnant formuliert: »Jesus sprach: Werdet Wanderer.« (log 42)
Wir können hier nicht die Übereinstimmungen der essenischen Lehren mit jenen Jesu in Einzelheiten darstellen. In vielen Belangen sind sie so deutlich, daß sie wohl zu der nachhaltigen Behinderung der Übersetzung der Qumran-Rollen geführt haben. Die Essener wollten mit Gott den »Neuen Bund« schließen, was Martin Luther später als »Neues Testament« übersetzte. Sie nannten sich selbst »Neuer Bund«. Viel später wurde Jesus als dessen Stifter bezeichnet. Dieser »Neue Bund« heißt es, soll vom Tage der Hinwegnahme des einzigen Lehrers dauern, bis der Messias von Aaron und Israel ersteht. Am Schluß einer Qumran-Schriftrolle wird die strenge Regelung der Sitzordnung beim feierlichen eschatologischen Mahl beschrieben; um diese streiten später die Jünger beim letzten Abendmahl. (Lk 22,24) In den Dankesliedern heißt es, daß die Essener den Armen die Frohbotschaft (Evangelium) nach der Fülle Gottes Erbarmens verkünden und daß sie die Boten guter Neuigkeit sein wollten.
Trotz der zahlreichen Parallelen zwischen Jesus und dem Essenertum muß man gerade die Unterschiede deutlich hervorheben. Jesu Auftreten und Lehre ist als Erneuerungsbewegung auf der Grundlage des Essenertums zu verstehen. Jesus räumt mit festgefahrenen und erstarrten Sitten und Gewohnheiten auf. Seine Haltung hebt sich durch große Toleranz von den anderen ab. Vor allem legt Jesus ein freieres Verhältnis zur Thora und zum Gesetz an den Tag. Nach jüdischem Gesetz mußte der Sabbatverletzer, der sich nicht verwarnen ließ, sterben. Die »Damaskusschrift« von Qumran allerdings verbietet, den Sabbatverletzer zu töten, und Jesus erweitert diese Einstellung: »... des Menschen Sohn ist Herr über den Sabbat.« (Mt 12,8)
Besonders deutlich wird der Unterschied in bezug auf die Feindesliebe. Die Essener haßten ihre Feinde. Die Leute von Qumran waren stolz auf ihre Absonderung von der Welt. Sie pflegten ein elitäres Bewußtsein. Jesus hingegen sucht im Kontakt mit den Sündern diejenigen zu bekehren, die verloren scheinen, und betont beson-

ders, daß er gerade »zu den verlorenen Schafen des Hauses Israel gesandt« sei. Ausdrücklich wendet er sich gegen religiöse Intoleranz und den Anspruch einer alleinseligmachenden Institution.
Entscheidend ist auch, daß sich Jesus nicht durch Weissagungen, sondern durch seine Wunderheilungen legitimiert. Damit steht er nicht in der Traditionslinie der Propheten[24], dafür aber in jener der essenischen Therapeuten, die freilich nicht nur Heiler, sondern auch Lehrer, Schriftgelehrte und bisweilen Propheten waren. Jesus hatte sich durch seine Erneuerungen vom Orden distanziert, unterhielt aber sicherlich weiterhin engste Beziehungen mit anderen Essenern.
Wichtig scheint noch die Betonung des Flavius Josephus, daß die Essener durch Tragen von weißen Kleidern auffielen. Schon für die Aufklärer im 18. Jahrhundert waren die Kreuzigung und die Auferstehung nur eine geschickte Inszenierung der Essenermönche. Durch sein weißes Gewand weist sich der Jüngling, der zu den Frauen am leeren Grab spricht, als ein Angehöriger der Essener aus. Auf denselben Gedankenwegen entstand vor 100 Jahren die Vorstellung, Jesus sei der Sohn eines Esseners, dem sich Maria in der Ekstase hingegeben habe. Das Kind sei dann dem Orden übergeben worden, was nach den Berichten des Josephus eine übliche Praxis der Essener war.

Vom Sterben am Kreuz

Das Geschehen im Felsengrab, unweit der Hinrichtungsstätte, erweist sich bei unvoreingenommenem Lesen der Textstelle als der Versuch von Anhängern einer essenischen Gemeinde, den schwerverletzten Jesus mit Heilkräutern zu behandeln. Das von Markus verwendete Verb *eneileo* wird mit einem Male in seiner Bedeutung erhellt. Wir haben gesehen, daß es in Verbindung mit dem Kochen von in Blättern eingeschlagenen Speisen verwendet wurde. Offenbar sollte die Behandlung Jesu durch die Therapeuten in einer dem »Kochen« nicht unähnlichen Art von Schwitzpackung mit Hilfe der

übergroßen Kräutermenge erfolgen. Man muß Johannes' *edesan othoniois* (»schlugen in Tücher ein«) auf diesem Hintergrund verstehen, um die wahre Bedeutung herauszufiltern. Nicht um den Akt des Bindens im Sinne von Einwickeln geht es, sondern vielmehr um ein schweres, den gesamten Körper zudeckendes bzw. umhüllendes Wundpflaster. Auch der kilikische Arzt Dioskorides im 1. Jh. n. u. Z. hat abwechselnd die Verben *deo* und *eneileo* gebraucht, um Einschlagungen in Leintücher zu bezeichnen.[25]
Offenbar bestand gar nicht die Absicht, Jesus zu begraben. Vielmehr sollte er in Sicherheit gebracht werden, um ihn in Ruhe heilen zu können. Gibt es dafür einen besseren Ort als das Grab eines Totgeglaubten! Natürlich lesen wir auch nichts von der bei jüdischen Begräbnissen so entscheidenden Waschung des Toten. Joseph hatte Jesus nicht gewaschen, weil er nicht tot war. Medizinisch gesprochen war eine Waschung auf jeden Fall kontraindiziert. Der Vorgang der Waschung hätte nur die geronnenen Blutstellen an den zahlreichen Wunden wieder zum Bluten gebracht. Ganz im Gegenteil werden Joseph und Nikodemus mit äußerster Vorsicht die Heilkräuterlösung auf den Körper aufgetragen haben, um eben dies zu vermeiden.
Die Frage, die sich sofort an solche gewagte Schlußfolgerungen stellt, ist die, ob ein Mensch überhaupt eine Kreuzigung überleben kann.
Der Tod am Kreuz galt den Römern als schimpflichste und schrecklichste Hinrichtungsart. Cicero bezeichnete sie als die »grausamste und ekelhafteste Todesstrafe«. Von den römischen Bürgern durften nur die aus den niedrigsten Ständen in Ausnahmefällen zu dieser Strafe verurteilt werden. In den von den Römern besetzten Ländern war aber die Kreuzigung ein beliebtes Mittel der Abschreckung, um die rebellierenden Völker in Ruhe und Gehorsam zu halten. Palästina war als nationalistischer Unruheherd von alters her berüchtigt. Seit der Zeit der Makkabäer um 167 v. u. Z. bis Bar Kochba 134 n. u. Z. zählen wir 62 Rebellionen, Kriege und Aufstände gegen das Heidenjoch, zuerst der Griechen und dann der Römer. 61 dieser Aufstände gingen von Galiläa aus, der Heimat Jesu. Es verwundert deshalb nicht, daß Kreuzigungen dort gewissermaßen alltäglich waren.
Den Juden war die Kreuzigung fremd. Ihre gesetzlichen Todesstra-

fen waren Steinigen, Verbrennen, Enthaupten und Erdrosseln. Nach den mosaischen Gesetzen war es aber möglich, einen bereits hingerichteten Verbrecher als zusätzliche Strafe und Demütigung »am Holz« aufzuhängen: »Denn ein Gehängter ist von Gott verflucht«. (Dtn 21,23) Darum durfte ein Gekreuzigter unter keinen Umständen den Sabbat schänden, der schon am Abend des Tags davor, dem Rüsttag, beginnt.
Die Römer waren bemüht, die religiösen Gefühle der Juden nicht mutwillig zu verletzen, um größere Unruhen zu vermeiden. Wenn das amtliche römische Todesurteil »ibis in crucem« – »du wirst das Kreuz besteigen« – verkündet wurde, achtete man darauf, daß die Hinrichtung vor dem Sabbat vollstreckt war. Für Jesu Kreuzigung war also höchste Eile geboten, denn sie fand am Rüsttag statt. Vor Anbruch des Abends mußte sie zu Ende gebracht sein. Doch das war nicht einfach zu bewerkstelligen, denn das Besondere der Kreuzigung war ihre lange und qualvolle Tortur. Sie wurde in einer Weise durchgeführt, daß sich die Agonie der Verurteilten gewöhnlich tagelang hinzog, bis sie starben.
Die Form der Kreuze und die Anbringung des Opfers konnten beträchtliche Unterschiede aufweisen. Würde die Körperlast eines Gekreuzigten ausschließlich an den Handgelenken hängen, träte der Tod innerhalb von fünf bis sechs Stunden durch allmähliches Ersticken ein und nicht etwa durch Blutverlust. Die Atmung ist in dieser extremen Haltung so stark beeinträchtigt, daß der Körper nicht mehr mit genügend Sauerstoff versorgt werden kann. Schon nach relativ kurzer Zeit würde eine Bewußtlosigkeit eintreten und durch den vornüberkippenden Kopf das Atmungsvolumen weiter reduziert.[26] Um ein derart »rasches« Sterben zu verhindern, war am senkrechten Pfahl des Kreuzes in Höhe der Füße häufig ein kleines Querholz angebracht – das sogenannte *suppedaneum* –, auf dem sich der Delinquent abstützen konnte, solange es seine Kraft erlaubte. Man darf sich dieses Querholz nicht als schräge Platte vorstellen, wie es auf byzantinischen Kreuzigungsszenen dargestellt wird. Das *suppedaneum* war ein kleinerer, waagerechter Querbalken, auf dem der Gekreuzigte regelrecht stehen konnte.
Nicht umsonst zeigen die ältesten Darstellungen stehende Gekreuzigte, wie man dies auch auf dem sogenannten Spottkruzifix vom Palatin sehen kann.

Kreuzigungen erfolgten entweder durch Festbinden mit Lederriemen oder durch Nagelungen an Händen und Füßen. Auf diese Weise konnte der Gekreuzigte aus eigener Anstrengung seinen Tod hinauszögern, indem er sich auf der Fixierung, dem Nagel bzw. der Fußbank, abstützte und den Körper in die Höhe stemmte. Bisweilen wurde unter dem Gesäß auch ein Sitzholz *(sedile)* befestigt, das vermutlich die Schmerzen etwas linderte und die Tortur noch länger hinauszögerte. Neros Hausphilosoph Seneca schreibt in einem Brief: »Den so Verurteilten schwand das Leben Tropfen für Tropfen dahin.«

Die Evangelien berichten, daß Jesus um die sechste Stunde (12 Uhr mittags) ans Kreuz genagelt wurde und um die neunte Stunde (15 Uhr) seinen Geist aufgab. Gegen Abend wurde der Totgeglaubte vom Kreuz abgenommen. Dieser überraschend schnelle Kreuzestod hatte bereits Pilatus in Verlegenheit gebracht, der sich darüber äußerst verwundert zeigt und den Hauptmann befragt, ob das auch mit rechten Dingen zuginge (Mk 15,44). An dieser Verlegenheit hat sich bis in unsere Tage wenig geändert. Zahlreiche Analysen, allen voran von Medizinern, versuchen das Phänomen von Jesu allzu raschem Tod zu erklären, und die Autoren haben damit ihre Schwierigkeiten. Die übliche Erklärung läuft darauf hinaus, die Mißhandlungen Jesu vor der Kreuzigung dafür verantwortlich zu machen. Sie hätten seinen Allgemeinzustand so sehr in Mitleidenschaft gezogen, daß er der Kreuzigungstortur bereits nach kurzer Zeit erlag. Doch diese Erklärungen stehen auf sehr schwachen Füßen.

Zum einen war Jesus, anders als die strenge Gruppe der mönchischen Essener, kein Asket[27], sondern ein relativ großer, starker (nach dem Tuch ca. 1,82 m groß, 79 kg schwer) und robuster Mann im »besten Alter«. Nach der Folternacht unterhält er sich sehr klug und ganz offensichtlich im Vollbesitz seiner geistigen Kräfte, die immer auch voraussetzen, daß kein körperlicher Erschöpfungszustand vorliegt, mit dem Gericht. Für ein gut Teil der Strecke von etwa 550 bis 650 Metern vom Prätorium des Pilatus zur Hinrichtungsstätte wurde Jesus das Tragen des Querbalkens des Kreuzes *(patibulum)* von Simon von Kyrene abgenommen. Viele Interpreten haben das als Beweis dafür genommen, daß Jesus in der Tat äußerst geschwächt und nicht mehr in der Lage war, das Gewicht des Balkens zu tragen. Auch das muß in Frage gestellt werden. Jesus wurde, was die Peitschenhiebe anbelangt, keineswegs anders behandelt als andere Verurteilte. Jeder, der zum Tod am Kreuz verurteilt war, mußte zuerst solche Mißhandlungen über sich ergehen lassen. Nach hebräischem Gesetz durften 39 Peitschenhiebe ausgeführt werden. Ein Drittel davon auf die Brust beziehungsweise die Vorderseite, der Rest auf den Rücken. Der Priester vollzog diese Bestrafung in der Synagoge mit einer dreischwänzigen Peitsche aus Kalbsleder. Wir wissen allerdings nicht, ob die korrekte Anzahl von Peitschenhieben bei Jesus oder anderen eingehalten wurde. Im Petrus-Evangelium heißt es an der Stelle, als Jesus ans Kreuz geschlagen wurde: »Er aber schwieg, wie wenn er keinen Schmerz empfände.« Es ist anzunehmen, daß Jesus während seiner Ausbildung auch geschult worden war, durch Meditation seine Schmerzen zu kontrollieren, ähnlich den indischen Yogis. Übungen, die zu diesem Resultat führen, sind von zahlreichen religiösen Sekten aus dem gesamten Osten bekannt, wissenschaftlich untersucht und gut dokumentiert.

In den meisten Fällen wurden die Verurteilten bereits mit den Armen am *patibulum* fixiert, das sie dann auf den Schultern zum Richtplatz schleppen mußten. Das Gewicht dieses Balkens schwankte zwischen etwa 18 und 30 kg. Man mußte also noch über beträchtliche Kräfte verfügen, um die schwere Last transportieren zu können. Aus den Evangelienberichten geht hervor, daß Jesus erst an der Hinrichtungsstätte ans Kreuz geschlagen wurde. Er wurde nackt auf den Boden gelegt, wo man seine Handgelenke ans *patibulum* nagelte. Daraufhin hob man ihn samt dem Querbalken auf den aufrecht stehenden Pfahl *(stipes)* des Kreuzes.

Ist es nicht seltsam, daß der Todeskampf anderer Gekreuzigter um so vieles länger dauerte als der Jesu, auch wenn man seine geschulte und kräftige Konstitution bedenkt? In der Autobiographie des Flavius Josephus, durch dessen Schriften wir bestens über die Bräuche und Geschehnisse der Zeit Jesu in Palästina Bescheid wissen, findet sich sogar die aufschlußreiche Stelle, in der von einem Gekreuzigten berichtet wird, der sich nach der Kreuzabnahme wieder erholt hat:

»Von Titus Caesar wurde ich mit Cerealius und tausend Reitern zu einer gewissen Stadt namens Thecoa gesandt, um herauszufinden, ob an diesem Ort ein Lager errichtet werden könne. Als ich zurückkam, sah ich viele Gefangene gekreuzigt und erkannte drei von ihnen als meine früheren Gefährten. In meinem Inneren war ich sehr traurig darüber und ging mit Tränen in den Augen zu Titus und erzählte ihm von ihnen. Also gab er sofort den Befehl, daß man sie herunternehme und daß sie bestens behandelt würden, damit sie wieder genesen könnten. Zwei von ihnen allerdings starben unter der Hand des Arztes, während sich der dritte erholte.«[28]

Es ist nicht einzusehen, warum Jesus so rasch verschieden sein soll, noch dazu »mit einem lauten Schrei«, eine völlig unerklärliche und für alle Ärzte rätselhafte Art. Bei genauer Analyse erweist sich aber auch dies als ein bedeutender Hinweis, der nahelegt, daß Jesus als Bewußtloser vom Kreuz genommen wurde.

Auf welche Weise die beiden Mitgekreuzigten umgekommen sind, wird im Johannes-Evangelium eindrücklich dargestellt: »Die Juden nun, da es Rüsttag war, damit nicht die Leichen am Kreuz blieben – denn der Tag jenes Sabbats war groß –, baten den Pilatus, daß sie ihnen die Schenkel zerschlügen und sie herabnähmen. Da kamen die Soldaten und zerbrachen die Schenkel des ersten und die des anderen, der mitgekreuzigt war mit ihm.« (Joh 19,31–32)

Die beiden mit Jesus gekreuzigten Verbrecher, die zuvor mit Sicherheit wie er mißhandelt wurden, waren also noch am Leben. Man brach ihnen die Beine, damit sie sich nicht mehr aus eigener Kraft aufrichten konnten und deshalb innerhalb weniger Stunden qualvoll erstickten.

»Als sie aber, zu Jesus gekommen, sahen, daß er schon tot war, zerschlugen sie seine Schenkel nicht ...« (Joh 19,33) Das ist ein sehr geheimnisvolles und unerklärliches Verhalten der römischen Soldaten. Warum zerschlugen die Kriegsknechte nicht auch Jesu Beine, um den Tod sicherzustellen? Die theologische Deutung, das Prophetenwort aus Ex 12,46 müsse sich erfüllen (»Ihr sollt ihm kein Bein zerbrechen«), ist wenig hilfreich. Vielmehr muß man sich fragen, was in den Köpfen der Schergen vorgegangen war, um Jesus von dieser grausamen Behandlung auszunehmen. Es steht außer Zweifel, daß sie – berechtigte – Zweifel an Jesu Tod hatten und seine Bewußtlosigkeit mit Skepsis betrachteten. Andernfalls hätte man sich den Lanzenstich in die Seite ebenso sparen können. Würden wir nicht erwarten, daß die grausamen Soldaten, um den Tod aller sicherzustellen, sämtlichen Gekreuzigten die Beine zerschlügen? Bislang hörten wir, daß Jesus sogar besonders erniedrigend behandelt wurde mit Schlägen ins Gesicht, dem Spottzepter und der Dornenkrone auf dem Kopf. Warum dieser plötzliche Sinneswandel, diese »bevorzugte« und gewissermaßen gnädige Behandlung?

Die Evangelien geben uns keine einheitliche Antwort darauf. Einigkeit herrscht allein darin, daß Jesus bereits um die neunte Stunde mit einem lauten Schrei verstorben sein soll, während die mit ihm Gekreuzigten offenbar noch qualvoll weiterlebten. Johannes zufolge (Joh 19,33–35) soll einer der Kriegsknechte seine Lanze in den Brustkorb Jesu gestoßen haben, worauf Blut und Wasser herausflossen. Lukas und Matthäus sind in dieser Angelegenheit keine Hilfe für uns, da sich bei ihnen keine Erwähnung dieser Vorgänge findet. Markus (15,44–45) allerdings bringt uns auf eine interessante Spur. Pilatus, verwundert darüber, daß Jesus schon tot sei, ruft den Hauptmann zu sich, der ihm den Tod bestätigt, worauf Pilatus den Körper Jesu freigibt. Der Hauptmann, der sich ganz offensichtlich persönlich vom Tod Jesu überzeugt hat, ist derselbe, der, ergriffen von den Ereignissen während der Kreuzigung, Jesus als wahren Sohn Gottes preist (Mk 15,39; Mt 27,54; Lk 23,47). Wer war dieser Hauptmann?

In den apokryphen Pilatus-Akten wird er Longinus genannt und als jener Hauptmann geführt, der die Kreuzigung überwachte. Nach einer von Gregor von Nyssa bezeugten Überlieferung soll Longinus später Bischof in seiner kappadokischen Heimat geworden sein. Dieser »Gesinnungswandel« legt die Vermutung nahe, daß er bereits vor der Kreuzigung Verbindung zu Jesus und seinen Gefolgsleuten gehabt hatte, ja sogar ein geheimer Anhänger Jesu war. Unter diesem Gesichtspunkt werden viele Probleme mit den Ereignissen um die Kreuzigung erklärbar. Joseph von Arimathäa, Nikodemus und Hauptmann Longinus gehörten zur geheimen Anhängerschaft Jesu. Da sie einflußreiche Posten bekleideten, wußten sie früh genug Bescheid, worauf das revolutionäre Auftreten Jesu hinauslaufen würde. Joseph genoß als Mitglied des Synedriums (hebr. *Sanhedrin*) großes Ansehen. Seit dem 2. Jh.v. u. Z. war dieser Hohe Rat die höchste jüdische Behörde in allen Angelegenheiten des Staates, der Rechtsprechung und der Religion. Er bestand aus 70 Mitgliedern unter Vorsitz des Hohenpriesters. Auch Nikodemus, der in nächtlicher Heimlichkeit von Jesus eingeweiht worden war

(Joh 3,1–22), war ein jüdischer Ratsherr. Durch diese Positionen hatten Joseph und Nikodemus sicherlich die besten Informationen über Ort und Zeitpunkt der Hinrichtung und hätten so die Rettung ihres Meisters planen können. Über den Informationsvorsprung des Nikodemus vernehmen wir ein Echo in einer im Mittelalter sehr geschätzten Heiligenlegende. In dieser wird berichtet, Nikodemus habe Jesus durch Maria Magdalena brieflich vor dem Anschlag der Juden warnen lassen, als dieser in Ephraim war (Joh 11,53f).[29]
Joseph und Nikodemus wußten, daß die Kreuzigung selbst nicht zu vermeiden sein würde. Wenn es aber gelang, Jesus früh genug vom Kreuz herunterzuholen, und alles gut geplant war, könnte man ihm das Leben erhalten, und er könnte seine Mission vielleicht unbehelligt fortführen. Von entscheidender Bedeutung war es, daß in allen diesen Angelegenheiten die Jünger keine Rolle spielten. Sie hatten sich aus Angst vor Verfolgung verborgen. Gegen die angesehenen Ratsmitglieder Joseph und Nikodemus und gegen den römischen Hauptmann konnte man nicht vorgehen. So war für kurze Zeit die Möglichkeit gegeben, das waghalsige Unternehmen zu einem glücklichen Ende zu führen.

Die Seitenwunde und der wunderbare Trank

Kehren wir zurück zum Lanzenstich. Bei genauer Analyse zeigt sich, daß die für den Stoß des Kriegsknechtes im griechischen Urtext gewählte Bezeichnung *nyssein* nur ein leichtes Ritzen, Punktieren oder Anstechen der Haut, keinen Stoß mit voller Kraft, geschweige denn eine tiefe Durchbohrung bedeutet. In der Vulgata (allgemein anerkannte lateinische Bibelübersetzung) findet sich schon die falsche Übersetzung *aperire,* was »öffnen« bedeutet. Davon ist jedoch keinesfalls die Rede. Der Vorgang diente gewissermaßen der »amtlichen Beglaubigung« des Todes: Zeigte der Körper durch leichtes Anstechen keine Reaktion, war davon auszugehen, daß der Mensch tot war. Wahrscheinlich hat der in den Evangelien erwähnte Hauptmann diese Prüfung selbst durchgeführt. Ein

Todesstoß sollte es auf keinen Fall sein, zumal Jesus bereits als tot galt und ihm deshalb ja das Zerschlagen der Beine erspart blieb. Im übrigen hätte ein geübter Soldat einen tödlichen Lanzenhieb wohl kaum an der Seite ausgeführt, sondern frontal ins Herz.

Mit dem Austreten von Blut und Wasser hatten die Exegeten allerdings ihre Schwierigkeiten. Die einen können dieses Geschehen nur als Wunder auffassen, zumal bei einem Verstorbenen der Blutkreislauf aufgehört hat, für andere steht die symbolische Auslegung der Elemente Blut und Wasser im Vordergrund. Auch naturwissenschaftliche Erklärungen wurden versucht, wobei das Wasser als Blutserum angesehen wurde, das sich bei der Zersetzung von Blut bildet. Eine solche Zersetzung beginnt aber frühestens sechs Stunden nach Eintritt des Todes!

Wir dürfen diese Passage im Johannes-Evangelium allerdings nicht als unwesentlich beiseite schieben, denn wir müssen davon ausgehen, daß der Augenzeuge, auf den sich der Evangelist beruft, dem Herausfließen von Wasser und Blut besonderes Gewicht verleihen wollte. Der auf diese Beobachtung folgende Satz im Text lautet nämlich: »Und er, der es gesehen hat, hat es bezeugt – und sein Zeugnis ist wahr, und er weiß, daß er die Wahrheit sagt –, damit auch ihr glaubt.« (19,35) Das ist entscheidend und fügt sich nahtlos in das Bild, das wir bislang von der Schreibweise des Johannes-Evangeliums entworfen haben: eine Darstellung sozusagen auf zwei Ebenen, mit einer oberflächlichen Leseweise für das Volk und mit den feinen, immer wieder deutlich eingestreuten Hinweisen für jene, die zwischen den Zeilen zu lesen wissen. Das so überdeutlich herausgestrichene Zeugnis über Blut und Wasser, die aus der Seite Jesu heraustraten, sollte klar machen, daß Jesus in Wahrheit noch lebte.

Wenngleich noch viele Jahrhunderte vergehen sollten, bis der Blutkreislauf entdeckt wurde, war es auch zu Jesu Zeit eine bekannte Tatsache, daß Leichen nicht bluten und an Wunden eines eben Verstorbenen kein Blutserum zu sehen ist. Schon Origenes (185–254), der zwar daran glaubte, Jesus sei schon tot gewesen, als Blut und Wasser aus der Wunde traten, gab zu bedenken, daß Leichen nicht bluten. Bis zur Mitte des letzten Jahrhunderts hatte man sich über die Gründe von Jesu Tod wenig Gedanken gemacht. Im Jahre 1847 veröffentlichte W. Stroud zum erstenmal eine Theorie über sein Dahinscheiden. Doch schon dieser erste Wissenschaftler, der sich

an das Problem wagte, hatte damit große Schwierigkeiten. Zuerst vermutete er als Todesursache eine vollkommene Erschöpfung, mußte aber diese These angesichts ihrer Unwahrscheinlichkeit fallenlassen und postulierte daraufhin, daß er an gebrochenem Herzen (gewissermaßen aus Verzweiflung) gestorben sei. 40 Jahre nach Stroud schloß Sir James Risdon Bennett, daß Jesus durch ein »von der Agonie des Geistes gebrochenes Herz«, verschlimmert durch den Lanzenstich, verstorben sei. Neuere Autoren sprechen die abenteuerliche Vermutung aus, Jesus sei einer akuten Magenausdehnung als Resultat des Schocks erlegen. Andere schrecken nicht davor zurück, die helle Flüssigkeit, die bei der Verletzung durch die Lanze mit dem Blut ausgetreten war, dadurch plausibel zu machen, daß sie den Stich kurzerhand nach vorne und in den Unterleib verlegen, wobei durch die Verletzung der Harnblase Urin ausgeflossen sei! Der Johannes-Text hingegen läßt keinen Zweifel daran, daß die leichte Perforation seitlich am Thorax durchgeführt wurde.
Drei kalifornische Autoren wollen neuerdings den genauen medizinischen Ablauf von Jesu Passion und Tod rekonstruiert haben: der Pathologe William P. Edwards, der Anatom Floyd E. Hosmer und der Methodistenpastor J. Gabel Wesley. Das Problem, den Schrei Jesu unmittelbar vor seinem Tod zu erklären, umgehen die cleveren Autoren, indem sie ihn gewissermaßen als Vorboten eines katastrophalen Ereignisses mit letalem Ausgang auffassen. Der Tod sei auf zahlreiche Faktoren zurückzuführen, wie starke Erschöpfung, den sogenannten hypovolämischen Schock, akute kardiale Insuffizienz und, als unmittelbare Todesursache, eine Thrombose oder Arhythmie. Um den bedauernswerten Zustand des Opfers noch zu verschlimmern, zeigt eine Illustration des Artikels darüber hinaus den hypothetischen Lanzenstoß durch den Brustkorb – »ein Ereignis, das sich fast sicher nicht zugetragen hat«.[30] Das dargestelle Szenario, angefangen von den Folgen der Geißelung, ist furchterregend. Schon beim Lesen des Artikels bleibt einem vor Grauen fast das Herz stehen. Doch was sich so nüchtern medizinisch und einprägsam darbietet, sind nichts als Vermutungen, die weder den biblischen Berichten gerecht werden noch sich an der Tatsache messen können, daß alle die anderen wie Jesus behandelten Kreuzigungsopfer dennoch tagelang an ihrem Folterinstrument hingen, um endlich qualvoll zu ersticken.

Bei der Bezeichnung »Blut und Wasser« handelte es sich, wie es den Anschein hat, um eine überlieferte Redensart aus der blumenreichen arabischen Sprache, die einen Vorgang besonders hervorheben soll. Wir sagen heute, wenn jemand vor Angst schwitzt, er schwitze »Blut und Wasser«, und meinen nicht, daß dabei tatsächlich Blut aus den Poren quillt. Umgekehrt mag bei der Beobachtung einer Wunde dieselbe Redeweise auf auffällig viel Blut hindeuten. Der Augenzeuge war zweifellos überrascht, so viel Blut bei einem angeblich Toten aus einer leichten Ritzwunde ausströmen zu sehen, und verlieh seiner Verwunderung Ausdruck. Offensichtlich war Jesus nur scheinbar tot. Die Bekräftigung des starken Blutflusses durch die anschließende Wahrheitsbezeugung soll auf eben diesen Umstand weisen.

Bis zum »Lanzenstich« war von Joseph und seinen Helfern alles sorgfältig vorbereitet. Doch der Mann aus Arimathäa hatte schon viel früher begonnen, die nötigen Vorkehrungen zu treffen.

Als erstes hatte der reiche Joseph einen Garten in unmittelbarer Nähe der Kreuzigungsstätte gekauft.[31] In weiser Voraussicht entschied er sich, dort ein frisches Grab in den Felsen hauen zu lassen, wohin man den angeblich Toten rasch in Sicherheit bringen konnte. Es war entscheidend, ein unbenütztes Grab zur Verfügung zu haben, zumal es rechtliche Bedenken gegeben hätte, Jesus in einem Grab beizusetzen, in dem bereits andere Verstorbene bestattet waren: Hingerichtete würden die Gläubigen entehren, die bereits im Grab liegen. Einer »Bestattung« im leeren Grab würde nichts im Wege stehen, zumal, wie Josephus berichtet, politischen Verbrechern, die von den Römern hingerichtet wurden – und ein solcher war Jesus –, ein ehrenvolles Begräbnis zuteil werden konnte, das einem gewöhnlichen Verbrecher versagt blieb.[32] Freilich konnte Joseph von Arimathäa nicht verkünden, daß er dabei sei, ein Grab für Jesus vorzubereiten. Darum lesen wir in den Evangelien, daß Joseph Jesu Leichnam in sein eigenes neues Familiengrab bringen ließ. Halten wir einen Moment inne. Warum in aller Welt sollte Joseph, der aus Arimathäa an der Grenze zu Samaria stammte, ausgerechnet in Jerusalem sein Familiengrab errichten?[33] Er hatte keineswegs vor, dorthin zu übersiedeln. In den Pilatus-Akten lesen wir, daß er von den Juden nach der Grablegung wieder in seinem Heimatort Arimathäa aufgesucht wurde, wohin er sich zurückgezogen

hatte. Der Tradition entsprechend hatte Joseph sein Familiengrab mit Sicherheit in seiner Heimatstadt. Die offizielle Leseweise, es handle sich um Josephs eigenen Grabbau, war für die Uneingeweihten gedacht, die sich darüber keine Gedanken machen würden. In Wahrheit sollte der neue Grabbau im Garten bei Golgotha keine Toten aufnehmen, weder Joseph und seine Familie noch andere. Er sollte allein als Alibi dienen, um den schwerverletzten Jesus nicht weit transportieren zu müssen, sollte es gelingen, ihn früh genug vom Kreuz herunterzuholen. Den Verfolgern Jesu wäre damit Genüge getan, ihn tot in einem Grab zu wähnen.
Daß die Kreuzigung am Rüsttag stattfand, war insofern von Vorteil, daß man sich mit der »Grablegung« sehr beeilen konnte, ohne Verdacht zu erregen. Allerdings mußte gewährleistet sein, daß Jesus wirklich tot erschien. Auch dies konnten seine Freunde nicht dem Zufall überlassen.
In den Evangelien wird eine Begebenheit berichtet, die sich unmittelbar vor dem angeblichen Verscheiden Jesu am Kreuz zugetragen hat. »Es stand da ein Gefäß mit Essig gefüllt; sie steckten einen Schwamm, mit Essig getränkt, auf einen Ysopstengel und hielten ihn an seinen Mund. Als Jesus den Essig genommen hatte, sprach er: Es ist vollbracht. Dann neigte er das Haupt und übergab den Geist.« (Joh 19,29–30)
Wie kommt es, daß Jesus, nachdem er den sauren Trunk zu sich genommen hatte, scheinbar sofort starb? Handelte es sich tatsächlich um Essig, der ihm gereicht wurde? Es entsprach durchaus der jüdischen Sitte, daß man einem zum Tode Verurteilten mit Myrrhe oder Weihrauch gewürzten Wein reichte, um durch die leicht narkotische Wirkung die Schmerzen zu lindern. Im jüdischen Talmud heißt es an einer Stelle: »Dem, der hinausging, um hingerichtet zu werden, gab man ein Stückchen Weihrauch in einem Becher mit Wein, um ihm das Bewußtsein zu nehmen.« (Sanh. 43a) Doch von einem gewürzten Wein ist nicht die Rede. Alle Evangelisten sind sich darüber einig, daß es sich um ein Gebräu handelte, das sehr sauer schmeckte. Essig heißt im Lateinischen *acetum* und kommt von *acidus,* »sauer«. Die römischen Soldaten duldeten nicht nur den Trank, einer von ihnen hat Jesus sogar dazu verholfen (Mt 27,48; Mk 15,36; Lk 23,36; Joh 19,29).
Betrachten wir die Aussage genauer: Der Schwamm wird Jesus auf

einem Ysopstengel gereicht. Ysop ist eine kleine Pflanze mit schwachen Stengeln und schlecht dazu geeignet, einen feuchten Schwamm hochzuheben. Selbst ein Bündel Ysop würde die nötige Steifheit vermissen lassen, um dies zu ermöglichen, obwohl man nicht unbedingt von einem sehr hohen Kreuz ausgehen muß. Es gab Kreuze, bei denen der Verurteilte mit den Füßen nur knapp über dem Boden fixiert wurde. In diesem Fall hätte ein Schwamm nicht sonderlich hoch hinaufgereicht werden müssen. Vielleicht wurde aber das Instrument, mit dem man Jesus den »Essig« reichte, durch einen primitiven Fehler verwechselt: Aus *hyssos* (kurzer Wurfspieß) wurde *hyssopos* (Ysop). Es ist ein Soldat, der Jesus den Schwamm reicht, wie die Synoptiker bemerken. Darum liegt es nahe, daß tatsächlich diese Verwechslung vorliegt. Wir dürfen daher vermuten, daß Hauptmann Longinus selbst mit seinem Spieß den Schwamm an die Lippen Jesu führte.[34]

Auffallend ist, daß der Essig-Trank bei Johannes eingeführt wird, als ob er für eben diesen Zweck bereits zur Kreuzigung mitgeführt wurde. Er war wohl Teil jener Vorbereitungen, die Joseph, Nikodemus und der Hauptmann getroffen hatten, damit ihr Plan ausgeführt werden konnte. Woraus die saure Flüssigkeit bestand, darüber lassen sich nur Spekulationen anstellen. Im vorderasiatischen Raum waren damals die verschiedensten schmerzstillenden und betäubenden Mittel geläufig, und die Heilkundigen der Zeit verstanden es vortrefflich, Gemische herzustellen, die in ihrer Wirkung außergewöhnlich waren. Es liegt nahe, zu vermuten, daß der Trank aus einem sauren Wein bestand, dem eine gehörige Portion Opium beigegeben wurde. Die unübertreffliche schmerzstillende und narkotisierende Wirkung des Opiums war den Juden bereits in vorchristlicher Zeit bestens bekannt. Opium ist der an der Luft getrocknete milchige Saft der angeritzten unreifen Fruchtkapseln einer bestimmten Mohnpflanze *(papaver somniferum).* In Palästina war diese Mohnart weit verbreitet. Deshalb liegt die Vermutung nahe, daß man Jesus am Kreuz in einer Flüssigkeit gelöstes Opium gereicht hat.

Die narkotische Wirkung des Opiums ist so stark, daß sie eine Bewußtlosigkeit herbeiführen kann, in der die Person völlig gefühllos wird. Der Hauptwirkstoff des Opiums ist das Morphin, das sedativ, narkotisch und atemdepressorisch wirkt. Das Alkaloid Papaverin hat eine intensive krampflösende Wirkung. Im Zusammenspiel mit den zahlreichen anderen Wirkstoffen und unter Beimischung verschiedener zusätzlicher Substanzen können Opiumlösungen dem jeweiligen Zweck gut angepaßt werden. Dadurch war der Effekt dieser Droge für Joseph und seine Freunde in vielerlei Hinsicht ideal: Jesus bekam nicht nur das beste Schmerzmittel verabreicht, sondern es wurde auch in einer Weise dosiert, daß er in kurzer Zeit das Bewußtsein verlor und damit »wie tot« am Kreuz hängen konnte. Der Anschein eines plötzlich eingetretenen Todes wurde dadurch begünstigt, daß Opium die Herzschlagrate stark erniedrigt, den Atem außerordentlich abflacht und den Körper völlig schlaff macht. In richtiger Dosis verabreicht, das wußten die erfahrenen Essener-Therapeuten, stellt es aber keine Gefahr für das Herz dar, es stärkt es vielmehr.

Wäre Jesus tatsächlich kurz vor dem Erstickungstod am Kreuz gewesen – eine Ursache, die fast alle medizinischen Gutachten annehmen –, wäre der laute Schrei, bevor er »verschied«, den die drei synoptischen Evangelien ausdrücklich erwähnen, völlig unmöglich. Ein Erstickender könnte kaum ein Röcheln über die Lippen bringen. Doch Jesus schreit. Und bei Johannes lesen wir: »Als Jesus den Essig genommen hatte, sagte er: Es ist vollbracht. Dann neigte er das Haupt und übergab den Geist.« (19,30) Erst als er den Trank zu sich nahm und dic narkotisierende Wirkung aufsteigen spürte, konnte Jesus diese Worte sagen. Er konnte sie sprechen, eben weil er nicht vor dem Tode stand, sondern vor einer tiefen, induzierten Bewußtlosigkeit.

Das offene Felsengrab

Sobald Jesus bewußtlos am Kreuz hing, beeilte sich Joseph, Jesu Leib so rasch wie möglich freizubekommen. Er machte seinen ganzen Einfluß bei Pilatus geltend, um die Freigabe in kürzester Zeit zu erreichen. Ein Exeget ist sogar der Meinung, der wohlhabende Joseph habe eine hohe Bestechungssumme gezahlt, um die

Auslieferung zu beschleunigen.[35] Das ist durchaus denkbar. Joseph war unter Zeitdruck, und es war ihm wohl jedes Mittel recht, wenn es darum ging, die langsamen behördlichen Wege abzukürzen. Während den Mitgekreuzigten die Beine zerschlagen wurden, stellte der Hauptmann durch seinen »Lanzenstich« sicher, daß Jesus »tot« war. Pilatus gab den »Leichnam« frei, und sofort nahmen Joseph und Nikodemus Jesus vom Kreuz und brachten ihn in das nahegelegene Felsengrab.
In der Abgeschlossenheit des Grabbaus wurde die Heilung Jesu auf der Mittelbank vorbereitet. Der Opium-Trunk ließ ihn tief und schmerzfrei schlafen, die medizinische Packung mit der riesigen Kräutermenge sollte die Wundheilung beschleunigen. Joseph und Nikodemus waren sich darüber im klaren, daß sie Jesus nicht lange in dem Grab lassen konnten. Die Juden waren äußerst mißtrauisch und befürchteten, die Jünger könnten den Leib stehlen, um eine wunderbare Auferstehung vorzutäuschen. Matthäus zufolge (27, 62–66) verlangten sie von Pilatus eine Grabwache. Der Sabbat würde die Juden davon abhalten, selbst das Grab zu beobachten. Aber danach würde es immer schwieriger werden, Jesus unbemerkt herauszuschaffen. Ob es tatsächlich eine römische Grabwache gab, ist nicht mehr festzustellen. Nur Matthäus berichtet davon. Sie scheint allerdings in seinem Text zur Dramatisierung der Engelserscheinung eingefügt zu sein. Tatsächlich mußte den Römern das Anliegen der Juden höchst merkwürdig erscheinen, einen Toten bewachen zu lassen, und es ist recht unwahrscheinlich, daß sie einer derartigen Bitte nachgekommen wären.
Über den Sabbat hatten die Helfer also Zeit, sich um Jesu Wohlergehen zu kümmern, doch sobald er aus der Bewußtlosigkeit erwacht war, mußte er rasch fortgeschafft werden, damit ihnen die jüdischen Behörden nicht wieder in die Quere kommen konnten.
Als die Frauen mit den Salbölen am ersten Wochentag ans Grab kamen, fanden sie den Stein weggewälzt und das Grab leer. Hören wir die Evangelienberichte. Lukas schreibt: »Am ersten Tag der Woche, früh am Morgen, kamen sie mit den Salbölen, die sie bereitet hatten, zum Grab. Sie fanden den Stein weggewälzt vom Grab, doch als sie hineingingen, fanden sie den Leib des Herrn Jesus nicht. Sie waren darüber ganz ratlos, als auf einmal zwei Männer vor ihnen standen in strahlendem Kleid, und als sie voll Schrecken ihren Blick

zu Boden senkten, sagten jene zu ihnen: Was sucht ihr den Lebenden bei den Toten?« (24, 1–5).
Markus berichtet: »Als sie aber hinblickten, sahen sie, daß der Stein weggewälzt war; er war nämlich sehr groß. Und sie gingen in das Grab hinein, sahen zur rechten einen Jüngling sitzen, umkleidet mit einem weißen Gewand, und sie erschraken sehr. Er aber sagte zu ihnen: Fürchtet euch nicht! Ihr sucht Jesus, den Nazarener, den Gekreuzigten; er ist auferweckt worden, er ist nicht hier; seht hier den Platz, wo sie ihn hingelegt hatten.« (16,4–6)
Nach der sogenannten »Auferstehung« kommt Jesus angeblich ständig durch geschlossene Türen herein und versetzt so die Jünger in Angst und Schrecken (Joh 20,19–26). Warum also, muß man sich fragen, war der mächtige Stein vom Grab weggerollt, von jenem Ort, an dem sich eben jene wunderbare »Auferstehung« ereignet haben soll? Es wäre sicherlich ein erstaunlicheres »Wunder« gewesen, hätte man für die Frauen mit den Salbölen den Stein beiseite schieben müssen und erst dann festgestellt, daß Jesus aus dem verschlossenen Bau verschwunden war. Das offene Grab sagt uns vielmehr, daß jemand in Eile handeln mußte, um Jesus aus dem Grabversteck zu holen. Offensichtlich waren noch Essener-Freunde am Grab – die Männer mit den strahlenden Kleidern des Lukas, der Jüngling mit dem weißen Gewand des Markus. Das strahlend weiße Gewand weist sie als Essener aus. Wahrscheinlich hatte man Jesus erst kurze Zeit davor hinausgeführt. Da das Passahfest immer mit dem Vollmond zusammenfällt, war dies in der hellen Nacht unschwer zu bewerkstelligen. Die zurückgebliebenen Essener sollten vielleicht noch bestimmte Gegenstände mitnehmen und das Grab verschließen. Auf ihre Fragen erhalten die erschrockenen Frauen von den Essenern deutliche Antworten: Jesus sei auferweckt worden und deshalb nicht mehr hier. In der Tat wurde er auferweckt, nämlich aus seiner tiefen Bewußtlosigkeit. Der Lukas-Text wird noch deutlicher: »Was sucht ihr den Lebenden bei den Toten?« Läßt sich daraus nicht zwingend schließen, daß Jesus am Leben war, daß er gerettet werden konnte? Ist das nicht die eindeutige Botschaft, die wir aus diesen Evangelienstellen erhalten?
Johannes, der die Episode mit den Frauen am Grab nicht berichtet, erzählt ausführlich eine Begebenheit, die sich allem Anschein nach vor der Ankunft der Frauen zugetragen haben muß (Joh 20, 1–18):

Maria Magdalena kommt frühmorgens, als es noch dunkel ist, ans Grab und sieht den weggerollten Stein. Voller Schrecken läuft sie zu Petrus und Johannes und klagt, man habe den Herrn aus dem Grab genommen. Als die beiden zum Grabbau kommen und hineinblicken, sehen sie nur die Tücher, von Jesus weit und breit keine Spur. Maria Magdalena, die weinend vor dem Grab steht, fragt den Gärtner, ob er den Leichnam weggetragen hätte. Als sie von dem angeblichen Gärtner beim Namen gerufen wird, erkennt sie, daß es Jesus ist.
Auffällig ist, daß Maria Magdalena Jesus mit dem Gärtner verwechselt. Ist das der glorreich Auferstandene: eine Figur, die seine engste Gefährtin nicht wiedererkennt und für den Gärtner hält? Wahrscheinlich hatte man Jesus eben erst aus dem Grab geholt, als Maria Magdalena auftauchte. Um nicht aufzufallen, zog man ihm das einfache Gewand eines Gärtners an. Vielleicht hatte sich der geschwächte Jesus auf einen Stock oder ein Gartenwerkzeug gestützt, was zur Verwechslung führte. Noch dazu haben Gärtner aufgrund der ständigen Arbeit im Freien eine braungebrannte Haut. Das Gesicht Jesu war von den Verletzungen geschwollen, und die Aloe-Myrrhe-Lösung hinterläßt eine charakteristische braune Verfärbung. Nur deshalb konnte Maria Magdalena ihren Meister in der frühen Dämmerung nicht erkennen, und nicht, weil er sich in einem »verklärten« Leib als »Auferstandener« zeigte.
Maria Magdalena fiel dann offenbar vor Jesus auf die Knie und wollte ihn, wie die Frauen bei Matthäus (28,9), an den Füßen berühren. Jesus aber wehrte sie mit den Worten ab: »Berühre mich nicht!« (Joh 20,17) Dies könnte ein deutlicher Hinweis darauf sein, daß sein noch wunder und schmerzender Körper der Schonung bedurfte und Berührungen noch nicht ertragen konnte.
Eine interessante Bestätigung dieser These erfahren wir durch das apokryphe Petrus-Evangelium. Danach sah die Grabwache drei Männer aus dem Grab hervorkommen »und die zwei den einen stützen«! Muß etwa ein glorreich Auferstandener gestützt werden? Keineswegs, aber ein Verletzter, der in Sicherheit gebracht werden soll und eben erst aus der Bewußtlosigkeit erwacht ist, der muß gestützt werden.
Nach diesen Ereignissen werden die nur noch spärlichen Evangelientexte über Jesus unzuverlässiger, denn in sie fließt nunmehr der Mythos der »Auferstehung« ein und die theologische Interpretation, die

aus dem Menschen Jesus den auferstandenen Christus macht. Entsprechend zweideutig sind viele Stellen. Einiges läßt sich aber mit Sicherheit sagen: Jesus begegnete noch für einige Zeit seinen Jüngern, vielleicht noch in Jerusalem, aber hauptsächlich in Galiläa.
Der Zeitraum, in dem sich die Geschehnisse nach dem Verschwinden aus dem Grabbau abspielen, ist so widersprüchlich überliefert, daß keine exakten Rückschlüsse möglich sind. Drei Tage, die zwischen Kreuzigung und Wiedererscheinen vergangen sein sollen, bezeichnen eine mystische Zahl, die schon in älteren Auferstehungsmythen eine Rolle spielt. Jesus könnte durchaus längere Zeit gepflegt worden sein, bis er sich nach und nach wieder seinen Anhängern gezeigt hat. Jedenfalls scheinen die Begegnungen immer nur von kurzer Dauer und geheim gewesen zu sein. Es ist klar, daß er sich nicht öffentlich zeigen durfte, sonst wäre er selbstverständlich sofort wieder verhaftet worden. Er scheint durch die Verletzungen zunächst noch etwas entstellt gewesen zu sein, vermutlich war das Gesicht eine Zeitlang angeschwollen, so daß auch seine Vertrauten Mühe hatten, ihn sofort zu erkennen.
Bei der Einschätzung der Erscheinungen Jesu müssen wir uns immer vor Augen halten, daß diese gemäß der entwickelten Theologie von seiner »Auferstehung« erst später niedergeschrieben wurden. Das gesamte Kapitel 21 im Johannes-Evangelium, das die »Erscheinung« Jesu am See Tiberias beinhaltet, ist von anderer Hand in den Text eingefügt worden. Offenbar stammt dieser Text von dem Presbyter Johannes, der ob seiner Namensgleichheit mit dem Lieblingsjünger Johannes identifiziert wurde.[36]
Die Jünger hatten sich zunächst enttäuscht zurückgezogen und übten inzwischen wieder ihre früheren Berufe aus. Simon Petrus, Thomas, Nathanael aus Kana und die Zebedäus-Söhne gehen wieder zum Fischen (Joh 21,2). Erst als Jesus ihnen ausrichten läßt, daß er sie selbst in Galiläa teffen will, werden sie von neuem Eifer gepackt (Mt 28,10).
Seine Begegnungen mit den alten Weggefährten werden einerseits wie »Erscheinungen« dargestellt, da Jesus angeblich durch verschlossene Türen mitten unter sie tritt, andererseits wird die Körperhaftigkeit Jesu deutlich hervorgehoben. Die Jünger waren verwirrt, weil sie selbst wohl zum größten Teil nicht in die Rettungsaktion von Joseph und Nikodemus, die ihrem Kreis nicht angehörten,

eingeweiht waren. Das letzte, was die Evangelien über Jesus, kurz vor seinem Fortgang aus Palästina[37], berichten, ist sein fortgesetzter Versuch, den Jüngern klarzumachen, daß er die Kreuzigung überlebt hat und wiederhergestellt ist. Die Jünger aber halten ihn zunächst für einen Geist: »Und er sprach zu ihnen: Warum seid ihr erschrocken, und warum steigen Zweifel auf in euren Herzen? Seht meine Hände und meine Füße, daß ich es selbst bin. Rührt mich an und seht, denn ein Geist hat nicht Fleisch und Knochen, wie ich es habe und ihr an mir sehen könnt. Mit diesen Worten zeigte er ihnen seine Hände und Füße. Da sie aber vor Freude nicht glauben wollten und staunten, sagte er zu ihnen: Habt ihr etwas zu essen hier? Da reichten sie ihm ein Stück von einem gebratenen Fisch. Und er nahm und aß vor ihren Augen.« (Lk 24,38–43)
Mit aller Eindringlichkeit will Jesus seinen Anhängern beweisen, daß sein Körper nach wie vor vollkommen irdischer Natur ist. Er betont seine Leibhaftigkeit, indem er sich betasten läßt und Nahrung zu sich nimmt, und unterstreicht ausdrücklich, kein Geistwesen zu sein. Daß sein Körper sich auch nicht »verwandelt« hat, beweist er dadurch, daß er seine Wundmale zeigt und den »ungläubigen Thomas« sogar auffordert, seine Seitenwunde mit der Hand zu berühren. Später offenbarte er sich den Elfen, als sie bei Tische saßen, und schalt ihren Unglauben und die Härte ihres Herzens, weil sie denen, die ihn nach seiner Auferweckung (!) gesehen, nicht geglaubt hatten (Mk 16,14). Jesu Erscheinen beruht nicht auf Verwechslung, Täuschung oder auf Halluzinationen, sein Körper ist nicht verklärt, kein gespensterhafter Astralleib – dies gibt er seinen Jüngern mit auf ihren Weg.

Die Linnen im Grab

Wir haben jetzt, allein aus den Schriftzeugnissen, wenn man sie nicht aus dem theologischen Blickwinkel betrachtet, die wahren Ereignisse um die Kreuzigung und die Grablegung aufgehellt. Alles fügt sich zu einem stimmigen Bild zusammen. Es läßt sich zwingend

ableiten, daß die angebliche Bestattung Jesu gar keine war, weil er nicht am Kreuz gestorben ist. Wir haben gesehen, wie schon seinem Leiden am Kreuz mit dem narkotischen Trunk entgegengewirkt wurde, wie er nach kürzester Zeit abgenommen und im Schutz des Grabbaus einer Heilbehandlung unterzogen wurde und wie er später in der Dämmerung, von seinen Freunden gestützt, aus dem Versteck herausgeführt und anderswo in Sicherheit gebracht wurde.
Wir wollen nun die Evangelienberichte noch einmal unter die Lupe nehmen, um festzustellen, ob sich aus ihnen die Beschaffenheit jenes Tuches ermitteln läßt, mit welchem Jesus im Grabversteck zugedeckt worden war.
In der Schrift begegnen uns zwei Termini, mit denen das Tuch bezeichnet wird: *sindon* und *othonion.* Daneben findet sich im Gesamtzusammenhang noch das Substantiv *soudarion.*
Die synoptischen Evangelien verwenden den Ausdruck *sindon.* Mit diesem Substantiv wird der hebräische Terminus *sadîn* übersetzt, den wir aus dem Alten Testament in Richter 14,12–13 und in 1 Makkabäer 10,64 in der Bedeutung von »Gewand« und in Sprüche 31, 24 in der Bedeutung von »Rock« oder »Tuch« finden. Im Talmud hingegen wird er auch zur Bezeichnung eines einfachen »Begräbnisgewandes« verwendet (J. Ketubôt 12,3, J.Terumôt 8,10). Im Markus-Evangelium (Mk 14,51) steht *sindon* als ein um den Körper gewundenes *(peribeblemenos)* Tuch. Man muß davon ausgehen, daß der ursprünglich hebräische Text des Markus-Evangeliums den Terminus *sadîn* trug und damit die beiden dargestellen Bedeutungen von Gewand und Tuch hatte. In griechischen Texten bedeutet *sindon* einen kostbaren Stoff, aus dem Gewänder und Leintücher angefertigt werden. Im Lateinischen kann der Begriff *sindon* sowohl ein großes Tuch als auch einen großen Mantel bedeuten.
Sindon bezeichnete also ein Tuch von sehr unterschiedlichen Maßen, das die verschiedensten Zwecke erfüllen konnte. Es ist unmöglich, von diesem Begriff auf die Beschaffenheit des bezeichneten Gegenstands zu schließen. Dieser ergibt sich erst durch den Gebrauch. Auf alle Fälle können wir eine lange Leinenbinde, mit der etwa Mumien eingewickelt wurden, ausschließen. Wir haben beim Vergleich mit dem Begräbnis des Lazarus gesehen, daß für eine solche Binde nur der Begriff *keiriai* in Frage kommt. Bei genauer Analyse muß man zu dem Schluß kommen, daß *sindon* verarbeitetes

Leinen in seiner allgemeinsten Form bezeichnet. Es ist der Oberbegriff für die fertige leinene Stoffbahn, aus der verschiedene Tücher, Mäntel, Leintücher, Handtücher u. ä. m. hergestellt werden.

Bei Johannes finden wir den Begriff *othonia* im Sinne von »Tücher«. Lukas läßt Petrus beim Blick ins leere Grab »leinene Tücher« sehen, indem er den Begriff *othonia* im Plural verwendet (Lk 24,12). Kurz davor beschreibt er die Kreuzabnahme durch ein »Leinen« mit dem Begriff *sindon* im Singular (Lk 23,53). Der Ausdruck *othonia* erhellt sich durch diese Stelle als »Tücher, hergestellt aus *sindon*«. Wir sehen durch die Verwendung dieser Begriffe vor allem eines: Die Evangelisten machen klar, daß es sich nicht um eine lange Leinenbinde handelte, in die man Jesus hätte einwickeln wollen. Die allgemeine Bezeichnung »Tücher«, »Leinen« deutet vielmehr darauf hin, daß es sich um ein oder mehrere größere Tücher handelte, die ins Grabversteck gebracht wurden.

Auf der Suche nach genaueren Hinweisen über die Beschaffenheit der Tücher wenden wir uns wieder dem Johannes-Evangelium zu. Die Auffindung der Tücher am ersten Tag der Woche durch Petrus und Johannes ist mit Absicht in einer Weise geschildert, daß der Augenzeugencharakter herausgestrichen wird: »Die beiden [Petrus und Johannes] aber liefen zusammen. Und der andere Jünger lief schneller als Petrus und kam ihm zuvor und kam als erster zum Grab, und sich bückend sieht er die Tücher ausgebreitet, ging jedoch nicht hinein. Da kam auch Simon Petrus, der ihm folgte, und ging in das Grab hinein, und er sieht die Tücher ausgebreitet und das Sudarium, das auf seinem Kopf gelegen hatte, nicht mit den Tüchern liegen, sondern gesondert zusammengefaltet an einem Ort.« (Joh 20,4–7) Der Autor verwendet bei den Beobachtungen des Johannes und des Petrus das historische Präsens, um den Augenzeugenbericht authenisch wiederzugeben. Zaninotto geht in seiner Interpretation sogar so weit, das griechische *blepei keimena ta othonia* (er sieht die Tücher liegen) zu übersetzen als: er sieht die Tücher sich ausstrecken. Er will damit den Beweis führen, daß Johannes just in dem Augenblick in das Innere des Grabbaus blickt, als die Tücher in sich zusammensinken, weil der Auferstandene gewissermaßen aus ihnen »verschwunden« ist. Für Johannes sei dies das Zeichen für seinen Glauben an die Auferstehung gewesen.[38]

Dies ist eine überaus gewagte Spekulation und ganz offensichtlich eher eine unbegründete Interpretationsleistung denn eine getreue Übersetzung.

Das Sudarium ist ohne Zweifel das wichtigste der im Grab verbliebenen Tücher. Interessant und auffällig im Johanneischen Text ist seine unerwartete Erwähnung. Gewöhnlich wird das Sudarium als Schweißtuch übersetzt. Einige Exegeten sehen es als Kinnbinde. Warum sollte eine Kinnbinde in dieser Weise hervorgehoben werden? Im Gesamtzusammenhang der Ereignisse um die Grablegung müßte ein solches Objekt als völlig sekundär gelten. Doch im Johannes-Text erscheint das Sudarium derart pointiert hervorgehoben, daß man annehmen muß, der Autor wollte dadurch etwas Besonderes vermitteln. Der Satz, der unmittelbar auf die Erwähnung des Sudariums folgt, gibt die Lösung an: »Da ging nun auch der andere Jünger hinein, der als erster zum Grab gekommen war, und sah und glaubte.« (Joh 20,8)

Das Sudarium lag abseits, und sein Anblick brachte den Lieblingsjünger zum Glauben. Warum aber stellte es sich Johannes und Petrus abgesondert und zusammengelegt dar? Man könnte vermuten, daß es sich um ein Stoffstück handelte, das bei den Handlungen im Grab überhaupt nicht verwendet worden war und deshalb unberührt, abseits von den anderen ausgebreiteten Tüchern, fein säuberlich da lag. Man müßte dann die Stelle interpretieren, als »das Sudarium, das über seinen Kopf gelegt werden sollte«. Dazu war es aber nicht gekommen, weil kein Begräbnis stattfand. Ein Linnen, das reine Begräbnisfunktion hat, wurde nicht gebraucht. Es war, auch am nächsten Tag, noch unberührt, zusammengefaltet, wie es gebracht worden war, an seinem Platz. Will uns dies Johannes damit klarmachen? Dagegen spricht die Aussage, es sei das Sudarium, »das auf seinem Kopf gelegen hatte«. Freilich muß man sich allen Ernstes fragen, woher der Autor des Johannes-Evangeliums die Gewißheit nehmen konnte, das Tuch habe auf Jesu Kopf gelegen. Wie man Jesus genau gebettet hatte, das wurde nicht erwähnt, und wahrscheinlich wußte auch der Autor des Evangeliums darüber nur ungenügend Bescheid. Diese Aufgabe wurde ja nicht von Jüngern, sondern von den Außenstehenden Joseph und Nikodemus vollzogen. Vielleicht setzte der Evangelist nur voraus, daß es »auf dem Kopf Jesu« gelegen haben mußte.

Alle diese Überlegungen verlieren an Glaubwürdigkeit angesichts der auffälligen Hervorhebung des Sudariums und durch die Tatsache, daß nach seiner Beobachtung der Lieblingsjünger plötzlich »glaubte«. Aus allem, was wir bislang über die geheime Rolle des Johannes-Textes wissen, kann kein Zweifel daran bestehen, daß der aufmerksame Leser auf das Sudarium gleichsam gestoßen werden sollte. Wenn das Sudarium tatsächlich auf dem Kopf Jesu gelegen hatte, so spricht sein Zustand bei der Entdeckung des leeren Grabs nicht nur gegen einen Leichenraub, sondern auch gegen eine Auferstehung. In beiden Fällen ist die Mühe, dieses eine Tuch gesondert sorgfältig zusammenzulegen, vollkommen unverständlich. Wer sollte dies getan haben und vor allem warum?

Was das Glauben des Lieblingsjüngers angesichts des Sudariums anbelangt, besagt die gewöhnliche Auslegung, daß er durch die Beobachtung der im Grab verbliebenen Tücher zum Glauben an die Auferstehung des Herrn fand. Dies wird im weiteren Evangelientext auch vermittelt. Im Erzählzusammenhang scheint jedoch ein anderer Gesichtspunkt entscheidender zu sein. Erinnern wir uns: Maria Magdalena war erschrocken zu den Jüngern gelaufen, nachdem sie das offene Grab gesehen hatte. Man befürchtete, jemand habe den Leichnam Jesu fortgebracht. Höchst beunruhigt laufen Petrus und Johannes los, um nach dem Rechten zu sehen. Sie finden den Grabbau offen. Im Inneren sehen sie nur die Tücher umherliegen und, abgesondert von diesen, fein säuberlich zusammengelegt, das Sudarium. Waren sie nur erleichtert, weil das ein eindeutiges Zeichen war, daß Jesus nicht gestohlen wurde? Räuber hätten sich wohl kaum die Mühe gemacht, den Leichnam aus seinen Tüchern zu wickeln, um ihn fortzuschaffen. Die Beobachtung des leeren Grabs mit den Tüchern könnte also zunächst der klare Hinweis gewesen sein, daß Jesus nicht »geraubt« wurde. Glaubte der Lieblingsjünger beim Betrachten der verschiedenen Tücher im Halbdunkel des Grabbaus etwa nur daran, daß Jesus nicht »gestohlen« worden war?

Um diese Frage zu beantworten, müssen wir das unerwartet eingeführte Sudarium mit den Ereignissen in Beziehung setzen, die wir bislang kennengelernt haben. Zaninotto zufolge bezeichnet man ein *othonion,* also ein Tuch, das auf ein Haupt gelegt wird, als *soudarion.* Es erhält diese Bedeutung in dem Sinne, daß ein Tuch, das auf die Schultern gelegt wird, »Schal«, auf den Kopf »Schleier«, um die Hüften »Rock« und auf den Tisch »Tischtuch« genannt wird.[39] Mit der Funktion einer Kinnbinde hat das *soudarion* nichts zu tun. Es wird lediglich eingeführt, um zu verdeutlichen, daß es sich um ein Tuch handelte, das auch über dem Kopf lag. Diese Bedeutung erschließt sich bereits, wenn wir der Herkunft des Begriffs nachspüren. Sie geht wohl auf *soudara,* einen Terminus aus dem Nahen Osten im Alten Testament (Ruth 3,15) zurück, der weder ein Schweißtuch noch ein Kinnband denotiert, sondern vielmehr ein Leintuch, das über den Kopf gelegt wurde und bisweilen den ganzen Körper bis zu den Füßen bedecken konnte.[40] Nach Ghiberti könnte *soudarion* vom aramäischen *sôdara'* abstammen. *Sôdara'* hat verschiedene Bedeutungen und bezeichnet entweder ein kleines oder ein größeres Stück Stoff.[41] Lavergne vermutet, daß der Begriff zu Jesu Zeiten auch die Bedeutung angenommen hatte, die er im Lateinischen trug, nämlich ein Tuch, das zum Abwischen von Schweiß verwendet wird.[42] Freilich läßt sich aus den verschiedenen Verwendungen des Wortes keine eindeutige Rekonstruktion des Objektes anstellen, das mit ihm gemeint war. Allerdings weist der Gebrauch dieser Bezeichnung in jener Zeit darauf hin, daß immer seine Beziehung zu »Schweiß« mitschwingt. So etwa bei den Tüchern, die Paulus zu Heilzwecken über die Kranken hielt (Apg 19,12). Die Lateiner selbst haben allerdings nie die Bezeichnung Sudarium in Verbindung mit Begräbnisbräuchen verwendet. Das hat einigen die Auslegung des Johannes-Textes erschwert. Zaninotto, der alle Register der philologischen Analyse zieht, um nachzuweisen, daß mit dem Sudarium ein großes Tuch gemeint war, in welches Jesus eingeschlagen war, stößt nur in der mitschwingenden Bedeutung von »Schweißtuch« auf ein Problem. Er gibt zu bedenken, daß ein Schweißtuch bei einem Begräbnis keinen Sinn mache, da es keinen Schweiß zu trocknen gebe. Außerdem sei es wenig wahrscheinlich, daß der Evangelist den Terminus aus dem Lateinischen entlehnt habe, da er lateinische Ausdrücke immer nur in ihrem technischen Sinn benütze, etwa *praetorium* (Prätorium), *flagellum* (Peitsche) oder *linteum* (Leintuch).

Die Fallstricke des einen sind die Sprungbretter des anderen. Den Autor des Johannes-Textes hatten wir als jene unbekannte Person kennengelernt, die das geheimnisvolle Geschehen um Jesu Kreu-

zigung und Grablegung zwischen den Zeilen sichtbar machen sollte. In diesem Zusammenhang wollte Johannes besonders auf die im Lateinischen mitschwingende Bedeutung des einen Tuchs als Schweißtuch anspielen und hatte in der Tat den Begriff, wie gewohnt, in seinem technischen Sinn angewendet. Die Leinenbahn, die um den Körper Jesu gelegt wurde, war ein Schweißtuch besonderer Art. Nicht nur hatte sie den Schweiß Jesu aufgenommen, sie war durch die Heilkräuter selbst Teil einer therapeutischen Packung, die aller Wahrscheinlichkeit nach schweißtreibend war!
Welche Funktion hatten nun die anderen Tücher im Grab? Für Joseph und Nikodemus war es wichtig, den verwundeten Jesus weich zu betten. Zu diesem Zweck hätten sie ein Strohbett aufschütten können. Doch damit hätten sie Verdacht auf sich ziehen können. Was hatte Stroh in einem Grab zu suchen? Sie entschieden sich deshalb, jede Menge billiger Tücher heranzuschaffen, die bei einer Bestattung Verwendung finden konnten. Mit diesen Stoffen bildeten sie eine weiche Unterlage, auf die das lange Heiltuch und darin Jesus, bestrichen mit der Kräutermischung, gelegt wurde. Als man früh am Morgen Jesus aus dem Grab fortschaffte, mußte zuerst das Heiltuch abgenommen werden. Man faltete es und legte es beiseite, während die übrigen Tücher, die gewissermaßen als Matratze gedient hatten, wirr ausgebreitet an ihrem Platz zurückblieben. In dem Fall ist die Aussage, »das Sudarium, das auf seinem Kopf gelegen hatte«, richtig, und es war nur verständlich, daß man die lange Stoffbahn sorgfältig aufbewahren wollte. Feines Leinen war äußerst kostspielig. Gute Leinenstoffe waren im Wert mit Gold, Silber und Seide zu vergleichen, fanden sakrale Anwendung im Tempel und waren für das Gewand der Priester vorgeschrieben. Da es nicht im alltäglichen Handel zu haben war, ist anzunehmen, daß der reiche Joseph die Herstellung des Leinentuchs nach der aufwendigen Fischgrät-Webart in Auftrag gegeben hatte. Verständlicherweise wollte man den äußerst kostbaren Stoff nicht mit den minderen Unterlage-Textilien in der Grabkammer zurücklassen.
Die Beschreibung des »Grabtuchs« Jesu als eine unverarbeitete Stoffbahn trifft genau auf das Turiner Tuch zu. Interessanterweise entspricht die Größe des Turiner Tuchs exakt der zu Jesu Zeiten in Palästina gültigen Maßeinheit von Philetarischen Ellen. Demnach entsprach das Tuch, das Joseph in Auftrag gegeben hatte, einer

Standardgröße. Die Philetarische Elle maß etwa 53 cm. Wenn man davon ausgeht, daß sich der Stoff im Laufe der Jahrhunderte ein wenig gedehnt hat, dann ergibt sich ein Maß von genau zwei Ellen Breite und acht Ellen Länge.[43]

Der »Auferstandene« oder der »Aufgestandene«?

Aus der philologischen Analyse des Johannes-Textes in Beziehung zu den synoptischen Evangelien läßt sich kurz folgende Rekonstruktion der Ereignisse anstellen: Auf dem Rand der zentralen Senke im Grabraum werden mehrere *othonia* (Tücher), aus einem ungefärbten *(kathara)* Stück Leinen *(sindon)* gewonnen, ausgelegt. Auf diesen Tüchern wird eine andere Leinenbahn *(soudarion)* ausgebreitet. Der nackte Körper des bewußtlosen Jesus wird mit einer Lösung aus den Heilstoffen Aloe und Myrrhe bestrichen und auf die Leinenbahn gelegt. Das Tuch wird um den Körper geschlagen. Auf diese Weise wird der gesamte Körper bedeckt *(entylisso)* und die Funktion eines Sudariums erzeugt. Die Menge der Aromastoffe im Tuch (etwa 33 Kilogramm!) macht das riesige Wundpflaster so schwer, daß es eine regelrechte drückende Packung *(eneileo)* für den Leib darstellt.
Wenn wir mit den bislang erzielten Rekonstruktionen im Hinterkopf den ganzen Abschnitt im Johannes-Evangelium, der die Ereignisse bei der Entdeckung des leeren Grabes beschreibt (Joh 20, 1–18), wieder lesen, enthüllt sich sein Sinn ganz von selbst:
Zuerst läuft Maria Magdalena zu Simon Petrus und dem Lieblingsjünger Johannes und berichtet ihnen aufgeregt, man habe Jesus aus dem Grab genommen. Sie sagt keineswegs, der Leichnam sei etwa gestohlen worden. Ihre Aussage ist in bezug auf die Weise, in der Jesus aus dem Grabbau verschwand, neutral. Wir erfahren nicht einmal, warum Maria Magdalena frühmorgens, als es noch dunkel war, zum Grab ging. Es ist nicht die Rede davon, daß sie einen Leichnam salben wollte, wie es die Frauen gemäß den Synoptikern

vorhatten. Als sie zu Petrus und Johannes spricht, sagt sie einfach: »Sie haben den Herrn aus dem Grab fortgenommen ...« Es hat den Anschein, als ob ihre Gesprächspartner wußten, wer mit dem »sie« gemeint war.

Schon aus diesen ersten Sätzen gewinnen wir folgenden Eindruck: In der Nacht, nachdem die Heilpackung fertiggestellt war, suchten Joseph und Nikodemus einige aus der Anhängerschaft Jesu auf. Sie wandten sich an Maria Magdalena, Simon Petrus und Johannes, die als engste Gefährten gelten konnten. Kurz erklärten sie den dreien, welche Rolle sie selbst spielen und daß sie versuchen, mit Hilfe von essenischen Freunden Jesus vor dem Tod zu bewahren. Sie werden ihren verblüfften Zuhörern vorsichtig Hoffnungen gemacht haben, daß ihr Unternehmen erfolgreich verlaufen könnte. Auf alle Fälle sollte Jesus alsbald aus dem unsicheren Versteck und vor den wachsamen Augen der Jerusalemer Priesterschaft in Sicherheit gebracht werden. Mehr wollten sie nicht sagen, um ihren Plan nicht zu gefährden. Es war immerhin möglich, daß der eine oder andere Jünger gefangengenommen würde und vielleicht unter der Folter das Vorhaben verraten könnte.

Maria Magdalena, verwirrt und aufgebracht über das, was sie hören mußte, hält es nicht länger im Versteck. Sie bricht auf zum Grab, um sich selbst von Josephs Bericht zu überzeugen. Dort findet sie den Stein vom Eingang weggerollt, läuft sofort zu den beiden anderen und berichtet ihnen, daß es offenbar soweit sei. Wie Joseph angekündigt hatte, hatten »sie«, nämlich seine Helfer, Jesus aus dem Grab fortgenommen; und sie beeilt sich hinzuzufügen, »und wir wissen nicht, wohin sie ihn gelegt haben«. Hätte sie auf einen Leichenraub Bezug genommen, wäre der Zusatz eine sinnlose Anfügung. Von einem Diebstahl ist selbstverständlich zu erwarten, daß man nicht weiß, wohin das Diebesgut geschafft wird. Offensichtlich verweist sie auf die Essener, die begonnen hatten, so spät wie möglich, aber noch im Schutze der Nacht, Jesus fortzuschaffen.

Außer sich vor Verwirrung laufen die beiden Jünger los. Der junge Johannes ist schneller und erreicht als erster den Eingang, von wo er vorsichtig ins Innere blickt. Petrus aber geht ungeniert in die Grabkammer und inspiziert sie. Es fällt ihm auf, daß ein wirrer Haufen Tücher zu sehen ist und abgesondert davon, säuberlich gefaltet,

das Heiltuch, von dem Joseph sprach. Jetzt erst wagt sich auch Johannes in den Bau, und wie es heißt, »sah er und glaubte«.
Diese überaus interessante Stelle wird, wie gesagt, gewöhnlich als der Ausgangspunkt für den Auferstehungsglauben gesehen. Das Sehen und Glauben, das in der Johanneischen Theologie eine besondere Rolle spielt, wird zumeist als die gewissermaßen visuell erfaßbare Realität der Auferstehung Jesu eingestuft. Allerdings ist die Rede davon, daß nur der Lieblingsjünger »sah und glaubte«, während von Petrus nur seine Beobachtung berichtet wird. Der darauffolgende Vers gibt die Lösung: »Denn sie kannten noch nicht die Schrift, daß er von den Toten auferstehen muß.«
Man kann argumentieren, daß zu der Zeit, als das Johannes-Evangelium verfaßt wurde, der Auferstehungsglaube, wie ihn Paulus vor allem im Kapitel 15 seines ersten Korintherbriefes formuliert hat, von den frühen Christen allgemein akzeptiert war. So könnte es nur verständlich sein, daß der Autor des Evangeliums die Ereignisse, die er seinem Augenzeugen zu verdanken hatte, theologisch richtig einzuordnen bestrebt war. Er verzieh damit Petrus nachträglich, durch sein Sehen nicht gläubig geworden zu sein, zumal ihm die Bibelstelle, in der die Auferstehung verheißen wurde, noch nicht bekannt war. Doch besinnen wir uns darauf, daß wir bei Johannes immer eine zweifache Leseweise voraussetzen müssen, wobei die eigentliche nicht von Tod und Auferstehung, sondern vielmehr von der Rettung Jesu berichtet. Betrachten wir darum kurz die erwähnte Schriftstelle, die den Jüngern unbekannt war.
Eindeutig ist sie nicht auszumachen. Die meisten Exegeten sind sich darüber einig, daß gemäß Apostelgeschichte 2,25–28 nur Psalm 16, 8–11 gemeint sein kann. In dieser Psalmstelle heißt es: »Beständig habe ich den Herrn vor Augen. Ist er zu meiner Rechten, so wanke ich nicht. Darum freut sich mein Herz und jubelt mein Gemüt. Auch mein Leib kann sorglos ruhen. Denn du gibst mein Leben nicht der Unterwelt preis und läßt deinen Frommen die Grube nicht schauen. Du machst mir den Weg des Lebens kund, Fülle der Freuden bietet dein Antlitz, Wonne ist in deiner Rechten für immer.«
Ist dies die verheißene Auferstehung, die uns die Exegese präsentiert? Von Auferstehung ist hier beim besten Willen nichts zu lesen. Ganz im Gegenteil. Die Auferstehung, und das macht Paulus deutlich, setzt den Tod voraus. Nur von einem einmal Gestorbenen läßt

sich behaupten, er sei auferstanden. Auf diesem Hintergrund betet der Christ in seinem Glaubensbekenntnis, Jesus sei gestorben und danach »auferstanden von den Toten«. Der Psalm aber spricht vielmehr von der Bewahrung vor dem Tod. Petrus mißdeutet ihn, als er ihn zur Auslegung des Pfingstgeheimnisses als Verheißung der Auferstehung Jesu heranzieht (Apg 2,25–28). Aber vielleicht hängt dies damit zusammen, daß er, als er die Linnen im Grab sah, eben »nicht gläubig« wurde, daß er hingegen der mythischen Tradition der Auferstehung verpflichtet blieb. Denn das »Sehen und Glauben« des Lieblingsjüngers kann aufgrund der Fakten nur gedeutet werden als das Glauben an das, was Joseph von Arimathäa ihnen erzählt hatte. Der Lieblingsjünger sah, daß niemand im Grab beigesetzt war, und die verschiedenen Tücher bestätigten ihm die Aussage, daß Jesus noch am Leben sein mußte. Er glaubte somit nicht an die Auferstehung, sondern vielmehr an die Rettung Jesu! Das ist der Kern dieser Bibelstelle.

Vielleicht, so kann man spekulieren, geht die Auferstehungsvorstellung in der Bibel auf eine Tradition zurück, die von dem Heilversuch an Jesus wußte. Bei meinen Recherchen zu diesem Thema konnte ich nicht damit rechnen, einfach eine Bestätigung hierfür zu finden, doch die äußerst interessanten Arbeiten des Philologen und Theologen Pfarrer Günther Schwarz, auf die ich mehr oder weniger zufällig stieß, haben eine aufregende Perspektive eröffnet. Die Begriffe »auferwecken« und »auferstehen«, die wir in Bibelübersetzungen finden, gehen nämlich, wie Dr. Schwarz nachgewiesen hat, auf ein aramäisches Verb zurück, das »wiederbeleben« bedeutet![44]

Schwarz präzisiert: »Der lexikalische Befund beweist: Nicht ›Auferstehung‹, sondern *›Wiederbelebung‹* ist die einzige in Frage kommende Bedeutung jener beiden aramäischen Wörter, von denen Jesus entweder das eine oder das andere gebraucht haben wird. Ich meine die gleichbedeutenden Wörter *achajuta* und *techijjuta.* Beide Substantive sind von dem Verb *chaja,* ›leben‹, abgeleitet und bedeuten daher – ich wiederhole: *›Wiederbelebung‹* und nichts anderes.«[45] Diese Entdeckung ist schlichtweg sensationell und gibt den Texten mit einem Male eine Bedeutung, die vollkommen im Einklang mit unserer bisherigen Analyse steht. Selbst das Griechische kennt die Übersetzungen des aramäischen Urbegriffs nicht im christlichen Sprachgebrauch: *anhistemi* bedeutet erwecken (transitiv) und aufstehen, auftreten, sich aufmachen (intransitiv); *anastasis* heißt Aufstehen. Erst durch die spätere christliche Interpretation wurde *anhistemi* zu auferwecken (transitiv) und auferstehen (intransitiv) und *anastasis* zu Auferstehung.[46]

Lesen wir die Stellen bei Markus und Lukas, als die Frauen am Grab von den weißgekleideten Männern über das Verschwinden Jesu aufgeklärt werden, mit unserem neuen Wissen noch einmal. Markus schreibt: »›Fürchtet euch nicht! Ihr sucht Jesus, den Nazarener, den Gekreuzigten; er ist wiederbelebt worden, er ist nicht hier; seht hier den Platz, wo sie ihn hingelegt hatten.« (16,6; vergleichbar Matthäus 28,6, der allerdings die wahren Ereignisse durch theatralischen Engelszauber, Erdbeben und versteinerte Grabwachen ins Märchenhafte überhöht.) Die knappe Bemerkung der weißen Männer bei Lukas, warum sie nach einem Lebenden bei den Toten suchen (24,5), ist an Eindeutigkeit nicht zu überbieten. Jesus lebt, er ist gerettet, er hat im Grab nichts mehr zu suchen, der Lebende gehört zu den Lebenden. Vorausgegangen sei er nach Galiläa, wo ihn seine Anhänger sehen können. Daß Jesus später bei seinen Jüngern größte Mühe hat, seine Leibhaftigkeit unter Beweis zu stellen, haben wir bereits dargestellt. Der Grund dafür ist zweifacher Natur. Zum einen war der Großteil der Jünger über den Wiederbelebungsversuch nicht informiert und darum im festen Glauben, einen Toten beziehungsweise einen Geist vor sich zu haben, zum anderen beginnt mit dem angeblichen Kreuzestod Jesu die Machtübernahme der ersten christlichen Theologen. Die Geschichte des Menschen Jesus ist nach der offiziellen Lehre hier zu Ende gegangen, an ihre Stelle tritt die Geschichte Christi – das mythisch verherrlichte Sein.

Überlieferung eines geheimen Wissens

Wir können jetzt ohne große Mühe verstehen, warum das Tuch aus dem Grab geholt wurde. Herkömmliche Grabtücher waren sehr einfache, preiswerte Stoffe. Das Turiner Tuch war kein gewöhnliches »Grabtuch«, mit Sicherheit sehr teuer und sollte vielleicht zur

Wiederverwendung gereinigt werden. Als dann die Spezereien, die lose am Gewebe hafteten, abgewaschen wurden, trat das »wundersame« Abbild, das sich nicht auswaschen ließ, zutage.
Weil es ein Heiltuch war, galt es den Eingeweihten von jeher als Beweis für das Geheimnis, daß Jesus den Kreuzestod überlebt hat. Was in den letzten Jahren für viele namhafte Bestseller-Autoren zu einer Selbstverständlichkeit geworden ist, wurde über die Jahrhunderte von »Eingeweihten« bewahrt, die das eine Beweisstück erhalten wollten und vor dem Zugriff der Eiferer, die Jesus eine besondere Rolle als dem Christus zugedacht hatten, zu schützen versuchten.
Die Fragen, die uns im historischen Abschnitt beschäftigt haben, lösen sich von selbst. Für die Essener war es kein Problem, das Schweißtuch aus dem Grab fortzuschaffen, denn es war für sie kein kultisch unreines Grabtuch. Das gleiche gilt für den Boten Thaddäus und den Kunsthandwerker Aggai. Die beiden frühen Bewahrer des Tuchs wußten von Jesu Rettung. Unter dieser Perspektive wird das Handeln von Thaddäus und Aggai klar; mit ihnen versiegt die Traditionslinie der ersten Wissenden, zumindest nach außen hin.
Thaddäus brachte also gar kein Grabtuch nach Edessa, obwohl es, dem Abbild nach zu urteilen, einem solchen ähnelt. Zudem wußten wohl die wenigsten von Jesu Anhängern, daß ihr Meister nicht gestorben war. Im geheimen wurde die Kenntnis von der erfolgreichen Heilung durch die Essener tradiert. Im Schutze von Sekten im Vorderen Orient blieb diese Überlieferung erhalten. Sie muß auch die Sekte der Katharer erreicht haben, die, bevor sie sich im Mittelalter vor allem in Frankreich etablierte, auf dem Balkan und im Vorderen Orient Verbreitung gefunden hatte.
Wer waren diese Katharer, und sind die Templer, wie angenommen wurde, in der Tat mit ihnen vergleichbar? Stellt ihr Orden vielleicht sogar eine Fortführung der Gedanken der Katharer dar?
Die Ahnenlinie der Katharer läßt sich bis ins 3. und 4. Jh. zurückverfolgen. Katharische Gemeinden entstanden in Italien, Frankreich, in der iberischen Welt und selbst im Orient. Hintergrund dieser Entwicklung war die grausame Christenverfolgung der Jahre 249 und 250 unter Decius. Nach dem Tod des Kaisers (251) kam es zu einem Streit in der römischen Gemeinde. Eine strenge Gruppe

lehnte die Wiederaufnahme jener ab, die während der Verfolgung ihren Glauben verleugnet hatten, und erhob den Presbyter Novatian zum Gegenpapst gegen den von Cyprian gestützten Cornelius. Die Novatianer argumentierten, die Kirche habe keine Vollmacht zur Vergebung von Todsünden. Die Anhänger Novatians nannten sich Katharer, die Reinen. Sie entwickelten theologische Gedanken, die für die Orthodoxie zu einer außerordentlichen Gefahr wurden: Macht und Auftrag des Priesters, Sünden zu vergeben und damit Gewalt über die Seelen zu erlangen, wurden von den Katharern bestritten. Man muß sich vor Augen führen, was dies für eine Kirche im Stadium des Aufbaus bedeuten mußte: Die Katharer bedrohten die Fundamente, lehnten Stellvertreter Jesu auf Erden ab und verließen sich vollkommen auf die Kraft des Heiligen Geistes, der im Innersten jedes Menschen seine Wirkung entfaltet.
Urplötzlich verschwanden in der ersten Hälfte des 5. Jh. die Katharer in Europa als organisierte Kirche. Im Orient aber lebten die novatianischen Katharer fort, gestärkt von der apokalyptischen Sekte der Montanisten. In jener unruhigen Zeit, in der Augustinus 28 Häresien zählte, Gnostizismus und Manichäismus völlig als Kirchen ausgebildet waren, gingen die Katharer in den Untergrund. 500 Jahre später tauchten sie wieder auf in dem noch halb heidnischen Bulgarien und Bosnien, wo sie sich Bogumilen nannten. Verschiedene Forscher bestreiten, daß diese mittelalterlichen Katharer außer dem Namen etwas mit den Katharern Novatians gemeinsam gehabt hätten. »Aber Namen und Ideen, Glaubensformen und Bekenntnisse, die einmal Zeichen gewesen sind, werden nicht einfach übernommen, ohne daß tiefere geistige Zusammenhänge vorhanden sind und alte Quellen das neue Leben nähren.«[47] Im 11. Jh. drang die katharische Lehre nach Italien, um 1150 nach Südfrankreich, wo in der Stadt Albi das bedeutendste Zentrum entstand. Nach dem Namen dieser Stadt werden die Katharer auch Albigenser genannt. Die Menschen strömten ihnen in Scharen zu, da die katharischen Prediger – die Bonhommes – ihnen das vorlebten, was sie als ihre geistkirchlichen Ideale predigten, während auf der anderen Seite die orthodoxe mittelalterliche Kirche hauptsächlich darauf bedacht war, ihre Macht und ihre Einflußbereiche zu erweitern.
Der hl. Bernhard von Clairvaux, der große Protektor der Templer,

legte den Grundstein für eine Entwicklung, die ein dunkles Zeitalter europäischer Geschichte bestimmen sollte. Für diesen eigentümlich gespaltenen Mystiker gab es für die innerkirchliche Erneuerung nur eine unglückliche Alternative gegenüber Andersgläubigen: Bekehrung oder Vernichtung. Unter dieser Devise läutete er das Zeitalter der im Namen des Höchsten geführten Kreuzzüge ins Heilige Land ein und den vernichtenden Krieg gegen die Katharer, der als »Kreuzzug gegen die Albigenser« in die Annalen der Geschichte eingehen sollte.

Die Katharer provozierten die Machtkirche wie einst die Novatianer jene Konstantins I. Ihre Bischöfe lebten allein für den Glauben, ohne jeden Besitz, ohne Pomp, ohne Pfründe und Territorien. Die Katharer predigten die Selbsterlösung nach dem Vorbild Jesu und lehnten Sakramente und Heiligenkulte ebenso ab wie die Vorstellung vom gekreuzigten Jesus. In gnostischer Denkrichtung erachteten sie Materie als von Übel; so auch das Alte Testament, das Buch des Schöpfers der Materie, also des Bösen. Sie behaupteten, der Gegensatz von Gut und Böse gehe auf die innerste Wurzel des Daseins zurück, auf die Gottheit selbst.

Die Katharer lehnten den Krieg als antichristlich ab und lebten nach der im ersten Johannesbrief niedergelegten Glaubenshaltung, in der es heißt: »Liebet nicht die Welt und nicht, was in der Welt ist. Liebt einer die Welt, ist die Liebe des Vaters nicht in ihm.« (1 Joh 2,15)

Interessanterweise glaubten die Katharer an eine »Wiederbelebung« in Form der Seelenwanderung. Sie lehrten unter anderen strikt antikirchlichen Doktrinen mit Nachdruck die Seelenwanderung, die sich bei ihnen sogar auf die Wanderung in Tierleiber erstreckt.

Die Seelen konnten erst dann ihre Erlösung von der Wanderung finden, wenn sie in den Leib eines katharischen »Vollkommenen« oder »guten Christen« gerieten. Offenbar hatte diese Lehre Einfluß auf die ältesten kabbalistischen Konventikel in Südfrankreich im 12. Jh., von wo aus sie in esoterische Strömungen der nachfolgenden Zeiten eindrangen. Die Seele muß so lange wandern, bis der mystisch Erleuchtete (Kabbala) bzw. der Reine (Katharer) seine eigentliche menschliche Bestimmung erreicht hat. Das entspricht in gewisser Weise den buddhistischen Wiedergeburtsvorstellungen der Befreiung der Seele im Körper eines Buddha oder Bodhisattva und zeigt deutlich orientalischen Ursprung. Schon beim Lehrer Jesu, Johannes dem Täufer, wurde die Auferstehung von den Toten als Wiedergeburt verstanden.[48]

Auch die Ablehnung der Sakramente, aller stellvertretenden Handlungen und Funktionen sowie die negative Einstellung zum Kreuz können den Einfluß gnostischer orientalischer Sekten nicht verleugnen. Offenbar galt diesen die Mißachtung des Kreuzes als Kampfansage an das falsche Christentum, das den Kreuzestod zu seinem zentralen Symbol stilisiert hatte. In diesen Sekten bemühte man sich, jene Lehren Jesu weiterzutragen, die die entstehende Kirche ketzerisch dünkten: Man folgte dem Herrenwort, mit dem Jesus an Psalm 82,6 erinnert: »Steht nicht in eurem Gesetz geschrieben: Ihr seid Götter?« (Joh 10,34) Wenn der Geist im Inneren anwesend ist, werden keine Stellvertreter benötigt. Der so zum Geist erwachte Mensch kann mit Jesus sagen: »Ich und der Vater sind eins.« (Joh 10,30) Jesus selbst galt ihnen nicht als Stellvertreter, er war ein Mensch, dem außergewöhnlich tiefe Einsichten zuteil geworden waren – ein Erwachter. Das Kreuz hatte ihn weder getötet noch seine Auferstehung eingeleitet. Es war darum als Symbol des falschen Glaubens von mythischer stellvertretender Sühne verachtenswert.

Auf dem 11. Ökumenischen Konzil im Lateran im Jahre 1179 sprach Papst Alexander III. den Bannfluch gegen die Katharer und alle aus, die ihren Lehren anhingen und sie verteidigten. Alle Gläubigen wurden aufgerufen, sich »dieser Pest« energisch zu widersetzen und sogar die Waffen gegen sie zu ergreifen. Wer einen Katharer umbringt, erhält einen Nachlaß von zwei Jahren Buße und wird wie ein Kreuzfahrer unter den Schutz der Kirche gestellt.

20 Jahre später, im letzten Jahr vor der Wende zum 13. Jh., als in der Champagne die Idee zum verhängnisvollen Vierten Kreuzzug geboren wird, erläßt Papst Innozenz III. seine furchtbaren Ketzergesetze. Doch die Warnungen der Kirchenführer vor den Ketzern fruchten nicht. Wo auch die Katharerprediger auftreten, sind sie den aufgeblähten Kirchenmännern überlegen. Das geschundene Volk, das den Pomp und die Macht der verhaßten Unterdrückerin »Kirche« verabscheut, läuft den Katharern scharenweise zu. Schließlich läßt der Papst seine getreuen Christen gegen die katha-

rischen Christen los. Im Juli 1209 stürmt eine Armee aus Rittern und Räubern unter dem Kommando des Zisterzienserabtes Arnauld-Alméric die Stadt Béziers. Unterschiedslos werden die Einwohner, gleich ob Mann oder Frau, Greis oder Kind, Albigenser oder Katholik, brutal niedergemetzelt. Die Katharer weigern sich, selbst angesichts des sicheren Untergangs, die Waffen zu erheben, lassen sich kampflos erschlagen. Stolz läßt der Abt dem Papst die Erfolgsmeldung über »etwa 20 000« geschlachtete Menschen zukommen, über denen er das Tedeum angestimmt habe. Vielleicht gereichte es den letzten »Reinen« zum Trost, als sie sich am 12. März 1244 vor ihrer Festung Montségur freiwillig den Belagerern übergaben und auf dem Champ des Crémats, dem Feld der Verbrannten, in den Feuertod gingen, sich an die Worte ihres geliebten Johannesbriefes zu erinnern: »Wundert euch nicht, Brüder, wenn die Welt euch haßt.« (1 Joh 3,13)
Die tapferen »Reinen« auf der ewigen Suche nach überirdischem Trost haben wie die Tempelritter im Laufe der Jahrhunderte die Patina des Geheimnisvollen erhalten: Eingeweihte Wissende seien sie gewesen, die Hüter des Heiligen Grals – genau wie die Templer. Diese Einschätzung kommt nicht von ungefähr. Der Heilige Gral, so will es die Tradition, war jenes Gefäß, mit dem Joseph von Arimathäa das Blut Jesu aufgefangen habe. Es gehört wohl der Legende an, daß Joseph unter dem Kreuz stand und das kostbare Blut in einen Becher fließen ließ. Er hatte Wichtigeres zu tun, mußte sich eiligst um die Freigabe des Gekreuzigten kümmern. Dennoch, Joseph hatte in der Tat Jesu Blut aufgefangen und bewahrt – *im Heiltuch!*
Es würde an dieser Stelle zu weit führen, die Gralsgeschichten ausführlich zu diskutieren. Sie würden ein weiteres Buch füllen.[49] So viel sei bemerkt: Die Vorstellung des Grals als Schale, Becher oder Schüssel ist keineswegs durchgängiges Motiv. Die Herkunft des Wortes bleibt, bei allen etymologischen Auslegungen, im dunklen. Vielleicht ist die Herleitung aus der provenzalischen Form Sangraal (San Gral = Heiliger Gral) die richtige. Ursprünglich bedeutete diese Sang Real »das wahre Blut«. Gemeint ist also das wahre Blut Jesu. Worin wurde das wahre Blut Jesu aufgefangen, wenn nicht im Turiner Tuch? Wenn man die Katharer und später die Templer als Hüter des Heiligen Grals bezeichnete, so scheint sich darin die in der Öffentlichkeit nur bruchstückhaft bekannte Tatsache zu spie-

geln, daß sie Bewahrer der geheimen Überlieferung von Jesu Rettung waren.
Die Templer, im Gegensatz zu den kontemplativen Katharern, waren Menschen der Tat, wollten sich nicht damit begnügen, nur Hüter einer geheimen Tradition zu sein. Sie wollten das »heilige Blut« selbst besitzen, damit das unschätzbare Tuch nicht den Ignoranten überlassen würde.
Bei den Aufnahmeriten wurde auf die Unsterblichkeit Gottes und damit auf die Unversehrtheit des Gottessohnes verwiesen. Johannes von Cassanhas, Templer-Präzeptor von Noggarda, berichtet, der Leiter eines Aufnahmerituals verkündete: »Glaubt an Gott, der nicht gestorben ist und niemals sterben wird.« Danach wird der Psalm 133 »Ecce quam bonum et quam jucundum« gelesen.[50]
Der Psalm ist ein Wallfahrtslied von David: »Siehe, wie schön, wie lieblich es ist, wenn Brüder friedlich beisammen wohnen! Wie feines Öl auf dem Haupte, das niederrinnt in den Bart, wie Tau des Hermon, der auf die Sionsberge niederrinnt. Denn dort entbietet der Herr den Segen, Leben für immer.« Er enthält den Hinweis auf die Mission der Tempelritter in Palästina: Dort warteten der Segen und ewiges Leben, die himmlische Salbung. Vielleicht empfanden sich die Templer als die neuen, wahren Jünger im Heiligen Land, gingen deshalb stets zu zweit einher, wie einst Jesus die 70 in Zweiergruppen vor sich her sandte. Anwälte des Heiligen Grabes waren sie, geistige Mahnwachen, die den Ort der Rettung ihres Heilands bewachten und verehrten. Im templerischen Mystizismus vermischen sich die Vorstellungen von der Rettung Jesu vor dem Kreuzestod mit Ideen vom ewigen Leben. Es ist nur verständlich, daß die streitbaren Templer das Tuch, die wichtigste Reliquie aus jenem Grabbau, der nie einen Toten beherbergt hatte, in ihren Besitz bringen wollten. Mag sein, daß die Templer in der Kontemplation aus den Idolen des Tuchs und dessen Kopien Kraft und Mut schöpften, ihre eigenen vergänglichen Körper im Kampf nicht zu schonen, wohl wissend, daß auch ihr Wesen unzerstörbar war. Die Templer, die das Kreuz mit Füßen traten, sagten sich vom falschen Symbolismus los. Sie verehrten, wie die Katharer, den Menschen Jesus, dessen besondere Einsicht in das Wesen der Welt ihnen als Beispiel galt, dem nachzufolgen sich lohnte. Mit dem Tuch war die Kontinuität dieser Tradition verbunden. Als

Herolde dieser Kenntnisse verstanden sie sich als legitime Verwahrer des Tuchs.

Deshalb konnten die Templer vor den päpstlichen Kommissionen nicht unumwunden zugeben, daß sie in ihren Kapiteln nichts anderes taten, als den Jesus des Grabtuchs zu verehren. Denn ihr Jesusbild war ketzerisch und frevelhaft. Der Kreuzestod hatte darin keinen Platz.

In Wahrheit hatte der zum Dogma erhobene Kreuzestod die Lehre Jesu verfälscht. Die frühe Kirche war gezwungen, einen völlig anderen Schwerpunkt zu setzen, denn es war schlicht undenkbar, daß der Sohn Gottes sterben könnte. Paulus stellt deshalb den Gedanken der unversehrten Auferstehung von den Toten ins Zentrum des Glaubens. Sinnlos sei der Glaube, sollte Christus nicht auferweckt worden sein (1 Kor 15,14). Durwell kann darum die Auferstehung als das »Heilsmysterium« par excellence bezeichnen, denn für Paulus und für die ganze Urkatechese war sie der wesentliche Gegenstand des Glaubens. Ohne Auferstehung, das macht Paulus klar, gibt es keine Befreiung von den Sünden. Den Tod des Gottessohnes konnte sich Paulus nur als bedeutungsvollen Akt von größter Tragweite vorstellen. Sonst wäre er widersinnig, unvorstellbar. »Christus starb für unsere Sünden«, sagt er unzweideutig im ersten Korintherbrief, der offiziellen Form der Osterbotschaft. Dadurch macht er diese *seine ureigene Idee* zum eigentlichen Fundament des christlichen Glaubens, auf dem alles aufbaut.[51]

Interessanterweise führt Paulus nirgends das leere Grab als Beweis für die Auferstehung an. Die Exegeten behaupten, er hätte die Erzählung vom leeren Grab gut brauchen können, aber »er weiß nichts von ihr oder hält sie für nicht zuverlässig bezeugt. Die Erscheinungen stehen ihm nicht im Zusammenhang mit ihr.«[52] Bultmann behauptet daher, daß es sich dabei erst um spätere Legenden handelte, von denen Paulus noch nichts wußte. Das ist äußerst unwahrscheinlich, denn die Tradition der Erscheinungsgeschichten ist eindeutig älter als die der Auferstehungs- und der Grabgeschichten. Die Berichte vom leeren Grab finden sich jedoch auch in nicht kanonisierten frühen Schriften. Für Paulus waren solche Mitteilungen aber ohnehin unbrauchbar, zumal das leere Grab ein offenes war. Er hätte sich mit jenen auseinandersetzen müssen, die zu Recht diesen Umstand als verdächtig erachtet hätten. Ein offenes Grab deu-

tet darauf hin, daß jemand den Rollstein beiseite geschoben und Jesus aus dem Grab entfernt hatte. Solche Argumente waren schwer zu widerlegen. Das offene Grab ist für die Auferstehungslehre einfach unbrauchbar. Deshalb beschränkt sich Paulus in seiner Argumentation für die Auferstehung auf die Erscheinungen Jesu. Er zählt sie auf, bis zur letzten Erscheinung, die ihm selbst, der »Fehlgeburt«, wie er sich bezeichnet, zuteil wurde.
Weil die Rettungsaktion nicht allgemein bekannt werden durfte, mußten die Kreuzigung und der »Tod« Jesu umgedeutet werden. Dafür kramte man uraltes heidnisches Gedankengut aus: Der Tod wurde zum Sühnetod – Gott gibt seinen geliebten Sohn hin für die sündige Menschheit. Ein unsterblicher Gott allerdings mußte wieder auferstehen. Man kannte die alten Wiedergeburtsvorstellungen, die auch im Neuen Testament noch allenthalben zu finden sind. Diese eigneten sich nicht für einen Christus. Sie waren zu allgemein verbreitet, jeder Prophet konnte ein Wiedergeborener sein. Jesus war als Sohn Gottes ausgezeichnet, einmalig. Er konnte sich nicht in einem anderen wiederverkörpern. Also mußte er leiblich auferstehen. Die Unversehrtheit seiner Eigenheit, das war der Schlüssel zur Auferstehungstheologie. Als Stellvertreter freilich eröffnet Christus dadurch die »Große Hoffnung« der Gläubigen, die bis in die Gegenwart die »Attraktion« des Christentums ausmacht: Durch sein Sühneopfer ermöglicht Christus dem Menschen (genauer: nur dem Christen), selbst an der leiblichen Unversehrtheit teilzuhaben am Jüngsten Tag, und zwar ganz ohne eigene Anstrengung.

IV

Die Manipulation des Jahrhunderts

Holger Kersten

Jesus: der Mann des »Grabtuchs«

Die unverarbeitete kostbare Stoffbahn haben wir aus den Bibelstellen als »Grabtuch« identifizieren können. Die besondere Aufmerksamkeit, die ihr Johannes zukommen läßt, weist darauf hin, daß mit ihr etwas Bedeutendes verbunden sein mußte. Warum hätte man sonst um eine einfache, noch dazu rituell unreine, »ekelerregende« Begräbnisleinwand so viel Aufhebens machen sollen? Offenbar hing dies mit der Entdeckung des Abbildes zusammen – des physischen Vermächtnisses Jesu, der vom Tode gerettet werden konnte.

Rekapitulieren wir die hervorstechendsten Argumente, die für das Alter des Tuches sprechen.

Ein oft gehörter Einwand ist der erstaunlich gute Erhaltungszustand des Stoffes. Wenn man sich die Mühe macht und in Museen nach antiken Stoffen Ausschau hält, wird man eine unerwartete Entdeckung machen. Es existieren zahlreiche Leinenstücke, die viel älter als 2000 Jahre und sogar besser erhalten sind als das Turiner Tuch. In den Sammlungen des Ägyptischen Nationalmuseums in Kairo, des Ägyptischen Museums von Turin sowie der ägyptischen Abteilungen der Museen in London, Paris, Berlin oder Hildesheim kann man exzellent erhaltene Gewebe finden, die teilweise 3500 und sogar 5000 Jahre alt sind.

Das Grabtuch wurde nach der sogenannten Köperbindung im Verhältnis 3:1 hergestellt, wodurch ein Fischgrätmuster entsteht. Zur Zeit Jesu war dies eine äußerst seltene Webart, die eine komplizierte Technik voraussetzte und schon deshalb teuer gewesen sein muß. Im 1. Jh. läßt sich diese Webart nur in der römischen Provinz Syrien, der Nachbarprovinz Palästinas, nachweisen. Im Abendland kennt man Köpergewebe erst seit dem 14. Jh.

Die Baumwollfasern, die Prof. Raes auf dem Tuch festgestellt hatte, entstammen genau jener Art, die zur Zeit Jesu in Syrien ange-

baut wurde. In Europa wurde damals noch keine Baumwolle kultiviert. Ganz offensichtlich wurde das Leinen auf einem syrischen Webstuhl verarbeitet, auf dem zuvor auch mit Baumwolle gearbeitet worden war. Sicherlich war es schwierig, solche Stoffe in den Bazaren von Palästina zu erwerben, zumal sie von Stoff- und Webart zu den kostbarsten Textilien zählten. Joseph von Arimathäa konnte leicht Webweise, Material und Größe für den speziellen Zweck festgelegt und einem syrischen Händler in Auftrag gegeben haben. Vergessen wir nicht: Das Tuch entspricht einer zu Jesu Zeiten in Palästina gültigen Maßeinheit.
Die zufälligen Verunreinigungen des Tuchs, wie die durch Baumwollfasern, erlauben gewissermaßen einen »Fingerabdruck« der Reliquie. Nirgends wird dieser deutlicher als in den Pollenuntersuchungen. Diese stellen für die Bestimmung von Alter und Herkunft des Tuchs ein unschätzbares Hilfsmittel dar. Die Pollen haben in überzeugender Weise die frühen Stationen markiert: Syrien, Jerusalem, Edessa, Konstantinopel.
Ein zusätzliches Argument für die Echtheit des Tuchs sind die auf ihm identifizierten Überreste der im Johannes-Text genannten Spezereien. Der Kriminologe und Pollenforscher Max Frei hat sogar Oberhautzellen von *Aloe soccotrina* auf dem Tuch feststellen können.[1] Baima Bollone und seine Mitarbeiter haben die Anwesenheit von Aloe und Myrrhe durch chemische Analysen, Sam Pellicori hat sie durch spektralanalytische Verfahren bestätigt.
Die Hypothese einer mittelalterlichen Fälschung hat sich als völlig absurd erwiesen. Nichts deutet auch nur im entferntesten darauf hin, daß das Turiner Tuch das Produkt eines genialen Malers ist. Kein Künstler hätte einen so zarten Leinenstoff für sein Bild verwendet. Der Stoff hätte, um ihn bemalen zu können, über einen Rahmen gespannt oder auf eine Holzplatte aufgezogen sein müssen, damit er die nötige Spannung gehabt hätte. Es konnten keine Farbpigmente festgestellt werden. Bei einer Applikation von Farben hätten sich diese bis tief im Gewebe festsetzen müssen. Eine so oberflächliche Bearbeitung, die nur wenige Fasern der einzelnen Fäden betrifft, wäre selbst mit den feinsten herkömmlichen Pinseln nicht zu leisten gewesen. Bei den hohen Temperaturen beim Brand in Chambéry und durch die Einwirkung des Löschwassers hätten sich starke chemische Veränderungen auf einem gemalten Bild er-

geben. Auch dies ist nicht geschehen. Ganz unverständlich ist die Ikonographie der Darstellung. Sie kennt kunsthistorisch keine Vorbilder, sowohl was die Art, die Struktur, den Inhalt und den Stil des Bildes angeht. Ein Negativ-Bild vor der Erfindung der Fotografie kann in der gesamten Kunstgeschichte nicht nachgewiesen werden. Die Frontal- und Dorsalabbildung ist eine einmalige und höchst merkwürdige Darstellungsart, die ebenfalls keine Vergleiche kennt. Bilder, allen voran religiöse, hatten im Mittelalter und in der Renaissance didaktischen Charakter. Diesen läßt das Jesusbild des Grabtuchs völlig vermissen. Jesus trägt keine Ehrenzeichen, keinen Heiligenschein. Das Bild zeigt eben keinen Christus, sondern einen gewöhnlichen Menschen.
Warum sollte ein Künstler ein so zartes Werk geschaffen haben, das bei einer Betrachtung aus der Nähe überhaupt nicht mehr zu sehen ist! Das widerspricht dem ureigenen Sinn des Kunstwerks, das in seiner Darstellungsweise die naturgegebene Sicht der Dinge sogar übertreffen will. Stilistisch ist die Jesusfigur des Mittelalters stark von der byzantinischen Malweise geprägt und emanzipiert sich erst spät zu einer naturalistischeren Darstellung. Die anatomischen Eigenheiten und wirklichen Verhältnisse des menschlichen Körpers finden erst viel später Einzug in die Kunst. Der Mann des Grabtuchs aber ist von geradezu aufdringlicher anatomischer Korrektheit und Lebensgröße. Was den Inhalt der Darstellung betrifft, so war in der gesamten christlichen Ikonographie die nackte Figur Christi undarstellbar. Ihre Abbildung wäre einer Blasphemie gleichgekommen. Die einzigen ins Auge fallenden Ausnahmen haben wir erwähnt: Sie gehen auf das Grabtuch als Vorbild zurück! Welcher mittelalterliche Künstler hätte ahnen können, daß die Dornenkrone in Wahrheit eine Kappe war, wie die Wunden auf dem Kopf deutlich machen, und nicht ein Ring, wie die Kunsttradition vorschrieb? Auch hätte kein Künstler die Wundmale der Hände an die richtige Stelle gesetzt; sie sind immer in der Handfläche, nur auf dem Turiner Tuch erscheinen sie am Handgelenk, der einzigen medizinisch dafür in Frage kommenden Stelle! Die Seitenwunde ist auf dem Bild seitenverkehrt zu sehen. Auch dies ein Detail, das ein Künstler wohl kaum bedacht hätte. Und dann ist da noch die rostrote, aus den größeren Wunden fließende Flüssigkeit, die von den Geißelhieben zeugt, die im übrigen genau den hantelförmigen Peitschen-

gewichten entsprechen. Es ist tatsächlich Blut, menschliches Blut, wie die Wissenschaft mittlerweile unzweideutig festgestellt hat. Um ein Wort Schopenhauers zu paraphrasieren: Wer heute noch das Turiner Tuch als das Machwerk eines genialen Fälschers aus dem 14. Jh. hält, ist nicht ungläubig, sondern unwissend zu nennen. Die Fülle der Indizien hat eines längst entschieden: In diesem Tuch lag ein Mensch. Ein Mensch, der mißhandelt und gekreuzigt worden war. Ein Mensch, der in so vielen Details nur einem einzigen gleicht: Jesus, dem Mann aus Galiläa. Der Jesuitenpater Herbert Thurston schrieb 1903: »Im Hinblick auf die Identität des Körpers, dessen Bild auf dem Grabtuch zu sehen ist, ist kein Zweifel möglich. Die fünf Wunden, die grausame Geißelung, die Punktwunden, die den Kopf umgeben, können noch deutlich ausgemacht werden ... Bei keiner anderen Person [außer Jesus] seit Bestehen der Welt können diese Einzelheiten verifiziert werden.«

Das Abbild eines Lebenden

Nach allem bislang Dargestellten kann kein Zweifel bestehen: Das Turiner Tuch ist jenes Tuch, in das Jesus nach der Kreuzabnahme zum Zweck der Heilung hineingelegt wurde. Wenn dies so ist und Jesus in der Tat noch lebte, als man ihn in das Grabversteck legte, dann müssen sich Anzeichen dafür auf dem Turiner Tuch finden lassen.

Über die merkwürdige Lage des Körpers auf dem Schweißtuch bemerkt Joseph Blinzler in seinem Buch als Argument *gegen* die Echtheit des Turiner Tuches: »... schwer begreiflich, daß die Jünger bei Bestattung des Heilands den Händen eine so unpassende und unpraktische Lage gegeben haben sollen, wie sie uns auf dem Turiner Bild begegnet.«[2] Ganz abgesehen davon, daß die Anwesenheit der Jünger im Grabbau nirgends berichtet wird, entspricht diese Haltung genau der Lage von Skeletten, die man auf dem Friedhof der essenischen Mönchssiedlung von Qumran am Toten Meer ausgegraben hat: Sollte unvermutet ein Fremder in das Grabversteck

schauen, so würde die Lage Jesu darauf hindeuten, daß er zu einer Beisetzung aufgebahrt war.
Tatsächlich haben bis zum heutigen Tag die Sindonologen die größten Schwierigkeiten, anhand des Tuches die Beisetzung Jesu zu erklären. Die Toten wurden in Palästina nicht der Länge nach auf diese Weise in ein Tuch eingeschlagen, sondern eingewickelt wie Lazarus. Pater Rinaldi, der emsige amerikanische Grabtuch-Forscher, behauptet, die Leichenstarre wäre auf dem Turiner Laken deutlich zu sehen! Das ist völlig unsinnig. Ganz im Gegenteil, der Mann des Grabtuchs macht den Eindruck, entspannt dazuliegen, keinerlei Anzeichen von Erstarrungen sind zu erkennen.
Der Befragung von Experten des East Midlands Forensic Laboratory, die der englische Autor Hoare durchführte, schloß sich eine lange Diskussion an, ob das Bild eher einen Toten oder einen Lebenden darstelle. Den Ausschlag dafür, daß sich die Wissenschaftler dafür entschieden, einen Lebenden zu vermuten, war die gleichmäßige Verteilung der Flecken. Bei einem Toten herrschen in verschiedenen Körperregionen normalerweise unterschiedliche Temperaturen. Die gleichmäßige Verteilung der Flecken – wie auch immer hervorgerufen – deutet auf einen funktionierenden Herz-Kreislauf-Mechanismus hin. Auf alle Fälle würde man auf dem Gesäß und den Schulterblättern stärkere Abdrücke erwarten, weil das Blut in einem toten Körper, gemäß der Gravitation, auf die niedrigsten Punkte absinken würde. Die Wissenschaftler kamen zu dem Schluß: »Alles einbezogen, war der Körper, der in dem Linnen lag, nach den Maßstäben des 20. Jahrhunderts noch am Leben.«[3]
Der Eintritt der Leichenstarre ist in der Medizin nach wie vor ein in seinem Ablauf nicht vollständig geklärter Vorgang. Wir haben viele Stunden darauf verwandt, die Fachliteratur zu studieren, und haben zahlreiche Experten befragt. Ein eindeutiges Ergebnis war nicht zu erzielen.
Einigkeit herrscht allein darüber, daß eine Leichenstarre überhaupt eintritt. Nach den neueren Erkenntnissen in der Thanatologie (Sterbekunde) zeigt sich die eigentümliche Erstarrung der Muskulatur nach dem Tode *(Rigor mortis)* schon nach etwa 30 Minuten und ist je nach Temperatur der Umgebung in drei bis sechs Stunden vollkommen ausgebildet. Nach der sogenannten Nysten-Regel beginnt die Totenstarre meist zuerst an der Kaumuskulatur, dann

zeigt sie sich an den übrigen Gesichtsmuskeln, anschließend an Nacken und Rumpf sowie an den Armen, zuletzt an den Beinen. Diese Verlaufsform (der sogenannte Descendens-Typ) findet sich vor allem bei athletisch gebauten Menschen. Der Ascendens-Typ, mit dem Ablauf in umgekehrter Reihenfolge, begegnet uns häufig beim Astheniker. Allerdings sind sich die Mediziner über die Ausbreitung der Totenstarre nicht einig. Nach anderer Ansicht beginnt sie bei den Extremitäten, an den Fingerspitzen, den Zehen, der Nasen- und Lippenspitze, und setzt sich zum Zentrum des Körpers fort und kehrt dann wieder zurück zu den Extremitäten.

Der Totenstarre liegen komplizierte biochemische Vorgänge zugrunde: in der Hauptsache das Absinken des ATP (Adenosintriphosphat)-Spiegels nach Beendigung der Herztätigkeit. Die gesamte Skelettmuskulatur erstarrt in der Haltung, die der Sterbende eingenommen hat. Nach 36 bis 90 Stunden löst sich die Totenstarre wieder spontan. Die Totenstarre dauert um so länger, je gesünder der Mensch war. Bei alten und durch lange Krankheiten geschwächten Menschen verkürzt sich die Erstarrung.

In Tierversuchen konnte nachgewiesen werden, daß beim Sterben durch Gift bereits nach wenigen Sekunden eine geradezu kataleptische Totenstarre eintreten kann: Schon kurz nach dem letzten Atemzug waren die Tiere vollständig starr. Bei Menschen wurde ein besonders früher Eintritt des *Rigor mortis* bei an akuten Gehirnerkrankungen, Vergiftungen und an Krämpfen Gestorbenen beobachtet.

Nachdem Jesus am Kreuz hängend sein Bewußtsein verloren hatte, sackte sein Körper aus der aufgerichteten Haltung ab, wobei die Beine in den Kniegelenken extrem angewinkelt wurden, weil das ganze Gewicht an den Nägeln in den Handwurzeln lastete. Der Kopf fiel vornüber, und das Kinn lag auf der Brust. In dieser Haltung müßte der Körper in den drei bis vier Stunden, die er so am Kreuz hing, erstarrt sein. Betrachtet man aber die auf dem Tuch sichtbaren Abdrücke von der Rückseite des Körpers genauer, erkennt man sofort, daß nicht nur Rücken und Kopf, sondern auch Ober- und Unterschenkel des »Leichnams« vollkommen flach auf dem eben ausgebreiteten Tuch aufgelegen haben!

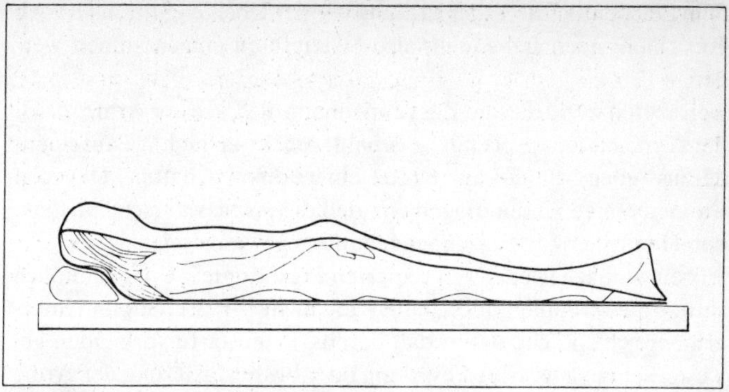

Auf einer ebenen, leicht (mit Tüchern) gepolsterten Unterlage lag der Körper vollkommen flach ausgestreckt. Unter dem Kopf lag eine Art Kissen, das sich bis zum Schulteransatz erkennen läßt.

Intensiv hat sich mit der Frage, ob das Bild des Turiner Linnens einen Toten oder einen Lebenden zeigt, der Theologe Karl Herbst auseinandergesetzt. Herbst war früher katholischer Priester. In seinem 1988 veröffentlichten, kritischen Buch »Der wirkliche Jesus« hat er dem historischen Jesus nachgeforscht und kam dadurch schon früh auf mich zu. Im Laufe seiner Studien hat sich Karl Herbst auch intensiv mit dem Turiner Tuch befaßt. Die Ergebnisse der Radiokarbon-Datierung schienen ihm suspekt, denn sie standen im Widerspruch zu allen bislang bekannten Fakten. Auch Herbst machte sich auf die Suche nach dem »Fehler« in dieser »endgültigen« Untersuchung und stieß dabei auf Prof. Wölfli in Zürich. Dieser verwies ihn kurzerhand an mich weiter. Durch den neuerlichen Kontakt entstand ein sehr fruchtbarer Gedankenaustausch. Wir sind Karl Herbst sehr zu Dank verpflichtet, daß er uns seine Korrespondenz und weiteres wissenschaftliches Material für unsere Studien zur Verfügung gestellt hat.
Zur Frage, ob aus irgendwelchen Befunden am Leichentuch abzulesen ist, ob bereits Totenstarre eingetreten war, befragte Karl Herbst den Leiter des Instituts für Rechtsmedizin der Universität Düsseldorf, Prof. Dr. med. W. Bonte, der eine eindeutige Antwort gab: »Ich möchte dies klar verneinen. Die Position, so wie sie aus

dem Leichentuch ablesbar ist, kann meiner Überzeugung nach auch von einem noch Lebenden, also Scheintoten eingenommen werden.«[4]

Betrachten wir in diesem Zusammenhang die Lage der Arme. Auch die Arme hätten die Tendenz gehabt, wieder in die Lage auseinanderzustreben, die sie am Kreuz eingenommen hatten. Dagegen wenden einige Sindonologen ein, daß die Arme wahrscheinlich an den Handgelenken zusammengebunden gewesen seien.

Hören wir dazu wieder den Experten Prof. Bonte: »Unverständlich ist mir die Argumentation, eine – mögliche – Fesselung im Unterarmbereich spräche dafür, daß bereits Totenstarre vorhanden gewesen sein müsse. Eine Fesselung oder besser Fixierung der Arme bzw. Hände in der am Leichentuch ablesbaren Position kann doch nur dann sinnvoll sein, wenn die Leichenstarre eben noch nicht eingetreten ist. Und zwar deshalb, weil man damit doch nur anstreben kann, die Hände in eine Position zu bringen, die dann bei schließlich einsetzender Totenstarre quasi eingefroren wird. Wenn andererseits Totenstarre bereits eingetreten war und die Hände beispielsweise nicht in der gewünschten Lage übereinanderlagen, dann kann man das nicht mit einer einfachen Fesselung erreichen. Hierzu muß man die Leichenstarre mit erheblichem Krafteinsatz brechen. Danach aber wäre wiederum keine Fesselung erforderlich. Mit anderen Worten: Es wurde nicht überzeugend dargetan, daß die Unterarme tatsächlich gefesselt waren; man kann dieses andererseits nicht sicher ausschließen. Selbst wenn eine Fesselung existierte, belegt sie nicht das Vorhandensein von Totenstarre. Vielmehr spricht ein solcher Befund gerade umgekehrt dafür, daß Totenstarre noch nicht vorhanden war.«

Was eine angebliche Fesselung betrifft, bedarf es nur eines aufmerksamen Blickes auf die betreffende Tuchstelle, um diese Vorstellung ad absurdum zu führen. Eine Binde hätte die Kontinuität des Bildes unterbrechen müssen und selbstverständlich auch die Blutung der Handwunde. Doch wir sehen ein durch nichts unterbrochenes Abbild. Das gilt ebenso für die Hände wie für den Kopf, um den gewisse Forscher eine Kinnbinde sehen wollen. Zum anderen hätte man die Hände, wollte man sie zusammenschnüren, an den Gelenken überkreuzt und dort gebunden. In Wahrheit liegt die linke Handfläche Jesu auf dem Handrücken der rechten Hand – ei-

ne höchst unangebrachte Stellung für eine Fesselung. In diesem Fall hätten die Binden den Großteil beider Hände verdecken müssen. Die aber sind deutlich sichtbar! Spätestens damit ist die Absurdität der ganzen Vorstellung erwiesen.
Bulst und Pfeiffer, die zunächst feststellen, daß das Grabtuchbild unmöglich das Produkt eines Künstlers sein kann, eröffnen mit einer verwirrenden Feststellung ihre Beweisführung, daß wir es mit einem Toten zu tun hätten: »Niemals ist in der Kunstgeschichte die Leichenstarre so vollkommen wiedergegeben wie hier.« Warum die Autoren wieder die Kunstgeschichte bemühen, wenn sie doch die künstlerische Herstellung abgelehnt haben, erscheint merkwürdig; merkwürdiger aber noch die feste Überzeugung, dem Bild die Totenstarre gleichsam ablesen zu können. Da nicht eindeutig feststeht, wann genau sich die Totenstarre wieder löst, könnten wir es mit dem Bild eines Toten *nach* der Auflösung des *Rigor mortis* zu tun haben; das wäre eine diskussionsfähige Hypothese. Aber Totenstarre im Erscheinungsbild zu sehen, erweist sich doch als der Versuch, ein eingeübtes Argument forcieren zu wollen. Der Mann des Grabtuchs erscheint nämlich dem unvoreingenommenen Betrachter erstaunlich entspannt. Nichts Verbogenes, Schiefes, Verzerrtes, Krummes oder Steifes ist zu erkennen. Er sieht wie ein friedvoll Ruhender aus.
Was den Grabtuchforschern Bulst und Pfeiffer vor allem ins Auge sticht, ist der »auffallend stark gedehnte, in extremer Einatmungsstellung fixierte Brustkorb, das eingezogene Epigastrium (Oberbauch) und das heraustretende Hypogastrium (Unterbauch).«[5] Dies seien typische Kennzeichen für den Leichnam eines Menschen, der an den Armen hängend gestorben ist. Abgesehen davon, daß sich der eingezogene Oberbauch im Gegensatz zum heraustretenden Unterbauch beim besten Willen nicht ausmachen läßt, ist die gesamte Feststellung eine erstaunliche Interpretationsleistung. Das »Dehnen«, »Heraustreten« und »Einziehen« können die Forscher nur anhand der Verfärbungen auf dem Tuch feststellen. Und diese sind, wie wir dargestellt haben, abhängig von der Lage des Linnens über dem Körper. Wenn das Tuch weit genug absinkt, etwa auf den Unterbauch, und dort aufliegt, entsteht an dieser Stelle ein intensiveres Bild. Das bedeutet nicht, daß der Mann des Grabtuchs einen aufgedunsenen Unterbauch hatte, sondern lediglich,

daß an dieser Stelle der Kontakt zwischen Stoff und Haut enger war als an anderen. Der Stoff folgt eben den Konturen des Körpers. Daß der Brustkorb tatsächlich gedehnt erscheint, ist ein Resultat der Lage des Körpers. Jeder kann dies überprüfen, indem er sich auf eine glatte Unterlage legt. In dieser Position dehnt sich der Brustkorb zwangsläufig, und die Brustpartie tritt hervor. Von einem »Fixieren in extremer Einatmungsstellung« kann absolut keine Rede sein.
Monsignore Giulio Ricci, Mitglied des römischen Zentrums für Sindonologie, löst dieses Problem auf seine Weise, indem er annimmt, das Tuch sei um den erstarrten und gekrümmten Leichnam mit Binden eng an den Körper gewickelt worden. Diese Erklärung ist aber ganz und gar unsinnig, ebenso unsinnig wie seine rührend abenteuerliche Rekonstruktion der Passion in eigentümlichen Details, die er alle auf dem Turiner Tuch »gesehen« haben will – eine Meisterleistung phantastischer Pseudowissenschaft. Es ist ausgeschlossen, daß der Stoff rundum eng am Körper anlag. In diesem Fall hätten wir ein völlig verzerrtes Körperbild, zumal auch die Seiten der Körperpartien zur Abbildung gelangt wären. Man kann einen einfachen Versuch mit Körperfarben anstellen und etwa seine Oberschenkel rundum anmalen, dann mit einem Blatt Papier oder einem weichen Tuch, das man auf den bemalten Stellen vollständig anlegt, einen Abdruck ziehen. Das Ergebnis sind grotesk verbreiterte Oberschenkel, völlig anders als das anatomisch richtige Bild des Turiner Tuchs. Zum anderen hätte eine feste Bindung an den Körper unweigerlich zu zahlreichen kleinen Falten im Stoff geführt. Das Bild hätte sich also auch, bedingt durch den Faltenwurf, »zerstückelt« darstellen müssen.

Verräterische Blutspuren

Beweiskräftiger als die nicht vorhandene Totenstarre sind aber die Blutflecken, die auf dem Linnen sichtbar sind.
Daß sich auch die bereits geronnenen Blutflecken auf dem Tuch ab-

zeichnen konnten, haben wir dem dargestellten Umstand zu verdanken, daß Joseph von Arimathäa und seine Helfer den Körper Jesu aus medizinischen Gründen nicht gewaschen hatten.
Deutlich lassen sich zwei verschiedene Arten von Blutungen unterscheiden: einmal eingetrocknetes Blut, das von der Geißelung, der Dornenkrone, der Seitenwunde stammt oder bei der Annagelung ans Kreuz geflossen ist, zum anderen frisches Blut, das erst aus dem Körper austrat, als Jesus schon waagerecht im Tuch lag! Das Gewebe hatte sich rasch mit der harzigen Aloe vollgesogen und war somit gleichsam imprägniert. Auf diese Weise konnte das Blut größtenteils nicht vom Stoff aufgesogen werden, sondern verteilte sich lediglich an dessen Oberfläche. Dies erklärt, warum die modernen Forscher so erstaunt festgestellt haben, daß die meisten Blutflecken auf dem recht dünnen Stoff auf der Rückseite nicht auszumachen sind. Andererseits hat die vorsichtige Behandlung mit der Kräuterlösung die bereits geronnenen Blutstellen wieder aufgeweicht und damit ebenso aufs Tuch übertragen.
Vielfach wurde in der einschlägigen Literatur behauptet, daß die Differenzierung zwischen eigentlichen Blutspuren und den umgebenden Serum-Vorhöfen als Beleg für Leichenblut angesehen werden müsse. Zunächst kann festgestellt werden, daß sich Leichenblut in der ersten Phase nach dem Tode praktisch nicht vom Blut eines Lebenden unterscheidet. Früher wurde Leichenblut in großem Umfang zu Transfusionszwecken eingesetzt.[6]
Das frisch auf das Linnen gekommene Blut bildete Serumränder, indem die festen Bestandteile des Blutes in einem wäßrigen Serum klumpenförmige Anhäufungen zurückließen. Diesen Vorgang kann man leicht mit einem Tropfen Blut auf einer Glasplatte beobachten. Die Blutkörperchen sind von der serösen Flüssigkeit wie von einer Aureole umgeben. Ganz anders erscheinen die Blutflecken, die zuvor am Körper eingetrocknet waren und erst durch den Kontakt mit dem getränkten Stoff wieder aufgeweicht wurden. Diese Blutungen zeigten insbesondere auf den Fotografien unter ultraviolettem Licht, mit Wood-Licht, transparentem Licht und durch die elektronische Aufarbeitung keine Serumränder: Hier hat sich durch das Fibrin an den Rändern der Flecken ein dichter Wall gebildet.
Wenden wir uns also zunächst den Blutungen am Kopf zu. Die spit-

zen Dornen des Dornengeflechts, das Jesus zur Verspottung auf den Kopf gedrückt wurde, haben in der dünnen Kopfhaut kleine, aber tiefe Stiche hinterlassen. Solange die »Dornenkrone« auf dem Haupt war, haben die Dornen die winzigen Wunden von ca. 1 bis 2 mm Durchmesser relativ gut verschlossen. Das wenige Blut, das neben den Dornen vorbeifließen konnte, ist gleich geronnen und hat sich in den Haaren verkrustet, wie man das bei allen kleineren Wunden beobachten kann. Nun zeigt aber das Tuchbild im Bereich der Schädelkalotte am Hinterkopf deutlich zahlreiche stärkere Blutgerinnsel, die in alle Richtungen verlaufen. Dieses Blut ist ohne Zweifel erst auf das Tuch getropft, nachdem die Dornen entfernt worden waren, kurz bevor der Körper in das Linnen gelegt wurde. In der dünnen Kopfhaut befinden sich nur ganz feine Blutgefäße, die durch den intakten Blutkreislauf mit Blut versorgt werden. Tritt Herzstillstand ein, so wird das Blut aus den kapillaren Gefäßen unter der Hautoberfläche ein wenig zurückgezogen: Die Kapillaren werden blutleer, dadurch wird die Hautfarbe »leichenblaß«, und Blut kann zumindest aus solch kleinen Wunden in keinem Fall mehr austreten, weil sofort eine »intravasale Blutgerinnung« einsetzt. Die Entleerung des Blutes aus den Hautkapillaren setzt übrigens schon bei beginnender Erlahmung des Herzens im Todeskampf (Agonie) ein.
Wenn man das Portrait Jesu auf dem Linnen betrachtet, fällt einem sofort die Blutspur auf der Stirn in der Form einer seitenverkehrten 3 auf. Diese eigenartige Form kann nur entstehen, wenn der Kopf sich in einer leicht aus der Waagerechten angehobenen Stellung befindet (höchstwahrscheinlich wurde dem Liegenden eine Art Kissen unter den Hinterkopf gelegt). Das langsam nachfließende Blut lief nun bis zu einer Stirnfalte, verteilte sich ein wenig, und während frisches Blut nachfloß, lief es weiter zur zweiten Stirnfalte. Diese ebenfalls durch die Dornenkrone verursachte Stirnverletzung befindet sich an der höchstgelegenen Stelle des ganzen Körpers. Selbst wenn unter gewissen Umständen aus großen Wunden einer Leiche noch Blut auslaufen kann, ist dies an der hochgelagerten Stirn unter keinen Umständen denkbar. Diese Blutung ist ausschließlich bei Herz-Kreislauf-Tätigkeit möglich!
Fast genauso hoch wie die Stirn befinden sich die übereinanderliegenden Hände. Hier läßt sich besonders eindrücklich aufzeigen,

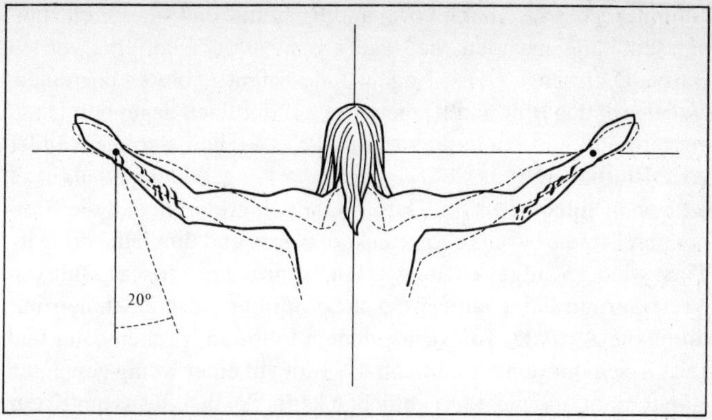

Durch Absacken und Wiederaufrichten ergeben sich zwei verschiedene Körperhaltungen am Kreuz. Aus den Blutspuren an Händen und Armen lassen sich die unterschiedlichen Winkel berechnen.

daß neben bereits angetrocknetem Blut auch frisches Blut auf das Tuch gekommen ist. An der Handwurzel lassen sich deutlich drei Blutbahnen unterscheiden, die in verschiedene Richtungen laufen. Einfache Winkelmessungen geben klaren Aufschluß über die Art der Entstehung jener Blutbahnen. Die linke Hand liegt über der rechten und verdeckt deren Nagelwunden, weswegen sich die Berechnungen nur auf die sichtbare Wunde der linken Hand beziehen. Ein Teil des Blutes rann bei der Annagelung ans Kreuz auch in der Furche zwischen den angespannten Muskeln am Unterarm entlang und tropfte schließlich, der Schwerkraft gehorchend, senkrecht nach unten. Diese kleinen, der Senkrechten folgenden Gerinnsel verlaufen alle beinahe parallel. Daraus läßt sich der Winkel errechnen, in dem sich die Arme zum Querbalken des Kreuzes befanden: Er betrug etwa 20°, woraus man auf den Spielraum schließen kann, der zwischen der aufgerichteten und der zusammengesackten Haltung des Gekreuzigten bestand.

Unverständlich bleibt aber die merkwürdige Tatsache, daß eine dritte sichtbare Blutspur von keinem der anerkannten Sindonologen erwähnt wurde. Obwohl diese »dritte Blutspur« für jedermann klar und deutlich zu erkennen ist, wird sie einfach »totgeschwiegen«! Weshalb das geschieht, ist leicht zu ergründen: Die Blutbahn

Nummer 3 beweist durch Form und Richtung, daß sie erst entstanden sein kann, nachdem die Nägel aus der Wunde entfernt worden waren. Dadurch hat diese Nagelwunde erneut zu bluten begonnen, wobei sich das Blut nun flächenartig auf der flach liegenden Hand ausgebreitet hat. Außerdem ist deutlich zu sehen, daß die Ränder von »Blutbahn Nr. 3« weit weniger scharf abgebildet sind als etwa die von »Blutbahn Nr. 1«. Daraus läßt sich erklären, daß die Blutbahnen 1 und 2 bereits eingetrocknet waren und durch die Aloe im Tuch wieder »aufgeweicht« wurden, während das frische Blut von Nr. 3 Serumränder aufweist. Solche Serumränder entstehen nur durch die Aktivität von vorhandenem Fibrin in frischem Blut und zeigen sich nur dann, wenn sich das Blut auf einer wenig geneigten Ebene staut und nicht frei abfließen kann. Solange Jesus am Kreuz hing, konnte das Blut aus den Wunden abfließen und weist deshalb als geronnenes Blut keine Serumränder auf, sondern zeichnet sich mit deutlichen Konturen ab. (Vgl. Abb. 57)
Der rechte Arm erscheint auf dem Tuch etwas länger als der linke. Solche geringfügigen Verzerrungen auf der Vorderansicht zeigen, daß das Linnen natürlich nicht wie ein Brett über dem Körper lag. So konnte sich die Seitenwunde deutlich abbilden. Auf der Vorderansicht erkennt man direkt neben einem der Flicken an den Brandstellen wieder klar umrissene Blutgerinnsel. Sie entstammen dem seitlichen Schnitt und sind bereits am Kreuz geronnen.
Wenn wir die Rückenansicht des Turiner Tuchs zum Vergleich danebenstellen, können wir eine in höchstem Maße interessante Beobachtung machen. Auf der Höhe der Seitenwunde sehen wir eine auffallende Blutspur, die sich quer über den Rücken erstreckt. Sie zeigt ein völlig anderes Erscheinungsbild als das Blut an der Vorderseite. Deutlich lassen sich Blutlinien und Serumhöfe unterscheiden, ein untrügliches Kennzeichen, daß dieses Blut ebenfalls erst ausfloß, als der Körper in das Tuch gelegt wurde. Gemäß physikalischen Gesetzmäßigkeiten kann sich dieses Blut – und es handelt sich um eine beachtliche Menge – erst auf das Tuch ergossen haben, als der Körper bereits in der Waagerechten lag. Andernfalls wäre ein in Richtung des Unterbauchs laufender Blutfluß sichtbar. Zweifellos entstammt die Blutspur der Seitenwunde. Als Jesus auf seinem mit Tüchern gepolsterten Steinbett im Heiltuch lag, hatte der

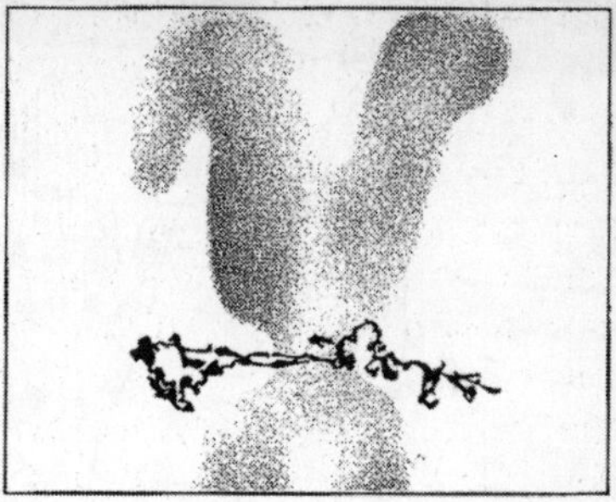

Im Hohlraum zwischen Rücken und Gesäß hat sich Blut aus der Seitenwunde angesammelt. Hier zeigt sich deutlich, daß dieses Blut erst geflossen sein kann, nachdem der Körper in die Waagerechte gelegt worden war.

Seitenschnitt durch die Manipulationen wieder zu bluten begonnen. Freilich lief diese Blutbahn nicht in Richtung der Lenden ab, sondern – gemäß der Gravitation – seitlich unter dem rechten Arm und verteilte sich durch die Adhäsionskräfte quer über den Rücken. An dieser Stelle ist das Rückenbild, von der Blutbahn einmal abgesehen, auffallend schwach, fast nicht vorhanden. Das bedeutet, daß hier zwischen Tuch und Haut ein kleiner Spalt bestand. Natürlicherweise bildete sich beim flachen Liegen ein leichtes Hohlkreuz aus. Allein das Rückgrat scheint enger am Tuch angelegen zu haben, da es durchgängig abgebildet ist. An dieser Stelle ist die Blutbahn am dünnsten, sie hat sich sozusagen einen schmalen Weg gesucht und sich dann auf der freieren linken Seite wieder ausgebreitet. Unglücklicherweise sind in der Höhe der beiden Oberarme und damit unmittelbar an der Seitenwunde die Flickstellen, so daß der exakte Beginn der zweiten Blutung aus der Seite direkt zum Rücken und ins Tuch nicht genau ausgemacht werden kann.
Auf alle Fälle muß die Menge Blut, die auf diese Weise ausfloß, für einen Betrachter, der das Tuch noch unversehrt zu Augen bekommen hatte, außerordentlich eindrucksvoll gewesen sein.
Auf dem Pilgermedaillon anläßlich einer der ersten Ausstellungen des Tuchs in Lirey im 14. Jh. hat der Künstler die quer verlaufende Blutspur überdeutlich, wie einen gedrehten Zopf, hervorgehoben. (Vgl. Abb. 58) Entscheidend ist, daß die Blutspur nicht allein auf dem Körperbild zu sehen ist, sondern links und rechts weit über den Körper hinausgeht. Auf dem Pilgerandenken ist dies klar dargestellt, und das Rückenbild des Turiner Tuchs läßt heute noch ein gut Teil davon erkennen. Das bedeutet unzweifelhaft, daß dieses Blut

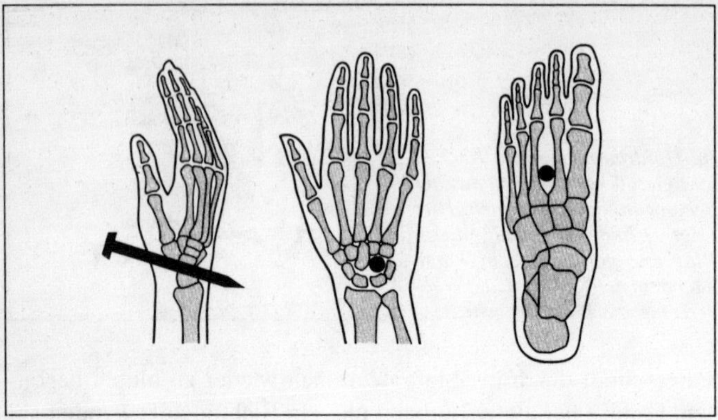

Die Nägel durch Hände und Füße verletzten weder die Knochen noch die Hauptblutgefäße. Ohne Betäubung wären diese Verletzungen sicher äußerst schmerzhaft, jedoch keineswegs tödlich!

erst ausfließen konnte, als der Körper im Tuch lag, und es sich nicht um ein »Abdruckbild« handeln kann wie das geronnener Blutflecken auf der Haut.

Hören wir dazu die Experten. Wenn man die Arme in die Kreuzigungsstellung hochnimmt, dann rückt die Seitenwunde noch ein beträchtliches Stück nach oben. Die Wissenschaftler des East Midlands Forensic Laboratory halten es für in höchstem Maße unwahrscheinlich, daß selbst ein Stich an der Stelle der Seitenwunde das Herz hätte treffen können. Selbst bei einem Einstich sehen sie kein lebensbedrohendes Problem. Die Lanze hätte in diesem Fall nur das Brustfell durchstoßen, wobei »But und Wasser« herausflossen, eine wäßrige Flüssigkeit, die sich durch die Tortur zwischen der Lunge und dem Thorax angesammelt hatte.[7]

Zum Problem der Seitenwunde stellte Karl Herbst dem Fachmann Bonte die Frage, ob bei einer flach auf dem Rücken liegenden Leiche aus einer Wundöffnung zwischen der fünften und der sechsten Rippe ca. 10 cm rechts der Mitte Blut fließen könne, ohne mechanischen Druck von außen. Die Wunde, so präzisierte der Theologe, sei zunächst in aufrechter Position beigebracht worden, später erst wurde die betreffende Person in die Rückenlage gelegt. Herbst: »In

meinem Brief verschwieg ich bewußt, daß es sich um den Kriminalfall ›Golgatha & Grabtuch‹ handelt, denn er sollte bei seiner Urteilsfindung völlig frei bleiben, sowohl von unterschwelligen Pro- oder Contra-Neigungen als auch von Befürchtungen wegen eventueller Konsequenzen.« Darauf antwortete der Gerichtsmediziner:
»1. Am Leichnam kann Blut aus einer Wundöffnung spontan nur dann abfließen, wenn
a) die Wundöffnung im Bereich der sogenannten Hypostase, also im Totenfleckenbereich, liegt oder
b) die Wundöffnung in eine bluterfüllte Höhlung führt, das Blut noch (wenigstens teilweise) flüssig ist und der obere Spiegel einen höheren Bodenabstand hat als die Wundöffnung.
2. Nach Ihrer Beschreibung lag die Wundöffnung aber in der rechten vorderen Brustwand etwa 10 cm rechts der Mittellinie. Bei Rückenlage des Leichnams entspricht dieses ziemlich genau dem höchsten Punkt des Leichnams. Demnach waren beide Bedingungen nicht erfüllt:
a) die Wundöffnung lag weder im Bereich der Hypostase.
b) noch konnte durch diese Wundöffnung Blut aus der rechten Brusthöhle abfließen, weil dieses entgegen dem Flüssigkeitsdruck zunächst hätte nach oben steigen müssen. Dasselbe gilt für andere in Frage kommende Blutungsquellen (Lunge, Lungengefäße, Herzhöhlen).
3. Eine spontane postmortale Entleerung von Blut aus einer solchermaßen lokalisierten Wundöffnung halte ich demnach für undenkbar.
4. Hingegen wäre ein Blutaustritt in dem von Ihnen beschriebenen Ausmaß einschließlich der Flußrichtung mit der Vorstellung vereinbar, daß der Betreffende zu dieser Zeit noch lebte. In der rechtsmedizinischen Praxis ist es keine Seltenheit, daß bei einem auf dem Rücken liegenden, noch lebenden Opfer Blut aus einer Wundöffnung genau der hier beschriebenen Lokalisation und in der von Ihnen beschriebenen Flußrichtung abläuft. Dieses trifft insbesondere dann zu, wenn größere arterielle Gefäße eröffnet sind und wenn – eben – der Blutdruck die erforderliche *vis a tergo* [Schubkraft] für den Anstieg der Blutsäule entgegen dem hydrostatischen Druck aufbringt.«[8]
Diese Antwort von einem Experten, der nicht wußte, zu welchem heiklen Thema er sein Gutachten erstellte, ist in vielerlei Hinsicht

bemerkenswert. Sie zeigt, daß eine unvoreingenommene Analyse der Fakten zu ganz anderen Resultaten führt, als uns jene glauben machen wollen, die anhand des »Grabtuchs« Jesu Tod beweisen wollen. Als Karl Herbst Prof. Bonte über den wahren Gegenstand seines Gutachtens aufklärt und ihm einige Argumente von Kollegen berichtet, präzisiert dieser: »Ich will meine frühere Argumentation nicht wiederholen; nach meiner Auffassung spricht alles dafür, daß die Kreislauftätigkeit noch nicht erloschen war. Selbstverständlich stimme ich Herrn Prof. Bollone zu, daß es im Rahmen des Transports eines Leichnams auch quasi passiv zum Austritt von Blut aus einer Bruststichwunde kommen kann. Indes wird man dann die Frage stellen müssen, ob das Leichentuch bereits zu Beginn des Transports um den Leichnam gewickelt wurde. Ich meine, daß in diesem Fall allerdings kein sozusagen statisches Spuren- und Abdruckmuster entstanden wäre, welches ausnahmslos eine direkte topographische Zuordnung zu einem liegenden Körper erlaubt. Vielmehr hätte ich dann auch zahlreiche Wischspuren erwartet, deren Lokalisation mehr zufällig und unregelmäßig verstreut gewesen wäre. Das tatsächlich zu erkennende Muster spricht meiner Meinung noch dafür, daß die betreffende Person erst bei der Grablegung in das Tuch gewickelt wurde, und zwar höchstwahrscheinlich in der Form, daß zunächst der Körper auf das Tuch gebettet und dieses zur anderen Hälfte dann über den Körper gelegt wurde. *Ich kann mir nicht vorstellen, daß es bei dieser Bettung zu einem passiven Austritt größerer Blutmengen kommen konnte.«*

Starke Blutungen sind auch an den Nagelwunden der Füße zu sehen. Man kann auf dem Rückenbild deutlich erkennen, wie das Blut aus der Wunde nach unten zur Ferse lief, sich dort sammelte und, weil ständig frisches Blut nachfloß, nach rechts auf das Tuch ablaufen mußte.

Die 17 cm lange Blutspur ist unterbrochen, weil das Blut über eine Falte im Tuch tropfte, um dann weiter nach rechts zu fließen. Das Ende dieses Blutflecks läßt sich am anderen Ende der Stoffbahn wiederfinden. An dieser Stelle lag das eine Ende des Lakens über dem anderen, wodurch sich die frische Blutspur auf beide Seiten übertragen hat. Auch hier gilt wieder: In dieser Weise kann Blut niemals aus einer mehrere Stunden alten Leiche rinnen. Herz- und Kreislauffunktionen waren bei stark reduzierter Atmung noch in-

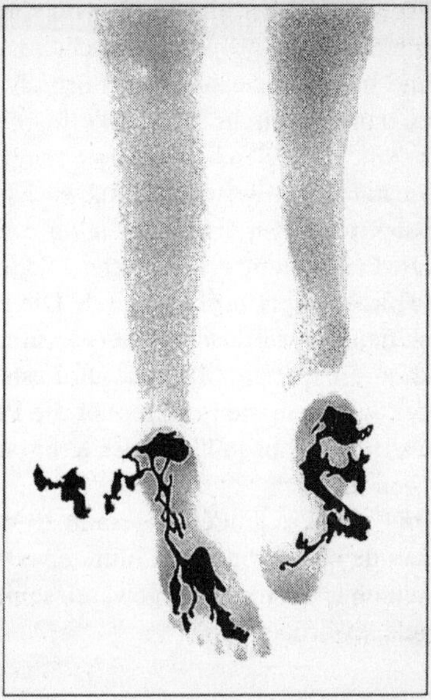

Bei den Blutungen im Bereich der Füße läßt sich das Fließen von frischem Blut besonders deutlich erkennen. Durch die Bewegungen beim Betten des Körpers begannen die offenen Wunden wieder zu bluten, und das austretende Blut verteilte sich in alle Richtungen.

takt. Die positiv erscheinenden Abzeichnungen der Blutrinnsale lassen keine Zweifel offen, daß dieses Blut erst nach der Grablegung auf das Tuch gelangt ist. Auch diese Blutspur ist so deutlich, daß sie der Hersteller des Pilgermedaillons eindrücklich hervorgehoben hat.

Interessant ist auch ein Blick auf den rechten Arm in Höhe des Ellenbogens. Den ganzen Unterarm entlang zeichnet sich eine klare, offenbar schon vor der Grablegung geronnene Blutspur ab. Am Ende aber schießt sie über den Ellenbogen hinaus und bildet im Tuch, mehrere Zentimeter vom Arm entfernt, einen Blutflecken. Auch diese Blutbahn kann erst bei der Lage im Tuch selbst zustande gekommen sein.

Alle dargestellten Belege sind längst in den zahlreichen wissenschaftlichen Publikationen über das »Turiner Grabtuch« veröffentlicht worden. Aus den Ergebnissen von über achtzig Jahren Forschung haben wir lediglich neue Schlußfolgerungen gezogen; Schlußfolgerungen, die im Einklang mit der Analyse der Bibelstellen stehen.

Freilich sind wir uns darüber im klaren, daß dieses Ergebnis beunruhigend und provokant erscheint. Doch die einzelnen Elemente und Indizien, die zu seiner Formulierung geführt haben, bilden eine lange logische Beweiskette, die nur diese Schlußfolgerung zuläßt. Ganz gleich, wieviel sie wiegt im Bewußtsein der Menschen, die mit festem Jesusbild aufgewachsen sind und bei jeder kritischen Rückfrage über die Dogmen vor ewigen Höllenstrafen erzittern.

Die Feststellung des klinischen Todes ist selbst heute noch für Ärzte nicht ganz unproblematisch. Die Einnahme von Drogen kann eine tiefe Bewußtlosigkeit hervorrufen, die zu Fehldiagnosen führen kann. Eine ältere Methode zur Feststellung des Todes war ein kleiner Schnitt in die Fersen oder die Pulsadern. Wenn dabei arterielles Blut herausquillt, ist der Kreislauf noch intakt. Leichen bluten eben nicht!

Im Falle Jesu gibt es insgesamt 28 Wunden, die auch nach der Abnahme vom Kreuz noch bluteten. Damit steht fest, daß Jesus unter keinen Umständen tot gewesen sein kann, als sein Körper ins Grab gelegt wurde.

Wie das Abbild entstand

Die Theorie des großen Pioniers der Grabtuchforschung Paul Vignon über die Entstehung des Abbilds war aus verschiedenen Gründen im Lauf der Zeit immer heftiger ins Kreuzfeuer der Kritik geraten. Ein wichtiges Argument gegen sie war die Voraussetzung von Körpererwärmung und Schweißabsonderung. Leichen fiebern und schwitzen nicht. Mithin konnte Vignons vaporographische Theorie nicht stimmen. Was nicht sein durfte, konnte nicht sein. Heute wissen wir, daß Jesus nicht tot war, als er in die Grabkammer gebettet wurde. Durch das Wundfieber und die Schwitzpackung war mit einer erhöhten Schweißabsonderung zu rechnen! Mit einem Male kann man die alte Theorie Vignons wieder hervorholen und von neuem prüfen.

Ein Einwand gegen die Bildentstehung durch einen Verdamp-

50

51

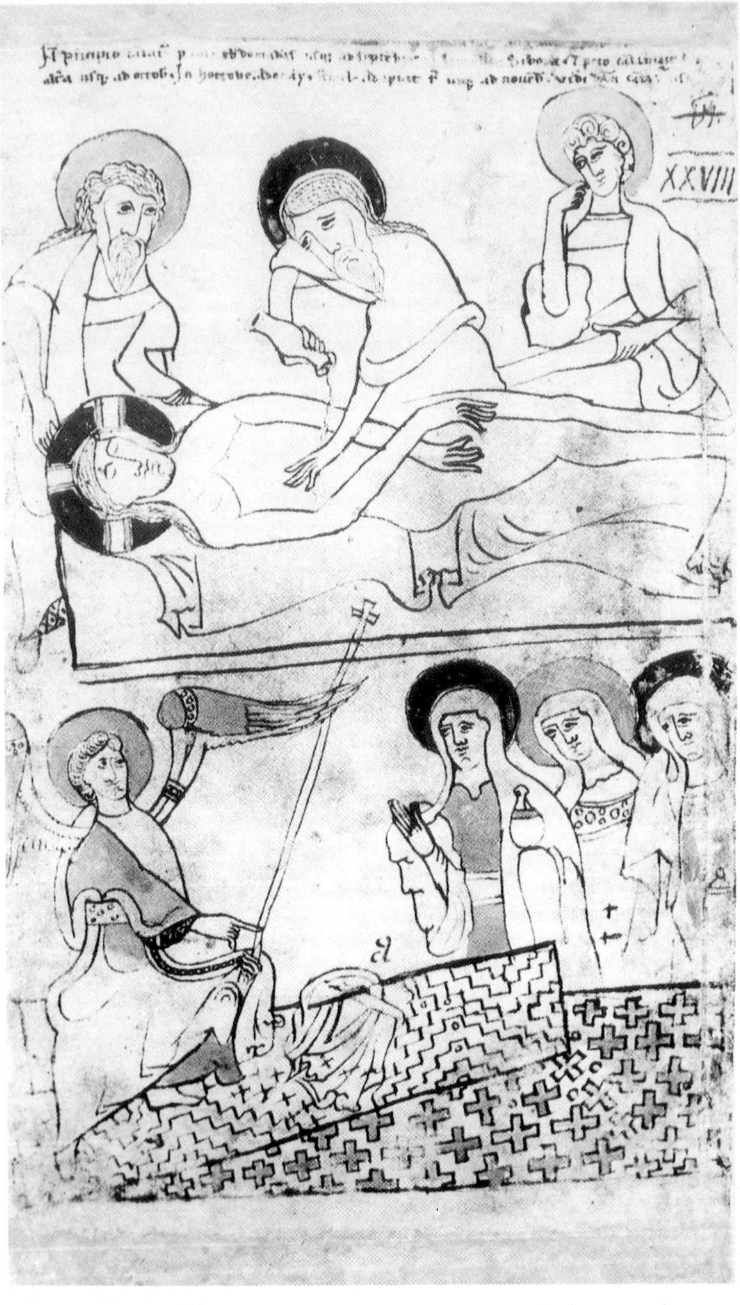
XXVIII

53

50 Die Beweinung Christi auf einem Fresko von 1164 in einer Kirche in Nerezi bei Skopje. Die Lage des Körpers und das Rautenmuster des Tuchs deuten auf das Vorbild des Turiner Tuches hin.

51 Auch bei diesem Epitaphion aus Thessalonike aus dem 14. Jh. ist der Körper und das Webmuster wie auf dem Turiner Tuch dargestellt.

52 Diese Abbildung aus dem Budapester Gebetsbuch (Codex Pray) von 1192 zeigt schematisiert die auffällige Webart des Turiner Tuchs und besonders deutlich die L-förmig angeordneten vier Brandlöcher in exakt der gleichen Formation wie im Original.

53 Dieses Tafelbild aus Templecombe (England, Datierung ungewiß) fand sich in einer Niederlassung der Tempelritter. Möglicherweise war es der Deckel einer Truhe, in der eine Kopie des »Idols« der Templer aufbewahrt wurde.

54 Die letzten Großmeister des Templerordens Jaques de Molay und Geoffroy de Charnay werden 1307 in Paris auf dem Scheiterhaufen verbrannt. (Miniatur, 14. Jh.)

55 Ritter des Templerordens in Rüstung. (Kupferstich, 18. Jh.)

56 Ritter des Templerordens in Zivilkleidung. (Kupferstich, 18. Jh.)

54

55

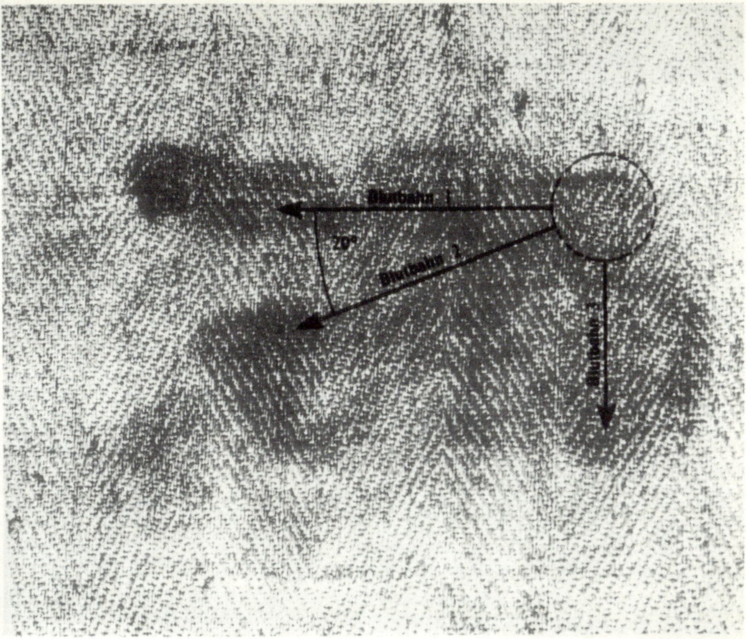

57

58

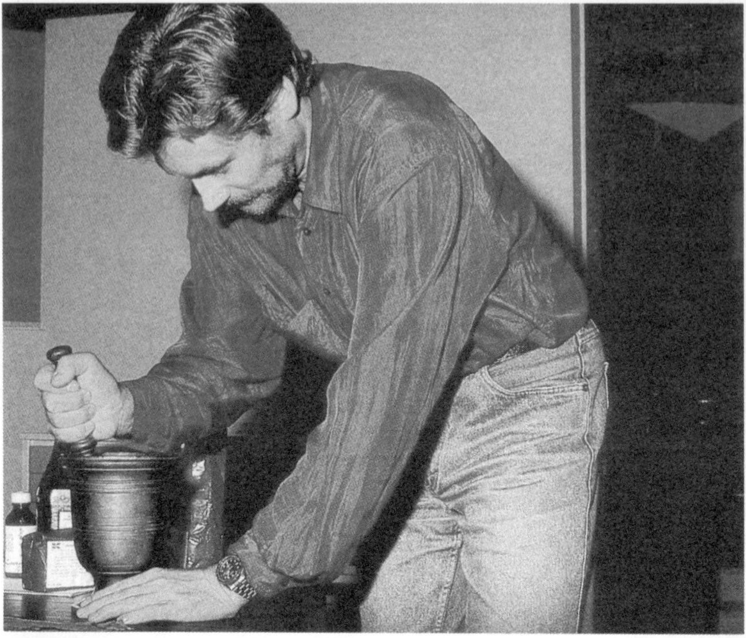
59

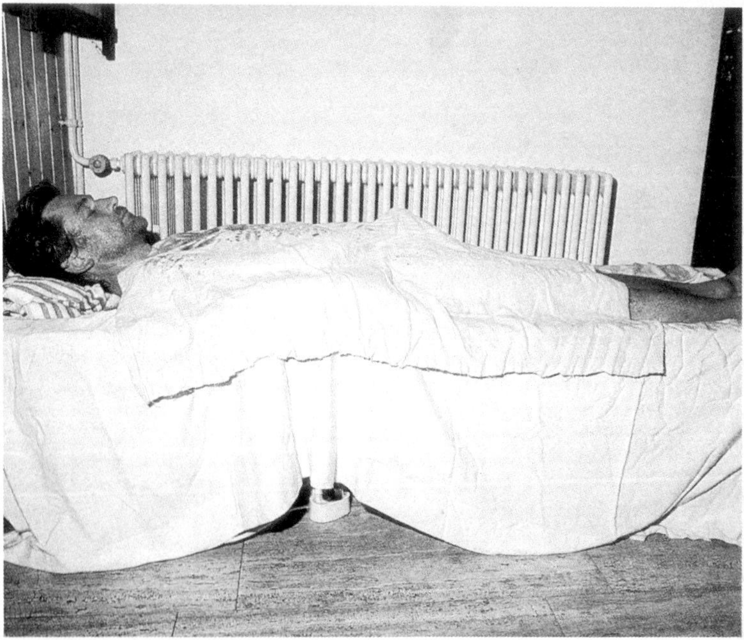
60

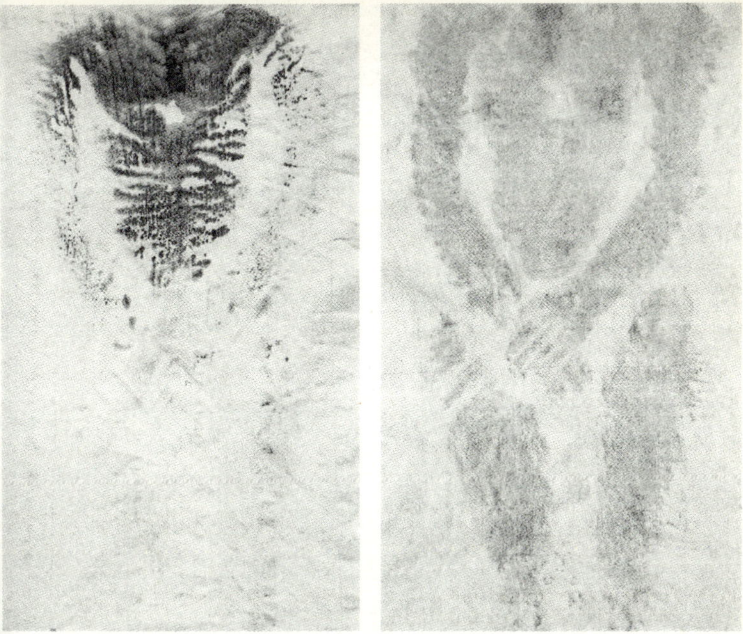

62

57 Die Verlaufsformen des Blutes der Nagelwunde auf dem Handgelenk beweisen, daß noch Blut floß, nachdem der Körper in das Tuch gelegt worden war.

58 Das Pilgermedaillon von Lirey (1357, vergrößert) ist die erste Darstellung des »Grabtuches« in voller Länge. Zu beachten ist der zopfartige Blutfluß unterhalb des Rückens.

59 Der Autor Holger Kersten beim Zerstoßen von Aloe und Myrrhe für die Experimente zur Entstehung des Abbildes.

60 Holger Kersten mit der Tinktur bestrichen unter dem Tuch aus naturbelassenem, handgearbeitetem Leinengewebe.

61 Das Ergebnis des zweiten Experiments zeigt ein noch unbefriedigendes Resultat.

62 Nach dem dritten Versuch zeigt sich ein Ergebnis, das die Konturen deutlich wiedergibt, wenngleich sie auch etwas in die Breite verzerrt erscheinen.

63 Die zweiteilige Arizona-Probe (vorne), unmittelbar nachdem sie aus der Folie (Mitte) und dem Stahlbehälter (hinten) genommen wurde.

64 1983 reiste Papst Johannes Paul II. eigens nach Portugal, um Exkönig Umberto II. im Exil dazu zu bewegen, dem Vatikan das »Turiner Grabtuch« zu überlassen. Kurz darauf verstarb der ehemalige König von Italien.

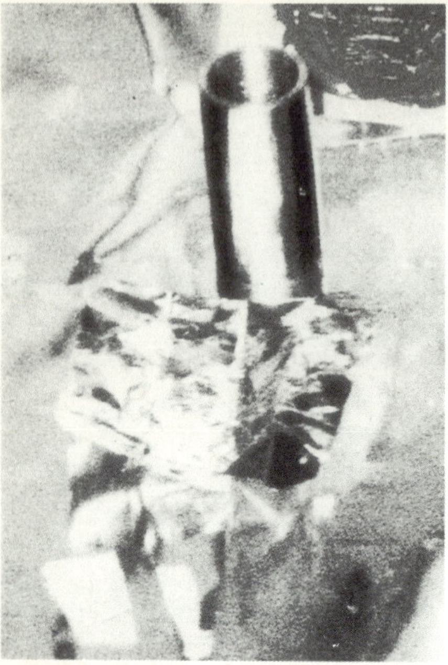
63

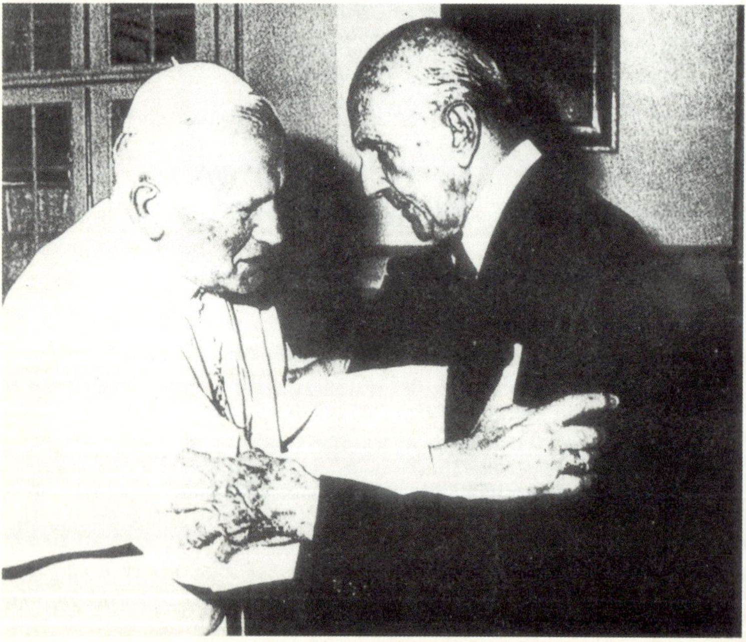
64

fungsprozeß war der Umstand, daß die Flachsfasern des Tuchs nur oberflächlich oxydiert und dadurch verfärbt sind. Die Wissenschaftler erwarteten bei einem Abbilden durch Dampf, der Körperöle, Schweiß und die chemischen Bestandteile von Aloe und Myrrhe transportierte, daß sich das Bild nicht nur oberflächlich zeige, sondern die gesamte Faser, auch an den Rändern, durchdringt. Tatsächlich ist dies nicht unbedingt von einem solchen Vorgang vorauszusagen. Durch die Webdichte werden die einzelnen Fäden abgeflacht. Da sie damit noch dichter aneinanderliegen, ist auch bei einem vaporographischen Prozeß eine nur oberflächliche Oxydation zu erwarten. Zum anderen läßt sich wohl nicht mit Sicherheit sagen, ob sich das Bild im Lauf der Jahrhunderte nicht verändert hat. Aus diesen Gründen müssen auch alle Experimente, die den Entstehungsprozeß nachbilden wollen, mit Vorsicht aufgenommen werden.

Durch die Fotos vom »Turiner Grabtuch« konnte man den Eindruck gewinnen, das Abbild auf dem Tuch sei recht kräftig ausgebildet, ein relativ scharf konturiertes Hell-Dunkel-Bild.

Mit dem bloßen Auge betrachtet, wirkt das Bild auf dem elfenbeinfarbenen Tuch wie ein zart hingehauchter Schatten, der erst auf den zweiten Blick überhaupt auszumachen ist. (Vgl. Abb. 2) Wenn man sich dann dem Tuch nähert, in der Hoffnung, das Bild besser sehen zu können, kann man überhaupt keine Abbildung mehr erkennen. Am besten läßt es sich aus einem Abstand von etwa zwei bis fünf Metern erkennen.

Bis heute konnte keine befriedigende Erklärung für die Entstehung des Bildes gefunden worden. Es gibt zwar mittlerweile eine stattliche Anzahl von phantastischen Hypothesen, doch die meisten sind äußerst spekulativ zu nennen.

Immer noch stellen unermüdliche Sindonologen Versuche mit erhitzten Metallreliefs oder mit Puppen an. Diese rührenden Experimente entsprechen freilich nicht annähernd den tatsächlichen Umständen und zeigen deshalb auch nur äußerst unbefriedigende Ergebnisse. Nur wenige Forscher haben Experimente unter realistischen Voraussetzungen durchgeführt. Zu ihnen gehört der Gerichtsmediziner Romanese, dessen Versuche mit Abdrücken an Leichengesichtern, die mit aleotischen Mischungen bestrichen wurden, wir im ersten Teil beschrieben haben.

Die Resultate seiner Arbeiten sind allerdings grotesk verzerrte, bisweilen schreckliche, maskenhafte Gesichter, nicht annähernd dem Grabtuchabbild ähnelnd.
Ostern 1986 versuchte die amerikanische Archäologin Eugenia Nitowski mit einem Team von Mitarbeitern, Abbilder auf einem Tuch zu erhalten, mit dem sie eine Puppe zugedeckt hatte. Die Puppe, die für 27 Stunden in einer Grabeshöhle in Jerusalem lag, wurde mit heißem Wasser gefüllt und mit einer Aloe-Lösung bestrichen. Was die Umgebung betrifft, war das Experiment sehr gut angelegt. Allerdings war die Plastikpuppe ein sehr ungeeignetes Versuchsobjekt. An ihr konnten keine spezifischen biochemischen Prozesse ablaufen wie an einem Lebewesen. Nitowski ließ die Puppe deshalb mit heißem Wasser füllen, weil sie ebenfalls davon ausging, daß Körperhitze einen entscheidenden Beitrag zur Bildentstehung geliefert hat. Allerdings bevorzugt sie eine äußerst abwegige Erklärung: Sie spricht von einem rätselhaften »Post-mortem-Fieber«, das Tote manchmal haben sollen. Die Erscheinung wird in der älteren Fachliteratur, etwa von Billroth, berichtet, ist äußerst selten und an bestimmte Todesarten (etwa Tetanus) gebunden.[9] Das Erkalten von Leichen ist die natürliche physikalische Begleiterscheinung des Todes. In den meisten Fällen sinkt die Temperatur bereits in der Agonie (agonale Temperatur) und fällt postmortal ständig, bis sie sich völlig an die Umgebungstemperatur anpaßt. Dazu kommt die mit dem Tode sofort einsetzende Austrocknung. Der Ersatz durch immer neue Flüssigkeitszufuhr zur Haut, die im Leben erfolgt, versiegt, und die Verdunstungsoberfläche trocknet rasch aus.
Die wissenschaftlichen Ergebnisse des Versuchs von Nitowski waren recht bescheiden. Zum Ausgleich dafür fand die Wissenschaftlerin immerhin zum christlichen Glauben. Heute ist sie unter dem Namen Schwester Damian vom Kreuz Nonne im Karmeliterorden von Salt Lake City.
Eine interessante Entdeckung machten die amerikanischen Forscher Jackson und Jumper, die das dreidimensionale Bild des Mannes vom Grabtuch auf dem Computer entworfen hatten. Sie konnten zugleich sämtliche Theorien abschmettern, die in dem Abbild das Resultat einer Art Lichtstrahlung sahen. Die Strahlungstheorie war lange Zeit hindurch ein Lieblingskind der »wundergläubigen« Sindonologen. Sie versuchten mit allen Mitteln, aus der Analyse des

Grabtuchs die Auferstehung Christi nachzuweisen. Jesus sei bei seiner Auferstehung gewissermaßen aus dem ihn bedeckenden Laken »verschwunden«, hätte sich also entmaterialisiert. Bei diesem Prozeß sei eine unbekannte Lichtenergie freigesetzt worden, die auf ewig das Bild des Herrn in den weißen Stoff geprägt habe. Licht verbreitet sich allerdings von seiner Quelle aus strahlenförmig in alle Richtungen. Die Hell-Dunkel-Projektionen auf dem Tuch befinden sich aber stets direkt vertikal über den entsprechenden Körperstellen. Eine Lichtstrahlung hätte, ähnlich einem Abdruck, ein verzerrtes Bild zur Folge haben müssen.
Was immer das Bild zustande gebracht hat, mußte den Gesetzen der Schwerkraft gehorchen. Jackson selbst zog aus der Verneinung der Lichttheorie recht seltsame Schlüsse. Auf dem Internationalen Symposium 1989 in Paris erklärte der fromme Forscher, daß er sich die Entstehung des Abbildes nur durch ein Wunder erklären könne. Seiner Meinung nach mußte das Bild entstanden sein, indem es gleichsam »durch den Körper hindurchgefallen« war! Der Leib des Mannes im Grabtuch habe sich in einen immateriellen Zustand verwandelt. Dabei sank das Tuch durch den virtuellen Körper hindurch bis auf die andere Seite des Stoffes, die als Unterlage diente. Durch die hohe Energie, die dabei freigesetzt wurde, soll das Abbild entstanden sein.
Ein Wunder wurde durch ein anderes ersetzt. Was blieb, ist das Tuch als Beweismittel der Auferstehung, die ein rätselhafter Entmaterialisationsprozeß sein soll.
Aus dieser unbefriedigenden Situation heraus beschlossen wir, eigene Experimente anzustellen. Wir besorgten uns Aloe *(Aloe capensis conc.* mit einem Gehalt an wasserfreiem Aloin von 22,9 %) und Myrrhe *(Myrrhae pulv. gross.* mit 33,3 % unlöslichen Bestandteilen).
Jeweils etwa 80 g der grobkörnigen, kristallinen Substanzen zerkleinerten wir in einem Mörser zu feinem Pulver. (Vgl. Abb. 59) Daraufhin mischten wir die Pulver und rührten sie in einen schweren weißen Wein ein. Diese Mischung ließen wir über Nacht ziehen. Am folgenden Tag zeigte sich, daß sich ein Teil der festen Bestandteile am Boden des Glases abgesetzt hatte. Der größte Teil des Pulvers aber hatte sich in der Flüssigkeit gelöst und war zu einer dickflüssigen braunen Emulsion geworden.

Zunächst wollten wir testen, ob das Tuch selbst oder der Körper mit der Mischung bestrichen wurde und die aufsteigenden chemischen Bestandteile des Schweißes einen oberflächlichen Oxydationsprozeß auf den Flachsfasern hervorrufen würden. Da ich von Größe und Körpergewicht (das sich aus den im Computer gespeicherten Daten des Tuchbildes ziemlich genau errechnen ließ) in idealer Weise dem Mann des »Grabtuchs« entspreche, mußte ich als Versuchsperson herhalten. In einem ersten Versuchsdurchgang bestrichen wir ein leinenes Tuch mit unserer Tinktur. Der Stoff wurde dadurch intensiv braun gefärbt. (Das in der Aloe bis zu 25 % enthaltene Aloin hat lichtempfindliche Eigenschaften und wird durch Licht und Luft dunkler.) Ausgangspunkt unserer Überlegungen im Anschluß an Vignon und die Versuche von Pellicori mit Schweiß und Körperölen war die chemische Reaktion dieser Bestandteile mit den im Gewebe aufgesogenen Spezereien. Vor dem eigentlichen Versuch begab ich mich kurz hintereinander dreimal für jeweils etwa 20 Minuten in die Sauna, um meinen Körper stark aufzuheizen. Auf diese Weise sollte das Wundfieber das Mannes vom Grabtuch mit der starken Schweißabsonderung simuliert werden. Nach dem dritten Saunagang legte ich mich in derselben Haltung wie der Mann des Grabtuchs auf eine flache Liege, und Elmar Gruber deckte ein vorbereitetes Tuch aus handgesponnenem, handgewebten naturgebleichtem Leinen über mich. (Vgl. Abb. 60) Der Einfachheit halber entschlossen wir uns, den Körper nur von der Brust bis zu den Oberschenkeln mit dem Tuch zu bedecken. 45 Minuten mußte ich so schwitzend ausharren. In der Tat war das Laken etwas steif geworden, so daß es sich nicht an den Körper anschmiegte, sondern von den hervortretenden Körperteilen, an denen es auflag, schräg nach unten glitt.
Als wir das Tuch entfernten, war nichts Auffälliges zu sehen. Ausgehend von der Annahme, daß ein so wertvolles Tuch, das ja nicht zu einem Begräbnis verwendet wurde und damit keinesfalls als unrein galt, zur Wiederverwendung gewaschen worden war, wuschen wir es in natürlicher Kernseifenlauge. Die Verfärbung blieb bestehen, wurde aber viel heller. Auf ihr war allerdings ein Abdruck nicht auszumachen. Auch mehrmaliges Waschen und Beobachtungen über einen Zeitraum von mehreren Monaten änderten am Erscheinungsbild nichts. So konnte das Tuchbild nicht entstanden sein!

In einem weiteren Versuch streuten wir die pulverisierte Kräutermischung auf meinen schwitzenden Körper und legten wieder das reine unbehandelte Leinengewebe darüber. Im Johannes-Evangelium ist nicht die Rede davon, wie die Spezereien zubereitet wurden. Eine direkte Applikation der getrockneten Substanzen war also auch denkbar.
Das Ergebnis war bereits wesentlich befriedigender. Deutlich konnte man einen Körperabdruck sehen. (Vgl. Abb. 61) An den Stellen, an denen starke Schweißabsonderung erfolgte, etwa auf der Brustmitte, erhielten wir ein äußerst kräftiges Bild, das allerdings als Abdruck entstanden war. Die Verfärbung durchdrang das Laken und war auch auf der anderen Seite deutlich zu sehen. Anders hingegen war das Bild an den Stellen, auf denen das Tuch nur leicht auflag, und die nicht in gleicher Weise naßgeschwitzt waren, etwa an den Armen. Hier zeigte sich ein sehr schwaches Bild. Klümpchen der getrockneten Kräuter blieben an den Fasern kleben, während sich um diese die Textilie leicht beigefarben verfärbte. Dieses Ergebnis war ermutigend. Auf alle Fälle hatte sich gezeigt, daß die auf die Haut aufgetragenen Stoffe zu einem Verfärbungsprozeß auf dem Stoff führen können, auch an den Stellen, die nicht direkt auf der Körperoberfläche anliegen.
Motiviert durch den zweiten Versuch, schritten wir sofort zu einem dritten. Abermals mußte ich in die Sauna. Anschließend wurde mein Körper mit den in Wein gelösten Stoffen bestrichen. Über das Leinen, mit dem ich zugedeckt wurde, legten wir noch einige Handtücher, um den Effekt der Schwitzpackung nachzuvollziehen. 35 lange Minuten verstrichen. Hatten wir es diesmal richtig gemacht? Würden wir mit dieser Versuchsanordnung den wahren Umständen des Heilversuchs am nächsten kommen? Viele widerstreitende Gedanken gingen mir durch den Kopf. Ein eigenartiges Gefühl war es allemal, selbst jene Vorgänge nachzustellen, die vor 2000 Jahren in einem Jerusalemer Felsengrab stattgefunden hatten und die bis heute im Dunkel einer geheimen Überlieferung verborgen geblieben sind.
Als wir die Tücher abhoben und das Leinen von meinem Körper entfernten, sahen wir das erstaunliche Ergebnis: ein deutlicher Abdruck des Rumpfes mit den überkreuzten Händen in einem zarten Beigeton! (Vgl. Abb. 62) Dem Vergleich mit dem Grabtuchbild

kann unser Tuch allerdings nicht standhalten. Auf den ersten Blick ist die Übereinstimmung zwar auffallend, doch bei genauerer Betrachtung wird die Sache problematischer: Die dunklen Stellen wirken flächenhaft und relativ scharf umgrenzt. Sie zeigen nicht die feinen Verlaufsformen wie auf dem »Turiner Grabtuch«. Außerdem sind die Körperformen ein wenig in die Breite verzerrt und wirken daher unproportional. Das von uns verwendete Leinen war von grober Art, nicht so fein wie das Turiner Tuch und auch nicht von der gleichen Webart. Zudem mag ein viel längeres Liegen im Tuch – Jesus lag zumindest die ganze Nacht darin – den Effekt verändern. Dazu kommt immer noch der Zahn der Zeit, dessen Einfluß wir praktisch gar nicht kennen.

Auch auf diese Weise konnte das Original also nicht entstanden sein, wenngleich die allgemeine Art und die Farbe der Abbildung schon sehr genau dem Tuchbild entsprachen. Durch Waschen war das Bild jedenfalls nicht mehr zu entfernen. Bei unseren Versuchen konnten wir den Prozeß der Bildformation nicht genau nachstellen, zumal ich nicht mehrere Stunden unbeweglich und schwitzend liegenbleiben konnte. Wegen der gestauten Hitze unter dem Tuch war ich nach einiger Zeit bereits einem Kreislaufkollaps nahe.

Es ist anzunehmen, daß es einige Zeit dauerte, bis die Kräutermischung auf den gesamten Körper Jesu, einschließlich des Kopfes, der ja die Wunden der Dornenkrone trug, aufgetragen war. Wahrscheinlich war die Tinktur auf dem Körper bereits angetrocknet, als Jesus in das Laken eingeschlagen wurde. Durch den fiebrigen Prozeß wurde nach und nach im Schweiß die Tinktur wieder feucht. Beim Verdampfen konnten so mit dem Schweiß die Moleküle der Kräutermischung auf das Tuch transportiert werden. Der Vorgang muß also ein allmählicher gewesen sein, der eine plötzliche Durchtränkung des Lakens ausschließt. Es blieb zu prüfen, ob solche Dämpfe tatsächlich in entsprechender Weise ein Tuch verfärben würden. Die Art der Abbildung auf dem Turiner Tuch wäre auf diese Weise gut erklärbar, da bei der Verdunstung der Flüssigkeitsdampf vertikal nach oben steigt. Als Abbild würden wir also eine direkte Projektion im Gegensatz zu einem verzerrten Bild erwarten. Wir stellten dazu ein weiteres Experiment an. In ein feuerfestes Glas füllten wir ein wenig von der Aloe-Myrrhe-Tinktur. Darüber spannten wir ein Stückchen Leinen und erhitzten die Substanz im Glas vorsichtig auf kleinster Gasflamme. Bald bildeten sich auf der Oberfläche des gespannten Tuches kleine Wassertröpfchen, die wie Tau aussahen. Nach etwa 40 Minuten hatte sich ein deutlicher gelblicher Fleck gebildet, der nur an der Unterseite des Stoffes zu sehen war. Die färbenden Substanzen waren nicht durch das Material an die Oberfläche vorgedrungen. Selbst nach mehrmaligem Auswaschen ließ sich die Färbung[10] nicht entfernen.

Ein Mensch verdunstet während des Schlafes in nur einer Nacht bis zu einem Liter Wasser. Wenn man sich vorstellt, daß der Körper des Mannes vom Grabtuch vielleicht zumindest eine Nacht lang bewegungslos unter dem Tuch gelegen hat, so ist also eine Abbildung durch Verdampfung der Substanzen durchaus möglich. Das Verdunstungsprodukt mußte keine langen Wege zurücklegen. Das Bild auf dem Turiner Tuch ist nur an den Stellen zu sehen, die direkt mit der Oberfläche des Körpers in Berührung waren, und dort, wo das Tuch nur Millimeter von der Haut entfernt war. Wo das Gewebe weiter weg lag, ist keine Verfärbung zu erkennen, auch die Geißelspuren übertrugen sich nicht. Der hier zugrunde gelegte Vorgang erklärt auch, warum das Bild nicht klar umrandet ist, warum sich die Konturen langsam in der Farbe des umliegenden Gewebes verlieren. An den Stellen, wo das Laken den Kontakt mit der Körperoberfläche verlor, zeichnete der Dampf nur noch eine unklare Linie, weil eben ein längerer Weg zu überbrücken war als an den Kontaktstellen. Je weiter das Tuch von der Haut weg lag, desto unklarer wurde die Kontur, verlor sich schließlich in der allgemeinen Farbe des Stoffes, bzw. die färbenden Stoffe wurden nicht mehr so weit transportiert. Speziell wenn es sich um einen sehr langsamen, aber kontinuierlichen und nur recht schwachen Verdampfungsprozeß handelte, wie er sich auf der Haut eines Menschen abspielen kann, ist das Bild auf dem Grabtuch auf diese Weise rational vollkommen erklärbar, wenn ... ja, wenn der Körper noch gelebt und geschwitzt hat!

Eine Stecknadel im Heuhaufen

Neben den eigenen Experimenten verfolgten wir auf der Suche nach größtmöglicher Gewißheit noch einen anderen Weg, nämlich zu versuchen, ob wir das Grabtuch in Konstantinopel, das Robert de Clari 1203 gesehen hatte, mit dem Turiner Tuch identifizieren könnten. Wir wußten, daß wir uns von ihm nicht allzuviel erhoffen durften, doch war es einen Versuch wert, auch dieser schwachen Fährte nachzugehen.

Nach dem Vierten Kreuzzug wurden zahlreiche Reliquien aus den Schatzkammern der Stadt in alle Welt verstreut. Besonders begehrt waren freilich die alles überragenden Passionsreliquien. Binnen kürzester Zeit stiegen die Reliquienpreise ins Unermeßliche. Für eine einzige Dorne aus der Dornenkrone wurden astronomisch hohe Summen bezahlt. Als König Ludwig IX. der Heilige den Reifen, der als »Dornenkrone« ausgegeben wurde, von den Venezianern erwarb, hatte dieser keine einzige Dorne mehr. Diese waren in die Reliquienschränkchen ungezählter Kirchen gewandert. Für den unansehnlichen Ring von 21 cm Durchmesser bezahlte der fromme Herrscher die unglaubliche Summe von 135.000 Livres. Die wunderschöne Sainte-Chapelle, die er für die »Dornenkrone« in Paris vom Architekten Pierre de Montreuil errichten ließ, war dagegen absolut preiswert. Sie kostete ihn nur 40.000 Livres!

Historische Dokumente verbürgen, daß nach und nach auch Teile eines »Grabtuchs Christi« aus Konstantinopel an verschiedene Adressaten abgegeben wurden. Freilich wissen wir nicht, ob diese vom Turiner Tuch stammen oder von Kopien. Vielleicht, so dachten wir, könnte man den Weg eines solchen Reliquienteils verfolgen, es heute noch aufspüren und den Stoff mit dem Turiner Tuch vergleichen. Auf diese Weise könnte eventuell ein Nachweis erbracht werden, ob tatsächlich ein Stück des echten »Grabtuchs« abgeschnitten wurde. Dies würde ein unumstößliches Argument für den Aufenthalt des Turiner Tuchs um 1200 in Konstantinopel sein.

Sehen wir uns also die Dokumente an: Einem Bericht zufolge bringt der Kreuzritter und Chronist Robert de Clari selbst einen beachtlichen Reliquienschatz in seine Heimatstadt Corbie zurück. Er muß auch an zwei kleine Stücke einer angeblichen Grabtuchreliquie herangekommen sein. Diese werden in einer frühen Inventarliste von Corbie verzeichnet.[11]

Unmittelbar nach dem Ende des Vierten Kreuzzugs beladen vor allem die hohen kirchlichen Würdenträger ihre Schiffe mit den einzigartigen Reliquien. So schafft der Abt Hugo de St. Gilles ein Reliquiar nach Clairvaux, in das auch ein Grabtuchteil eingefügt war.[12]

Der Bischof von Soissons, Nivelo de Cherisiaco, übergibt im Oktober 1205 seiner Nichte, der Äbtissin Helvis, ein Stück der »reinen Sindon« aus Konstantinopel für die Marienkirche von Soissons.[13]

Konrad von Krosigk, Bischof von Halberstadt, gehörte, wie schon erwähnt, zu denen, die besonders eifrig Heiligtümer rafften. Ebenfalls im Jahr 1205 bringt er ein Stück des Grabtuchs und des Schweißtuchs aus Konstantinopel nach Halberstadt.[14]

In einer Sessions-Urkunde vom Juni 1247 überläßt Balduin II., der lateinische Kaiser von Byzanz, dem leidenschaftlichen Reliquiensammler Ludwig dem Heiligen für die Sainte-Chapelle einen »Teil des Sudariums, in das Sein Körper im Grab eingeschlagen war«.[15]

20 Jahre später schenkt Ludwig einen Teil seiner Reliquien dem Abt des Klosters von Vézelay, Simon de Brion. Darunter ein Eckchen der Grabtuchreliquie.[16] Simon de Brion seinerseits erläßt am 11. August 1267 ein Edikt, wonach keine der ihm und dem Kloster Vézelay von Ludwig IX. überlassenen Reliquien jemals verkauft werden darf.

1248 schickt König Ludwig dem Erzbischof von Toledo ein weiteres Stück der kostbaren Grabtuchreliquie für seine Kathedrale.[17]

Es galt herauszufinden, ob in den Reliquienschätzen der betreffenden Kirchen heute noch die Grabtuchteile aufzuspüren sind. Inzwischen sind allerdings fast 800 Jahre vergangen; Jahrhunderte, in denen Europa ungezählte Kriege, Aufstände und Revolutionen erlebt hat. Wir wußten, daß wir nach Stecknadeln in Heuhaufen suchen würden. Aber manchmal sind es gerade die Kirchenschätze, die wohlgehütet die schlimmsten Zeiten der Unruhen überdauern. Schon bald stellte sich heraus, daß unsere Hoffnung trügerisch und es ein bedauernswerter Umstand war, daß die meisten Grabtuchreliquien ausgerechnet in Frankreich gelandet waren. Jahrhunderte hindurch haben sie dort ein stilles Dasein gefristet, bis die Französische Revolution durchs Land fegte und sich mit Vorliebe auf Kir-

chenbesitz stürzte. Der zerstörerischen und brandschatzenden Meute waren zahlreiche Klöster und Kirchen zum Opfer gefallen – unwiederbringliche Kulturdenkmäler und Kunstschätze.
In Corbie wurden die beiden Grabtuchstücke, eingeschlossen in kreuzförmige Reliquiare, zuletzt in der Inventarliste der Kirche St. Pierre im Januar 1791 erwähnt. Die atheistischen revolutionären Plünderer haben danach den Kirchenschatz nach wertvollen Gegenständen durchwühlt und die in kostbare Schreine eingeschlossenen Reliquien einfach weggeworfen.[18] Das gleiche Schicksal erlitten die Tuchreliquien in Vézelay, Soissons und Clairvaux. Das Kloster von Clairvaux wurde während der Revolution vollständig zerstört, die Reliquien ebenso. In Vézelay brauchte man sich über das Edikt des Abtes Simon de Brion keine Gedanken zu machen: Verkauft hatte die Reliquien niemand, aber während der Revolution sind sie alle Plünderern in die Hände gefallen.[19] In Soissons findet sich die letzte Eintragung der Tuchreliquie in einer Inventarliste von etwa 1622, die unter dem Bischof Charles de Haqueville angefertigt wurde. Auch die Abtei Notre-Dame de Soissons wurde in der Revolutionszeit ausgeraubt und teilweise zerstört. Der Reliquienschatz ist verschwunden.[20]
Jetzt lag unsere ganze Hoffnung auf Toledo und Halberstadt. Der zuständige Kurator des Halberstädter Domschatzes, Konrad Riemann, ließ uns allerdings wissen, daß in keiner der bekannten Inventarlisten ein Stück des Grabtuchs verzeichnet sei. Ein Sudarium allerdings gebe es im Halberstädter Dom![21] Am 15. August 1991 hatte ich Gelegenheit, mir von der Restauratorin Frau Happach, der Schwester von Herrn Riemann, die umfangreiche Textiliensammlung im Halberstädter Dom zeigen zu lassen. Es ist ihr Verdienst, die 300 Einzelstücke gut untergebracht und konserviert zu haben. In der Sammlung befinden sich nicht weniger als 90 Chormäntel aus der Zeit vom 11. bis zum 17. Jh. Das erwähnte Sudarium ist eine Art Säckchen aus Baumwollkrepp, das wohl an einem Bischofsstab befestigt war. Der Stoff hat keine Ähnlichkeit mit dem Grabtuch. Auch hier verläuft die Spur im Sand.
Vom Domkapitel der Kathedrale zu Toledo erhielten wir ein Antwortschreiben von barocker Fülle, durchdrungen vom mystischen Geist des spanischen Katholizismus.[22] Der einzige Eintrag, der sich auf ein Grabtuch beziehen könnte, entstammt einer Inventarliste

des Erzbischofs Francisco Antonio Lorenzana vom 20. Juni 1790. Darin wird unter der Nummer 10 ein Kristallreliquiar mit vergoldetem Piedestal und Deckel vermerkt, das verschiedene Reliquien enthält, unter anderem auch von den »Tüchern, in die Unser Herr Jesus Christus eingewickelt worden war«. Es wird allerdings nicht gesagt, daß es sich dabei um eben jenes Tuch handelt, in das er im Grab »eingewickelt« war. Auffallend ist auch, daß kein Hinweis besteht, daß dieses Reliquiar von Ludwig dem Heiligen stammt, obgleich andere Heiligtümer vermerkt sind, die explizit als Geschenke Ludwigs dargestellt werden. Wie es scheint, handelt es sich um eine spätere Erwerbung der Kathedrale und nicht um das Stück aus dem Reliquienschatz Konstantinopels, das Ludwig 1248 nach Toledo bringen ließ.
Einen ähnlichen Weg wie wir verfolgte der italienische Pater und exzellente Historiker des »Turiner Grabtuchs« Luigi Fossati. Beim Studium der frühen Ikonen des sogenannten »Heiligen Antlitzes« oder der Kopien des Edessa-Bildes stellte Fossati fest, daß die Bilder oft über Stoffstücke gemalt waren, die auf Holztafeln aufgezogen worden waren. Das wäre weiter nicht verwunderlich, wenn sie tatsächlich als Malunterlage gedient hätten. Doch teilweise handelt es sich um kleine Stoffstücke, die nur einen Teil der Holztafel bedecken. Auf dem sogenannten »Heiligen Antlitz von Edessa«, das in der Armenierkirche in Genua aufbewahrt wird, bedeckt eine Leinwand etwa zwei Drittel der Holzplatte. Der Stoff ist vollkommen von der Farbe überzogen, so daß er nur an den Stellen, an denen sich die Farbschicht ablöste, sichtbar ist. Offenbar handelt es sich bei dem Stoff um ein *brandeum,* also ein Objekt, das mit einer heiligen Reliquie in Kontakt gebracht worden war. Die Reliquie, die allein dafür in Frage kommt, ist das Edessa-Bild selbst.
Auf einem anderen »Heiligen Antlitz von Edessa«, das der Vatikan in der Matilda-Kapelle verwahrt, ist ebenfalls an abgeblätterten Stellen ein Leinen unter der Farbe zu erkennen. Das Bild wurde zuerst auf die Leinwand gemalt und erst später auf eine Holztafel geklebt. Wie es den Anschein hat, ist der Stoff im Fischgrätmuster gewoben. Auch hier müssen wir ein *brandeum* voraussetzen, zumal eine solche Malunterlage nicht gängig war. Um ein *brandeum* möglichst »authentisch« zu machen, wurde meist ein mit der Reliquie identischer Gegenstand ausgewählt. Daß man hierzu ein Leinen in

Fischgrätmuster verwendet hat, würde darauf verweisen, daß sich das Mandylion auf einem Leinen derselben Webart befand – jener seltenen und aufwendigen Köperbindung, die das Turiner Tuch auszeichnet. Leider sind bis zum heutigen Tag die Stoffteile weder auf der Genua-Ikone noch auf der des Vatikans eingehend untersucht worden, um ihre Ähnlichkeit mit dem Grabtuch zu prüfen. Beide Pfade scheinen uns, trotz der damit verbundenen Probleme, wert, in Zukunft genauer unter die Lupe genommen zu werden.

Ein beunruhigender Verdacht

Am Morgen des 16. Juni 1969 wurde die Grabtuchkapelle in Turin drei Tage lang für den Publikumsverkehr geschlossen. Eine Erklärung dafür wurde nicht abgegeben. Die Gläubigen fragten sich sicher nicht, warum dies so war. In Kirchen sind immer wieder Renovierungsarbeiten fällig. Um 8.30 Uhr traf sich im Inneren der Kirche eine kleine Gruppe von Leuten mit Kardinal Pellegrino und einigen anderen kirchlichen Würdenträgern. Der Kardinal zelebrierte eine Messe, danach wurde unter Einhaltung des feierlichen Rituals das Behältnis mit dem Tuch aus dem Schrein herausgeholt und das Tuch selbst auf einem langen Tisch ausgebreitet, der mit einem weißen Laken bedeckt war. Zum ersten Mal in der Geschichte durfte das Tuch direkt von Wissenschaftlern in Augenschein genommen werden.
Wir haben diese Untersuchung von 1969 in Teil I als ein sehr unglückliches Unternehmen dargestellt. Weder waren genug gute Wissenschaftler eingeladen worden, noch war die fotografische Ausbeute zufriedenstellend. Ein provinzielles Grüppchen hatte sich um die Reliquie versammelt und mehr diese und die eigene Ratlosigkeit bestaunt denn eine konstruktive Leistung erbracht. Wir verstehen jetzt, warum das so war. Freilich hätte Kardinal Pellegrino eine Kommission international anerkannter Experten einberufen können. Dann allerdings hätte die Angelegenheit wohl Aufsehen erregt. Die eitlen Wissenschaftler hätten kaum über ihre

Rolle bei der Tuchanalyse geschwiegen. Genau dies wollten aber die offiziellen kirchlichen Stellen vermeiden. Die Begutachtung der Reliquie sollte unter allen Umständen geheim bleiben. Es war darum das beste, »Experten« einzuladen, zu denen die Kurie selbst Kontakt hatte und bei denen Verschwiegenheit vorausgesetzt werden konnte.

Erst Jahre später, 1976, wurden die Mitglieder, unter dem Druck des öffentlichen Interesses, namentlich genannt. Inzwischen waren recht konkrete Gerüchte über die heimliche Aktion durchgesickert.

Wahrscheinlich hätte niemand von diesen geheimgehaltenen Vorgängen Notiz genommen, wenn nicht ein deutscher Sindonologe, Hans Naber, die obskure Angelegenheit an die Presse und somit an die Öffentlichkeit gebracht hätte. Angeblich hatte Naber von einem »Offiziellen aus dem Vatikan« einen diskreten Hinweis auf die Vorgänge in der Grabtuchkapelle erhalten. Wer diese Quelle war, kam nie ans Licht, doch schrieb der Informant in seiner Nachricht: »Sie gehen ans Werk wie Diebe in der Nacht.« Naber gab eine Reihe von Presseerklärungen heraus, in denen er behauptete, die Kirche hätte die Absicht, das heilige Tuch in irgendeiner Weise zu manipulieren, es zu verfälschen oder gar zu zerstören, um es von der Bildfläche verschwinden zu lassen, weil das Tuch eine ernsthafte Gefahr für den Fortbestand des gesamten christlichen Glaubens darstelle. Naber war nämlich einer der ersten, der öffentlich verkündete, was viele bereits wußten, doch aus Angst vor den erschütternden Konsequenzen für sich behielten: Die Blutflecken auf dem Turiner Tuch sind der Beweis dafür, daß Jesus noch gelebt hat, als er vom Kreuz genommen und ins Linnen gebettet wurde.

Für die unvorbereitete Öffentlichkeit war diese Behauptung geradezu abenteuerlich, absurd und ungeheuerlich. Daß Jesus nicht am Kreuz gestorben war, hatten schon viele Autoren vermutet, aber daß man jetzt einen Beweis dafür in Händen hielt, das war für die christlich geprägte westliche Welt ein Schock. Für die Presse waren Nabers Behauptungen eine Sensation, und deshalb fiel es ihm nicht schwer, sie für seine Sache zu interessieren. Der Vatikan war gezwungen, die Anschuldigungen offiziell zu dementieren. Monsignore Annibale Bugnini, ein Untersekretär im Vatikan, erklärte am 20. Juni 1969 gegenüber der Agentur Associated Press: »Der Vati-

kan hat zu diesem Zeitpunkt nicht die Absicht, sich mit der Frage des Grabtuches zu befassen.« Dank seiner Autorität schien sich schon bald niemand mehr ernsthaft für den Fall zu interessieren.
Die Gegner, die Hans Naber mundtot machen wollten, hatten mit ihm kein schweres Spiel, denn Naber ist ein ausgesprochen seltsamer Zeitgenosse, und seine Auftritte waren zumeist nicht sonderlich vertrauenerweckend. Er hatte sich verschiedene Namen zugelegt, nannte sich bisweilen Kurt Berna oder in englischen Publikationen John Reban oder Nelson T. Bruknear (= Kurt Berna). Alle Pseudonyme sind Anagramme seines richtigen Namens. Dazu schmückte er sich mit imposanten Berufsbezeichnungen, etwa mit »Präsident der Internationalen Stiftung für das Grablinnen Jesu«, deren einziges Mitglied er war. Naber war früher Kellner und hatte angeblich im Jahr 1947 eine mehrtägige Vision, in der ihm Jesus eine Offenbarung zuteil werden ließ. Nach Nabers Darstellung habe ihn Jesus in dieser Vision dazu auserwählt, aller Welt kundzutun, daß der Erlöser der Menschheit in Wahrheit nicht am Kreuz gestorben sei, sondern nur scheintot war, die Kreuzigung überlebt habe und nach drei Tagen wieder aus dem Koma erwacht sei. Den Beweis für diese Behauptung solle Naber direkt aus dem Turiner Tuch ziehen, denn darauf sei aus den abgebildeten Blutflecken zu ersehen, daß Jesus nicht tot gewesen sein kann.
Durch die Veröffentlichungen der Forschungsarbeiten und der Fotos vom Tuch fühlte Naber sich bestätigt, und es gelang ihm sogar, einige Fachleute aufzuspüren, die seine Ansichten durch Expertisen und Gutachten unterstützten. Nabers Absicht war es in erster Linie, mit seiner Beweisführung die jahrtausendealten Spannungen zwischen Christen und Juden aufzuheben. Wenn Jesus nicht am Kreuz gestorben war, so konnten die Juden nicht seine Mörder sein und für Jesu Tod verantwortlich gemacht werden.
Seit 1957 veröffentlichte Naber immer wieder neue Traktate, Aufsätze, Bücher und illustrierte Zeitungen (»Sondernachrichten«), in denen er seine Mission darstellte. 1963 erschien in (angeblich) fünfter Auflage sein Buch *Auferstanden in Fleisch und Bein* bei einem bis dahin unbekannten Verlag im Alpenfürstentum Liechtenstein. In einer seiner »Sondernachrichten« mit vielen protzigen Titeln verkündete Naber in roten Balkenlettern wie eine billige Gazette der Sensationspresse seine »Weltentdeckung«: »Christus wurde le-

bendig begraben.« Als Verlag firmierte eine obskure Gesellschaft, »Interfound Publishers«, in Zürich und London, wahrscheinlich auch eine der zahlreichen Gründungen und Unternehmungen des Hans Naber. Seine »Sondernachrichten«, in denen Jesu Überleben der Kreuzigung berichtet wurde, konnte man 1980 drei Monate lang an Kiosken in Deutschland, Österreich und der Schweiz kaufen. Auf der letzten Seite der Zeitung kündigte Naber noch großartig den Titel einer nachfolgenden Ausgabe der »Sondernachrichten« an, die ab Juni 1981 an den Kiosken zu haben sein sollte: »›Jesu-Geheimdienst‹ am Werk – Grablinnen als Bilddokumentation.« Diese Nachrichten sind allerdings nie erschienen!
Die Pseudonyme und die erfundenen Gesellschaften trugen das Ihre dazu bei, daß Nabers Thesen sowohl von den Vertretern der dogmatischen Kirchenlehre als auch von weltlichen Wissenschaftlern mitleidig belächelt wurden und wenig Beachtung fanden. Die Beunruhigung aber blieb, und alle ernst zu nehmenden Schriften zur Sindonologie erwähnen die Arbeiten Nabers. Für den Fundamentaltheologen Prof. Werner Bulst, den bekanntesten und kompetentesten Sindonologen Deutschlands, sind Nabers Veröffentlichungen »reinste Phantasie«. Er hält ihm Inkompetenz, mangelnde Bildung und das »Fehlen jeglicher wissenschaftlicher Ausbildung« vor.
In meinem Buch über den historischen Jesus hatte ich 1983 Naber und seine Geschichte kurz erwähnt, und so kam es, daß Naber mir eines Tages einen Besuch abstattete. Hans Naber war von einer unglaublichen Leibesfülle und fand nur mühsam auf dem Rücksitz des Taxis Platz, nachdem der Vordersitz bis zum Anschlag nach vorn geschoben war. Zu jener Zeit hatte ich ein zwei Meter langes halbrundes Sofa, das Naber fast vollkommen ausfüllte. Der Koloß fühlte sich ständig bedroht und angegriffen, weil sich kaum jemand ernsthaft auf seine Thesen einlassen wollte. Um seine Mission zu vollenden, hatte er sich größere Summen Geld geliehen und gehofft, die Schulden mit den Gewinnen aus seinen Publikationen zurückzahlen zu können. Enttäuscht mußte er feststellen, daß kaum jemand an »seiner Wahrheit« interessiert war. Schließlich wurde er 1972 vom Landgericht in Stuttgart wegen fortgesetzten Betrugs zu zwei Jahren Gefängnis ohne Bewährung verurteilt. In jeder Aktion gegen ihn wähnte er die Machenschaften des Vatikans, der ihn mit

allen Mitteln zum Schweigen bringen wolle. Als er mich 1983 aufsuchte, war er ein gebrochener Mann, der psychisch, körperlich und finanziell ruiniert war.
In mir sah er offenbar einen Mitstreiter für die gerechte Sache, die er vertrat, und bot mir großzügig an, »Weltgeneraldirektor« einer neuen Vereinigung, der »Untersuchungskommisssion J«, zu werden, die er in irgendeiner Bananenrepublik ins Leben gerufen hatte. So großer Ehre erschien ich mir nicht würdig und lehnte sein freundliches Angebot dankend ab. Wenig später distanzierte ich mich während einer Pressekonferenz in New Delhi öffentlich von Naber. Von diesem Zeitpunkt an betrachtete Naber auch mich als seinen persönlichen Feind und versuchte gerichtlich gegen mich vorzugehen, da ich ihn angeblich nicht korrekt zitiert hätte. Wieder einmal kämpfte er gegen Windmühlen.
Am 28. Juni 1969, nur zehn Tage nach Beendigung der Tätigkeit der geheimen Untersuchungskommission in Turin, klopfte Naber an die Pforten des Vatikans. Er hatte eine Tasche mit Dokumenten bei sich und einen Fotografen. Wider Erwarten wurde er vom Untersekretär der Glaubenskongregation, Monsignore Charles Moeller, empfangen. Mit saurer Miene nahm der Sekretär die Mappe mit der Dokumentation entgegen, als der Fotograf, der Naber begleitete, auf den Auslöser drückte. Damit hatte Naber praktisch schon sein Ziel erreicht. Das Foto ging um die Welt.
Die Presseagentur UPI (United Press International) meldete direkt aus dem Vatikanstaat: »Heute überreichte der ›Präsident der Schweizerischen Stiftung für das Heilige Grabtuch‹, Kurt Berna, dem Vatikan Dokumente, die angeblich beweisen sollen, daß Jesus Christus nicht am Kreuz gestorben ist. Professor Berna schildert in dem illustrierten Bericht seine Auffassung, daß die Blutflecken auf dem Turiner Grabtuch, in dem höchstwahrscheinlich Jesus eingewickelt war, nicht von einer Leiche stammen können ... Diese Behauptung steht im Widerspruch zu den Dogmen der römisch-katholischen Kirche. Wenn Bernas Behauptungen zuträfen, bedeutete dies, daß Christus noch lebte, als er vom Kreuz genommen wurde, und darauf von seinen Verletzungen genesen sein könnte. Damit erschiene die ›Auferstehung‹ in einem völlig neuen Licht. Eine Stellungnahme des Vatikans dazu war bislang nicht zu erhalten.«
Und auch AP (Associated Press) berichtete ähnlich: »Der deutsche

Autor Kurt Berna, der den Kreuzestod Christi bezweifelt, hat den Vatikan zu einer neuerlichen sorgfältigen Untersuchung des Turiner Grabtuches aufgefordert. Der Verfasser von vier Büchern über das Turiner Tuch behauptet, daß Christus nach der Abnahme vom Kreuz noch gelebt habe. Berna händigte gestern dem Vertreter des Vatikans, Charles Moeller, ein zwanzigseitiges, mit Fotos illustriertes Schriftstück aus, das er als ›Dokumentation‹ bezeichnet ... Ein offizieller Kommentar von seiten des Vatikans steht zur Stunde noch aus.«

Trotz ihres sensationellen Charakters schienen diese Neuigkeiten die Menschen nicht sonderlich zu erschüttern. Hätte der Vatikan darauf reagiert, wäre die Weltöffentlichkeit sicher neugierig geworden. Der Vatikan aber operierte mit großem diplomatischem Geschick. Ein offizielles Dementi erzielt oft das Gegenteil der dahinterstehenden Absicht – die Menschen werden hellhörig. Wenn hingegen nichts verlautet, ist jegliche Aufregung bald wieder vergessen. In der Tat hörte man nichts mehr von dieser Angelegenheit, bis »Berna« im Dezember des gleichen Jahres einen streng vertraulichen schriftlichen Hinweis »von höchster Stelle« direkt aus dem Vatikan erhielt. Wieder wurde kein Name genannt. Die geheime Information war alarmierend. Ein hoher geistlicher Würdenträger, Mitglied der Kurie, hatte an Naber geschrieben: Die Heilige Kirche könne keine Spaltung dulden. Es dürfe nicht einerseits gelehrt werden, daß Jesus Christus zur Erlösung der sündigen Menschheit am Kreuz gestorben ist, und andererseits ein Grabtuch verehrt werden, in dem niemals ein Leichnam gelegen hat. *Es müsse eine radikale und endgültige Lösung gefunden werden!*

Naber war außer sich. Was sollte mit der kryptischen Aussage, eine radikale und endgültige Lösung müsse gefunden werden, gemeint sein? Sofort telefonierte Naber mit der Nachrichtenagentur Reuters in London und teilte den Reportern mit, er vermute, der Vatikan plane die Zerstörung des »Turiner Grabtuchs«. Was sollte man schließlich sonst unter der »radikalen Lösung« verstehen? Im übrigen, erzählte Naber den verblüfften Journalisten, hätte die Kirche schon einmal versucht, das Grabtuch zu vernichten, aber diesmal gäbe es Beweise für das Vorhaben des Vatikans. Reuters ließ sich von Naber überzeugen und verbreitete am 3. Januar 1970 in aller Welt die Meldung: »Das heilige Grabtuch Christi könnte zerstört

werden.« Tags darauf lief eine gleichlautende Meldung über die Ticker von UPI.
Die beiden Nachrichtenagenturen gehören zu den ältesten und seriösesten, und somit sah sich die Kirche nun doch gezwungen, eine Stellungnahme abzugeben. Am 6. Januar 1970 ließ der Turiner Kardinal Michele Pellegrino verlautbaren, daß Nabers Behauptungen »unbegründet und leichtfertig« seien, doch mußte er zugeben, daß das Tuch tatsächlich von seinem angestammten Platz in der Kapelle entfernt worden war. Dies habe jedoch ausschließlich mit den Arbeiten eines Expertenteams zu tun, welches das Tuch zwecks besserer Konservierung untersuchen solle. Unter dem Druck der Veröffentlichungen mußte nun zugegeben werden, was bislang verschwiegen und sogar dementiert worden war.
Von nun an hatten die kirchlichen Stellen keine andere Wahl, als alle »Untersuchungen« am Grabtuch öffentlich zu gestalten. Offensichtlich gab es eine sehr gut informierte undichte Stelle in ihren eigenen Reihen. Man konnte nicht mehr sicher sein, was geheim bleiben und was an die Öffentlichkeit gelangen würde. Dennoch ließ man sich bis 1976 Zeit, einen offiziellen Bericht über die Untersuchungen von 1969 zu publizieren. Ein Jahr später veröffentlichte das bischöfliche Ordinariat einen Band, der auch von den ersten Probenentnahmen von 1973 berichtete.[23] Zu diesem Zeitpunkt erhärten alle Untersuchungen die Annahme, daß das Tuch echt ist, aus Palästina und der Zeit Jesu stammt. Sollten weitere Analysen unzweifelhaft darstellen, daß der Mann des Grabtuchs noch lebte, dann würde die Kirche mit einem unglaublichen Problem konfrontiert sein. An diesem vier Meter langen Corpus delicti könnte die Zukunft des christlichen Selbstverständnisses hängen, möglicherweise eine Krise ungeahnten Ausmaßes! Da die Menschen des 20. Jh. nun einmal so wissenschaftsgläubig waren, lag für die Hüter der Orthodoxie im Vatikan nichts näher, als Wissenschaftler dazu zu veranlassen, anhand des Grabtuchs jenseits jeden Zweifels festzustellen, daß Jesus tot gewesen war. 1978 erschien darum ein weiterer Band unter bischöflicher Herausgeberschaft, in dem zahlreiche Argumente von Medizinern eingebracht wurden, die den Kreuzestod Jesu anhand des Turiner Tuchs nachweisen sollten.[24]
Nach und nach stellte sich allerdings heraus, daß die Argumente unhaltbar waren. Die Situation wurde für die Kirche kritisch. Sie muß-

te ihre Vorgehensweise ändern. Wie gerufen kam das Interesse von Wissenschaftlern aus dem Lager der Karbon-Datierungen. In der Fachwelt hatte sich diese Methode trotz gelegentlicher Rückschläge und eklatanter Fehler[25] durchgesetzt. Zu den Fehlern sei lediglich erwähnt, daß in einer Studie von jenen drei Wissenschaftlern des British Museum Research Laboratory, die neben Michael Tite als Autoren des *Nature*-Artikels über das Tuch firmieren, erst kürzlich festgestellt wurde, daß sämtliche Radiokarbon-Daten, die das British Museum von 1980 bis 1984 veröffentlicht hat, fehlerhaft waren![26] Ein eigentümliches Eingeständnis der Forscher über ihre »hundertprozentige« Methode. Dennoch verlassen sich die Archäologen vielfach bei strittigen Altersbestimmungen auf die ^{14}C-Methode. Die Fortschritte, die in den 70er Jahren mit neuartigen Verfahren erzielt wurden, gestatteten, auch von kleinsten Teilen eines Objekts »exakte« Datierungen durchzuführen. Harry E. Gove, einer der Pioniere der neuen BMS-Technik, drängte auf eine Datierung des Turiner Tuchs.

Das Resultat einer Altersfeststellung durch Radiokarbon-Datierung, so dachten die beunruhigten Kirchenmänner, würde sowohl von den Wissenschaftlern als auch von der Öffentlichkeit akzeptiert werden. Trotz aller Ungenauigkeiten steht die ^{14}C-Methode im Ruf, genaue Ergebnisse zu liefern. Die meisten Naturwissenschaftler waren ohnehin davon überzeugt, daß der Turiner Stoff nicht wirklich Jesu Leib umschlossen hatte; mithin erwarteten sie gewissermaßen den Nachweis der Fälschung. Würde die Radiokarbon-Datierung das Linnen auf das Mittelalter festlegen, ließe sich das »Problem« mit einem Schlag beheben. Was würde dann noch die Feststellung bedeuten, der Mann des »Grabtuchs« müsse gelebt haben? Zerstören konnte man das Tuch nicht mehr, zu sehr war es in den Mittelpunkt des Interesses gerückt. Die Vernichtung durch das letzte Wort der Wissenschaft war ohnedies besser als die veralteten Methoden der Zerstörung. Ob der erwähnte Brandanschlag auf das Tuch vom 1. Oktober 1972 ein kirchlich gesteuerter Zerstörungsversuch war, wird nicht mehr geklärt werden können.

Die Radiokarbon-Datierung bot eine hervorragende Möglichkeit, durch ein wissenschaftlich anerkanntes Verfahren die Spekulationen um das Tuch für immer zum Schweigen zu bringen. Die Voraussetzung dafür verschaffte sich der Vatikan durch die Aneignung

der Reliquie. Bislang war sie immer noch im Besitz der Familie Savoyen und der Turiner Diözese lediglich zu treuen Händen anvertraut. Als Umberto II., der italienische Exkönig, immer kränker wurde und mit seinem baldigen Ableben gerechnet werden mußte, legte man dem Papst nahe, sich persönlich um die Übertragung der Eigentumsrechte an der Reliquie zu bemühen. Am 2. März 1983 macht der Papst auf seiner vierten Lateinamerika-Reise zu diesem Zweck in Lissabon einen Zwischenstopp.
Er trifft sich mit dem greisen Umberto, schließt ihn in seine Arme, vergibt ihm seine Sünden und erhält das »Grabtuch« zum Geschenk – buchstäblich in letzter Minute. Zwei Wochen später, am 18. März, stirbt der Exkönig im Exil. (Vgl. Abb. 64)
Jetzt konnten zwischen der Turiner Kurie und dem Vatikan die Vorbereitungen für den Karbontest getroffen werden. Man sollte annehmen, daß den kirchlichen Stellen daran gelegen war, die Experimente so anzulegen, daß Ansatzpunkte für Kritik von vornherein weitgehend ausgeschlossen wurden. Nicht umsonst hatte man sich für das Versuchsprotokoll Jahre Zeit gelassen. Wenn die Wissenschaftler für jeden Versuch so lange Vorarbeit und Planung leisten würden, dann könnten sie in ihrer Karriere nur wenige Experimente zu Ende führen. Einen Vorwurf kann man also den italienischen Hütern des Tuchs nicht machen, nämlich den, daß sie rasch und unüberlegt gehandelt hätten. Im Gegenteil. Sie haben so lange darüber gebrütet und daran gefeilt, daß man das Resultat als wohldurchdachtes Ergebnis betrachten muß. Also gehörte es auch zur Strategie der Hintermänner, in letzter Minute die verbindlich vereinbarte Vorgehensweise über den Haufen zu werfen.
Wir haben im ersten Abschnitt des Buchs die peinlichen Querelen zwischen den Wissenschaftlern und die eigenartigen Entscheidungen des Vatikans dargestellt. Sie erschienen noch verwirrend, unverständlich und unklug. Jetzt aber wird die Vorgehensweise der Verantwortlichen deutlich: Es galt, den wissenschaftlichen Beweisstrom, der sowohl für die Echtheit des Tuches sprach als auch für das Überleben Jesu, zu unterbrechen. Ein für allemal. Man ging systematisch ans Werk.
In Trondheim war alles klar festgelegt worden. Offenbar überließ man es den Wissenschaftlern, den Versuchsablauf zu diskutieren und Kontrollmaßnahmen festzulegen, während sich die »Drahtzie-

her« im Vatikan längst auf ein Protokoll geeinigt hatten. Aber wie alle Perfektion anstrebenden Unternehmungen hatte auch dieses Fehler. Und davon nicht wenige. Einer der ersten und auffälligsten war das Zurückziehen der kontrollierenden Instanzen. Es war von drei unabhängigen Institutionen die Rede, die den korrekten Ablauf des Versuchs garantieren sollten: Das weltbekannte Statistik-Institut Colonetti in Turin, die Päpstliche Akademie der Wissenschaften und das British Museum. Die mehrfache Kontrolle macht bei einem so umstrittenen und einmaligen Versuch nicht nur Sinn, sie ist unverzichtbar. Auf diese Weise konnte das Gefühl vermittelt werden, daß von der wissenschaftlichen wie von der kirchlichen Seite den ausgewählten Experten auf die Finger geschaut würde. Eine ganze Zeit lang wurde diese Illusion aufrechterhalten. Doch dann, plötzlich und ohne Angabe von Gründen, verschwanden sowohl Colonetti wie die Päpstliche Akademie als Überwachungsinstanzen! Am 10. Oktober 1987 schrieb Kardinal Ballestrero an die (noch) sieben Labors, der Heilige Stuhl habe ihm dies mitgeteilt und das endgültige Procedere übermittelt.
Zweifellos hatte der Vatikan diesen Schritt schon früher geplant, denn auch von Prof. Chagas, dem Direktor der Akademie, und seinem Sekretär Vittorio Canuto kommt kein Einwand dagegen. Offenbar sollte bis kurz vor dem eigentlichen Versuchstermin alles den Anschein haben, als würden die Experten einen »wasserdichten« Versuchsaufbau konstruieren. Alle grundsätzlichen Einigungen waren getroffen, und wenn von höchster Stelle eine klitzekleine Änderung vorgenommen würde, könnten keine allzu heftigen Einwände laut werden. Tatsächlich bemerkte Hall auf den Brief des Erzbischofs von Turin nur schüchtern, daß einige »Details« verändert worden seien.[27] In Wahrheit waren das Trondheimer Protokoll und alle vorher getroffenen Absprachen von einem regelrechten Erdbeben erschüttert worden. Nichts blieb an dem festgelegten Ort. Auf den Ausschluß des Instituts G. Colonetti und der Päpstlichen Akademie der Wissenschaften reagierten die Radiokarbon-Labors überhaupt nicht. Für sie war das bestenfalls ein Grund zur Freude. Welcher Wissenschaftler läßt sich schon gern von anderen bei seinen Untersuchungen auf die Finger sehen? Und dazu noch von einem Gremium, das für die Datierungsexperten dem »gegnerischen« Lager der Kirche zuzurechnen war.

Eine Kernfrage, die uns beschäftigen muß, ist die nach dem Interesse, das der Vatikan daran haben konnte, seine angesehene Wissenschaftliche Akademie aus dem Jahrhundertexperiment zurückzuziehen. Sollten nicht gerade die katholischen »Aufpasser« in der ersten Reihe stehen, um als Garant für die Millionen Gläubigen in aller Welt zu stehen, die mit Mißtrauen jene einmalige Reliquienprüfung verfolgen würden? Warum dieser plötzliche Gesinnungswandel? Eine Erklärung dafür verlautete nicht.
Der Grund aber liegt auf der Hand: Der Vatikan durfte auf keinen Fall in die Diskussion um das Ergebnis der Radiokarbon-Datierung hineingezogen werden. Dieses sollten nach außen hin allein die Wissenschaftler verantworten. Sollten sich irgendwelche Unregelmäßigkeiten zeigen, dann mußten diese allein von den Labors erklärt werden. Der Heilige Stuhl war von jedem Verdacht reingewaschen. Er hatte nichts überprüft und somit auch nichts abgesegnet, was eventuell zweifelhaft war. Sinn macht ein solches Vorgehen aber nur dann, wenn die Ungereimtheiten bereits vorprogrammiert waren, und zwar vom Vatikan selbst. Andernfalls wäre eine noch genauere Kontrolle im eigenen Haus – immerhin ist der Vatikan der Eigentümer des Tuchs – das gegebene Mittel gewesen. Eine Kontrolle sollte es auf keinen Fall geben. Vorsichtshalber wurde auch noch das Istituto di Metrologia G. Colonetti, das vor allem die Rechtmäßigkeit der statistischen Auswertung prüfen sollte, zurückgepfiffen. Alles wurde in einer Weise vorbereitet, daß man unbeobachtet schalten und walten konnte. Und sollten dennoch Ungereimtheiten ans Licht kommen, dann war die Kirche aus der Sache raus.
Auffallend ist, daß der Vatikan seinen treuen Diener Kardinal Ballestrero unmittelbar nach Verkündigung der Experimentalresultate pensioniert – altersbedingt, wie das Pressebüro lakonisch mitteilt.
Auch Chagas, der wohl zuviel wußte, wird seines Postens an der Spitze der Päpstlichen Akademie der Wissenschaften nur zwei Wochen nach der Bekanntgabe der ^{14}C-Resultate enthoben! Alle Anfragen und Briefe, die von empörten Sindonologen und Wissenschaftlern, denen nicht entgangen ist, daß die ganze Aktion um die Datierung »stinkt«, an den Kardinal oder Chagas gerichtet werden, bleiben unbeantwortet.

Die Vorgehensweise der vatikanischen Auftraggeber läßt keinen anderen Schluß zu, als daß sie selbst die Täuschung minutiös geplant hatten. Das Ergebnis des Karbontests war vorher festgelegt. Es ging allein darum, eine geeignete Art der Durchführung zu finden, die möglichst undurchsichtig war.

Glanz und Elend des großen Experiments

Was bei oberflächlicher Betrachtung wie ein gut geplantes und kontrolliertes Experiment aussieht, hing in Wahrheit allein von der Redlichkeit einer einzigen Person ab: Dr. Tite. Der Vatikan hatte dafür gesorgt, daß die Überwachung der Unternehmung allein in seiner Hand lag. Tite war Dreh- und Angelpunkt der gesamten Affäre. Wenn er die Manipulationen vorbereiten würde, gäbe es keine Instanz mehr, die ihn überprüfen könnte. Genau dies – Manipulationen, gesteuert von Michael Tite – unterstellen Bruno Bonnet-Eymard und seine Mitarbeiter, die minutiöse Recherchen über den dubiosen Karbontest angestellt haben. Für sie war es tatsächlich Tite, der im Auftrag gewisser Kreise des Vatikans dafür sorgen sollte, daß die Reliquie ins Mittelalter datiert werde. Mit dem Oxforder Radiokarbon-Tester Teddy Hall war Tite schon lange gut Freund. Hall gehört zum Beraterstab des British Museum – ein gravierender Interessenkonflikt. Von einem »unabhängigen Labor« kann keine Rede sein. Und Tite bekommt gleich nach der glorreichen Verkündigung der Resultate die Leitung von Halls Radiokarbon-Labor übertragen, während sich »Teddy« ins Privatleben zurückzieht. Auch er folgt dem Beispiel von Ballestrero und Chagas: Auf Briefe und Anfragen gibt es grundsätzlich keine Antworten mehr. Tite zieht mit dem beruhigenden finanziellen Polster von einer Million Pfund in sein neues Büro ein, das anonyme reiche »Freunde und Gönner« Hall am Karfreitag 1989 übergeben, um seinem Kumpel und Nachfolger den Posten zu sichern. Wer würde ausgerechnet den Karfreitag für eine solche Finanztransaktion wählen? »Ich überlasse es Ihnen«, schreibt Prof. David Boyce, »die Herkunft die-

ser ›reichen Freunde‹ zu erraten. Auf diese Weise verraten sie sich dennoch.«[28] Wer die Verhältnisse an der Universität Oxford kennt, für den war diese Ankündigung noch überraschender, weil viele Lehrstühle aufgrund fehlender Finanzmittel unbesetzt bleiben.
Man sollte meinen, daß bei einem derartigen epochemachenden Experiment, bei dem die Weltöffentlichkeit nach Turin blickt, zumindest was die registrierbaren Zahlen angeht, Genauigkeit an den Tag gelegt wird. Doch die Angaben zu Maßen und Gewichten der Stoffprobe nehmen in der Folge den Charakter einer Verwechslungskomödie an – wenn uns auch der Ernst der Angelegenheit das Lachen im Halse steckenbleiben läßt. Zuerst behauptete Riggi, der dem Tuch entnommene Streifen hätte die Größe von 7 x 1 cm gehabt. In seinem Vortrag beim Pariser Symposium nennt Riggi als Gewicht für das gesamte entnommene Tuchstück einmal 497 mg und einmal 540 mg![29] Bei Betrachtung der Videoaufnahmen kann man das Gewicht von der Waage ablesen: 478,1 mg. Drei verschiedene Resultate!
Dieser Teil sei in zwei etwa gleich große Hälften geteilt worden. Die eine wog nach dem Textilfachmann Testore, der sie nach der Entnahme auf die Präzisionswaage legte, 144,8 mg. Riggi gab ihr Gewicht mit 141 mg an. Dieses Stück mit den beiden verschiedenen Gewichten wurde aufbewahrt und befindet sich wohl heute noch im Besitz Riggis. (»Der Kardinal wird sehen, was er damit machen wird«, verkündete Riggi lapidar.[30] Auch dies ist äußerst merkwürdig: Wie kommt es, daß einer Privatperson ein Stück der Reliquie überlassen wird?) Das zweite Stück wog nach Testore 154,9 mg und wurde in drei etwa gleich große Teile geteilt mit den Gewichten 52,0, 52,8 und 53,7 mg.[31] Riggi erzählt stolz, daß die drei abgeschnittenen Stücke alle etwa genau 53 mg wogen.[32] (Teddy Hall sollte später verlauten lassen, die Stücke hätten alle ungefähr 43 mg gewogen.) Man braucht sich nur die Mühe zu machen und die angegebenen Gewichte zusammenzuzählen, dann erhält man ein Gesamtgewicht von 158,5 mg! Wiederum stimmen die angegebenen Zahlen nicht überein. Konfrontiert mit diesen Ungereimtheiten, veränderten Testore und Riggi die einmal präsentierte Version und behaupteten plötzlich, nicht das größere, sondern das kleinere Stück sei für die drei Experimentalproben herangezogen worden. Diese Aussage verwirrt noch mehr, zumal jedes Labor eine Probe von etwa 50

mg erhalten sollte. Das war aber aus einem Stück von 144,8 mg (Testore) bzw. 141 mg (Riggi) schlicht unmöglich! Nun stellte sich, laut Testore, folgendes heraus: Das kleinere Stück wurde in drei Teile zerschnitten, wobei Stoffstücke von 52,0 mg, 52,8 mg und 39,6 mg entstanden. Das dritte Stück war verständlicherweise zu schmal ausgefallen. Also entnahm man dem zweiten Streifen noch ein Stückchen von 14,1 mg. Eines der drei Labors mußte also zwei Stücke vom Grabtuch erhalten haben, die zusammen 53,7 mg wogen. Riggi hingegen blieb bei der Version, daß die drei Stücke für die Labors vom größeren der beiden Teile genommen wurden. Die dritte Probe sei mit 50,1 mg etwas magerer als die anderen ausgefallen, und man gab ihr deshalb 3,6 mg Stoff von dem aufgehobenen Stück hinzu. Spätestens jetzt muß man vollkommen verwirrt sein. Die Labors sollten doch ungefähr 50 mg erhalten, also war die dritte Probe exakt richtig. Warum sollte sie noch mit lächerlichen 3,6 mg ergänzt werden? Offenbar fand die Ergänzung nur in Riggis Kopf statt, damit die angegebenen Zahlen übereinstimmten. Doch wer erzählt uns die richtige Version, Riggi oder Testore? Oder sind etwa beide Darstellungen falsch?

Setzen wir das ursprüngliche Gesamtstück aus den beiden Stoffstreifen zusammen, die die Proben für die Labors und das »Reservestück« ergeben, so haben wir 154,9 mg und 144,8 mg (wenn wir die »höheren« Gewichtsangaben berücksichtigen), zusammen also ein Gesamtgewicht von 299,7 mg. Die Wage aber zeigte 478,1 mg, fast doppelt soviel! Kann man sich so irren?

Testore gab an – entgegen der Aussage Riggis –, das frisch entnommene Stück der Reliquie habe etwa 8,1 x 1,6 cm gemessen, das ergibt 13,0 cm^2. Durch die exakten Untersuchungen von 1978 ist uns das Einheitsgewicht des Tuches bekannt, es beträgt 23 mg/cm^2. Für die 13 cm^2 sindonischen Stoffes errechnet sich so ein Gewicht von 299 mg, abermals sehr viel weniger, als die Waage anzeigte! Riggi behauptet, das Tuchstück sei noch etwas reduziert worden. Er hatte es an einer Pinzette hochgehoben und triumphal den Repräsentanten der Labors präsentiert. Dann zog er einen losen Faden heraus und begradigte den etwas ausgefransten Rand. Diese Reste kamen in einen separaten Behälter. Das so bereinigte Stück habe laut Riggi die Größe von 7 x 1 cm gehabt und exakt 300 mg gewogen. Um ein Stück mit den Maßen von 8,1 x 1,6 auf 7 x 1 zu reduzieren, hätte Riggi fast die Hälfte entfernen müssen. Davon ist weder die Rede, noch wurde dies getan. Legen wir wiederum das Einheitsgewicht für das Tuch zugrunde, dann kann das »Riggi-Stück« unmöglich 300 mg gewogen haben, es mußte vielmehr 161 mg, also wiederum nur etwa die Hälfte, wiegen. Die Gewichtsangaben zeigen so auffällige Unterschiede zwischen Ist- und Sollwerten, daß die Autoren Orazio Petrosillo und Emanuela Marinelli die Frage stellen, ob das Stück, das auf der Waage landete, tatsächlich vom Turiner Tuch war.[33]

Aufgrund der ungeheuren Ungereimtheiten bezüglich Gewicht und Größe der Proben setzte sich Karl Herbst mit Riggi in Verbindung. In seinem Brief vom 26. 2. 1990, den er uns freundlicherweise samt Riggis Antwort zur Verfügung stellte, formulierte Herbst eine Reihe von Fragen. Riggi schmettert sie alle ab mit dem Hinweis, er wisse nicht, wer Herr Herbst sei, wofür er die Informationen verwenden wolle, und verweist auf die (über 30) Augenzeugen. »Ich wünsche nicht«, antwortet Riggi am 6. 4. 1990, »daß gegensätzliche private Erklärungen wie in diesem unserem Fall neue nutzlose Polemiken einleiten können, wie wir sie schon hatten mit einem dieser Anlage sehr ähnlichen Brief aus Frankreich, auf den ich großmütig antworten wollte. Zum Schluß, in Anbetracht, daß viele böse Polemiken die Folgen von privaten Antworten wurden, wollen Sie sich wegen der Fragen in diesem Brief an Personen wenden, die mehr als ich qualifiziert sind, wie zum Beispiel an die für die Operationen der (Proben-)Entnahme Verantwortlichen.«

Dazu kommentiert Herbst: »Offensichtlich ist niemand in diesem Fall eher qualifiziert, Auskunft zu geben, als der Mann, der die Schere führte. – Also hat jemand Herrn Riggi verboten, die Wahrheit zu sagen; jemand, von dem er abhängig ist. Offensichtlich wäre nichts geeigneter, den ›starken Polemiken um die Probenentnahme‹ den Boden zu entziehen, als die Wirklichkeit zu nennen ...«

Nach dem Experiment bemühten sich die Untersucher ständig, darauf hinzuweisen, daß alles mit rechten Dingen zugegangen sei. Nach und nach haben sie gemerkt, wie die Evidenz ihres Versuches zu erodieren begann. Immer neue Ungereimtheiten kamen ans Licht, immer neue Lügen und immer neue Beweise. Wie eine Beschwörung hört sich die Formulierung Willy Wölflis in einem Artikel in *Die Welt* an: »Ich betrachte diese Bekanntgabe der Radiocarbon-Ergebnisse nach wie vor als Schlußpunkt der Diskussion um die Echtheit des Turiner Grabtuchs, weil zweifelsfrei die richtigen Proben vom Tuch getestet wurden und die Messungen nachweislich ordnungsgemäß durchgeführt wurden. Verschiedene Kontrollmechanismen stellten dies sicher.« An welche Kontrollmechanismen der Schweizer Wissenschaftler dabei denkt, verrät er uns geflissentlich nicht, denn es gibt sie gar nicht. Sie sind bereits im Vorfeld systematisch ausgeschaltet worden.

Selbst was die angeblich lückenlose Dokumentation der Probenentnahme betrifft, hatte der Vatikan Vorsorge getroffen. Von Riggi verlautete, man habe eine vollständige Videodokumentation von der gesamten Probenentnahme. Dieses Argument mußte auch die Skeptiker zufriedenstellen. Auf dem Film würde man einwandfrei sehen, welches Stoffstück dem Tuch entnommen wurde. Was allerdings nicht erwähnt wurde, ist die skandalöse Unvollständigkeit dieser Dokumentation. Die Entnahme des Stoffstückes ist in der Tat auf dem Videoband zu sehen. Während der alles entscheidenden Phase aber, als Tite mit Ballestrero und Gonella in der Sakristei verschwindet, um die Tuch- und Kontrollproben auf die Behälter zu verteilen, bleiben die Kameras abgeschaltet. Wozu der ganze Aufwand mit der Dokumentation, wenn der wichtigste Teil ausgespart wird? Das Argument, man wollte einen Blindtest durchführen, wobei nicht einmal die Kameraleute wissen sollten, welche Stoffproben in welche Behälter kamen, ist nicht akzeptabel. Ein Blindtest ist die ganze Show ohnehin nie gewesen. Die Wissenschaftler kannten das Grabtuch von Makroaufnahmen genau, und wer diese noch nicht gesehen hatte, konnte es in Turin in aller Ruhe betrachten. Die Tuchprobe konnte jeder sofort identifizieren. Also hätte die Videodokumentation nicht nur vollständig sein *dürfen,* ohne das Experimentalprotokoll zu durchkreuzen, sie hätte es sogar sein *müssen,* um alle Zweifel zu zerstreuen. Schöne »Kontrollmechanismen« sind das. Sie verwandeln ihr Aussehen und werden zu einer Quelle des Mißtrauens.

Die fehlenden Aufnahmen in der Sakristei werfen ein äußerst ungünstiges Licht auf die ganze Angelegenheit. Alles deutet darauf hin, daß dieser Teil mit Absicht ausgespart wurde, um die Möglichkeit zur Manipulation zu schaffen.

Nur in dieser halben Stunde war die Möglichkeit gegeben, ein sorg-

fältig vorbereitetes, vergleichbares Gewebe durch Zurechtschneiden und Abwiegen den Proben des Originaltuches soweit wie möglich anzupassen.
Ein Verbalprotokoll auf Tonband bzw. eine Mitschrift der Ereignisse an jenem denkwürdigen 21. April 1988 gab es ebenfalls nicht, trotz der Brisanz des Unternehmens. Sollten die Monate und Jahre der Vorbereitung zu einem solchen amateurhaften Vorgehen geführt haben? Undenkbar! Wir können die Unterlassungen nur als wohlüberlegte Schritte verstehen.
Die triumphierenden Altersbestimmer setzen sich über solche Kleinigkeiten gelassen hinweg. Ein Lehrstück in wissenschaftlicher Überheblichkeit bietet der Vortrag von Prof. Hall vom 15. Februar 1989 in London. Gleich zu Beginn behauptet der Oxforder Wissenschaftler, alle, die immer noch an der Echtheit des Turiner Tuchs festhielten, seien »pathologisch« und »automatisch voreingenommen«. Die Kritiker der Karbon-Datierung würde er »totschießen« (sic!). In seinem Vortrag macht er den typischen Rundumschlag gegen wissenschaftliche Anomalien und versucht so, das Tuch in die Nähe der Parawissenschaften zu rücken, um dessen Diskreditierung zu erleichtern. Immerhin, ließ er das Auditorium wissen, hatte er schon am 21. April 1988, als er das Linnen zum erstenmal sah, sofort bemerkt, daß es »zu gut, um wahr zu sein«, sei! In seinem Vortrag zitiert er sämtliche »sicheren Fakten« über die Geschichte des Turiner Tuchs falsch. Alle wissenschaftlichen Untersuchungen neben dem Karbontest sind für ihn wertlos. Die medizinische Evidenz über das Linnen lehnt er rundweg ab. Man muß Halls Worte im Original lesen, um zu begreifen, mit welcher Herablassung er alle Andersdenkenden als Dummköpfe brandmarkt: »There will be some flat earthers that won't accept this. They're onto a loser. Anyone can take refuge to a miracle.« Zu Deutsch etwa: »Es wird einige Schafsköpfe geben, die das nicht akzeptieren wollen. Sie werden den kürzeren ziehen. Jeder kann zu einem Wunder Zuflucht nehmen.«
Kann man einem so unsauber recherchierenden Wissenschaftler überhaupt glauben, der die tatsächliche Geschichte seines Untersuchungsobjekts in dieser Weise ignoriert? Der, ohne ein Fachmann auf diesem Gebiet zu sein, einfach behauptet, das Linnen sei zu gut, um wahr zu sein? Der eine ganze Schar von Forscherkollegen be-

leidigt, weil sie zu anderen Ergebnissen gekommen sind? Wer ist denn »automatisch voreingenommen«, wenn nicht Hall selbst?
In dem erwähnten Artikel unterstreicht Wölfli die saubere Arbeit der Wissenschaftler, zumal vereinbart wurde,»daß die drei Institute nicht miteinander kommunizieren sollten, bevor nicht sämtliche Resultate dem British Museum übermittelt worden waren. Diese Vereinbarung wurde strikt eingehalten.« Als dieser Artikel veröffentlicht wurde, war bereits bekannt, daß es vor der Übermittlung aller Resultate Kontakte zwischen den Labors gab.[34] Dennoch macht Wölfli diese falsche Aussage in seinem Artikel, um die Öffentlichkeit glauben zu machen, alles sei mit rechten Dingen zugegangen. Bei Damon und Donahue in Tucson durfte sogar der verschmähte Gove mit seinem intriganten Famulus Sox den Wissenschaftlern bei ihrer Arbeit über die Schultern schauen! Für Sox, den Chronisten der »Radiokarbon-Mafia«, bedeutete dies ein wunderbares Privileg. Als am 13. Oktober 1988 die Ergebnisse der Altersbestimmung offiziell durch den Vatikan bekanntgegeben wurden, ging bereits sein Taschenbuch über die britischen Ladentische: *The Shroud Unmasked – Uncovering the Greatest Forgery of All Time* (Das entlarvte Grabtuch – Die Enthüllung der größten Fälschung aller Zeiten). Freilich waren die taufrisch verkündeten Resultate in David Sox' Büchlein längst gedruckt ... Aber niemand will etwas gewußt haben, keiner hatte irgendeinem etwas erzählt. Unserem Reverend Sox wird wohl eine himmlische Eingebung zuteil geworden sein, wie jenem gewissen Richard Luckett, der ebenfalls lange vor der offiziellen Bekanntgabe das Ergebnis im *Evening Standard* verkündete.
Auf Umwegen gelang es uns, Richard Luckett ausfindig zu machen. Er ist Bibliothekar in der Pepys Library des Magdalene College in Cambridge. In einem Brief vom 18. September 1989 teilt er uns mit, er habe sich früher beiläufig mit dem Grabtuch in Zusammenhang mit seiner Doktorarbeit beschäftigt, habe aber das Interesse verloren, nachdem er gehört hatte, daß die Savoyer selbst nicht an die Echtheit des Tuches glaubten. Von seinem Freund Christopher Hudson vom *Evening Standard* sei er aufgefordert worden, einen kurzen Artikel über das Tuch zu schreiben. Er habe sich dabei des Klatsches bedient, der in Cambridge zum alltäglichen Gespräch gehörte: »Ich war erstaunt, daß mein Artikel Neuigkeit war, weil es

in Cambridge allgemein bekannt gewesen zu sein scheint, daß die Karbon-Datierung die Mittelalter-Hypothese bestätigt hatte. Ich hatte davon rein zufällig gehört. Es würde für mich eine sinnlose Peinlichkeit sein, zu erklären, von wem, aber ich kann sagen, daß diese Person keine Beziehung mit Oxford oder mit Arizona hatte und nur eine indirekte (aber bedeutsame) Beziehung mit Zürich.«
Ausgerechnet mit Zürich, wo die »verschwiegenen Saubermänner« sitzen!
Verschwiegen waren sie in der Tat, die ^{14}C-Stars, so sehr, daß sie die vierte Probe – die Fäden des Chorrocks von St.-Maximin – lange Zeit völlig unter den Tisch fallen ließen.

Die Masken der Verschwörer

Für die Rekonstruktion der Ereignisse um die Probenentnahme sind wir auf Augenzeugenberichte angewiesen, und diese sind ausgesprochen unzuverlässig. Auch der Videofilm ist keine große Hilfe, denn allem Anschein nach ist er nur als Alibi in Auftrag gegeben worden. Finanziert hatte ihn der multinationale Konzern 3M, dessen größter Aktionär bekanntlich der Vatikan ist! Riggi, der den Film und die ungezählten Fotos vom 21. April 1988 verwahrt, hält den Film unter Verschluß. Wenn ihn Wissenschaftler oder Journalisten einsehen wollen, dann wird eine bereinigte Fassung geboten. Als wir die gesamten Aufnahmen betrachten wollten, um den genauen Ablauf zu studieren und eventuell die exakte Zeitspanne festzustellen, während der Tite mit dem Kardinal und Gonella in der Sakristei verschwunden war, gab es, entgegen Riggis Zusage, nur einige von ihm ausgewählte Sequenzen zu sehen.
Die Befragung der Wissenschaftler war ernüchternd. Mangelhafte Beobachtungen standen falschen Aussagen gegenüber. Die Berichte der Augenzeugen wichen erheblich voneinander ab und sind in vielen Details einfach falsch. So wurde von offizieller Seite behauptet, Tite sei mit dem Kardinal allein bei der Probenverteilung in der Sakristei gewesen. Von anderer Seite war zu erfahren, daß

auch Riggi und Gonella anwesend waren.[35] Unsere Rückfrage bei Riggi bestätigte uns, daß Tite, der Kardinal und Gonella, nicht aber Riggi, in der Sakristei waren! Allerdings verbietet uns Riggi, seinen Brief zu veröffentlichen. Wir dürften uns nur an die »offiziellen Dokumente« halten, die »von den einzigen autorisierten und garantierten Quellen stammen«. Was von diesen offiziellen »garantierten« Quellen zu halten ist, hat sich im Zuge unserer Ermittlungen allzu deutlich herausgestellt. Anstatt Klarheit in die Affäre zu bringen, trägt Riggi nur zu ihrer weiteren Mystifizierung bei.

Für jeden, der die Fakten kannte, war eines zumindest klar: Hier liegt eine Täuschung vor nach dem Muster eines regelrechten Komplotts! Freilich, wer sich nicht die Mühe machte, sämtliche Fäden, auch jene aus Geschichte und Exegese, die den Beweis für Jesu Überleben der Kreuzigung erbringen, aufzurollen, der war mit der Verschwörungstheorie auf verlorenem Posten. Es ließ sich kein plausibles Motiv finden.

Je nach eigener Berufszugehörigkeit und Weltanschauung werden böse Machenschaften einer traditionell gegnerischen Gruppe in die Schuhe geschoben. Klassische Zielgruppen hierfür sind Freimaurer, Juden und Jesuiten. Wann immer etwas Unerklärliches von großer Tragweite die Gemüter der Menschen erregt, dann lassen die Stimmen nicht lange auf sich warten, die der einen oder anderen dieser Gruppen die Schuld dafür zuschieben möchten. Die Bösen sind immer die geheimen Drahtzieher, die aus dem Dunkel ihrer Macht operieren. Sobald die ersten Verleumdungen dieser Art laut werden, haben wir oft ein untrügliches Zeichen dafür, daß die Beschuldiger mit ihrem Latein am Ende sind und den Sündenbock wie das Kaninchen aus dem Zylinder ziehen.

Die Frage nach der Manipulation stand im Mittelpunkt eines kurzen Fernsehinterviews mit dem deutschen Sindonologen Professor Werner Bulst SJ, das zu Ostern 1990 im deutschen Fernsehen ausgestrahlt wurde. Anlaß zu dem Interview war die Veröffentlichung von Bulsts neuem Buch *Betrug am Turiner Grabtuch – Der manipulierte Carbontest.*

Schon auf der Konferenz von Bologna im Jahr 1989 hatte der Professor in seinem Vortrag vor den Tuchforschern aus aller Welt unzweideutig von Betrug gesprochen, allerdings ohne einen Hinweis

auf die möglichen Betrüger zu geben. Auf unsere schriftliche Anfrage bei Bulst, wer wohl dahinter stehe, erhielten wir keine Antwort. Im Fernsehen konnte er derselben Frage nicht aus dem Wege gehen. Er wisse nicht, sagte er mit bedeutungsvoller Miene, wer wirklich hinter dem Betrug am Grabtuch stecke, aber man spreche von einer »freimaurerisch-antikatholischen« Verschwörung. Für den Jesuiten Bulst stellen die Freimaurer die historisch traditionelle Verschwörergruppe dar.
Die Art und Weise, ein solches Argument vorzutragen, verleiht ihm seine Wirkung. Jeder soll glauben, Prof. Bulst wisse insgeheim genau, wer die frevelhaften Betrüger sind, denn ihre Motivationen will er bereits ausgemacht haben: Dem christlichen Glauben sollte ein Schlag versetzt werden. Aber wie das eben so mit Geheimverschwörungen ist, man kann nicht einfach damit an die Öffentlichkeit. Der Jesuitenpater Bulst ist also vorsichtig. Immerhin könnte man Gefahr laufen, von der gegnerischen Guerilla heimgesucht zu werden. Auf dem Feld der Verschwörungen operiert man deshalb in allen Lagern mit halb kaschierten Verleumdungen.
Gemeint hatte er zweifellos die beteiligten Wissenschaftler, die auf geheime Weisung hin ihr Komplott schmiedeten. Die Radiokarbon-Datierung galt ihm als ein Musterbeispiel für das infame Wirken der teuflischen dunklen Mächte, die nichts unversucht lassen, dem segenspendenden, lichtbringenden Wirken des göttlichen Christus zu widerstreben. In einem Handstreich sollte das einzige existierende Beweisstück vernichtet werden, das Zeugnis vom historischen Jesus ablegt.
Stellen wir uns einmal ernsthaft die Frage, wer wirklich hinter einer so ungeheuren Täuschung stehen könnte. Die Freimaurer? Welchen Grund könnten die Freimaurer für eine solche Inszenierung haben? Unterstellen wir einmal die landläufige (allerdings unrichtige) Meinung, die Freimaurer seien ein aufklärerisch-antikirchlicher Geheimbund, der in Wahrheit die Fäden der Weltpolitik in der Hand hält. Hätten die Freimaurer, allein um der Kirche schaden zu wollen, die betrügerische Datierung inszeniert? Allen voran unser »Ober-Freimaurer« Tite? Ich glaube, der Effekt, der für eine so denkende Gruppe damit erzielt würde, wäre recht gering. Keineswegs ist durch die zweifelhafte Karbon-Datierung der Glaube an Jesus ins Wanken geraten. Hätten geheimnisvolle Freimaurer die-

ses Ziel verfolgt, dann könnte man sie allenfalls für eine solche Torheit belächeln. Freilich gelten diese Überlegungen nur auf dem Hintergrund eines weitverbreiteten Zerrbildes, das in der Öffentlichkeit über die Freimaurer umgeht. Nein, Freimaurer scheinen uns keineswegs die geeignete Gruppe zu sein, deren Motive dafür ausreichten, diesen Skandal zu inszenieren.
Wer könnte also in Frage kommen? Da haben wir in vorderster Linie die Wissenschaftler selbst. Zum Teil dubiose, undurchsichtige Gestalten wie Gonella, der wissenschaftliche Arm des Turiner Kardinals, dessen eigentliche Rolle zwischen allen Lagern nie ganz klar wurde; dann Riggi, der völlig falsche Angaben über das von ihm abgetrennte Tuchstück macht, zuerst brav mit weißen Handschuhen hantiert, als er aber das Stück abschneidet, rätselhafterweise diese ablegt; dann haben wir den über das Versuchsergebnis so triumphierend wie schelmisch lächelnden Tite, monolithischer Garant für das ganze Experiment, der sich mittlerweile auf den neuen Pfründen am »Oxford Radiocarbon Accelerator Unit« häuslich eingerichtet hat; »Teddy« Hall, der mit der derben Sprache des überheblichen Besserwissers allen Andersdenkenden auf einmal über den Mund fährt; Vial, den Handlanger Tites und Überbringer jener verdächtigen vierten Probe; Wölfli und Damon, die sich mit der Datierung profilieren wollen; den verschmähten Gove, der sich schon seines neuen Ruhms sicher zu sein glaubte und mit dem Proselyten Sox zum Kampf gegen die Sindonologen hinter den Kulissen geblasen haben könnte ...
Motive ließen sich hier durchaus finden. Aber wie soll man sich diese Verschwörung von akademisch bekränzten Häuptern vorstellen? Als einsame Aktion eines schwarzen Schafs oder als gemeinsames Komplott? Eine internationale Intrige hätte mit dem Problem zu kämpfen, daß fortan eine Schar von Mitwissern Schweigen bewahrte. Überlegen wir doch einmal: Ehrbare Wissenschaftler, die auf ihrem Gebiet anerkannte Kapazitäten sind, biedere Bürger zumeist, die einen Ruf, eine Karriere und ein geregeltes Einkommen zu verlieren haben – sollten sie sich einem solchen Risiko aussetzen? Und warum überhaupt? Für ihren Ruhm war in jedem Fall gesorgt. Hätten sie das Tuch ins erste nachchristliche Jahrhundert datiert, wären die Kontroversen nicht geringer ausgefallen. Dann hätten sie sich wohl mehr der Angriffe ihrer Forscherkollegen er-

wehren müssen, aber für eine Seite wären sie in jedem Fall die Helden geblieben, oder zumindest jene, denen das Privileg vergönnt war, die umstrittenste Reliquie der Christenheit *dem* definitiven Test unterworfen zu haben.
Man darf in diesen Fragen auf keinen Fall die Wissenschaftler als über jeden Verdacht erhaben ansehen. Die Geschichte der Betrügereien in den Wissenschaften ist lang. Überall lauert die Verführung von raschem Ruhm und langer Ehre. Jedem Studenten ist es bekannt, daß auf der untersten Stufe etwa statistische Daten und Meßergebnisse, die sich hartnäckig der verfolgten Hypothese widersetzen, allzuoft durch ein paar Kunstgriffe gefügig gemacht werden. Wie es der »Zufall« will, zeigte das British Museum, als Prof. Hall im Februar 1989 dort seinen abschließenden Vortrag hielt, eine große Ausstellung unter dem Titel »Fake: The Art of Deception« (Fälschung: Die Kunst der Täuschung). Auch große Betrügereien in der Wissenschaft beherbergte die Ausstellung, wie den berühmten *Piltdown Man.* Am Eingang der Show war ein Dia des Turiner Tuchs in Originalgröße zu sehen. Tite schenkte sich diesen Triumph, als er dem Museum den Rücken kehrte.
Dennoch fällt es schwer, sich vorzustellen, daß eine große Anzahl von Forschern bei einer so wichtigen Aufgabe, die unter den wachsamen Augen einer ganzen Heerschar von Sindonologen stattfinden sollte, in eine letztlich derart plumpe Manipulation verwickelt sein könnte. Bleibt also unter dieser Perspektive nur noch die Möglichkeit, daß wenige wissentlich die Täuschung geplant haben und die anderen ihre nichtsahnenden Ausführer waren.
Auf der Suche nach den Drahtziehern haben wir eines längst gesehen: Es können nur die Auftraggeber des Jahrhundertexperiments, jene Männer im vatikanischen Hintergrund sein, die das aufsehenerregende Unternehmen geplant haben. Eine Vermutung, die jedem, der unsere Argumentation nicht kennt, absurd erscheinen muß. Gerade der Kirche müßte doch alles daran liegen, in einer Zeit, die nur noch den Urteilssprüchen der Wissenschaft vertraut, einen greifbaren Beweis für Jesu Leben und Leiden vorweisen zu können. Doch die bislang bekannten wissenschaftlichen Analysen über das Tuch brachten die gängige Vorstellung von Jesu Tod ins Wanken. Verbunden mit der genauen Betrachtung biblischer und apokrypher Texte, lassen sie kaum einen Zweifel daran, daß Jesus

die Kreuzigung überlebt hat. Der Vatikan allein hat nunmehr ein überaus starkes Motiv, die bedeutendste Reliquie der Kirche aus dem Verkehr zu ziehen. Mit einem Male verwandelt das verehrte und streng bewachte Heiligtum sein Gesicht, es wird gleichsam zu einem Trojanischen Pferd. Eine Zeitbombe hinter Panzerglas auf einem Kirchenaltar. Irgendwann würde die Bombe platzen und die Fundamente der Christenheit bedrohen. Zweifellos: Die Kirche hatte ein gewichtiges Problem. Sie hat es immer noch. Jetzt erst recht.

Die Recherchen der französischen »Detektive«

Sehen wir uns an, welche Gestalt das »neue« Problem der Kirche durch die Täuschung erhalten hat.
Der französische Grabtuchforscher Bruno Bonnet-Eymard ist mit einem Mitbruder von der Katholischen Gegenreformation, der »Internationalen Priesterbruderschaft des Hl. Pius X.« des bekannten Erzbischofs Lefebvre, den vielen Ungereimtheiten um die Entnahme der Proben, deren »Größen« und »Gewichte« nachgegangen. Wenngleich Testore und Riggi zwei völlig verschiedene Versionen sowohl vom Aussehen des abgetrennten Tuchstücks als auch von der Art seiner Aufteilung und der jeweiligen Gewichte liefern, so waren sie sich zumindest in einem Punkt einig: Ein Labor hatte zwei Stücke vom Turiner Tuch bekommen. Dies müßte sich doch verifizieren lassen. Bruder Bruno und sein ungenannter Kollege[36] machten sich auf, nach dem Labor zu suchen, wo die vermeintlich aus zwei Stücken bestehende Experimentalprobe gelandet war. Der Physiker Donahue vom Tucson-Team ließ die französischen Fragesteller wissen, sobald die Forscher nach Arizona zurückgekehrt seien, hätten sie im Labor sofort das Tuchstück in vier Teile unterteilt. Das Gesamtgewicht betrug 52,36 mg. In ihren Aufzeichnungen stünde nichts davon, daß die Grabtuchprobe aus zwei Stücken bestanden habe. Auf den Wunsch nach genaueren Angaben reagierte Donahue am Telefon ausweichend, und auf darauf folgende

Briefe kommt zehn Monate lang keine Antwort. Am 26. Oktober 1990 fliegen Bonnet-Eymard und sein Mitarbeiter nach Tucson. Dort werden sie mit einer eigenartigen Geschichte konfrontiert. Im Büro von Donahue treffen sie sich mit diesem und seinem Mitarbeiter Jull, der ebenfalls als Autor des *Nature*-Artikels firmiert. Weder Donahue noch Jull können sich erinnern, ob die Probe vom Turiner Tuch aus einem Stück bestand oder aus zweien. Auf alle Fälle seien keine Fotos oder andere Aufzeichnungen von der Öffnung der Behälter gemacht worden, versichert Donahue mehrmals. Der Chemiker Toolin, der zusammen mit Damon, Donahue und Jull seine Unterschrift auf ein Papier setzte, das die korrekte Öffnung der Behälter bezeugt, erscheint zufällig im Büro und wendet sich dem französischen Fragesteller zu: »Meiner Meinung nach bestand es aus einem einzigen Stück.« Donahue aber unterbricht ihn scharf und bekräftigt abermals, daß es keine Aufzeichnungen gibt.

Tags darauf besuchen unsere tapferen »Grabtuch-Detektive« Damon, den Quäker, wie sie gern betonen. Der erzählt eine vollkommen andere Geschichte. Die Siegel hätten nur er und Donahue geöffnet, weder Jull noch Toolin seien dabei gewesen. Die Öffnung fand am Sonntag statt, und die beiden Mitarbeiter kamen erst montags. »Wir begannen damit«, berichtet Damon freimütig, »alle Proben unter dem Mikroskop zu untersuchen und zu fotografieren.« Auf die ungläubige Nachfrage nach den Fotos präzisiert Damon, sie hätten nicht nur Fotos gemacht, auch eine lokale Fernsehstation hätte alles aufgenommen, außerdem hätten sie ein Stück vom Turiner Tuch abgeschnitten und zur Seite gelegt – wie Wölfli –, um es »im Falle einer Beanstandung den kirchlichen Autoritäten zeigen zu können«. Auf der einen Seite absolut keine Aufzeichnungen, auf der anderen Seite Fotos und Fernsehaufnahmen! Auf der einen Seite vier Zeugen der Behälteröffnung, auf der anderen Seite zwei offensichtlich falsche Zeugen. Das war beunruhigend und bestärkte Bruder Bruno und seinen Begleiter in ihrer Annahme, daß nicht alles mit rechten Dingen zuging.

Ihre zweite Etappe führt sie an die ETH nach Zürich. Zunächst fragen sie nach der unmöglichen Größenangabe des abgetrennten Tuchstücks, die sich im *Nature*-Artikel findet: 7 x 1 cm. Donahue hatte sie einfach abgeschmettert mit der Bemerkung, Tite habe genau nachgemessen. Später sollte Tite sie wissen lassen, er habe

nichts gemessen, man habe sich auf die Angaben Riggis verlassen. Diese waren offensichtlich falsch. Das Tuchstück muß entscheidend größer gewesen sein, etwa 8 x 1,8 cm. Wölfli gibt zu, daß sie sich untereinander nach langen Diskussionen über dieses »Problem« verständigt hätten. Während dieser Zeit hatten sie diesbezügliche Anfragen von Bonnet-Eymard und anderen unbeantwortet gelassen. In Wahrheit rang man wochenlang hinter den Kulissen um eine »saubere« Erklärung des eklatanten Fehlers. Verlegen berichtet Wölfli: »Nun ja, wir waren unter Druck, als im Februar 1989 der Artikel in *Nature* in Druck gehen sollte. Wir haben uns nicht die Zeit genommen zu überprüfen. Tite hat in dem Artikel die Dimensionen niedergeschrieben, auf die wir uns im Januar 1988 während einer Besprechung in London geeinigt hatten.« Man müsse den peinlich berührten Ton Wölflis hören, während er diese Erklärung abgibt, schreiben die Autoren.
Peinlich ist diese Offenbarung allemal. Drei Monate vor der Entnahme stand die exakte Größe des Tuchstücks fest. So fest, daß sie Riggi nachbeten mußte, obwohl er wußte, daß er eine ganz andere Größe abgeschnitten hatte. So fest, daß Tite sie in den Artikel schreibt. Natürlich stand die Größe fest. Tite mußte das Austauschstück bereits haben und kannte freilich dessen Maße ...
Die Geschichte mit der einen Probe aus zwei Stücken scheint die Radiokarbon-Fachleute ebenfalls beschäftigt zu haben. Bei einem Treffen in Paris während einer BMS-Konferenz im April 1990 besprachen sie sich darüber. Weder in Oxford noch in Zürich war eine zweiteilige Probe aufgetaucht. In Paris soll Jull, laut Wölfli, zugegeben haben, daß sie in Arizona die zweiteilige Probe erhalten hätten! Warum hatte er das dem Bruder Bruno nicht gleich gesagt?
In Oxford unterhalten sich die Franzosen mit Tite. Hall hatte seinen Platz bereits geräumt und seine gesamten Archive mitgenommen. Die Größenangabe des abgeschnittenen Stücks sei nur ein Annäherungswert gewesen, behauptet Tite. Ein eigenartiger Annäherungswert, der um 100 % differiert! Er schiebt alles auf die Italiener, sie seien verantwortlich gewesen für die Entnahme, nicht er. Er sei nur als »einfacher Zeuge« in Turin gewesen. Jetzt zeigt sich der Effekt der Abschaffung der Kontrollinstanzen. Der einzige »Oberkontrolleur« Tite schiebt die Verantwortung ungestraft einem anderen in die Schuhe. Aber eines müsse er doch gesehen haben, als

er die Stückchen in der Sakristei in die Behälter tat, nämlich daß eines aus zwei Pröbchen bestand. Die Antwort Tites ist symptomatisch für viele Antworten der Karbon-Datierer, die wir auch erhalten hatten: »Ich kann mich nicht erinnern.« Erstaunlich. Der Mann hatte die Teststücke einzeln in kleine Folien eingeschlagen und dann in die Röllchen gepackt und kann sich nicht erinnern, daß eine einzige Probe aus zwei Teilen bestand?
Wenig später telefonieren Bonnet-Eymard und sein Mitarbeiter mit Damon in Arizona. Dieser teilt ihnen mit, man habe endlich die Fotos gefunden. Die Frau von Donahue habe sie am Sonntag bei der Öffnung der Behälter geschossen. Sie seien in ein Familienalbum geraten. Auf die Frage, ob das Foto ein oder zwei Stücke zeige, antwortete Damon sehr verlegen: »Nein, wir haben das Stück geteilt in, äh ... in ... äh ... äh ... in ... mehrere Teile. Wir haben die Fotos dieser Operation.« Und noch verlegener fügt er hinzu, es gebe keine Videoaufnahmen, diese seien erst am Montag durchgeführt worden, aber bei der Entnahme waren nur er, Donahue und Jull anwesend, und sie hätten schlechte Fotos gemacht.
Donahue bestätigt die Auffindung des Fotos und fügt hinzu, es zeige, daß die »Grabtuch«-Probe aus zwei Stücken bestand! (Vgl. Abb. 63) Dieses Hervorzaubern des zweiten Stücks, schließen unsere französischen Detektive, sei deshalb notwendig geworden, weil man die Angaben von Tite nicht mehr aufrechterhalten konnte und man sich deshalb auf die Version von Testore verständigen mußte.
Natürlich hatten die Labors Stücke des Grabtuchs, präzisiert Abbé Georges de Nantes, ebenfalls von der Katholischen Gegenreformation, in seiner Darstellung der Manipulation[37], aber sie dienten nur als Kontrollproben! Seine Rekonstruktion sieht folgendermaßen aus:
Mitte der 80er Jahre ließ Tite von einigen Labors mehrere Stoffstücke datieren mit dem speziellen Ziel, eine Vorgangsweise für die Altersbestimmung des Turiner Linnens zu entwickeln.[38] Darunter befand sich eine Probe Nr. 3, deren Alter unsicher war. Die Labors datierten den Stoff mit 95 % Wahrscheinlichkeit auf 1289–1438. Dieser Stoff eignete sich in hervorragender Weise als Austauschstück für das »Grabtuch«. Er war bereits datiert, dem British Museum zugänglich und ergab ein Datum, das mit dem »gesuchten«

vereinbar war. Tite wußte aus Wilsons Buch, daß das Turiner Tuch in Frankreich um 1350 zum erstenmal öffentlich ausgestellt wurde. In der Tat begab er sich auf die Suche nach einem angeblichen Kontrollstück, das aus dieser Zeit stammen sollte. Sein Brief an Jacques Evin vom 12. Februar 1988 belegt es. Darin bittet er seinen französischen Radiokarbon-Kollegen, eine Vergleichstextilie zu finden von ungefähr 6 cm^2, 120 mg Gewicht, aus Leinen, aus dem 13. oder 14. Jh., bevorzugt aus dem 14. Jh., die historische Kenntnis des genauen Alters sei wesentlich; und er fügt Fotos vom Gewebe des Grabtuchs bei, damit ein möglichst ähnliches leichter aufgetrieben werden kann. Evin findet den Stoff im Chorrock des hl. Ludwig von Anjou, aber es ist zu spät, um den geheimen Umschlag mit den Fäden an Tite abzusenden. Tite verläßt London auf dem Weg nach Turin und führt einen Streifen von der Größe 7 x 1 cm jenes mittelalterlichen Stoffes mit sich, der zuvor als Probe Nr. 3 zwischen 1289 und 1438 datiert worden war. In Turin taucht Vial mit den Fäden des Chorrocks auf. Tite ist böse und verstimmt, weil er die Stücke nicht vorher im geheimen erhalten konnte. Außerdem hat er jetzt bereits die mitgebrachten mittelalterlichen Stücke verteilt. Um Erklärungen zu sparen, gibt er den Labors noch die Fäden des Chorrocks als Probe 4 mit auf den Weg. Zuvor hat er in der Abgeschiedenheit der Sakristei einen doppelten Austausch vorgenommen: In die Röhrchen, die angeblich das »Grabtuch« enthalten sollen, steckte er Teile der mitgebrachten mittelalterlichen Probe. Die Teile des Turiner Tuchs gehen auch nicht verloren, sie landen in den Behältnissen, die für die Probe 3 reserviert waren, das angebliche Leinen von einer ägyptischen Mumie. Am 8. Juni sind die Untersuchungen in Arizona fertig, die Ergebnisse werden an Tite geschickt. Die Daten sind »etwas zu jung«, einige Ergebnisse deuten auf spätes 14./Anfang 15. Jh. Das konnte nicht sein, zumal das Turiner Tuch auf jeden Fall um 1350 existiert haben muß. Es folgen die Resultate aus Zürich. Sie sind etwas älter, aber immer noch nicht so überzeugend, daß sie für Tite das »richtige« Datum eindeutig belegen. Um ganz sicherzugehen, empfiehlt er Hall, der bis zuletzt mit seinen Messungen gewartet hat, einige Fäden vom Chorrock des hl. Ludwig beizumischen, deren Datum perfekt sei. Die Oxford-Ergebnisse sind dann auch auffällig »älter« als die von Zürich und vor allem als die von Arizona. Durch den Mittelwert der drei Labors

rettet Tite das »richtige« Datum. Für das Stoffmuster von der »Mumie«, das unbeachtet bleibt, ergibt sich mit 95 % Wahrscheinlichkeit eine Entstehungszeit von 9 v. u. Z. bis 78 n. u. Z. Die Mumie war eine gewisse Cleopatra, die im Alter von elf Jahren unter Hadrians Regierungszeit (117–138 n. u. Z.) verstarb. Eigenartig, daß das Grablinnen, in das man sie wickelte, 100 Jahre alt gewesen sein soll! In Wahrheit gehörte das Stückchen eben nicht zur Mumie, sondern zum Turiner Tuch, und dieses ist damit exakt datiert.
Soweit die Darstellung von Abbé Georges de Nantes. In der Tat ist seine These interessant und enthält viele Elemente, die das Nachprüfen lohnen. Was wir aber an der gesamten Analyse der Detektive aus dem Kreise der Katholischen Gegenreformation so schmerzlich vermissen, ist das Motiv. Sie bauen Tite als den großen Übeltäter auf, der mit Hall unter einer Decke steckt und am liebsten mit ihm allein die ganze Sache über die Bühne gehen lassen wollte. Zürich sei geduldet worden, weil es bei dem früheren Datierungsversuch so schlecht abgeschnitten hatte und deshalb manipulierbar war, und Arizona sei weit weg. Daß hinter dem Komplott aber der Vatikan steht, das erkennen auch die Gegenreformer an. Es läßt sich einfach nicht leugnen. Bloß das Warum dieser Inszenierung, das können sie uns nicht liefern. Die Entdeckung hängt in der Luft, unerklärbar, ohne Grund und Sinn.

Chronologie der verschwiegenen Ereignisse

Wir haben ausführlich dargelegt, warum es für den Vatikan von höchster Brisanz ist, das »Grabtuch« auf solche Weise aus dem Verkehr zu ziehen. Wir haben aber auch intensive Untersuchungen angestellt, auf welche Weise dies geschehen ist, und deshalb müssen die Ausführungen von Georges de Nantes revidiert werden.
Die angeblichen Stücke vom »Grabtuch«, die in den Instituten gelandet sind, entstammen in Wahrheit nicht dem Turiner Tuch. Die Computer-Vergleichsanalysen haben dies eindeutig bestätigt. Das bedeutet aber auch, daß der Wechsel der Reliquienprobe in den

Behälter für die Mumie Cleopatra nicht stattgefunden hat. Die Brüder von der Gegenreformation vermuten, daß die als »Grabtuch« ausgegebenen Textilien auf den Fotos der Labors in Wahrheit aus dem Behälter mit dem angeblichen Mumienstoff entnommen und als Probe 3 in die Statistiken aufgenommen wurden. Da die Vergleichsanalyse aber gezeigt hat, daß diese Stoffe nicht mit dem Tuchstück identisch sind, das in Turin abgetrennt wurde, erübrigt sich die Diskussion darüber, ob das Turiner Linnen überhaupt (als Kontrollprobe) datiert wurde. Es wurde nicht datiert. In den Behältern 1 mit den »Tuchstücken« müssen sich tatsächlich gewebte Leinenteile in Köperbindung befunden haben, die große Ähnlichkeit mit dem Turiner Tuch hatten. Sie waren aber eben nur ähnlich, nicht identisch.
Der Austausch kann nur in der Sakristei stattgefunden haben. Prof. Hall versichert mir in einem Brief vom 19. April 1989, »daß keine Unehrlichkeit geschehen konnte während der Periode zwischen dem Entfernen der Probe vom Linnen und dem Aushändigen der Behälter an die teilnehmenden Labors. Dr. Tite war während der gesamten Prozedur anwesend und die Repräsentanten der Labors während 90 % dieser Zeit. Ich versichere Ihnen, daß Sie Ihre Zeit vergeuden (und die anderer Menschen), wenn Sie dies bezwecken wollen.« Eine wertlose Versicherung, zumal die einsame Zeugenschaft Dr. Tites gerade der entscheidende Punkt ist. Jener Michael Tite, der sich an nichts erinnern will, nicht an das Aussehen der Tuchproben, auch nicht, ob er mit dem Kardinal ein Dokument unterzeichnet hat, in dem ausdrücklich versichert wurde, daß die Probe vom »Turiner Grabtuch« stamme, der eklatant falsche Größenangaben im *Nature*-Artikel macht, der lange Zeit geflissentlich das Auftauchen der Probe 4 unter den Tisch fallen läßt, der anfänglich noch das Märchen von einem »Blindversuch« aufrechterhält, der seine Kontrollfunktion so wenig ernst nimmt, daß er Kommunikation zwischen den Labors zuläßt. Forensisch betrachtet läßt sich wohl ein schlechterer Gewährsmann kaum finden. Mit ihm verschwindet der Kardinal in der Sakristei; unter Ausschluß der Öffentlichkeit. Jener Kardinal Anastasio Ballestrero, der mit der Altersbestimmung der Reliquie seinen letzten großen Auftritt haben darf, bevor er in den Ruhestand geschickt wird, der lange Zeit vor der Bekanntgabe der Ergebnisse im Fernsehen verkündet, er habe

ohnehin nie an die Echtheit geglaubt (!); jener Kardinal, der explizit sagt, es mache nichts aus, wenn sich das Tuch als Fälschung »aus dem Mittelalter« erweisen sollte, als ob er längst wüßte, in welche Zeit die »Fälschung« datiert werden würde. (Als »Fälschung« hätte es schließlich auch aus dem 3., 4. oder einem anderen Jahrhundert vor dem Mittelalter stammen können!) Mit von der Partie war noch Luigi Gonella, das Sprachrohr des Kardinals, als Übersetzer, wie es heißt. Doch was gibt es zu übersetzen, wenn ein paar Stoffstückchen in Röhrchen zu packen sind? Gonella ist das Alibi, der Türhüter, der sich die Prozedur keinesfalls aus der Nähe angesehen hat, sonst hätte er in seinen Dutzenden wortreichen Vorträgen später erzählt, daß er genau beobachtet habe, daß alles mit rechten Dingen vor sich gegangen sei. Nichts davon hat er gesagt, denn er hat nichts gesehen. Die Sakristei ist ein großer Raum ...

Doch wie war Tite an die Austauschstücke gekommen? Dazu müssen wir uns noch einmal die Resultate der Radiokarbon-Datierungen vergegenwärtigen.

Ein Blick auf die Tabelle 1 (S. 101) zeigt die überraschende und hochsignifikante Übereinstimmung in den Zahlen für die Probe 1 (angebliches »Grabtuch«) und die Probe 4 (Chorrock des hl. Ludwig).

Die Übereinstimmungen sind derart augenfällig, daß von einem »Zwillingsstück« (Marinelli/Petrosillo) gesprochen wurde. Im Vergleich zwischen den Labors werden die Proben 1 und 4 sogar unterschiedlicher datiert als die Probe 1 zur Probe 4 innerhalb der Labors. Das deutet darauf hin, daß wir es hierbei mit identischen Proben zu tun haben könnten.

Ich habe in Teil I bereits meine Untersuchungen und Recherchen im Zusammenhang mit dem Chorrock von St.-Maximin dargestellt. Es war ein eigenartiges »Überfallkommando«, das am Morgen des 12. April 1988 in St.-Maximin auftauchte. Ein großer Bahnhof unter Anführung von Gabriel Vial und Abbé Boyer vom *Laboratoire de Conservation, Restauration et Recherches* des *Centre National de la Recherche Scientifique* in Draguignan. Über die Art und Weise der Überrumpelung war Curé Weber, der Kustos der Basilika Sainte-Marie-Madeleine, empört. Sie sei unter Leitung von Boyer, einem »scientifique« – einem »Wissenschaftler mit einem ganz, ganz kleinen ›s‹ geschrieben«, wie sich Weber sarkastisch ausdrückte, durchgeführt worden. Die Abteilung holte sich das Plazet vom Bürgermeister, ließ den Schrank öffnen und entnahm Fäden vom Chorrock. Sie hatte einen Tag gewählt, an dem Curé Weber nicht zugegen war. Ich fragte den Priester, ob jemand wissen konnte, daß er an jenem Tag nicht da sein würde. Seine Antwort: »Jemand, der meine Gewohnheiten kannte, konnte das sicherlich voraussehen.« Offensichtlich hatte man sich informiert und wollte die Kontrollinstanz übergehen. Als sich die Kommission an den Bürgermeister wandte, war von einer unmittelbar bevorstehenden Fadenentnahme keine Rede. »Die Wissenschaftler«, schreibt mir Curé Daniel Weber in einem Brief vom 2. März 1990, »meldeten sich beim Bürgermeister zum Besuch an, um ihm die Methode einer geplanten Fädenentnahme darzulegen und um ihn um die eventuelle Autorisierung zu bitten. Der Brief ließ vermuten, daß sie ein späteres Datum im Auge hatten.« Auch der Bürgermeister wurde also überrumpelt. »Der Curé wurde, wie gewöhnlich«, schreibt Weber verbittert weiter, »von den Wissenschaftlern nicht kontaktiert. Es handelte sich um ein klassifiziertes Objekt des Gemeindebesitzes, und diese Menschen ignorieren aus Prinzip die Gesetze vom 9. 12. 1905 und vom 2. 01. 1907, nach denen die Kirchen und ihre Inhalte vom Kollektivbesitz ausgenommen sind, juristisch ausgegliedert, und die Curés ihre unanfechtbaren Verwalter und gesetzlich Berechtigten sind.«

Als Abbé Weber überraschend zurückkehrt, ist die eigenartige »Kommission« bereits fertig. Weber ist außer sich über den Streich und fordert, daß man den versiegelten Umschlag öffne, den er sogleich bemerkt hatte. Abbé Boyer versucht ihn zu beschwichtigen, sagt ihm, er solle »keine Geschichten machen«, und zwei weitere Personen mit ihm versichern, es handle sich nur um »etwa fünf oder sechs Fäden von jeweils fünf Zentimetern Länge«. »Ich habe den Umschlag abgegriffen«, schreibt Weber, »er war gewissermaßen leer. Meiner Meinung nach enthielt er nicht mehr als einige Fäden, und das hat mir keine Probleme bereitet.«

Die eigenartige Kommission hatte also nur wenige Fäden entnommen. In Turin wurde diese Probe in vier gleich große Mengen geteilt. Eine behielt Vial, die anderen erhielten die drei Labors als Muster 4. Die Fäden müssen in der Tat in sehr ähnlichen Mengen verteilt worden sein. Hall in Oxford mißt für sein Fädenhäufchen

69,7 mg und Wölfli in Zürich 68,8 mg. In Paris hatte Vial von etwa 200 mg Fäden gesprochen, die auf diese Weise aufgeteilt wurden. Das bedeutet, die ursprüngliche Menge an Fäden vom Chorrock muß sogar nahezu 300 mg betragen haben! Fünf oder sechs Fäden von fünf Zentimetern Länge wiegen ca. 20 mg und würden noch nicht einmal ausreichen, um die 68,8 mg der Zürich-Probe zu ergeben. Woher kam also die wunderbare Fadenvermehrung? Entnommen wurden tatsächlich nur wenige Fäden, diese wesentlich größere Menge (etwa das 15fache) wäre Curé Weber auf jeden Fall bei der Kontrolle des Kuverts aufgefallen.
Die Antwort kann nur lauten, daß einer der Helfer Tites bereits im Besitz einer größeren Menge des Stoffes von St.-Maximin war und diesen zur Verfügung gestellt hatte. In Frage kommt dafür in erster Linie Gabriel Vial. Als technischer Generalsekretär des *Centre International d'Études des Textiles Anciens* am *Musée de Tissues* in Lyon hatte er ungehinderten Zugang zu dem bedeutendsten Stoffarchiv in Frankreich. Alle unsere Versuche, vom Museum Auskunft zu erhalten, ob Stoffteile des Chormantels von einer der früheren Restaurationen im Museum gelandet sind, verliefen ohne den erhofften Erfolg. Schließlich war doch noch ein Erfolg zu verzeichnen. Zwar machte sich niemand die Mühe, die Archive durchzusehen, aber alle verwiesen uns jedesmal auf Gabriel Vial! Offenbar ist es bekannt, daß er *der* Kenner des Chorrocks ist, und selbstverständlich wird er mit diesem in Verbindung gebracht. Schon in den 30er Jahren wurde der Chorrock das erste Mal restauriert. Im Zuge dieser Arbeiten wurde offensichtlich der originale Futterstoff entfernt und durch einen modernen ersetzt. Wie wir von der zweiten Restauratorin, Frau Classen-Smith, erfuhren, werden Originalteile gewöhnlich dem Ministerium für historische Monumente in Paris übereignet. Bei meinem Besuch bei Madame Maître-Devallon in diesem Ministerium meinte diese 1989, es gebe zwar eine Akte über den Chorrock; bei ihren vorausgegangenen Recherchen in den Archiven war diese Akte allerdings nicht mehr zu finden. Ich kontaktierte ihren Vorgänger M. Feray und Mme. Odile Bordaz, Konservatorin an den Musées de Gers. Aber auch sie konnten keine weiterführenden Angaben machen. Da es mir bei dieser Gelegenheit nicht möglich gewesen war, selbst in den Archiven nach den verlorenen Unterlagen zu suchen, fuhr ich im Februar 1992 nochmals nach Paris.

Mme. Maître-Devallon war inzwischen pensioniert worden, und ihre junge Nachfolgerin erwies sich als überaus hilfsbereit. Gemeinsam forschten wir im Katalog nach der entsprechenden Verweisnummer und fanden daraufhin im Archiv einen dicken Ordner mit der Bezeichnung 3042/3. 1494. In diesem Ordner war wirklich alles aufgezeichnet, was in den letzten 150 Jahren nur irgendwie in Zusammenhang mit dem Chorrock geschehen war. So fanden sich zum Beispiel sämtliche Unterlagen für die Anfertigung der Ausstellungsvitrine mit dem schweren eisernen Scherengitter aus dem Jahre 1921. Von der ersten Skizze über Konstruktionspläne bis zur Rechnung war über jedes Detail exakt Buch geführt worden. Zu der großangelegten Restaurierung aus dem Jahr 1965 war allerdings nicht mal der kleinste Hinweis zu finden. Die Mitarbeiter im Ministerium fanden diesen Umstand höchst ungewöhnlich und bemerkenswert. Irgend jemand mußte diese Dokumente unauffällig entfernt haben! Anschließend versuchte ich mein Glück noch in der Bibliothek des Kulturministeriums.
Freundlicherweise hatte der Inspektor, Monsieur Bruno Mottin, die in Frage kommenden Dokumente vor meinem Besuch schon aus den Archiven geholt. Gemeinsam blätterten wir die Dokumente auf der Suche nach Hinweisen zur Restaurierung durch. Wieder dasselbe Ergebnis: Kein einziger Hinweis vorhanden! Auch der Inspektor war jetzt davon überzeugt, das irgend jemand alle Unterlagen, die möglicherweise einen Hinweis auf den Verbleib des Futterstoffes hätten geben können, systematisch vernichtet haben mußte! Wir wollten ganz allgemein wissen, was üblicherweise mit »Resten« von Restaurationen von Kulturdenkmälern geschieht. Mme. Maître-Devallon hatte uns wissen lassen, daß solche Überbleibsel normalerweise in den Besitz des Eigentümers zurückgehen oder interessierten Forschungseinrichtungen zur Verfügung gestellt werden. Einer, der an dem Chorrock besonderes Interesse haben könnte, hatte sie schließlich gesagt, sei ein gewisser Gabriel Vial in Lyon! Der Kreis schließt sich.
Vial kannte das Turiner Tuch vom Textilbefund her wie kaum ein anderer. Er hatte es ausführlich studiert und einen detaillierten Fachartikel darüber veröffentlicht. Wie es den Anschein hat, muß Vial bereits früher, als die Karbon-Datierung von langer Hand geplant wurde, Zugang zum Turiner Tuch gehabt haben. Ich besprach

mich darüber mit Prof. Raes, weil mir viele Angaben Vials widersprüchlich erschienen. Prof. Raes, mittlerweile selbst beunruhigt über die Affäre um die Altersbestimmung, entschied sich, uns Informationen, die ihm vertraulich überlassen worden waren, zukommen zu lassen, weil sie in Zusammenhang mit den Enthüllungen eine wichtige Rolle spielen könnten.
In einem Brief vom 16. November 1989 machte er mir folgende interessante Mitteilung: »Seit dem Treffen in Paris habe ich einige Informationen erhalten über das Stück, das ich 1976 zurückgeschickt hatte. Riggi berichtete mir, daß sie auf meinem Stück einen großen Prozentsatz von Amiden (Zucker) gefunden hätten. Das war nicht der Fall bei der Riggi-Probe.« Als »Riggi-Probe« bezeichnete Raes die Hälfte des »Grabtuch«-Stückes, das Riggi bei der Verteilung an die Datierungslabors zurückbehalten hatte. Raes hatte sein eigenes Muster vom Turiner Tuch im November 1976 zurückgeschickt. Offenbar auf Umwegen bzw. nach verschiedenen Stationen war es in den Besitz Riggis gelangt, was dieser bei unserem Gespräch in Turin zugab. Damals hatte Riggi die eigentümlich kryptische, plötzlich abgebrochene Bemerkung gemacht, er habe einen Teil des Raes-Stücks, aber es sei nicht zu verwenden. Was war mit dem Stück geschehen, daß es unverwendbar wurde? Hat es etwas mit der überraschenden Ansammlung von Zucker in den Fasern zu tun? Raes hatte seine Probe nie chemisch behandelt, was vielleicht die Zuckerkonzentration hätte erklären können. »Das zeigt«, schreibt Raes weiter in seinem Brief, »daß die Probe, die ich nach Turin zurückschickte, nicht einfach aufbewahrt wurde. Das wurde auch durch meine Korrespondenz mit Prof. Vial bestätigt.« Vial! Was hatte er damit zu tun? Gabriel Vial, so stellt sich plötzlich heraus, hatte ebenfalls Zugang zur Tuchprobe von Raes!
Prof. Raes überließ uns den Brief, den ihm Gabriel Vial am 29. September 1989 geschrieben hatte. Es sei hier angemerkt, daß Raes dieses persönliche und vertrauliche Schreiben niemals herausgegeben hätte, wäre er nicht selbst der Überzeugung, daß der Karbontest manipuliert wurde und möglicherweise Vial in der Affäre eine Schlüsselrolle zukommt. In seinem Brief schreibt Vial: »Ich erlaube mir, Ihnen – streng vertraulich – zu sagen, daß ich mit dem Ziel, dies [ob Baumwollfäden innerhalb der Fasern zu finden sind oder nur oberflächlich] möglicherweise zu präzisieren, einige Fäden von den

Fragmenten entnommen habe, die Sie 1973 analysiert haben. Ich ließ sie im *Institut Textile de France* in Lyon untersuchen ... Zumal ich die Fäden außerhalb des Programmes entnommen habe, haben mich die Herren Gonella, Riggi und Testore gebeten, darüber nicht in meinem Bericht zu sprechen, was ich getan habe.«

Vial also hatte ein echtes Stück des Turiner Tuchs zur Verfügung, kannte es somit exakt und war deshalb bestens in der Lage, eine vergleichbare Textilie aus dem Mittelalter zu suchen. Hätte Vial nur einige Fäden entnommen, wäre das recht große Raes-Stück (etwa 4 x 1,3 cm) durchaus noch zu gebrauchen gewesen. Riggi aber spricht von »Fragmenten«, und diese seien unbrauchbar geworden. Raes äußert in seinem Brief die Vermutung, die ihm von mehreren Seiten zugetragen wurde, daß die heimliche ^{14}C-Datierung in Kalifornien, von der wir berichtet haben, mit einem Faden aus »seiner« Tuchprobe durchgeführt worden sein kann. Wenn dort nur ein Faden verwendet wurde und Vial nur einige Fäden entfernte, so ist immer noch nicht verständlich, warum nur noch unbrauchbare Fragmente übriggeblieben sind. Raes: »Wenn tatsächlich in den USA Tests durchgeführt wurden an Fäden, die von meiner Probe stammen, müssen sie von Riggi oder von Vial weitergegeben worden sein.«

Vielleicht waren die heimlichen Tests in den USA nicht die einzigen Untersuchungen an dem Stück. Wäre die Versuchung nicht groß gewesen, einen Teil von dem Raes-Stück insgeheim zu datieren? Vielleicht wurde dies sogar vor der offiziellen Altersbestimmung in Auftrag gegeben, um Gewißheit zu haben ... Vial zählt einige Radiokarbon-Fachleute zu seinen Freunden, wie Jacques Evin, Direktor des *Laboratoire de Radiocarbone* an der Universität von Lyon!

Entwerfen wir also folgendes hypothetische Szenario: Tite bittet Evin in seinem Brief vom 12. Februar 1988, ein »mittelalterliches Kontrollmuster, das dem Grabtuch nach Webart und Farbe so ähnlich wie möglich ist«, zu finden. Evin bespricht sich mit Vial. Dieser muß nicht lange suchen. In »seinem« Museum in Lyon befinden sich meterlange Fäden bzw. ganze Stoffstücke vom Chorrock als Überreste aus der Restauration. Tite erhält Nachricht, daß der gewünschte Stoff gefunden wurde. Aus den Fäden wird auf einem kleinen Versuchswebstuhl im Institut ein Stoff in der 3:1-Köperbindung hergestellt, wenn nicht die alte Rückwand bereits diese Fadenbindung aufweist. Vial kannte das Turiner Tuch gut genug, um das »Kontrollstück« so ähnlich wie möglich herstellen zu lassen. Durch einen nicht bekannten Umstand muß durchgesickert sein, daß sich Teile des Stoffes vom Chorrock des hl. Ludwig in Vials Institut befinden und offenbar für den wichtigen Radiokarbon-Test am Turiner Tuch gebraucht werden sollen. Der Stoff konnte nun nicht mehr heimlich zu Tite und nach Turin geschafft werden, es mußte irgendwie »offiziell« gemacht werden. Deshalb wurde es nötig, in aller Öffentlichkeit Fäden vom Chormantel zu entnehmen, mit großem Aufgebot, damit nach außen hin deutlich gemacht werden konnte, wann die Fäden geholt wurden und woher sie kamen. Vial bringt die Fäden nach Turin, wo sie als 4. Probe verteilt werden. Jedoch es sind bedeutend mehr Fäden, als in St.-Maximin entnommen wurden! Den Rest hatte Vial aus seinem Bestand im Institut beigesteuert. Er hatte ja genug davon. In die Behälter für das Turiner Tuch steckte Tite Textilstücke, die in Wahrheit vom Pluviale des hl. Ludwig stammten. Kein Wunder, daß sich die Probe 1 als identisch mit der Probe 4 herausstellte ...

Damit hatten die Auftraggeber im Vatikan ihr Ziel – so dachten sie zumindest – erreicht: Das Turiner Tuch wurde von neutraler Seite ins Mittelalter datiert. Den Diskussionen um den Beweis für Jesu Überleben der Kreuzigung sollte auf diese Weise ein Ende bereitet werden.

Es ist eine Ironie des Schicksals, daß Otlet, der Mitarbeiter vom Harwell-Laboratorium – einem der ausgeschlossenen Radiokarbon-Institute – mit seinem im ersten Abschnitt erwähnten Protestschreiben aus gekränkter Eitelkeit recht behalten sollte. In der Tat, »irgend jemand in Italien will den Weg der Wissenschaft behindern«, und die Reduktion auf drei Labors hat, wie er voraussah, »zu einer wissenschaftlichen Katastrophe« geführt.

Am 28. April 1989 begleitet der Journalist Orazio Petrosillo Papst Johannes Paul II. auf seiner Reise nach Madagaskar. Im Flugzeug hat er Gelegenheit, ihn zu verschiedenen Themen zu befragen. Petrosillo, der ebenfalls von der Unkorrektheit der Altersbestimmung überzeugt ist, erbittet eine Stellungnahme zum Turiner Tuch. Die Einschätzung des Papstes unterscheidet sich markant von jener des Kardinals Ballestrero. Das Tuch, läßt ihn der Heilige Vater wissen, sei auf jeden Fall eine Reliquie. Auf die Frage, ob das Linnen authentisch sei, antwortet der Papst: »Wenn es sich um die Reliquie handelt, denke ich, daß sie es ist. Wenn dies viele denken, sind ihre Überzeugungen, in ihr den Abdruck des Körpers Christi zu sehen, nicht ohne Grund.«[39] Glaubt am Ende der Papst selbst nicht an das Ergebnis der Wissenschaft? In der vatikaneigenen Zeitung *Osservatore Romano* wird das Gespräch mit Johannes Paul II. am 3. Mai 1989 abgedruckt; allerdings wird die eindeutige Stellungnahme des Papstes zur Echtheit des Tuchs als einzige Aussage gestrichen! Daß sogar die Worte des Papstes selbst zensiert werden, ist ein unglaublicher Skandal. Ist es zu weit hergeholt, in dieser Handlungsweise den langen Arm einer »Vatikan-Guerilla« zu vermuten, die auch hinter der Inszenierung der Radiokarbon-Datierung steht? Hintermänner in Soutanen, von deren Absichten und Intrigen der Papst selbst nichts Genaues weiß?

Nachfragen im Vatikan und im Erzbischöflichen Ordinariat in Turin sind fruchtlose Versuche, in einem Sumpf den Grund erkennen zu wollen. Am 2. Oktober 1990 erhalten wir vom Heiligen Stuhl auf unsere Anfragen bezüglich des Tuchs einen lapidaren Verweis: Auch wenn das Tuch dem Vatikan gehört, ist der Erzbischof von Turin dafür verantwortlich. Der Sekretär des neuen Bischofs in Turin, Morello, läßt uns am 16. März 1991 wissen, daß die Konservierung des Tuchs als vordringlichstes Problem gilt. Erst wenn dieses gelöst sei, könne man über eine neuerliche Ausstellung nachdenken. Aber es sei überhaupt keine Eile geboten, weitere Untersuchungen anzustellen: »Die Kirche, die sich der ständigen Veränderungen, Evolutionen und Fortschritte der Wissenschaften bewußt ist, hat keine Eile (und drängt nicht danach), zu Ergebnissen zu gelangen, die man nie als definitiv bezeichnen kann. Da die Kirche den eigenen Glauben ausschließlich auf die ›Offenbarung‹ und die Botschaft Christi gründet und nicht auf den Wert der Reliquien, hat sie es nicht nötig, daß deren Authentizität geprüft wird.« Allerdings hat es eher den Anschein, als solle das Tuch nunmehr langsam in Vergessenheit geraten. Angeblich droht mittlerweile die Kapelle des »Heiligen Grabtuchs« in Turin einzustürzen! Seit dem 4. Mai 1990, dem Tag des Festes des Heiligen Grabtuchs, bleibt sie auf unbestimmte Zeit geschlossen ...

V

Anhang

Nachwort

»Wenn aber von Christus verkündet wird, daß er von den Toten auferweckt worden ist, wie können einige unter euch sagen, daß es keine Auferstehung der Toten gebe? Gibt es aber keine Auferstehung der Toten, so ist auch Christus nicht auferweckt worden; ist aber Christus nicht auferweckt worden, dann ist unsere Predigt sinnlos, sinnlos auch euer Glaube.« (1 Kor 15,12–14) Mit diesen Worten wettert Paulus gegen seine Zeitgenossen, die größte Mühe hatten, seine Vorstellung von der Erlösung der Menschheit durch den Kreuzestod Jesu nachzuvollziehen. Paulus legt den ganzen Sinn von Jesu Wirken ausschließlich in dessen Sterben am Kreuz. An den Worten und den Lehren Jesu liegt ihm wenig, aber alles an seiner eigenen Lehre: die Erlösung von den Sünden durch den angeblichen Sühneopfertod Jesu.

Muß es nicht seltsam erscheinen, daß Jesus selbst nicht den kleinsten Hinweis darauf gibt, daß er beabsichtigt, die gesamte gläubige Menschheit durch seinen Tod zu erlösen? Hätte er eine solche Absicht verschleiert, wäre das verwerflich und irreführend zu nennen und widerspräche der hohen ethischen Grundhaltung Jesu und seiner Liebe zu den Menschen. Warum fleht Jesus in seinem Gebet in Gethsemane: »Vater, alles ist dir möglich; laß diesen Kelch an mir vorübergehen!« (Mk 14,36), wenn er seinen Tod als Höhepunkt und Ziel seiner Mission sehen sollte? Und was für ein Vater wäre das, der das flehentliche Bitten seines »eingeborenen Sohnes« nicht erhört? In seinem Buch »Die Ethik Jesu« schreibt der Theologe E. Grimm schon 1917 über die paulinische Erlösungsvorstellung: »Wie sehr sich auch diese Lehre unter den Christen eingebürgert hat, so hat doch der wirkliche Jesus nichts davon gewußt.« In der theologischen Forschung besteht heute weitgehend Einigkeit über die Tatsache, daß die Tradition vom Bericht über das leere Grab historisch älter ist als die Legende vom Auferstandenen. Zunächst wurde in den frühen Gemeinden berichtet, daß das Grab Jesu leer war, und erst später hat Paulus die Geschichte von der wunderbaren Auferstehung des Herrn erzählt. In seinen frühen Berichten schreibt Paulus zunächst nur von einem Offenbaren, einem Sehen oder Erscheinen des »Sohnes Gottes«. Erst später formuliert er seine Theologie vom Auferstandenen. Es handelt sich also um eine Interpretation, die Paulus ins Zentrum seiner Lehre stellt. Vielleicht kann man Paulus sogar beste Absicht unterstellen, denn es wäre durchaus denkbar, daß dieser – vor seiner Bekehrung – fanatische Eiferer gegen die Christen in der großen Gemeinde der Essener von Damaskus tatsächlich auf Jesus gestoßen ist, der sich nach seiner Genesung dort verborgen hielt. Damaskus lag außerhalb der römischen Gerichtsbarkeit in Syrien. Paulus ließ sich eine Sondervollmacht vom Hohenpriester ausstellen, um die Anhänger Jesu auch außerhalb der Stadtmauern Jerusalems verfolgen zu können.

Paulus war wie die Jünger vom Tod Jesu überzeugt. Das Erlebnis der Begegnung mit der nachfolgenden existentiellen Erschütterung kann die Vorstellung von der »Auferstehung von den Toten« zementiert haben. Was in der Folge daraus entsteht, hat mit der Botschaft Jesu allerdings nichts mehr zu tun.

Selbst wenn sich in den Texten des Paulus einige durchaus erfreuliche Passagen finden, so verdankt das Christentum seinem engherzigen Fanatismus zahlreiche ungute Entwicklungen, die dem Geist Jesu diametral entgegengesetzt sind: die Intoleranz gegenüber Andersdenkenden (vgl. z. B. Gal 1,8–9; 1 Kor 16,22; Tit 3,10), die ausgesprochene Körperfeindlichkeit und daraus folgend die Geringschätzung der Frau (vgl. z. B. 1 Kor 6,18; 7,1–2; 7,38; 12,23; Gal 5,17; Eph 5,3 + 5; Kol 3,3 + 5-6), und gerade auch das fatale Mißverhältnis zur Natur (vgl. z. B. Kol 2,8; 1 Kor 2,14; Eph 5,19; Phil 3,20).

Nach Paulus stehen alle Menschen von Anfang an unter dem Zorn Gottes (Eph 2,3) und sind ohne Ausnahme verloren (z. B. Röm 15; Kor 15,18), ohne Hoffnung und ohne Gott (Eph 2,12), denn Satan hat Macht über alle (Röm 3,9; Gal 3,22; Kol 2,14). Gegen alle Menschen ohne Ausnahme besteht ein Verdammungsurteil Gottes (z. B. Röm 5,16; vgl. auch Röm 8,1). Dieser Zorn Gottes (der auch den Neugeborenen gilt) kann nach Paulus ausschließlich durch den Tod und das Blut Jesu abgewendet werden, und durch den Tod und das Blut Jesu allein kann jene »Urschuld« gesühnt werden (vgl. Kol 1,22 und Hebr 9,22): »... und ohne Blutvergießen geschieht keine Vergebung«. Mit dieser Vorstellung vom Sühneopfer des erstgeborenen Sohnes fiel Paulus in die Vorstellungswelt der semitischen Primitivreligion der Vorzeit zurück. Damit stellte Paulus die jesua-

nische Erlösungslehre auf den Kopf und wirkte den reformerischen Gedanken Jesu entgegen: Aus der ursprünglichen Frohbotschaft wird die paulinische Drohbotschaft.
Nach der Lehre Pauli kann der Mensch durch keine eigenen guten Werke und durch keinen noch so guten Wandel erlöst und mit Gott versöhnt werden (Röm 3,24; 3,28; 9,11; 9,16; 1 Kor 1,29; Gal 2,16). »Denn vermöge der Gnade seid ihr gerettet durch den Glauben, und das nicht durch euch – Gottes Gabe ist es –, nicht aus Werken, damit nicht jemand sich rühme.« (Eph 2,8–9) Voraussetzung für den Gnadenakt Gottes ist konsequenterweise die Akzeptanz der paulinischen Gnadenlehre, also die Mitgliedschaft in der Kirche des Paulus.
Gestützt auf Paulus, lehren die christlichen Kirchen heute noch, die Erlösung aller Menschen sei ein für allemal durch das Blutopfer Jesu am Kreuz vollständig vollzogen worden, und der Mensch habe absolut nichts dazu beizutragen, außer daß er die Art der Erlösung in einem einmaligen Bekehrungsakt (Taufe) dankend für sich annehme. Mehr braucht es nicht, um Sinn und Ziel des Lebens zu erreichen, denn Jesus habe ja bereits alles stellvertretend für uns vollbracht. Daraus ergibt sich, daß jeder Versuch, durch eigene Anstrengung an der Erlösung mitzuwirken, als Schmälerung des Verdienstes Jesu und sogar als Ursünde bezeichnet wird, als verderblicher Versuch zur Selbsterlösung. Nach dieser Auffassung gilt jeder Andersgläubige, mag er auch noch so vorbildlich gelebt haben (wie z. B. Gandhi) als verloren, wenn er das Kreuzopfer nicht für sich annimmt, sich also nicht zum paulinischen Christentum bekennt.
Natürlich ist es ein attraktives und verlockendes Angebot, durch ein paar Spritzer Wasser von der Verantwortung für sein Handeln und die Konsequenzen für schlechte Taten und Gedanken auf einfache und bequeme Weise entbunden zu werden. Die verhängnisvollen Folgen dieser Erlösungslehre führen in letzter Konsequenz zu einer Art Ablaßhandel, bei dem der Missetäter schon im vornherein mit der Begleichung seiner Schuld vor Gott und seinem Gewissen rechnen kann. Selbst die schlimmsten Frevel gegenüber allen Mitgeschöpfen bleiben somit ohne Folgen.
Diese Vorstellung ist dem Denken Jesu aber völlig fremd. Es lag ihm fern, ein hierarchisches Amtswesen mit Gesetzen und Schrift-

gelehrten, mit Buchstabengläubigkeit und Auslegungsstreiterei, mit Kult und Bilderverehrung, mit Kirchentümern und alleinseligmachendem Anspruch zu schaffen. Er wollte die Unmittelbarkeit zwischen dem Göttlichen und den Menschen propagieren und nicht den selbstherrlichen Instanzenweg durch die selbstgerechten Verwalter Gottes. Sicher war Jesus gebildet genug, um seine Botschaft aufzuschreiben, wenn er dies als möglichen Weg erkannt hätte. Er hat aber statt dessen seine Lehre verkündet, indem er sie vorgelebt hat: das Aufgeben egoistischen Denkens und Handelns, vorurteilsfreie Zuwendung zu allen lebenden Wesen, Geben und Teilen, größtmögliche Toleranz gegenüber Andersdenkenden, das Leid anderer auf sich zu nehmen und mitzufühlen, also uneingeschränkte Liebe durch die Tat am Mitgeschöpf.

Was wir heute als Christentum bezeichnen, ist eine von Paulus arrangierte Mißdeutung und Verfälschung der wirklichen Lehren Jesu. Das Wissen um diese Mißdeutung und um die hierin in den Mittelpunkt gerückte Erlösungslehre durch den Sühneopfertod Jesu gehört heute längst zu den Binsenwahrheiten der neueren theologischen und kirchengeschichtlichen Forschung. Leider sind diese Wahrheiten bisher mit allen Mitteln unterdrückt worden und dadurch nicht bis zur Basis vorgedrungen. Schon Anfang des 18. Jahrhunderts bemerkte der englische Philosoph Lord Bolingbroke (1678–1751) zwei vollkommen verschiedene Religionen im Neuen Testament, die des Jesus und die des Paulus. So unterscheiden auch Kant, Lessing, Fichte und Schelling deutlich zwischen der Lehre Jesu und dem, was die »Apostel« daraus gemacht haben. Eine große Anzahl von namhaften modernen Theologen vertritt mittlerweile diese Erkenntnis.

Man kann sich nun fragen, warum es 2000 Jahre dauern mußte, bis die paulinische Erlösungsidee mit den Mitteln unserer Zeit durch die Hinterlassenschaft Jesu ad absurdum geführt werden konnte. Eine mögliche Antwort mag darin liegen, daß es wohl zu keiner anderen Zeit dringlicher gewesen wäre, das Zeichen Jesu ernst zu nehmen, um sich endlich der wahren Botschaft seiner Lehre zuzuwenden!

Holger Kersten
Elmar R. Gruber

Anmerkungen

I Die Reliquie und die Wissenschaft

[1] Historisches Jahrbuch 24 (1903), S. 340.
[2] Vgl. auch Zugibe (1988).
[3] Zitiert bei Wilson (1980), S. 51.
[4] La S. Sindone (1976).
[5] Tyrer (1981).
[6] Frei (1982).
[7] Scannerini und Caramiello (1989); Auch Giovanni Riggi hat sich negativ über den Wert der Pollenforschungen ausgesprochen; Riggi di Numana (1988), S. 141.
[8] Bulst (1988).
[9] Jackson u. a. (1982).
[10] Morris, Schwalbe und London (1980). Gilbert und Gilbert (1980).
[11] Heller und Adler (1980, 1981).
[12] Baima Bollone, Jorio und Massaro (1981).
[13] Baima Bollone, Jorio und Massaro (1982); Baima Bollone und Gaglio (1984).
[14] Miller und Pellicori (1981), S. 85. Eine Diskussion der verschiedenen Bildentstehungstheorien bieten Schwalbe und Rogers (1982).
[15] Baima Bollone (1977).
[16] Baima Bollone (1981).
[17] Riggi di Numana (1988).
[18] Vgl. dazu Petrosillo und Marinelli (1990), S. 33ff.
[19] »Our Sunday Visitor«, 13.4.1986, S. 7.
[20] Petrosillo und Marinelli (1990), S. 46.
[21] Sox (1988), S. 108.
[22] Gonella, L., Vortrag im »Rosetum« in Turin, 10. Mai 1989.
[23] Dutton, D., Leserbrief an *NATURE*, 327, 7. Mai 1987, S. 10.
[24] Fidelity, Februar 1989, S. 42.
[25] Vortrag im »Rosetum« in Turin, 10. Mai 1989.
[26] Der englische Ausdruck »Paper« (Papier) bezeichnet im Wissenschaftler-Jargon einen Fachartikel.
[27] Hahn, M., Gutachten vom 6.12.1989.
[28] Ehrler, P. und Cai, Z., Gutachten vom 19.12.1989.
[29] Brief Wölflis vom 25.1.1992 an Holger Kersten.
[30] Brief von G. Raes vom 1.8.1981 an Holger Kersten.

II Das Tuch im Dunkel der Geschichte

[1] Hieronymus: De vir. illust., cap. II. Vgl. Green (1969).
[2] Vgl. O'Rahilly (1941), S. 59.
[3] Scavone (1989).

[4]Robert de Clari (1873); engl. Übersetzung (1939).
[5]Tixeront (1888).
[6]Eusebios: Historia ecclesiastica I, 13; II, 6–8.
[7]Pétré (1948); Gamurrini (1887).
[8]Evagrios (PG 86). Evagrios' Schriften stammen aus der Zeit nach 593.
[9]Cureton (1864); Philips (1876).
[10]Narratio (PG 113). Deutscher Text abgedruckt in Wilson (1980), S. 302–315.
[11]Narratio (PG 113), P. 12–13.
[12]Tobler und Moliner (1879), S. 116.
[13]Kitzinger (1954).
[14]Tischendorf (1876), S. 456–457.
[15]Vgl. Dobschütz (1899), S. 230ff. und 157**ff. Die Cura Sanitatis Tiberii fand Aufnahme in die 1275 entstandene *Legenda aurea* des Jacobus de Voragine.
[16]Mt 9,20–22; Mk 5,25–34; Lk 8,43–48. Dobschütz, a.a.O., S. 175**f.
[17]Wilson (1980), S. 158f.
[18]Narratio (PG 113), § 16–17. Sie wird neben der Version des Evagrios berichtet.
[19]Der Ziegel mit dem Abdruck des Portraits, das sogenannte Keramion, wird noch eine wichtige Rolle spielen. Es ist sehr wahrscheinlich, daß die Auffindung dieser wunderbaren Kopie die Erzählung von der Übertragung des Kamuliana-Bildes auf das Kleid der Hypatia beeinflußt hat. Die rätselhafte Übertragung des Bildes auf einen Ziegel ist in verschiedenen Fassungen bekannt.
[20]Wilson (1980), S. 161.
[21]Narratio (PG 113), § 15–16.
[22]Prokop: Historikon II, 12, 26, (Loeb ed., I, S. 368 ff.).
[23]Tixeront (1888), S. 136; Bayer (1734), S. 95.
[24]Tacitus, Annalen, 11. Buch, 8–12; 12. Buch 10–14.
[25]Vgl. Assemani, a.a.O. Bd. II, S. 392. Ob Thaddäus wirklich in Edessa gestorben ist, läßt sich nicht mit Sicherheit sagen. Die armenische Fassung der *Doctrina Addai* präsentiert den letzten Vortrag Addais als den eines Mannes, der abfährt (in den Orient), um nicht mehr wiederzukommen. Vgl. Tixeront, a.a.O., S. 66.
[26]Cureton (1864), S. 34 I. 24.
[27]Guriel (1860), S. 148.
[28]Wenn Thaddäus tatsächlich selbst ein Episkopat von etwa zehn Jahren innehatte, wie Cureton vermutet (a.a.O., S. 162), dann kam das 23jährige des Aggai erst um 63 (nach heutiger Zählung sogar um 66) zu Ende. Zu diesem Zeitpunkt war Ma'nu VI. bereits mindestens sechs Jahre auf dem Thron, und es ist nicht einzusehen, warum er so lange hätte warten sollen, um seinen Schlag gegen das Christentum auszuführen. Den Überlieferungen zufolge kam der Stimmungsumschwung zugleich mit seiner Machtübernahme. Hatte Aggais Führung tatsächlich über 20 Jahre Bestand, dann wohl nur, weil er bereits zu Lebzeiten des Thaddäus, mit dessen ausdrücklichem Einverständnis, zum Leiter der Gemeinde wurde.
[29]Teil I, Gesta Pilati.

[30] Diese schreckliche Todesart scheint eher römischen denn orientalischen Ursprungs zu sein. Sie zeigt den Grad des Hasses an, denn offensichtlich wollte der König den Märtyrer durch diesen Tod entwürdigen.

[31] Wilson (1980), S. 94ff.

[32] Mt 10, 5–6. Kennzeichnend ist auch die wiederholte Aufforderung, über seine Messiaswürde (Mt 16,20; Mk 8,30; Lk 9,21) und über das Erlebnis seiner Verklärung Schweigen zu bewahren (Mt 17,9; Mk 9,9; Lk 9,36).

[33] Vgl. Festinger, Riecken, Schachter (1956); Hardyck und Braden (1962).

[34] Dobschütz (1899), S. 182*.

[35] Jackson hat mindestens vier Zeichen alter Faltungen nachgewiesen, Jackson (1984).

[36] Besonders gute Beispiele solcher Mandylion-Kopien finden sich in der Kirche von Spas Nereditsa bei Novgorod und in der Radoslaw-Kapelle im Kloster Studenica in Serbien. Auch auf der sogenannten Abgar-Ikone aus dem Katharinenkloster am Sinai und auf einer Miniatur in einem Manuskript des 14. Jh. in der Biblioteca Nacional de Madrid ist das Mandylion mit Fransenrand dargestellt.

[37] Grabar (1946), S. 343 ff.

[38] Vgl. Holl (1928), S. 388; Rassart-Debergh (1990).

[39] Vgl. Piper (1867), S. 78.

[40] Dobschütz (1899), S. 139*. Antoninus spricht davon, daß mit Schnüren »mensura tollitur« (Maß genommen wird), und »exinde et circa collum habent et sanantur« (danach tragen sie diese um den Hals und werden geheilt). Der Terminus *mensuram tollerare* hat nichts mit Wachsabdrücken zu tun. Das bestätigt auch Kitzinger, a.a.O., S. 104 f. Vielmehr haben wir es hier mit dem ersten Hinweis auf das Abnehmen sogenannter »heiliger Längen« zu tun: Kranke nahmen die Maße entsprechender Glieder Christi mit Schnüren oder mit einem Papyrusstreifen ab. Danach banden sie sich diese um den Hals und versprachen sich heilsame Wirkungen. Vgl. Kriss-Rettenbeck (1963) S. 41 u. 138; Savio (1985).

[41] Koch (1938), S. 437f.

[42] Paris, Bibl. Nat., cod. lat. 2688, fol. 77^r. Weitzmann (1980), II, S. 77, und Abb. 10 b.

[43] Kriss-Rettenbeck (1963), S. 72.

[44] Eine Unterstützung der Mandylion/Grabtuch-Hypothese finden wir darin, daß nicht der ganze Christus des Turiner Tuchs in der Kunst des 6. Jh. anzutreffen ist, sondern nur die Züge seines Gesichts.

[45] Vignon (1938); Wuenschel (1954). Paul Maloney reduziert die Vignon-Liste von 20 Zeichen auf neun, die selbst der skeptischste Betrachter akzeptieren müsse. Maloney (1989).

[46] Wilson (1980), S. 118f.

[47] Wiech (1990).

[48] BSTS 24, 1990, 11–13; Marastoni (1980); Messina und Orechia (1989); Scheuermann (1988); Filas (1982); vgl. dazu auch Hachlili und Killebrew (1983); Meacham (1986).

[49] Gute Beispiele sind etwa die Himmelfahrt-Ikone aus der palästinensischen Schule aus dem 9./10. Jh. im Katharinenkloster am Sinai, vgl. Abb. bei Huber (1987), S. 131, und das Mosaik der Taufe Christi in der Ho-

sios-Lukas-Kirche (um 1000) in Phokis, vgl. Abb. bei Grabar (1964), S. 127.

[50] Beispiele finden sich auf zahlreichen byzantinischen Fresken und Mosaiken. Auffällig sind etwa die Fresken von S. Maria del Monacato von Castrocielo bei Cassino (Italien), bei denen deutliche Stirnsymbole nach dem Vignon-Wuenschel-Muster auf verschiedensten Figuren zu sehen sind. Vgl. die Abb. bei Romano (1989), S. 155–166.

[51] Eine bemerkenswerte Ausnahme bildet das Jesusbild auf der Vase von Emesa, das ich deshalb auch hervorgehoben habe. Auf ihm fallen die Haare gerade auf die Schultern, die Ohrläppchen sind nicht zu sehen, die rechte Augenbraue ist erhoben, die Nase ist auffallend lang, der Bart ist die vielleicht gelungenste Umsetzung aus dem Tuchbild.

[52] Wilson (1980), S. 120.

[53] Das gegenwärtige Salvatorbild stammt aus dem 12. Jh. Bei der Renovierung 1746 kam zum Vorschein, daß das sehr in Mitleidenschaft gezogene Tafelbild mit großer Kunst auf Leinwand neu gemalt war, womit das alte überklebt wurde. Nach einer Legende, die Canonicus Nicolaus Maniacutius (ca. 1180) berichtet, geht die Herkunft des Bildes auf den Evangelisten Lukas, den begabten Maler, zurück. Nach langen Meditationen entschloß er sich, das Portrait Jesu zu malen. Als er die Umrisse eben gezogen hatte, war auf wunderbare Weise das vollständige Gesicht fertig. Vgl. Dobschütz (1899), S. 66. Was weitere Acheiropoieten im Westen betrifft, hat H. Pfeiffer kürzlich die Theorie entwickelt, daß es sich bei dem Christusbild von Manopello um das alte Veronikabild handelt und daß dieses wiederum identisch ist mit dem Kamuliana-Acheiropoieton. Vgl. dazu Zaninotto (1989 b).

[54] Piper (1867), S. 249.

[55] Lateinisches Gedicht aus dem Codex Mon. Aug. S. Ulr. 111, hrsg. von Massman, S. 176 f. Zit. in Dobschütz (1899), S. 196*.

[56] Zaninotto (1989 c).

[57] Zitiert in Green (1969), S. 333.

[58] Ordericus Vitalis, Historia Ecclesiastica, Tl. III, IX, 8.

[59] Gervasius von Tilbury, Otia Imperalia, III.

[60] MS 61, fol. 122. Vgl. Abb. in Weitzmann (1980), IX, S. 477.

[61] MS Add. gr. 129, fol. 87. Vgl. Abb. in Weitzmann (1980), S. 478: »Es ist schwer zu sagen, was den Illustrator veranlaßte, die ägyptische Form von Mumienbinden zu verwenden.«

[62] Zu den Epitaphioi vgl. Johnstone (1967).

[63] Basilius Grolimund, Brief vom 7. Oktober 1990.

[64] Dubarle (1989).

[65] Vermutlich gehen diese Brandlöcher auf eine Feuerprobe zurück, der das Tuch, vielleicht bei der Inspektion zur Überführung aus Edessa, unterworfen wurde. Die Brandlöcher sind symmetrisch auf der Vorder- und Rückseite zu sehen und entstanden bei gefaltetem Zustand des Tuches. Die Ansicht des Archäologen Paul Maloney, daß sie auf Kerzen zurückzuführen sind, die auf dem Grabtuch standen, als es tatsächlich als Altartuch verwendet wurde, ist falsch.

[66] Der Text wird von C. Du Cange in seinen Notizen über die Alexiade wiedergegeben. In: Migne, PG 131, S. 563–68.

[67] Alle erwähnten Auflistungen der Reliquien in Konstantinopel finden sich bei Riant (1878), II, S. 211f, 214, 216f, 223.

[68] Scavone (1989), S. 117f.

[69] Scavone (1989), S. 118.

[70] Heisenberg (1907), S. 31.

[71] Bulst (1990), S. 44.

[72] Bulst (1990), S. 49.

[73] Vgl. zur Lage der Kapelle: Ebersolt (1934); Janin (1953), Bd. 3.

[74] Riant (1878), S. 175f. Inventarliste S. 197ff. Dieser Einzelfall zeigt auch, welche Möglichkeiten selbst unbedeutenden Kreuzrittern offenstanden, Heiligtümer in die Heimat auszuführen, und wie unermeßlich groß der Reliquienschatz gewesen sein muß.

[75] Das Bild befand sich bis 1970 noch in der Stiftskirche St. Pierre zu Corbie, bis es daraus gestohlen wurde. Später fand man nur noch den Rahmen mit dem Hinweis auf Robert de Clari, das Bild aber blieb verschwunden. Ich verdanke die Hinweise auf die »Sainte Face de Corbie« und ein Foto des Bildes Dr. Robert Caron, Fouilloy sous Corbie. Zu den anderen Christusbildern vgl. die Abbildungen bei Fossati (1982), S. 19–31.

[76] Scavone (1989), S. 119f, 127. Zuletzt sei auf ein weiteres Problem hingewiesen, das Bulst ignoriert. Bei der Reliquienschenkung Balduins II. an Ludwig IX. wird auch der »Teil des Sudariums« erwähnt, »in welchem Jesu Leib im Grab eingewickelt war«. (Vgl.Riant, a.a.O. III, S. 135). Wie ist dieses »Grabtuch« im Hinblick auf das Mandylion/Grabtuch zu werten?

[77] Geoffrey de Villehardouin (1938–39), II, S. 26f.

[78] Ebersolt (1934); Janin (1953), III, S. 9f.

[79] Vgl. Shaw (1963) S. 92; Geoffroy de Villehardouin (1938–39), II, S. 50, 52; Crispino (1982).

[80] Du Fresne du Cange (1826), S. 30ff. Mansuet (1789), I, S. 226. Vgl. Epist. Innoc., Migne, PL 215, col. 433.

[81] Gesta (1874), S. 118f.

[82] Heyck (1886), S. 66.

[83] Annales lanuenses (1863), S. 122.

[84] Epist. Innoc., Migne, PL 215, col. 433f. Vgl. auch Riant (1878), III, S. 56f.

[85] Barber (1978), S. 41.

[86] Wilson (1980), S. 214, behauptet, die Templer in Paris hätten Widerstand geleistet. Er will damit versuchen zu beweisen, daß sie in dieser äußersten Bedrängnis das in Paris verwahrte Grabtuch noch aus der Stadt geschafft hatten. Es gibt aber keine historischen Hinweise auf einen Widerstand. Vgl. Barber (1983), II, S. 19f.

[87] Die erste zuverlässige Studie über den Templerprozeß verfaßte Pierre Du Puy 1654 (Traitez concernant l'Histoire de France: Sçavoir la condamnation des Templiers), der als königlicher Archivverwalter die Möglichkeit hatte, zahlreiche Dokumente einzusehen, die heute verloren sind. Allerdings muß man Du Puys Arbeiten mit Vorbehalt betrachten, zumal er in Philipp dem Schönen einen »der großen Könige« verteidigen wollte, »die unsere Monarchie regiert haben« (Lizerand, 1923, S. XIX). Als beste Analyse des widersprüchlichen Prozesses muß immer noch die Arbeit von Finke gelten: Finke (1907).

[88] Aus der Order Philipps des Schönen zur Verhaftung der Templer vom 14. September 1307. Zitiert in: Lizerand (1923), S. 28.
[89] Alle Aussagen bei Michelet (1851), I, S. 277–280.
[90] Michelet (1851), I, S. 212.
[91] Der Templer Raimundus Rubei gab zu Protokoll, daß der Superior die »figura Baffometi« geküßt habe und »Yalla« rief. Die Ausrufungen »Yalla« oder »Selah« sind des öfteren verbürgt und wohl Adaptationen von »Allah«.
[92] Zitiert nach Du Puy (1751), S. 22.
[93] Wilson (1980), S. 213.
[94] Vgl. Finke (1907), S. 334–7. Auch diese Darstellung von Etienne de Troyes verkürzt und verändert Ian Wilson (1980), S. 213, ungerechtfertigterweise.
[95] Barber (1978), S. 273.
[96] Michelet (1851), II, S. 218.
[97] Nach einer Legende aus dem 10. Jh. wurde Ursula, die Tochter eines britischen Königs, auf der Rückkehr von einer römischen Pilgerfahrt mit ihren zehn Gefährtinnen im Jahre 452 bei Köln von den Hunnen umgebracht. Durch einen Irrtum entstand aus diesen elf später die Legende der elftausend Jungfrauen.
[98] Wahrscheinlich hatten die Templer selbst solche und ähnliche Reliquiare, die sie in ihren Kirchen aufbewahrten und die sich nicht von denen anderer Kirchen unterschieden. Vgl. Sevin, H.: L'Enigme des Templiers et le Saint-Suaire. Brüssel 1988, S. 112.
[99] Michelet (1851), II, S. 218.
[100] Lizerand (1923), S. 46ff.
[101] Michelet (1851), II, S. 364.
[102] Michelet (1851), II, S. 366.
[103] Michelet (1851), II, S. 362.
[104] Michelet (1851), II, S. 363.
[105] Guillaume de Nangis (1738), I, S. 402f.
[106] Die Genealogie stützt sich auf folgende Arbeiten: Anselme (1730); Bobin (o. D.); Plancher (1741); Prinet (1920); Courtépée et Béguillet (1968); Crispino (1990). Für zahlreiche Hinweise bin ich Frau Dorothy Crispino zu großem Dank verpflichtet.
[107] Bib. Nat. P. orig., vol. 683, n 6, 9, 10, 11, 13.
[108] Die historischen Quellen werden am besten und umfänglichsten präsentiert von Savio (1957). Vgl. auch Fossati (1961).
[109] *sibi liberaliter oblatam.* Chevalier (1900), S. 28, XV, S. 32.
[110] In der Zessionsurkunde Balduins II. vom Juni 1247 sind vermerkt: »sanctam Toellam tabule insertam« und »partem Sudarii quo involutum fuit corpus eius in sepulchro«. Riant (1878), III, S. 135.
[111] Crispino (1981).
[112] Ausführlich setzt sich in dieser Frage mit den historischen Quellen auseinander Fossati (1983).
[113] Currer-Briggs (1984), S. 106, macht es sich zu einfach, indem er den Templer Geoffroy de Charnay einfach als einen Onkel Charnys in den Stammbaum einführt. Das ist reine Spekulation. Dafür gibt es überhaupt keine Belege.

[114] D'Arcis, zit. in Thurston (1903), S. 26.
[115] Fossati (1983).
[116] Piaget (1897), S. 399, 410.
[117] Ménestrier (1683), S. 179; Dacier (1777), S. 662; Pannier (1872).
[118] Crispino gibt zu bedenken, daß der bedeutende Ehrenposten des Bannerträgers gewöhnlich nur langgedienten älteren Rittern verliehen wurde. Das könnte bedeuten, daß Geoffroy an der Wende zum 14. Jh. bereits geboren war. Genaue Hinweise über sein Geburtsdatum lassen sich allerdings nicht belegen. Crispino (1989).
[119] Riant (1878), II, 233f.
[120] Scavone (1989), S. 121.
[121] Rinaldi (1983).
[122] Crispino (1985); Vignon (1938), S. 106ff.; Chamard (1902).
[123] Bon (1969), S. 110; Morel-Fatio (1895), § 127.
[127] Bon (1969), S. 233: »Les Charny ont dû venir avec le prince Louis.«
[125] Die Kennzeichnung von Dreux als Bruder Geoffroys ist ein Hinweis darauf, daß zur Zeit der Abfassung der Chronik Geoffroy bereits ein bedeutender Ritter Frankreichs war. Vgl. Morel-Fatio (1895), § 624.
[126] Ostrogorsky (1963), S. 422ff.

III Die Geheimnisse von Golgotha

[1] Dodd (1963), S. 423; Brandon (1967), S. 16.
[2] Lincoln, Baigent und Leigh (1984), S. 287ff.
[3] Ghiberti (1982), S. 43, Fn. 62.
[4] Barbet (1953); Bulst und Pfeiffer (1987), S. 87f., Currer-Briggs (1984), S. 16.
[5] Bagatti und Milik (1958).
[6] Die einzig richtige Form einer Grabkonstruktion beschreibt die Mischnah in Baba Bathra 6, 8.
[7] Savio (1957), S. 33ff.
[8] Zaninotto (1989 a), S. 148. Interessant in diesem Zusammenhang ist der Text aus den Acta Philippi (143), in dem es heißt: »Philippus bat darum, in Papyrusblättern begraben zu werden und daß ihm nicht ein Leinentuch angelegt werde, um nicht Christus zu gleichen, der in einer *sindon* eingepreßt wurde *(en sindoni eneilethe)*.«
[9] Haenchen (1980), S. 556.
[10] Die Einbalsamierungen von Jakob und Joseph (Gen 50,2–3.26) stellen eine Ausnahme dar, sie spiegeln aber ägyptische Sitten wider.
[11] Schabbat 23, 5. Siehe auch Ketub 20, b.
[12] Dessy (1989), S. 42.
[13] Boulos (1983), S. 128; Duke (1983), S. 19; Moldenke und Moldenke (1952), S. 35; vgl. dazu Reynolds (1950), S. 394ff.
[14] Hepper (1988).
[15] Grindlay und Reynolds (1986).
[16] Moldenke und Moldenke (1952).
[17] Anderson (1957).

[18] In ihren Lehren entsprachen die Ebioniten (Epiphanius, Haer. 30) den vorchristlichen Nasaräern *(nasaraioi),* mit dem einzigen Unterschied, daß sie an Christus glaubten. Epiphanius (Haer. 18) grenzt sie sorgfältig von den Nazoräern *(nazoraioi)* ab. Vgl. Simon (1967), S. 103–105.
[19] Vgl. Geoltrain (1960).
[20] Ben-Chorin (1967), S. 41.
[21] Im Geburtsmythos des Johannes finden wir zahlreiche Elemente des Alten Testaments. Die Verkündigung durch den Erzengel Gabriel gleicht der Verkündigung der Geburt des Richters Simson, und gleich diesem soll Johannes ein Nasir, ein Nasiräer werden (Ri 13, 4,5), der sich des Weines und berauschender Getränke enthält (Lk 1,15). Über Nasiräer vgl. Num 6,1–21. Das Nasirat trägt kulturfeindliche Züge und wird daher mit der Gruppe der Rechabiter (1 Chr 2,55; Jer 35) in Verbindung gebracht.
[22] Flavius Josephus, De bello Judaico, II, 8, 3.
[23] Plinius, Hist. natural. V, 17.
[24] Obwohl ihm dies bisweilen zugesprochen wird: »Kein Prophet gilt in seiner Vaterstadt.« (Mt. 13,57).
[25] Feuillet (1982), S. 18; Zaninotto (1989), S. 160. Zuerst hat darauf Blinzler aufmerksam gemacht. Blinzler (1960). Bei Matthäus und Lukas wird der die »Heftigkeit« der Verpackung ausdrückende Begriff *eneileo* durch *entylisso* abgeschwächt, wodurch allein der Umstand des »Einhüllens« vermittelt wid.
[26] Mödder (1950); Zugibe (1984).
[27] »Der Sohn des Menschen ist gekommen, der ißt und trinkt, da sagen sie: Siehe, ein Fresser und Weinsäufer ...« (Mt 11,19)
[28] Flavius Josephus, Vita, IV, 75.
[29] Petrus de Natalibus (1508) IV, f 72a. Petrus de Natalibus beruft sich auf Johannes Damascenus.
[30] Lloyd Davies und Lloyd Davies (1991 a, b).
[31] Bagatti und Testa (1978), S. 24. Das apokryphe Petrus-Evangelium nennt den Ort, an dem der Grabbau stand, »Josephs Garten«.
[32] Flavius Josephus, De bello Judaico IV, 5, 2.
[33] Auch dem Exegeten Haenchen kommt es äußerst sonderbar vor, daß Joseph sein eigenes Grab ausgerechnet neben einer Hinrichtungsstätte errichten ließ. Haenchen (1980), S. 564.
[34] Vielleicht hat Johannes aber den symbolischen Bezug Christus als das wahre Passahlamm gemeint. Während des Passah spielt Ysop als Sprengwedel eine besondere Rolle (Ex 12,22). Bei Markus steht entsprechend, der Essigschwamm sei auf ein Rohr gesteckt worden *(kalamos).* Hat Johannes *hyssopos* (Ysop) als bewußte Ersetzung von *kalamos* gebraucht?
[35] Kennard (1955), S. 238.
[36] Vgl. Thiel (1938), S. 100f.
[37] Offenbar zog sich Jesus bei der sogenannten »Himmelfahrt« aus der Gegend seines Wirkens zurück.
[38] Zaninotto (1989 a), S. 151f. Vgl. auch Feuillet (1982), S. 19.
[39] Zaninotto (1989 a), S. 162.
[40] Bonnet-Eymard (1983), S. 75–89. Vgl. dagegen Pirot (1983), S. 74ff., der die Bedeutung vom Kinnband unterstützt.

[41] Ghiberti (1982), S. 46, Fn. 67.
[42] Lavergne (1979), S. 233.
[43] Dickinson (1990), S. 8.
[44] Schwarz (1979).
[45] Schwarz (1988), S. 27.
[46] Vgl. auch Schwarz (1990), S. 56ff. Da sich freilich die Tradition der Auslegung des Begriffs »wiederbeleben« mit dem theologischen Gedanken der tatsächlichen »Auferstehung« vermischt, ist eine eindeutige Trennung der Bedeutungen in den Texten kaum mehr möglich.
[47] Kühner (1968), S. 53.
[48] Vgl. Petrus-Evangelium 6, 14; Thiel (1938), S. 309.
[49] Ich verweise lediglich auf zwei Bücher, die auf die Verbindung von Gral und Turiner Tuch hinweisen, wenngleich sie beide entscheidende historische Mängel vorweisen und deshalb sehr kritisch betrachtet werden müssen. Currer-Briggs (1984); Sevin (1988).
[50] Du Puy (1751), S. 85f. Auch der Schatzmeister des Pariser Tempels, Johannes de Turno, bestätigt, daß die Templer bei der Aufnahme diesen Psalm sangen. Vgl. Michelet (1851), II, S. 279.
[51] Vgl. Kolping (1962), I, S. 131.
[52] Hirsch (1940), S. 27.

IV Die Manipulation des Jahrhunderts

[1] Frei (1983), S. 281.
[2] Blinzler (1952).
[3] Hoare (1978), S. 50, 52.
[4] Brief an Karl Herbst vom 16.4.1991.
[5] Bulst und Pfeiffer (1987), S. 32.
[6] So äußert sich Prof. W. Bonte an Karl Herbst in einem Brief vom 16.4.1991.
[7] Hoare (1978), S. 53.
[8] Brief vom 6.3.1990 an Karl Herbst.
[9] Vgl. Kratter (1921), I, S. 52.
[10] Über den Einsatz von Aloe in der Geschichte der Färberei vgl. Brunello (1968).
[11] »De Sudario Domini in duobus locis«. Vgl. Riant (1878), III, S. 198.
[12] »Continentur iterum in eadem tabula ... de Sindone ...« Ex Inventario secundo thesauri Claravallensis, 1504.
[13] »... de sindone munda.« Vgl. Riant (1878), III, S. 67.
[14] »De syndone eiusdem et de sudario.« Vgl. Riant (1878), I, S. 20.
[15] »... partem Sudarii quo involutum fuit corpus eius in sepulchro.« Vgl. Riant (1878), S. 135.
[16] »... de ipsius Sudario.« Vgl. Riant (1878), III, S. 155.
[17] »De sindone qua corpus ipsius sepultum iacuit in sepulcro.« Vgl. Hispania illustrata (1872), II, S. 594.
[18] Persönliche Mitteilung von Dr. Roger Caron, Fouilloy sous Corbie, vom 5. Februar 1991.

[19] Persönliche Mitteilung von Dominique Ferry, Fraternité Franciscaine in Vézelay, vom 25. Januar 1991.

[21] Persönliche Mitteilung von Schwester Emmanuel Desjardin, Archivverwalterin im bischöflichen Ordinariat von Soissons, vom 4. Februar 1991.

[21] Persönliche Mitteilungen vom 8. Dezember 1990 und 7. Februar 1991.

[22] Brief von Pedro Sobrino, Sekretär des Domkapitels, vom 27. Dezember 1990.

[23] AA.VV. (1977).

[24] AA.VV. (1978).

[25] Einer der bekanntesten Fehler dieser Art war die Datierung des Lindow Man. Vgl. zu den Radiokarbon-Datierungsfehlern BSTS 13, S. 7; 14, S. 2, 5; 22, S. 8ff; Shroud-News 50, S. 26ff.

[26] Bowman, Ambers und Leese (1990).

[27] Petrosillo und Marinello (1990), S. 54.

[28] Boyce (1991), S. 43.

[29] Riggi (1989).

[30] Riggi (1988), S. 61.

[31] Testore (1989).

[32] Riggi (1989).

[33] Petrosillo und Marinelli (1990), S. 77.

[34] Petrosillo und Marinelli (1990), S. 100ff.

[35] Petrosillo und Marinelli (1990), S. 81.

[36] Der Artikel, in dem die Detektivarbeit beschrieben wird, ist von Bonnet-Eymards Mitbruder unter dem Pseudonym »Alter Ego« publiziert worden. Die folgende Darstellung geht auf diesen Artikel zurück: La traque des faussaires (1991).

[37] Georges de Nantes (1991).

[38] Burleigh, Leese und Tite (1986).

[39] Fidelity, Februar 1989, S. 42.

Siglenverzeichnis

AA.VV.: Verschiedene Autoren
BSTS: British Society of the Turin Shroud Newspaper
MGH: Monumenta Germaniae Historica
Migne, PL: Migne, Patrologia Latina
Migne, PG: Migne, Patrologia Graeca
SSI: Shroud Spectrum International

Literatur

AA.VV.: »L'Uomo della Sindone.« Roma, 1978.
– : »Osservazioni alle perizie ufficiali sulla Santa Sindone 1969–1976.« Torino, 1977.
Ammianus Marcellinus: »Rerum gestarum libri.«
Anderson, A.W.: »Plants of the Bible.« New York, 1957.
»Annales Ianuenses.« MGH, Scriptores, Bd. XVIII, 1863.
Anselme, P.: »Histoire de la Maison royale de France.« Paris, 1730.
Arculfus: »Relatio de locis sanctis ab Adamnano scripta.« Tobler, T. (Hrsg.): »Itinera et descriptiones terrae sanctae.« Bd. 1, Genève, 1877, 153–156.
Assemani, J. S.: »Bibliotheca Orientalis Clementino-Vaticana.« Rom, 1719.
Augustinus: »De moribis ecclesiae catholicae.« I, 34; Migne, PL 32.
Aurenhammer, H.: »Lexikon der christlichen Ikonographie.« Wien, 1955ff.
Bagatti, B. / Testa, E.: »Il Golgota e la Croce.« Jerusalem, 1978.
Bagatti, P. G. / Milik, J. T.: »Gli scavi del ›Dominus flevit‹. La necropoli del periodo Romano.« Jerusalem, 1958.
Baima Bollone, P.: »Rilievi e considerazioni medico-legali sulla genesi delle impronte della Sindone.« Sindon, 19, 1977, 10–16.
– : »La presenza della mirra, dell'aloe e del sangue sulla Sindone.« In Coppini, L. / Cavazzuti F.: »La Sindone – Scienza e fede.« Bologna, 1981, 169–174.
–, Jorio M. / Massaro A. L.: »La dimostrazione della presenza di tracce di sangue umano sulla Sindone.« Sindon, 23, 5, 1981.
–, Jorio M. / Massaro A. L.: »Identificazione del gruppo delle tracce di sangue umano sulla Sindone.« Sindon, 24, 31, 1982, 5–9.
– / Gaglio, A.: »Ulteriori ricerche sul gruppo delle tracce di sangue umano sulla Sindone.« Sindon, 26, 33, 1984, 9–13.
Balliani, Camillo: »De' ragionamenti sopra la sacra Sindone di N.S. Gesù Christo.« Torino, 1617–24.
Baluze, E.: »Vitae Paparum Avenionensium.« Mollat G. (Hrsg.), Bd. III, Paris, 1921.
Barber, M.: »The Templars and the Turin Shroud.« SSI, 1983.
– : »The Trial of the Templars.« Cambridge, 1978.
Barbet, P.: »Die Passion Jesu Christi in der Sicht des Chirurgen.« Karlsruhe, 1953.
– : »Les cinque plaies du Christ.« Étude anatomique et expérimentale. Paris, 1937.
Barrett, C. K.: »The Gospel According to St. John.« London, 1978.
Bauer, W.: »Rechtgläubigkeit und Ketzerei im ältesten Christentum.« Beiträge zur Historischen Theologie 10, 1934, 7–43.
Bayer, T. S.: »Historia Osrhoena et Edessena ex numis illustra.« Petropolis, 1734.

Beck, H.-G.: »Die griechische Kirche im Zeitalter des Ikonoklasmus.« In: Jedin, H. (Hrsg.): Handbuch der Kirchengeschichte. III/1, 31–61.
– : »Die Ostkirche vom Anfang des 10. Jahrhunderts bis Kerullarios.« In: Jedin, H. (Hrsg.): Handbuch der Kirchengeschichte, III/1, 462–84.
Beigent, M. / Leigh, R.: »Verschlußsache Jesus.« München, 1991.
Belperron, P.: »La croisade contre les Albigeois et l'union du Languedoc à la France.« Paris, 1942.
Ben-Chorin, S.: »Bruder Jesus.« Der Nazarener in jüdischer Sicht. München, 1967.
Bennett, R. J.: »Diseases of the Bible.« London, 1887.
Bercovits, I.: »Illuminated Manuscripts in Hungary.« Dublin, 1969.
Bertelli, C.: »Storia e vicende dell'Immagine edessena.« Paragon, 217, 1968.
Billerbeck, P. / Strack, H. L.: »Kommentar zum Neuen Testament aus Talmud und Midrasch.« München, 1922–28.
Blinzler, J.: »Das Turiner Grablinnen und die Wissenschaft.« Ettal, 1952.
– : »Der Prozeß Jesu.« Regensburg, 1960.
Bobin, É.: »Monographie descriptive, historique et archéologique du Château de Mont-Saint-Jean-en-Auxois.« Paris, o. J.
Bon, A.: »La Morée Franque.« Recherches historiques, topographiques et archéologiques sur la principauté d'Achaïe (1205–1430). Paris, 1969.
Bonfamiglia, P.: »Storia della S. Sindone.« Roma, 1606.
Bonnet-Eymard, B.: »Le ›Soudárion‹ Johannique negatif de la gloire divine.« In: Coppini und Cavazzuti (1983).
–: »Les témoignages historiques surabondent.« La Contre-Réforme Catholique au XXe Siècle. Numéro Spécial 271, Februar – März 1991, 3–24.
Boulos, L.: »Medicinal plants of North Africa.« Algonac, 1983.
Bowman, S. G. E. / Ambers, J. C. / Leese, M. N.: »Re-evaluation of British Museum radiocarbon dates issued between 1980 and 1984.« Radiocarbon, 32, 1990, 59–79.
Boyce, D.: »Les intrigues du British Museum.« La Contre-Réforme Catholique au XXe Siècle. Numéro Spécial 271, Februar – März 1991.
Brandon, S. G. F.: »Jesus and the Zealots. A study of the political factor in primitive Christianity.« Manchester, 1967.
Bréhier, L.: »L'Église et l'orient au moyen age: Les Croisades.« Paris, 1928.
Brown, R. E.: »Gospel according to John.« The Anchor Bible. London, 1978.
Brunello, F.: »L'Arte della tintura della storia dell'umanità.« Vicenza, 1968.
Bulst, W.: »New problems and arguments about the pollen grains.« SSI, 27, 1988, 13–17.
– / Pfeiffer, H.: »Das Turiner Grabtuch und das Christusbild.« Bd. I, Frankfurt, 1987; Bd. II, 1991.
– : »Betrug am Turiner Grabtuch.« Der manipulierte Carbontest. Frankfurt, 1990.
Burleigh, R. / Leese, M. / Tite, M.: »An intercomparison of some AMS and small gas counter laboratories.« Radiocarbon, 28, 1986, 571–77.
Cameron, J. L.: »The Gospel according to Saint John.« London, 1960.

Chamard, F.: »Le Linceul du Christ.« Étude critique et historique. Paris, 1902.
Chevalier, U.: »Le Saint Suaire de Turin est-il l'original ou une copie?« Chieri, 1899.
–: »Étude critique sur l'origine du Saint Suaire de Lirey – Chambéry – Turin.« Paris, 1900.
Chiavarello, G.: »Genesi e storia della Santa Sindone.« Napoli, 1978.
Coppini, L. / Cavazzuti, F. (Hrsg.): »La Sindone, scienza e fede.« Bologna, 1983.
Courtépée / Béguillet: »Description du Duché de Bourgogne.« Paris, 1968.
Cousin, P.: »Les débuts de l'ordre des Templiers et Saint-Bernard.« Mélanges Saint-Bernard, Dijon, 1954, 42–52.
Crispino, D.: »Why did Geoffroy de Charny change his mind?« SSI, 1, 1981, 28–34.
–: »1204: Deadlock or springboard?« SSI, 4, 1982, 24–30.
–: »Doubts along the Doubs.« SSI, 14, 1985, 10–24.
–: »Geoffroy de Charny's second funeral.« Teil II. SSI 32/33, 1989, 38–42.
–: »The Charny genealogy.« SSI, 37, 1990, 19–25.
Crone, P.: »Meccan Trade and the Rise of Islam.« Princeton, 1987.
Cuomo, F.: »Gesù è morto così.« Abstracta, 19, 1987, 58–65.
Cureton, W.: »Ancient Syriac Documents Relative to the Earliest Establishment of Christianity in Edessa and the Neighbouring Countries.« London, 1864.
Currer-Briggs, N.: »The Holy Grail and the Shroud of Christ.« Maulden, 1984.
D'Arcis, P.: »Memorandum an Clemens VII.« In: Thurston, H.: »The Holy Shroud and the Verdict of History.« The Month, 101, 1903.
Dacier: »Recherches historiques sur l'établissement et l'extinction de l'ordre de l'Étoile.« Mémoires de l'Académie des Insc. et Belles-Lettres, t. XXXIX, 1777.
Damian of the Cross: »The tomb of Christ from archaeological sources.« SSI, 17, 1985, 3–22.
Daniel, N.: »Islam and the West: The Making of an Image.« Edinburgh, 1960.
Dausend, H.: »Pilgerbericht der Nonne Aetheria.« Düsseldorf, 1933.
Dessy, A.: »La sepoltura dei crocifissi.« Sindon, 1, 1989, 35–45.
»Devastatio Constantinopolitana.« MGH, Scriptores, Bd. XVI, 1861, 9–12.
Dickinson, I.: »Preliminary details of new evidence for the authenticity of the Shroud: Measurement by the cubit.« Shroud News, 58, 1990.
Dieten, J.-L. van: »Niketas Choniates. Erläuterungen zu den Reden und Briefen nebst einer Biographie.« Berlin/New York, 1971.
Dobschütz, E. v.: »Christusbilder.« Untersuchungen zur christlichen Legende. Leipzig, 1899.
Dodd, C. H.: »Historical Tradition in the Fourth Gospel.« Cambridge, 1963.
Du Fresne du Cange: »Histoire de l'empire de Constantinople sous les empereurs Français.« In: Buchon, J. A. (Hrsg.): »Collection des Croniques

nationales Françaises, écrites en langue vulgaire du treizième au seizième sciècle.« Paris, 1826.
Du Puy, P.: »Histoire de l'ordre militaire des Templiers, ou chevaliers du Temple de Jerusalem.« Brüssel, 1751.
Dubarle, A. M.: »Histoire ancienne du Linceul de Turin jusqu'au XIII. siècle.« Paris, 1985.
– : »La date des premières brûlures observées sur le Linceul de Turin.« Vortrag beim Internationalen Symposium La Sindone e le Icone, Bologna, Mai 1989.
Duke, J. A.: »Medicinal plants of the Bible.« New York, 1983.
Durwell, F. X.: »Die Auferstehung Jesu als Heilsmysterium.« Salzburg, 1958.
Dutton, D.: »Letter to Nature.« Nature, 327, 1987, 7. Mai, 10.
Ebersolt, J.: »Monuments d'Architecture Byzantine.« Paris, 1934.
Edwards, W. P. / Wesley, J. G. / Hosmer, F. E.: »On the physical death of Jesus Christ.« Journal of the American Medical Association, 255, 1986, 1455.
Eliade, M.: »Schmiede und Alchemisten.« Stuttgart, 1980.
Enrie, G.: »La Santa Sindone rivelata della fotografia.« Torino, 1933.
Evagrios: »Historia ecclesiastica.« Migne, PG 86, 2, col. 2748–49.
Festinger, L. / Riecken, H. W. / Schachter, S.: »When Prophecy Fails.« Minneapolis, 1956.
Feuillet, A.: »The identification and the disposition of the funerary linens of Jesus' burial according to the Fourth Gospel.« SSI, 4, 1982, 18.
Filas, F. L.: »The Dating of the Shroud of Turin From Coins of Pontius Pilate.« Youngtown, 1982.
Finke, H.: »Papsttum und Untergang des Templerordens.« 2 Bde. Münster, 1907.
Fossati, L.: »La Santa Sindone.« Nuova luce su antichi documenti. Torino, 1961.
– : »The Lirey controversy.« SSI, 8, 1983, 24–34.
– : »Was the so-called Acheropita of Edessa the Holy Shroud?« SSI, 3, 1982, 19–31.
Frei, M.: »Identificazione e classificazione dei nuovi pollini della Sindone.« In: La Sindone. Scienza e Fede. Bologna, 1983.
– : »Nine years of palinological studies on the Shroud.« SSI, 3, 1982, 3–7.
Gamurrini, J. F. (Hrsg.): »S. Hilarii Tractatus et Hymni et S. Silviae Aquitanae Perigrinatio ad loca sancta ... ex cod. Arretino depromps.« Biblioteca dell'Academia Storico-Giuridica. Bd. IV, Rom, 1887.
Gelzer, H.: »Abriss der byzantinischen Kaisergeschichte.« In: Krumbacher's Geschichte der byzantinischen Literatur. 1897.
Geoffroy de Villehardouin: »La Conquête de Constantinople.« Übers. u. herausg. von Edmond Faral. 2 Bde. Paris, 1938–39.
Geoltrain, P.: »Le traité de la Vie contemplative de Philon d'Alexandrie.« Semitica, 10, 1960.
Georges de Nantes: »Les trois substitutions du docteur Tite.« La Contre-Réforme Catholique au XXe Siècle. Numéro Spécial 271, Februar – März 1991, 65–71.

»Gesta Episcoporum Halberstadensium.« MGH, Scriptores, Bd. XXIII, 1874, 118f.
Ghiberti, G.: »La Sepoltura di Gesù, i vangeli e la Sindone.« Roma, 1982.
Gibbon, E.: »The History of the Decline and Fall of the Roman Empire.« London, 1840.
Gilbert, R. / Gilbert M. M.: »Ultraviolet-visible reflectance and fluorescence spectra of the Shroud of Turin.« Applied Optics, 19, 1980, 1930–1936.
Gonella, L.: Vortrag im ›Rosetum‹ in Turin, 10. Mai 1989.
Grabar, A.: »Martyrium. Recherche sur le culte des reliques et l'art chrétien antique.« Bd. II: Iconographie, Paris, 1946.
– : »Die byzantinische Kunst des Mittelalters.« Baden-Baden, 1964.
– : »Une hymne Syriaque sur l'architecture de la Cathédrale d'Edesse.« In: »L'art de la fin de l'antiquité et du moyen âge.« Collège de France Fondation Schlumberger pour les études Byzantines, Paris 1968.
– : »Christian Iconography: A Study of its Origins.« Princeton, 1980.
Gramaglia, P. A.: »Le ultime ›scoperte‹ sulla Sindone di Torino.« Torino, 1981.
Green, M.: »Enshrouded in Silence.« Ampleforth Journal 74, 1969, 319–345.
Gregor von Nyssa: »Oratio de deitate filii et spiritus sancti.« Migne, PG 46.
Grindlay, D. / Reynolds, T.: »The Aloe vera phenomenon: A review of the properties and modern uses of the leaf parenchyma gel.« Journal of Ethnopharmacology, 16, 1986, 117–51.
Grolimund, B.: »Die Darstellung der eucharistischen Realpräsenz Christi in der byzantinisch-slawischen Hagiographie und Ikonographie.« In: Goltz, H. (Hrsg.): »Eikon und Logos.« Beiträge zur Erforschung byzantinischer Kulturtraditionen. Halle, 1981, 35, 307.
Guillaume de Nangis: »Gesta Sanctae Memoriae Ludovici Regis Franciae.« Bouquet, M. et al. (Hrsg.): »Recueil des Historiens des Gaules et de la France.« 23 vols. Paris, 1738–1876, Bd. I.
Gunther de Paris: »Historia Constantinopolitana.« In: Riant (1878).
Guriel, F. (Hrsg.): »Grammatica chaldaica.« Rom, 1860.
Gutschmid, M.: »Die Königsnamen.« In: Rheinisches Museum. Neue Folge. 1864.
Hachlili, R. / Killebrew, A.: »Was the coin-on-eye custom a Jewish burial practice in the second temple period?.« Biblical Archaeologist, Summer, 1983, 147–153.
Haenchen, E.: »Das Johannes-Evangelium. Ein Kommentar.« Tübingen, 1980.
Hardyck, J. A. / Braden, M.: »When Prophecy Fails Again: A Report of Failure to Replicate.« Journal of Abnormal and Social Psychology 65, 1962, 136–141.
Hart, G. V. / Kvas, I. / Soots, M. / Badaway, G.: »Blood group testing of ancient material.« Masca Journal, 1, 1980, 146.
Heisenberg, A. (Hrsg.): »Nikolaus Mesarites, die Palastrevolution des Johannes Komnenos.« Würzburg, 1907.
Heller, J. H. / Adler, A. D.: »A chemical investigation of the Shroud of Turin.« Canadian Forensic Society Scientific Journal, 14, 1981, 81–103.

– / Adler, A. D.: »Blood on the Shroud of Turin.« Applied Optics, 19, 1980, 2742–44.
Hepper, F. N.: »The identity and origin of classical bitter aloes (aloe).« Palestine Exploration Quarterly, 120, 1988, 146–148.
Herbst, K.: »Der wirkliche Jesus.« Olten, 1988.
Heyck, E.: »Genua und seine Marine im Zeitalter der Kreuzzüge.« Innsbruck, 1886.
Hirsch, E.: »Die Auferstehungsgeschichten und der christliche Glaube.« Tübingen, 1940.
Hoare, R.: »The Testimony of the Shroud.« London, 1978.
Holl, K.: »Der Anteil der Styliten am Aufkommen der Bilderverehrung.« In: Gesammelte Aufsätze zur Kirchengeschichte, II, Tübingen, 1928.
Huber, P.: »Die Kunstschätze der heiligen Berge. Sinai, Athos, Golgotha.« Augsburg, 1987.
Jackson, J. P.: »Foldmarks as a historical record of the Turin Shroud.« SSI, 11, 1984, 6–29.
– / Jumper, E. J. / Ercoline, W. R.: »Three dimensional characteristics of the Shroud image.« Proceedings of the IEEE International Conference on Cybernetics and Society. Seattle, Washington, October 1982, 559–75.
Janin, R.: »La Géographie Ecclésiastique de l'Empire Byzantine.« Paris, 1953.
Johannes Damascenus: »De imag. Orat.« Migne, PG 94.
Johnstone, P.: »The Byzantine Tradition in Church Embroidery.« London, 1967.
Jones, J.: »New and Full Method.« Oxford, 1798.
Judah Ben-Zion Segal: »Edessa – The Blessed City.« Oxford, 1970.
Kempf, F.: »Die innere Wende des christlichen Abendlandes während der gregorianischen Reform.« In: Jedin, H. (Hrsg.): Handbuch der Kirchengeschichte, III/1, 485–539.
Kennard, J. S.: »The burial of Jesus.« JBL 74, 1955.
Kersten, H.: »Jesus lebte in Indien.« München, 1983.
Kitzinger, Ernst: »The Cult of Images in the Age before Iconoclasm.« Dumbarton Oaks Papers, VIII, 1954, 83–150.
Klauser, Th. (Hrsg.): Reallexikon für Antike und Christentum, Stuttgart 1950ff.
Koch, L.: »Zur Theologie der Christusikone.« Benediktinische Monatsschrift, 1938.
Koch, L.: »Christusbild – Kaiserbild.« Benediktinische Monatsschrift, 1939.
Kolping, A., in: Fires, H. (Hrsg.): Handbuch Theologischer Grundbegriffe. München, 1962, Bd. 1.
Kötting, B.: »Peregrinatio Religiosa. Wallfahrt und Pilgerwesen in Antike und alter Kirche.« Regensburg/Münster, 1950.
Kratter, J.: »Lehrbuch der gerichtlichen Medizin.« Stuttgart, 1921.
Kriss-Rettenbeck, L.: »Bilder und Zeichen religiösen Volksglaubens.« München, 1963.
Kühner, H.: »Die Katharer.« In: Schultz, H.-J. (Hrsg.): »Die Wahrheit der Ketzer.« Stuttgart/Berlin, 1968, 50–59.
»La S. Sindone.« Ricerche e studi della commissione di esperti nominata

dall'Arcivescovo di Torino, Car. Michele Pellegrino, nel 1969. Anhang der Rivista diocesana Torinese , Turin, 1976.
»La traque des faussaires.« La Contre-Réforme Catholique au XXe Siècle. Numéro Spécial 271, Februar – März 1991, 35–42.
Lafontaine-Dosogne, J., in: Volbach, W. F. / Lafontaine-Dosogne, J., »Byzanz und der christliche Osten.« Propyläen Kunstgeschichte, Bd. 3, Berlin, 1968.
Lavergne, C.: »La protohistoire du Linceul du Seigneur.« In: AA.VV.: »La Sindone e la Scienza.« Torino, 1979.
Lincoln, H. / Baigent, M. / Leigh, R.: »Der heilige Gral und seine Erben.« Bergisch Gladbach, 1984.
Lizerand, G.: »Le dossier de l'affaire des Templiers.« Paris, 1923.
Lloyd Davies, M. / Lloyd Davies, T. A.: »Resurrection or resuscitation?« Journal of the Royal College of Physicians of London, 25, 1991 (a).
– / Lloyd Davies, T. A.: »The Bible: Medicine and Myth.« Cambridge, 1991 (b).
Luchaire, A.: »Innocent III. La question d'Orient.« Paris, 1907.
Magnesia, Macarius von: »Apocriticus.« Blondel, C. (Hrsg.). Paris, 1876.
Malloni, F. D.: »Stigmata sacrae sindoni impressa.« Alphonso Palaeotus. Venedig, 1606.
Maloney, P.: »The Shroud of Turin: Traits and Pecularities of Image and Cloth Preserved in Historical Sources.« Vortrag beim Internationalen Symposium La Sindone e le Icone , Bologna, Mai 1989.
Mansuet, P.: »Histoire critique et apologétique de l'ordre des Chevaliers du Temple de Jérusalem dits Templiers.« Paris, 1789.
Marastoni, A.: »Tracce di scritte sulla S. Sindone di Torino.« Sindon, 29, 1980, 9-12.
McCrone, W.: »Light microscopical study of the Turin Shroud I–III.« The Microscope, 28, 1980, 29, 1981.
Meacham, W.: »On the archaeological evidence for a coin-on-eye Jewish burial custom in the first century A. D.« Biblical Archaeologist, 3, 1986, 56–61.
Mendelssohn, L. (Hrsg.): »Appian: Translation des Bildes der großen Göttermutter.« Leipzig, 1879.
Ménestrier, F.: »De la chevalerie ancienne et moderne.« Paris, 1683.
Messina, R. / Orecchia, C.: »La scritta in caratteri ebraici sulla fronte dell'uomo della Sindone: Nuove ipotesi e problematiche.« Sindon, 1, 1989, 83–93.
Michelet, M. (Hrsg.): »Procès des Templiers.« Paris, 1851, 2 Bde.
Miller, V. D. / Pellicori, S. F.: »Ultraviolet fluorescence photography of the Shroud of Turin.« Journal of Biological Photography, 49, 1981, 71–85.
Mödder, H.: »Die Todesursache bei der Kreuzigung.« Stimmen der Zeit, 144, 1948, 50–59.
– : »Die neuesten medizinischen Forschungen über die Todesursache bei der Kreuzigung Jesu Christi.« Der Gottesfreund, 3, 1950, 40–51.
Moldenke, H. N. / Moldenke, A. N.: »Plants of the Bible.« New York, 1952.
Moneta di Cremona: »Adversus Catharos et Valdenses.« Ricchini, T. A. (Hrsg.), Roma, 1743.

Morel-Fatio, A. (Hrsg.): »Libro de los fechos.« Genève, 1895, 127.
Morey, C. R.: »Early Christian Art. An outline of the evolution of style and iconography in sculpture and painting from antiquity to the eighth century.« Princeton, 1953.
Morris, R. A. / Schwalbe, L. A. / London, J. R.: »X-Ray fluorescence investigation of the Shroud of Turin.« X-Ray Spectrometry, 9, 1980, 40–47.
Moses von Khoren: »Histoire d'Arménie« (frz. Übersetzung von P.E. Le Vaillant de Florival). Livre second. in: Cureton (1864), S. 125–139, Kap. XXX.
»Narratio de imagine Edessena.« In: Migne, PG 113, Sp. 423–454.
O'Rahilly, A.: »The Burial of Christ.« Irish Ecclesiastical Record 59, 1941.
Ohme, H.: »Das Quinisextum auf dem VII. Ökumenischen Konzil.« Annuarium Historiae Conciliorum, 20, 1988, 325–344.
Omont, H.: »Miniatures des plus anciens MSS grecs de la Bibliothèque Nationale du VIe au XIVe siècle.« Paris, 1929.
Onasch, K.: »Liturgie und Kunst in der Ostkirche.« Leipzig, 1981.
Origenes: »Contra Celsum.« Engl. Übers. Cambridge, 1953.
Ostrogorsky, G.: »Geschichte des Byzantinischen Staates.« München, 1963.
Paleotti, A.: »Esplicatione del Sacro Lenzuolo ove fu involto il Signore.« Bologna, 1598.
Pannier, L.: »La noble Maison de Saint-Omer, la Villa Clippiacum et l'Ordre de l'Étoile.« Paris, 1872.
Panovsky, E.: »Die Entwicklung der Proportionslehre als Abbild der Stilentwicklung.« Monatshefte für Kunstwissenschaft. Genf, 1961.
Pellicori, S. F.: »Spectral properties of the Shroud of Turin.« Applied Optics, 19, 1980, 1913–20.
Pernoud, R.: »Die Kreuzzüge in Augenzeugenberichten.« Düsseldorf, 1965.
Perret, A.: »Essai sur l'histoire du Saint Suaire du XIVe au XVIe siècle.« Mémoirs de l'Académie des Sciences, Belles-Lettres et Arts de Savoie, 1960.
Pétré, H.: »Peregrinatio Aetheriae.« Sources Chrétiennes, 21, Paris, 1948.
Petrosillo, O. / Marinelli, E.: »La Sindone. Un enigma alla prova della scienza.« Milano, 1990.
Petrus de Natalibus: »Catalogus sanctorum.« A. Verlo (Hrsg.). Lyon, 1508.
Philips, G. (Hrsg.): »The Doctrine of Addai the Apostle.« London, 1876.
Pia, S.: »Memoria sulla riproduzione fotografica della santissima Sindone, 1907.« Abgedruckt in: Sindon, April 1960.
Piaget, A.: »Le Livre messire Geoffroi de Charny.« Romania, 26, 1897, 394–411.
Piano, L. G.: »Commentarii critico-archeologici sopra la S. S. Sindone di N. S. Gesù Cristo venerato in Torino.« Torino, 1833.
Pingonius, F.: »Sindon evangelica.« Torino, 1581.
Piper, F.: »Einleitung in die Monumentale Theologie. Eine Geschichte der christlichen Kunstarchäologie und Epigraphik.« Gotha, 1867.
Pirot, J.: »Soudárion mentionière.« Sindon, 32, 1983, 74f.

Plancher, U.: »Histoire générale et particulière de Bourgogne.« Dijon, 1741.
Prinet, M.: »Armorial de France.« Paris, 1920.
Pseudo-Dionysius: »De ecclesiastica hierarchia.« Migne, PG 3.
Quispel, G.: »Makarios, das Thomasevangelium und das Lied von der Perle.« Leiden, 1966.
Raes, G.: »Rapport d'analyse du tissu.« In: La S. Sindone (1976).
Rassart-Debergh, M.: »De l'icône païenne à l'icône chrétienne.« Le Monde Copte, 18, 1990, 39–70.
Rendle Short, A.: »The Bible and Modern Medicine.« London, 1953.
Reynolds, G. W.: »The Aloes of South Africa.« Johannesburgh, 1950.
Riant, P.-E.-D.: »Exuviae sacrae Constantinopolitanae.« Genf, 1878.
Riggi di Numana, G.: »Rapporto Sindone (1978/1987).« Milano, 1988.
– : »Prélèvement sur le Linceul effectué le 21 avril 1988.« Vortrag beim Symposium Scientifique International de Paris sur le Linceul de Turin , September 1989.
Rinaldi, P.: »The Man in the Shroud.« London, 1974.
-- : »Un documento probante sulla localizzazione in Atene della Santa Sindone dopo il saccheggio di Costantinopoli.« In: Coppini und Cavazzuti (1983).
Robert de Clari: »The History of them that took Constantinople.« In: Stone, E. N. (Hrsg. und Übers.): »Three Old French Chronicles of the Crusades.« Seattle, 1939.
– : »Li estoires de chiaus qui conquisent Constantinoble 1203.« In: Hopf, C.: »Chroniques gréco-romaines inédites ou peu connues.« Paris, 1873.
Romanese, R.: »Contributo sperimentale allo studio della genesi delle impronte della Santa Sindone.« Akten des Kongresses der Cultores Sanctae Sindonis. Torino, 1939.
Romano, S.: »Affreschi da S. Maria del Monacato a Castrocielo (e un'aggiunta da Roccasecca).« Arte Medievale, 3, 1989, 155–166.
Runciman, S.: »Geschichte der Kreuzzüge.« München, 1968.
Savio, P.: »Ricerche storiche sulla Santa Sindone.« Torino, 1957.
– : »The height of Christ.« SSI, 14, 1985, 7–9.
Scannerini, S. / Caramiello, R.: »Il problema dei pollini.« Sindon, 1, 1989, 107–111.
Scavone, D. C.: »The Shroud of Turin in Constantinople. The Documentary Evidence.« Sindon 1, 1989, 113–128.
– : »A Note on the Name of the Pharos Chapel in Constantinople.« Shroud News 61, 1990, 10–12.
Scheuermann, O.: »Amulett-Abbild auf dem Turiner Grabtuch?« Der Fels, 19, 2, 1988, 54–56.
Schmidt, J. A.: »Sudaria Christi.« Helmstädt, 1698.
Schönborn, C. v.: »L'Icône du Christ.« Fondements Théologiques élaborés entre le 1er et le 2me Concile de Nicée (325–787). Fribourg, 1976.
Schwalbe, L. A. / Rogers, R. N.: »Physics and chemistry of the Shroud of Turin.: A summary of the 1978 investigation.« Analytica Chimica Acta, 135, 1982, 3–49.

Schwarz, G.: »*Anhistemi* und *anastasis* in den Evangelien. Biblische Notizen.« Beiträge zur exegetischen Diskussion. 10, 1979, 35–40.
– : »Tod, Auferstehung, Gericht und ewiges Leben nach den ersten drei Evangelien.« Via Mundi, 55, 1988.
– : »Wenn die Worte nicht stimmen. Dreißig entstellte Evangelientexte wiederhergestellt.« München, 1990.
Sendler, E.: »The Icon: Image of the Invisible.« Redondo Beach, 1988.
Sevin, H.: »L'Enigme des Templiers et le Saint-Suaire.« Brüssel, 1988.
Shaw, M. R. B.: »Joinville and Villehardouin: Chronicles of the Crusades.« New York, 1963.
Simon, M.: »Jewish Sects at the Time of Jesus.« Philadelphia, 1967.
– : »Le Christianisme antique et son contexte religieux.« Scripta Varia. Tübingen, 1981.
Sox, D. H.: »The Shroud Unmasked.« London, 1988.
Stroud, W.: »Treatise on the physical cause of the death of Jesus Christ and its relation to the principles and practice of christianity.« London, 1847.
Symeon Magister, Chron. In: I. Bekker (Hrsg.): »Corpus scriptorum historiae Byzantinae.« Bonn, 1838.
Szyszman, S.: »Das Karäertum.« Wien, 1983.
Tafel / Thomas: »Urkunden zur älteren Handels- und Staatsgeschichte der Republik Venedig.« Fontes rerum Austriacum. Wien 1856f.
Tamburelli, G. / Oliveri, F.: »Un nuovo processamento dell'immagine Sindonica.« Akten des 3. Nationalen Kongresses der Sindonologie, Trani, 13.–14. Oktober 1984.
– / Balossino, N.: »Ulteriori sviluppi dell'elaborazione elettronica del volto sindonico.« Sindon, 1, 1989, 137–141.
Testore, F.: »Le Saint Suaire – Examen et prélèvements effectués le 21 avril 1988.« Vortrag beim Symposium Scientifique International de Paris sur le Linceul de Turin , September 1989.
Thiel, R.: »Jesus Christus und die Wissenschaft.« Berlin, 1938.
Thümmel, H. G.: »Patriarch Photios und die Bilder.« In: Goltz, H. (Hrsg.): »Eikon und Logos. Beiträge zur Erforschung byzantinischer Kulturtraditionen.« Halle, 1981, 35, 275–290.
Thurston, H.: »The Holy Shroud and the Verdict of History.« The Month, 101, 1903.
Tischendorf, C.: »Evangelia apocrypha.« Leipzig, 1876.
Tixeront, L.-J.: »Les origines de l'église d'Edesse et la légende d'Abgar.« Paris, 1888.
Tobler, T.: »Itinera et descriptiones terrae sanctae.« I, Genf, 1877.
– / Moliner, A.: »De Locis sanctis quae perambulavit Antoninus Martyr.« In: »Itinera hierosalymitana et descriptiones Terrae Sanctae.« Publications de la Société de l'Orient Latin. Bd. XLIV, Genf, 1879.
Tribbe, F. C.: »Portrait of Jesus?« New York, 1983.
Tyrer, J.: »Looking at the Turin Shroud as a textile.« Textile Horizons, Dezember 1981.
Vial, G.: »Le linceul de Turin – étude technique.« CIETA Bulletin 67, 1989, 11–24.
Vignon, P.: »Le Linceul du Christ.« Étude scientifique. Paris, 1902 (a).

– : »Sur la formation d'images negatives par l'action de certaines vapeurs.« Comptes rendus hebdomadaires de séances de l'Académie des Sciences, 134, 1902 (b), 902–904.
– : »Le Saint Suaire de Turin devant la science, l'archéologie, l'histoire, l'Iconographie, la logique.« Paris, 1938.
Vogt, H. J.: »Der Streit um das Lamm. Das Trullanum und die Bilder.« Annuarium Historiae Conciliorum, 20, 1988, 135–149.
Walker, W.: »All the Plants of the Bible.« New York, 1957.
Weidinger, E.: »Die Apokryphen. Verborgene Bücher der Bibel.« Augsburg, 1990.
Weitzmann, K.: »Byzantine Book Illuminations and Ivories.« London, 1980.
Whanger, A. D.: »Images derived from the Shroud by the overlay technique.« Vortrag beim Internationalen Symposium ›La Sindone e le Icone‹, Bologna, Mai 1989.
– / Whanger, M.: »Polarized image overlay technique: a new image comparison method and its applications.« Applied Optics, 24, 1985, 766–772.
Wiech, B. A.: »The two- and three-lock hairstyles in early portraits of Jesus.« SSI, 35/36, 1990, 13–15.
Wilson, I.: »Eine Spur von Jesus.« Freiburg, 1980.
Wölfli, W.: »Keine Spur von einem Wunder.« Die Welt, 14. April 1990.
Wuenschel, E. A.: »Self-Portrait of Christ: The Holy Shroud of Turin.« New York, 1954.
Zaninotto, G.: »GV 20,1–8. Giovanni testimone oculare della risurrezione di Gesù?« Sindon, 1, 1989, 145–170 (a).
– : »L'Immagine acheropita del ss. Salvatore nel Sancta Sanctorum di Roma.« Vortrag beim Internationalen Symposium ›La Sindone e le Icone‹, Bologna, Mai 1989 (b).
– : »Il sermone dell'arcidiacono Gregorio il referendario: »Un' Antica ricognizione della Sindone?« Vortrag beim ›Symposium Scientifique International de Paris sur le Linceul de Turin‹, September 1989 (c).
Zugibe, F. T.: »Death by crucifixion.« Canadian Society of Forensic Science Journal, 17, 1984.
– : »The Cross and the Shroud: A Medical Inquiry into the Crucifixion.« New York, 1988.

Danksagung

Bei unseren Recherchen waren uns viele Menschen behilflich, ohne deren tatkräftige Unterstützung, Gesprächsbereitschaft und wertvolle Hinweise diese umfangreiche Arbeit nicht in so kurzer Zeit hätte vollendet werden können. Unser Dank gilt besonders Susan Brown, Elizabeth Crowfoot, Père Daniel Weber, Ian Wilson, Claude de Cointet, Prof. Dr. Gilbert Raes, Helen Leynen, Dorothy Crispino, Dr. Alan Whanger, Dr. Manfred Gessat, Dr. Trevor Lloyd Davis, Dr. Roger Caron, Prof. Dr. Hermann-J. Vogt, Prof. DDr. Andreas Resch, Basilius Grolimund, Prof. Dr. Wölfli, Tristan Grey Hulse, Karl Herbst.
Für technische Hilfe bedanken wir uns bei Matias Heidemann, Word Perfect GmbH, Dipl.-Ing. Michael Hahn, Projectina AG, Institut für Textil- und Verfahrenstechnik, Sick Optik/Elektronik GmbH.
Für das Lesen des Manuskripts und für kritische Anmerkungen gilt unser Dank Dr. Arnold Stadler, Dr. Anneliese Schumacher, Dr. Christian Lauermann, Gerda Huchthausen, Hannah Samtleben und insbesondere der Lektorin Ria Schulte.
Unser besonderer Dank gilt Dagmar Neff-Westrick, der Lebensgefährtin von Elmar R. Gruber, ohne deren Einsatz für die Sache das Projekt weder zustande gekommen noch zu Ende gebracht worden wäre.

Bildnachweis

31: Bibliothèque Nationale, Paris
47: Bodleian Library, Oxford
17, 19, 63: Frère Bruno Bonnet-Eymard, C.R.C., St.-Parres-Les-Vaudes
13: Prof. Damon, Tucson
2–7, 57: G. Enrie
54–56, 58–62: Elmar R. Gruber, Bretten
12: Prof. Teddy Hall, Oxford
1, 15, 25–28: Holger Kersten, Freiburg
45, 46: Mario Moroni, Robbiate
24: Maurizio Paolicchi
9, 10: Precision Processes Ltd., Derby
11: Gilbert Raes, Gent
14, 16, 20: Giovanni Riggi, Torino
36: S. Bartolomeo degli Armeni, Genova
22, 23: The Max Frei Collection: Association of Scientists and Scholars International for the Shroud of Turin, Ltd. (ASSIST).
29: The Pierpont Morgan Library, New York. M. 499, f. 15
43, 44: Alan Whanger, Durham
21, 53: Ian Wilson, Bristol

Register

HEYNE BÜCHER

Mythologie der Völker

19/314

Herbert Gottschalk
Lexikon der Mythologie
19/266

Murry Hope
Magie und Mythologie der Kelten
Das rätselhafte Erbe einer Kultur
19/81

John und Caitlín Matthews
Lexikon der keltischen Mythologie
19/280

Jan Knappert
Lexikon der afrikanischen Mythologie
19/338

Jan Knappert
Lexikon der indischen Mythologie
19/314

Heyne-Taschenbücher